Deutschland - ein Einwanderungsland?
Rückblick, Bilanz und neue Fragen

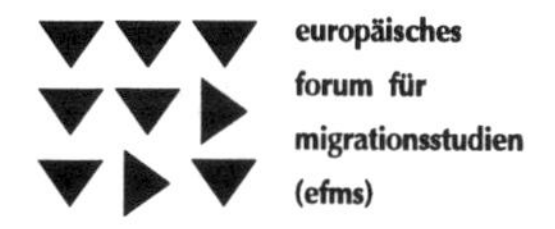


Edda Currle, Tanja Wunderlich (Hrsg.)

# Deutschland – ein Einwanderungsland? Rückblick, Bilanz und neue Fragen

Lucius & Lucius · Stuttgart · 2001

**Edda Currle, Tanja Wunderlich (Hrsg.):**
Deutschland – ein Einwanderungsland? Rückblick, Bilanz und neue Fragen / Edda Currle, Tanja Wunderlich (Hrsg.). [europäisches forum für migrationsstudien (efms), Institut an der Universität Bamberg]
Stuttgart: Lucius & Lucius, 2001
ISBN 3-8282-0196-2

**europäisches forum für migrationsstudien (efms)**
Institut an der Universität Bamberg
Katharinenstraße 1
D-96052 Bamberg
www.uni-bamberg.de/efms



– Printed in Germany



Design: Barbara Meyer, D-90542 Eckental
Satz: **efms**, D-96052 Bamberg
Druck und Einband: Rosch-Buch, 96110 Scheßlitz

ISBN

# Inhaltsverzeichnis

## Teil VI: Migration in internationaler Perspektive



## Teil VII: Interkulturalität und das Fremde

# Einführung

Als Friedrich Heckmann vor genau 20 Jahren in seiner Habilitationsschrift die Frage stellte „Die Bundesrepublik: Ein Einwanderungsland?", war er einer von wenigen Kollegen im deutschsprachigen Raum, die migrationssoziologische Pionierarbeit leisteten, indem sie bloße deskriptive und moralisierende Arbeiten der 50er und 60er Jahre durch systematische Untersuchungen ersetzten und damit eine Anbindung an die internationale, vor allem amerikanische Migrationsforschung vollzogen. Ausgangspunkt seines Erkenntnisinteresses in seiner Habilitationsschrift war ein Defizit an theoretischer Fundierung sozialwissenschaftlicher Forschung: „Die soziologische Forschung ist nicht auf der Höhe der Entwicklung des Problems". Seine Untersuchung erhärtete die These empirisch und theoretisch, dass es sich bei den in der Bundesrepublik lebenden Gastarbeitern nicht um einen wissenschaftlichen „Sonderfall" handelte, sondern um eine *Einwanderer*minorität, die es sozialstrukturell zu verorten galt. Schon die Bezeichnung der ausländischen Arbeiter und ihrer Familien als Minderheit deutete auf „den tastenden Versuch" hin, „ihren Platz als Zugehörige in der Sozialstruktur der Bundesrepublik zu bestimmen."

In den folgenden Jahren hat die sozialwissenschaftliche Forschung begonnen, die durch Migration entstandenen gesellschaftlichen Veränderungen in Deutschland systematisch zu analysieren. Es entwickelte sich eine differenzierte deutsche Migrationssoziologie, die der Komplexität des Gegenstandes mehr und mehr gerecht wurde. Seit Beginn der 90er Jahre zeigte sich auch von seiten der Politik und Öffentlichkeit das Bedürfnis, in einen Dialog mit Migrationsforschern zu treten und Ergebnisse der Forschung zu rezipieren. Äußeres Zeichen dafür ist zum Beispiel die von Innenminister Otto Schily im Jahr 2000 einberufene Sachverständigen-Kommission Zuwanderung, die am 4. Juli 2001 ihre Vorschläge, wie die Zuwanderung nach Deutschland gesetzlich geregelt werden kann, in Berlin vorgestellt hat. Weitere Parteikommissionen erarbeiteten zeitgleich Vorschläge für ein Zuwanderungsgesetz. Neben der Frage, wie die Zuwanderung gesteuert werden kann, geriet zwangsläufig und richtig auch die Frage nach der Integration von Migranten in die Debatte. Und nachdem das Asylrecht bereits zu Beginn der 90er Jahre zentrales Element der politischen Debatte war, steht es auch nun wieder im Mittelpunkt der Auseinandersetzung. Daneben machen Entwürfe der Europäischen Kommission zur Vereinheitlichung des Asylrechts, zur Harmonisierung der Einwanderungspolitik und zur Vereinheitlichung der Familienzusammenführung politische Diskurse auf supranationaler Ebene notwendig.

Mit dem vorliegenden Band wollten wir an die von Friedrich Heckmann vor 20 Jahren gestellte Frage anknüpfen und haben anlässlich seines 60. Geburtstags Weggefährten und Kollegen gebeten, Gedanken und Erkenntnisse aus ihrer jeweiligen Perspektive beizutragen. Wir haben dabei eine bewusste Auswahl an Personen aus verschiedenen Bereichen des öffentlichen Lebens getroffen.

Einleitend stellen *Alfred Hierold* und *Viktor Foerster*, beide Gründungsmitglieder des *europäischen forums für migrationsstudien e.V.*, den Entstehungszusammenhang, rechtliche Rahmenbedingungen, die organisatorische, infrastrukturelle und personelle Entwicklung sowie die ausdifferenzierten Arbeitsschwerpunkte und Dienstleistungen des *europäischen forums für migrationsstudien (efms)*, Institut an der Universität Bamberg, dar, das von Friedrich Heckmann geleitet wird.

*Cornelia Schmalz-Jacobsen* leitet Teil II zum konkreten politischen Diskurs ein. Mit einer eindringlichen Aufforderung an Öffentlichkeit und Politik zu mehr Einsicht und Sensibilität plädiert sie in ihrem Beitrag für ein Umdenken in der Migrations- und Integrationspolitik, wie sie es bereits 1998 mit ihrem Memorandum „Integration - Grundvoraussetzung ohne Alternative", das sie zum Ende ihrer Amtszeit als Beauftragte der Bundesregierung für die Belange der Ausländer verfasst hat, gefordert hat. Daran anknüpfend findet auch *Renate Schmidt* klare Worte zur aktuellen politischen Diskussion und zur notwendigen Verknüpfung von Wissenschaft und Politik. Gedankenansätze zur Zuwanderungsdebatte aus bayerischer Sicht werden von *Heinz Grunwald* beigetragen. Aus der Perspektive des Journalisten schildert *Alexander Jungkunz* den Wandel des Themas Einwanderung in der öffentlichen Wahrnehmung und dessen Rezeption in den Medien. Mit der Verantwortung, die Presse und Medien durch ihren Einfluss auf die öffentliche Meinungsbildung haben, ist in der Vergangenheit durch undifferenzierte Darstellungen und Klischees bis hin zu einer Verzerrung der Wirklichkeit oft zu leichtfertig umgegangen worden. *Karl-Heinz Meier-Braun* illustriert dazu an Beispielen zur Berichterstattung über Migranten den Nachholbedarf, der zum Thema Migration in den Massenmedien vorliegt.

Wie einleitend festgestellt, hat der wissenschaftliche Diskurs zum Thema Migration und Minderheiten in den letzten vier Jahrzehnten eine erhebliche Ausdifferenzierung erfahren. *Robert Hettlage* zeigt - aus wissenssoziologischer Perspektive - anhand ausgewählter Beispiele 45 Jahre Entwicklung der wissenschaftlichen Literatur zur Migration, in der sich unterschiedliche Phasen der Problemwahrnehmung, der theoretischen Erfassung und der politischen Gestaltung von Migrationsprozessen widerspiegeln.

Blickt man auf die ausländer- und migrationspolitische Entwicklung der letzten Jahrzehnte zurück, stellt das Inkrafttreten der Anwerbestoppausnahmeverordnung eine wichtige Zäsur dar. *Annette Treibel* reflektiert im ersten Beitrag zu Teil III rückblickend die wesentlichen Entscheidungen in der Zuwanderungspolitik der 90er Jahre und konstatiert einen Paradigmenwechsel in Wissenschaft und Politik. Mit der Einführung des Amtes des Ausländerbeauftragten

Ende der 70er Jahre reagierte die Politik mit einer institutionellen Maßnahme auf offensichtliche Versorgungsdefizite bei zugewanderten Familien, die Lebensbereiche wie Wohnen oder Gesundheit betrafen, und nahm somit Migranten nicht mehr allein unter arbeitsmarktpolitischen Gesichtspunkten wahr. *Bernd Geiß* schildert in seinem Beitrag die Entwicklung der Stellung und Aufgaben der jeweiligen Ausländerbeauftragten und ihre wichtigsten politischen Forderungen.

Wie sich Migrations- und Integrationspolitik in Deutschland durch die zunehmende europäische Integration in den letzten Jahren entwickelt hat und welche Merkmale sie im Vergleich zu europäischen Nachbarländern aufweist, illustrieren die folgenden Beiträge. *Verónica Tomei* erläutert die Entstehung eines europäischen migrationspolitischen Kommunikations- und Handlungsraums, der die Gestaltung von über die nationalstaatlichen Grenzen Deutschlands hinausreichenden Migrationskonzeptionen erforderlich macht. *Hans Mahnig* analysiert in komparativer Perspektive die Integrationspolitik Großbritanniens, Frankreichs, der Niederlande und Deutschlands und erstellt eine Typologie, welche die verschiedenen Integrationsstrategien gemäß ihrer Inhalte, Mittel und Ziele vergleicht. Zu unserer großen Bestürzung mussten wir vor Fertigstellung des Bandes vom plötzlichen Tod Hans Mahnigs erfahren. Er wird uns als guter Freund und brillanter Wissenschaftler in Erinnerung bleiben.

In den anschließenden Beiträgen werden zwei Sonderbeispiele von Migration behandelt. *Anton Sterbling* schildert Ursachen, Eigendynamik und Folgeprobleme der Aussiedlung von Deutschen aus Rumänien vor dem Hintergrund eines historischen Überblicks über Wanderungsbewegungen in Südosteuropa seit dem 18. Jahrhundert. Im Beitrag von *Thomas Müller-Schneider* wird das Phänomen Menschenschleusung, das in jüngster Zeit den öffentlichen Diskurs nachhaltig bestimmt hat, migrationssoziologisch erklärt und die damit zusammenhängende Steuerungsproblematik aufgezeigt.

Der IV. Teil des Bandes widmet sich den Konsequenzen von Migration für die Sozialstruktur der Bundesrepublik Deutschland. *Bernhard Nauck* analysiert Mechanismen zur sozialen Integration von Migrantenimoritäten, die durch die Ausgestaltung des Sozialstaats zur Verfügung stehen. *Laszlo A. Vaskovics* präsentiert in seinem Aufsatz Forschungsergebnisse zu Heiratsbeziehungen zwischen deutschen und ausländischen Mitbürgern in Deutschland als theoretisch begründeten Indikator sowohl für Integration als auch für Offenheit von Gesellschaften. Auf Basis einer empirischen Analyse von Daten des Sozioökonomischen Panels der Jahre 1995/96 vergleichen *Joachim Frick* und *Gert Wagner* die soziale Lage von in Deutschland geborenen Kindern mit deutschen Eltern, Kindern von Aussiedlern und Kindern von Migranten, die im Ausland oder in Deutschland geboren wurden. Anhand von Ergebnissen eines Forschungsprojektes zu Folgen der Arbeitsmigration für Bildung und Erziehung berichtet *Ingrid Gogolin* über Konsequenzen von Migration für die Erziehungswissenschaft.

Prognosen zur Bevölkerungsentwicklung werden oftmals herangezogen, um den zukünftigen Bedarf von Zuwanderung zu berechnen. *Reiner Dinkel* zeigt in seinem Beitrag methodische Schwächen derartiger Berechnungen auf, die aufgrund der Komplexität bevölkerungsdynamischer Zusammenhänge entstehen. *Hartmut Esser* präsentiert ein Modell, mit dem er ethnische Segmentation als nicht geplantes Resultat von situationsorientierten rationalen Entscheidungen von Akteuren, also Einheimischen, Migranten und im Herkunftsland verbliebenen potentiellen Migranten erklärt.

Die gesellschaftliche Integration von Migranten stellt sich als ein über Jahre und Jahrzehnte ablaufender komplexer Prozess dar, in dem sich neben den Zuwanderern selbst auch die Struktur und Kultur der aufnehmenden Gesamtgesellschaft verändern. Diese Prozesse zeigen sich - auch in ihrer Problemhaftigkeit - ganz besonders in den Großstädten, womit sich die Autoren in Teil V des vorliegenden Bandes befassen. *Reimund Anhut* und *Wilhelm Heitmeyer* analysieren ethnisch-kulturelle Konfliktkonstellationen und soziale Desintegration in Städten. Dies erfolgt auf Basis einer doppelten Integrationsperspektive, aus Sicht sowohl der Zuwanderergruppen als auch der Aufnahmegesellschaft, und daraus resultierenden wechselseitigen Wahrnehmungen, die sich auf die Entwicklung von Vorurteilen oder von Diskriminierungsbereitschaft niederschlagen können. *Gudrun Cyprian* stellt in ihrem Beitrag Entwicklungen dar, durch die sich die Bedingungen für eine gelungene soziale Integration in Städten verändert haben und diskutiert die Dialektik urbanen multiethnischen Zusammenlebens zwischen kultureller Separierung und Integration. *Dietrich Vogel* schildert Integrationsförderung aus kommunaler Perspektive anhand konkreter Angebote und Initiativen der Stadt Fürth.

Teil VI des vorliegenden Bandes thematisiert Migration in internationaler Perspektive. *Irene Stacher* und *Jonas Widgren* präsentieren einen Überblick zu internationalen Wanderungs- und Fluchtbewegungen. *Hans-Joachim Hoffmann-Nowotny* stellt die Entwicklung der Zuwanderung in die Schweiz dar und wirft die Frage auf, wie die Schweiz mit als „fremd" empfundenen Migranten umgegangen ist bzw. in Zukunft umgehen wird. Es lässt sich beobachten, dass faktische Einwanderungsländer, die sich aber nicht als solche definieren, Zuwanderung unter steuerungspolitischen Aspekten als Gefahr für die nationale Sicherheit thematisieren und aufgrund eines Steuerungsdefizits Katastrophenszenarien entwerfen. *Andreas Wimmer* vergleicht am Beispiel der Schweiz Risikoprognosen in rückblickender Perspektive mit tatsächlichen Entwicklungen und leitet daraus eine Einschätzung zukünftigen Risikopotentials transnationaler Migration ab. Sowohl im historischen Rückblick als auch durch eine Analyse gegenwärtiger Politiken präsentiert *Phil Martin* einen Überblick zur Entwicklung und zu Herausforderungen der Einwanderungspolitik der Vereinigten Staaten.

Abgerundet wird der Band mit einem Beitrag von *Lale Akgün* zu Interkulturalität und interkultureller Kompetenz aus wissenschaftlich-analytischer Perspektive sowie anhand der alltäglichen Realität interkultureller Lebensweise. Für Fremdenfähigkeit anstelle von Integration plädiert *Friedhelm Kröll,* ein Konzept, das nicht am Zuwanderer, sondern an der Aufnahmegesellschaft ansetzt.

Durch die jüngsten Entwicklungen hat die 1981 erschienene Habilitationsschrift von Friedrich Heckmann nichts an Aktualität verloren. Aus Anerkennung für seine kontinuierliche Arbeit haben die Autoren und wir, seine Mitarbeiter am *europäischen forum für migrationsstudien,* ihm diese Festschrift gewidmet. Die Sympathie und Anerkennung, die Friedrich Heckmann entgegen gebracht wird, zeigt sich auch in der spontanen Bereitschaft vieler, zu diesem Geschenk beizutragen. Der Band führt verschiedene Perspektiven und wissenschaftliche Disziplinen, theoretische Erkenntnisse und empirische Untersuchungsergebnisse mit ausgeprägter Relevanz für die Praxis und enger Nähe zur gesellschaftlichen Realität zusammen - Aspekte, die auch die Arbeit von Friedrich Heckmann prägen. Der Band ist somit Wegbeschreibung und zugleich Danksagung und Anerkennung.

Wir möchten uns an dieser Stelle bei den Autoren bedanken, deren Beiträge den Kern dieser Festschrift bilden, nicht nur für ihre Bereitschaft, uns termingerecht einen Artikel zur Verfügung zu stellen, sondern auch für ihre Kooperation bei der Einhaltung gewisser Auflagen, die eine Geheimhaltung des Projekts und damit eine gelungene Geburtstagsüberraschung gewährleisteten.

Unser Dank gilt darüber hinaus unseren Kollegen Wolfgang Bosswick, Harald W. Lederer, Susanne Worbs, Gaby Straßburger, Veronika Vitt und Maria Matreux-Schoof für die tatkräftige Unterstützung und konstruktive Kritik während der Erstellung des Bandes. Besondere Anerkennung verdient die Leistung von Gerald Kubik für seine engagierte (und schnelle) Arbeit bei Formatierung und Layout des Bandes.

Tanja Wunderlich und Edda Currle

Bamberg, Juli 2001

# Teil I:
# Das europäische forum für migrationsstudien

Alfred E. Hierold

# Der Forschung und der Dienstleistung verpflichtet.

## Anmerkungen zur Gründung des „europäischen forums für migrationsstudien (efms)"

### 1. Gesetzlicher Rahmen

„Das Hochschulwesen dient der Pflege und Entwicklung der Wissenschaften und der Künste durch Forschung, Lehre und Studium". So umschreibt das Bayerische Hochschulgesetz vom 02. Oktober 1998 (GVBl S.740) in Art.2 Abs.1 ganz allgemein die Aufgaben der Hochschulen, wozu auch die wissenschaftliche Weiterbildung und die Kooperation mit Institutionen und Vereinigungen außerhalb der Hochschulen in Wissenschaft, Wirtschaft, Politik und Gesellschaft zählen. Als Spezifikum für die Universitäten wird in Abhebung von den anderen Typen von Hochschulen die Forschung hervorgehoben (Art.2 Abs.1 Satz 4 BayHSchG), wobei vor allem die Grundlagenforschung, aber auch die anwendungsbezogene Forschung gemeint ist.

Für diese Aufgaben werden die Hochschulen mit Personal und Geldmitteln vom Staat ausgestattet. Diese dienen vornehmlich der Sicherstellung von Lehre und Studium. Wenngleich auch in diesen Bereichen die Finanzmittel nicht hinreichen, so ist dies im Bereich der Forschung noch gravierender. Darum erwartet der Staat selbst eine Förderung der Forschung durch Gelder aus außerstaatlichen, öffentlichen oder privaten Quellen, durch sog. Drittmittel. In der Folge normiert Art.10 BayHSchG: „Die Hochschulmitglieder, bei denen die Forschung Inhalt ihres Hauptamtes ist, sind berechtigt, im Rahmen ihrer dienstlichen Aufgaben auch solche Forschungsvorhaben durchzuführen, die nicht oder nicht vollständig aus den der Hochschule zur Verfügung stehenden Landesmitteln, sondern aus Mitteln Dritter finanziert werden. Die Durchführung solcher Vorhaben ist Teil der Hochschulforschung." In der Tat sind die Aufwendungen Dritter gerade im Bereich der Forschung gegenüber den Landesmitteln ganz erheblich.

Eine andere Form der Forschungsförderung ist die Angliederung von Forschungseinrichtungen außerhalb der Universitäten an eine Hochschule, um durch Kooperation mit solchen Institutionen Synergieeffekte zu erzielen oder auch um Ressourcen zu erschließen. So ermächtigt Art.129 Abs.5 BayHSchG das Staatsministerium für Wissenschaft, Forschung und Kunst, auf Antrag einer staatlichen Hochschule „einer nicht hochschulangehörigen, der Lehre und Forschung oder Kunst dienenden Einrichtung ohne Änderung der bisherigen Rechtsstellung die Stellung einer wissenschaftlichen...Einrichtung an dieser Hochschule" zu geben. Diese gesetzliche Möglichkeit sollte sich auch für die Otto-Friedrich-Universität Bamberg als förderlich erweisen.

## 2. Konkrete Bemühungen

Mit der Berufung von Prof. Dr. Friedrich Heckmann auf die Professur für Soziologie mit dem Schwerpunkt „Sozialstruktur der Bundesrepublik Deutschland" kam auch eine neue Forschungsintention an die Universität Bamberg, nämlich die Forschungen zu Fragen der Migration und deren Zusammenhänge. Die Ausstattung der Professur ohne wissenschaftlichen Mitarbeiter und mit nur minimaler Sekretariatskapazität sowie mit nicht gerade üppiger Sachmittelausstattung zeigte sehr schnell die äußeren Grenzen für weiter gehende Forschungen. Deshalb griff ich in der damaligen Hochschulleitung gerne die Idee auf, durch ein sog. An-Institut die Forschungskapazitäten zu erweitern, nachdem Prof. Heckmann, Rechtsanwalt Foerster und Dipl.-Sozialwirt Bosswick dieses Anliegen in einem Gespräch am 11.01.1993 mit dem Kanzler Hemmerlein und mit mir erörtert hatten.

Prof. Heckmann legte auch eine Machbarkeitsstudie für ein „Europäisches Forum für Migrationsstudien" vom 26.11.1992 vor, die zusammenfassend feststellt: „Im Kontext der neuen politischen Realitäten Europas und der übrigen Welt gewinnt der Aufbau einer Organisation zentrale Bedeutung, die nicht nur Daten zu Migrationsfragen sammelt und auswertet, sondern auch fundierte Informationen zur Verfügung stellt und als Bindeglied zwischen der Öffentlichkeit, der Wissenschaft und den Behörden fungiert" (Studie 2). Nachdem in einem Zwischenbericht bereits ein Trägerverein für ein Institut vorgeschlagen worden war, formuliert der Endbericht die konkreten Aufgaben des efms und legt die notwendige Infrastruktur, Personal- und Sachausstattung im Rahmen eines fünfjährigen Entwicklungsplanes dar. Zugleich enthält der Bericht eine detaillierte Kalkulation für die ersten fünf Arbeitsjahre.

Am 22.01.1993 erfolgte in Fürth die Gründung des Vereins europäisches forum für migrationsstudien (efms). Die auf der Gründungsversammlung verabschiedete Satzung des Vereins sieht als Zweck des Vereins vor: Gründung und Unterhaltung eines Institutes an der Universität Bamberg mit dem Namen „europäisches forum für migrationsstudien, Institut an der Otto-Friedrich-Universität Bamberg". Das Institut solle „eigenständige wissenschaftliche

Forschungsleistungen wie fördernde und begleitende Aktivitäten entwickeln". Ferner solle sich das Institut zum Zweck des Austauschs von Informationen am Aufbau und am Unterhalt eines internationalen Netzwerkes beteiligen. „Die gewonnenen Erkenntnisse werden durch einen qualifizierten Wissenstransfer insbesondere mit den Bereichen Politik, Verwaltung, Bildung und Öffentlichkeit unter Einbeziehung der Medien verwertet" (Satzung 2.3). Als Ziel der Kommunikation wurde die Publikation einer eigenen Zeitschrift oder eine Gemeinschaftspublikation angepeilt. Am 02.04.1993 wurde das europäische forum für migrationsstudien als rechtsfähiger Verein eingetragen.

Bereits am 03.02.1993 hat sich der Fachbereichsrat der Fakultät Sozial- und Wirtschaftswissenschaften mit der Errichtung eines Instituts für Migrationsstudien befasst und folgenden Beschluss gefasst: „Der Fachbereichsrat der Fakultät Sozial- und Wirtschaftswissenschaften begrüßt die Initiative zur Errichtung eines Instituts für Migrationsstudien mit dem Namen ‚Europäisches Forum für Migrationsstudien'; der Fachbereichsrat befürwortet die Gründung des Europäischen Forums für Migrationsstudien als Institut an der Universität Bamberg gemäß Art.129 Abs.5 BayHSchG und bittet den Senat und die Hochschulleitung, einen entsprechenden Antrag im Ministerium zu stellen."

In einer Kooperationsvereinbarung, die am 26.04.1993 von Rechtsanwalt V. Foerster seitens des europäischen forums für migrationsstudien e.V. und am 04.05.1995 von mir als Rektor der Universität Bamberg unterzeichnet wurde, verpflichtete sich die Universität, einen Antrag gemäß Art.129 Abs.5 BayHSchG – vorbehaltlich der Zustimmung ihres Senats – an das Staatsministerium für Unterricht und Kultus, Wissenschaft und Kunst zu stellen. Als Voraussetzung wurde vereinbart, dass der wissenschaftliche Leiter des Instituts gleichzeitig Professor an der Universität Bamberg ist und der Forschungszweck des Instituts mit den Interessen der Universität Bamberg im Einklang steht. Andernfalls könne jeder Beteiligte den Widerruf der Anerkennung beantragen.

Am 01.05.1993 nahm das Institut seine Tätigkeit in Räumen in der Katharinenstraße in Bamberg auf, die der Verein angemietet hatte.

Der Akademische Senat der Universität Bamberg befasste sich in seiner Sitzung am 26.05.1993 mit der Institutsgründung und beschloss, einen entsprechenden Antrag an das Staatsministerium zu stellen. Dieser Antrag wurde mit Schreiben vom 04.06.1993 an das Staatsministerium gestellt; die entsprechenden Unterlagen, wie Satzung des Vereins, das Gründungsprotokoll und die genannte Vereinbarung, wurden dem Antrag beigefügt. Im Staatsministerium wurde der Antrag mit großem Interesse aufgenommen. Es bestand dort kein Zweifel an der wissenschaftlichen Potenz des Instituts, jedoch wurden Bedenken hinsichtlich der längerfristigen Finanzierung geltend gemacht und es wurde darauf hingewiesen, dass das Ministerium keinesfalls bereit sei, eine Ersatz- oder Nachfolgefinanzierung zu gewährleisten.

Die geäußerten Bedenken konnten ausgeräumt werden sowohl durch Vorstellungen der Hochschulleitung als auch durch eine Zusicherung der Stiftung für Bevölkerung, Migration und Umwelt (BMU) mit Sitz in Zürich. Daraufhin verlieh das Ministerium mit Schreiben vom 17.09.1993 dem Institut „europäisches forum für migrationsstudien" ohne Veränderung seiner bisherigen Rechtsstellung die Stellung einer wissenschaftlichen Einrichtung an der Universität Bamberg gemäß Art.129 Abs.5 BayHSchG. Die Verleihung war zunächst befristet bis Ende 1997 und an folgende Voraussetzungen geknüpft: „1. Die Freiheit von Lehre und Forschung am Institut muss gewährleistet sein, und der Forschungszweck muss mit den Interessen der Universität Bamberg in Einklang stehen. 2. Wissenschaftlicher Leiter des Instituts ist ein Professor der Universität Bamberg. 3. Die Finanzierung des Instituts muss gesichert sein... 4. Mittel des Freistaates aus dem Haushalt für die bayerischen Universitäten werden für das Institut nicht beansprucht und auch nicht bereitgestellt."

## 3. Erfolgreiche Arbeit

Vom 25.-18.11.1993 stellte sich das neue Institut mit einem Gründungssymposium „Migration Policies – a Comparative Perspective" der Öffentlichkeit vor. Sowohl die Referenten als auch die Teilnehmer kamen aus dem In- und Ausland, so dass bereits zu Beginn die Internationalität des Instituts demonstrativ zum Ausdruck kam. Die Themenpalette reichte von der Asylpolitik in Deutschland über die Einwanderungspolitik in Frankreich, Italien, Großbritannien, den USA und Australien bis hin zu Fragen des Europäischen Rechts. Das Symposium kann als sehr erfolgreich bezeichnet werden, was auch in den Medien dargestellt wurde. Die Beiträge wurden im Jahr 1995 in einem eigenen Band publiziert (Stuttgart: Enke 1995).

Im Jahr 1996 erschienen in der Reihe „Forum Migration" zwei weitere Publikationen: Heckmann, F. und Tomei, V. (Hrsg.), Freizügigkeit in Europa. Migrations- und europapolitische Aspekte des Schengen-Vertrages, und: Tomei, V., Europäische Migrationspolitik zwischen Kooperationszwang und Souveränitätsansprüchen. 1997 wurde Lederer H.; Migration und Integration in Zahlen. Ein Handbuch veröffentlicht, das von der Beauftragten der Bundesregierung für Ausländerfragen herausgegeben wurde. Außerdem gibt das Institut einen vierteljährlich erscheinenden zweisprachigen Pressespiegel mit der chronologischen Dokumentation wichtiger Ereignisse in Deutschland im Bereich der Migration und Zusammenstellungen von dokumentarischen Informationen heraus.

Die Forschungsschwerpunkte sind nach Angaben des Instituts: statistische Berichterstattung zu Migration und Integration, Analyse der Migrationspolitik europäischer Staaten, europäische Kooperation in der Migrationspolitik, die Integration von Migranten, Einbürgerung, Ursachen der neuen Zuwanderung und Steuerungsprobleme.

Für seine Arbeit konnte das Institut erhebliche Drittmittel erwerben und so seinen finanziellen Unterbau sichern.

Es ist hier nicht der Ort, die Leistungen des Instituts umfassend darzustellen und zu würdigen. Sie waren jedenfalls so positiv, dass ich mit Schreiben vom 26.11.1997 an das Staatsministerium den Antrag stellte, dem Institut weiterhin die Stellung einer wissenschaftlichen Einrichtung an der Universität Bamberg zu verleihen. Dem Antrag wurde mit Schreiben vom 05.12.1997 unter den gleichen Voraussetzungen wie 1993 stattgegeben und die Verleihung bis Ende 2000 befristet, da die Finanzierung bis dahin sichergestellt war.

Zum fünfjährigen Jubiläum veranstaltete das Institut am 15.05.1998 ein Symposium „Migration und Integration in Europa", in dem die Mitarbeiterinnen und Mitarbeiter ihre Arbeit vorstellen konnten. Im Rahmen der Tagung wurde an Herrn Viktor Foerster und an Herrn Walter J. Weber die Verdienstmedaille „bene merenti" in Silber der Universität Bamberg verliehen, ein Vertrag zwischen der Roosevelt-University Chicago und der Universität Bamberg zu einem Studentenaustausch, gesponsert von der Bayerischen Vereinsbank Bamberg, unterzeichnet und die Stiftung eines Forschungspreises „Migration und Integration" durch die Kreissparkasse Bamberg bekannt gegeben. Die Beiträge des Symposiums wurden 1999 publiziert.

Da die Forschungs- und Dienstleistungen des Instituts allgemeine Anerkennung fanden und die finanzielle Absicherung gewährleistet war, wurde von Rektor Ruppert mit Schreiben vom 07.12.2000 die Verlängerung der Genehmigung beim Bayerischen Staatsministerium für Wissenschaft, Forschung und Kunst beantragt. Die Verleihung wurde mit Schreiben des Ministeriums vom 29.12.2000 bis Ende 2002 verlängert.

Die Darstellung der Entstehung und des Wirkens des „europäischen forums für migrationsstudien" macht deutlich, wie erfolgreich die Arbeit des Instituts bisher war, wie sehr sich die Kooperation zwischen der Universität Bamberg und dem Verein „Europäisches Forum für Migrationsstudien e.V." bewährt hat und wie beides sich nicht zuletzt der Tatkraft von Prof. Heckmann verdankt.

# Viktor Foerster

## Motive und Erinnerungen an Gründung, Aufbau und Erfolg des efms

### 1. Die Geburtsstunde des efms

Die Idee zur Gestaltung einer parteipolitisch unabhängigen Forschungseinrichtung für das gesamtpolitisch zentrale Thema „Migration" ergab sich etwa um das Jahr 1991. Ich wurde gebeten, für eine Vortragsveranstaltung in den USA (Washington) führende Persönlichkeiten in Europa zu identifizieren, die sich zum Thema „Migration" wissenschaftlich ausgezeichnet haben. Die Suche führte schließlich dazu, aus dem deutschsprachigen Raum folgende Personen dem Veranstalter vorzuschlagen: Prof. Heckmann (Curriculum Vitae vgl. *www.uni-bamberg.de/efms* ), Prof. Hailbronner (Curriculum Vitae vgl. *www.universität-konstanz.de*) und Prof. Hoffmann-Nowotny (Curriculum Vitae vgl. *www.suz.unizh.ch*).

Die Mühe der Identifikation von Wissenschaftlern, die sich mit der Materie „Migration" zu diesem Zeitpunkt bereits nachhaltig auseinander gesetzt hatten, ließ die Idee reifen, dieses gesellschaftsrechtlich brisante Thema zu institutionalisieren. Erste Konzepte nahmen Formen an. Die Gründung einer Stiftung in Deutschland oder die Stiftung/Teilfinanzierung einer Professur „Migration" schieden schnell wegen rechtlicher, finanzieller und bürokratischer Hürden als Lösungsvarianten aus.

Die Auswertung der Erfahrungen bei der Suche von Wissenschaftlern, die sich mit dem Thema Migration substantiell befasst haben und die Erkenntnisse aus den USA-Vortragsveranstaltungen führten zu der Einsicht, dass ein universitäres Vakuum zum Thema Migration in Deutschland, aber insbesondere in Bayern, bestand. Mit Prof. Heckmann fand sich eine Person, die für die Weiterentwicklung von Strategieüberlegungen wie geschaffen war. Prof. Heckmann hat sich seit Ende der 70er Jahre mit Migrationsfragen wissenschaftlich beschäftigt und konnte auf eine maßgebliche langjährige Tätigkeit in der Sektion Migration und Ethnische Minderheiten der Deutschen Gesellschaft für Soziologie zurückblicken.

Die ersten Strategieüberlegungen mit Prof. Heckmann führten kurzfristig dazu, sich mit dem Diplom-Sozialwirt Wolfgang Bosswick zu verbinden und ihn in das „Dreigestirn" des Gründungsteams einzubinden. Wir beschlossen gemeinsam, unsere Ideen über die Institutionalisierung eines Forschungsinstitutes auf dem Gebiet der Migration in einer „Feasibility Study" (August 1992) niederzulegen. Die Vorgesellschaft des efms begann, konkret zu arbeiten. Die Finanzierung konnte über die Schweizerische Stiftung „Bevölkerung, Migration und Umwelt" durch Herrn RA Walter Weber sicher gestellt werden.

Ich selbst war zum selben Zeitpunkt dabei, als Partner zusammen mit Herrn RA Klaus Rutow (Curriculum Vitae vgl. *www.fr-lawfirm.de*) eine eigene Wirtschaftskanzlei aufzubauen, nachdem wir beide mehr als ein Jahrzehnt in der Rechtsabteilung der Siemens AG als Syndikusanwälte gewirkt haben. Moderne Managementmethoden, wie sie zur Führung einer Wirtschaftskanzlei unerlässlich sind, fanden deshalb von Anfang an Eingang in die Planung und Errichtung des wissenschaftlichen Instituts.

## 2. Forschungseinrichtungen in Deutschland

Die Erfahrungen im Umgang mit dem Thema „Migration" in den USA haben zielgerichtet zu der Überlegung geführt, dass die zu gründende Institution als eine Forschungseinrichtung ausgestaltet sein muss. Die Träger der Forschungseinrichtungen in Deutschland lassen sich etwa wie folgt in sieben Gruppierungen (Spektrum der Wissenschaft 1997, 124 ff) darstellen:

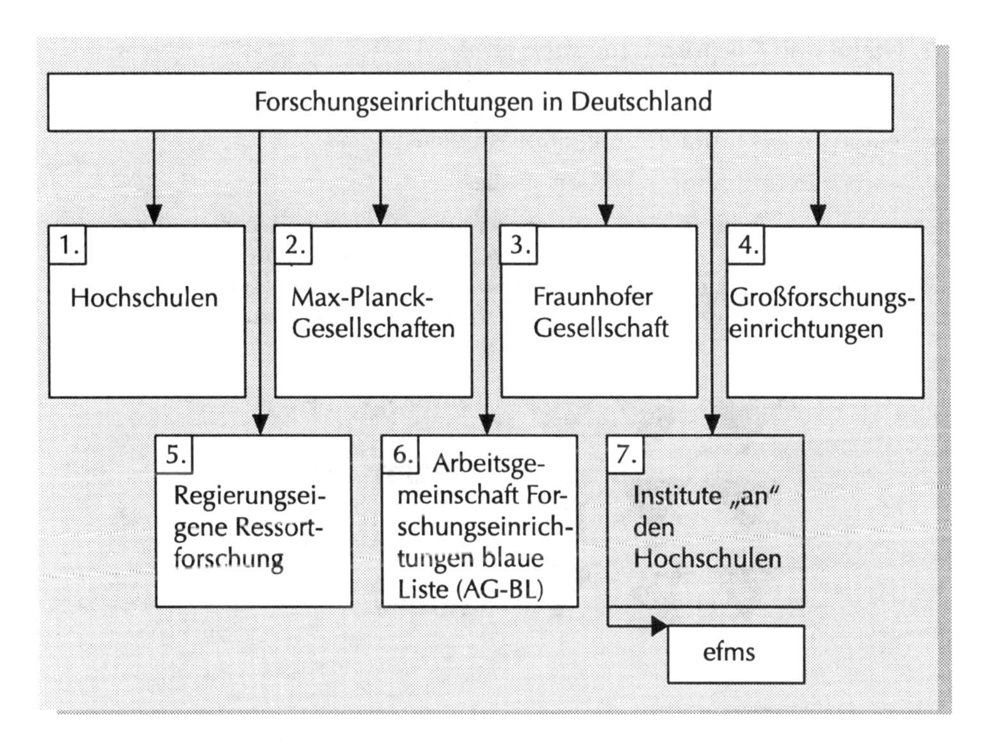


Auf dem Hintergrund dieser Analyse war das Institut „an-der Hochschule" die geeignete rechtliche Organisationseinheit, auf die sich die Gründer in ihren weiteren Plänen zur Realisierung einer Forschungseinrichtung „Migration" geeinigt haben. In einer Feasibility Study I, die im August 1992 fertiggestellt wurde, wurde ein Fünfjahreszeitraum für das Institut an der Universität im Detail geplant, mit einem Gesamtbudget von DM 2,4 Mio (1993 - 1997). Im November 1992 war die endgültige Feasibility Study (II) fertiggestellt. Diese wurde dann die Grundlage, Programm und Rahmen für die Realisation des efms.

## 3. Name und Corporate Identity: efms

Der Name „efms"

- europäisches forum für migrationsstudien
- european forum for migration studies

erschien deshalb gut geeignet, da auch in der englischen Übersetzung des Namens dieselbe Abkürzung Verwendung finden konnte. Von Anfang an wurde dem Namen ein Logo beigegeben, verbunden mit der Farbgebung gelb/schwarz, um die Unverwechselbarkeit des efms in seinem „Markt" zu gewährleisten.

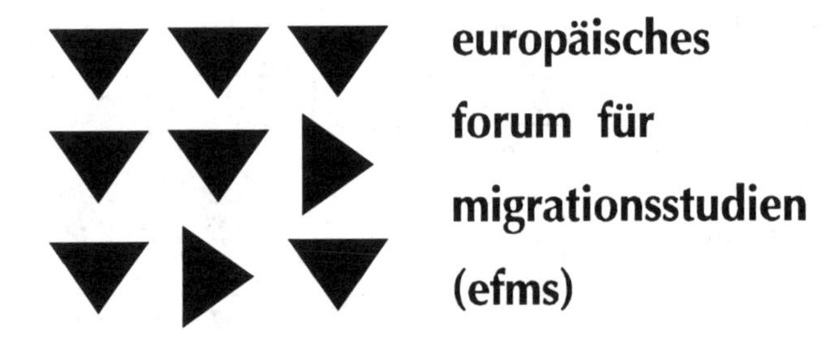


Die Rechte wurden als Wort- und Bildmarke in Form der Europäischen Gemeinschaftsmarke (Nr. 000345660) gesichert. Bei Veranstaltungen wurden durch entsprechende Werbemittel die Identität dieser Forschungseinrichtung einheitlich herausgestellt. Der gesamte Schriftverkehr und die vom efms erstellten Dokumente (Bücher, Zeitschriften etc.) wurden im einheitlichen Layout und damit zu einem einheitlichen Erscheinungsbild entwickelt. Diese Maßnahmen trugen effektiv zur Identifikation des Institutes in seinen vielfältigen Erscheinungsformen gegenüber Dritten bei, so auch bei vom efms (mit-) veranstalteten Seminaren und öffentlichen Veranstaltungen.

## 4. Aufgaben und Kernziele des efms

Die Aufgaben und Kernziele des efms wurden in der Feasibility Study in einer Grafik beschrieben:

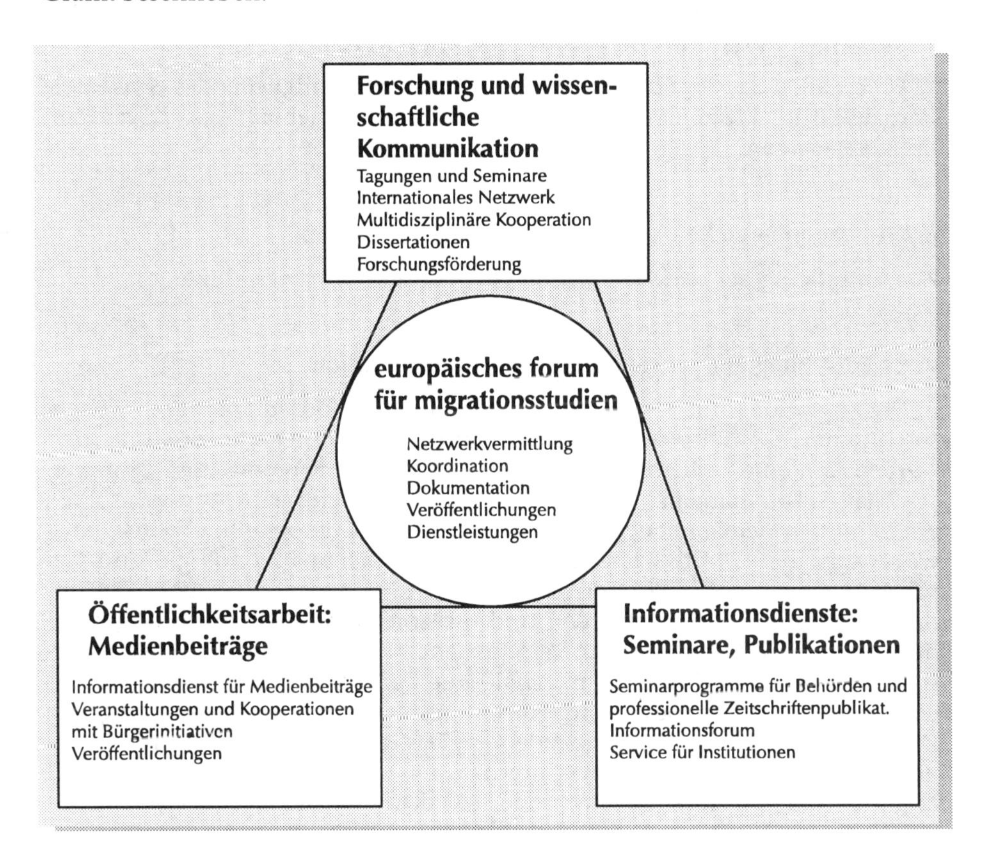


### 4.1 Kernziele

Als Kernziele wurden definiert:

- Die Analyse der Situation mittels wissenschaftlicher Untersuchungen.
- Die Einrichtung eines Forums für die Entwicklung praktischer Konzepte und Ideen zum Thema Migration auf dem Hintergrund von informierter Diskussion und freiem Informationsaustausch.
- Die Weitergabe sorgfältig recherchierter und aufbereiteter Information an die Massenmedien und die allgemeine Öffentlichkeit zur Förderung einer vernünftigen Zuwanderungspolitik.

- Die Unterstützung von Vertretern und Mitarbeitern öffentlicher Einrichtungen durch Seminare und Informationsforen.
- Der Aufbau eines Netzwerkes zum Austausch von Informationen zwischen Personen und Organisationen vor allem in Europa, aber auch in den USA und anderen traditionellen Einwanderungsländern.

Es war auch das Grundverständnis der Gründungsmitglieder des efms, diese Kernziele mit Hilfe einer religiös und parteipolitisch unabhängigen Organisation zu realisieren.

### 4.2 Aufgabenbereiche

Zur Umsetzung der Kernziele wurden drei Tätigkeitsschwerpunkte festgelegt:

#### 4.2.1 Forschung und wissenschaftliche Dokumentation

Die Migrationssituation und ihre Dynamik sollte fortlaufend durch wissenschaftliche Forschung und Kommunikation beobachtet und dokumentiert werden, um einen Überblick über Forschungsergebnisse und -ansätze in verschiedenen Disziplinen zu erreichen. Die einbezogenen Fachrichtungen sollten einen breiten Bereich abdecken - von Soziologie, Demographie, Wirtschaftswissenschaften, Politikwissenschaften, Recht bis zu Psychologie und Geschichtswissenschaften. Dieser Überblick sollte eine wertvolle Quelle für fundierte Informationen erschließen und die Forschung im Bereich Migration durch die Vermittlung zwischen verschiedenen Forschergruppen in den unterschiedlichen Fachrichtungen innerhalb und außerhalb Europas anregen. Das efms zielte darauf ab, bestimmte Forschungslücken durch die Anregung und Durchführung von Projekten abzudecken. Das Hauptziel in diesem Tätigkeitsbereich sollte der Aufbau eines internationalen Netzwerkes im Bereich für Migrationsangelegenheiten sein, wobei sich der Mitgliederkreis des Netzwerkes aus Universitätsinstituten, Forschergruppen, relevanten Organisationen, Behörden und Dokumentationszentren, die sich mit Migrationsfragen beschäftigen, zusammensetzen sollte. Das Netzwerk sollte nicht nur länderübergreifend sein, sondern auch Vertreter verschiedener Fachrichtungen mit einbinden. Durch das Angebot und den Austausch von Informationen über Forschungen und Ergebnisse sollte das efms die interdisziplinäre Kooperation fördern. Die Entwicklung der Forschungslandschaft sollte beobachtet werden, um Forschungsbedarf zu bestimmten Themen zu ermitteln.

### 4.2.2 Information

Der Aufbau einer gut organisierten Dokumentation sollte einen einfachen Zugriff auf eine stetig wachsende Informationsbasis ermöglichen (elektronische Datenbank). Diese Dokumentation sollte Basis für Informationsdienstleistungen sein; dazu sollten Ergebnisse wissenschaftlicher Arbeit zum Aufbau von Unterrichtsmaterialien für Schüler und Auszubildende dienen. Die Rezeption von Forschungsergebnissen oder von erarbeiteter Information sollte regelmäßig durch unterschiedliche Formen von Publikationen auf herkömmliche, aber auch auf elektronische Art gefördert werden.

### 4.2.3 Öffentlichkeit, Medien

Aufbauend auf der Dokumentation sollte ein konstanter Service für die Medien eingerichtet werden, um Fakten und Ergebnisse wissenschaftlicher Forschung der Öffentlichkeit zur Verfügung zu stellen; dieses Angebot sollte korrekte Informationen (z. B. nicht nur die Zahlen der Ein- sondern auch der Auswanderung zu erfassen und zu bewerten) gut aufbereitet Zeitungen, Rundfunk- und Fernsehanstalten, Lehrkräften und Bürgerinitiativen anbieten. Zur Umsetzung dieses Zieles war es nötig, den öffentlichen Diskurs über Migration laufend zu verfolgen und die Fähigkeit zu erarbeiten, Ergebnisse und Einsichten aus dem wissenschaftlichen Bereich in Form und Sprache so auszudrücken, dass sie von einer interessierten Öffentlichkeit angenommen werden. Das efms sollte wichtige Multiplikatoren identifizieren, mit ihnen Kontakt aufnehmen und ihnen fundierte Informationen anbieten. Anfragen von Seiten der Medien über Hintergrundwissen zu aktuellen Ereignissen sollten kurzfristig bedient werden; das efms sollte außerdem den Kontakt zu Wissenschaftlern und zu Organisationen für Medienproduktionen zu Migrationsfragen vermitteln.

Das efms sollte seinen Platz als Verknüpfungspunkt zwischen diesen drei Bereichen schaffen und sich auf Kommunikation und eine integrierende Öffentlichkeitsarbeit konzentrieren, die die verschiedenen, mit Migrationsfragen befassten gesellschaftlichen Institutionen verbindet. Zur Umsetzung dieser Grundziele in den drei Bereichen wurden sie in Aktivitätsgruppen aufgebrochen, wie in der Feasibility Study weiter definiert.

## 4.3 Elektronisches Netzwerk

Ein weiterer Entwicklungsschwerpunkt der wissenschaftlichen Kooperation war der Aufbau eines elektronischen Netzwerkes. Das Internet war zum Gründungszeitpunkt des efms noch kein allgemein verfügbares Medium; deshalb wurde mit Punkt-zu-Punkt-Verbindungen (Modem) geplant. Die schnell fortschreitende Entwicklung hat dann das efms erfasst und heute zu einer eigenen „Internetschmiede" gemacht. Diese Entwicklung war für die Gründer nicht vorhersehbar. Sie hat die wohl stärksten Eingriffe in die Arbeit und die Organisation des efms gebracht, aber auch weltweit Perspektiven für die Verbreitung des Wissens und wertvolle Beiträge für die enge Zusammenarbeit bei Großprojekten geschaffen, die bei der Gründung des efms noch nicht absehbar waren.

## 5. Struktur des efms

Namen, Ziele und Aufgabenbeschreibungen sind Ideen, sie bedürfen aber der körperschaftlichen Umsetzung. Nach den Analysen in Form der Feasibility Studies war das Konzept eines rechtsfähigen gemeinnützigen Trägervereins nach deutschem Recht das gefundene Ergebnis. In einem zweiten Schritt musste die universitäre Anbindung (An-Institut) gesucht und realisiert werden.

## 6. Gründung des efms

Die Gründung des efms erfolgte am 25.01.1993, die Eintragung des rechtsfähigen Vereins am 02.04.1993. Der ursprüngliche Sitz in Fürth wurde später nach Bamberg verlegt. Als Vorstände wurden gewählt:

- Rechtsanwalt Viktor Foerster, Vorsitzender
- Prof. Friedrich Heckmann, stellvertretender Vorsitzender
- Rechtsanwalt Klaus Rutow
- Rechtsanwalt Walter J. Weber
- Dipl.-Volkswirt Wolfgang Bosswick

Gründungsmitglieder sind, außer den Vorstandsmitgliedern, Elmar Hönekopp, Claus Lüders und Stuart G. Bugg. Im Jahr 2000 wurde als Vereinsmitglied Verónica Tomei aufgenommen.

### 6.1 Institut an der Universität

Die Entwicklungsgeschichte des efms zum Institut „an" der Universität bis zur Entscheidung des Bayerischen Staatsministeriums für Unterricht und Kultur, Wissenschaften und Kunst hat der damalige Rektor Prof. Hierold in seinem Festschriftbeitrag beschrieben und gewürdigt. Seit dem 17.09.1993 ist das efms „Institut an der Otto-Friedrich-Universität Bamberg". Eine wesentliche Voraussetzung für die Genehmigung war für das Staatsministerium die Feststellung, dass für die Aufgaben des efms Mittel des Freistaates aus dem Haushalt für das Institut nicht bereitgestellt werden.

## 6.2 Organisationsstruktur des efms

Die im Wesentlichen bis heute unverändert gebliebene Organisationsstruktur des efms lässt sich grafisch wie folgt darstellen:

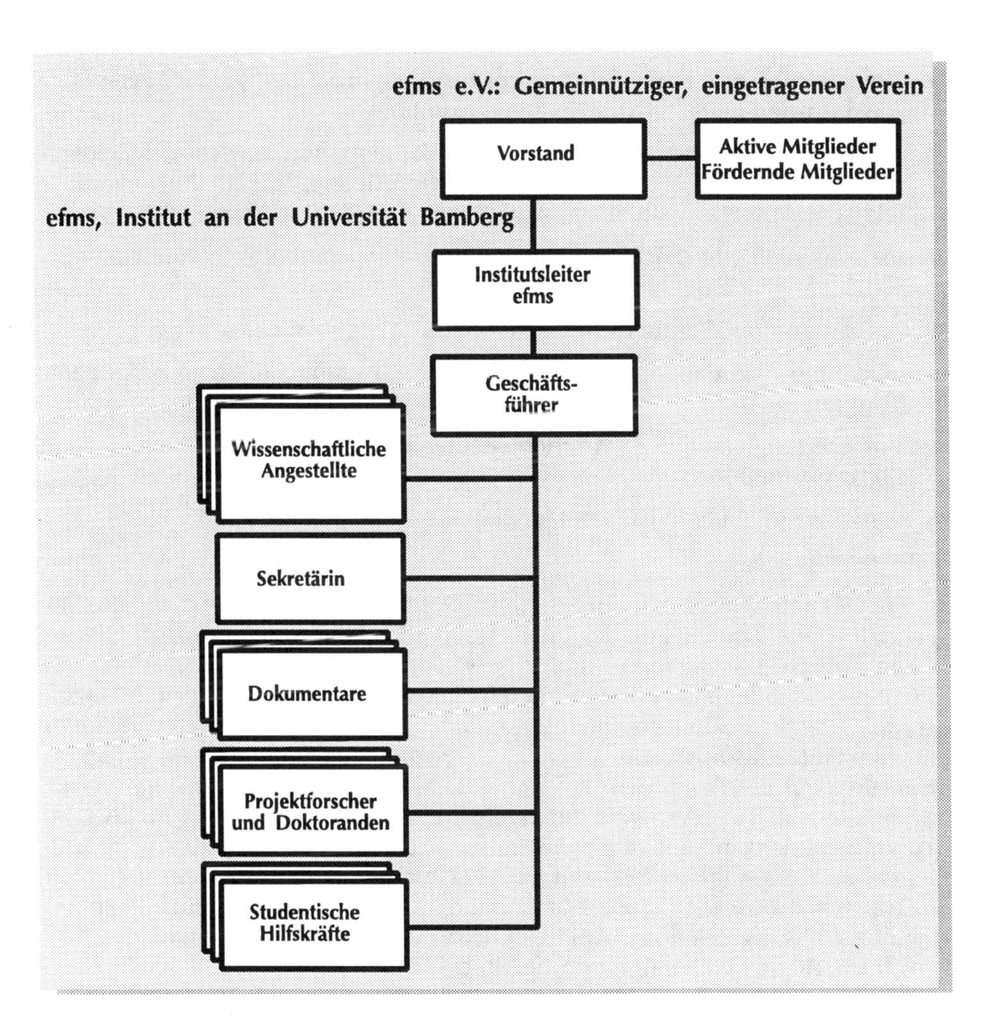


Die Organisationsstruktur des eingetragenen Vereins basiert typischerweise für solche Einrichtungen auf der Mitgliederversammlung und dem Vorstand.

## 6.3 Aufbaukonzept

Das efms wurde einem strikten Zeitplan zum phasenweisen Aufbau unterworfen. Nach einer Vorbereitungsphase (1992), die im wesentlichen in der Erarbeitung der Feasibility Studies mit dem darin entwickelten Realisationskonzept bestand, erfolgte die Aufbauphase mit den folgenden Aktivitäten:

- Vorbereitung und Durchführung der Institutsgründung (Räume / Personal / Ausstattung / Beirat / Gründungsversammlung)
- Aufbau der fachlichen Kompetenz und Dokumentation in wichtigen Schwerpunkten (Überblick über Fragen der Migrationspolitik in Europa, z. B. faktische Migrationssituation, Asylpolitik, Multikulturalismus)
- Identifikation von möglichen Partnern und Kooperationsaufnahme im Netzwerk
- Aufbau der Veröffentlichungsreihe Forum Migration
- Medienarbeit zu ausgewählten Anlässen (Gründung / Konzept / Kooperationsvereinbarungen)
- Vorbereitung der systematischen Medienarbeit (Verteiler aufbauen, erste Kontaktaufnahmen)
- Marktanalyse über Drittmittelquellen

Die Hauptschwerpunkte in der Aufbauphase waren anfänglich die Installation und Einrichtung des Institutes, die Vorbereitung der Institutsgründung und Gründungsversammlung sowie die Auswahl und Einstellung des Personals. Parallel dazu erfolgten bereits Recherchen zu ausgewählten Fragen europäischer Migrationspolitik und Kontaktaufnahmen zu geeigneten Partnern für den Auf- und Ausbau einer Datenbank; die Recherche- und Dokumentationstätigkeit wurde ab dem zweiten Quartal durch den wissenschaftlichen Mitarbeiter als Hauptaufgabe durchgeführt, wobei der Leiter des Instituts in Zusammenarbeit mit dem Geschäftsführer diese Tätigkeit anleitete und koordinierte. Zu ausgewählten Anlässen hat der Geschäftsführer in Zusammenarbeit mit den wissenschaftlichen Mitarbeitern Medienarbeit zur einführenden Selbstdarstellung des efms durchgeführt und die spätere systematische und kontinuierliche Medienarbeit vorbereitet.

In der daran anknüpfenden Konsolidierungsphase wurden diese Aktivitäten vertieft und erweitert.

## 6.4 Budget

Das Budget des efms wurde im Wesentlichen gespeist durch eine Anschubfinanzierung der Stiftung für Bevölkerung, Migration und Umwelt (Zürich, Schweiz). Zunehmend wurden aber im Laufe der Zeit durch die erhöhte Reputation des Institutes Forschungs- und Entwicklungsaufträge eingeworben, die zu einem wesentlichen Beitrag und Erhöhung des geplanten Budgets geführt haben.

Die Prüfung der Einhaltung der Planvorgaben und des Budgets für das efms wurden jährlich in einem umfassenden Geschäftsbericht zusammengefasst und den Mitgliedern als Rechenschaftsbericht vorgelegt:

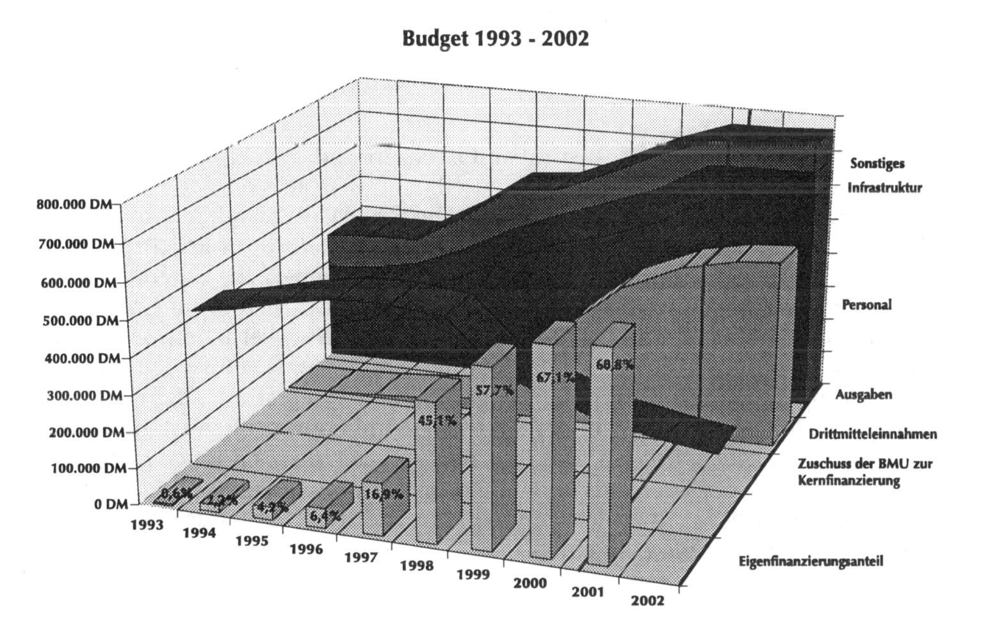


Trotz der Limitiertheit der finanziellen Mittel wurde eine wissenschaftliche Effizienz erreicht, die jeden Wettbewerb mit staatlich subventionierten bzw. unterstützten Forschungseinrichtungen standhält. Durch individuelle Verantwortlichkeit der Projektbearbeitung, verbunden mit intensivem Austausch unter den Mitarbeitern, kontinuierlichen Projektbesprechungen mit der Leitung, regelmäßigen Projektberichten in der Institutskonferenz und strikter Einhaltung von vorgegebenen Terminen wird eine erfolgreiche Arbeit garantiert. Nicht zuletzt profitiert die Organisation des Instituts vom Erfahrungsaustausch mit der Wirtschaftskanzlei der zwei Vorstandsmitglieder. Die Kompetenz und das Know-how, das heute im Institut vorhanden ist, muss in jedem Fall bewahrt werden. Bei Wegfall oder weiterer Reduzierung der Anschubfinanzierung durch die Schweizer Stiftung wäre die Existenz nur durch Anwerbung von Forschungsprojekten einer „NGO" (NGO = Non Government Organisation), wie das efms, nicht mehr nachhaltig sicherzustellen. Die Grundfinanzierung muss akquisitionsunabhängig dem Institut zur Verfügung gestellt werden, damit mittel- und langfristig diese Akquisitionsprojekte überhaupt bearbeitet und im Erfolgsfall qualifiziert durchgeführt werden können. Bekannterweise führen im Durchschnitt von etwa zehn beantragten Projekten lediglich zwei bis drei zum Erfolg. Der Verfasser ist sich mit Prof. Heckmann sicher, dass beide dafür kämpfen werden, das Institut weiter zu entwickeln und das Ziel einer staatlichen Grundförderung zu erhalten, die für das Überleben eines solchen Instituts auf Dauer existentiell ist und die erbrachten Vorleistungen, die bisher ohne öffentliche Förderungen erarbeitet wurden, anerkennt.

## 7. Bilanz

Anerkennung wurde den Institutsmitarbeitern und dem efms bei verschiedenen Anlässen immer ausdrücklich zuteil, zum Beispiel von der Universität Bamberg. So wurden den Vorstandsmitgliedern Walter Weber und Viktor Foerster in Anerkennung und Würdigung ihrer Verdienste zur Errichtung des Instituts efms und damit auch für die Universität Bamberg die Ehrenmedaille „bene merenti" in Silber vom damaligen Rektor Prof. Dr. Hierold auf Grund des Beschlusses des akademischen Senats vom 25.02.1998 verliehen. Das Foto wurde aufgenommen anlässlich der 5-Jahresfeier des efms verbunden mit der Verleihung des Forschungspreises „Migration und Integration", der ebenfalls vom efms initiiert wurde; von der Sparkasse Bamberg war die Auslobung des Preises eingeworben worden. Das Bild zeigt von rechts nach links: Herrn RA Weber (Mitglied des Vorstands und Gründungsmitglied des efms), Prof. Hierold (damals Rektor der Universität Bamberg), RA Foerster (Vorstandsvorsitzender und Gründungsmitglied des efms).

Zieht man heute Bilanz, muss festgestellt werden, dass die finanziellen und inhaltlichen Kernziele des efms nicht nur eingehalten, sondern weit übertroffen wurden. Die Ursache hierfür lag sicherlich in der Kontinuität der personellen Zusammensetzung des Trägervereins und des Institutes. Die notwendige Integration neuer Mitarbeiter und das Ausscheiden langjähriger, hochqualifizierter Mitarbeiter war so intelligent gekoppelt, dass die jeweiligen Forschungsprojekte vor dem Ausscheiden abgeschlossen werden konnten und die neuen Mitarbeiter überlappend in ihre neuen Projekte - unter Berücksichtigung der beim efms etablierten Arbeitsmethoden - eingeführt werden konnten.

Im Institut wurden von Mitarbeitern hervorragende akademische Qualifikationsarbeiten erarbeitet und wissenschaftliche Beiträge in verschiedensten Formen geschaffen. So wurden von efms umfangreiche Gutachten für die Enquete-Kommission „Demographischer Wandel", Deutscher Bundestag, die interministerielle Arbeitsgruppe der Bayerischen Staatsregierung und für Kommunen angefertigt, die auch in der politischen Umsetzung deutlich erkennbar ihren Niederschlag gefunden haben. Einladungen zu Hearings zum Thema Migration beim Deutschen Bundestag, die Entwicklung und schließlich die Übertragung der Erstellung des jährlichen Migrationsreportes der Deutschen Bundesregierung durch das efms sind indizielle Vertrauensbeweise für die Qualität der Arbeit des efms. Das Anvertrauen der Führung von nationalen, europäischen und internationalen Forschungsprojekten (z. B. EFFNATIS durch die Europäische Kommission), zeigen die stetig wachsende Kompetenz, die sich das Institut unter der Leitung von Prof. Heckmann im In- und Ausland zunehmend erworben hat.

Vier Datenbanken für:

- Dokumentation (mit Schlagworten und Abstracts)
- Literatur zum Thema Migration, Integration und interethnische Beziehungen (mit Schlagworten und Abstracts)
- Migration Report (ca. 1.000 Artikel zu Migrationsthemen seit 1994, Volltext in Deutsch und Englisch) und
- Migration Guide (ca. 180 Einträge von Internet-Links mit Kurzbeschreibungen)

sind das Rückgrat der Infrastruktur des efms geworden. Im Durchschnitt werden 8.000 Recherchen aus dem Internet auf obige Datenbanken festgestellt.

Die *http://www.uni-bamberg.de/efms* umfasst zur Zeit beinahe 500 Internetseiten, davon 200 allein in englischer Sprache. Zusätzlich bestehen drei Projektserver mit ca. 90 Internetseiten, davon 40 Artikel im Volltext, die allerdings zugriffgeschützt sind, da sie nur den Kooperationspartnern in den einzelnen Forschungsprojekten zur Verfügung stehen. Außerdem besteht ein Diskussionsforum auf den Projektseiten (sogenannte dynamische www-Foren). Auf diesen Webseiten erfolgen täglich im Durchschnitt 1.500 Abrufe.

In der efms-Reihe „Forum Migration" sind sechs Bände erschienen und der siebte und achte sind in Vorbereitung (2001)[1]. Zusätzlich sind zwei CD-Roms vom efms eigenständig erarbeitet worden mit „Migration und Integration in Zahlen" und dem „Migrationsbericht 1999"; der „Migrationsbericht 2000" erscheint im Jahr 2001. In Zusammenarbeit mit der Bundesbeauftragten für Ausländerfragen ist der Band Migrationsbericht 1999 (Berlin 2000) erschienen. Weitere Bücher im Eigenverlag sind in Vorbereitung, unter anderem: Müller-Schneider, Thomas (2001): Weltweite Wanderungen. Eine soziologische Erklärung. Bamberg.

---

[1] Eine Liste der bisherigen Publikationen des efms in der Reihe Forum Migration findet sich auf der letzten Seite dieses Bandes.

In Publikationen haben die Mitarbeiter des efms 91 Beiträge publiziert. Als unveröffentlichte Beiträge (sogenannte „efms-papers") liegen zur Zeit 35 Beiträge vor. Zur Zeit sind 45 Projektanträge für Drittmittel erarbeitet mit einem Gesamtantragsvolumen von ca. 5,6 Mio DM. 20 Anträge davon sind bereits erfolgreich abgeschlossen mit einem Gesamtvolumen von ca. 1,8 Mio DM.

Diese Leistungsbilanz ist Prof. Heckmann als wissenschaftlichem Leiter des efms mit seinem wissenschaftlichen Team und der großen Zahl von studentischen Hilfskräften ausschließlich zu verdanken.

## 8. Dank an Herrn Prof. Heckmann

Dank gilt Herrn Prof. Heckmann für seinen Einsatz, das Vertrauen und die Bereitschaft, auch moderne Managementmethoden in die Arbeit des Institutes schrittweise integriert zu haben. Damit wurde der Nachweis nachhaltig geführt, dass moderne Führungsmethoden auch im Wissenschaftsbetrieb ihren Platz finden können - und müssen.

Die interdisziplinäre Zusammenarbeit zwischen Soziologen und Juristen im Vorstand des efms hat immer wieder zu neuen Herausforderungen für alle Beteiligten geführt. Die Zusammenarbeit mit Herrn Prof. Heckmann hat auch wertvolle Anstöße für die Gründung des „Instituts Risk Management" (irm; *www.irm.de*) gegeben und zur Realisierung von Einzelprojekten des irm in Zusammenarbeit mit Professoren der Universität Bamberg geführt.

Meinen ganz persönlichen Dank möchte ich Herrn Prof. Heckmann für die Zeit und für die gemeinsamen Erfahrungen, die wir bei der Auseinandersetzung mit dem Thema „Migration" und in der Entwicklung des efms gewonnen haben, aussprechen. Der Verfasser hofft, dass die wissenschaftlichen und zugleich praxisbezogene Beiträge (z. B. Entwicklung einer neuen Form der Einbürgerungsfeier) von Prof. Heckmann zum Thema einer rationalen Migrationspolitik in Deutschland nicht nur als wertvolle wissenschaftliche Beiträge begriffen werden. Ich bin davon überzeugt, dass die Erfolgsstory efms auch in der Zukunft Nachhaltiges zur Migrationspolitik in Deutschland und in Europa zu leisten im Stande sein wird.

## Literatur

**Heckmann, Friedrich 1981:**

Die Bundesrepublik: ein Einwanderungsland? Zur Soziologie der Gastarbeiterbevölkerung als Einwandererminorität. Stuttgart: Klett-Cotta

**Spektrum der Wissenschaft 1997**

In: H. Altenmüller (Hrsg.): Blaue Liste - von der Evaluation durch den Wissenschaftsrat zum eigenen Senat, Nov. 1997, 124 ff

# Teil II: Migration im politischen und wissenschaftlichen Diskurs

# Cornelia Schmalz-Jacobsen

## Der neue politische Diskurs - ein zaghafter Beginn

Vor einem Jahr sorgte Bundeskanzler Schröder mit einer überraschenden Redepassage auf der CEBIT in Hannover für Diskussionsstoff. Deutschland brauche Fachkräfte aus dem Ausland, um einen eklatanten Mangel zu beheben, und flugs wurde eine „Green Card" erfunden, die freilich der amerikanischen Namensgeberin kaum ähnelt. Aber immerhin: zaghaft und zögerlich zwar, haben wir doch endlich so etwas wie den längst angemahnten, überfälligen politischen Diskurs zum Thema Einwanderung. So amüsant wie erschreckend war das schlagartige Umschwenken von Regierungsmitgliedern und etlichen Mitgliedern der Parlamente. Zählebige Parolen wie die von der überschrittenen Belastungsgrenze wurden von einem Tag auf den anderen nicht mehr geäußert, und die Bürgerinnen und Bürger, wetterwendisch wie sie sich der Demoskopie häufig zeigen, geben nunmehr mehrheitlich an, für eine geregelte Einwanderung zu sein. Eine Regierungskommission - noch bis vor einem Jahr undenkbar - wurde eingesetzt, um Vorschläge für Einwanderungsregelungen zu erarbeiten.

Ein Tabubruch auf der ganzen Linie also?

Auf den ersten Blick mag es so aussehen - aber weil das Thema so unendlich komplex ist, und auch so unendlich angst- und gemütsbeladen, sollte sich niemand allzu sehr auf diesen Sinneswandel verlassen. Es kommt nicht von ungefähr, dass sich das Bild von den „Ausländern, die uns nützen und denen, die uns ausnützen" bei vielen festgesetzt zu haben scheint. Es ist so simpel und so einprägsam. Und es ist so gefährlich falsch, weil es doch nur wieder auf die falsche Fährte führt. (Warum das so ist, muss in diesem Band nicht weiter erklärt werden!)

Eigentlich ist das ja nicht verwunderlich wenn wir uns eingestehen, wie beharrlich und wie gründlich das Thema Migration durch die verschiedenen Regierungen regelrecht verdorben und als den Wählerinnen und Wählern „nicht vermittelbar" abgetan wurde. Bestenfalls sollten sich die Probleme durch Nichtbeachtung von selber lösen.

Deutschland hat sich in eine Sackgasse manövriert, und es hat viele „Hinweisschilder" missachtet. Das schwere Erbe der Nazi-Vergangenheit hat dazu geführt, dass wir Deutschen mit einer vielfach gebrochenen Identität leben und uns psychisch unsicher fühlen. Diese Unsicherheit manifestiert sich in ziemlich rigorosen Anpassungsforderungen den Zugewanderten gegenüber, in einem „herrischen" Überlegenheitsgehabe, was gleichwohl mitunter ganz harmlos daherkommt („Ich habe jetzt sogar eine türkische Auszubildende in unserer Bankfiliale angestellt"), bis hin zu trügerischen Homogenitätsillusionen und krasser Fremdenfeindlichkeit.

So ist ein Circulus vitiosus entstanden, der durch die eigene Unsicherheit diejenige der Migranten erhöht, die sich schwerlich als willkommen und wohlgelitten fühlen können, und häufig selbst noch in der dritten Generation abgesondert unter uns leben. (Natürlich gibt es auch zahlreiche imponierende Gegenbeispiele, aber die Regel sind sie eben nicht.)

Nur: wie können wir zu mehr eigener Sicherheit kommen, wie können wir den „Neuen" mehr Sicherheit für ihre eigene Identitätsfindung bieten? - Miteinander in Frieden zu leben bedeutet doch, Vielfalt und Sicherheit miteinander zu verbinden und Veränderungen, die mit der Vielfalt einhergehen, Raum zu geben. Das „Nationale" ist in einer pluralen, multiethnischen, multireligiösen Gesellschaft kein geeignetes Bindemittel, wohl besonders nicht in unserem Land. Die „Leitkultur" als Leerformel auch nicht. Gegensätze friedlich zu überwinden ist mühsam, mitunter schmerzhaft, und geht nicht ohne streitige Auseinandersetzungen ab. Und manchmal müssen Gegensätze auch als unauflösbar toleriert werden, solange sie nicht gegen unser Grundgesetz verstoßen. Gerade das Grundgesetz ist es aber, das die freiheitlich-friedliche Entwicklung unseres Landes und aller seiner Bewohner verspricht.

Die Aufgaben, die vor uns stehen, bedeuten eine ganze Reihe von rechtlich-gesetzlichen Änderungen: bessere Möglichkeiten zum Spracherwerb, einen gerechteren Zugang zu Bildung und Ausbildung, Veränderungen beim Zugang zum Arbeitsmarkt, Integrationskurse für neue Zuwanderer und vielleicht - hoffentlich! - ein klares, nachvollziehbares Einwanderungsgesetz. Dazu ist es nötig, sehr viel Information anzubieten und sie den Bürgerinnen und Bürgern wirklich nahezubringen.

Die wichtigste und schwierigste Aufgabe bleibt jedoch die Umkehr aus der Sackgasse. Die bestgemeinten Gesetze werden nicht viel nützen, solange in den Köpfen der Deutschen Furcht und Ablehnung die Oberhand behalten, und eine gewisse Überheblichkeit gegenüber den Migranten und ihren Nachkommen

weiter bestehen. Wenn wir nicht wirklich und aus tiefster Überzeugung *einsehen*, dass demokratischer Wandel nur gelingen kann, wenn wir selbstbewusst und gelassen die Veränderungen, denen jede Gesellschaft unterliegt, annehmen und gestalten, den „Neuen" auch aus *eigenem* Interesse helfen, sich angenommen und zugehörig zu fühlen, dann wird ein unguter Zustand nur weiter verfestigt, mit allen seinen negativen und gefährlichen Folgen.

Für Einwanderung muss man deutlich und klar und aktiv eintreten und, wo nötig, streiten. Eine Regierung, die laviert und zaudert, oder sich der Illusion hingibt, auf leisen Sohlen, gewissermassen ohne dass die Bürger es bemerken, die notwendige Umkehr bewerkstelligen zu können, wird stecken bleiben in der Sackgasse, oder, um ein anderes Bild zu gebrauchen, an die Wand fahren.

Man möchte ihnen zurufen: Bitte macht weiter! - Bitte erschreckt nicht vor der eigenen Courage! - damit Ausländer sich als Einwanderer (wohl-)fühlen können, und die Deutschen sich nicht mehr als Aufnahmeland wider den eigenen Willen empfinden.

# Renate Schmidt

## Nicht im Elfenbeinturm

Der Migrationsreport 2000, der Anfang Oktober veröffentlicht wurde, beginnt mit der Feststellung: „In Deutschland wird erstmals weniger über Eindämmung als über Förderungen von Zuwanderung diskutiert."

So ist es. Deutschland ist ein Einwanderungsland und dies sagen nicht nur Rot-Grüne, sondern auch Blau-Gelbe und sogar bei den Schwarzen ist dies kein Tabu-Thema mehr.

Dies ist natürlich an erster Stelle ein Verdienst der Fakten, dem Fehlen qualifizierter Arbeitskräfte, der Veränderung der Alterspyramide, dem Rückgang der Zahl der Asylbewerber und Aussiedler. Aber es ist auch der Beharrlichkeit (weniger) Politiker und Politikerinnen und von Wissenschaftlern und Wissenschaftlerinnen wie Friedrich Heckmann zu verdanken. Das Institut, Anfang der 90er gegründet und Friedrich Heckmann sind ein Glücksfall für die Zuwanderungsdiskussion in Deutschland.

Friedrich Heckmann hat anlässlich des 5jährigen Jubiläums des efms gesagt: „Zurückblickend hat die Gründung des efms für mich manchmal etwas Märchenhaftes an sich; zugleich erscheint sie aber auch einfach und folgerichtig. Die Gründung des efms ist Teil eines gesellschaftlichen Bewußtseinsprozesses, in welchem die Gesellschaft, noch nicht der Staat zunehmend versteht, dass Zuwanderung und eine sich verändernde Zusammensetzung der Bevölkerung keine vorübergehenden, flüchtigen Phänomene sind, sondern eine strukturell neue Lage begründen, die nicht nur politisch, sondern auch kulturell und wissenschaftlich eine ganz neue Herausforderung bilden. Wenn Wissenschaft - und insbesondere Sozialwissenschaft - sich nicht im berühmten Elfenbeinturm isolieren und die gesellschaftliche Wirklichkeit aus den Augen verlieren will, muss sie sich der neuen Lage stellen. Für ihre Forschungsarbeit benötigt sie dabei bestimmte infrastrukturelle Einrichtungen. So etwas zu schaffen, war einer der Kerngedanken für die Gründung des efms."

Das efms und Friedrich Heckmann ist nie im elfenbeinernen Turm der Wissenschaft verharrt. Er hat mit seinen Kolleginnen und Kollegen Kontakte und Verbündete gesucht, er hat sich eingemischt und dies immer so, dass nicht der eine oder andere Teil des „Migrationsprozesses" sich an den Pranger gestellt fühlen musste.

Für ihn war und ist selbstverständlich, dass gelungene Migration Forderungen an beide stellt: An diejenigen, die hier sind, die nicht nur verbale Bereitschaft zur Integration zeigen, beweisen und praktizieren müssen. Und an diejenigen, die hierher kommen und nicht nur hier arbeiten, sondern auch leben wollen, die Bereitschaft haben müssen, sich integrieren zu lassen und dafür eigene Anstrengungen unternehmen müssen, durch das Erlernen der Sprache, durch das Akzeptieren der Regeln des Landes bis hin zu demokratischem Engagement.

Es geht eben nicht um einen Multi-Kulti-Bevölkerungsbrei der Beliebigkeit, aber es geht auch nicht um Assimilation und Verleugnen der eigenen Wurzeln. Es geht darum, eine Gesellschaft zu schaffen, in der es einen Grundkonsens über unsere Grundwerte gibt und gleichzeitig die Vielzahl der Kulturen, der hier lebenden Menschen zu akzeptieren und als Bereicherung zu empfinden.

In diesem Zusammenhang hat mir der Vorschlag von Friedrich Heckmann immer besonders gut gefallen, (bezahlbare) Einwanderungskurse, die m.E. nicht nur für künftige deutsche Staatsbürger und -bürgerinnen, sondern generell verbindlich für alle Einwanderer stattfinden sollten. Und auch den zweiten Vorschlag, Einbürgerungen nicht formlos, sondern im Rahmen einer Zeremonie für Neubürger und -innen stattfinden zu lassen, sollten sich Kommunen zu eigen machen.

Beim fünften Jubiläum des efms hat Friedrich Heckmann gesagt: „Für die Kontextanalyse Migrations- und Integrationspolitik in Deutschland gilt, dass der gesellschaftliche und politische Druck für eine immer noch fehlende gestaltende Gesamtkonzeption zugenommen hat." Dieser „Druck" hat seither so zugenommen, dass jetzt endlich - mit 20 Jahren Verspätung - ein Einwanderungsgesetz geschaffen wird, das mehr sein muss als nur ein Artikelgesetz auf der Basis des Minimalkonsenses.

Dieses Gesetz wird Behörden brauchen, eine Migrationsbehörde, die sowohl Einwanderer aber auch Auswanderer berät. Und solche Behörden brauchen wissenschaftlichen Sachverstand. Das efms und Friedrich Heckmann werden weiter gebraucht.

Herzlichen Glückwunsch zum 60. Geburtstag für Prof. Friedrich Heckmann. Ein 60. Geburtstag, der ihn auf Erfolge zurückblicken lässt, der kein Endpunkt ist, sondern ein frohgemutes „Weiter So", zugunsten eines friedlichen Miteinanders in unserem Land.

# Heinz Grunwald

## Ist Deutschland ein Einwanderungsland? Gedankenansätze aus bayerischer Perspektive

Ist Deutschland ein Einwanderungsland oder ein Zuwanderungsland? - ein typisch deutscher Nomenklaturstreit, in dem sich die Kontrahenten seit Jahren verbeißen, statt sich dem dahinter stehenden Problem zu widmen. Es kommt eben darauf an, wie man „Einwanderungsland" definiert, ob Einwanderung - im Gegensatz zur Zuwanderung - nur die erwünschte, gezielte und gesteuerte Aufnahme größerer Gruppen von Ausländern ist oder sein soll. Dass tatsächlich in den letzten Jahren und Jahrzehnten Migrationsbewegungen größeren Ausmaßes - übrigens in beide Richtungen - stattgefunden haben, wird ohnehin niemand bestreiten. Nach bayerischer Terminologie ist jenes tatsächliche Phänomen „Zuwanderung"; in jüngerer Zeit hört man vor dem Hintergrund der aktuellen Zuwanderungsdebatte auch die vermittelnde Formulierung, Deutschland sei „kein klassisches Einwanderungsland".

Die Fakten sind unbestreitbar: Es gibt Zuwanderung, zum Teil erwünschte, zum Teil nicht erwünschte. Die Frage, um die es geht, kann nur sein, ob und gegebenenfalls wie eine Eingriffsmöglichkeit zur Steuerung der Zuwanderungsströme dahingehend besteht, dass der Anteil an erwünschter Zuwanderung (die freilich auch erst definiert werden müsste) größer wird. Was in der internen deutschen Diskussion nach wie vor fehlt, ist ein pragmatisches Herangehen an diese Fragen, die Erarbeitung eines Systems, wie Zuwanderung aktiv gestaltet und beeinflusst werden kann.

Von außen betrachtet, wirkt jener deutsche Dogmatismus oder auch moralischer Regurismus eher befremdlich.

Das von Jonas Widgren geleitete International Centre for Migration Policy Development (ICMPD) beschäftigt sich seit Jahren mit Fragen der Zuwanderung und einer adäquaten Reaktion darauf. Schon der Name dieses internationalen Instituts ist ja Programm: Er manifestiert das Bemühen, eine Migrationspolitik überhaupt erst zu entwickeln. Im Ländervergleich wird gerade in Deutschland dabei erheblicher Nachholbedarf deutlich. Im europäischen Kontext wirkt die deutsche Position eher antiquiert, zu passiv. Gerade nach der Überführung der Einwanderungspolitik in die Gemeinschaftskompetenz werden wir unsere Haltung verändern müssen.

Sehr instruktiv ist die Beschäftigung mit der Behandlung von Migrationsthemen in den USA:

Ohne die Situation dort schönreden zu wollen, meine ich doch, dass wir vom dortigen Pragmatismus ein wenig lernen können. Dies gilt für den Grundansatz, unveränderbare Realitäten nicht zu bekämpfen, sondern „to make the best of it" zu versuchen. Man versucht dort einen offenen Ausgleich zwischen den verschiedenen Interessen an Zuwanderung, durch Festlegung einer jährlichen Gesamtzuwanderungsquote als Richtzahl und eine ausgehandelte Aufteilung auf verschiedene Zuwanderungsgruppen. Berücksichtigt werden gleichermaßen wirtschaftliche und humanitäre Interessen, durch Festlegung verschiedener regional definierter Quoten werden auch geopolitische Erwägungen mit einbezogen.

Und der berühmte Zaun zwischen den USA und Mexiko gegen illegale Zuwanderer ist zum einen nicht besonders lang, zum anderen auch nicht unüberwindlich, insbesondere zu den Zeiten der Orangenernte...

Ich erinnere mich an spannende Diskussionen mit amerikanischen Migrationsexperten, die ich zusammen mit Professor Heckmann führen konnte.

Der „Blick über den großen Teich" kann manches verdeutlichen und Denkanstöße liefern, auch wenn die Unterschiede zwischen der amerikanischen und der deutschen Situation keinesfalls verkannt werden dürfen. Das in den USA selbstverständlich klare Bekenntnis zur Formulierung und auch Durchsetzung eigener, nationaler Interessen sollten uns ebenso anregen, wie das unverkrampfte Einbeziehen von sozialen und humanitären Organisationen (NGOs) auch in die Entscheidungsfindung und das Bemühen, die aufgestellten „Spielregeln" für Zuwanderung auch konsequent durchzusetzen. Gerade letzterer Aspekt scheint mir in der aktuellen Diskussion noch nicht hinreichend beachtet zu werden: Wer die verstärkte Zuwanderung bestimmter Personengruppen mit speziell definierten Qualifikationen fördern will, muss „Trittbrettfahrer", also Personen ohne diese Qualifikationen, umso konsequenter ausschließen, um nicht insgesamt ein falsches Signal zu geben.

Auch unsere Vorstellungen von Integration („Hol- oder Bringschuld?"), wie und von wem hierfür Leistungen erbracht werden müssen, könnten durch einen Vergleich mit dem amerikanischen Ansatz sicherlich befruchtet werden.

Ein kleines Beispiel für eine andere Sicht hat Professor Heckmann wesentlich mit initiiert: Das Modell einer feierlichen Verleihung der deutschen Staatsangehörigkeit im Rahmen von Einbürgerungsfeiern, wie in Bamberg durchgeführt, ist auch in der Bayerischen Staatsregierung auf großes Interesse gestoßen. Zeigt es doch die deutsche Staatsangehörigkeit als positives Ziel einer

Integration, für das es sich lohnt, Mühen und Aufwand auf sich zu nehmen - und deren Erlangung dann auch ein Grund zum Feiern ist. In den USA selbstverständlich, ist ein solches Verständnis in Deutschland nach wie vor die Ausnahme.

Die schleppende Akzeptanz der Möglichkeiten des neuen Staatsangehörigkeitsrechts für Kinder zeigt, dass der Wert des deutschen Passes von vielen ausländischen Eltern offenbar nicht so groß gesehen wird, wie das seitens der deutschen Politik (insbesondere der Bundesregierung) vermutet wurde. Ob man dem durch weitere Gebührenermäßigungen entgegenwirken sollte, ist politisch - m. E. zurecht - umstritten. Ich würde eher einer Umbewertung (auch) in der Gesellschaft das Wort reden (ohne damit die - ebenso typisch deutsche - Diskussion über unseren Nationalstolz wieder aufwärmen zu wollen).

Aktuell beschäftigen sich derzeit mehrere Kommissionen mit Möglichkeiten und Grenzen einer neuen Zuwanderungsregelung. Aus fachlicher Sicht ist zu bedauern, dass nicht eine Bündelung des jeweiligen Sachverstands möglich war; das Problem wäre komplex genug, um alle verfügbaren Ressourcen darauf zu konzentrieren. Durch die Einbindung in Expertenanhörungen und mannigfache offizielle, halboffizielle und sonstige Kontakte sollte es gelingen, dieses strukturelle Problem zumindest zu entschärfen. Entscheidend wird aber sein, was „die Politik" aus den Ergebnissen macht. Sie sind jedenfalls nicht vor Frühjahr 2002 zu erwarten, möglicherweise zu spät, um die Thematik aus dem Wahlkampf heraushalten bzw. noch in dieser Legislaturperiode abschließend verarbeiten zu können. Die in der letzten Zeit gehäuft und gezielt auftretenden Indiskretionen aus den jeweiligen Arbeitsstäben versprechen in dieser Hinsicht nichts Gutes, wenngleich sie gelegentlich auch von anderen, vordergründigen Interessen bestimmt sein mögen.

Der Freistaat Bayern hat sich mit der Zuwanderungsproblematik, von der die Integrationsfrage nicht getrennt werden kann, schon frühzeitig und mit umfangreichen Ausarbeitungen befasst. Verwiesen sei hier auf den Bericht zur Situation der Ausländerinnen und Ausländer in Bayern „Ausländerintegration in Bayern" vom Dezember 1999 und den Bericht der interministeriellen Arbeitsgruppe zur „Zuwanderungssteuerung und Zuwanderungsbegrenzung" vom Dezember 2000, an dem Professor Heckmann und sein Team durch sein Gutachten „Integrationspolitische Aspekte einer gesteuerten Zuwanderung" maßgeblich beteiligt war.

Es bleibt abzuwarten, inwieweit die dort niedergelegten Fakten und auch Lösungsansätze Berücksichtigung in den auszuarbeitenden Konzeptionen finden. Bisher verlief die öffentliche Diskussion jener Papiere eher zurückhaltend - was vielleicht auch an dem der Materie angemessenen Umfang liegen könnte.

Wünschenswert wäre nach meiner Überzeugung eine Gesamtregelung, die den Komplex der Zuwanderung nach Deutschland umfassend regelt. Dabei müssten alle Zuwanderungsarten einbezogen und auch deren gegenseitige

Verflechtung berücksichtigt werden. Die Asylproblematik beispielsweise wäre keine, wenn nicht auf dem Weg über das Asyl eine anderweitige Zuwanderung versucht würde. Fragen der Arbeitsmigration können eben nicht nur aus der Interessenlage der Wirtschaft gesehen werden, die verständlicherweise nach möglichst billigen und willigen Arbeitskräften ruft, aber - weniger verständlich - Defizite in bestimmten Qualifikationssektoren auch durch zu geringe Ausbildung mit verursacht hat. Zu berücksichtigen ist auch der Einfluss von Zuwanderung auf den Arbeitsmarkt als Ganzen und auch auf die Gesellschaft und ihre Integrationsfähigkeit und -bereitschaft.

Zu kurz kommt mir jedenfalls in den bis jetzt bekannten Vorarbeiten der Kommissionen und Arbeitsgruppen auch der Aspekt, wie die neugefundenen Konzeptionen dann gegebenenfalls praktisch umgesetzt werden sollten. So viel hängt ja von Detailfragen des Vollzugs ab, die oft noch so gute Grundsatzregelungen aushebeln, ja sogar konterkarieren können.

Es gibt beispielsweise klare Regelungen des deutschen Ausländerrechts über die Ausreisepflicht vietnamesischer Staatsangehöriger, die zumeist als Gastarbeiter in die frühere DDR und osteuropäische Länder gekommen waren und sich dann über Asylverfahren - erfolglos - um ein Bleiberecht in Deutschland bemüht hatten. Jedoch laufen diese Regelungen eben leer, wenn der Heimatstaat (entgegen einem mit einigen Mühen und Aufwand ausgehandelten Rückführungsabkommen) die Rückkehr seiner Staatsangehörigen auf mannigfaltige Weise verzögert und blockiert.

Und die lange Zeitspanne bis zur endgültigen Entscheidung führt zu „faktischer Integration", ob wir das wollen oder nicht, und macht die zwangsweise Rückführung in vielen Fällen menschlich schwierig und kaum mehr vermittelbar. So werden „Altfallregelungen" generiert, über deren Auslegung gestritten und viel Energie verwendet wird, ohne damit freilich zu befriedigenden Lösungen im Einzelfall oder gar zu einer überzeugenden Grundlinie zu kommen.

Insgesamt bin ich eher skeptisch, ob die derzeitige Diskussion über die Neuordnung unseres Zuwanderungssystems schon die letzte, erfolgversprechende ist. Ich bin aber sicher, dass diese Thematik „auf der Tagesordnung" bleiben wird, bis eine solche Neukonzeption erstellt und umgesetzt wird. Die Lebenswirklichkeit nimmt auf Tabuisierungen und politisches Kalkül in aller Regel keine Rücksicht.

# Alexander Jungkunz

## Deutsche Lebenslügen. Zuwanderung - vom Tabu zum „Mega-Thema"

Nichts sehen, nichts hören, nichts sagen: So verhielt sich deutsche Politik lange, zu lange beim Thema Zuwanderung - ganz wie jene drei bekannten Äffchen, die in Miniaturform auf vielen Schreibtischen stehen. Erst jetzt ist ein echter Wechsel zu beobachten, eher unfreiwillig angestoßen durch die „Green Card": Nun suchen alle Parteien nach Wegen zur Gestaltung von Migration und Integration - mit rund zwei Jahrzehnten Verspätung. Zu erzählen ist die noch längst nicht abgeschlossene (und auch nicht vollständige) Chronik der deutschen Lebenslüge „Wir sind kein Einwanderungsland", Zwischenstand: Winter 2001.

1955: Sie kommen. Die ersten „Gastarbeiter" erreichen Deutschland. Italiener, meist aus dem armen „Mezzogiorno", machen sich auf ins Wirtschaftswunderland, dem zusehends die Arbeitskräfte fehlen - auch eine Folge des Zweiten Weltkriegs mit seinen vor allem männlichen Toten. Die Fotos, die damals in den Zeitungen erscheinen, spiegeln jene fremdländische Exotik wider, die deutsche Touristen sonst allenfalls an der Adria erleben, bei den ersten Italien-Reisen der Nachkriegszeit: Für die Fotografen fröhlich lächelnde „Gastarbeiter" kochen sich Spagetti und trinken dazu Rotwein, natürlich aus bastumwickelten, bauchigen Chianti-Flaschen - ein Idyll, das mit dem Alltag der „ausländischen Arbeitnehmer" (so die offizielle Bezeichnung) meist wenig zu tun hat.

„Gastarbeiter" - ein viel sagender Begriff, der da im Volksmund kursiert: Die Deutschen gehen davon aus, dass die Italiener, dann auch Spanier, Griechen, später vor allem Türken nur auf Zeit in der Bundesrepublik bleiben - als Gäste, die kommen, aber eben auch wieder gehen. Als Besucher, die hier aushelfen beim Anpacken; als gefragte Arbeitskräfte insbesondere nach dem Mauerbau 1961, durch den die Zahl der Ost-West-Flüchtlinge drastisch sinkt und viele boomende Betriebe dringend *manpower* im wahrsten Wortsinn brauchen - kräftige, leistungsbereite, für wenig Lohn viel schuftende Arbeiter in den Fabriken.

14 Millionen Menschen kommen insgesamt, weil die meisten ihre Familien nachholen. Elf Millionen gehen wieder - aber drei Millionen sind gekommen, um zu bleiben. Und zwar nicht nur vorübergehend, sondern auf Dauer. Auch über 1973 hinaus - ein Jahr, das ähnlich wie 1955 eine wichtige Zäsur darstellt in der Geschichte der Zuwanderung in die Bundesrepublik. Das Land wird 1973 erschüttert von der ersten Ölkrise; der „Club of Rome" beschwört die „Grenzen des Wachstums" - eines Wachstums, das für die meisten schon selbstverständlich geworden ist. Doch die erste größere Konjunkturkrise hat Folgen: Die sozialliberale Regierung verfügt den „Anwerbestopp" - das bedeutet die Kehrtwende in der (immer noch unausgesprochenen, nicht zur öffentlichen Gestaltungsaufgabe erklärten) Migrationspolitik. Die Anwerbe-Büros der Arbeitsverwaltung in den südlichen Ländern schließen; stattdessen gibt es wenig später Rückkehrprämien für diejenigen „Gastarbeiter", die der Bundesrepublik den Rücken kehren und zurückgehen in ihre (frühere) Heimat.

Wer bleibt, trägt bei zu einem zwar sichtbaren, aber offiziell und regierungsamtlich lange ignorierten Wandel: Deutschland-West wird farbiger - mit allen Licht- und Schattenseiten. Man geht gern zum Italiener/Spanier/später Türken zum Essen; beim ausländischen Gemüsehändler um die Ecke gibt's auch dann frische Ware, wenn deutsche Filialisten schon längst Feierabend haben. Aus Tante Emma wird Onkel Mustafa.

Es entstehen aber auch neue Gettos - gerade in den Großstädten existieren inzwischen ganze Viertel, in denen sich Deutsche fremd vorkommen und deren Bewohner selbst ihren Alltag auch ohne jede Kenntnis der deutschen Sprache bewältigen können. Gerade mit wachsender Dauer des Aufenthalts in Deutschland ist eine Art trotziger Rückzug in die eigene kulturelle Herkunft, in die teils schon verlorene Identität der aufgegebenen Heimat festzustellen - und viele Experten machen nun dafür die fehlende Integration verantwortlich: Weil die Bundesrepublik jahrzehntelang so tut, als gäbe es keine Probleme und Chancen durch die hier lebenden (und hier bleibenden) Neubürger, tun viele Ausländer (oder genauer: nicht deutschen Inländer) so, als ob es die Bundesrepublik und ihre Bürger nicht gäbe - jedenfalls richten sie ihr Leben zum Teil so ein. Dass dennoch ein erhebliches Maß an Integration gelingt, das hängt sehr viel mit lokalen Initiativen, mit Bürger-Engagement zusammen und nur sehr wenig mit der Bundespolitik.

Bezeichnend für deren Verweigerungshaltung gegenüber der Einwanderungs-Situation vor allem in der Ära Kohl, aber auch bereits zuvor unter Kanzler Helmut Schmidt ist der Umgang der jeweiligen Regierung mit der Position des/der von ihr eingesetzten Ausländerbeauftragten[1]. 1978 wird dieses Amt geschaffen; erster Beauftragter ist der frühere nordrhein-westfälische Ministerpräsident Heinz Kühn (SPD). Er veröffentlicht 1979 eine Denkschrift, die einem

[1] Anmerkung der Herausgeber: Vgl. auch hierzu den Beitrag von Bernd Geiß in diesem Band.

Alarmruf gleicht. Kühn mahnt die mangelnde Integration der hier lebenden Ausländer an. Tenor seines Appells: „Was wir jetzt nicht für Integration ausgeben, müssen wir später für Polizei und Resozialisierung ausgeben".

Gehört, wahrgenommen wird Kühn allerdings nur von den „üblichen Verdächtigen" - von den (noch) wenigen, die sich damals hauptberuflich oder ehrenamtlich mit dem Thema Zuwanderung beschäftigen. Doch die Regierung unternimmt wenig bis nichts - und dies setzt sich nach der Bonner „Wende" 1982 nahtlos fort. Zu beobachten ist danach sogar eine noch hartnäckigere Ignorierung des Themas Zuwanderung - es wird nun vielmehr vollends zum Tabu. Hat sich schon die sozialliberale Koalition wenig darum gekümmert, was die zweite, von der FDP kommende Ausländerbeauftragte Liselotte Funcke fordert, so erscheint dies der Regierung Kohl mindestens ebenso unbedeutsam. Elf Jahre lang, von 1980 bis 1991, ficht Funcke tapfer auf ihrem (minimal ausgestatteten) Posten, dann wirft sie hin - zermürbt und auch frustriert über die anhaltende Wirkungslosigkeit ihrer Mahnungen.

Wieder folgt eine Liberale - Cornelia Schmalz-Jacobsen. Was die Regierung hält von der neuen (und wohl von jeder/jedem) Ausländerbeauftragten, das wird schlaglichtartig augenfällig bei einer der ersten wissenschaftlichen Tagungen des efms in Bamberg, Anfang Dezember 1993. Da nämlich kommt es zu einer jener Szenen am Rande, die oft weitaus mehr sagen als manche regierungsamtliche Äußerung. Als Cornelia Schmalz-Jacobsen referiert und nebenbei erläutert, dass sie zwar vom Kabinett in ihr Amt eingesetzt worden ist, der Ministerrunde aber nicht angehört, da sagt ein Abgesandter des Bonner Ministeriums für Familie und Senioren deutlich vernehmbar: „Das ist auch gut so." Und als die Ausländerbeauftragte auf der Tagung ihre Vorstellungen über eine Reform des Staatsbürgerschaftsrechts vorträgt, ist vom Regierungsvertreter zu hören: „Kompletter Nonsens". Aussagen, die an Deutlichkeit nichts zu wünschen übrig lassen - und die der beste Beweis sind für die am selben Tag vorgetragene These von efms-Leiter Prof. Dr. Friedrich Heckmann, es gebe eine „kollektive Erkenntnisverweigerung der zur Zeit führenden politischen Klasse in die entstandene Einwanderungssituation".

Wie weit die Weigerung geht, Tatsachen anzuerkennen, das wird im Rückblick noch deutlicher. Der Osnabrücker Migrationsexperte Klaus J. Bade berichtet zum Beispiel, dass es während der Zeit der christlich-liberalen Regierung bei Gesprächen im Bundesinnenministerium durchaus zu folgenden Szenen kommen konnte: „Wenn Sie da das Wort ‚Einwanderung' gegenüber einem Referatsleiter bloß aussprachen, dann war das Treffen sofort gelaufen." Und Albert Schmid, der seit dem Jahr 2000 amtierende, von Innenminister Otto Schily (SPD) eingesetzte Leiter des Bundesamts für die Anerkennung ausländischer Flüchtlinge in Nürnberg, ergänzt: „Der Begriff Migration war amtlich verpönt."

Umso erstaunlicher ist der Wandel, der sich zumindest in Umrissen abzeichnet seit dem Jahr 2000. Es ist allerdings wieder einmal bezeichnend für die deutsche Politik, dass die entscheidende Trendwende durch eine Improvisation, durch einen Zufall eingeleitet wird und nicht durch gezieltes, geplantes Handeln: Als Kanzler Gerhard Schröder Anfang 2000 die Computermesse Cebit in Hannover eröffnet, überrascht er mit einer (wie sich im nachhinein bestätigt) spontanen Idee die Öffentlichkeit, eine Green Card für ausländische High-Tech-Spezialisten solle es künftig geben, verkündet der Regierungschef. Und seine Mitarbeiter müssen sich beeilen, den ins Unreine gesprochenen Vorschlag zu präzisieren, in die Tat umzusetzen.

Die Green-Card-Idee, nur im Ansatz übernommen vom klassischen Einwanderungsland USA, ist kein Ersatz für eine umfassende Regelung von Zuwanderung und Integration der hier lebenden Ausländer - die befristete Dauer und die Beschränkung auf die Computerbranche lassen sie als halbherzige Lösung erscheinen, als eher kleinen denn großen Wurf. Dennoch hat der Vorstoß des Kanzlers die innenpolitische Debatte in eine neue Richtung gelenkt: Endlich wird in Deutschland ernsthaft darüber debattiert, wie die Zuwanderung zu gestalten ist.

*Dass* die Bundesrepublik angesichts der Bevölkerungsentwicklung (sinkende Geburtenzahlen, zunehmende Überalterung) und der Arbeitsmarktlage (Fachkräftemangel nicht nur in der Computerbranche, sondern in vielen anderen Industriezweigen) auf kontrollierte, geregelte Einwanderung angewiesen sein wird - in diesem Punkt stimmen alle Experten überein. Und das ist inzwischen auch bei allen demokratischen Parteien im Grundsatz anerkannt. Sie haben dafür teils über 20 Jahre gebraucht. Wie die Zuwanderung zu regeln ist - darüber zerbrechen sich seit dem Jahr 2000 gleich mehrere Kommissionen den Kopf, allen voran die vom Bundeskanzler eingesetzte „Zuwanderungskommission" unter dem Vorsitz der CDU-Politikerin Rita Süßmuth. Keine Partei ohne eigenes Zuwanderungs-Gremium: Was für einen Großteil der CDU und für die gesamte CSU jahrzehntelang tabu war, ist nun - um in der Sprache von 2001 zu bleiben - ein „Mega-Thema" geworden. Und es scheint bisweilen, als dränge nun die oppositionelle Union zumindest in diversen Wochenend-Interviews die in der Regierungsverantwortung vorsichtiger, ängstlicher gewordenen Sozialdemokraten, dieses Thema endlich anzugehen - wobei hier wahlkampftaktische Motive selbstredend nicht völlig auszuschließen sind...

Besonders greifbar ist der Wandel in einem Amt, das lange Jahre für eher unrühmliche Schlagzeilen gesorgt hat - dem Bundesamt für die Anerkennung ausländischer Flüchtlinge in Nürnberg. Diesen komplizierten Namen wird es wohl nicht mehr lange tragen, und der neue Titel markiert denn auch signifikant den sich abzeichnenden, aber noch nicht vollzogenen Paradigmenwechsel: „Bundesamt für Flüchtlinge und Migration" soll die Behörde künftig heißen - das bisherige Tabu-Wort taucht nun also sogar hochoffiziell auf.

Überrascht registrieren kritische Beobachter wie Bayerns evangelischer Landesbischof Johannes Friedrich oder der Migrations-Experte Klaus J. Bade bei Gesprächen mit Amtschef Schmid die ganz neuen Töne aus Nürnberg. Bade etwa wundert sich, „was Behördenleiter heute sagen können" - und spielt damit auf zwei Neuerungen an: Zum einen auf die bisher alles andere als innovativen Chefs des Asyl-Amts - seit der Liberale Norbert von Nieding 1992 nach heftiger Kritik am angepeilten „Asyl-Kompromiss" das Handtuch geworfen hatte, standen zurückhaltende, getreue Sachwalter des jeweiligen Bundesinnenministers an der Spitze der Behörde. Zum anderen erinnert Bade an den sich abzeichnenden Kurswechsel auch bei den Aussiedlern, initiiert vom derzeitigen Regierungs-Beauftragten Joachim Welt: Die Zuwanderer aus der ehemaligen Sowjetunion werden künftig ähnliche Bedingungen erfüllen müssen wie andere Zuwanderer - Sprach- und Integrationskurse werden voraussichtlich bald für all jene Gruppen angeboten, wenn nicht sogar vorgeschrieben, die außerhalb des Asyl-Rahmens nach Deutschland kommen wollen. Diese Umrisse einer künftigen Migrations-Regelung zeichnen sich bereits jetzt klar und in parteiübergreifendem Konsens ab.

Das Nürnberger „Amt für Flüchtlinge und Migration" wird dabei eine prägende Rolle spielen. „Wir sind Lernende", sagt Behördenchef Albert Schmid - dabei sind die Eckfelder der künftigen, erweiterten Aufgaben durchaus erkennbar. Ein „Netzwerk Integration" soll unter dem Dach des (dafür federführenden) Amtes entstehen - mit Beteiligten aus öffentlichen, kirchlichen, sozialen, gemeinnützigen Institutionen. Gemeinsam will man dort die Aufgabe der Integration der hier lebenden Ausländer angehen. Integrationskurse zum Beispiel, wie sie am efms vorbereitet und gemeinsam mit dem Nürnberger Bildungszentrum erprobt werden sollen, gehören zu den Grundelementen der angepeilten Kooperation.

Ein weiterer Trend passt so gar nicht zur bisherigen Entwicklung und verdeutlicht daher, wie sehr sich die Dinge (endlich) wandeln: Zeigten sich die Politiker bisher in der Regel weitgehend „beratungsresistent" (was sogar Asylamts-Chef Schmid einräumt) in Sachen Migration, so ist nun eine enge Zusammenarbeit der Behörde mit den bestehenden, auf Zuwanderung spezialisierten Forschungseinrichtungen vorgesehen. Schmid: „In der Wirtschaftspolitik funktioniert das mit den ‚Fünf Weisen' ausgezeichnet - warum soll es ein ähnliches Beratungsgremium nicht auch im Bereich der Migration geben?"

Noch einmal: So weit hätte das Land vor einigen Jahren, wenn nicht Jahrzehnten auch schon sein können. Denn es hat schließlich nicht gefehlt an Mahnungen der Ausländerbeauftragten, an Denkschriften der Kirchen, an Manifesten der Migrationsforscher - allen voran das „Manifest der 60" aus dem Jahr 1993. Doch selbst dieses Buch, dessen Kernforderungen nach verstärkter Integration und einer gesetzlichen Regelung der Zuwanderungsbedingungen 60 namhafte Forscher mitgetragen haben (darunter auch efms-Gründer Heckmann), fand über den kleinen Kreis der Experten hinaus wenig Beachtung.

Warum? Wie ist es möglich, dass ein Thema derart lange, derart hartnäckig ausgeblendet werden kann? Zwei Erklärungsversuche. Der erste liegt auf der Hand. Es war (und ist es teils noch) die Politik als prägende Gestaltungsmacht, die viel zu lange die Fakten schlicht nicht zur Kenntnis nahm. Die viel zu lange nicht ernsthaft versuchte, den vorhandenen Ängsten der Bevölkerung vor Zuwanderung positiv zu begegnen. Die gebetsmühlenartig wiederholte, dass Deutschland kein Einwanderungsland sei - und das erst recht zu Zeiten, als Asylbewerber- und Aussiedlerzahlen Rekordstände erreichten. Die lieber den „Staatsnotstand" proklamieren wollte (so Helmut Kohl in der „Asyl-Krise" 1992) und damit latente Ängste eher schürte, als das Wort „Integration" in den Mund zu nehmen.

Ähnlich verhielt sich aber auch ein Gutteil der veröffentlichten Meinung: Manche Medien interessierten sich ebenso wenig wie die Politik für deren Versäumnisse samt ihrer immer unübersehbareren Folgen. Die Berichterstattung über Ausländer beschränkte sich nicht selten auf jene Schwarz-Weiß-Malerei, die einfacher ist als genaues Beobachten - auf folkloristisch-idyllische Beschreibungen eines wolkigen „Multikulti" unter weitgehender Ausblendung möglicher Reibungsflächen auf der einen, auf (zugespitzt gesagt) Bedrohungsszenarien einer international vernetzten Ausländer-Kriminalität auf der anderen Seite.

Oft war es wohl mangelndes Interesse vieler Medien an der Problematik, die „Ausländerpolitik" dort lange zu einem - wenn überhaupt behandelten - Orchideenthema werden ließ. Dabei gibt es einen auffälligen und gewiss begründeten Zusammenhang damit, dass sich die meisten Zeitungen sehr schwer tun, die potenziellen neuen Leserschichten unter den nichtdeutschen (oder eingebürgerten) Inländern zu erschließen - sie kommen in der Berichterstattung bisher meist nur am Rande vor. Dabei zeigen viele Leserbriefe, Anrufe oder Reaktionen auf Artikel: Das Informationsbedürfnis der meisten Bürger (und regelmäßige Tageszeitungsleser dürfen dabei wohl als politisch interessiert gelten) ist hoch; viele Vorurteile und latente Ängste prägen immer noch das Denken - hier ist der Aufklärungsbedarf hoch.

Um ihn zu erfüllen, kommt es auf zuverlässige Informationen in den Medien selbst an. Fachwissen kommt in der Regel von den Universitäten und Forschungsinstituten. Deshalb stellt sich die Forderung nach einem guten, einem oft noch zu verbessernden Zusammenspiel zwischen Experten und veröffentlichter Meinung, zwischen Wissenschaft und Medien. Eine zusehends wichtigere Aufgabe der Medien wird es in einer immer komplizierteren, immer datengesättigteren Welt, Schneisen in diesen Informationsdschungel zu schlagen, Wichtiges von weniger Wichtigem zu trennen - und auch Ergebnisse der Forschung kompakt und knapp zu präsentieren. Im besten Falle sind Journalisten dann gute „Übersetzer": Sie transportieren die oft in einer für den Laien schwer fassbaren Fachsprache geschriebenen Forschungsarbeiten der Wissenschaftler in knappere Kernbotschaften. Das kann aber nur dann funk-

tionieren, wenn die Wissenschaft auf den Journalismus zugeht - und natürlich auch umgekehrt, was allerdings nicht immer funktioniert. Denn bisher beherrschen an den Universitäten nur manche - und das sind dann die immer wieder auftauchenden „Platzhirsche" - die Kooperation mit den Medien. Wer aber Breitenwirkung erzielen will, der wird nicht umhin können, Forschungsergebnisse gerafft, präzise und pointiert zu präsentieren.

# Karl-Heinz Meier-Braun

## Nach wie vor „blinde Flecken".

### 50 Jahre „Migration und Massenmedien": Trotz Fortschritten besteht Nachholbedarf

In Deutschland verbreitete die Boulevardpresse schon in den 60er Jahren die Klischees vom gewalttätigen Ausländer, wie zum Beispiel 1964 in der Zeitungsschlagzeile: „Gastarbeiter erstach Deutschen". Auch das Nachrichtenmagazin „Der Spiegel" berichtete 1964 in einer Titelgeschichte von einer „Gastarbeiterschwemme" und einer „Völkerwanderung zu deutschen Lohntüten". Einige Zeit später nannte die Wochenzeitschrift Ausländer, Drogenabhängige und andere Randgruppen in einem Atemzug.

Seriöse Tageszeitungen zierten ihre Seiten mit den Überschriften „Aussiedlersohn wurde zum Unhold" oder „Falscher Asylant ergaunert Sozialhilfe". Insbesondere bei den Täterbeschreibungen im viel gelesenen Lokalteil finden sich Schlagzeilen wie „Mordfall Marianne E. - Polizei sucht einen Südländer" oder auch: „Der Täter soll etwa 1.70 Meter groß und schlank sein, vermutlich stammt er aus südlichen Gefilden". Unfreiwilligen Humor verbreitet die Täterbeschreibung im Lokalteil einer bayerischen Tageszeitung: „Möglicherweise handelt es sich um einen Türken. Er sprach Hochdeutsch ohne erkennbaren Akzent."

Die Kritik an dieser negativen Darstellung von Ausländern in der Presse ist so alt wie die Ausländerbeschäftigung. Oft wird im Polizeibericht die Nationalität genannt, auch wenn es gar nicht notwendig ist. Beim Publikum entsteht dadurch der Eindruck, Ausländer seien eben krimineller als Deutsche. Schon ältere Untersuchungen zeigen: Das Bild der Ausländer in den Medien wird dadurch deutlich negativ verzerrt. Dies sei nicht einem vermeintlich feindlichem Handeln der Journalisten selbst anzulasten, sondern ergebe sich aus zwei sich verstärkenden Faktoren: Kulturferne und Unwissenheit. So kann man - verglichen mit der Berichterstattung über die einheimische Bevölkerung - wenig Positives über Ausländer in der Presse lesen, negative Eigenschaften hingegen werden dramatisiert. Betroffen sind hier vor allem Kulturen, die nicht im Christentum wurzeln. So wurden in den 80er Jahren die Türken als „Ausländer" überpräsentiert, Anfang der 90er Jahre die Asylbewerber und Flüchtlinge. Heutzutage stehen öfters die Aussiedler im Brennpunkt, die in manchen Zeitungsschlagzeilen als „Russen" bezeichnet werden.

Was nun die Kriminalitätsberichterstattung angeht, so verweisen Kritiker auf die grundsätzliche Funktionsweise der modernen Medien und des journalistischen Handelns, das an Aktualität orientiert sei, so dass negative Ereignisse bevorzugt in die Berichterstattung eingehen würden. Überhaupt liege die Funktion der Massenmedien in „einer ständigen Erzeugung und Bearbeitung von Irritation mit der Folge, dass die Gesellschaft ein teilweise überdramatisiertes Bild von sich selbst erhält." Das Bild der Ausländer in der Presse folge deshalb einem Negativsyndrom und wirke auf die deutsche Bevölkerung eher vorurteilsverstärkend als vorurteilslösend.

Alles in allem werde eine Medienwirklichkeit erzeugt, die zwar mit der realen Wirklichkeit nicht übereinstimmt, die aber gerade deswegen die reale Wirklichkeit im Sinne der Medienwirklichkeit verändert. Ausländer seien dann eben krimineller, fauler und schlechter als Einheimische - zumindest in den Köpfen der zeitungslesenden Durchschnittsbürger. Bei der Kriminalitätsberichterstattung haben Empfehlungen des Deutschen Presserates, der Beauftragten der Bundesregierung für Ausländerfragen und eine anhaltende Diskussion über das Thema sicherlich das Bewusstsein im Redaktionsalltag geschärft, das Grundproblem konnte bislang nicht beseitigt werden. Auch Studien aus klassischen Einwanderungsländern wie Australien weisen auf die gleiche Problematik hin.

Um Missverständnissen vorzubeugen: Natürlich müssen die Medien über Konflikte und Gewalttätigkeiten berichten. Dabei sollten sie sich aber gerade in diesem Bereich ihrer besonderen Verantwortung bei der Wirkung solcher Berichte bewusst sein. Die Nennung landsmannschaftlicher Täterbeschreibungen macht nochmals das Problem deutlich. Eine Schlagzeile wie „Schwabe erschlägt Badener" oder „Bayer überfällt Ostfriesen" würde sich wohl niemand einfallen lassen.

Wie problematisch selbst manche Kommentare über Ausländerkriminalität ausfallen, belegt die Rüge, die der Deutsche Presserat einer Zeitung ausgesprochen hat. Kritisiert wurde ein Kommentar des „Westfalen Blatt". Darin war zu lesen: „Messerstecher, Vergewaltiger, Kinderschänder und Mörder gab es damals noch nicht im Umfang wie heute...Hier tritt eine Folge der Überschwemmung unseres Landes mit Ausländern zu Tage."

Gegen eine andere Tageszeitung, die „Heilbronner Stimme", sprach der Beschwerdeausschuss des Deutsches Presserates ebenfalls eine öffentliche Rüge aus - wegen Verstoßes gegen die Menschenwürde und Diskriminierung. Der Tadel galt einem Kommentar, in dem sich die Zeitung kritisch mit einem Vorschlag zur Familienförderung befasst hatte. Das Bonner „Institut für Sozialökonomie" hatte für Eltern ein staatliches Erziehungsentgelt von monatlich 2.000 Mark pro Kind gefordert. Unter der Überschrift: „Tabu-Zaun um Ausländer und teure Kinderpläne" schrieb der Kommentator der „Heilbronner Stimme" dazu unter anderem: „Vor allem die türkischen Großfamilien würden sich über die Wurfprämien der Extraklasse freuen." Der Beschwerdeausschuss bewertete den Begriff „Wurfprämie" als „eklatanten Verstoß gegen die Men-

schenwürde." In der Erwähnung „türkischer Großfamilien" sah das Gremium eine pauschale Diskriminierung von Ausländern.

Aber es sind nicht nur solche krassen Beispiele, die auf Kritik stoßen. Auch die alltägliche Berichterstattung weist Mängel auf. Insgesamt zeichnen Medien oft ein undifferenziertes Bild der Ausländer in Deutschland. Die Weiterentwicklung, die in der zweiten und weiteren Generationen stattgefunden hat, wird nicht berücksichtigt. Die „Frau mit dem Kopftuch" erscheint als Symbol für die Mehrzahl der Ausländer, sprich Türken, hierzulande. Auch das verzerrt die Wirklichkeit. Es fehlen positive oder auch „normale" Bilder aus der Alltagswirklichkeit im Zusammenleben zwischen Einheimischen, Zugewanderten und Flüchtlingen.

Es mangelt offensichtlich immer noch an grundsätzlichen Informationen und Hintergrundberichten. So wird bei Umfragen die Zahl der Ausländer in Deutschland weit überschätzt, meist sogar eine doppelt so hohe Zahl angegeben wie sie der Wirklichkeit entspricht und das selbst von Personen, die keine Vorbehalte gegenüber Ausländern hegen. Gerade diese Überschätzung könnte zumindest teilweise von der dramatisierten Darstellung des Ausländerthemas in den Medien resultieren.

Wenn von weltweiter Migration und Flüchtlingsbewegungen in den Medien die Rede ist, steht das „Bedrohliche" im Vordergrund. „Ansturm auf die Wohlstandsfeste", „Ansturm der Armen", „Sturm auf Europa" - so lauteten Schlagzeilen von „Stern" und „Spiegel". Bereits unmittelbar nach Öffnung des eisernen Vorhangs warnten die Medien vor einer neuen Völkerwanderung aus dem Osten. „Millionen auf gepackten Koffern" oder „Osteuropa befürchtet eine Invasion aus der Sowjetunion" schrieben die Zeitungen in ihren Schlagzeilen. Unter der Überschrift „Krieg des dritten Jahrhunderts" meinte „Der Spiegel": „Wenn die Sowjetunion zerbricht, müssen die Europäer mit Millionen zusätzlicher Flüchtlinge rechnen." Die Sowjetunion ist bekanntlich zerbrochen. Der befürchtete Massenansturm auf den Westen ist jedoch ausgeblieben. Eine Entwarnung wurde jedoch in den Medien bislang nicht gegeben. „Keine Völkerwanderung" ist eben keine Schlagzeile.

Bei der Begriffswahl und Sprache in den Migrationsberichten haben sich Ausdrücke aus der Welt des Militärischen oder gar des Verbrechens eingeschlichen. So ist von einer „Asylantenflut", „Lawine" oder „Schwemme" die Rede. Der „Spiegel" schreibt in einer Titelgeschichte: „Es werden Horden von Elenden sein, die in Booten über das Mittelmeer kommen, über die Straße von Gibraltar oder am Bosporus immer weiter nach Norden drängen. Hass und Angst lodern ihnen entgegen - von denen, die dort schon leben..."

Immer wieder taucht das „Bild vom überfüllten Boot" auf. In den letzten Jahren ist es in den Medien überhaupt zu einem Negativsymbol für Migration und Flüchtlinge geworden.

Insgesamt besteht die Gefahr, dass die Medien das alte Feindbild „Bedrohung durch den Kommunismus" durch ein neues, nämlich „Bedrohung durch die Neue Völkerwanderung / Flüchtlinge" ersetzen. Vielleicht ist dies bereits sogar schon geschehen. Viel wichtiger wäre es jedoch, wenn die Medien über die Fluchtursachen aufklären und immer wieder deutlich machen würden, dass sich das Weltflüchtlingsproblem auf der südlichen Halbkugel und nicht bei uns abspielt. Bekanntlich erreicht nur ein Bruchteil der weltweiten Flüchtlinge Europa. Dem entgegen entsteht in den Medien der Eindruck, als ob alle, die „mühselig, beladen und verfolgt" sind, nach Deutschland kommen würden. Außerdem wird manchmal der Eindruck erweckt, Migranten und Flüchtlinge seien das Problem und nicht Kriege, Konflikte oder z.B. der Nord-Süd-Gegensatz. Es wäre fatal, wenn Migranten und Flüchtlinge auch in den Medien zu Sündenböcken für weltweite und innerstaatliche Probleme wie Massenarbeitslosigkeit gemacht würden.

Besonders problematisch erscheint die in den letzten Jahren verstärkt zu beobachtende undifferenzierte Berichterstattung über den Islam. Man könnte meinen, der Islam und die Muslime - also in erster Linie die Türken - seien eine Bedrohung für die deutsche Kultur und Gesellschaft, sogar eine Gefahr für das Christentum. Fast schon revolutionär wäre es, wenn die Medien auf die vermutlich auch für viele Kommentatoren unbequeme Wahrheit hinweisen würden, dass die Muslime und ihr Glauben nämlich längst zu einem festen Bestandteil unserer Gesellschaft und damit sozusagen der „deutschen Kultur" geworden sind.

Beim Thema „Ausländer und Medien" lohnt sich ein kurzer Blick auf das Medienangebot für Ausländer in Deutschland. Unter der veralteten Bezeichnung „Gastarbeiterpresse" werden über 50 regelmäßig in der Bundesrepublik erscheinende ausländische Zeitungen und Zeitschriften geführt. Dazu gehören Titel wie „Hürriyet", „Akropolis" oder „vikend". Bereits 1951 verlegte die italienische Wochenzeitung „Corriere d'Italia" ihren Sitz nach Frankfurt. Auch die Türken, Griechen, Spanier und früheren Jugoslawen versuchten im Laufe der Zeit eigene Tageszeitungen für ihre Landsleute in Deutschland anzubieten. Insbesondere die türkischen Printmedien haben sich mit sieben Titeln etabliert. Zahl und Auflage der für die Ausländer in Deutschland bestimmten Publikationen schwanken allerdings laufend. Zur Zeit wird den türkischen Zeitungen in Deutschland insgesamt eine Auflagenhöhe von über 200.000 Exemplaren bescheinigt. Vor allem „Hürriyet" ist zu einem festen Bestandteil der Lektüre bei den Türkinnen und Türken geworden. Den türkischen Tageszeitungen wird in den letzten Jahren verstärkt vorgeworfen, sie würden ein überwiegend negatives Deutschlandbild vermitteln. Die Berichterstattung sei oftmals arrogant und selbstgerecht, manchmal sogar bewusst verletzend. Die türkischen

Zeitungen würden der Integration der in Deutschland lebenden türkischen Familien schaden, wie Kritiker feststellen.

Im Jahre 1994 wurde erstmals seit Bestehen des Deutschen Presserates die Berichterstattung einer fremdsprachigen Publikation beanstandet. Die türkische Tageszeitung „Hürriyet“ erhielt eine öffentliche Rüge, weil sie den Oberbürgermeister von Hannover, Herbert Schmalstieg, unzutreffend als „PKK'ler Oberbürgermeister“ - also als Oberbürgermeister der Kommunistischen Arbeiterpartei Kurdistans - bezeichnet hatte. Der Beschwerdeausschuss des Deutschen Presserates erkannte darin eine falsche Behauptung und eine Ehrverletzung im Sinne des Pressecodex. Erneut gerügt wurde „Hürriyet“ wegen der Veröffentlichung eines Artikels unter der Überschrift „Als Vermittlerin für einen PKK'ler fungiert“. In diesem Beitrag wurde behauptet, dass ein Teilnehmer an einer Kurdendemonstration ein „PKK'ler“ sei. Der Beschwerdeausschuss beurteilte die Aussage als eine unbewiesene und für den Betroffenen sehr schwerwiegende Tatsachenbehauptung, deren Veröffentlichung einen Verstoß gegen die journalistische Sorgfaltspflicht darstellt. Auch der erste deutsch-türkische Abgeordnete, Cem Özdemir, von Bündnis 90/Die Grünen oder Klaus Bednartz vom WDR wurden wiederholt von türkischen Tageszeitungen unter Beschuss genommen. Regelrechte Kampagnen und Aufrufe zur telefonischen Beschwerde bei den aufs Korn Genommenen sind dabei nicht unüblich.

Allen Unkenrufen zum Trotz, wonach sich die Türken längst in ein „Medienghetto“ zurückgezogen hätten, zeichnet sich auch ein Trend hin zu deutschen Publikationen ab. Danach ist bei den Türken die meistgelesene Zeitung die deutsche Tageszeitung am Wohnort, die 18 Prozent erreicht. Die türkische Zeitung „Hürriyet“ erreicht nur Platz 2 mit 14 Prozent. Insgesamt steigt der Anteil der Ausländer, die auch deutsche Zeitungen und Zeitschriften lesen. Nach einer Befragung im Auftrag des Bundesministeriums für Arbeit und Sozialordnung wurden bereits 1985 deutsche Zeitungen etwa genauso häufig gelesen wie die Zeitung in der Muttersprache. Dieser Trend hat sich mit weiter verbesserten Deutschkenntnissen offensichtlich noch verstärkt. Eine aktuelle Befragung unter Türken, Spaniern, Italienern, Griechen und Bürgern aus dem früheren Jugoslawien belegt, dass 54 Prozent Leser deutscher Zeitungen im weitesten Sinne sind. Dabei nutzen Italiener und Ex-Jugoslawen deutlich mehr deutschsprachige Zeitungen, als dies bei den Türken der Fall ist. Die politischen Nachrichten aus Deutschland und anderen Ländern der Welt liest regelmäßig jeder vierte Ausländer in deutschsprachigen Zeitungen und Zeitschriften. 1981 waren es noch zehn Prozent weniger. Nach einer aktuellen Untersuchung aus Berlin informieren sich bereits mehr als die Hälfte der Türken in Berlin überwiegend aus den deutschen Medien. Deutlich angestiegen ist seit 1981 bundesweit der Anteil der befragten Ausländer, die sich über aktuelle Ereignisse und Hintergründe im deutschsprachigen Hörfunk und Fernsehen informieren. Die deutschen Radio- und Fernsehprogramme haben für die Ausländer nahezu die gleiche Bedeutung wie für Deutsche.

Mit besonderen Ausländersendungen begann die ARD (Arbeitsgemeinschaft der öffentlich-rechtlichen Rundfunkanstalten der Bundesrepublik Deutschland) bereits 1961. Seit 1964 bestehen die ARD-Ausländerprogramme für Italiener, Türken, Griechen, Spanier und die Hörerinnen und Hörer aus dem früheren Jugoslawien. Die Programme stellen nach wie vor eine Orientierungshilfe für das Leben in Deutschland sowie eine Brückenfunktion zum Herkunftsland dar. Konkurrenz ist den muttersprachlichen Printmedien, aber auch den öffentlich-rechtlichen Rundfunkanstalten zunächst durch die starke Nutzung von Videorekordern und dann vor allem durch die Verbreitung von fremdsprachigen Funk- und Fernsehprogrammen über Satellit und Kabel entstanden. Fast 86 Prozent der türkischen Haushalte haben inzwischen die Möglichkeit, Sendungen in der Muttersprache über Kabel und/oder Satellit zu empfangen. Über Satellit werden bereits 45 türkischsprachige Fernsehprogramme nach Europa ausgestrahlt. In Berlin bestehen private lokale türkische Fernsehstationen. Das halbstaatliche türkische Fernsehen TRT-International hat in den letzten Jahren einen bedeutenden Stellenwert erreicht. Dem Fernsehsender wird eine regierungstreue und konservative Beeinflussung der Türken in Deutschland vorgehalten. Vor allem die Kampagne, mit der unter dem Titel „Auf Türkei - Hand und Hand mit unseren Soldaten" der Feldzug der türkischen Armee im Nordirak durch einen Spendenaufruf unterstützt wurde, stieß dabei auf Kritik.

Umfassende Untersuchungen über die ausländischen Medien in Deutschland, über Inhalte und Berichterstattung, über die Wirkung auf das Zusammenleben zwischen Deutschen und Ausländern und über die Nutzung der Medienangebote sind dringend gefragt. Vor allem über das Angebot der Sendungen der privaten türkischen Fernsehstationen oder von TRT-International weiss die deutsche Seite so gut wie gar nichts. Was die türkischen Tageszeitungen angeht, so könnte ein regelmäßig erscheinender Übersetzungsdienst zu einem besseren Verständnis beitragen. Die ausländischen Medien selbst sollten sich fragen, ob ihr Konzept, das meistens auf die Berichterstattung aus dem Herkunftsland ausgerichtet ist, noch zeitgemäß ist oder ob sie nicht ihre Orientierungshilfe zum Leben in Deutschland ausbauen sollten.

Vor allem die türkische Presse in Deutschland muss sich mit dem berechtigten Vorwurf auseinandersetzen, sie würde ein verzerrtes Deutschlandbild vermitteln. Die deutschen Zeitungen und die öffentlich-rechtlichen Rundfunkanstalten müssen die ausländische Wohnbevölkerung stärker als Zielgruppe in ihre Konzepte einbeziehen. Schon was ihren Auftrag angeht, können es sich die öffentlich-rechtlichen Anstalten nicht leisten, dass sich ausländische Minderheiten von ihrem Medienangebot abkoppeln. Für die deutschen Regionalzeitungen liegt eine Leserschaft brach, die als Anzeigen- und Abonnentenkundschaft in Zukunft eine immer größere Rolle spielen wird. Ein regelmäßiger Informations- und Journalistenaustausch zwischen deutschen und ausländischen Medienleuten sowie Seminare und Fortbildungsveranstaltungen könnten die Berichterstattung auf beiden Seiten verbessern. Alles in allem haben sich deutsche und muttersprachliche Redaktionen und Zeitungsverlage

noch nicht ausreichend darauf eingestellt, dass die meisten ausländischen Einwohner für immer hier bleiben werden. Besonders die Integration der zweiten und dritten Generation kann nur gelingen, wenn sie sich als Teil dieser Gesellschaft auch in den Medien wiederfindet.

Abhilfe schaffen will jetzt eine deutsch-türkische Wochenzeitung, die in der Pilotphase jeden Donnerstag - Persembe (Donnerstag) heisst auch die Publikation - der taz beigelegt ist. „Von Migranten für Migranten" ist das Motto des Herausgebers. Natürlich versucht „die Tageszeitung" (taz) damit ihren Leser- und Abonnentenkreis zu erweitern. Ob sich die neue Zeitung behaupten kann, bleibt abzuwarten. Ähnliche Projekte hatten bislang in Deutschland große Schwierigkeiten.

Trotz aller Anstrengungen, insbesondere der öffentlich-rechtlichen Rundfunkanstalten, finden sich fast 50 Jahre nach Ankunft der ersten „Gastarbeiter" kaum Journalistinnen und Journalisten aus Einwandererfamilien in den deutschen Medien, vor allem nicht in den Printmedien. Dabei könnten sie das redaktionelle Arbeiten bereichern, Sachverstand einbringen, die Berichterstattung erleichtern und ein neues Publikum an die Medien binden. Gerade hier müssen die öffentlich-rechtlichen Anstalten ihre Bemühungen verstärken und insgesamt das Thema „Migration und Flucht" in der Aus- und Fortbildung verankern.

Solange die Bundesrepublik sich nicht auf die Tatsachen eines Einwanderungslandes einstellt, wird das Thema aber auch nicht in den Medien den entsprechenden Stellenwert erhalten. Die Medien sind mit Sicherheit überfordert, wenn es darum geht, ein friedvolles, interkulturelles Zusammenleben in der Zukunft zu gestalten. Sie können aber viel mehr als bisher tun, um zu einem konfliktfreien Zusammenleben beizutragen. Eine vernünftige Einwanderungspolitik können sie aber auf keinen Fall ersetzen.

Es gibt sogar Stimmen, die kritisieren, dass die öffentlich-rechtlichen Anstalten schon zuviel des Guten tun würden. So ist der Medienjournalist Volker Lilienthal der Auffassung, das deutsche Fernsehprogramm sei eine permanente Sympathiewerbung für fremde Kulturen und für die in Deutschland lebenden Ausländer. Fast täglich würden Sendungen laufen, in denen der deutschen Mehrheit der kritische Spiegel vorgehalten würde, wie wenig herzlich sie doch mit den lieben ausländischen Mitbürgern umgehen würde. Kritisch wird weiter angemerkt, dass sich die Macher in der Rolle des Gerechten und Volkspädagogen eingerichtet hätten. Es würden Beiträge fehlen, die die Widersprüche und Konflikte des interkulturellen Zusammenlebens aufzeigen und thematisieren würden.

Gerade in Zeiten, in denen fremdenfeindliche Aktionen vermehrt stattfänden, hätten die Medien durch ihre Berichterstattung sogar zu einer weiteren Ausbreitung von fremdenfeindlichen Straftaten beigetragen. Das behaupten jedenfalls Medienforscher wie Bernd Brosius und Frank Esser in ihrem „Eskalationsmodell fremdenfeindlicher Gewalt". Analysiert wurde der Zeitraum zwischen August 1990 und Juli 1993. Das liegt zwar schon eine Weile zurück, aber damals gab es in Deutschland die brennenden Häuser von Asylbewerbern und Flüchtlingen in Rostock und die erste große Welle rechter Gewalt gegen Ausländer, vor allem in den neuen Bundesländern.

An diesen Ereignissen orientierte TV-Berichterstattung wirke ansteckend, so die Medienforscher. Vor allem der zunehmende Konkurrenzdruck habe eine eskalierende Berichterstattung begünstigt. Das Fernsehen habe zeitweilig unfreiwillig den organisierten und nicht-organisierten Rechten ein Forum zur Selbstdarstellung geliefert.

Eine ähnlich kritische Haltung nimmt Siegfried Jäger ein. Gerade im Bereich der Migrations-, Flüchtlingslings- und Ausländerberichterstattung, so Jäger, „informieren" die Medien nicht nur, „sie formieren Bewusstsein. Sie formieren und regulieren die Diskurse und die durch sie konstituierten Subjekte". Dies könnten die Medien besonders gut, da sie Tag für Tag diese Diskurse durch neues Material speisten. Für den Zusammenhang von Tag zu Tag dienten dafür Bilder und Kollektivsymbole, die zunächst primär den Lesern, Hörern und Zuschauern helfen, sich an Inhalte und Zusammenhänge zu erinnern. Beliebt, so argumentiert Jäger, sind dabei Bilder wie „Dämme", „Fluten" oder „Burg". „Nicht sprachgebundene Bilder", so Jäger weiter, „sind besonders suggestiv", da sie oft nicht rational oder auflösbare Assoziationen erzeugten. Jägers Beispiel hier: ein Schwenk im Fernsehen von diskutierenden Roma auf einen Schweinestall, in dem sich ein paar Säue suhlen. „Der Schwenk auf die Schweine assoziiert", so Jäger, „dass Roma eigentlich keine menschlichen Subjekte sind."

In einer zweiten These geht Jäger noch weiter: „Die Berichterstattung aller Medien über Einwanderung und Flucht (im weitesten Sinne) enthält (ob gewollt oder ungewollt) häufig rassistische, ethno- und eurozentrische Elemente. Sie ist daher für das Entstehen (und die Eskalation) zunehmender Verstricktheit der Bevölkerung in rassistische Diskurse mit-verantwortlich. Da Diskurse Handlungen zur Folge haben, erstreckt sich diese Mitverantwortung auch auf Taten und Tätlichkeiten".

Jäger stellt die Medien zwar an den Pranger, er nimmt sie jedoch auch wieder in Schutz. Die Meinung, dass Gewalt in den Medien auch Gewalt in der Gesellschaft, insbesondere gegenüber Fremden und Flüchtlingen nach sich ziehe, revidiert er. „Die Darstellung von Gewalt in den Medien führt nicht automatisch (...) zu Nachahmungstaten. Sie hat ambivalente Folgen. Es kommt darauf an, ob Gewalt als Lösung von Konflikten / Problemen und als ‚normal' dargestellt wird oder ob dies nicht der Fall ist." Jäger stellt fest: „Die Wellen von Gewalt gegen Flüchtlinge und Einwanderer haben andere Ursachen: Rassistisch angereicherte und angeheizte Diskurse...erreichen die gesamte Gesellschaft und so auch all die, die zu gewaltsamen Lösungen bereit und in der Lage sind.“

Was können die Medienmacher tun, gerade angesichts verstärkter Ausländerfeindlichkeit und Gewalt gegenüber Flüchtlingen und anderen Migranten?

Der griechische Philosoph Epiktet, gestorben 130 n. Chr., sagte: „Was die Menschen verwirrt, sind nicht die Tatsachen, sondern die Meinungen über die Tatsachen.“ In diesem Sinne sollten die Medien weniger Meinungen, sondern mehr Tatsachen über Migration und Fluchtursachen verbreiten und so zur Entwirrung beitragen. Flüchtlinge und Migranten als ein Teil der viel diskutierten Globalisierung zu sehen, davon liest und hört man nur wenig.

Nicht gelegentliche Kampagnen oder gar blinder Aktionismus helfen weiter, sondern nur langfristige Konzepte und eine kontinuierliche Berichterstattung, die zum Abbau von Vorurteilen beiträgt. Reaktionen auf Kampagnen gegen Fremdenfeindlichkeit fallen sehr widersprüchlich aus. Nicht alles, was gut gemeint ist, kommt auch beim Publikum so an. Im Gegenteil - so die Ergebnisse der Medienforschung - TV-Spots gegen Fremdenfeindlichkeit werden oftmals missverstanden und erreichen manchmal genau das Gegenteil, sprich: sie können sogar Vorurteile verstärken.

Auf jeden Fall könnten die Medien stärker auch die positiven Seiten der Einwanderung betonen und auf gelungene Beispiele eines interkulturellen Miteinanders hinweisen. Wie sehr wir beispielsweise auf Einwanderung angewiesen sind, das zeigt die Diskussion um die Bevölkerungsentwicklung und die „Green-Card“ in Deutschland. Sie bietet die Chance, das Thema Migration insgesamt positiver zu sehen und klarzumachen, dass Einwanderung im Interesse der Industrieländer liegt. Ist der Mangel an Fachleuten aus der Informationstechnologie-Branche (IT) nicht schon ein „Zeichen an der Wand“ für den längst vorhandenen Arbeitskräftemangel und Rückgang der Bevölkerung? - könnten die Medien fragen.

Einzelne Länder haben bereits Konsequenzen aus ihrer niedrigen Geburtenrate gezogen - so weitere Informationen aus Presse, Funk und Fernsehen. Staatspräsident Ciampi sagte beispielsweise, Italien brauche Einwanderer, um die Bevölkerung zumindest auf einem stabilen Niveau zu halten. Auch Japan plant aus demographischen Gründen, seine besonders restriktiven Einwanderungsbestimmungen zu lockern. Spanien hat bereits ein „Gastarbeiterabkommen“ mit Marokko abgeschlossen, weil Arbeitskräfte in der Landwirtschaft oder auf dem Bausektor fehlen. Europa öffnet offensichtlich bereits seine Pforten, um eine Entwicklung zum Altersheim abzufedern. Angesichts solcher Entwicklungen ist eine intensivere und zugleich offene Berichterstattung zum Themenfeld geradezu politisches Gebot.

Dies zumal Leser, Hörer und Zuschauer, die wenig Kontakt zu Ausländern pflegen, auch die größte Ablehnung gegenüber dieser Personengruppe haben. Sie sind auf die Medien angewiesen, die ihr „Ausländerbild" prägen. Unglücklicherweise stoßen sie dabei - gerade im Lokalteil - auf ein Negativ-Image, das ihre Einstellung noch weiter verschlechtert. Diesen Zusammenhang sollten Journalisten vor Augen haben und in ihren Berichten - z. B. durch Portraits von Ausländern in der Nachbarschaft - das Bild der „anonymen Masse" beseitigen. Und dies nicht nur einmal im Jahr am traditionellen Fest der ausländischen Mitbürger.

Wie stehen nun alles in allem die Chancen, dass die Medien in Deutschland ähnlich wie in den Vereinigten Staaten die Migranten stärker in ihre redaktionellen Überlegungen einbinden und das Thema Migration somit einen ganz anderen, positiven Stellenwert bekommt? Was die Kaufkraft angeht, so handelt es sich in beiden Ländern um ähnliche Dimensionen. Ein Anzeichen dafür, dass sich in dieser Sicht etwas bewegt, ist die Einrichtung eines ersten türkischen Radios mit 24-Stunden-Programm in Berlin, hinter dem ein deutscher Unternehmer steht. Erfahrungen aus den Niederlanden mit dem „Migranten TV Amsterdam" oder aus Großbritannien mit „Channel 4" könnten insgesamt hilfreich sein, wenn es um eine solche neue Sichtweise des Themas „Migranten in den Medien" geht.

Der Fernsehkulturkanal ARTE mit deutsch-französischem Schwerpunkt strahlt jetzt schon Beiträge aus, in den neben den Sendesprachen Deutsch und Französisch jährlich 200 Sprachen und Dialekte vorkommen. Deutschland ist bereits der größte Kabel- und Satellitenmarkt Europas, was aber nicht dazu führen sollte, dass sich Millionen von Migranten in einer zweiten Medienwelt vom Angebot der Aufnahmeländer abkoppeln und sich in eigene zurückziehen. Vorerst bleiben offensichtlich viele Chancen ungenutzt, über die Medien eine Brücke zwischen den Ländern - beispielsweise zwischen Europa und der Türkei - zu bauen und so den kulturellen Austausch zu intensivieren. Nach fast 50 Jahren „Migration in Deutschland" bleibt das Thema eine Herausforderung für die Medien und JournalistInnen.

Robert Hettlage

# „Wem Gott will rechte Gunst erweisen..." Wissenssoziologische Auffälligkeiten im Rückblick auf 45 Jahre Migrationsliteratur

*„Ich will mich nicht assimilieren.*
*Ich will mich nicht dissimilieren."*
*(György Konrád)*

## Einleitung: Wissenssoziologie und moderne Gesellschaft

Für Wissenssoziologen ist das Denken ein individueller und ein kollektiver Akt. Denn Individuen denken in der Art, wie sie von ihrer Gruppenmitgliedschaft beeinflusst werden. Insofern ist Wissen gesellschaftlich, denn Menschen denken mit- und gegeneinander. Ihr Wissen - sei es Alltags- oder wissenschaftliches Wissen - wird in Übereinstimmung mit Gruppeninteressen und deren Konflikt untereinander formuliert und gebraucht. Das gilt für Generationen, Statusgruppen, Beschäftigungskategorien etc. Sie alle - und nicht nur die Intellektuellen - haben ihr eigenes Denk- und Wissenssystem.

Deswegen ist die Wissenssoziologie an den Prozessen der aktiven Herstellung eines „corpus von Wissbarem" interessiert, wie sie sich in „face-to-face"-Beziehungen oder über soziale Typisierungen aufbauen. Immer steht unsere Alltagserfahrung und die pragmatische Problemlösung im Vordergrund. Unser „Rezeptwissen" wird also durch unsere Interessen und Relevanzen als pragmatisch Handelnde und als Gesellschaftsmitglieder strukturiert. Denn Menschen müssen eine tendenziell bedrohliche, weil ungeordnete Welt unter den Schutz eines „Wissensbaldachins" stellen, der als Ordnung legitimiert und weitergegeben werden kann.

Gerade moderne Gesellschaften mit ihren pluralistischen Interessen, Deutungen und Relevanzen stehen vor dem Problem der „Nomisierung" (Berger/ Luckmann 1980). Sie brauchen trotz - oder gerade wegen - ihrer Differenziertheit verlässliche Wissenskategorien, die das soziale Leben „in Ordnung" halten. Unterhalb dieses Schutzschilds können sich die Menschen allerdings an ein beträchtliches Maß an Dissens, Konflikt und Ambiguität gewöhnen, ja ein bestimmtes Wissenssystem (z.B. die Vorstellung vom autonomen Subjekt) kann Bedeutungen schaffen, die kognitive und normative Unsicherheiten erhöhen.

Diese Spannung zeigt sich auch in der Migrationssoziologie. Seit Wanderungen auf der Welt zu einem nicht nur sporadischen, sondern dauerhaften Thema moderner Gesellschaften geworden sind, schwankt deshalb die Perspektive zwischen Ordnungssicherheit und kreativer Subversion der Ordnung. Dies drückt sich darin aus, dass die Migrationsliteratur zwischen Stabilitätsdenken und Beschwörung von Anomie (oder Kreativität), zwischen Ordnungsruf und Ordnungswiderruf, zwischen Binnen- und Außenperspektive hin- und herpendelt. Meist aber wird wegen der hohen Nomisierungserfordernisse die Binnenperspektive der Zuwanderungsgesellschaft eingenommen.

Allerdings ist dieses Wissenskonstrukt nicht ein- für allemal fest und trifft auch nicht auf alle Zeiten gleichermaßen zu. So lassen sich unterschiedliche Anstrengungen der Problemwahrnehmung, also der alltagspragmatischen und der elaborierten Wissensherstellung, unterschiedliche Phasen der Problemdefinition, und damit charakteristische Problemverschiebungen herausarbeiten. Dies soll anhand der *deutschen* Migrationsliteratur nach 1955 versucht werden. Dass es sich dabei nur um eine höchst sporadische Literaturauswahl handeln kann, versteht sich anhand der Überfülle der Publikationen - gerade in den letzten 20 Jahren - von selbst. Es geht auch nur darum, dabei einen wissenssoziologischen Ansatz vorzulegen und auf dessen Fruchtbarkeit, gerade in diesem Forschungsfeld, hinzuweisen.

Ausgangspunkt ist die jeweilige Ordnungsklammer der Gesellschaft. Je nachdem, ob die nationalstaatlich geordnete, sich souverän gegen außen in Szene setzende Gesellschaft zum Ausgangspunkt des Denkens erhoben wird (Teil A) oder ob das Modell einer (heute) beschränkten Souveränität (Teil B) gewählt wird, fallen die theoretische Erfassung und die politische Gestaltung von Wanderungsströmen ganz unterschiedlich aus.

## Teil A) Migration unter dem Souveränitätsparadigma

Etwa zur gleichen Zeit, als in Deutschland das „ius sanguinis" formuliert wurde (1913), hatte Max Weber (1968, 112ff.) darauf hingewiesen, dass es keine „natürlichen" ethnischen Gemeinschaften gäbe, Gesellschaft also nicht auf nationale Bevölkerung reduzierbar sei. Jede, von anderen abgegrenzte, soziale Verkehrsgemeinschaft beruhe auf ökonomischen und politischen Interessen, die durch die subjektiv empfundene Kultureinheit nur überlagert würden. Diesen Weg sind die modernen Gesellschaften gegangen (Weber 1972, 234ff.). Sie haben sich der „Tyrannei des Nationalen" unterworfen und Solidaritäten weitgehend nur innerhalb der partikularistisch gedachten Verkehrs- und Kulturgemeinschaft gelten lassen.

Im so hervorgebrachten „Staatsangehörigkeitsmenschen" ist Zugehörigkeit (national-)staatlich partikularisiert. Sie bringt durch „erfolgreiche" Sozialisation die Menschen dazu, sich gegen „die anderen" zu identifizieren. So wird es möglich, die Menschen in Inländer und Nicht-Inländer, in „Wir" und „Sie", in Gemeinschaftliche und Außergemeinschaftliche, Einheimische und Fremde zu unterteilen.

### I. Migrationstheorien aus der Perspektive der Aufnahmegesellschaften

Von Anfang an stand diese nationalistische Perspektive - bewusst oder unbewusst - Pate für die Wahrnehmung der und die Kommunikation über die soziale Realität von Wanderungen. Das ist so ungewöhnlich nicht, denn immerhin waren die klassischen Modellgesellschaften für die Theoriebildung (USA, Kanada und Australien) typische Einwanderungsländer. Die USA sind nicht nur die erste moderne Nation, sondern bis heute das entscheidende Modell für das Verständnis moderner Wanderungsbewegungen (Elschenbroich 1986). Dies hat seinen Widerhall in allen wichtigen Migrationstheorien gefunden.

#### 1. Das nordamerikanische Bezugsmodell

Da in der Nachkriegszeit die Soziologie weitgehend aus den USA reimportiert wurde, verwundert es nicht, dass die USA und Kanada (und Australien) die Bezugsgrößen der Theoriebildung und der praktischen Migrationserfahrungen abgaben. Sie waren die klassischen Einwanderungsländer, die seit vielen Jahrzehnten den europäischen Ländern offenbar die Erfahrung offener Grenzen voraus hatten. Sie waren es auch, die eine anfänglich überwiegend europäische Zuwanderung absorbierten, somit die europäischen Länder von ihrem Beschäftigungs- und Armutsproblem entlasteten und den Zugewanderten eine neue Lebensperspektive boten. Und dabei nahm man es - erstaunlich genug - von beiden Seiten aus betrachtet als nicht weiter thematisierbar hin, dass die Perspektive der Aufnahmegesellschaft die entscheidende zu sein hatte.

Alle Migrationstheorien dieser Zeit lassen sich unter diese gemeinsame Perspektive subsumieren. Seien es die Untersuchungen von Richardson (1957) in Australien oder von Glaser (1958), Price (1969), Gordon (1966) und anderen, alle haben sie mit einem Drei-, Fünf- oder Siebenstufenmodell gearbeitet, das einen Angleichungsvorgang in die Aufnahmegesellschaft von der anfänglichen Distanz und Ausgrenzung über einen langsamen Gewöhnungsprozess, bis hin zur Identifikation und kulturellen Einpassung zugrundelegt. Die Bezugsperspektive der Theorie ist die dominante Kultur der Residenzgruppe, deren Perspektive auch der Wanderungsgruppe unterstellt wird. Die Frage ist nur, wie lange man letzterer eine Sonderentwicklung der Isolation, Segregation und Separation zugesteht. Am Endergebnis des großen „Schmelztiegels Amerika" bestand jedenfalls lange kein Zweifel. In der Terminologie von A.O. Hirschman (1974) gesprochen, wurden nur die Verhaltensstrategien von „Voice" und „Loyalty" thematisiert, während „Exit" und „Silence" ausgeklammert blieben. Alle wanderungstheoretischen Ansätze waren auf Eingliederung in den „American Way of Life" aus, während bezeichnenderweise die auch immer bedeutsame Remigration kein Thema wurde. Besser kann nicht klar gemacht werden, dass die Interaktionsmuster im Migrationsgeschehen ganz von den Bedürfnissen und Selbstbeschreibungen, ja sogar Ideologien derjenigen ausgingen, die selber nicht unter existentiellem Wanderungsdruck standen (Push-Faktoren), sondern sich höchstens Gedanken über die Opportunität neuer (Arbeits-)Bevölkerungsgruppen und die entsprechende Verengung oder Erweiterung der Einlasskriterien machen mussten (Pull-Faktoren).

Diese theoretische und politische Schlagseite wurde von den europäischen Ländern übernommen, als sie sich selbst von Abwanderungs- zu Zuwanderungsländern gemausert hatten. Das war anfänglich bei den Ex-Kolonialländern *Frankreich* und *Großbritannien* der Fall, wie sich etwa an den Arbeiten von Maddox (1960) und Rex/Moore (1967) ablesen lässt. Auch in Frankreich wurde die innere und äußere Expansion des republikanischen Zentralstaats unter dem Konzept der Assimilation angestrebt („francisation républicaine"). Auch nach der Dekolonisierung Afrikas wollte man von diesem traditionellen Kurs nicht abweichen. Einerseits sahen die Franzosen (und Engländer) in ihrer Kolonialherrschaft einen zivilisatorischen Auftrag, so dass auch nach der Dekolonisierung - etwa der Maghrebstaaten - eine Ab- oder gar Ausweisung der ehemaligen Untertanen nicht gut möglich war. Andererseits sollte der Einwanderungssog - vor allem der Illegalen - eingedämmt und die Integration der bereits anwesenden Bevölkerung erreicht werden. Dabei aber war die alte Statushierarchie zwischen Franzosen und kolonialen Untertanen aufgrund der republikanischen Werte Frankreichs nicht in Frage zu stellen („Kulturrassismus" vgl. Balibar 1990, 33; Loughlin 1993; Etienne 1989).

Obwohl nur in geringerem Maße kolonialistisch geprägt, wurden diese Perspektiven später von *Deutschland* und dann von *Italien* übernommen, das innerhalb kürzester Zeit vom Auswanderungsland zum Einwanderungsland geworden war (Melotti 1994). Jeweils war es das nationale Selbstverständnis im Zusammenhang mit der Aufrechterhaltung einer festen, vorgegebenen Statushierarchie, das die einzelnen Länder (und ihre Theoretiker) unfähig machte, in den Migranten mehr als periphere, marginale Populationen zu sehen, denen man Assimilation als Emanzipationsakt abverlangen konnte und die zu lernen hatten, dass Aufnahme in Gastgesellschaften als Hilfestellung oder Fortschritt zu definieren war. Wer sich der bedingungslosen Assimilation nicht unterziehen wollte, dem wurde zumindest Integrationsunwilligkeit und damit ein Bruch der stillschweigenden Vertragsgrundlagen unterstellt - eine Einstellung, die bis heute in weiten Teilen der Bevölkerung noch nachwirkt. Dabei handelt es sich offensichtlich um ein altes Einstellungsmuster, das immer wieder neue Auflagen erlebt. Und dass auch die Migrationstheoretiker davon nicht frei sind, lässt sich problemlos nachweisen.

## 2. Parks Grundmodell des „Race Relations Cycle"

Schon 1983 hatte Ch. Hirschman (1983, 401) darauf aufmerksam gemacht, dass die Integrationsdebatte sich von den ersten theoretischen Grundlegungen bis heute nicht hat lösen können. Gemeint ist Robert Parks Assimilationszyklus, der immerhin aus dem Jahre 1921 stammt und der bis heute - trotz unterschiedlichster Terminologien - eine Art Referenzpunkt abgibt. Park, der Begründer der Chicago Schule, hatte die riesigen Einwanderungsströme des frühen 20. Jahrhunderts selbst erlebt und war der Auffassung, dass Industrialisierung, Verstädterung und Modernisierung eine so stark vereinheitlichende Kraft besäßen, dass die Partikularismen der neu hinzuströmenden Einwanderer-Ethnien nur eine vorübergehende Lebenschance hätten. Sie würden von den Lebens- und Arbeitsbedingungen der neuen Staatsgebilde einfach aufgesogen. Sein Realismus bestand darin, dass er in der Migration einen Lern- und Akkulturationsprozess erblickte, der seines Erachtens über vier Stufen ablaufen würde: Nach einer *Kontaktphase* mit hoher Verunsicherung käme es auf der zweiten Stufe zu einem *Wettbewerb* auf den verschiedenen Teilmärkten, vor allen Dingen auf dem Arbeitsmarkt („competition"). Die etablierten Arbeiterschichten sähen in den Migranten eine Bedrohung ihrer Arbeitsmarktposition und versuchten daher, ethnisch abgesicherte Beschäftigungsbarrieren aufzubauen. Diese Überlegungen fanden später in der Theorie des gespaltenen Arbeitsmarkts (Bonacich 1979) ihren Widerhall.

In der dritten Phase findet - nach Park - eine gegenseitige *Gewöhnung* („accomodation") statt, wobei sich die Gruppen bemühen, ihre Interessen mittelfristig gegenseitig anzugleichen. Die Gefühle von Feindseligkeit und Antagonismus mögen zwar weiterhin vorhanden sein und das gegenseitige Verständnis unterlaufen, aber jede Gruppe wird entdecken, dass es für ihr eigenes Überleben vital ist, ein Minimum an stabiler Kooperation zu erreichen. Damit wird die Akkommodation auf Dauer stabiler und gibt die Grundlage für ein umfassenderes gegenseitiges Verständnis, für den Abbau der Kommunikationsbarrieren und die Fusion von Gruppenidentitäten (*„assimilation"*) ab. In der ersten Generation ist dies wohl nur in den seltensten Fällen zu erreichen. Im Endeffekt aber ist die Sozialstruktur dann durch Gruppen gekennzeichnet, die sich eine gemeinsame Perspektive teilen, miteinander kommunizieren, voneinander abhängen und sich für die als vorgegeben erachtete Aufrechterhaltung der Gesellschaftsordnung gemeinsam verantwortlich fühlen.

Dass es zu einer Assimilation dieser Art nicht kommen würde, weil es zu Abbrüchen im Durchlauf der einzelnen Phasen käme, konnten sich Park und seine Nachfolger eigentlich nicht vorstellen. Ein Blick auf die deutsche Migrationsgeschichte nach 1955 kann die Abhängigkeit von Parks Vorgaben illustrieren.

## II. Die Widerspiegelung des Park'schen Grundmodells in der deutschen Migrationsliteratur

Zwar konnte Deutschland - schon vor 1945 - auf beträchtliche Migrationserfahrungen zurückblicken (vgl. Bade 1985), doch hat man den Eindruck, dass nach 1945 das Rad in dieser Hinsicht noch einmal neu erfunden werden musste. Das unerwartete Wirtschaftswunder der Bundesrepublik war zweifellos ein „Arbeitsmarktwunder", das es in den 50er Jahren erlaubte, die hohen Migrationsströme aus Ostdeutschland zu absorbieren. Als deutsche Zuwanderer entzogen sie sich damals weitgehend der migrationssoziologischen Aufmerksamkeit. Als 1961 (Mauerbau) dieses Arbeitskräftereservoir in einem Schlag ausgetrocknet wurde, die Wirtschaft aber weiter boomte, musste man auf *fremde* Arbeitskräfte aus dem Ausland zurückgreifen. Das ist der Beginn der modernen Migrationsthematik in Deutschland.

## 1. Kontaktphase und „economic welcome" (1962 - 1972)

Da es in der Euphorie der Boomphase hauptsächlich darum ging, möglichst schnell neue Arbeitskräfte zu gewinnen und flexibel einsetzen zu können, befasste sich die deutsche Migrationsforschung dieser Zeit überwiegend mit den Kosten- und Nutzenaspekten der Arbeitskräftewanderung. Die ersten Studien, die von den einzelnen Bundesländern, von verschiedenen Städten und von der Bundesanstalt für Arbeit in Auftrag gegeben wurden, waren überwiegend arbeitsbezogen und kaum soziologischer Natur. Hauptsächlich wurde damals nach dem Beitrag der Ausländer zum Wirtschaftswachstum des Inlands gefragt (Mehrländer 1969). Vereinzelt rückten das Integrationspotential von Städten und Regionen (Borris 1973) oder die Infrastrukturbedürfnisse in den Blick.

Soziologische Studien über die Verhaltensweisen der „Gastarbeiter" gibt es in dieser Zeit nur als Ausnahmeerscheinungen. Zu nennen sind hier die Studie von Kurz (1965) über die Lebensform italienischer Gastarbeiter in Münchener Wohnbaracken, Albrechts (1972) Analyse der Handlungsimpulse, die durch Migration im Entsendeland in Gang kommen und Hoffmann-Nowotnys Arbeit über die „neofeudale Unterschichtung" der schweizerischen Sozialstruktur durch die Arbeiter-Massenwanderung aus dem Süden Europas (1970, 1973). Dieser Ansatz bei den Strukturspannungen, die durch den Migrationsprozess ausgelöst werden, war der theoretisch einflussreichste jener Zeit. Hoffmann-Nowotny wollte dabei gleichzeitig aufzeigen, dass und wie institutionelle Vorkehrungen dazu beitragen können, die kulturellen Differenzen und Diskrepanzen zwischen Gastland und Fremdbevölkerung bzw. innerhalb der Gruppe der Fremden selbst zu lindern (Abbau der Aspirationen, Rückkehrillusion, kompensierender Konsum).

## 2. Konkurrenzphase und „social antagonism" (1973 - 1983)

Schon zu Beginn der 70er Jahre war offensichtlich geworden, dass die bisher unterstellte Rotation der Gastarbeiterpopulation sich wirtschaftlich nicht auszahlte (Dohse 1981). Das erklärt, warum die Unternehmen nun an einer *längeren* Aufenthaltsdauer der Migranten interessiert waren. Schon dadurch veränderte sich die relative Sorglosigkeit der Anfangsphase. Hinzu kam, dass sich die nationale Zusammensetzung der ausländischen Bevölkerung von den Europäern zu den Nicht-Europäern hin zu verschieben begann und die folglich erhöhte „Sichtbarkeit" einer Fremdbevölkerung den Problemdruck erhöhte.

Dieser wurde durch den sog. Erdölschock 1973 untermauert. Denn in Folge des Konjunktureinbruchs musste die Anwerbung auch aus fernen Drittländern völlig eingestellt werden. Auf der anderen Seite ließ der Druck des Gastarbeiterproblems keineswegs nach. Den Migranten blieb nur die Wahl zwischen dem Verbleib in Deutschland und den unbestimmten Chancen im Fall der Rückkehr. Beides hatte erhebliche Risiken auf allen Seiten zur Folge. Viele ließen sich wegen der unsicheren Beschäftigungslage im Herkunftsland und der ausgeschlossenen Rückkehr in die Bundesrepublik (wenn sie einmal ausgereist waren) nicht auf die Remigrationsangebote ein, sondern setzten weiterhin auf eine sozial unbestimmte „Emigration". So begann sich nun die Familienzusammenführung zu verstärken, was die Folge hatte, dass 1974 erstmals der hohe Ausländeranteil an den Geburten (rund 20%) die Bevölkerung und die Politiker aufrüttelte (Munscher 1979).

Damit verschob sich die Wahrnehmung des Gastarbeiterproblems von der Sphäre des Kontakts zur Sphäre der Konkurrenz. Das Heranwachsen einer zweiten Generation, die Belastungen der Infrastruktur (Wohnung, Erziehung, Berufsbildung) und die Konkurrenz um die knapper werdenden Arbeitsplätze verschoben auch die Fragestellungen in der Forschung auf diese Themenkomplexe.

#### a) Segregation

Die ersten Surveys förderten zu Tage, dass Ausländer, sofern sie überhaupt als Mieter in Betracht kamen, mit einer schlechteren Wohnqualität vorlieb nehmen mussten und dadurch in bestimmte Stadtteile und Häuserblocks abgedrängt wurden. Neues Segregationssymbol wurde der Berliner Stadtteil Kreuzberg, der einen ähnlichen Sukzessionszyklus offenbarte, wie ihn die USA schon längst erfahren hatten („white flight" bei Hoffmeyer-Zlotnik 1977). Und lange Zeit blieb bestritten, ob die Segregation freiwilliger oder erzwungener Natur sei bzw. wie stark die Bedingungen der sozialen Umwelt zu Buche schlugen (Diricks/Kudat 1975). Heckmann (1980) gab zu bedenken, dass Segregation auch als eine erste Phase eines Integrationsprozesses begreifbar ist. Dem stand allerdings entgegen, dass sich die Wohnungsbedingungen über viele Jahre hinweg nicht wesentlich änderten, so dass ein beträchtliches Maß an Apathie und Abwehr nicht auszuschließen war. Andererseits wurde durch Segregation die Selbstorganisation der Migranten in ethnischen Enklaven beträchtlich gefördert (Heckmann 1981), wodurch die sozialpädagogischen Anstrengungen zum Teil ins Leere fielen.

#### b) Familienstruktur

Der neue, skeptische Blick auf die Migrationsbevölkerung rückte auch die Lebenswelt der Migrantenfamilien in den Vordergrund (hierzu z.B. Schrader/Nikles 1976). Die Leitfrage war, ob die veränderten Lebensumstände im Gastland die Herkunftstraditionen (geschlechtsspezifische Arbeitsteilung, Rollenverständnis von Eltern und Kindern) verändern würden. Dabei zeigte sich einerseits, dass ein bestimmtes Segment (z.B. türkischer) Frauen sich dem Druck traditionaler Kontrollen partiell entziehen konnte, dafür allerdings auch einen hohen Preis an Vereinsamung, „Doppelleben" und Verunsicherung zu zahlen hatte (Kudat 1975). Dieser innerfamiliäre Kulturkonflikt äußerte sich

darin, dass sich zwei Familientypen herausbildeten, ein rigider traditionalistischer, der auf Abschottung („Retürkisierung") pochte, und ein flexibler, der sich auf „accomodation" mit der neuen Lebenssituation einstellte (Neumann 1980). Überhaupt zeigten die Studien zur interkulturellen Sozialisation, dass das Leben in zwei Traditionen erhebliche Erziehungs-, Wert- und Verhaltenskonflikte - gerade im Jugendalter - nach sich zog (Boos-Nünning/Hohmann 1976).

### c) Schule und Beruf

Mit diesen Fragen wurden und werden heute noch die Lehrer konfrontiert. Nicht nur, dass die Lehrmaterialien verändert werden mussten, schon die Unterrichtssprache brach das Paradigma der eindeutigen, nationalstaatlichen Lernsituation auf. Ausländerkinder hatten deswegen beträchtliche Verständnis- und Lernschwierigkeiten. Häufig blieben sie isoliert und zeigten Verhaltensauffälligkeiten, die nicht unwesentlich von den Eltern und deren unterschiedlichen Lernzielen geschürt wurden. Die Zahl der Schulabbrecher war und ist heute noch entsprechend hoch. Dieses Problem wird in die Berufssituation weitergereicht. Es transformiert sich in die Frage, ob Ausländerkinder den Wettbewerb mit der einheimischen Jugend gewinnen können, wenn die Erziehungs- und Berufsaspirationen der zweiten Generation entweder nicht hoch sind oder von einem auf die Kulturdifferenzen nicht ausgerichteten Schul- und Familiensystem unterlaufen werden (Wilpert 1980).

### d) So genannte Gastarbeiterkriminalität

Zur Frage der Auffälligkeit gehörte auch der Aspekt der scheinbar höheren Kriminalitätsrate ausländischer Kinder und Jugendlicher. Genauere Untersuchungen zeigten aber, dass dies insgesamt keineswegs zutraf (Albrecht/Pfeiffer 1979), sondern höchstens für eine bestimmte Altersgruppe und bestimmte Delikte Gültigkeit hatte. Die Gründe lagen mit der Mehrfachbenachteiligung in Schule und Beruf, durch innerfamiliäre Kulturkonflikte und sozialisationsbedingte Orientierungsschwierigkeiten, gepaart mit der Frustration über den gespannten Arbeitsmarkt, auf der Hand. Dies um so mehr, je stärker man auch einen Etikettierungseffekt der Ordnungskräfte in Rechnung zu stellen hatte (Bielefeld/Kreissel/Münster 1982).

## 3. Akkommodierungsphase und Konsolidierung der Nicht-Begegnung (1984 - 1990)

Gegen Ende der 80er Jahre hat sich die Problemwahrnehmung ein weiteres Mal verschoben. In Politik, Gesellschaft und Forschung wuchs die Überzeugung, dass man um eine umfassende Ausländerpolitik nicht mehr herum käme. Der Grund lag einerseits darin, dass die Ausländergruppen sich nicht mehr allein als Arbeitskräftereservoir oder als soziales Problem behandeln und einordnen ließen. Mit der Länge ihres Aufenthalts war ihnen auch ansatzweise ein neues Selbstbewusstsein zugewachsen. Es ging ihnen selbst nicht mehr nur um die Überwindung prekärer Lebensverhältnisse, sondern auch darum, einen anderen sozialen Status, Freizügigkeit, Anerkennung sowie eine Änderung der Berufschancen zu erlangen. Die zweite Generation war sich selbst bewusst geworden, dass ihre Lebenswelt eine bikulturelle geworden war. Diese brachte es mit sich, dass sie ihr Leben nicht mehr nur unter der verengten Perspektive korrektiver Infrastrukturmaßnahmen betrachtet wissen wollten.

### a) Das missmutige „Einwanderungsland"

Andererseits lehnte die Bundesrepublik es weiterhin ab, als Einwandererland zu gelten, musste aber doch hinnehmen, dass sie *de facto* doch ein solches mit einer hohen, relativ stabilen ausländischen Minderheit geworden war. Damit veränderten sich die Relevanzen, denn nun war zu fragen, welche kulturellen, sozialen und politischen Rechte man dieser „Minorität" zugestehen wollte. Das hieß auf der anderen Seite, dass man nun wissen musste, was man von den „ausländischen Mitbürgern" als Integrationsleistung überhaupt verlangen konnte. Denn war man bereit, ihnen einen Spielraum kultureller Eigenständigkeit zuzugestehen, dann stellte sich die Frage neu, was Integrationspolitik unter diesen veränderten Voraussetzungen überhaupt noch bedeuten konnte.

Über das Eingeständnis, sich - unwillentlich zwar - viele fremde Bevölkerungsgruppen als dauerhafte Mitglieder in die eigene Gesellschaft geholt zu haben, musste man sich mit dieser neuen Situation auch selbst „akkommodieren". Das hieß nichts anderes, als dass das bisherige Projekt der „Integration" neu befragt werden musste. Was konnte Assimilation heißen, wenn man die „Gastarbeiter" *und* die „Gastgeber" in ihr Recht einsetzen wollte? Sicher war es nicht mehr angemessen, Integration als unilaterale Anpassung der Migranten an die Gastgesellschaft zu definieren. Andererseits konnte man von den Migranten keine Rückkehr mehr verlangen. Deswegen richtete sich eine Reihe von Studien auf zwei bislang ungelöste Problemkreise: die Anerkennung latenter und offener Konflikte zwischen Deutschen und Fremden auf dem Arbeits- und Wohnungsmarkt, in der Schule, in der Öffentlichkeit usw. (Hoffmann/Even 1983), auf die Fremdenangst der Deutschen (Tsiakalos 1982; Boos-Nünning 1983), aber auch auf das sich verändernde Selbstbewusstsein der Fremden, die sich einem „monologisch", auf kulturelle Ununterscheidbarkeit ausgelegten Integrationsverständnis nicht (mehr) unterziehen wollten. In Verbindung mit vielen Forschern machten sie geltend, dass das Problem differenzierter und „dialogischer" angegangen werden müsste: nicht von einer Integrationsideologie alten Stils her, sondern so, dass der Dynamik der freien Entscheidung sowie der Sphäre des unvermeidlichen Kulturkonflikts genügend Aufmerksamkeit gewidmet würde. Dadurch tauchten neue Schichten der Problemwahrnehmung und neue Forschungshypothesen auf.

### b) Das Konzept des Fremden

Lange Zeit sprach man in der Migrationsliteratur von Gastarbeitern. Nun aber verlangte das neue Problem auch ein neues Konzept. Dabei entsann man sich auf die Analysen von Simmel und Schütz, die beide im Migrationsprozess auf das Ineinanderspiel von Nähe und Distanz, ambivalenter Zugehörigkeit, Beobachterstatus und partieller Einbindung abhoben. „Der Fremde" ist nicht nur in seiner Orientierung eingeschränkt und verunsichert, ja hilflos und manchmal sogar traumatisiert, er macht auch den Einheimischen hilflos und unsicher, so dass dieser tiefsitzende Austreibungs- und Reinigungswünsche hat. Für den Migranten stellt sich das Problem, dass er seine notwendige soziale Sicherheit vorwiegend auf dem Weg einer „Binnenintegration" mit der Eigengruppe erreichen kann. Solche neuen Ethnien wirken insofern integrativ, als sie die Handlungsfähigkeit und relative Gruppenmacht (Interessenvertretung, Information, Schutz vor Anomie) erhöhen und kulturelle Verunsicherung (Rückzugsverhalten, Rebellion, Aggressivität) vermeiden helfen (Elwert 1982; Reimann 1984). Dieser Vorgang ist nicht unbedingt nur als Marginalisierung zu verstehen, sondern kann durchaus als normaler Vorgang im „Assimilationsprozess" gedeutet werden. Auf der anderen Seite ist nicht ausgeschlossen, dass mit der Isolation und Bildung fester Ethnien auch die Unwilligkeit der Fremden zur kulturellen Assimilation (Identifikation mit dem „Einwanderungsland") wächst (Kremer/Spangenberg 1981).

### c) Fremdheit und „Beziehungsfalle"

Dieses Risiko, das in jeder kulturellen Differenzierung moderner Gesellschaften liegt, leitet „Wasser auf die Mühlen" derjenigen, die zumindest ein latentes fremdenfeindliches Potential besitzen und gerne bereit sind, die Fremden zu „Sündenböcken" ungelöster gesellschaftlicher oder eigener Probleme zu machen. Die Studien über Ausländerfeindlichkeit der deutschen Bevölkerung zeigen das eindeutig (Freund 1980). Zwar steht Xenophobie in einem umgekehrten Verhältnis zur Kontakthäufigkeit mit Fremden, die Soziologie zeigt aber auch, dass „der" Fremde ein strukturelles und kulturelles Produkt einer Gesellschaft ist. *Fremdsein* ist das Attribut jedes Menschen, der von auswärts kommt. Fremd zu *bleiben* aber verweist auf das Kultursystem, die politischen Praktiken („Exklusion" von Positionen, Märkten, Interaktionen) und die Pädagogik der Aufnahmegesellschaft (Griese 1984).

Natürlich ist die Interaktion noch komplexer, denn xenophobe Reaktionen der heimischen Bevölkerung lösen Widerstand, Desillusionierung und Gegenmobilisierung, also abgeleitete, „inverse Xenophobie" der Migranten aus. Statt dass Modernisierung ethnische Unterschiede einebnet, trägt sie - unter Umständen - zu ihrer Verschärfung und zur Dramatisierung der ethnischen Schichtung bei (Esser 1988). Dass dies das Ergebnis einer langen Migrationserfahrung in Deutschland ist, ist mittlerweile schwer zu bestreiten. Was aber Ursache und was Wirkung ist, bleibt weiterhin ein offenes Forschungsproblem, denn auch Migranten können - wegen ihrer ambivalenten Migrationsmotive, ihrer traumatisierenden Migrationserfahrungen und infolge der meist ungelösten Rückkehrthematik - durchaus eine originäre Xenophobie („Selbstexklusion") an den Tag legen. Hier kann sich die gegenseitige Abwehr hochschaukeln und zu einem System der „Nicht-Begegnung" (Hettlage 1994b) verdichten. Für Reimann (1994) jedenfalls bleibt die Ausländerpolitik weiterhin überwiegend an den Bedürfnissen des deutschen Arbeitsmarkts orientiert. Sie schwankt zwischen temporärer Beschäftigung und Stabilisierung der beschäftigten Ausländer mit dem Ziel der graduellen Einbindung in das Aufnahmeland. Daran wird die ganze *Ambivalenz* zwischen zögerlicher Einwanderungspolitik und Nicht-Einwanderungspolitik deutlich. Sie wird dadurch noch komplizierter, dass auch die Fremden zwischen Nichteinwanderung und zögerlicher Verankerung hin- und herschwanken.

## Teil B) Migration unter dem Transnationalitätsparadigma (1990 - 2000)

Mit Beginn der 90er Jahre hat sich die Gesamtsituation in Deutschland - und auf der Welt - radikal geändert. Durch den Zusammenbruch der Sowjetunion wurden die Grenzen nach Osten durchlässig. Seither hat sich der Prozess der Globalisierung beträchtlich beschleunigt. Damit hat auch die Migrationsthematik eine andere Wendung bekommen.

### I. Die Welt in Bewegung

Neu an der Schwelle zum nächsten Jahrtausend ist, dass die ganze Welt jetzt zur migrationsrelevanten Umwelt geworden ist und die nationale Zusammensetzung der Einwanderung zunehmend heterogener wird. Über die verschiedensten Zugänge von der Arbeitsbewilligung bis zur illegalen Einreise nehmen immer mehr Menschen am weltweiten Migrationsprozess teil. Zu den Arbeitsmigranten treten Fluchtmigranten (Asylbewerber), die sich z.T. attraktive Länder aussuchen. Die Asylländer selbst werden in ihrer Chance beeinträchtigt, über „integrierbare" Fremde mitzubefinden. Hier prallen Universalismus und Partikularismus, Weltsystem und nationale Lebenswelten hart aufeinander.

Vor dem Hintergrund von bürgerkriegsähnlichen Konflikten im Heimatland (Libanon, Jugoslawien, Spanien, Russland etc.) konstituieren sich ethnische Gemeinschaften oder transnationale Diaspora-Gemeinden und Netzwerke, nicht nur mit eigenem Gemeinschaftsglauben, sondern auch mit parastaatlichen Ausstattungen (klandestines Gewaltmonopol, Steuern). Diese reduzieren das Gewaltmonopol des Aufnahmelandes. Das Phänomen des Kriminaltourismus (organisierte Kriminalität) schürt zudem große Ängste und eignet sich für die Verstärkung der Xenophobie. Fremde Kulturen und Religionen, die dem westlichen Säkularisierungsprozess nicht unterworfen waren, verstärken die Fremdheitserfahrungen der einheimischen Bevölkerung („clash of civilizations" bei Huntington 1996), stellen die Selbstverständlichkeit von „kulturfremden" (d.h. jetzt außereuropäischen) Einwanderungen in Frage. Zirkuläre Migrationen, also verstärktes Pendeln zwischen Aus- und Einwanderungsländern, haben zugenommen, aber werden z.T. sogar gefördert und machen das Wanderungsproblem diffuser. Die „Politik der kulturellen Differenz" ethnischer Minderheiten (Hoffmann-Nowotny 2001) wird in Zukunft eher noch zu- als abnehmen (Ostendorf 1996). Sie ist mit einem Verlust an nationaler Souveränität verbunden, der den bisherigen Denk- und Lebensgewohnheiten der Menschen in Nationalstaaten radikal zuwiderläuft.

Hinzu kommt auf der Gegenseite der Transnationalisierungsprozess im Zuge der europäischen Einigung seit 1958. Er schränkt die Nationalstaaten in ihren bisherigen souveränen Kompetenzregelungen erheblich - und zunehmend stärker - ein (vgl. Schengen-Abkommen) und zwingt sie zur gemeinsamen Definition von (Zuwanderungs-)Regelungen. Das gilt in kultureller Hinsicht (Menschenrechte, Minderheitenschutz) ebenso wie in struktureller Hinsicht (Ausgleich des Wirtschaftsgefälles, wohlfahrtsstaatliche Regelungen, etc.). Auch hier zeichnen sich zunehmende Spannungen zwischen Integrations- und Differenzierungsprozessen ab, die organisatorischer und systemischer, aber auch kultureller Natur sind.

Nach 1990 trat für Deutschland eine unverhoffte Sondersituation ein. Die Wiedervereinigung war möglich geworden. Sie hatte die „alte" Bundesrepublik aufgelöst, die Grenzen des Staates nach Osten („Ex-DDR") erweitert, aber auch ein innerdeutsches Ost-West-Problem mit neuen Wanderungsströmen geschaffen. Die Neuerlangung der nationalen Einheit wurde allerdings auf eine Situation aufgepflanzt, in der man sich im Westen und Osten Europas vermehrt nach dem Sinn und dem Spielraum nationaler Gebilde fragte (Brubaker 1996). Wie in der Migrationsthematik, so stellte sich auch in der Nationalitätsproblematik die Frage nach der Integration neu. Das musste auf die Migrationsliteratur durchschlagen.

## II. Die deutsche Migrationsliteratur auf der Suche nach einem neuen Realismus

### 1. Die Differenzierung der Migrationspopulation

Nimmt man die Situation nach dem Zweiten Weltkrieg zum Ausgangspunkt, dann kann Deutschland immerhin auf ein halbes Jahrhundert Migrationsgeschichte zurückblicken (Motte u.a. 1999). Auch wenn man die Binnenwanderung innerhalb Deutschlands ausklammert und das Problem der deutschen Ost-West-Integration nach 1990 vernachlässigt, dann zeigt sich - trotz allem -, dass sich die deutsche Gesellschaft erst langsam in einem schrittweisen Annäherungsprozess an die Komplexität von Migrations- und Integrationsphänomenen gewöhnen musste. Offensichtlich war das „alte Wissen" über Wanderungsbewegungen und Eingliederungsfragen wieder verfallen. Nach 1990 aber konnte man sich der Einsicht nicht mehr verschließen, dass man weder „die" Migranten über einen Leisten schlagen noch „den" Integrationsprozess als einfachen, linearen Prozessverlauf verstehen konnte.

## a) Neue Arten von Fremden

Schon in den späten 80er, vor allen Dingen aber in den 90er Jahren wurde offensichtlich, dass Deutschland es mit ganz unterschiedlichen Arten von Fremden zu tun hatte. Es gab wohl ein „Gastarbeiterproblem", aber *nicht mehr nur* die Gastarbeiter, sondern auch die Asylsuchenden (Flüchtlinge) und - als spezifisch deutsches Problem - die Aussiedler. Ohne letztere betrug der Ausländeranteil in Deutschland 1996 rund 9%. *Absolut* gesehen, leben in Deutschland die meisten Ausländer aller europäischen Staaten (7,3 Millionen Menschen). Dass ein umfassender Einwanderungsprozess stattgefunden hat, war - schon demographisch gesehen - unabweislich geworden: Ein Fünftel aller in der Bundesrepublik Geborenen hatte Eltern oder ein Elternteil mit ausländischer Staatsangehörigkeit (1994). Da war es nicht nur wichtig, zwischen Staatsangehörigkeiten, Aufenthaltsdauer, räumlicher Verteilung, Bildung und Beschäftigung zu unterscheiden, sondern auch die Migrationsarten und den Migrationsumfang zu analysieren.

Bedingt durch die weltweiten politischen Notlagen von Burgerkrieg, Vertreibung und Diktatur - und vermittelt durch das globalisierte Verkehrssystem, Schleppernetze und mediale Aufmerksamkeit - hatten bis 1996 in Deutschland etwa 2,5 Millionen Menschen um Asyl *nachgesucht*. Deutschland wurde zum wichtigsten Zielland für Asylbewerber in Europa. Dies hatte nicht nur zu einer Krise innerhalb der Europäischen Union (Kampf um Aufnahmequoten), sondern auch zu einer heftigen Debatte um die (zu) liberale Asylpolitik (§ 16a GG) in Deutschland geführt. Sie endete im so genannten „Asylkompromiss" (1993), durch den die Zahl der Asylbewerber (Quotierung) stark abgesenkt wurde - auf ca. 95.000/Jahr (1999). Seitdem ist die Debatte hierüber (Abschiebung, Flughafenverfahren, sichere Drittstaaten, Härtefallregelung etc.) jedoch nicht mehr zur Ruhe gekommen.

## b) Aussiedler

Eine weitere Gruppe von Fremden sind die deutschstämmigen Aussiedler, die mit 3,2 Millionen dauerhaften Zuwanderungen eine Größenordnung erreichen, die in etwa der deutschen Ostflüchtlinge und Vertriebenen (Lehmann 1991) entspricht. Da sie nach dem *„ius sanguinis"* als Deutsche gelten, mit dem Verschwinden des Eisernen Vorhangs aber auch die Migrationsbarrieren dahinfielen, schnellten die Zahlen der so genannten „Anspruchseinbürgerungen" 1990 auf das Zehnfache des Bisherigen an (Münz/Seifert/Ulrich 1999). Deutschland ist seither nicht nur in Bewegung, das Problem wird dadurch noch komplizierter, dass die Aussiedler aus dem ehemaligen Ostblock rechtlich zwar Deutsche sind, *kulturell* aber oft nur noch wenig Anbindung an die „alte Heimat" haben, ja zu einem beträchtlichen Teil die deutsche Sprache gar nicht sprechen. Deswegen werden sie von der einheimischen Bevölkerung, aber auch von den Gastarbeitern, die sich in dieser Hinsicht zurückgesetzt fühlen, mit großem Argwohn betrachtet. Mittlerweile verlangt Deutschland den Nachweis von Deutschkursen im Herkunftsland als Vorbedingung für die Einreise, was einer Quotierung sehr nahe kommt.

Die Integration der Aussiedler in die deutsche Gesellschaft stößt auf die Schwierigkeit, dass sie oft ein patriarchalisches Ordnungs- und Normsystem bzw. traditionale, kulturelle Identitäten beibehalten oder entwickelt haben, die in der modernisierten deutschen Aufnahmegesellschaft so nicht mehr zu finden sind. Russlanddeutsche z.B. werden von letzterer als Fremdkultur wahrgenommen, was bei den Aussiedlern selbst aber als unverständlich gilt (Baaden 1997). Ihr Selbstwertgefühl ist stark getroffen, da sie spüren, dass sie nicht als Deutsche, sondern als fremde Konkurrenten auf dem Arbeits- und Wohnungsmarkt behandelt werden (vgl. Parks Zyklus!). Häufig wird ihre Berufsqualifikation hier nicht anerkannt, so dass sich der politischen und psychosozialen Eingliederungsarbeit neue Aufgeben stellen (Ködderitzsch 1997). Die Schwierigkeiten hängen u.a. daran, dass auch die Aussiedler keine einheitliche Gruppe sind, selbst unterschiedliche Repressionen erfahren haben sowie unterschiedlichen Mischkulturen entstammen.

## 2. Fremdheitshierarchien

Insgesamt bleibt die Feindseligkeit eines nicht unbeträchtlichen Teils der deutschen Bevölkerung gegenüber Fremden eine große Besorgnis. Zwar hat sich eine Hierarchie zwischen „guten" und „schlechten" Fremden eingestellt, die bisherige Gastarbeitergruppen (Griechen, Italiener, Spanier) aus der Schusslinie nimmt, andere hingegen zum Inbegriff des Fremden etikettiert. Hierzu gehört die größte Gastarbeitergruppe der Türken. Heute haben diese aber „Konkurrenz" bekommen durch die Asylanten aus Asien und Afrika (Tamilen, Pakistani etc.). Während die Elitenwanderung vergleichsweise wenig Widerstand auslöst (siehe Green Card-Debatte im Jahr 2000), wird und bleibt die Arbeitermassenwanderung - einerseits wegen des ökonomischen und sozialen Konkurrenzaspekts, andererseits wegen der unterstellten Illegitimität der Verfahren („Asyl-Schwindel") und schließlich wegen der Vorstellung schrittweiser kultureller Unterwanderung - in weiten Teilen der einheimischen Bevölkerung von höchsten Vorbehalten begleitet.

Ethnische Vorurteile reflektieren die tiefen Ängste mancher Gesellschaftsschichten, die sich nicht nur ökonomisch herausgefordert, sondern in ihren kulturellen Wurzeln gefährdet sehen (Hettlage 1988; Backes/Jesse 1996). Der ungewohnte bzw. nicht gelungene Umgang mit der kulturellen Fremdheit der außereuropäischen Zuwanderer lässt die bisherige Xenophobie gar in gewalttätigen Rassismus von Neonazis, Skinheads etc. umschlagen (Schaffung so genannter „national befreiter Zonen"). Das gibt dem umkämpften Abstammungsprinzip zu Lasten des Territorialprinzips neue Nahrung. Neu debattiert wird die Frage, warum die neuen Bundesländer so empfänglich für Fremdenfeindlichkeit und Nationalismus sind (Pfahl-Traughber 2000; Pontrus/Behrends/Kuck 2000). Auch wenn etwa die Hälfte aller Ausländer als einbürgerungswillig gilt, bahnt sich in Deutschland - wie übrigens in Europa insgesamt („Festung Europa" durch das Drei-Kreise- oder Punktesystem, Ibrahim 1997) - eine Schließung gegenüber den „weniger guten" Einwanderern an.

In einer Untersuchung über schwedische Migranten in Süddeutschland weist Dürmeier (1997) nach, dass diese zu den „guten" Migranten gehören, mit denen Deutsche fast ausschließlich positive Bilder verbinden und die sich gegenseitig als kulturverwandt betrachten. Zwar können sich solche Ausländergruppen sehr schnell in Deutschland zurechtfinden, dennoch bleibt das Grundproblem bestehen, dass sie die eigene Kultur, die Sprache und die gesellschaftliche Einbindung in ihr Heimatland (auch in Bezug auf die Kinder) nicht verlieren wollen. Deswegen haben auch vergleichsweise wenige die deutsche Staatsbürgerschaft angenommen. Der Grundtenor ihrer Aussagen war, dass sie sich nur dann vorstellen könnten, Deutsche zu werden, wenn eine doppelte Staatsbürgerschaft möglich wäre.

Dabei steht offensichtlich im Hintergrund, dass man sich die Remigrationsperspektive - und sei es auch erst nach der Pensionierung - nicht ganz verbauen will. Diese Aussagen decken sich völlig mit denen anderer ethnischer Gruppen. Auch wenn also „gute Fremde" leichter integrierbar sind, heisst das noch nicht, dass sie dem alten Modell kultureller Assimilation zuneigen würden.

## 3. Die Komplexität der Integrationsformen: Auf dem Weg zur Minderheitenproblematik

Schon aus Gründen der Ausdifferenzierung der Migrationsbevölkerung hat das Thema der Fremdheit und Andersartigkeit eine eigentliche Blüte erlebt. Man musste nicht nur wissen, *wie* die Fremden leben, man musste auch *mit* den Fremden leben (Demandt 1995). Diese Verschiebung des Fokus bedeutet aber nicht, dass die soziologischen Phänomene der Anfangszeit der Migration nicht virulent geblieben wären. Hilpert (1997) macht das mit ihrer Arbeit über die „Traditionalisierung von Integrationsdefiziten" deutlich. Sie meint damit die nach wie vor bestehende Segregation bzw. Ballung von problembeladenen Bevölkerungsteilen in spezifischen Stadtvierteln, die zu Unzulänglichkeiten in der Integration führen.

Dabei bilden sich andere Sozialisationshorizonte im Generationenwechsel aus. Das wird häufig der angeblichen kulturellen Integrationsresistenz der (türkischen) Familien angelastet. Hilpert (1997) stellt dem aber das Versagen der Ausländerpolitik gegenüber. Infolge mangelnder „Qualifikationssorge" werden die segregiert lebenden und gering qualifizierten türkischen Arbeiter zunehmend an den Rand der Gesellschaft gedrängt, was gerade die nachwachsende Generation benachteiligt (Schulabbrecher, Ghettobildung, geringe Sprachkompetenz). Unbeabsichtigt wird gerade das gefördert, wovor die deutsche Bevölkerung besonders

Angst hat: die Zementierung kultureller Fremdheit, der Normentransfer aus der Heimat und eine inverse Xenophobie bei hoher Binnenintegration. Das neue Wissen um die Dialektik von Ausgrenzung und Integration führte zur verstärkten Thematisierung des aus anderen Ländern bekannten Spannungsverhältnisses von Majorität und Minorität. Wenn Deutschland Einwanderungsland ist, dann hat es fortan auch bisher unbekannte Minderheitenprobleme.

Da Ausländergruppen der Integrationspolitik der Aufnahmeländer nicht ohne weiteres entsprechen wollen, sondern sich heute immer stärker in ihrer Eigenständigkeit selbst behaupten („Assertion"), da sie sich auf der anderen Seite aber auch auf Dauer in der Fremde einrichten, war es nur zwangsläufig, dass die Gastarbeiter sich tatsächlich in Minderheiten mit entsprechendem Bewusstsein zu transformieren begannen. Damit wurden auch die Einheimischen gezwungen, ihr Bewusstsein und ihre Typisierungen umzupolen - ein Prozess, der bis heute in Gang ist. Tendenziell wurde eine neue Wissensrahmung vorgenommen, die um drei Pole oszilliert:

### a) Die identifikatorische Freiheit der Minderheit

Ausschlaggebend für das neue Bewusstsein ist, dass die Zugehörigkeit zur Minderheit eine selbstgemachte ist, die der Aufnahmestaat insoweit respektieren soll, als er erlaubt, dass sich Bürger als Mitglieder unterschiedlicher Kollektiva erleben, sich zu ethnischen Gruppen bekennen, sich als solche organisieren und dabei ihre kulturelle Kreativität ausloten. Dazu bedarf es keiner Erlaubnis von außen. Vor allen Dingen muss eine Behinderung und Diskriminierung solcher Zugehörigkeiten unterbunden werden. Inwieweit das Postulat in eine gesellschaftliche Realität umgesetzt wird, ist heute Gegenstand intensiver Auseinandersetzung.

### b) Die Neudefinition politischen Handelns

Wenn Minderheiten als Faktum nolens volens anerkannt werden, dann verkörpert der Staat nicht mehr nur die Mehrheitsnation, sondern in gewisser Weise auch „seine" Minderheiten (Glatz 1997), auch wenn sie nicht im vollen Besitz der Staatsbürgerrechte sind. Immerhin genießen sie soziale und kulturelle Rechte, die gesellschaftliche Inklusionsformen sind. Aus der Dauer des Aufenthalts im Aufnahmeland folgt meist das Bedürfnis, auch am parlamentarischen Leben der neuen Gesellschaft teilzunehmen. Vereinzelt wird das über Teilnahmerechte von Interessenvertretungen oder lokale Wahlrechte eingelöst, z.T. durch erleichterte Einbürgerungen (Rechtsanspruch auf Einbürgerung in kürzerer Frist), z.T. schließlich durch Abkehr vom „ius sanguinis". Dies sieht das neue Staatsangehörigkeitsgesetz (2000) für in Deutschland geborene Kinder von Ausländern vor, bei denen u.U. bis zum 23. Lebensjahr eine Doppelstaatsbürgerschaft hingenommen wird.

### c) Minderheit als Diaspora

Die Globalisierung der Migration brachte auch eine religiöse Differenzierung der Zuwanderer mit sich. Neben dem Islam als stärkster nichtchristlicher Religion hat die Einwanderung aus Asien auch die Präsenz der asiatischen Hochreligionen in Deutschland gestärkt. Nun gehört es zu den Kriterien religiöser Minderheiten, dass sie von ihren kulturellen Zentren (heiligen Orten, religiösen Ursprungsländern etc.) durch Migration getrennt sind und sich deswegen von wesentlichen kulturellen Wurzeln abgeschnitten fühlen. Diese Zerstreuung führte in Bezug auf die jüdische Sondersituation zum Begriff der Diaspora (Hettlage 1991). Da heute viele ethnische Gruppen in einer solchen religiösen Sondersituation und ohne kulturellen Assimilationswunsch leben, wurde auch auf sie das Diasporakonzept ausgedehnt. Heute erleben wir deswegen eine Aufladung der Migrationsthematik durch den Aspekt der Diaspora bzw. der „diasporisation", sofern damit gemeint ist, dass immer mehr Menschen auf eine kulturelle Sondersituation pochen. Diese bringt es mit sich, dass Drittstaaten im Interesse „ihrer" Minderheiten im Ausland als potentielle Konfliktpartner mit der Aufnahmegesellschaft auftreten. Damit bekommt die Politik der Migration zusehends neben der innen- auch eine außenpolitische Note.

## 4. Das neue Methodenbewusstsein

Noch eine weitere Veränderung fällt auf: Da Fremdheit sich so ausdifferenziert hat, müssen wir deren Charakter genau erfassen lernen. Dabei genügt es nicht, im Großen und Ganzen von unterschiedlichen Werten und Traditionen zu reden. Wichtiger wird es zu wissen, bei welchen Gelegenheiten bestimmte Werte oder Einstellungen aktiviert werden. Dabei ist gruppenspezifisch vorzugehen, was schon hinsichtlich des Islam (Türkei, Maghreb, Iran, Afghanistan), noch mehr aber z.B. hinsichtlich der verschiedenen buddhistischen Praktiken einleuchtet. Wie Ansprüche und Bedürfnisse in Auseinandersetzung mit der neuen Umwelt verarbeitet, wie Kulturschocks verdrängt, wie Mittelwege ausgehandelt werden, welches die Auslöser für Zufriedenheiten und Unzufriedenheiten sind, all das lässt sich über Surveys nicht eigentlich erheben.

Meist muss man tiefer in den biographischen Zusammenhang eindringen, wofür sich zumindest eine Ergänzung durch *qualitative Methoden* aufdrängt. Das ist besonders bedeutsam, wenn die zweite Generation sich nicht auf den vollständigen ethnischen Rückzug (oder die Rückkehr) einlässt, sondern eine berufliche und wirtschaftliche Integration mit einer vorsichtigen Beibehaltung kultureller Sondermerkmale kombiniert. Geht man davon aus, dass Fremde ganz unterschiedlich typisiert werden, Einstellungen und Antwortverhalten stark von dem abhängig sind, was als situationsadäquat gilt, dann helfen Mittelwerte kaum weiter. Dies hat eine Welle qualitativer Studien zur ersten, vor allen Dingen aber zur zweiten Ausländergeneration nach sich gezogen, in denen die Interpretationsleistungen aufgezeigt werden, die notwendig sind, um die Spannungen zwischen Integration und Identität, Bleibe- und Rückkehrimpuls zu überbrücken.

Imhof bringt das auf den Punkt: „Zumindest ist die Ergänzung der ‚Mittelwertsoziologie' der klassischen Einstellungsforschung unabdingbar. Der Abstraktionsgrad muss heruntergefahren werden durch ergänzende, qualitativ orientierte Befragungsmethoden im Kontext sozialer Konflikte oder zumindest konstruierter sozialer Settings, die die Fragen konkretisieren. Daneben ist die Diachronisierung anzustreben: Das gilt für den Einbezug lebensbiographischer Ansätze, Eltern-Kind-Befragung, Inhaltsanalysen, die systematische Beobachtung politischer Akteure und Strukturanalysen, die die Veränderungen der Berufspositionen berücksichtigen. Dies zwingt die Migrations- und Minderheitensoziologie zum Methodenpluralismus und insbesondere zur erkenntnisfördernden Kombination von handlungs- und strukturtheoretischen Ansätzen" (Imhof 2001, 285).

### 5. Ambivalenzen und Widerstände

Wenn man davon ausgeht, dass wir in der transnational veränderten Gesamtsituation nicht nur wissen müssen, wie wir mit den vielen unterschiedlichen Fremden leben können, sondern auch, wie diese selbst leben, dann kommt man nicht umhin, anzuerkennen, dass Migranten einen beachtlichen, schwierigen und konfliktreichen Spagat zwischen verschiedenen Ländern, Sprachen, Erziehungsstilen, Generationen, Institutionen, Arbeits- und Schulwelten leisten müssen. Dies führt nicht selten zu Stressreaktionen, Unzulänglichkeitserfahrungen, Versagensängsten, Mutlosigkeit und Resignation. Fremde müssen ihre Identität finden, ohne oft mit der richtigen Handlungskompetenz ausgestattet zu sein.

Gerade an der zweiten Generation merkt man, dass sich dadurch ungünstige Selbstbewertungsprozesse (Hill 1990) aufschaukeln, die durch doppelte Ausgrenzung, doppelte Halbsprachigkeit, doppelte soziale Unsicherheit, kulturelle Desorientierung und Bindungslosigkeit ausgelöst werden (Firat 1991). In der Aufenthaltskultur werden sie in Richtung auf Individualisierung und Selbstorientierung getrimmt, während sie in der Herkunftskultur (erster Pol: ethnische Eigengruppe; zweiter Pol: Ursprungskultur) gerade hierfür ausgegrenzt werden. Nimmt man noch die tatsächlichen Ausgrenzungen und Benachteiligungen des Einwanderungslandes hinzu, dann wird von ihnen ein beträchtliches Maß an Fähigkeit verlangt, Mehrdeutigkeiten auszuhalten (Ambiguitätstoleranz). Die nicht aufgearbeiteten Spannungen führen in der dritten Migrantengeneration deswegen nicht selten zu einer stärkeren faktischen Orientierung an der ersten Generation statt an der zweiten.

Ob eine resignative oder zuversichtliche Handlungsstrategie eingeschlagen wird, hängt also von der Mischung hochkomplexer Einflussfaktoren wie Einreisealter, Aufenthaltsdauer, familiäre Bindungen, Bezugspersonen, Geborgenheits- oder Entfremdungserfahrungen, Sprachkompetenz, Freundschaften, Berufsausbildung, Arbeit und kulturellen Einbindungen ab (Koray 1995). Kein Migrant kommt aber darum herum, sich aus dem bikulturellen Pool zu bedienen, ein duales oder gar dreipoliges Handlungssystem zu konstruieren, Mehrdeutigkeit auszuhalten und so ein Selbstbild zu entwerfen bzw. so gut es geht, zu festigen. In der Debatte um postmoderne Lebensstile haben wir uns an die Formel von den modernen Patchwork-Identitäten gewöhnt. Dabei wird angenommen, dass sie aus beliebigen Kommunikationen von Identitätsangeboten gewonnen und jeweils situativ flexibel verändert werden. Insofern wäre die eben geschilderte bi- oder trikulturelle Poolsituation des Migranten das Normale der modernen Welt. Dabei wird häufig übersehen, dass die dabei unterstellte Verbeliebigung von Wirklichkeiten und Identitäten eher ein intellektuelles Artefakt denn generell gelebte Wirklichkeit ist.

Die durchgängige *„bricolage"* ist illusionär, da sie der kulturellen Rahmung entbehrt und eher zu Identitätspanik führt (Hettlage 2000, 31). Menschen haben - aller Perspektivität zum Trotz - eine Basisidentität zu entwickeln, um zu Selbstvergewisserung und Selbstverantwortung zu gelangen. Mag der Mensch auch dauernd „unterwegs" sein, er muss jedenfalls *bei sich selbst* ankommen können. Diesen Gedanken haben Hettlage-Varjas/Hettlage schon 1984 mit dem Konzept der „kulturellen Zwischenwelten" in die Debatte geworfen. Zwischenwelten sind reale oder symbolische Orte der Rekonstruktion basaler Identitäten aus den sozialen und kulturellen Gegebenheiten der Herkunfts- und der Aufnahmekultur. Sicherlich ist Identität ein Konstruktionsvorgang. Er wird aber in Form einer Grenzziehung gewonnen, die gleichzeitig Orientierungsbasis für Vergleiche, Differenzierungen und Annäherungen des eigenen Selbst an die umgebende soziale Wirklichkeit ist.

Allerdings bedeutet Migration einen Bruch in dieser Selbstorganisation dadurch, dass sie krisenartig, wenn sie nicht gar *traumatisch* verläuft. Um in dieser Situation überhaupt Umwelten gewinnen zu können, die uns angehen, brauchen wir intermediäre Räume, zwischen dem Ich und dem Nicht-Ich, dem Drinnen und dem Draußen, der Eigen- und der Fremdgruppe, der Vergangenheit und der Zukunft. Diese Zwischenwelt schafft eine *Übergangsidentität* im Migrationsprozess, die es erlaubt, die disparaten Welten zu einem Weltbild zu verknüpfen (Hettlage-Varjas/Hettlage 1995). „Zwischenwelten" sind auf der einen Seite ein dauernder Interaktionsprozess, aber auch Formation, d.h. Ergebnis des Aushandelns zwischen meinem biographischen Text und dem sozialen Kontext.

Dieser Gedanke wurde in der Folgezeit zum Teil terminologisch (Meister 1997), zum Teil inhaltlich aufgegriffen (Mandel/Wilpert 1994, Greverus 1995, Philipper 1997). Philipper hat anhand der Migrationsbiographie zweier sizilianischer Frauen eine überaus detaillierte Rekonstruktion dieser Zwischenwelten vorgenommen und dabei vor dem Hintergrund des kollektiven Migrationsschicksals der ersten Generation das Modell des aufgeschobenen Lebens in Deutschland dem Modell der erfolgreichen Rückkehr gegenübergestellt. Beide Konstruktionen arbeiten mit unterschiedlich besetzten Vorstellungen vom Hier und Dort, aus dem ein jeweils Drittes als Innenraum entsteht. „Ganz offensichtlich fungierten eben diese ethnisch geprägten kulturellen ‚Inseln' als Schutzraum, der es gestattete, sich Neues, Ungewohntes anzueignen und mit früheren Erfahrungen zu verbinden. Für die Nachfolgegeneration bedeutet diese kulturell geprägte ‚Besitzstandswahrung' allerdings ein Sich-Bewegen zwischen zwei Welten, sie sich (diesmal) in ein und demselben Gesellschaftssystem vorfinden" (Philipper 1997, 338).

### b) Die geheime kulturelle Transmission

Philipper (1997) weist auch darauf hin, dass diese Pionierarbeit der ersten Generation nicht ohne weiteres fortgeschrieben werden kann. Die zweite Generation muss sich eigene, neue Identitätsstrukturen aufbauen, für die die Vorgaben der ersten Generation auch als Belastung wirken können. Die Welten treffen unter Umständen hart aufeinander, wenn das elterliche Identitätsmodell von den Kindern unterlaufen wird. Häufig ist das bei sensiblen Familienentscheidungen wie der Remigration, der exogamen Heirat, der Kindererziehung und dem Zuständigkeitsbereich der Frauen der Fall. Häufig sind die „Aufträge" der Mütter an die Töchter widersprüchlich.

Einerseits soll die alte Familienorientierung der Mütter weiter gelten, andererseits sollen die jungen Frauen ihre Ausbildung nicht vernachlässigen. Einerseits sollen sie sich in den neuen Verhältnissen zu Hause fühlen, andererseits sollen sie das alte zu Hause in Ehren halten und weitertragen. Einerseits sollen sie zum Lebensunterhalt der Familie beitragen, andererseits aber sich dem Schutz und der Bevormundung durch die Familie nicht entziehen. Da die Spannungen nach der einen oder anderen Seite hin gelöst werden müssen, werden Familienstrukturen häufig labiler und erhöhen die Familienkonflikte (bis hin zur Anomie). Die Frage, wie und von wem es zur Anpassung kommt, hängt von der Außen- und Innenwelt des Familien- und Verwandtschaftssystems ab. Als besondere Faktoren werden genannt: die Kulturdistanz und der Kulturschock, asynchrone Akkulturationen, Stellenwert der Familie (Familismus), Rückwanderungsmotive, Integration in eine ethnische Kolonie und die Ressourcenverteilung zwischen Eltern und Kindern (Macht eines Familienmitglieds, alternative Ressourcen) (Nauck 1985). Nauck u.a. (1997) weisen darauf hin, dass die soziale Platzierung von Folgegenerationen wesentlich abhängig ist von der unterschiedlich verteilten, intergenerativen Transmission von kulturellem, sozialem und ökonomischen Kapital.

Problematisch bleibt aber, dass strukturtheoretische Ansätze die Brücke zur Disposition, Wahrnehmung und Handlung nur schwer schlagen können (Nauck u.a. 1997, Nauck u.a. 1998). Deswegen bleibt es eine offene Forschungsfrage, wie die unterschiedlichen Kapitalien (mit Bourdieu gesprochen) ineinander konvertiert werden und einen bestimmten Habitus erzeugen. Dass dabei den Kulturdeutungen und Integrationsnetzen (Pankoke 1994) eine beachtliche, wenngleich zur Erforschung noch anstehende Rolle zufällt, ist unbestritten.

## 6. Multikulturell differenzierte Gesellschaften als Typus der Postmoderne

Unleugbar hat die Migrationssoziologie einen langen Weg hinter sich. Sie hat die Einheimischen und die Zugewanderten zu einer laufenden Änderung ihrer Perspektiven gezwungen. Mit der Übernahme des Globalisierungsstandpunktes aber hat die Debatte eine weitere Wendung genommen, die sich im Begriff des Multikulturalismus kristallisiert.

### a) Die normative Kraft des Faktischen

Ausgangspunkt des gegenwärtigen Diskurses über die multikulturelle Gesellschaft ist die Vorstellung, dass historische Tatsachen anerkannt werden müssen. Fraglos ist der Austausch zwischen den verschiedenen Kulturen immer intensiver und vielfältiger geworden. Deswegen könne man sich auch dem Faktum der Einwanderung nicht mehr verschließen. Dies um so weniger, als die Schwierigkeiten der gegenseitigen Fremdheit nicht ohne weiteres aus der Welt zu schaffen sind: Widerstände und Ambivalenzen gibt es auf beiden Seiten, ethnische Netzwerke stabilisieren die Zugewanderten etc. Deswegen scheint sich für manche die Chance einer Neudefinition des Integrationsproblems (namentlich des Assimilationsgedankens) dadurch zu ergeben, dass man den Sprung in die multikulturelle Selbst- und Gesellschaftsdefinition wagt. Das Projekt des Multikulturalismus zielt darauf, den politischen Interessenpluralismus durch einen kulturellen Lebensstilpluralismus zu ergänzen, der die Grenzen bisheriger kultureller Vielfalt aufbricht und - dem Entwurf nach - zu einer gemeinsamen Kultur „globalisiert". Unter dem unterschwelligen Gesichtspunkt der Gleichheit wird auf den vielfältigen Beitrag partikulärer Kulturen gesetzt, die sich additiv zu einem gesellschaftlichen Ganzen integrieren (Thieme 1993). Die einzige Schwierigkeit sei die, neue Spielregeln zu finden (Leggewie 1990).

Die Umstellung der Semantik lässt vermuten, dass nicht nur eine Beschreibung der neuen Faktizitäten gemeint ist, sondern eine offene oder unterschwellige Zielvorstellung, die sich gegen die bisherigen Integrationsmodelle national homogener Gesellschaften richtet. Die neue Formel soll die veränderten Maßstäbe transnationaler Gesellschaftsformationen und damit den „Typus postmoderner gesellschaftlicher Differenzierung" anerkennen (Esser 1999). Die Rede von der „Multikultur" soll dazu beitragen, sich auf die ökonomischen, politischen und kulturellen Vorteile der Durchmischung zu konzentrieren (Leggewie 1990). Multikulturalismus verleiht dem Postulat der kulturellen Assimilation einen ganz neuen Sinn. Denn wenn sich Kulturen vermischen sollen, dann wird eine einseitige Integrationsvorstellung, die nur bei den Migranten ansetzt, hinfällig. Weiterhin erhofft man sich in diesem Gesellschaftstyp, wenn nicht die Integration nicht-integrierbarer Minoritäten, so doch wenigstens deren Befriedung durch multikulturelles Konfliktmanagement. Denn indem Grenzziehungen zwischen den einzelnen Kulturen aufgelöst würden, könnten auch ethnozentristische, nationalistische oder jedenfalls xenophobe Verhärtungen wegfallen. Zumindest dürfte die positive Zuwendung zu den kulturellen Leistungen und Eigenarten anderer Ethnien deren Präsenz in einer offenen Gesellschaft erleichtern und positiv besetzen. Dies um so mehr, als diese Gruppen Koalitionen eingehen und somit multikulturelle Bewegungen auslösen könnten (pädagogischer Multikulturalismus).

### b) Die Dominanz „originärer Zugehörigkeiten"

Dieser Programmatik stehen mehrfache Bedenken gegenüber (Radtke 1992):

- *Die Gefahr der Folklorisierung:* Der pädagogische Impetus, der hinter dem diskursiven Modell steht, läuft zumindest Gefahr, den harten Zusammenprall der Kulturen - und damit den Tiefgang der Konflikte auf dem Arbeits- und Wohnungsmarkt, in den Städten und Schulen, in den Bildungseinrichtungen und auf den öffentlichen Plätzen - zu unterschätzen. Tanz- und Trachtengruppen, exotische Küche, Museen, Kunsthandwerk-Festivals und wissenschaftliche Studien können daran zunächst einmal nicht viel ändern. Wer das nicht sieht, leistet einer verniedlichenden Folklorisierung und Verharmlosung Vorschub.
- *Die Gefahr der Hybridisierung:* Die schon angesprochene Thematik des „Patchwork" kommt - unter dem Gesichtspunkt des kulinarischen Multikulturalismus - wieder. Sie leistet als „cross culture"-Mischkultur nur denen einen Dienst, die „für sich in Anspruch nehmen, die Stufe postkonventioneller Orientierungen bereits erreicht zu haben ... Wurzellosigkeit wird zum verzweifelt fröhlichen Programm der Individualisierung, Kosmopolitismus die Voraussetzung eines entfesselten Karrierismus und Konsumismus, der für Rassestreitigkeiten, die am Geld verdienen hindern würden, keine Zeit mehr hat" (Radtke 1992, 132). Diese Haltung des postmodernen Milieus löst die ernste Frage der Basisidentität dadurch auf, dass sie die Entwurzelung der Menschen positiv befürwortet - ein Weg, den die meisten in Deutschland und Europa allerdings nicht gehen wollen (Faul 1992).
- *Die Gefahr der „Diktatur der Minderheit"* (Welsch 1992): Von den Befürwortern der neuen Semantik werden die bisherigen Ergebnisse soziologischer Migrationsforschungen tendenziell unterbewertet. Sie tragen der Tatsache nicht Rechnung, dass sich manche Ethnien im Prozess ihrer „diasporisation"

nicht nur auf ihre traditionellen Lebensformen zurückbesinnen (vgl. „Retürkisierung"), sondern der Aufnahmegesellschaft auch aktiven kulturellen Widerstand entgegensetzen. Dieser kann politisch harmlos und sogar gewünscht sein, wenn er sich als Nebenstruktur in den Rahmen der Mehrheitsgesellschaft einfügt. Er kann aber politisch bedenklich werden, wenn daraus Subgesellschaften mit eigenständigen Machtansprüchen und Legitimitätsvorstellungen werden. In diesem Sinne wird genau das nicht erreicht, was der Multikulturalismus vorgibt, nämlich den versöhnlichen Ausgleich der Orientierungen. Das Gegenteil tritt ein: Die Traditionalisierung und Essentialisierung - und damit die Nicht-Integrierbarkeit - von Minderheiten, die sich durch Selbstethnisierung gegen die Mehrheitsgesellschaft mobilisieren und diese damit hinter ihren Modernitätsanspruch zurückfallen lassen. All das zeigt, dass der Multikulturalismus in Gefahr ist, politisch „korrekte" „Schreibtisch-Soziologie" zu werden (Endruweit 1995), wenn er sich nicht als historischen Zwischentypus, Durchgangsstation und Übergangsformation versteht (Heckmann 1991, Esser 1993).

- *Die Sprache des Rechts:* Auch von einer anderen Seite her bleibt das Multikulturalismus-Konzept eigenartig unbestimmt: Es trägt der Tatsache wenig Rechnung, dass moderne Gesellschaften in ihren zentralen Instanzen - wie Recht, Wirtschaft, Politik und Verwaltung - zwangsläufig von einer Eigenperspektive bzw. von einer Kultur (nicht den Kulturen) ausgeht. Das zeigt sich nicht nur am Beispiel der Sprache, der Ausbildung, der Arbeitsmarktsituation usw., auch nicht nur an der soziologisch folgenreichen Tatsache eigener Vorurteile und an den relativen Machtunterschieden zwischen Einheimischen und Zugewanderten (die durch das Stichwort „Multikultur" wenigstens sprachlich verniedlicht werden sollen). Es zeigt sich auch - und vor allem - am Rechtssystem und an den darin eingelagerten Wertdefinitionen (Grundgesetz Art. 1-20). Recht ist auf schnelle, eindeutige Entscheidbarkeit mit Hilfe der Codierung von „recht" und „unrecht" angelegt. Es ist (daher) - mit Ausnahme der Menschenrechte etwa - überwiegend auf das „stahlharte Gehäuse der Zugehörigkeit" (Nassehi 1997) und auf die bisher unersetzbare, nationalstaatlich geordnete Rechtssicherheit bezogen. Im Strafrecht beispielsweise wird niemandem multikulturelle Wertungsvielheit, Hybridisierung, „Patchwork" und Beliebigkeit gestattet. In diesem Sinn sind Gesellschaften nicht plurikulturell, ethnisch differenziert (was Minderheitenrechte natürlich überhaupt nicht ausschließt), sondern eher „monokulturelle" soziale Gebilde, deren Teilbereiche durch ein gemeinsames Wertsystem zusammengehalten werden. Dieses steht durch Zuwanderung nicht zur Disposition. Die Argumente gegen die multikulturelle Gesellschaft richten sich deswegen vermutlich auch weniger gegen das Argument der banalisierenden Kulturmischung („MacDonaldisierung"), als gegen die, aus der „Überfremdung" abgeleitete Unregierbarkeits- und Unentscheidbarkeitsvermutung. Vielleicht liegt hier der Schlüssel für das Verständnis dafür, warum die Integrationskonzepte nicht dem Egalitätsmodell (Addition, Insulation, gemeinsame Transformation, „melting pot") gehorchen, sondern offene oder versteckte Dominanzmodelle (Eingliederung, Marginalisierung, Folklorisierung) - aus der Sicht der Aufnahmegesellschaften - sind. Der implizite Appell an die nicht unbegrenzte Absorptionsfähigkeit ist es auch, warum die Widerstände und Ängste so groß sind und warum auch der Appell an die Unausweichlichkeit und Vorteilhaftigkeit der Einwanderung (ökonomische und demokratische Notwendigkeit, Kulturbereicherung) bei weiten Teilen der Bevölkerung bisher keine Zustimmung auslöst.

## Schluss: Von der Fremdwahrnehmung zur Selbstwahrnehmung

Im Rückblick auf den langen Weg, den die deutsche Migrationssoziologie seit fast einem halben Jahrhundert zurückgelegt hat, versteht man die Schwierigkeiten besser, die man sich theoretisch und praktisch mit der Zuwanderung eingehandelt hat: die Simmel'sche „Soziologie des Fremden" hat ihr ganzes Potential eingelöst (Simmel 1968).

Der Fremde ist nahe gerückt, aber fern geblieben. Er ist potentiell beweglich. Deswegen ist seine Anwesenheit nicht routinisiert. Er übersteigt tendenziell Gruppengrenzen, innerhalb derer sich die Einheimischen bewegen. Er „dringt also ein", ohne in gleicher Weise normgebunden zu sein. Dadurch sieht die einheimische Gruppe ihn als Gefahr, denn er zwingt sie, danach zu fragen, was eigentlich richtig ist (Bankovskaya 2000). Dadurch löst er dauernd - von innen her - die Grenzen auf und lässt das zuvor „Unfragbare" aufscheinen. Dieses Unfragbare ist, weil es als kulturelle Selbstverständlichkeit in die Sphäre des Vorbewussten verbannt ist, die über den Fremden erzwungene *Frage nach dem Eigenen.* So wundert es nicht, dass die Migrationsforschung den Weg von der Identifizierung des Gastarbeiters, über die Erfassung seiner Typik, der Lebensverhältnisse, seiner allgemein menschlichen Qualitäten (Menschenrechte), bis hin zu den konkreten Kulturspannungen und Selbstidentifizierungen gehen musste. Damit aber war die Frage nach der eigenen kollektiven Identität - auch der Aufnahmegesellschaft - unausweichlich geworden.

War man am Anfang noch der naiven Meinung, dass individuelle und kollektive Migration ein für beide Seiten vorteilhaftes, rein ökonomisch zweckbestimmtes Unterfangen sei, wie sie im Wanderlied der Handwerksburschen des 19. Jahrhunderts („Wem Gott will rechte Gunst erweisen...") zum Ausdruck kommt, so kam später immer stärker eine Erweiterung und Verschiebung der Wissensperspektiven hinzu. Wanderung erfolgte meist nicht aus freien Stücken und war - wegen der Distanz zu den fremden Bevölkerungen - *nicht nur* eine Bereicherung. Zudem hielt sich die Statusaufbesserung in engen Grenzen. Immer stärker schlug das anfänglich unterstellte Harmoniemodell in ein Konflikt- und Bedrohungsmodell um. Heute wissen wir, dass Migration kein „melting pot" und auch nicht unbedingt ein „meeting point" ist.

Vielmehr sind die Spannungen durch globalisierte Massenwanderungen zwischen Einheimischen und Fremden so groß geworden, dass man eher von einem „battleground" sprechen kann (Hettlage 1996), der durch die Vokabel von der „multikulturellen Gesellschaft" nur schönfärberisch verdeckt wird. Die Fremden sind aus dem Traum erwacht, dass sie im Zustand ewiger Transmigration verharren könnten. Die Einheimischen sind aus dem Traum erwacht, dass sie die Fremden zur Remigration veranlassen könnten. Beide Seiten beginnen, ihre Grenzen wieder zu befestigen. Nationalismus und Ethno-Nationalismus sind nicht überwunden. Sie künden von Absicherung und scheinbarer innerer Sicherheit. Wohin sich dieser Prozess in Europa und in Deutschland (aber auch in den USA) bewegt, lässt sich im Augenblick nicht vorhersagen.

Die zentrale Frage, die hinter dem Terminus der Multikulturalität hervorschimmert, ist die, wie wir mit denen umgehen, die wir nicht integrieren können oder wollen (Strasser 1997). Mit anderen Worten: Ist Zuwanderung ein transitorischer Prozess, „ein temporäres Nebeneinander verschiedener Kulturen (autochthoner und ‚importierter') oder ... (eine) Übergangserscheinung bei wachsender wechselseitiger Akkulturation ... bis zur Ausbildung einer neuen gemeinsamen ‚Mischkultur'" (Mintzel 1998, 35), oder sind die urbanen Räume heute Arenen sich aufschaukelnder, interethnischer Konfliktaustragung geworden?

Schon Park (1950) hatte irgendwie geahnt, dass Integration auf Dauer nur machbar ist, wenn sie sich nicht als „kulturelle Einbahnstraße" (altes Assimilationskonzept) und auch nicht als glatten Automatismus definiert. Deswegen setzt er auf den reflektierten, entspannten Umgang untereinander. Dafür ist Geduld auf beiden Seiten nötig, die er „gegenseitige Akkommodierung" nennt und die in strukturelle, aber nicht unbedingt in kulturelle Assimilation einmündet. Hier war er etwas naiv und allzu optimistisch. Denn er hatte nicht richtig in Rechnung gestellt, dass Kulturen besondere, normativ „nachdrückliche" Reflexionsformen sind, die für beide Seiten des Migrationsgeschehens Identitäten und Grenzziehungen schaffen. Dadurch werden Welten eingeschränkt, zugleich aber auch bestimmbar (Nassehi 1990, 188).

Wer das nicht erkennt, kann auch nicht wahrnehmen, dass Migrationspolitik heute schon längst zur *Gesellschaftspolitik* geworden ist. Er wird auch nicht sehen, dass sie zunehmend über den Bereich der reinen Innenpolitik hinausgreift (Angenendt 1997). Ohne diese Vernetzungen verschiedener Politikbereiche, vor allen Dingen aber ohne Anerkenntnis, dass Migrationspolitik *Identitätspolitik* geworden ist, wird die Zustimmung der Einheimischen und der Zugewanderten - und damit eine „accomodation" - nicht zu gewinnen sein.

Der wissenssoziologische Prozess des Verstehens setzt zunächst da an, dass man sich in der Lage befindet, einen Gegenstand zu entdecken und zu formulieren (Wolff 1968, 16). Die Migrationssoziologie scheint die Komplexität ihres Gegenstandes erst jetzt langsam zu begreifen. Von den Mythen des Alltags haben sich die Gesellschaften und ihre Interpreten aber häufig noch nicht ganz befreit. „Der Mythos leugnet nicht die Dinge, seine Funktion besteht im Gegenteil darin, von ihnen zu sprechen. Er reinigt sie nur einfach, er macht sie unschuldig, er gründet sie als Natur und Ewigkeit, er gibt ihnen eine Klarheit, die nicht die der Erklärung ist, sondern die der Feststellung" (Barthes 1964, 131).

Welch ein Forschungsprogramm zu Beginn des neuen Jahrtausends!

## Literatur

**Albrecht, G. 1972:**

Soziologie der geographischen Mobilität. Stuttgart

**Albrecht, P.A. / Pfeiffer, Ch. 1979:**

Die Kriminalisierung junger Ausländer. Befunde und Reaktionen sozialer Kontrollinstanzen. München

**Angenendt, S. 1997:**

Deutsche Migrationspolitik im neuen Europa. Opladen

**Baaden, A. 1997:**

Aussiedler-Migration. Historische und aktuelle Entwicklungen. Berlin

**Backes, U. / Jesse E. 1996:**

Politischer Extremismus in der Bundesrepublik Deutschland. Bonn

**Bade, K. 1983:**

Vom Auswanderungsland zum Einwanderungsland? Deutschland 1880 - 1980. Berlin

**Bade, K. (Hrsg.) 1985:**

Auswanderer, Wanderarbeiter, Gastarbeiter. Bevölkerung, Arbeitswandel und Wanderung in Deutschland seit der Mitte des 19. Jahrhunderts. 2. Aufl., Ostfildern

**Bade, K. 1993:**

Multikulturalismus und Einwanderungssituation. In: Die neue Gesellschaft 40: 801-811

**Bade, K. 1994:**

Deutschland und die Einwanderung. Das Manifest der 60. München

**Balibar, E. 1990:**

Gibt es einen Neo-Rassismus? In: Wallerstein, I. / Balibar, E. (Hrsg.): Rasse - Klasse - Nation: Ambivalente Identitäten. Hamburg, Berlin: 23-38

**Bankovskaya, S. 2000:**

Marginalität und Identität bei Simmel: Zur Soziologie des Fremden. In: Simmel Studies 10: 93-106

**Barthes, R. 1964:**

Mythen des Alltags. Frankfurt

**Berger, P. L. / Luckmann, T. 1980:**

Die gesellschaftliche Konstruktion der Wirklichkeit. Eine Theorie der Wissenssoziologie. 6. Aufl., Frankfurt

**Bielefeld, U. / Kreissel, R. / Münster, Th. 1982:**

Junge Ausländer im Konflikt. München

**Bonacich, E. 1979:**

The Past, Present and Future of Split Labor Market Theory. In: Marret, S.B./ Leggon, C. (Eds.): Research in Race and Ethnik Relations. Greenwich/CT, 17-64

**Boos-Nünning, U. 1983:**

Die Zukunft der ausländischen Arbeitnehmer und ihrer Kinder. Sammelbesprechung. In: Soziologische Revue 6, 129-139

**Boos-Nünning, U. / Hohmann, M. / Reich, H.H. 1976:**

Integration ausländischer Arbeitnehmer. Schulbildung ausländischer Kinder. Bonn

**Borris, M. 1973:**

Ausländische Arbeiter in einer Großstadt. Frankfurt

**Brubaker, R. 1996:**

Nationalism Reframed. Nationhood and the National Question in the New Europe. Cambridge

**Coulmas, P. 1990:**

Weltbürger: Geschichte einer Menschheitssehnsucht. Reinbek bei Hamburg

**Demandt, A. 1995:**

Mit Fremden leben. Eine Kulturgeschichte von der Antike bis zur Gegenwart. München

**Diricks, Y. / Kudat, A. 1975:**

Ghettos: Individual or Systemic Choice? Berlin

**Dohse, K. 1981:**

Ausländerpolitik und betriebliche Ausländerdiskriminierung. In: Leviathan 3-4, 499-526

**Dürmeier, S. 1997:**

Wer hat Angst vor dem blonden Mann? Schwedische Migranten in Süddeutschland. Pfaffenweiler

**Elschenbroich, D. 1986:**

Eine Nation von Einwanderern. Ethnisches Bewußtsein und Integrationspolitik in den USA. Frankfurt, New York

**Elwert, G. 1982:**

Probleme der Ausländerintegration. Gesellschaftliche Integration durch Binnenintegration? In: Kölner Zeitschrift für Soziologie und Sozialpsychologie 34, 717-731

**Elwert, G. 1989:**

Nationalismus, Ethnizität und Nativismus. Über die Bildung von Wir-Gruppen. In: Waldmann, P. / Elwert, G. (Hrsg.): Ethnizität im Wandel. Saarbrücken, Fort Lauderdale, 21-60

**Endruweit, G. 1995:**

Gesellschaft, Kultur und multikulturelle Gesellschaft. In: Dombrowsky, W. / Pasero, U. (Hrsg.): Wissenschaft, Literatur, Katastrophe. Opladen, 142-160

**Esser, H. 1980:**

Aspekte der Wanderungssoziologie. Assimilation und Integration von Wanderern, ethnischen Gruppen und Minderheiten. Darmstadt

**Esser, H. 1988:**

Ethnische Differenzierung und moderne Gesellschaft. In: Zeitschrift für Soziologie 17, 235-248

**Esser, H. 1993:**

Ethnische Konflikte und Integration. In: Robertson-Wensauer, C. (Hrsg.): Multikulturalität - Interkulturalität? Probleme und Perspektiven der multikulturellen Gesellschaft. Baden-Baden, 31-61

**Esser, H. 1999:**

Inklusion, Integration und ethnische Schichtung. In: Journal für Konflikt- und Gewaltforschung 1, 5-34

**Etienne, B. 1989:**

La France et l'Islam. Paris

**Faul, E. 1992:**

Gegen die Multikulturalisten. In: Die politische Meinung, Heft 268 (März)

**Firat, I. 1991:**

Nirgends zu Hause!? Türkische Schüler zwischen Integration in der BRD und Remigration in die Türkei. Frankfurt

**Freund, W. S. 1980:**

Gastarbeiter. Integration oder Rückkehr? Grundfragen der Ausländerpolitik. Neustadt, Weinstraße

**Gerhards, J. / Rössel, J. 1999:**

Zur Transnationalisierung der Gesellschaft der Bundesrepublik. Ursachen und mögliche Folgen für die europäische Integration. In: Zeitschrift für Soziologie 28, 325-344

**Gesprächskreis Arbeit und Soziales der Friedrich-Ebert-Stiftung (Hrsg.) 1999:**

Integration und Integrationsförderung in der Einwanderungsgesellschaft, Heft 91. Bonn

**Glaser, D. 1958:**

The Dynamic of Ethnic Identification. In: American Sociological Review 23, 31-40

**Glatz, F. 1997:**

Lösungsansätze für Minderheitenkonflikte. Vorschläge für einen Verhaltenskodex. In: Internationale Politik 52, 11-18

**Gordon, M. 1966:**

Assimilation in American Life. The Role of Race, Religion an National Origins. New York

**Greverus, I.-M. 1981:**

Ethnizität und Identitätsmanagement. In: Schweizerische Zeitschrift für Soziologie 7, 223-232

**Greverus, I.-M. 1995:**

Die Anderen und Ich. Vom Sich Erkennen, Erkannt- und Annerkanntwerden. Kulturanthropologische Texte. Darmstadt

**Griese, H. (Hrsg.) 1984:**

Der gläserne Fremde. Bilanz und Kritik der Gastarbeiterforschung und Ausländerpädagogik. Opladen

**Gugel, G. 1991:**

Ausländer - Aussiedler - Übersiedler. Fremdenfeindlichkeit in der Bundesrepublik Deutschland. 3. Aufl. Tübingen

**Han, P. 2000:**

Soziologie der Migration. Erklärungsmodelle - Fakten - Politische Konsequenzen - Perspektiven. Stuttgart

**Heckmann, F. 1980:**

Einwanderung als Prozeß. In: Blaschke, J. / Greussing, K. (Hrsg.): „Dritte Welt" in Europa. Probleme der Arbeitsmigration. Frankfurt, 95-124

**Heckmann, F. 1981:**

Die Bundesrepublik: ein Einwanderungsland? Zur Soziologie der Gastarbeiterbevölkerung als Einwanderungsminorität. Stuttgart

**Heckmann, F. 1991:**

Ethnische Kolonien. In: Österreichische Zeitschrift für Soziologie 16, 25-41

**Heckmann, F. 1992a:**

Ethnos, Demos und Nation, oder: Woher stammt die Intoleranz des Nationalstaats gegenüber ethnischen Minderheiten? In: Bielefeld, U. (Hrsg.): Das Eigene und das Fremde: Neuer Rassismus in der Alten Welt?. 2. Aufl. Hamburg, 51-78

**Heckmann, F. 1992b:**

Ethnische Minderheiten, Volk und Nation. Soziologie interethnischer Beziehungen. Stuttgart

**Heckmann, F. 1994:**

Gibt es eine Migrationspolitik in Deutschland? In: Annali di Sociologia/ Soziologisches Jahrbuch 10; I-II. Milano und Berlin, 171-190

**Hettlage, R. (Hrsg.) 1984:**

Zwischenwelten der Gastarbeiter / Entre deux-mondes des travailleus immigrés. Sonderheft der Schweizerischen Zeitschrift für Soziologie 10/2

**Hettlage, R. 1988:**

Fremdheit und Fremdverstehen. Ansätze zu einer angewandten Hermeneutik. In: Archiv für Kulturgeschichte 70, 195-222

**Hettlage, R. 1991:**

Diaspora. Umrisse einer soziologischen Theorie. In: Österreichische Zeitschrift für Soziologie 16, 4-24

**Hettlage, R. (Hrsg.) 1994a:**

Migrationsprobleme in Deutschland und Italien zwischen offenen Räumen und neuen Grenzen. Annali di Sociologia/Soziologisches Jahrbuch 10; I-II. Milano und Berlin

**Hettlage, R. 1994b:**

Einwanderungsländer wider Willen: Die Konstitution von „Nicht-Beziehungen". In: Annali di Sociologia/Soziologisches Jahrbuch 10; I-II. Milano und Berlin, 39-57

**Hettlage, R. 1996:**

Multikulturelle Gesellschaft zwischen Kontakt, Konkurrenz und „accomodation". In: Berliner Journal für Soziologie 6, 163-179

**Hettlage, R. 2000:**

Identitäten im Umbruch. Selbstvergewisserungen auf alten und neuen Bühnen. In: Hettlage, R. / Vogt, L. (Hrsg.): Identitäten in der modernen Welt. Wiesbaden, 9-52

**Hettlage-Varjas, A. / Hettlage, R. 1984:**

Kulturelle Zwischenwelten. Fremdarbeiter - eine Ethnie? In: Schweizerische Zeitschrift für Soziologie 10, 357-404

**Hettlage-Varjas, A. / Hettlage, R. 1995:**

Übergangsidentitäten im Migrationsprozeß. In: Zeitschrift für Frauenforschung 13, 13-26

**Hilkes, P. 1996:**

Zum Integrationsprozeß von Aussiedlern aus der UdSSR/GUS in der Bundesrepublik Deutschland. In: Graudenz, C. / Römhild, B. (Hrsg.): Forschungsfeld Aussiedler. Frankfurt, Berlin, Bern, New York, 139-146

**Hill, P.B. 1990:**

Inkonsistenz und Streß bei der zweiten Generation. In: Egger, H. / Friedrichs, J. (Hrsg.): Generation und Identität. Opladen

**Hilpert, K. 1997:**

Ausländer zwischen Integration und Marginalisierung. Die Bedeutung kommunaler Quartierbildung und Traditionalisierung von Integrationsdefiziten beim Wechsel der Generationen. Frankfurt, Berlin, Bern, New York

**Hirschman, A. O. 1974:**

Abwanderung und Widerspruch. Tübingen

**Hirschman, Ch. 1983:**

America's Melting Pot Reconsidered. In: Annual Review of Sociology 9, 397-423

**Hoffmann, L. / Even, H. 1983:**

„Die Belastungsgrenze ist überschritten." Entwurf einer Theorie der Ausländerfeindlichkeit. Bielefeld

**Hoffmann-Nowotny, H.- J. 1970:**

Migration. Ein Beitrag zu einer soziologischen Erklärung. Stuttgart

**Hoffmann-Nowotny, H.-J. 1973:**

Soziologie des Fremdarbeiterproblems. Stuttgart

**Hoffmann-Nowotny, H.-J. (Hrsg.) 2001:**

Das Fremde in der Schweiz. Ergebnisse soziologischer Forschung. Zürich

**Hoffmeyer-Zlotnik, J. 1977:**

Gastarbeiter im Sanierungsgebiet. Beiträge zur Stadtforschung. Hamburg

**Huntington, S. P. 1996:**

The Clash of Civilizations and the Remaking of World Order. New York

**Ibrahim, S. 1997:**

Die „Ausländerfrage" in Deutschland. Fakten, Defizite und Handlungsimperative. Frankfurt

**Imhof, K. 2001:**

Das Fremde in der Schweiz: Einsichten eines Symposiums. In: Hoffmann-Nowotny, H.-J. (Hrsg.): Das Fremde in der Schweiz. Ergebnisse soziologischer Forschung. Zürich, 275-286

**Ködderitzsch, P. (Hrsg.) 1997:**

Zur Lage, Lebenssituation, Befindlichkeit und Integration der rußlanddeutschen Aussiedler in Berlin. Bern, Frankfurt

**Koray, S. 1995:**

Ängste, Konflikte und Strategien zur Lebensbewältigung von Jugendlichen ausländischer Herkunft. In: Forschungsinstitut der Friedrich-Ebert-Stiftung (Hrsg.): Die dritte Generation: Integriert, angepaßt oder ausgegrenzt? Bonn, 47-58

**Kremer, M. / Spangenberg, H. 1981:**

Assimilation ausländischer Arbeitnehmer in der Bundesrepublik Deutschland. Königstein, Taunus

**Kudat, A. 1975:**

Stability and Change in the Turkish Family at Home and Abroad. Comparative Perspectives. Berlin

**Kursbuch Nr. 62 1980:**

Vielvölkerstaat Bundesrepublik. Berlin

**Kurz, U. 1965:**

Partielle Anpassung und Kulturkonflikt. Eine soziologische Untersuchung der Gruppenstruktur und des Anpassungsverhaltens in einem italienischen Arbeitslager Münchens. In: Kölner Zeitschrift für Soziologie und Sozialpsychologie 7, 814-832

**Lajios, K. (Hrsg.) 1991:**

Familiäre Sozialisations-, soziale Integrations- und Identitätsprobleme ausländischer Kinder und Jugendlicher in der Bundesrepublik Deutschland. In: Ders. (Hrsg.): Die zweite und dritte Ausländergeneration - Ihre Situation und Zukunft in der Bundesrepublik Deutschland. Opladen

**Leggewie, C. 1990:**

Multi Kulti: Spielregeln für die Vielvölkerrepublik. Berlin

**Leggewie, C. 1994:**

Ethnizität, Nationalismus und multikulturelle Gesellschaft. In: Berching, H. (Hrsg.): Nationales Bewußtsein und kollektive Identität. Studien zur Entwicklung des kollektiven Bewußtseins in der Neuzeit. Frankfurt, 46-65

**Lehmann, A. 1991:**

Im Fremden ungewollt zuhause. Flüchtlinge und Vertriebene in Westdeutschland 1945-1990. München

**Loughlin, J. P. 1993:**

The Algerian War and the One and Indivisible Republic. In: Hargreaves, A. / Heffernan, M. (Eds.): French and Algerian Identities from Colonial Times to the Present. A Century of Interaction. Lewiston, Queenstone, 149-160

**Maddox, H. 1960:**

The Assimilation of Negroes in the Dockland Area in Britain. In: The Sociological Review 8, 5-15

**Mandel, R. / Wilpert, C. 1994:**

Migration zwischen der Türkei und Deutschland: Ethnizität und kulturelle Zwischenwelten. In: Annali di Sociologia/Soziologisches Jahrbuch 10, I-II. Berlin, Milano, 467-485

**Mehrländer, U. 1969:**

Beschäftigung ausländischer Arbeitnehmer in der Bundesrepublik Deutschland unter spezieller Berücksichtigung Nordrhein-Westfalens. 2. Aufl., Opladen

**Meier-Braun, K.-H. 1991:**

40 Jahre Gastarbeiter und Ausländerpolitik in Deutschland. In: Aus Politik und Zeitgeschichte B 35/1991, 14-22

**Meister, D. M. 1997:**

Zwischenwelten der Migration. Biographische Übergänge jugendlicher Aussiedler aus Polen. Weinheim, München

**Melotti, U. 1994:**

Immigration in Italien: Vom Modell ohne Projekt zum Projekt ohne Modell. Ein Vergleich mit anderen europäischen Ländern. In: Annali di Sociologia/Soziologisches Jahrbuch 10; I-II. Milano/Berlin, 233-258

**Mintzel, A. 1998:**

Ist das Konzept der multikulturellen Gesellschaft gescheitert? Passauer Papiere zur Sozialwissenschaft 28. Passau

**Motte, J. / Ohliger, R. / v. Oswald, A. (Hrsg.) 1999:**

50 Jahre Bundesrepublik - 50 Jahre Einwanderung, Nachkriegsgeschichte als Migrationsgeschichte. Frankfurt

**Münz, R. / Seifert, W. / Ulrich, R. 1999:**

Zuwanderung nach Deutschland. Strukturen, Wirkungen, Perspektiven. 2. Aufl., Frankfurt

**Munscher, A. 1979:**

Ausländische Familien in der Bundesrepublik Deutschland. Familiennachzug und generatives Verhalten. München

**Nassehi, A. 1990:**

Zum Funktionswandel von Ethnizität im Prozeß gesellschaftlicher Modernisierung. Ein Beitrag zur Theorie funktioneller Differenzierung. In: Soziale Welt 41, 261-282

**Nassehi, A. 1997:**

Das stahlharte Gehäuse der Zugehörigkeit. Unschärfen in Diskurs um die „multikulturelle Gesellschaft". In: Ders. (Hrsg.): Nation, Ethnie, Minderheit. Beiträge zur Aktualität ethnischer Konflikte. Köln, Wien, 177-208

**Nauck, B. 1985:**

Arbeitsmigration und Familienstrukturen. Eine Analyse der mikrosozialen Folgen von Migrationsprozessen. Frankfurt

**Nauck, B. / Kohlmann, A. / Diefenbach, H. 1997:**

Familiäre Netzwerke, intergenerative Transmission und Assimilationsprozesse bei türkischen Migrantenfamilien. In: Kölner Zeitschrift für Soziologie und Sozialpsychologie 49, 477-499

**Nauck, B. / Diefenbach, H. / Petri, K. 1998:**

Intergenerationale Transmission von kulturellem Kapital unter Migrationsbedingungen: Zum Bildungserfolg von Kindern und Jugendlichen aus Migrantenfamilien in Deutschland. In: Zeitschrift für Pädagogik 44, 701-722

**Neumann, U. 1980:**

Erziehung ausländischer Kinder. Erziehungsziele und Bildungsvorstellungen in türkischen Arbeiterfamilien. Düsseldorf

**Ostendorf, B. 1996:**

Inclusion, Exclusion and the Politics of Cultural Difference. In: Stummer, Peter O. / Balme, Christopher (Eds.): Fusion of Cultures? ASNEL Papers Nr. 2

**Pagenstecher, C. 1996:**

Die „Illusion" der Rückkehr. Zur Mentalitätsgeschichte von „Gastarbeit" und Einwanderung. Soziale Welt 47, 149-179

**Pankoke, E. 1994:**

Grenzen und Netze. Zur Steuerung von Migrationsprozessen. In: Annali die Sociologia/Soziologisches Jahrbuch 10; I-II. Milano, Berlin, 137-152

**Park, R. E. 1950:**

Race and Culture. New York

**Pfahl-Traughber, A. 2000:**

Die Entwicklung des Rechtsextremismus in Ost- und Westdeutschland. In: Aus Politik und Zeitgeschichte B 39/2000, 3-14

**Philipper, I. 1997:**

Biographische Dimensionen der Migration. Zur Lebensgeschichte von Italienerinnen der ersten Generation. Weinheim

**Pontrus, P. G. / Behrends, J. C. / Kuck, D. 2000:**

Historische Ursachen der Fremdenfeindlichkeit in den neuen Bundesländern. In: Aus Politik und Zeitgeschichte B 39/2000, 15-21

**Prantl, H. 1993:**

Hysterie und Hilflosigkeit. Chronik der Asyldebatte seit der deutschen Einheit. In: Blanke, Bernhard (Hrsg.): Zuwanderung und Asyl in der Konkurrenzgesellschaft. Opladen, 301-337

**Price, C. A. 1969:**

The Study of Assimilation. In: Jackson, J.A. (ed.): Migration. Cambridge: 181-237

**Radtke, F.- O. 1992:**

Die Konstruktion des Fremden im Diskurs des Multikulturalismus. In: Kürsat-Ahlers, H.E. (Hrsg.): Die multikulturelle Gesellschaft. Der Weg zur Gleichstellung? Frankfurt, 129-141

**Reimann, H. 1984:**

Anmerkungen zur Gastarbeiterpolitik: Insulation - ein neues Integrationskonzept? In: Blum, R. / Steiner, M. (Hrsg.): Aktuelle Probleme der Marktwirtschaft in gesamt- und einzelwirtschaftlicher Sicht. Berlin, 65-85

**Reimann, H. 1994:**

Migration and Arbeitsmarkt in der Bundesrepublik Deutschland. In: Annali di Sociologia/Soziologisches Jahrbuch 10; I-II. Milano, Berlin, 287-300

**Rex, J. 1996:**

Multikulturalismus in Europa und Nordamerika. In: Berliner Journal für Soziologie 6, 149-161

**Rex, J. / Moore, R. 1967:**

Race, Community and Conflict. London

**Richardson, A. 1957:**

The Assimilation of British Immigrants in Australia. In: Human Relations 10, 157-166

**Rudolph, H. 1996:**

Die Dynamik der Einwanderung im Nichteinwanderungsland Deutschland. In: Fassmann, H. / Münz, R. (Hrsg.): Migration in Europa. Historische Entwicklung, aktuelle Trends und politische Reaktionen. Frankfurt, 161-181

**Schmahl, L. 1995:**

Die deutsche Einwanderungspolitik. In: Piazolo, M. / Grosch, K. (Hrsg.): Festung oder offene Grenzen. Entwicklung des Einwanderungs- und Asylrechts in Deutschland und Europa. München, 35-69

**Schrader, A. / Nikles, B.W. 1976:**

Die zweite Generation. Sozialisation und Akkulturation ausländischer Kinder in der Bundesrepublik. 2. Aufl. Königstein, Taunus

**Schulte, A. 1998:**

Multikulturelle Einwanderungsgesellschaften: Soziale Konflikte und Integrationspolitiken. In: Forschungsinstitut der Friedrich-Ebert-Stiftung (Hrsg.): Ethnische Konflikte und Integrationsprozesse in Einwanderungsgesellschaften. Bonn, 11-36

**Sikora, J. (Hrsg.) 1991:**

Aussiedler als Herausforderung und Auftrag für die deutsche Gesellschaft. Bad Honnef/Rhein

**Simmel, G. 1968:**

Soziologie. Untersuchungen über die Formen der Vergesellschaftung. 5. Aufl., Berlin

**Strasser, H. 1997:**

The German Debate over Multicultural Society: Climax or Test of Organized Capitalism? In: Canadian Journal of Sociology 22, 243-258

**Taft, R. 1957:**

A Psychological Model for the Study of Social Assimilation. In: Human Relations 10, 141-156

**Thieme, K.-H. 1993:**

Der gegenwärtige Diskurs über die multikulturelle Gesellschaft. Standpunkte, Kontroversen, offene Fragen. In: Europa Dialoge. Zeitschrift für europäische Politik und Dialog 1 (April), 24-35

**Thrähnhardt, D. 1994:**

Entwicklungslinien der Zuwanderungspolitik in EU-Mitgliedsländern. In: Heinelt, Hubert (Hrsg.): Zuwanderungspolitik in Europa. Nationale Politiken: Gemeinsamkeiten und Unterschiede. Opladen, 33-63

**Treibel, A. 1990:**

Migration in modernen Gesellschaften. Soziale Folgen von Einwanderung und Gastarbeit. Weinheim, München

**Treibel, A. 1993:**

Transformation des Wir-Gefühls. Nationale und ethnische Zugehörigkeit in Deutschland. In: Blomert, R. u.a. (Hrsg.): Transformation des Wir-Gefühls. Studien zum nationalen Habitus. Frankfurt, 313-345

**Tsiakolos, G. 1982:**

Ausländerfeindlichkeit. Tatsachen und Erklärungsversuche. München

**Weber, M. 1968:**

Über einige Kategorien der verstehenden Soziologie. In: Ders.: Soziologie, Weltgeschichtliche Analysen, Politik. 4. Aufl., Stuttgart, 97-150 (orig. 1913)

**Weber, M. 1972:**

Wirtschaft und Gesellschaft. 5. Aufl., Tübingen

**Welsch, W. 1992:**

Transkulturalität. Lebensformen nach der Aufklärung der Kulturen. In: Information Philosophie 2

**Werz, N. 1991:**

Multikulturelle Gesellschaft - ein umstrittener Begriff. Zur Diskussion in Deutschland und Frankreich. In: Dokumente 47, 474-479

**Wilpert, C. 1980:**

Die Zukunft der zweiten Generation. Erwartungen und Verhaltensmöglichkeiten ausländischer Kinder. Königstein, Taunus

**Wolff, K. H. 1968:**

Versuch zu einer Wissenssoziologie. Berlin, Neuwied

# Teil III: Migrations- und Integrationspolitik in Deutschland

Annette Treibel

# Von der Anwerbestoppausnahme-Verordnung zur Green Card: Reflexion und Kritik der Migrationspolitik

## 1. Vorbemerkung

Seit nunmehr einem Jahr, anlässlich der Eröffnung der CeBIT 2000 durch Bundeskanzler Gerhard Schröder, gibt es eine lebhafte Debatte über die spezifisch deutsche Variante der so genannten Green Card[1]. Diese besondere Form der Arbeitserlaubnis wurde bundesweit eingeführt und zusätzlich seit Juli 2000 zunächst in Bayern, dann auch in Hessen und Niedersachsen als Blue Card lanciert. Von 20.000 anvisierten Anwerbungen sind derzeit erst 4.823 erfolgt, die Aktion läuft jedoch noch bis 2003.

Man hätte die Green-Card-Initiative nicht gebraucht, um die gewünschten Fachkräfte für die IT-Branche nach Deutschland zu holen: Mit der 1990 verabschiedeten „Anwerbestopp-Ausnahmeverordnung" existiert seit über zehn Jahren das erforderliche juristische Instrumentarium. Verwaltungstechnisch ist die Green-Card-Initiative strenggenommen also überflüssig. Politisch scheint sie jedoch wichtige Funktionen für die rot-grüne Regierung und deren öffentliche Präsentation zu übernehmen. Die Ausländerbeauftragte der Bundesregierung distanziert sich in einem ironischen Kommentar von der Initiative des Bundeskanzlers - allerdings wohl eher von der Terminologie als vom Inhalt:

„Und da das schöne deutsche Wort *Anwerbestoppausnahmeverordnung* zwar die rechtliche Grundlage für die geplante Anwerbung geliefert hätte, aber nicht so griffig klingt, wurde der ersten größeren Anwerbeaktion nach dem Anwerbestopp von 1973 noch schnell ein Name gegeben, der besser in moderne Zeiten passt: Die *Green Card* soll die Tore für die Laptop-Gastarbeiter öffnen" (Beck 2001, 7; Hervorh. im Original).

---

[1] In den USA verbindet sich mit der Green Card das Recht auf Daueraufenthalt, also ein Einwanderungsticket, und nicht eine befristete Arbeitserlaubnis (vgl. auch www.greencard.de. Über diese Adresse kann man sich über die Möglichkeiten, von Deutschland aus eine Green Card für die USA zu erhalten, informieren). Zum Vergleich USA - Deutschland s. auch Hillmann 2000.

Im folgenden Beitrag geht es darum, die ausländer- bzw. migrationspolitische Entwicklung seit Inkrafttreten der Anwerbestoppausnahmeverordnung zu skizzieren und kritisch zu beleuchten. Im Überblick erscheint es kaum glaublich, welche Fülle an gravierenden Entscheidungen innerhalb eines guten Jahrzehnts, seit Ende der 80er Jahre bis zum heutigen Tag, getroffen wurden und werden. Viele dieser Entscheidungen sind der Aufmerksamkeit der Öffentlichkeit entgangen bzw. dieser bewusst entzogen worden. Im Anschluss an den Rückblick wird die Politik der beiden Regierungen miteinander verglichen und abgewogen, was das Neue am Ansatz der rot-grünen Bundesregierung ist. Abschließend wird die Position der Migrationsforscher reflektiert.

## 2. Zuwanderung und Zuwanderungspolitik in den 90er Jahren (1989 - 1998)

> „Die gebetsmühlenartig wiederholte These, die Bundesrepublik sei kein Einwanderungsland, sichert den Ausländerstatus als gesellschaftliche Stellung zwischen Zugehörigkeit und Nicht-Zugehörigkeit legitimatorisch ab" (Heckmann 1992, 239).

1961 wurde die Mauer gebaut, um die DDR-Bürgerinnen und -Bürger an der Ausreise zu hindern: Zwischen 1951 und 1961 waren 3,5 Mio. Menschen von der DDR in die BRD migriert. 1989 wurde die Mauer geöffnet, um die Massenausreise nicht mehr nötig zu machen. Die Aussicht auf Demokratie einschließlich Reisefreiheit sollte die Menschen im Land halten. Gleichwohl migrierten zwischen 1989 und 1995 1,7 Mio. Menschen von Ost nach West, wanderungstypologisch betrachtet zunächst als internationale Migranten, dann als Binnenmigranten von den neuen in die alten Bundesländer.

Unter dem Eindruck dieses anhaltenden Zuzugs in die alte BRD und der in Wissenschaft und Publizistik geäußerten Befürchtung, das neue Deutschland würde durch die Öffnung des ‚Eisernen Vorhangs' durch den Zuzug aus Osteuropa ‚überrollt', wurde der Zuzug von Ausländern (insbesondere Flüchtlingen) und sogar der von Aussiedlern begrenzt. In dichter Folge wurden so in der ersten Hälfte der 90er Jahre das Ausländerrecht reformiert (Neues Ausländergesetz 1990), das Aussiedleraufnahmegesetz (1990) und das Kriegsfolgenbereinigungsbesetz (1992) beschlossen, der so genannte Asylkompromiss zwischen der CDU-/FDP-Regierungskoalition und der SPD-Opposition ausgehandelt (1992) und das Asylverfahrensgesetz sowie das Asylbewerberleistungsgesetz (1993) verabschiedet. In der zweiten Hälfte der 90er Jahre folgten das Abkommen über die Rückführung vietnamesischer Staatsbürger aus der früheren DDR (1995), das Gesetz über die Festlegung eines vorläufigen Wohnortes für Spätaussiedler, Novellierungen des Ausländerrechts (1996, 1997) und die Verordnung zur Visums- und Aufenthaltsgenehmigungspflicht für Minderjährige aus Nicht-EU-Staaten, das so genannte Kindervisum (1997).

Große öffentliche Aufmerksamkeit fanden mit den asylpolitischen Maßnahmen eben jene Gesetze und Verordnungen, deren Intention explizit oder implizit die Begrenzung des Zuzugs war und ist. Sie übernahmen die Funktion, die grundsätzliche ausländerrechtliche Position gegenüber bereits ansässigen (‚eingewanderten') oder potentiell zuwandernden Personen des gesamten Migrationsspektrums (Arbeitsmigranten, Fluchtmigranten, Spätaussiedler) zu markieren. Diese Position lautet Duldung unter bestimmten Bedingungen und Aufrechterhaltung von Kontrolle gegenüber den legal bereits Eingereisten und Skepsis bzw. Abschreckung gegenüber den potentiell Zuwandernden.

Dabei enthält das neue Ausländerrecht (1990), das „vor dem Hintergrund des Wiedervereinigungstaumels...in der weiteren politischen Öffentlichkeit kaum registriert wurde" (Bade/Bommes 2000, 179), durchaus auch positive Signale mit dem Ziel, für die Nachfahren der Arbeitsmigrantinnen und -migranten eine bessere aufenthaltsrechtliche Stellung und Erleichterungen bei der Einbürgerung zu erreichen. Damit war eine seit Jahren anstehende Reform, die Modernisierung des Ausländerrechts von 1965, umgesetzt - mit etlichen Verbesserungen im Sinne einer Migrations- und Integrationspolitik. Hinter den Kulissen wurde in Teilen sogar eine Quasi-Einwanderungspolitik betrieben. Hierzu gehören in erster Linie die Bestimmungen zur Familienzusammenführung:

„Auch in Deutschland ist Familienzusammenführung ein zentraler Einwanderungsmodus. Insbesondere seit dem Anwerbestopp von 1973 sind auf diese Weise Hunderttausende von ausländischen Ehefrauen, -männern und Kindern nachgekommen. Anders als in den Vereinigten Staaten werden Familienangehörige statistisch jedoch nicht gesondert erfasst, so dass sich keine exakte Zahl angeben lässt. Es wird jedoch allgemein angenommen, dass Familienmigrant(inn)en hinter Aussiedler(inn)en und Asylbewerber(inne)n die zahlenmäßig größte Gruppe stellen. Gewisse Rückschlüsse erlaubt die Visastatistik des Auswärtigen Amtes, nach der zwischen 1996 und 1998 insgesamt 180.000 Visa zwecks Ehegatten- und Familiennachzug erteilt worden sind" (Santel 2000, 138f.).

In den Kontext einer pragmatischen Migrationspolitik, die relativ unbemerkt von der Öffentlichkeit umgesetzt wurde, gehört auch die am 21. Dezember 1990 erlassene „Verordnung über Ausnahmeregelungen für die Erteilung einer Arbeitserlaubnis an neueinreisende ausländische Arbeitnehmer (Anwerbestoppausnahme-Verordnung)". Diese Verordnung stellt ein Regelwerk für die zeitlich begrenzte Erwerbstätigkeit bestimmter Gruppen dar, an deren Zuwanderung trotz Anwerbestopp ein anhaltendes Interesse besteht. Zum Zwecke der Aus- und Weiterbildung, im Rahmen von Werkverträgen und in Branchen mit Rekrutierungsproblemen und einem Bedarf an Experten sind Ausnahmen zulässig. Die Anwerbestoppausnahme-Verordnung enthält Bestimmungen zum befristeten Aufenthalt für unterschiedliche Gruppen mit unterschiedlicher Befristung (§ 4): von neun Monaten für Tätigkeiten im Schaustellergewerbe, bis zu drei Jahren für

Spezialitätenköche oder bis zu fünf Jahren für Lehrkräfte und Lektoren zur Sprachvermittlung. Die Passage, die hier von besonderem Interesse ist, ist unter „Sonstige Erwerbstätigkeiten" - und zwar ohne ausdrückliche Befristung - aufgeführt: „Die Arbeitserlaubnis kann erteilt werden (...) Fachkräften, die eine Hochschul- oder Fachhochschulausbildung oder eine vergleichbare Qualifikation besitzen, sofern an ihrer Beschäftigung wegen ihrer besonderen fachlichen Kenntnisse ein öffentliches Interesse besteht" (§ 5, Abs. 2).

Die offizielle Leitlinie der 90er Jahre unter Hinweis auf die Stimmung in der Bevölkerung lautete unter Fortsetzung der Politik der 70er und 80er Jahre: Nicht-Einwanderungsland, Inländer-Primat auf dem Arbeitsmarkt, Begrenzung des Ausländerzuzugs. Wortführer dieser Richtung waren in den 90er Jahren in erster Linie Bundesinnenminister Kanther (CDU) und Jörg Schönbohm (CDU), der damalige Berliner Innensenator. Letzterer gab anlässlich seines Wechsels auf den Posten des Vorsitzenden der Brandenburger CDU an, dass er Worte wie die von der ‚Auflösung der türkischen Ghettos in Berlin' habe wählen müssen, um die Aufmerksamkeit der Medien zu gewinnen:

„Zum Abschied von Berlin hat der Senator jetzt vorgebracht, dass er jene ‚griffigen' Formulierungen über das Ghetto doch nur verwendet habe, weil sonst niemand zugehört hätte, schon gar nicht die Damen und Herren von der Presse. Wochen- und monatelang habe er das Zusammenleben der Völker in zahllosen Gesprächen, differenziert, feinziseliert, sensibel, ausgewogen' kommentiert. Niemand habe jedoch eine Zeile geschrieben. Kaum aber habe er, damit endlich jemand zuhöre, die Auflösung der Ghettos gefordert, seien - heuchlerischerweise - ‚alle Gutmenschen' über ihn hergefallen" (FAZ v. 12.11. 98; s. auch TAZ vom 12.11.98).

In den 90er Jahren war Migration ein zentrales Thema, und zwar für eine stetig größer werdende Öffentlichkeit. Ein prominentes Beispiel ist das „Gemeinsame Wort" der Kirchen aus dem Jahr 1997, in dem eine sowohl humanitär wie auch pragmatisch orientierte Zuwanderungspolitik angemahnt und großer Handlungsbedarf konstatiert wird. Innerhalb der 90er Jahre ist überdies die Lobby für die Umsetzung der doppelten Staatsbürgerschaft größer geworden[2], aber die Mehrheit der Bundesdeutschen lehnte und lehnt eine solche Option ab (vgl. Noelle-Neumann/Köcher 1997, 633). Entsprechend verweigerte die Regierungskoalition im Frühjahr 1998 dem Entwurf der Opposition zur Reform des Staatsbürgerschaftsrechts die Zustimmung. Das etablierte

---

[2] Vgl. Aufmacher in ‚Die Zeit' v. 21.11.97: „Wir wollen zwei Pässe. Das Parlament muss endlich die doppelte Staatsbürgerschaft beschließen." Für die Gegenposition s. ‚Junge Freiheit' v. 21.11.97 (S. 12) oder Josef Schmid in der FAZ v. 20.11.97, S. 10: „Dieses alte Staatsbürgerschaftsrecht, das tolerant gegenüber dem Eigenleben der Nichtstaatsbürger ist und gegenüber der Zahl, in der sie vorhanden sind, gerät nun in eine Zwickmühle. Seine Stärke schlägt in Schwäche und Absurdität um, sobald sich das Staatsterritorium unbemerkt mit Fremdkulturen anreichert, die über kurz oder lang nicht mehr als Individuen, sondern als organisierte Kraft in Erscheinung treten werden."

Druckmittel gegenüber Arbeitsmigrantinnen und -migranten, sich für ‚Integration oder Rückkehr' entscheiden zu müssen, sollte offensichtlich nicht aufgegeben werden.

In den 90er Jahren gab es, verglichen mit den 80er Jahren, einen Rekord an migrationspolitisch relevanten Gesetzen und Verordnungen, aber ein weiteres Mal keine konsistente, integrierte Migrationspolitik, sondern einen Flickenteppich unterschiedlicher Maßnahmen für bzw. gegen unterschiedliche Migrantengruppen. Im Reflex auf die Abwehr speziell einer Gruppe, nämlich der Asylbewerber und Flüchtlinge nicht-europäischer Herkunft, und in der Hoffnung, auf diesem Weg rechtsextremistischen Gewaltanschlägen gegenüber dieser Gruppe Paroli zu bieten, wurde insbesondere die Asylrechtsverschärfung breit und emotional verhandelt. Von einzelnen Wortmeldungen abgesehen[3], verlief die Diskussion um Zuzugserschwernisse für die Gruppe der Aussiedler eher hinter den Kulissen. Gemessen an der Bedeutsamkeit des Kriegsfolgenbereinigungsgesetzes von 1992, in dem die Bundesrepublik eine historisch begründete Verantwortung relativiert und die Zuwanderung ganz im Sinne einer traditionellen Einwanderungspolitik quotierte, war die Aufregung über eine solch spektakuläre Maßnahme erstaunlich gering ausgefallen.

## 3. Staatsbürgerschaft und Green Card (1998 ff.) - Die Migrationspolitik der rot-grünen Regierung

> „Wir erkennen an, dass ein unumkehrbarer Zuwanderungsprozess in der Vergangenheit stattgefunden hat und setzen auf die Integration der auf Dauer bei uns lebenden Zuwanderer, die sich zu unseren Verfassungswerten bekennen. Im Zentrum unserer Integrationspolitik wird die Schaffung eines modernen Staatsangehörigkeitsrechts stehen" (Koalitionsvereinbarung vom 20.10.98, IX.7).

Mit der zitierten Formulierung signalisierte die Regierung aus SPD/Bündnis 90 - Die Grünen im Herbst 1998 einen Reformbedarf insbesondere hinsichtlich des Staatsbürgerschaftsrechts. In der Formulierung fällt allerdings die Scheu auf, die stattgefundene Einwanderung und die Einwanderer beim Namen zu

[3] Vgl. etwa die ‚Ausfälle' gegen die Aussiedler des Kandidaten der SPD, Dieter Spöri, im baden-württembergischen Landtagswahlkampf 1995/96. In dieser Zeit sprach sich auch der SPD-Vorsitzende Lafontaine wiederholt für eine drastische Begrenzung des Zuzugs von Aussiedlern aus (Süddeutsche Zeitung v. 26.2.96).

nennen. Statt dessen wird - im übrigen sachlich unzutreffend[4] - von „unumkehrbarer Zuwanderung" und von den „auf Dauer bei uns lebenden Zuwanderern" gesprochen.

Bereits ein Vierteljahr nach Regierungsantritt, zum Jahreswechsel 1998/99, wurde der Entwurf zur Reform des Staatsbürgerschaftsrechts präsentiert. Unter dem Einfluss der Unterschriftenkampagne gegen den Doppelpass und dem Wahlsieg der CDU/FDP in Hessen (Februar 1999) verzichtet die Regierung dann jedoch auf die ‚grundsätzliche Hinnahme der doppelten Staatsangehörigkeit' (vgl. zu den Details die Dokumentation bei Vitt/Heckmann 2000). Im Rückblick überrascht nicht, dass der Versuch misslang, die doppelte Staatsbürgerschaft als Regelfall zu installieren. Wie oben erwähnt, war erst im Frühjahr 1998 ein Antrag noch von den Oppositionsbänken gescheitert. Das Reformvorhaben dann von der Regierungsbank war politisch und programmatisch schlecht vorbereitet und hatte auch in den eigenen Reihen nicht genügend Rückhalt. Überdies konterkarierte Bundesinnenminister Otto Schily die Reformbotschaft durch seine Interviews, in der er den Bedarf an einer Einwanderungsgesetzgebung in Abrede stellt. Angesichts der Massenarbeitslosigkeit lästerte er über die dann erforderliche ‚Null-Quote' für Einwanderung.

Unter Einarbeitung des FDP-Entwurf (so genanntes Options-Modell) wurde schließlich eine modifizierte Reform verabschiedet, und zum 1.1.2000 trat das neue Staatsbürgerschaftsrecht in Kraft. Dieses sieht vor, dass in Deutschland geborene Kinder ausländischer Eltern (wobei ein Elternteil mindestens acht Jahre legal hier sesshaft gewesen sein muss) zusätzlich zur Staatsangehörigkeit ihrer Eltern die deutsche Staatsangehörigkeit erhalten, sich bis zum 23. Lebensjahr jedoch für einen der beiden Pässe entschieden haben müssen. Nach einer bis zum 31.12.2000 datierten Übergangsregelung erhielten ausländische Eltern die Möglichkeit, für ihre zwischen 1990 und 1999 geborenen Kinder nachträglich einen deutschen Pass zu beantragen. Da diese Möglichkeit entgegen der Erwartungen (in manchen Kommunen wurden eigens zusätzliche Mitarbeiter eingestellt) kaum genutzt wurde, wurde die Frist mittlerweile bis Ende 2002 verlängert und die Gebühr von 500 DM auf 100 DM gesenkt (vgl. Migration und Bevölkerung, H.1/2001).

---

[4] Zuwanderung ist zu jedem Zeitpunkt, ob nach einem halben Jahr oder nach zwei Jahrzehnten, umkehrbar. Migration, so insbesondere neuere Untersuchungen zur transnationalen Migration (zusammenfassend Pries 2000) ist nicht geradlinig und gerade nicht unumkehrbar. Migrantinnen und Migranten lösen sich nur zu einer Minderheit ‚auf immer' von ihrem Herkunftsmilieu, ihrer Familie und den Netzwerken in ihrer Heimat (Vgl. Treibel 2000; Vgl. auch den „World Migration Report 2000" der IOM, s. dazu FAZ v. 3.11.00).

Diese Entwicklung zeigt, dass Staatsangehörigkeit und Einbürgerung für die einheimische und für die ausländische Bevölkerung eine wichtige Thematik darstellen, wobei die Reaktionen anders ausfallen können, als die wohlmeinenden politischen Akteure es sich vorstellen. Gleichwohl waren die Vorbehalte gegenüber der Staatsangehörigkeitsreform auch schon im Vorfeld geäußert worden:

„Die Türkische Gemeinde, ein Dachverband von ca. 2.000 türkischen Vereinen, lehnt das ‚Optionsmodell' ab, da es zur Aufgabe der bisherigen Staatsangehörigkeit zwinge und damit Integration verhindere: In die Migrantenfamilien werde ein Keil getrieben, weil Eltern und Großeltern der deutsche Pass verwehrt bleibe" (Vitt/Heckmann 2000, 255).

Was die Green Card betrifft, wird von der Bundesanstalt für Arbeit die Kritik an der mangelnden Rekrutierung von Fachkräften an den Gesetzgeber zurückgegeben. Dieser habe angewiesen, die Anwerbestoppausnahmeverordnung restriktiv auszulegen:

„Nur wenn eine definierte Ausnahme gegeben ist, kann überhaupt eine Zulassung aus Drittstaaten erfolgen. Wir haben, weil das politischer Wille war, diese Verordnung bisher sehr restriktiv angewendet, und jetzt wird uns das ursprünglich politisch Gewollte zum Vorwurf gemacht, dass wir ‚unflexibel' auf Bedürfnisse des deutschen Arbeitsmarktes reagiert haben. Jetzt geht es also darum, die neuen Forderungen umzusetzen. Die beziehen sich übrigens nicht nur auf IT-Fachkräfte, sondern das Handwerk will Handwerkskräfte, der Hotel- und Gaststättenverband will Hilfskräfte. Übrigens auch der Pflegebereich - obwohl wir zunehmend arbeitslose Krankenschwestern haben, und die Plätze in den Krankenpflege-Schulen durchaus nicht alle besetzt sind" (Seidel 2000, 13).

## 4. Wandel der Migrationspolitik?

> „Am 27. September 1998 hat in Deutschland eine neue Politik für Migranten und Migrantinnen begonnen. Das ist von diesen sehr wohl bemerkt worden. Es hat in der Tat entsprechend unserer Koalitionsvereinbarung ein Paradigmenwechsel stattgefunden" (Leyla Onur, SPD, in der Bundestagsdebatte, zitiert nach Parlament vom 24.11.00, S. 9).

Das Neue an der gegenwärtigen Politik ist, dass allmählich überhaupt aus diversen Maßnahmen eine Politik zu werden beginnt. Seit vielen Jahren fordern ganz unterschiedliche gesellschaftlichen Akteure, Einzelpersonen wie Institutionen, ein migrationspolitisches Gesamtkonzept. Eingelöst ist dies längst noch nicht, und der beschworene Paradigmenwechsel steht noch aus. In der 133. Sitzung des Bundestages zur Zuwanderungspolitik vom 16. November 2000, aus der das obige Zitat stammt, machten sich die Parteien im übrigen gegenseitig streitig, wer zeitgemäßer sei. Eine moderne, zeitgemäße Zuwanderungspolitik wird dabei - von der PDS einmal abgesehen - parteiübergreifend daran gemessen, dass mit ihr flexibel auf die Interessen der Wirtschaft reagiert werden kann.

Die Bedeutung medialer Inszenierungen in der Politik hat in den letzten Jahren zugenommen. Mit Hilfe der Medien und über sie muss der Nachweis geführt werden, ‚dass wir etwas tun'. Diese Demonstration von Aktivität wird auf den Bühnen der Parteipolitik unterschiedlich angegangen: Während SPD/ Bündnis 90 - Die Grünen die Reform des Staatsangehörigkeitsrechts installieren, lassen CDU/CSU die Bevölkerung gegen Türken abstimmen. Während erstere die Hinnahme doppelter Staatsangehörigkeit erwägen, bricht Friedrich Merz von der CDU eine Debatte über die deutsche Leitkultur vom Zaun. Bei der Green Card fiel und fällt der CDU/CSU die Wahrnehmung der Oppositions-Rolle allerdings schwer. Diese Initiative des Kanzlers suggeriert Wirtschaftsnähe und Modernität, und prompt setzte die CSU mit der so genannten Blue Card nach.

Interessen der Wirtschaft können der Migrationspolitik immer dann unterstellt werden, wenn Zuwanderung erleichtert oder gar forciert wird, wie die Gastarbeiterpolitik in den 50er und 60er Jahren zeigt. Seit Ende der 90er Jahre manifestiert sich ein wachsender Arbeitskräftebedarf, der jüngst zur Aufhebung des Arbeitsverbots für Asylbewerber (seit 1.1.01) und in diesen Tagen zum Bleiberecht für bosnische Flüchtlinge führte, die sich seit mindestens sechs Jahren in Deutschland aufhalten und seit mindestens zwei Jahren einen Arbeitsplatz haben. Nach einem Kommentar des bayrischen Innenministers Beckstein hätten ‚auch' humanitäre, aber natürlich vor allem wirtschaftliche Interessen diese Entscheidung der Innenminister bestimmt (vgl. Süddeutsche Zeitung v. 16.2.01).

Das Überraschende an der rot-grünen Politik ist ihr direkter Draht zu den Arbeitgebern - und vice versa der direkte Draht der Verbände und Interessenvertretungen der Wirtschaft wie BDA oder DIHT zur Regierung. Auf diese Weise sind kurzfristig eben diejenigen Korrekturen an geltenden Bestimmungen möglich, die langfristig immer wieder gefordert worden waren. In seinem schon erwähnten Interview äußert sich Heinz Seidel, Leitender Verwaltungsdirektor bei der Bundesanstalt für Arbeit, kurz vor seiner Pensionierung kritisch zu den versäumten Gelegenheiten der Migrationspolitik:

„Aus meiner Sicht hätten wir dieses Einwanderungsgesetz schon spätestens 1973 haben müssen, bei der Verkündigung des Anwerbestopps. Und zwar weniger um die Einwanderung selbst zu regeln (...) Aber viel wichtiger wäre für mich die Regelung der Integration für Eingewanderte gewesen, also für die, die legal hier in der BRD zureisen und sich hier aufhalten können. (...) Dieser Anwerbestopp hat das zuvor aktive Handeln der Bundesanstalt völlig umgedreht in ein dann leider passives Handeln. Übrigens hatten wir 1973 seitens der Bundesanstalt für Arbeit vorgeschlagen, die Dienststellen nicht völlig aufzulösen, sondern Vertretungen, natürlich in kleinerem Umfang, dort zu belassen. (...) Dieser Vorschlag der Bundesanstalt ist abgelehnt worden, weil das angeb-

lich als ein Signal verstanden worden wäre, dass wir irgendwann wieder aktive Anwerbepolitik betreiben wollen. Was im Übrigen heute gerade geschieht, so wieder von der Wirtschaft der Zugang neuer Arbeitskräfte gefordert wird..." (Seidel 2000, 12).

Wahlstrategische Rücksichtnahmen und die Furcht vor (weiteren) ausländerfeindlichen und rassistischen Entwicklungen und der mangelnden jeweiligen Integrationsbereitschaft der zugewanderten, aber auch der einheimischen Bevölkerung werden dann unversehens nicht mehr thematisiert. Demgegenüber waren die rassistischen Anschläge auf Ausländerinnen und Ausländer in den Jahren nach der Wiedervereinigung eines der Hauptargumente für die Verschärfung des Asylrechts.

Relevante Entscheidungen fallen hinter den Kulissen der Öffentlichkeit, ein beredtes Beispiel hierfür ist die Anwerbestoppausnahme-Verordnung von 1990: Die dort enthaltenen Bestimmungen hätten als Modifikation in das neue Ausländerrecht eingearbeitet werden müssen. Da dies mit Blick auf die öffentlich verhandelte Leitlinie (Festhalten am Anwerbestopp, Nicht-Einwanderungsland) nicht opportun erschien, verabschiedete man eine gesonderte Vereinbarung, bei der man sicher gehen konnte, dass sie außer von den Experten nicht bemerkt werden würde.

Im Vergleich der 80er Jahre mit der bislang praktizierten Politik von Rot-Grün ist jedoch insgesamt festzustellen: Die Politik der christlich-liberalen Regierung war weniger restriktiv, als häufig unterstellt - und die aktuelle Politik ist weniger fortschrittlich als von vielen angenommen bzw. erhofft. Auf der symbolischen Ebene scheinen die Unterschiede größer: Bundeskanzler Kohl nimmt nicht an der Trauerfeier für die Mordopfer in Solingen teil, während Bundeskanzler Schröder eine Großdemonstration zum „Aufstand der Anständigen" initiiert.

Die beiden großen Parteien befinden sich in vergleichbaren Dilemmas: Die CDU muss ihren nationalkonservativen und rechten Wählern, für die die Abgrenzung gegenüber Ausländern zur Selbstdefinition gehört, ebenso gerecht werden wie dem liberal-christlich-wertkonservativen Spektrum und dessen humanitären Orientierungen. Die SPD hat ein traditionell konservatives bis reaktionäres Wählerpotential zu verlieren, sollte sie zu intensiv mit der Neuen Mitte, der New Economy und deren kosmopolitischer Lässigkeit kokettieren. Gegenwärtig hat es den Anschein, als hätte die CDU/CSU vor allem das Problem, nicht immer nur zu reagieren, wenn sie etwa nach Übernahme des Vorsitzes der von Schily (SPD) einberufenen Zuwanderungskommission durch Rita Süßmuth (CDU) hektisch eine eigene Zuwanderungskommission einsetzt. Auf der anderen Seite erscheint die SPD-Politik trotz aller öffentlichkeitswirksamen Aktivitäten von der Konzeption her zaghaft. Sie fühlt sich einer offensiven Einwanderungspolitik verpflichtet, hält diese im Grunde aber nicht für durchsetzbar (soll heißen: befürchtet, von den Wählern dafür abgestraft zu werden):

„Es gibt unterschiedlichste Formen des Zugangs in die Bundesrepublik, die sich in den Einwanderungszahlen niederschlagen oder aber unbemerkt stattfinden. Alle Parteien haben ihre Vorstellungen zur Einwanderungspolitik geäußert. Nur die SPD hat sich bisher zurückgehalten, denn sie verfügt zurzeit über kein zusammenhängendes Konzept. (...) Die Projektgruppe des SPD-Parteivorstands hat über ein Jahr nicht getagt, obwohl zeitgleich die Einwanderungsdebatte bei den anderen Parteien und in den Medien auf Hochtouren lief. Ein Konzept wäre wichtig, damit die SPD in der Einwanderungspolitik endlich wieder diskussionsfähig wird, damit sie den Kampagnen der CDU etwas entgegensetzen und die Ergebnisse der Enquete-Kommission des Deutschen Bundestages bewerten kann" (Tsalastras 2001, 20).

Die Ambivalenz der SPD hat Tradition: Unabhängig vom Status als Regierungs- oder Oppositionspartei sind die verschiedenen Entwürfe für ein Zuwanderungsgesetz immer wieder in der Schublade verschwunden.

Aus meiner Sicht ist die mögliche Zustimmung in der Bevölkerung zu einer als solchen deklarierten Einwanderungspolitik zwar noch nicht ausgelotet, aber keineswegs ausgeschlossen. Der Rückgriff auf immer wieder neue Verordnungen, Nachbesserungen und Einzelmaßnahmen durch die verschiedenen Regierungen der letzten Jahre wie die Anwerbestoppausnahmeverordnung oder die Green Card bietet die - bequemere und unverfängliche - Möglichkeit, grundlegende Entscheidungen zu vertagen. Eben diese Methode hält das Thema jetzt schon sehr lange in der Schwebe und suggeriert, dass es gar keine Gesamtlösung geben könne. Der Blick auf das Ganze wird bislang allenfalls in ‚Sonntagsreden' gewagt:

„Wir brauchen keine künstlichen Debatten darüber, ob Deutschland ein Zuwanderungs- oder ein Einwanderungsland ist. Wir dürfen in der Diskussion nicht immer nur Teilaspekte herausgreifen: heute islamischer Religionsunterricht, morgen Green-Card, dann wieder Arbeitserlaubnisse für Saisonarbeiter oder die Behandlung von Bürgerkriegsflüchtlingen. Wir müssen den Blick für das Ganze gewinnen" (Bundespräsident Johannes Rau in seiner Berliner Rede vom 12.5.2000).

Die permanent und stereotyp in der Öffentlichkeit vorgetragene Klage, wie ‚heikel'[5] die Themen Migration und Integration seien, verbindet unterschiedliche politische Lager - mit Ausnahme der ganz rechten Position, für die die Unerwünschtheit von ‚fremdkulturellen' Migranten absolute Gewissheit ist.

Die Eigendynamik und geringe Kalkulierbarkeit von Migrationsprozessen zeigt sich an der Zuwanderung aus Osteuropa und der Ost-West-Migration in Deutschland. Während Anfang der 90er Jahre eine Massenzuwanderung von gering qualifizierten Arbeitssuchenden aus Osteuropa befürchtet wurde, stellt

[5] Entsprechend der Kommentar zur Wahl in Hessen in der TAZ vom 8.2.99, in der zu mehr Vorsicht bei „einem so sensiblen Thema wie der Ausländerpolitik" (S. 1) gemahnt wird.

sich die Situation heute anders dar. Viele Osteuropäer, insbesondere Polen, sind Pendelmigranten ohne feste Niederlassungsabsicht in der Deutschland. Und diejenigen, die zuwandern, kristallisieren sich als besonders flexibel und qualifiziert heraus: „Den größten Anteil an Greencard-Bewerbern, die in ihrer Mehrzahl jünger als 30 Jahre alt sind, hat unverändert Osteuropa mit 39 Prozent, gefolgt von Asien mit 21 Prozent" (Süddeutsche Zeitung v. 26.1.01). Was die tendenziell zu wenig beachtete Binnenmigration angeht, so war der Wanderungssaldo 1997 zwischen den alten und neuen Bundesländern nahezu ausgeglichen. Seit 1998 überwiegt jedoch wiederum der Zuzug in den Westen. Die aufsehenerregende und umstrittene Mahnung von Bundestagspräsident Wolfgang Thierse, der Osten ‚stehe auf der Kippe', begründet dieser auch mit der Massenabwanderung von qualifizierten Arbeitskräften und Auszubildenden (Die Zeit v. 4.1.01). Jüngsten Berichten zufolge wandern Ostdeutsche zunehmend in die skandinavischen Länder ab, um dem ‚Ossi-Stigma' im Westen zu entgehen.

## 5. Paradigmenwechsel in Wissenschaft und Politik

Die bundesrepublikanische Gastarbeiter- und Ausländerforschung ist seit 20 Jahren passé. Seit Anfang der 80er Jahre versammeln sich die Wissenschaftlerinnen und Wissenschaftler unter dem Dach der Migrationsforschung und versuchen, die ursprüngliche, problemorientierte Perspektive auf ‚den Gastarbeiter', ‚die Türkin' oder ‚das ausländische Kind' durch eine umfassende, integrierte Sicht auf Ursachen und Folgen von Migration zu ersetzen. Im wissenschaftlichen Kontext scheint es mir nicht vermessen, mit Blick auf diese Zeit von einem Paradigmenwechsel zu sprechen. Friedrich Heckmann, der Anlass zu diesen Überlegungen gegeben hat, gehört zu den Protagonisten dieser Entwicklung. Er mochte mit seiner Veröffentlichung von 1981 für die Bundesrepublik Deutschland zwar nicht von einer Einwanderungsgesellschaft sprechen und hat seine Skepsis gegenüber dem Multikulturalismus-Konzept nie verhehlt (vgl. etwa Heckmann 1992, 237f.), aber doch unmissverständlich eine „Einwanderungssituation" konstatiert. Mit seinem Institut, dem „europäischen forum für migrationsstudien" an der Universität Bamberg, trägt er dazu bei, dass man heute von einer Institutionalisierung der Migrationsforschung sprechen kann.

Für die öffentliche Wahrnehmung und die politischen Diskussionen kamen manche der damaligen Untersuchungen scheinbar zu früh. Ihre Autoren und Autorinnen tragen seither unverdrossen - den Verdruss verstecken sie in den Fußnoten ihrer Veröffentlichungen - ihre Auffassungen über das politisch Notwendige in den politischen Gremien und Institutionen vor und wirken auf einen zweiten Paradigmenwechsel hin, nämlich den in der Politik. Er hätte zur Voraussetzung, dass nicht nur die ‚üblichen Verdächtigen', sondern breite Teile der Parteien sich intensiv mit der Ausländer-, Asyl- und Aussiedlerpolitik beschäftigen und hätte eine umfassende Migrationspolitik zur Konsequenz. Sie gehört spätestens seit dem Fall der Mauer und mit der EU-Erweiterung zu den großen Politikfeldern, ist aber längst noch nicht entsprechend konzipiert.

Wie aufgezeigt, ist gerade für die 90er Jahre eine kaum zu überblickende Fülle von Gesetzen und Verordnungen charakteristisch. Was fehlt, ist ein auf verschiedenen gesellschaftlichen Ebenen (Stadtteile, Schulen, Betriebe, Kirchen, Universitäten, Ministerien) gut vorbereiteter ‚großer Wurf':

„Geschieht dies nicht, so laufen wir Gefahr, die ohnehin unübersichtliche Menge bereits vorhandener Einzel- und Sonderbestimmungen weiter aufzustocken. Demgegenüber kann eine Lösung für ein modernes Einwanderungsgesetz - und dies für die gesamte Fülle des derzeitigen Ausländer-, Asyl- und Arbeitserlaubnisrechts - nur bedeuten: weg von den Ausnahmeregelungen und Sonderverordnungen und hin zu nachvollziehbaren, transparenten Verfahren zukünftiger Zuwanderung" (Touché 2001, 69).

Die nationalen und internationalen Verflechtungen Deutschlands werden in Zukunft noch zunehmen; um so mehr ist es geboten, die immer wieder aufscheinende Furcht vor dem Migrationsthema in Parteien und Verbänden aktiv anzugehen. Die Mittel hierzu hält die Migrationsforschung bereit: Informationen, Forschungsergebnisse, internationale Kontakte, politische Konzepte. Entsprechende Netzwerke existieren bereits oder werden unter dem Eindruck eines nun womöglich doch auf Dauer gestellten politischen Interesses ausgebaut, so der im Sommer 2000 konstituierte „Rat für Migration" (vgl. die Einführung in Bade/Münz 2000). Sollte sich die Migrationspolitik dann etabliert haben - worüber im Moment trotz Zuwanderungskommission leider keine Gewissheit besteht - so könnte auch die Migrationsforschung in eine neue und frische Phase des Diskurses eintreten. Das Defizit an soziologischer Grundlagenarbeit in der Migrationsforschung ist heute zwar heute nicht mehr eklatant (vgl. Heckmann 1981, 15), aber längst nicht behoben. Hier denke ich an eine Erweiterung über den Kreis der ‚üblichen Verdächtigen', den es selbstverständlich auch hier gibt, hinaus. Das Potential einer Zusammenschau von Migrationssoziologie und allgemeiner Soziologie ist noch nicht ausgeschöpft.

## Literatur

**Bade, K. J. / Bommes, M. 2000:**

Migration und politische Kultur im ‚Nicht-Einwanderungsland'. In: Bade / Münz, S. 163-204

**Bade, K. J. / Münz, R. (Hrsg.) 2000:**

Migrationsreport 2000. Fakten - Analysen - Perspektiven. Frankfurt/M. und New York

**Beck, M. 2001:**

Ihr Inderlein kommet. In: Blätter für deutsche und internationale Politik, Jg. 46, H. 1, S. 7-9

**Butterwegge, C. / Hentges, G. (Hrsg.) 2000:**

Zuwanderung im Zeichen der Globalisierung. Migrations-, Integrations- und Minderheitenpolitik. Opladen

**Heckmann, F. 1981:**

Die Bundesrepublik: Ein Einwanderungsland? Zur Soziologie der Gastarbeiterbevölkerung als Einwandererminorität. Stuttgart

**Heckmann, F. 1992:**

Ethnische Minderheiten, Volk und Nation. Soziologie interethnischer Beziehungen. Stuttgart

**Hillmann, F. 2000:**

Green Cards für die Hugenotten von morgen? Die weltweite Wanderung von Hochqualifizierten. Ein Vergleich zwischen den Vereinigten Staaten von Amerika und Deutschland. In: Frankfurter Rundschau v. 26.4.2000

**Motte, J. u.a. (Hrsg.) 1999:**

50 Jahre Bundesrepublik - 50 Jahre Einwanderung. Nachkriegsgeschichte als Migrationsgeschichte. Frankfurt/M., New York

**Oberndörfer, D. 2000:**

Zuwanderungsdebatte in Deutschland - Rückkehr zum Gastarbeitermodell oder Aufbruch in eine neue Gesellschaft? In: Bade / Münz, S. 205-221

**Pries, L. 2000:**

Transnationale Migration. Bielefeld

**Santel, B. 2000:**

Einwanderungs- und Integrationspolitik in Deutschland und den USA. In: Butterwegge / Hentges, S. 134-151

**Seidel, H. 2000:**

Integration und Reintegration als Leidkultur (sic) (Interview). In: aid. Ausländer in Deutschland, Jg. 16, Heft 4, S. 12-13

**Touché, V. A. 2001:**

Kontrollierte Zuwanderung. Möglichkeiten und Grenzen einer Quotierung. In: Blätter für deutsche und internationale Politik, Jg. 46, H. 1, S. 61-69

**Treibel, A. 1999:**

Migration in modernen Gesellschaften. Soziale Folgen von Einwanderung, Gastarbeit und Flucht. Weinheim und München

**Treibel, A. 2000:**

Migration als Form der Emanzipation? - Motive und Muster der Wanderung von Frauen. In: Butterwegge / Hentges, S. 75-90

**Treibel, A. 2001:**

Migration. In: Schäfers, Bernhard / Zapf, Wolfgang (Hrsg.): Handwörterbuch zur Gesellschaft Deutschlands. Opladen (2., erw. u. aktualisierte Aufl.), S. 472-481

**Tsalastras, A. 2001:**

Integration statt Ausgrenzung. Skizze eines sozialdemokratischen Einwanderungskonzeptes. In: Berliner Republik, Jg. 3, H. 1, S. 20-22

**Vitt, V. / Heckmann, F. 2000:**

Migration und Migrationspolitik in Deutschland 1998-2000, in: Bade/ Münz, S. 223-278

# Bernd Geiß

## Die Ausländerbeauftragten der Bundesregierung in der ausländerpolitischen Diskussion[1]

Alle Ausländerbeauftragten der Bundesregierung haben in der Zuwanderung einen unumkehrbaren Prozess erkannt und zur Integration keine Alternative gesehen. Die Integration der Kinder und Jugendlichen (Kindergarten, Schule und berufliche Bildung) sowie der Erwerb der deutschen Sprache erschienen allen als die wichtigsten Aufgaben der Integration. Ebenso traten sie alle für einen Anspruch auf Einbürgerung ein, der möglichst pragmatisch gestaltet sein sollte, damit psychologische und andere Hindernisse dem tatsächlichen Erwerb der deutschen Staatsangehörigkeit nicht entgegenstehen. Rechtliche und tatsächliche Gleichstellung sowie Partizipation der Migranten waren ebenfalls gemeinsame Forderungen aller Ausländerbeauftragten, ohne die sie sich eine erfolgreiche Integration der Ausländer nicht vorstellen konnten.

Im folgenden sollen die Entwicklung der Stellung und Aufgaben der Ausländerbeauftragten, ihre wichtigsten politischen Forderungen sowie ihre Erfolge und Rückschläge kurz skizziert werden.

**I.** Das Amt der Beauftragten der Bundesregierung für die Integration der ausländischen Arbeitnehmer und ihrer Familienangehörigen wurde vor folgendem Hintergrund geschaffen: Von 1955 bis 1973 wurden mit Hilfe der Bundesanstalt für Arbeit ausländische Arbeitskräfte zur Beschäftigung in der Bundesrepublik angeworben. 1973 - im Jahr des Anwerbestopps - betrug die Zahl der ausländischen Arbeitnehmer 2,6 Millionen und die der ausländischen Wohnbevölkerung insgesamt rund 4 Millionen Anders als ursprünglich beabsichtigt, hatte sich aus der vorgesehenen befristeten Beschäftigung ein Trend zum Daueraufenthalt entwickelt. Familienangehörige zogen nach und ausländische Kinder wurden in der Bundesrepublik Deutschland geboren.

[1] In diesem Beitrag werden nur die Tätigkeiten der Ausländerbeauftragten der Bundesregierung der Bundesrepublik Deutschland dargestellt. Die Tätigkeit der Ausländerbeauftragten der letzten Regierung der DDR, Almuth Berger, bedarf einer eigenen Darstellung.

Diese Entwicklung führte zu Schwierigkeiten bei der Wohnungsversorgung, in den Schulen, in der gesundheitlichen Versorgung und im Verhältnis zwischen Deutschen und Ausländern. Um dem zu begegnen, wurde schon zu Beginn der 70er Jahre die Forderung nach einem Ausländerbeauftragten erhoben.

Doch erst im November 1978 stellte das Bundeskabinett nach einer ausführlichen Beratung über die Lage der ausländischen Familien fest, dass sich Konfliktpotential ansammle, wenn die ausländische Bevölkerung nicht besser integriert würde und beschloss deshalb einen „Beauftragten zur Förderung der Integration der ausländischen Arbeitnehmer und ihrer Familienangehörigen" zu berufen. Der Beauftragte (mit zwei Mitarbeitern) wurde zwar dem Bundesministerium für Arbeit und Sozialordnung zugeordnet, er sollte sich aber ressortübergreifend mit der Lage der ausländischen Bevölkerung auseinandersetzen und Vorschläge zur Bewältigung der Probleme erarbeiten. Die ausländischen Arbeitnehmer sollten nicht mehr allein unter arbeitsmarktpolitischen Gesichtspunkten betrachtet, sondern alle Lebensbereiche sollten beachtet werden. Der Beauftragte sollte bei den Deutschen die Problematik und die Notwendigkeit der Integration bewusst machen und die Bereitschaft zur Mitwirkung stärken.

Die Bestellung des Beauftragten sah keine unmittelbaren Einwirkungsmöglichkeiten auf Gesetzgebung und Verwaltung vor, sondern lediglich die Unterstützung des Bundesministeriums für Arbeit und Sozialordnung bei der Erfüllung seiner Aufgaben.

Zum ersten Ausländerbeauftragten der Bundesregierung wurde am 21. November 1978 Heinz Kühn, früherer Ministerpräsident des Landes Nordrhein-Westfalen, bestellt. Bereits im September 1979 legte dieser sein Memorandum „Stand und Weiterentwicklung der Integration der ausländischen Arbeitnehmer und ihrer Familien in der Bundesrepublik Deutschland" vor. Seine damaligen Feststellungen und Vorschläge haben fast nichts an Aktualität eingebüßt. Im Rückblick auf die Jahre bis 1998 kann man eher feststellen, dass sie überwiegend von Stillstand im Bereich der Integrations- und Migrationspolitik geprägt waren. Bereits vor über zwanzig Jahren stellte Heinz Kühn u.a. fest bzw. forderte, dass mit der Arbeitnehmeranwerbung eine unumkehrbare Entwicklung eingetreten sei und die faktische Einwanderung anerkannt werden müsse, dass den vermutlich in großer Zahl bleibewilligen Zuwanderern das Angebot zur vorbehaltlosen und dauerhaften Integration gemacht werden müsse, in Deutschland geborene und aufgewachsene ausländische Jugendliche ein Optionsrecht auf Einbürgerung erhalten sollten und dass Ausländern nach längerem Aufenthalt das kommunale Wahlrecht eingeräumt werden sollte. Nicht zuletzt forderte Heinz Kühn die volle rechtliche und tatsächliche Gleichstellung des integrationsbereiten Teiles der Betroffenen, da eine ganze Bevölkerungsgruppe auf Dauer nicht in einem Sonderstatus belassen werden dürfe. Ein großer Teil seines Memorandums befasst sich mit Integrationsfragen der ausländischen Kinder und Jugendlichen, d.h. mit den Themen Kindergar-

ten, Schule und berufliche Ausbildung. Heinz Kühn hatte erkannt, dass sich Integrationsmaßnahmen besonders auf ausländische Kinder und Jugendliche konzentrieren müssen und ihnen deshalb in seinem Memorandum einen besonders hohen Stellenwert gegeben. Sein Memorandum liest sich wie ein Integrationsprogramm für die 80er und 90er Jahre, von dem allerdings selbst im neuen Jahrtausend bei weitem noch nicht alles in Angriff genommen, geschweige denn vollendet worden ist. So schrieb er z.B. schon damals, dass es zur Vermeidung problematischer Selbsthilfeversuche (z.B. in „Koranschulen") notwendig erscheine, die religiöse Unterweisung analog dem entsprechenden Unterricht der deutschen Schüler in den schulischen Bereich zu übernehmen, inhaltlich in der notwendigen Übereinstimmung mit den zuständigen religiösen Autoritäten. Oder er beklagt, dass selbst ausländische Jugendliche ausgewiesen werden können, die in der Bundesrepublik Deutschland aufgewachsen sind und deren Eltern hier verbleiben. An dieser ausländerrechtlichen Möglichkeit hat sich leider bis heute nichts geändert, obwohl die Ausweisung Jugendlicher in ein ihnen in der Regel völlig fremdes Land nur als Verbannung charakterisiert werden kann, die Länder, die den Anspruch stellen, als zivilisiert gelten zu dürfen, nicht zulassen dürfen.

**II.** Nach knapp zweijähriger Tätigkeit gab Heinz Kühn zum Jahresende 1980 sein Amt auf, um ein Abgeordnetenmandat im Europäischen Parlament anzunehmen. An seiner Stelle bestellte das Bundeskabinett die frühere Vizepräsidentin des Deutschen Bundestages und ehemalige Wirtschaftsministerin von Nordrhein-Westfalen, Liselotte Funcke. Bei diesem Anlass wurden sowohl die Aufgabenstellung wie auch die personelle Ausstattung des Amtes erweitert. Danach sollte die Beauftragte die Bundesregierung bei ihren ausländerpolitischen Bemühungen unterstützen und für die Weiterentwicklung der Integrationspolitik Anregungen geben, auf eine Verstärkung und bessere Koordinierung der Integrationsmaßnahmen hinwirken, das Verständnis der Deutschen und Ausländer füreinander fördern und die Regierungen der Herkunftsländer für eine Förderung der freiwilligen Rückkehr von ausländischen Arbeitnehmern gewinnen helfen.

Mit der Aufgabenstellung der Rückkehrförderung war das Bundeskabinett hinter die Erkenntnisse von Heinz Kühn zurückgefallen, der in seinem Memorandum festgestellt hatte, dass die künftige Politik gegenüber heute (1979) in der Bundesrepublik lebenden ausländischen Arbeitnehmer und ihrer Familien davon ausgehen müsse, dass hier eine nicht mehr umkehrbare Entwicklung eingetreten sei und die Mehrzahl der Betroffenen nicht mehr „Gastarbeiter", sondern Einwanderer seien. Liselotte Funcke hat dann auch die Rückkehrförderung eher als Hindernis bei der Integration gesehen, indem sie von der zwiespältigen Erwartung sprach, die ausländische Bevölkerung solle sich integrieren, aber gleichzeitig rückkehrbereit halten.

Um ihre Aufgaben erfüllen zu können, wurden der Beauftragten die Mitberatung in Ressortbesprechungen, in Sitzungen von interministeriellen Ausschüssen über einschlägige Vorhaben und die entsprechende Teilnahme an Kabinettsitzungen zugesagt. Die Bundesministerien wurden aufgefordert, sie in ihrer Arbeit zu unterstützen. Diese Zusagen wurden teils äußerst begrenzt, teils überhaupt nicht eingehalten. Zu Kabinettsitzungen z.B. wurde Liselotte Funcke nie eingeladen. Ihre mehrfachen Bitten und Angebote, dem Bundeskanzler persönlich ihre Einschätzungen und Vorschläge zur Ausländerpolitik darzustellen, wurden alle abgelehnt. Diese Ablehnungen führten u.a. auch dazu, dass sie nach über zehnjähriger Tätigkeit 1991 ihren Auftrag zurückgab.

Gegenüber dem ersten Ausländerbeauftragten, der nur über zwei Mitarbeiter verfügte, konnte Liselotte Funcke eine bessere Ausstattung erreichen. Sie verfügte über einen Mitarbeiterstab von sieben Personen. In ihrer mehr als zehnjährigen Amtszeit hat Liselotte Funcke das Amt der Ausländerbeauftragten nachhaltig geprägt und bekannt gemacht. Ihre schärfsten politischen Auseinandersetzungen führte sie in der ersten Hälfte der 80er Jahre, als der damalige Bundesinnenminister Friedrich Zimmermann das Nachzugsalter für Kinder auf sechs Jahre herabsetzen wollte. Ihr Widerspruch - zusammen mit einer entsprechenden Kritik der Kirchen, der Wohlfahrtsverbände und des DGB - hatte entscheidend dazu beigetragen, dass das Nachzugsalter für Kinder nicht von 16 Jahre auf 6 Jahre herabgesetzt worden ist. Dieser Erfolg hatte ihr damals bei den türkischen Arbeitnehmern den Ehrentitel „Mutter der Türken“ eingetragen.

Um der überwiegend funktionalistischen Betrachtungsweise, Ausländer als Arbeitskräfte, nicht aber als gesellschaftlich und kulturell ernst zu nehmenden Teil der Bevölkerung zu sehen, zu begegnen, organisierte das Amt u.a. die Kunstausstellung „Das andere Land - Ausländische Künstler in der Bundesrepublik“ (1986/87) und legte eine „Dokumentation ausländischer Künstler“ (1986) vor. In diesen Rahmen gehörte auch eine Internationale Fachtagung „Ausländer und Massenmedien - von „Gastarbeitern“ zu sprachlichen und kulturellen Minderheiten in Europa“, die die Beauftragte federführend zusammen mit der Bundeszentrale für politische Bildung, dem Europarat, der UNESCO-Kommission, der Deutschen Welle, dem Deutschlandfunk und dem WDR 1986 in Köln durchführte.

Um herauszuheben, dass Integrationsmaßnahmen nicht nur eine staatliche Angelegenheit sind, stellte das Amt eine Mappe „Begegnen, Verstehen, Verändern“ mit beispielhaften Initiativen in der Ausländerarbeit (1983) und eine Mappe mit Initiativen aus dem Kulturbereich (1986) vor. Auch wurde ein bundesweites Dokumentationssystem über Initiativen in der Ausländerarbeit (1985) begonnen. Eine Veröffentlichung von beispielhaften Satzungen für Ausländerbeiräte und -ausschüsse (1985) sollte dazu anregen, dass möglichst überall eine Mitberatung der ausländischen Bevölkerung möglich wurde.

Der Versachlichung der ausländerpolitischen Diskussion in Deutschland sollten Veröffentlichungen dienen wie „Daten und Fakten zur Ausländersituation in der Bundesrepublik Deutschland" (jährlich), „Ausländer in europäischen Staaten" (1985) sowie ein „Bericht zur Ausländerbeschäftigung" (1986). Dieser Bericht stellte die positive Bedeutung der Ausländerbeschäftigung in Vergangenheit und Gegenwart heraus und wies auf ihre zunehmende Bedeutung bei Rückgang und Überalterung der Bevölkerung in der Zukunft hin. Damit hatte dieser Bericht schon vor fünfzehn Jahren aufgrund der damals schon bekannten langjährigen Bevölkerungsentwicklung und des zu erwartenden wirtschaftlichen Strukturwandels auf Engpässe des Arbeitsmarktes hingewiesen. Unter anderem hieß es dort schon lange vor der Green-Card-Diskussion: „Insbesondere die Informationsverarbeitung wird vor dieser Strukturverschiebung auf dem Arbeitsmarkt betroffen sein und mehr qualifizierte Fachkräfte benötigen als heute" (Ausländerbeauftragte der Bundesregierung, September 1986, 41).

Da das Ausländerrecht vor der Novellierung des Ausländergesetzes 1991 durch unterschiedliche Ländererlasse sehr unübersichtlich geworden war, hatte die Beauftragte 1986 und 1987 vergleichende Übersichten über das „Ausländerrecht der Bundesländer" vorgelegt. Zur bevorstehenden Novellierung des Ausländergesetzes selbst hat sie kritische Anregungen (1987) gegeben und von ihr zusammengestellte „Anregungen gesellschaftlicher Gruppen zur Novellierung des Ausländerrechts" (1988) herausgegeben. Die zweite Hälfte der 80er war durch eine besonders enge und gute Zusammenarbeit der Ausländerbeauftragten mit den Wohlfahrtsverbänden, Kirchen und dem DGB gekennzeichnet. Seit Mitte der 80er Jahre wurden von der Ausländerbeauftragten der Bundesregierung auch die ein- bis zweimal jährlich stattfindenden Treffen der Ausländerbeauftragten des Bundes, der Länder und der Gemeinden organisiert, die bis heute stattfinden und ein wichtiges Netzwerk der Information und Zusammenarbeit für alle Ausländerbeauftragten darstellen.

Liselotte Funcke war es auch, die die Idee eines CIVIS-Hörfunk- und Fernsehpreises für Verständigung mit Ausländern (heutiges Motto „Leben in der kulturellen Vielfalt - Achtung des anderen") hatte, der seit 1988 von der ARD (vertreten durch den WDR), der Freudenberg Stiftung und der Ausländerbeauftragten der Bundesregierung ausgeschrieben wird.

Die letzte Veröffentlichung, die in die Amtszeit von Liselotte Funcke als Ausländerbeauftragte fiel, war eine Konzeption, zu der sie zusammen mit Almuth Berger, Ausländerbeauftragte der ehemaligen DDR, den Auftrag erteilt hatte. Sie lautete: „Ideen & Handlungshilfen gegen Fremdenfeindlichkeit - vor allem in den fünf neuen Bundesländern" (Juli 1991). Liselotte Funcke hatte früher als die meisten anderen die stärker und bedrohlicher werdenden Formen der Fremdenfeindlichkeit und Gewalt in Deutschland erkannt. Auch in ihrem Schreiben vom 17. Juni 1991 an Bundeskanzler Helmut Kohl, mit dem sie ihren Auftrag als Ausländerbeauftragte zurückgab, drückte sie ihre Befürchtung aus, dass die zunehmende Beunruhigung in der deutschen und die Enttäuschung in der ausländischen Bevölkerung zu Entwicklungen führen, die immer schwerer beherrschbar seien. In der wachsenden Fremdenfeindlichkeit in den fünf neuen Bundesländern sehe sie ein Alarmsignal dafür.

Liselotte Funcke hatte das Resümee ihrer Tätigkeit in einem „Bericht der Beauftragten der Bundesregierung für die Integration der ausländischen Arbeitnehmer und ihrer Familienangehörigen" (März 1991) gezogen, den sie mit dem o.g. Brief Bundeskanzler Kohl auf dem Postweg zustellte, da dieser ihr keine Gelegenheit gegeben hatte, ihre Erfahrungen und Einschätzungen in einem Gespräch vorzutragen.

In diesem Bericht stellte sie fest, dass die zukünftige Entwicklung gekennzeichnet sein würde von einer ständigen Wanderungsbewegung von Süden nach Norden und in Europa von Osten nach Westen. Diese Wanderungsbewegungen könnten nicht durch Gesetze und Abweisungen an den Grenzen ferngehalten werden und auch aus menschlichen und politischen Gründen nicht vollends gestoppt werden. Zur Bewältigung der Probleme aber fehlten Konzepte, die das politisch Gewollte mit der Wirklichkeit in Einklang bringen würden. Die Bundesregierung betone, dass Deutschland kein Einwanderungsland sei, und unterstreiche damit die Meinung der Bevölkerung, ein Einwanderungsland sei ein Land mit offenen Grenzen. Tatsächlich sei die Bundesrepublik heute ein Einwanderungsland; sie unterscheide sich von klassischen Einwanderungsländern lediglich dadurch, dass die Einwanderung ungeregelt und nicht kontingentiert erfolge. Gerade diese Tatsache löse in der deutschen Bevölkerung Angst aus, die wiederum die Politiker hindere, klare politische Ziele zu formulieren. Liselotte Funcke forderte ein Konzept, das Zuwanderung zulasse, aber kanalisiere. Angesichts der demographischen Entwicklung in Deutschland werde eine gewisse Zuwanderung notwendig sein, um im Produktions- und Dienstleistungsbereich die anfallenden Aufgaben erfüllen zu können.

Die Einschätzungen und Vorstellungen, die Liselotte Funcke 1991 Bundeskanzler Helmut Kohl auf dem Postwege zustellen ließ, lesen sich heute wie eine Begründung für die Einsetzung der Kommission „Zuwanderung" durch den Bundesminister des Innern im vergangenen Jahr.

Liselotte Funcke hatte sich aber auch Gedanken darüber gemacht, dass die Bedeutung, die die Ausländer- und Flüchtlingsfrage habe und in der Zukunft verstärkt haben werden, eine effektivere Vertretung auf Regierungsebene und in der Gesellschaft erfordere. Sie schlug deshalb die Einrichtung einer „Stelle für Migration und Integration" innerhalb der Bundesregierung vor. Die Stelle sollte - ähnlich wie das Umweltministerium - eine Querschnittsaufgabe übernehmen und sich aller politischen Fragen annehmen, die sich aus der Zuwanderung und Integration von Fremden ergeben. Das heißt, diese Stelle müsse für alle Zuwanderer zuständig sein: für ausländische Arbeitnehmer und ihre Familienangehörigen, für Asylsuchende und Flüchtlinge, für ausländische Studenten, für deutsch-verheiratete Ausländer und nicht zuletzt für Aussiedler soweit für sie Integrationshilfen erforderlich sind. Eine solche Stelle innerhalb der Regierung solle die Möglichkeit haben, sich dort einzuschalten, wo Ausländer zwar nicht speziell angesprochen aber auch mitbetroffen seien. Sie solle an interministeriellen Beratungen beteiligt und im Kabinett vertreten sein.

Daneben schlug Liselotte Funcke eine „Ständige Kommission für Migration und Integration" vor, die helfen solle, die politischen und gesellschaftlichen Voraussetzungen für ein spannungsfreies Zusammenleben von einheimischen und zugewanderten Bevölkerung zu gestalten und Anlaufstelle für die Betroffenen sein.

Nicht zuletzt forderte sie eine europäische Migrationspolitik. Die Tatsache internationaler Wanderungen erfordere eine gemeinsam abgestimmte Politik. Deshalb sollten auf der Ebene der Europäischen Gemeinschaften die inhaltlichen und organisatorischen Voraussetzungen für eine koordinierte Politik angestrebt werden.

Liselotte Funcke gab mit Schreiben vom 17. Juni 1991 an Bundeskanzler Helmut Kohl ihren Auftrag zum 15. Juli 1991 zurück. Sie begründete ihren Schritt vor allem mit der mangelnden Unterstützung seitens der Bundesregierung, der unzulänglichen Ausstattung ihres Amtes und der Konzeptionslosigkeit der Bundesregierung zu Fragen der Integration und der fortschreitenden Zuwanderung. Sie fügte aber hinzu, dass sie ihr Amt nicht zuletzt auch darum zurückgebe, damit Anlass bestehe, die Integrations- und Migrationspolitik sowie die Gestaltung, Ausstattung und Abstützung des Amtes neu zu überdenken und den gegebenen Aufgaben entsprechend zeitgemäß anzupassen.

**III.** Nachfolgerin von Liselotte Funcke wurde die Bundestagsabgeordnete Cornelia Schmalz-Jacobsen, frühere Berliner Senatorin für Jugend und Familie und spätere Generalsekretärin der F.D.P.. Laut Kabinettbeschluss vom 14. November 1991 war sie zuständig für die ausländischen Arbeitnehmer sowie die übrigen Ausländer, die sich aufgrund einer Aufenthaltserlaubnis, einer Aufenthaltsberechtigung, einer bilateralen staatlichen Vereinbarung oder einer EG-rechtlichen Vereinbarung in der Bundesrepublik aufhalten, einschließlich der nachzugsberechtigten Familienangehörigen. Damit wurde der Zuständigkeitsbereich gegenüber der früheren Ausländerbeauftragten ausgeweitet, bezog sich jedoch nicht ausdrücklich auf Asylbewerber und Flüchtlinge. Die Aufgaben selbst wurden nur geringfügig geändert. So sollte die Beauftragte die Bundesregierung in ihren ausländerpolitischen Bemühungen unterstützen und für die Weiterentwicklung der Integrationspolitik auch im europäischen Rahmen Anregungen geben, sie sollte Ansprechpartner sein, um die Voraussetzungen für ein spannungsfreies Zusammenleben zwischen Deutschen und Ausländern zu schaffen und sie sollte Initiativen zur Integration bei Ländern, Gemeinden und gesellschaftlichen Gruppen anregen und unterstützen, um das Verständnis von

Deutschen und Ausländern füreinander zu fördern. Die Aufgabe zur Mithilfe bei der Rückkehrförderung entfiel.

Eine entscheidende Verbesserung gegenüber den Möglichkeiten des früheren Amtes war, dass die Beauftragte laut Kabinettbeschluss bei der Vorbereitung von Gesetzen oder Rechtsverordnungen sowie bei sonstigen Angelegenheiten, die ihren Aufgabenbereich betreffen, zu beteiligen war und alle Bundesressorts sie bei der Erfüllung ihrer Aufgaben zu unterstützen hatten. Außerdem wurde die personelle (fünf weitere Mitarbeiter) und sachliche Ausstattung verbessert.

Mit Cornelia Schmalz-Jacobsens Amtsübernahme änderte sich auch der Name des Amtes. Aus der „Beauftragten der Bundesregierung für die Integration ausländischer Arbeitnehmer und ihrer Familienangehörigen" wurde die „Beauftragte der Bundesregierung für die Belange der Ausländer". Ausländerpolitik beschränkte sich zu diesem Zeitpunkt längst nicht mehr auf die Arbeitsmigranten, ein Umstand, der sich auch im Namen des Amtes widerspiegeln sollte. Gleichzeitig wurde eine Außenstelle des Amtes in Berlin eingerichtet, um den durch den Beitritt der DDR zur Bundesrepublik entstanden spezifischen Herausforderungen[2] in diesem Bereich auch räumlich näher zu sein.

Im November 1997 wurden Stellung und Aufgaben der Ausländerbeauftragten erstmals gesetzlich geregelt. Diese Aufnahme in das Ausländergesetz (§§ 91a bis 91c) stellte eine deutliche Aufwertung des Amtes dar, indem die Zuständigkeit auf alle im Bundesgebiet befindlichen Ausländer sowie die Aufgaben beträchtlich ausgeweitet wurden. Die frühzeitige Beteiligung der Beauftragten bei Rechtssetzungsvorhaben der Bundesregierung oder einzelner Bundesministerien sowie bei sonstigen Angelegenheiten, die ihren Aufgabenbereich betreffen, sowie die Verpflichtung der Bundesministerien, die Beauftragte bei der Erfüllung ihrer Aufgaben zu unterstützen, wurden durch das Gesetz bekräftigt. Außerdem wurde ihr die Möglichkeit eingeräumt, der Bundesregierung Vorschläge zu machen und Stellungnahmen zuzuleiten. Gesetzlich festgeschrieben wurde auch ihre seit 1993 aufgrund eines Bundestagsbeschlusses bestehende Aufgabe, dem Deutschen Bundestag alle zwei Jahre einen Bericht über die Lage der Ausländer in Deutschland zu erstatten. Außerdem erhielt sie die Befugnis, Stellungnahmen anzufordern, wenn öffentliche Stellen des Bundes Ausländer aus nicht zu rechtfertigenden Gründen ungleich behandeln oder sonst die einzelnen Rechte von Ausländern nicht wahren.

---

[2] Anmerkungen: Die Lage in den neuen Bundesländern ist im „Bericht der Beauftragten der Bundesregierung für die Integration der ausländischen Arbeitnehmer und ihrer Familienangehörigen", Bonn, März 1991, Seite 16 - 18 beschrieben. U.a. wurde dort von Liselotte Funcke eine unbefristete Aufenthaltserlaubnis für Vertragsarbeitnehmer der ehemaligen DDR gefordert.

Mit der Aufnahme in das Ausländergesetz hat sich der Name des Amtes ein weiteres Mal geändert. Es lautete nun: Beauftragte der Bundesregierung für Ausländerfragen.

Die Amtszeit von Cornelia Schmalz-Jacobsen begann unter den denkbar schwierigsten Bedingungen. Anfang der 90er Jahre wurden die höchsten Zuwanderungsraten in der Geschichte der Bundesrepublik registriert, 1992 und 1993 wurden die häufigsten und gewalttätigsten fremdenfeindlichen Straftaten verübt und die emotional und teilweise unverantwortlich geführte Asyldebatte strebte ihrem Höhepunkt zu. Außerdem kamen aus dem ehemaligen Jugoslawien zahlenmäßig große Gruppen von Kriegs- und Bürgerkriegsflüchtlingen nach Deutschland.

So waren neben Staatsangehörigkeit und Einbürgerung der Umgang mit Flüchtlingen sowie die Bekämpfung der Fremdenfeindlichkeit die bestimmenden Themen in der Amtszeit von Cornelia Schmalz-Jacobsen. Sie hatte frühzeitig bereits im Februar 1993 einen Vorschlag für einen Gesetzentwurf zur Änderung und Ergänzung des Staatsangehörigkeitsrechts vorgelegt, der das ius soli für in Deutschland geborene Ausländerkinder, weitere Erleichterungen bei der Einbürgerung sowie die Hinnahme von Mehrstaatigkeit vorsah. Damit hatte sie als erste Politikerin einen modernen und an einer republikanischen Staatsauffassung orientierten Gesetzentwurf erarbeitet, der zwar in ihrer Amtszeit nicht in Kraft treten konnte, aber die Richtung für ein modernes und faires Staatsangehörigkeitsrecht gewiesen hat.

Mit ihrem ersten Bericht („Jugend ohne deutschen Pass - Bestandsaufnahme und Perspektiven für ein Land, das Einwanderer braucht", Dezember 1992) griff sie Themen und Forderungen von Heinz Kühn und Liselotte Funcke auf und entwarf ein „Gesamtkonzept Zuwanderung", welches auch die integrations- und minderheitenpolitischen Erfordernisse benannte.

Kennzeichnend für ihre Tätigkeit war aber auch eine breite Palette der Öffentlichkeitsarbeit zu Themen wie Ausländerrecht, Einbürgerung, Kriminalität, Fragen unbegleiteter minderjähriger Flüchtlinge, Gesundheit und Migration, interkulturelle Öffnung sozialer Dienste, Diskriminierung von Ausländern in der Kfz-Versicherung, Doppelstaatsangehörigkeit und Wehrpflicht, Bildungs- und Ausbildungssituation ausländischer Jugendlicher und Erwerb deutscher Sprachkenntnisse. Der allgemeinen Unterrichtung dienten die jährlich veröffentlichten „Daten und Fakten zur Ausländersituation", ein in Zusammenarbeit mit dem europäischen forum für migrationsstudien erstelltes Handbuch über „Migration und Integration in Zahlen" (1997), das zusammen mit der FernUniversität Hagen herausgegebene Lexikon „Ethnische Minderheiten in der Bundesrepublik Deutschland" (1997) sowie drei an den Deutschen Bundestag erstattete Berichte über die Lage der Ausländer in Deutschland.

Der Tradition der früheren Beauftragten folgend, die Ausländer nicht auf ihre Arbeitsmarktfunktion reduziert sehen wollten, veranstaltete die Beauftragte 1995 anlässlich des 40. Jahrestages der Anwerbung italienischer Arbeitnehmer ein Symposion unter dem Titel „Heimat: Vom Gastarbeiter zum Bürger".

Um das europäische Netzwerk der Ausländerbeauftragten zu stärken, lud Cornelia Schmalz-Jacobsen im Jahr 1996 Ausländerbeauftragte anderer Länder nach Bonn ein, um insbesondere Fragen der unzulänglichen Situation von Drittstaatern innerhalb der Europäischen Union zu erörtern. Im gleichen Jahr ist die Schrift „Ausländerbeauftragte anderer Länder" erschienen, die die Stellung und Aufgaben vergleichbarer Einrichtungen in anderen Ländern beschreibt. Nach innen wurde das Netzwerk der Ausländerbeauftragten durch regelmäßige Bundeskonferenzen und die gemeinsame Erarbeitung eines Berufsbildes für kommunale Beauftragte gefestigt.

Cornelia Schmalz-Jacobsen hat zum Ende ihrer Amtszeit ein Memorandum unter dem Titel „Integration - Grundvoraussetzung ohne Alternative" (August 1998) vorgelegt. Sie bezeichnete darin Integration als Anspruch und Anstrengung, zu der es keine Alternative gebe. Sie bemängelte, dass es in Deutschland bislang keine klare Beschreibung von Mindestanforderungen für die soziale Integration gebe. Zu diesen müssten gehören die unbedingte Achtung der durch die Verfassung gesetzten Normen und Werte (Menschenwürde, Gleichheit aller Menschen, Demokratie als politisches Ordnungsprinzip, Wahrung des Rechtsstaates) sowie das unvermeintliche Erlernen der deutschen Sprache. Spracherwerb bezeichnete sie als Eintrittskarte in das gesellschaftliche, wirtschaftliche und politische Leben. Das Erlernen der deutschen Sprache sei diejenige Integrationsanstrengung, die nicht nur verlangt werden müsse, sondern gleichzeitig zur größten gesellschaftlichen Anerkennung führe und sie letztlich sogar bedinge. Sie sah bei Ausländern und Spätaussiedlern beinahe identische Integrationsanforderungen und -schwierigkeiten und forderte deshalb, dass die soziale Integration von Aussiedlern und Ausländern nicht länger getrennt voneinander verfolgt werden sollte. Es sei höchste Zeit für ein schlüssiges Konzept einer systematischen Integrationspolitik für alle Menschen, die dauerhaft nach Deutschland kommen[3].

Zum Bereich Staatsangehörigkeits- und Einbürgerungsrecht forderte sie das ius soli für Kinder, deren Eltern ihren festen Lebensmittelpunkt in Deutschland haben, mit der Möglichkeit, dass sie sich ab dem 18. Lebensjahr entscheiden, ob sie deutsche Staatsangehörige bleiben wollen. Daneben trat sie vor allem für die Verkürzung der Fristen, ab denen für eine Einbürgerung der Rechtsanspruch eingeräumt wird, ein. Die Hinnahme von Mehrstaatigkeit bezeichnete sie nicht als Ziel einer Reform des Staatsangehörigkeitsrechts, sondern als ein Mittel zur weiteren Erleichterung der Einbürgerung. Der deutlichen Erhöhung der Einbür-

[3] Anmerkung der Herausgeber: Vgl. hierzu „Der neue politische Diskurs - ein zaghafter Beginn" von Cornelia Schmalz-Jacobsen in diesem Band.

gerungszahlen müsse gegenüber der Vermeidung der Mehrstaatigkeit Priorität eingeräumt werden. So etwas wie ein „Recht auf doppelte Staatsangehörigkeit" solle es aber auch künftig nicht geben.

Ein weiteres Anliegen war, dass im Prozess der Globalisierung, der auch vor Fragen der Innenpolitik sowie gesellschaftlichen Entwicklungen nicht halt mache, Lösungen gefunden werden müssten, den gegenwärtigen Trend zur Behinderung von Besuchsreisen und Ehegattennachzug zurückzunehmen.

Unter dem Stichwort „Europäisierung der Asyl-, Migrations- und Integrationspolitik" forderte sie eine rechtliche Vereinbarung der Asylgewährung und Flüchtlingsaufnahme, eine gemeinsame europäische Migrationspolitik, die sich allerdings nicht auf die illusionäre Absicht beschränken könne, die Außengrenzen abzuschotten und Immigration dadurch faktisch unmöglich zu machen. Es sei zwingend notwendig, die legale Zuwanderung auf eine stabile rechtliche Grundlage zu stellen, sie mit Hilfe flexibler Quotensysteme und Auswahlkriterien zu lenken und zu begrenzen.

Eine andere Forderung ihres Memorandums bezog sich auf die Ungleichbehandlung von legal und dauerhaft ansässigen Drittstaatsangehörigen und Unionsbürgern. Sie sah die Gefahr der Verfestigung einer Zwei-Klassen-Ausländergesellschaft, wenn die Rechte der Drittstaatsangehörigen nicht denen der Unionsbürger angepasst würden. Insbesondere Deutschland dürfte das nicht gleichgültig sein, weil diese die große Mehrheit aller hier lebenden Ausländer ausmachten und fast die Hälfte aller Drittstaatsangehörigen innerhalb der Europäischen Union in Deutschland lebten.

Zu den institutionellen Rahmenbedingungen eines Gesetzes zur Steuerung der Zuwanderung äußerte sie sich ähnlich wie Liselotte Funcke, indem sie die Einrichtung eines Bundesamtes für Migration und Integration forderte, dem eine Ständige Beratende Expertenkommission zur Seite gestellt werden müsse, um in regelmäßigen Abständen über Quoten und Kriterien eines solchen Zuwanderungsbegrenzungsgesetzes zu beschließen. Mit Ende der Legislaturperiode schied Cornelia Schmalz-Jacobsen 1998 aus dem Amt der Beauftragten aus.

**IV.** Nachfolgerin von Cornelia Schmalz-Jacobsen wurde im November 1998 die Bundestagsabgeordnete Marieluise Beck. Das Amt blieb mit seiner Stellung und seinen Aufgaben unverändert. Es konnte nicht erreicht werden, dass die Stelle die für ihre Aufgabenerfüllung zutreffendere Bezeichnung Integrationsbeauftragte erhielt. Die personelle Ausstattung konnte jedoch innerhalb von gut zwei Jahren von 16 auf über zwanzig Mitarbeiter erhöht werden. Im September 1999 fand ein Umzug von Bonn nach Berlin statt, so dass jetzt drei Viertel aller Mitarbeiter beim ersten Dienstsitz der Beauftragten in Berlin tätig sind.

In der Koalitionsvereinbarung zwischen SPD und Bündnis 90/DIE GRÜNEN (Oktober 1998) wurde zum ersten Mal - neunzehn Jahre nachdem Heinz Kühn dies gefordert hatte - anerkannt, dass ein unumkehrbarer Zuwanderungsprozess in der Vergangenheit stattgefunden habe und dass man auf die Integration der auf Dauer in Deutschland lebenden Zuwanderer setzen müsse. In das Zentrum der Integrationspolitik wollte man die Schaffung eines modernen Staatsangehörigkeitsrechtes stellen. Zur Förderung der Integration sollten Drittstaatsangehörige das Wahlrecht in Kreisen und Gemeinden erhalten. Die nur unzureichend umgesetzte Reform des eigenständigen Ehegatten-Aufenthaltsrechts sollte zu Ende geführt werden. Angesprochen wurden in der Koalitionsvereinbarung auch eine mögliche Härtefallregelung, die Überprüfung des Flughafenverfahrens, eine einmalige Altfallregelung sowie eine Überarbeitung der Verwaltungsvorschriften mit dem Ziel der Beachtung geschlechtsspezifischer Verfolgungsgründe. Großen Nachdruck legte die Koalitionsvereinbarung auf eine gemeinsame europäische Flüchtlings- und Migrationspolitik, die die Genfer Flüchtlingskonvention und die Europäische Menschenrechtskonvention beachtet. Unter dem Stichwort „Minderheitenrechte" wurde in der Koalitionsvereinbarung ein Gesetz gegen Diskriminierung und zur Förderung der Gleichbehandlung angekündigt, das auch die Diskriminierungsmerkmale Hautfarbe und ethnische Zugehörigkeit berücksichtigte.

Anlässlich des 20jährigen Bestehens des Amtes der Ausländerbeauftragten im November 1998 nannte Marieluise Beck als Hauptziele ihrer Arbeit u.a. die Modernisierung des Staatsangehörigkeits- und Einbürgerungsrechts, eine an ethischen wie rechtlichen Grundwerten orientierte Asyl- und Flüchtlingspolitik, eine entschiedene Politik zur Bekämpfung von Diskriminierung sowie die Herabsetzung der Mindestehebestandzeit im Ausländergesetz zur Erlangung eines eigenständigen Aufenthaltsrechts und die Formulierung einer Härtefallklausel, die tatsächlich geeignet ist, Härtefällen angemessen Rechnung zu tragen.

Eine Reform des Staatsangehörigkeitsrechts konnte bisher teilweise durchgeführt werden. So gilt ab Januar 2000 zusätzlich zum Abstammungsprinzip das Geburtsrecht, d.h., ab diesem Zeitpunkt werden in Deutschland geborene Kinder von ausländischen Eltern mit der Geburt automatisch Deutsche, wenn die Eltern bestimmte Voraussetzungen erfüllen. Auch die Anspruchseinbürgerung nach dem Ausländergesetz wurde weiter erleichtert. Nicht erreicht werden konnte allerdings die grundsätzliche Hinnahme von Mehrstaatigkeit.

Die Ausländerbeauftragte hat in den Jahren 1999 und 2000 im Rahmen ihrer gesetzlichen Aufgabe in einer groß angelegten Werbekampagne über die rechtlichen Möglichkeiten der Einbürgerung informiert und dafür geworben, dass das Angebot zur Einbürgerung auch tatsächlich angenommen wird.

Einen Schwerpunkt ihrer Arbeit setzte sie (auch stellenmäßig) im Bereich der Flüchtlingsangelegenheiten. So konnte positiv zu einer - allerdings bescheiden ausgefallenen - Altfallregelung beigetragen werden. Das grundsätzliche Arbeitsverbot für Asylbewerber wurde wieder aufgehoben, und es wurden für diese und andere Gruppen die Zugangsmöglichkeiten zum Arbeitsmarkt verbessert. Verbesserungen des Bleiberechts von Kriegs- und Bürgerkriegsflüchtlingen (z.B. für traumatisierte Bosnier) wurden ebenfalls realisiert. Mit großem Nachdruck wies Marieluise Beck auf die immer noch bestehende Schutzlückenproblematik bei Flüchtlingen hin.

Das eigenständige Ehegatten-Aufenthaltsrecht konnte durch eine entsprechende Änderung des Ausländergesetzes entscheidend verbessert werden. Die in der Koalitionsvereinbarung genannte Anti-Diskminimierungs-Gesetzgebung steht allerdings noch aus; die EU-Richtlinie zur Anwendung des Gleichbehandlungsgrundsatzes ohne Unterschied der Rasse oder der ethnischen Herkunft soll aber in einem kürzeren (ein Jahr) als in der Richtlinie vorgesehenen Zeitraum (drei Jahre) in nationales Recht umgesetzt werden.

Marieluise Beck steht mit zahlreichen Aktivitäten auch in der Kontinuität mit den früheren Ausländerbeauftragten. So wurde im Anschluss an die Veröffentlichung „Migration und Integration in Zahlen" (1997) Ende 1999 der „Migrationsbericht 1999" veröffentlicht, den die Zu- und Abwanderung nach und aus Deutschland auch mit der Zielsetzung darstellte, versachlichend auf die politische Zuwanderungsdebatte einzuwirken. Beide Veröffentlichungen beruhten auf Gutachten, die von Friedrich Heckmann, Leiter des europäischen forums für migrationsstudien (efms), erstellt worden waren. Weitere Veröffentlichungen bzw. Veranstaltungen, die an Themen der früheren Ausländerbeauftragten anschlossen, waren „Gesundheit und Migration. Handlungsbedarf und Handlungsempfehlungen" (Juli 1999), „Handbuch zum interkulturellen Arbeiten im Gesundheitsamt" (März 2000), „Sprachförderung in Kindertagesstätten" (September 2000), „Islamischer Religionsunterricht an staatlichen Schulen in Deutschland" (September 2000) und „Integration in Städten und Gemeinden" (Dezember 2000).

1998 setzte mit der Auffassung der Zuwanderung als ein unumkehrbarer Prozess ein Paradigmenwechsel von den Ausländer- zur Integrationspolitik ein. Dazu passte im Bereich der Einbürgerung die Einführung des Geburtsrechts. Eher unbeabsichtigt entwickelte sich aus dem Green-Card Vorschlag von Bundeskanzler Gerhard Schröder eine Debatte um weitere Zuwanderung und deren Gestaltung. Eine im Jahr 2000 vom Bundesministerium des Innern eingesetzte Kommission „Zuwanderung" soll bis Mitte dieses Jahres Vorschläge zu den Bereichen Migration und Integration erarbeiten. Entscheidende Gründe für Überlegungen zur Gestaltung der weiteren Zuwanderung sind die ungünstige demographische Entwicklung und bereits vorhandener oder zu erwartender Arbeitskräftemangel in bestimmten Arbeitsmarktsektoren.

Neben diesen Änderungen in der nationalen Politik besteht das andere Charakteristikum einer *neuen* Politik in der Tatsache, dass der Vertrag von Amsterdam der Europäischen Gemeinschaft erstmals eine Zuständigkeit für die Bereiche Einwanderung und Asyl zuweist.

Vor dem Hintergrund dieser Entwicklungen hat Marieluise Beck zu einem neuen integrationspolitischen Dialog aufgerufen und in ihrem „Bericht über die Lage der Ausländer in der Bundesrepublik Deutschland" (Februar 2000) an den Deutschen Bundestag „Leitlinien der Integrationsförderung" vorgeschlagen. Darüber hinaus hat sie im Dezember 2000 „Eckpunkte für eine Integrationsgesetzgebung" vorgestellt.

Die neuen Zuständigkeiten der EU bedingen teilweise andere Arbeitsweisen der Ausländerbeauftragten und die Einbeziehung erweiterter Sichtweisen. So werden auf EU-Ebene zur Zeit z.B. die Richtlinie „Familienzusammenführung", „Mindestnormen für die Gewährung vorübergehenden Schutzes" und „Mindestnormen für Verfahren in den Mitgliedstaaten zur Anerkennung oder Aberkennung der Flüchtlingseigenschaft" erörtert.

Die zunehmende politische Wahrnehmung der Migrations- und Integrationspolitik als wichtige Zukunftsaufgabe in Deutschland und Europa dürfte mittelfristig zu einer inhaltlich entwickelteren und geordneteren Politik in diesen Bereichen führen und auch die exekutiven Strukturen, d.h. auch das Amt der Ausländerbeauftragten, nicht unberührt lassen.

Die umfassenden Integrationserfahrungen des Amtes sowie die bisher stets vorausschauenden und wegweisenden Aussagen der Ausländerbeauftragten in diesem Politikbereich sprechen dafür, diese auch künftig mit wichtigen Aufgaben im Bereich der Koordination der Integrationspolitik zu betrauen.

# Verónica Tomei

## Das Einwanderungsland Deutschland und die Europäisierung[1]

Während in den vergangenen zwanzig Jahren viel über die Frage gestritten wurde, ob die Bundesrepublik Deutschland ein Einwanderungsland sei oder nicht, ist, von vielen unbemerkt, eine neue Seite in der Migrationsgeschichte Deutschlands aufgeschlagen worden. Deutsche Migrationspolitik wird im Jahre 2001 nicht isoliert von deutscher Legislative, Exekutive und Gerichtsbarkeit gestaltet, sondern zunehmend transnational im EU-Verbund. Der Handlungsrahmen migrationspolitischer Akteure hat sich über nationale Grenzen hinweg ausgedehnt. Es entsteht ein europäischer migrationspolitischer Kommunikations- und Handlungsraum, der die Rahmenbedingungen des Einwanderungslandes Deutschland, aber auch anderer europäischer Staaten, entscheidend verändert hat. Dies ist nicht durch supranationale Vorgaben einer Brüsseler Behörde induziert worden, sondern vornehmlich durch die Ausdehnung nationalstaatlicher Handlungsspielräume, die Zunahme an transnationalen Verwaltungskontakten und durch die permanente Interaktion zwischen nationaler und europäischer Ebene.

Kurz: Eine Europäisierung der nationalen Migrationspolitik hat stattgefunden. Diese Entwicklung soll im folgenden Beitrag nachgezeichnet werden.

[1] Leicht überarbeitete Fassung meines Beitrags „Grenzabbau und Neukonstruktion im europäischen Migrationsraum", erschienen bei Bach, Maurizio (Hrsg.) 2000: Die Europäisierung nationaler Gesellschaften, Kölner Zeitschrift für Soziologie und Sozialpsychologie, Sonderband 40/2000, Opladen, Wiesbaden, Westdeutscher Verlag.

## 1. Wanderungsraum EU? Der europäische Integrationsprozess und Migrationsbewegungen

Der Nationalstaat ist mit einem betonten Territorialitätsbezug entstanden. Grenzziehungen dienten als Abgrenzung und Schutz nach außen, zur Konsolidierung nach innen. Die Schaffung von Staatsangehörigkeitsrechten wirkte nach außen zur Klarlegung von eindeutigen Zugehörigkeitsbeziehungen zwischen einzelnen Individuen und ihren jeweiligen Staaten, nach innen hin zur Bildung und Konsolidierung des Staatsvolkes. Gleichzeitig wirkte die staatsangehörigkeitsrechtliche Unterscheidung zwischen Ausländer und Inländer nach innen identitätsstiftend und versinnbildlichte die Schicksals- und Solidargemeinschaft zwischen den Staatsangehörigen des Staatsvolkes (Schulze 1994; Brubaker 1994). Grenzen, die ein Staatsgebiet genau bezeichnen und eine als Staatsvolk in diesem Staatsgebiet verfasste Gemeinschaft waren daher für die Entstehung des modernen Nationalstaates konstitutiv und bilden damit auch nicht zufällig die Grundlage der bis heute dominierenden Staatsrechts- und Völkerrechtslehre des 19. Jahrhunderts.

Auch die Migrationspolitik ist eng mit der Bedeutung und Existenz von Grenzen verknüpft. An den territorialen und mitgliedschaftlichen Grenzen lässt sich festmachen, wo die Zugangskontrolle des Staates einsetzt.

Der europäische Integrationsprozess hingegen ist von seinen Ursprüngen an auf die Überwindung der die Völker Europas trennenden Grenzen angelegt. Eine der vier Grundfreiheiten, die den Vertrag zur Europäischen Wirtschaftsgemeinschaft von 1957 charakterisieren, ist die den Arbeitnehmern eingeräumte Freizügigkeit. In der Vorstellung der europäischen Gründerväter gehörte zum gemeinsamen Markt eben auch der gemeinsame Arbeitsmarkt. Dass dies letztlich auch zur gegenseitigen Mitsprache bei Kernfragen der nationalstaatlichen Souveränität führen musste, beispielsweise hinsichtlich der Grenzkontrollen oder der Asylgewährung für politische Flüchtlinge, war lange Zeit nicht bewusst.

In das politische Bewusstsein rückten die migrationspolitischen Auswirkungen des europäischen Einigungsprozesses erst in der zweiten Hälfte der 80er Jahre. Hier trafen zwei Entwicklungsstränge zusammen. Zum einen sah sich die Mehrzahl der EU-Staaten (Aus Gründen der Einfachheit wird im vorliegenden Beitrag einheitlich von EU-Staaten gesprochen, auch wenn sich einzelne Textpassagen auf die Zeit vor 1993, also die Zeit vor Inkrafttreten des Vertrags zur Gründung der Europäischen Union, beziehen.) migrationspolitisch betrachtet in einer vergleichbaren Situation: Trotz restriktiver Zuwanderungspolitik war Zuwanderung in weiterhin hohem und sogar steigendem Umfang zu verzeichnen (Collinson 1993). (Die Mehrzahl der EU-Staaten verzeichnete zwischen 1985 und 1992 steigende Nettomigrationsraten, dabei aber mit deutlichen Unterschieden in der Ausprägung dieser Steigerung, vgl. hierzu Lederer 1997, Tabelle 2.1.7.) Gleichzeitig zeichnete sich zwischen den kontinentaleuropäischen EU-Staaten aufgrund der geographischen Nähe und der wechselseitigen Verflechtungen eine gegenseitige Abhängigkeit auf migrationspolitischem Gebiet ab.

Internationale Migration ist per definitionem ein transnationales soziales Phänomen, bei dem die autonome Gestaltungsmacht des einzelnen Staates zunehmend fraglich erscheint. In einem offenen Europa, das zunehmend auf Kontrollen zwischen seinen Mitgliedstaaten verzichten möchte, wird diese gegenseitige Abhängigkeit in Bezug auf migrationspolitische Entscheidungen besonders augenfällig. Die migrationspolitische Kooperation zwischen den EU-Staaten hat ihren Anfang in den 1980er Jahren als flankierende Maßnahme zum Binnenmarktprojekt 1992 genommen (Tomei 1997, 16f.).

Als Grundbausteine dieser Entwicklung von Grenzabbau und Neukonstruktion im europäischen Migrationsraum sind die Schengener Verträge zu sehen. 1985 schlossen Deutschland, Frankreich und die Benelux-Staaten das Schengener Abkommen über den schrittweisen Abbau von Grenzkontrollen ab. Hierin vereinbarten die Vertragsstaaten, bestimmte migrationsbezogene Fragen abzustimmen. Das Schengener Durchführungsübereinkommen, das 1990 von denselben Staaten unterzeichnet wurde, sieht in seinem asylrechtlichen Teil die gemeinsame Verantwortung für einen Asylantrag, der in einem der Mitgliedstaaten gestellt wird, vor. Nach bestimmten, im Vertrag normierten Kriterien wird der Staat ermittelt, der für die Prüfung des Asylantrages zuständig ist. Dadurch, dass im Prinzip eine zweite Antragstellung in einem der anderen Vertragsstaaten nicht zulässig ist, übernimmt der zuständige Vertragsstaat die flüchtlingsrechtliche Verantwortung stellvertretend für die anderen Staaten mit. Die Vertragsstaaten werden somit in Bezug auf die Asylantragstellung als ein gemeinsamer Asylraum betrachtet (Tomei 2001).

## 2. Vertragliche Grundlagen des europäischen Migrationsraums

Die soeben angesprochenen Schengener Verträge von 1985 und 1990, das Dubliner Übereinkommen von 1990, der Maastrichter Vertrag von 1992 und der Amsterdamer Vertrag von 1997 stellen bislang die vertraglichen Fundamente dar, auf denen der europäische Migrationsraum entsteht.

Wie bereits dargestellt, sind die Schengener Verträge im engen Zusammenhang mit dem Binnenmarktprojekt 1992 zu sehen. Der Wegfall von Binnengrenzkontrollen machte die gegenseitige Abstimmung und Angleichung in allen Politikbereichen erforderlich, die eine grenzüberschreitende Relevanz aufweisen, wie dies für Wanderungsbewegungen besonders deutlich der Fall ist.

Die Kernaussagen des Schengener Durchführungsübereinkommens lassen sich folgendermaßen zusammenfassen: Die Binnengrenzen zwischen den Vertragsstaaten dürfen ohne Personenkontrollen überschritten werden, für die Außengrenzkontrolle werden gemeinsame Standards vereinbart, es wird ein gemeinsames Visum eingeführt und im Asylbereich sollen klare Zuständigkeiten festgelegt werden. Das Schengener Vertragswerk hat eine ausdrückliche europapolitische Zielsetzung (Binnenmarkt), die sich u.a. darin ausdrückt, dass EU-Regelungen, die in diesen Bereichen noch vereinbart werden sollten, den Schengen-Regeln vorgehen. Weiterhin werden als Drittausländer nur Bürger aus Nicht-EU-Staaten betrachtet und das Vertragswerk steht den anderen EU-Staaten (und nur diesen) zum Beitritt offen (Tomei 1996). Der Raum, der von den Schengener Prinzipien umfasst wird, hat sich durch den Beitritt weiterer EU-Staaten in den 1990er Jahren erheblich erweitert, lediglich das Vereinigte Königreich und Irland sind auch bis zum heutigen Tage nicht beigetreten. Ende 1999 wurde das Schengener Durchführungsübereinkommen in den fünf Gründerstaaten, sowie in Portugal, Spanien, Österreich und Italien angewendet (Das Schengener Durchführungsübereinkommen unterscheidet deutlich zwischen in Kraft treten und in Kraft setzen. Während für das Inkrafttreten die gängigen völkerrechtlichen Vorgaben gelten, bedarf es zur Inkraftsetzung, sprich zur tatsächlichen Anwendung der Vertragsprinzipien, eines politischen Beschlusses des Schengener Exekutivrates, in dem die zuständigen Minister vertreten sind. Vgl. hierzu ausführlicher Tomei 1996, 96ff.).

Während die Schengener Verträge eine zwar EU-bezogene, dennoch aber rein völkerrechtliche Zusammenarbeit im Migrationsbereich begründeten, gliederte der Maastricht-Vertrag migrationsbezogene Kooperation in den institutionellen Rahmen der Europäischen Union ein (Titel VI „Zusammenarbeit in den Bereichen Justiz und Inneres" des Vertrags zur Gründung der Europäischen Union). Er stellte eine erste vertragsrechtliche Grundlage zur migrationsbezogenen Zusammenarbeit aller EU-Staaten dar. Asylpolitik, Außengrenzkontrollen und Einwanderungspolitik wurden als „Angelegenheiten von gemeinsamem Interesse" bezeichnet. Als neue Akteure, wenn auch mit geringen Befugnissen, traten Europäische Kommission und Europäisches Parlament hinzu. Die Möglichkeit, dem Europäischen Gerichtshof Kompetenzen einzuräumen, wurde vorgesehen. Als neue Handlungsinstrumente wurden die gemeinsame Maßnahme und der gemeinsame Standpunkt eingeführt.

Blieben die migrationsbezogenen Kooperationsbereiche auch vorwiegend der intergouvernementalen Zusammenarbeit der 3. Säule der Europäischen Union vorbehalten, so wurden doch im Visabereich ein gemeinsames Visaformat und eine einheitliche Liste visapflichtiger Staaten vorgesehen, über die im gemeinschaftsrechtlichen Verfahren entschieden werden sollte (Art. 100c EGV). Der Visabereich spielt dabei für das Entstehen eines gemeinsamen Migrationsraumes insofern eine besondere Rolle, als hier der „Rest der Welt" einheitlich in unterschiedliche Migrationskategorien eingeteilt wird: Wessen Staatsangehörige bedürfen eines Sichtvermerks zur Einreise, das heißt, bei welchen Ländern wird ein vor der Einreise einsetzender Filter für notwendig erachtet? Ein gemeinsamer Raum konstitutiert sich, über dessen Öffnung oder Schließung nach außen gemeinsame Kriterien gefunden werden müssen.

Mit dem Inkrafttreten des Maastrichter Vertrags sind damit neben dem völkerrechtlich begründeten Schengener Asyl- und Visaraum teilweise ein räumlich umfassenderer, unionsrechtlich begründeter Migrationsraum und der erste Ansatz eines gemeinschaftsrechtlich begründeten Visaraums entstanden.

Der Amsterdamer Vertrag, der im Mai 1999 in Kraft getreten ist, hat zwei wesentliche Neuerungen vorgebracht: Die weitgehende Vergemeinschaftung der migrationspolitischen Bereiche und die Integration des Schengener Acquis in den EU-Besitzstand (Hailbronner/Thierry 1998). Für die einer EU-Migrationspolitik skeptisch gegenüberstehenden EU-Mitglieder Dänemark, Irland und das Vereinigte Königreich wurden umfangreiche Sonderregelungen eingeführt.

Räumlich betrachtet setzt sich der europäische Migrationsraum zu Anfang des 21. Jahrhunderts damit aus verschiedenen konzentrischen Kreisen zusammen, allerdings mit einigen Ausbuchtungen. Den innersten Kreis bilden die Staaten, in denen das Schengener Abkommen angewendet wird. Danach folgen diejenigen Staaten, die dem Schengener Abkommen beigetreten sind, in dem dieses aber noch keine Anwendung findet. (Anfang 2000 ist für Griechenland eine schrittweise Anwendung vereinbart worden, die Anwendung in den skandinavischen Staaten ist für Ende 2000 vorgesehen.) Bei dieser Gruppe von Staaten sind drei Teilnehmer hervorzuheben, die sich nicht so recht in das Bild der konzentrischen Kreise einordnen lassen. So hat sich das Schengen-Mitglied Dänemark der automatischen Vergemeinschaftung der Schengener Kooperation verschlossen. Wenn also für manche Schengen-Regelungen gemeinschaftsrechtliche Regelungen erlassen werden,[2] beruht die migrationspolitische Kooperation zwischen Dänemark und seinen Partnern weiterhin auf völkerrechtlichen Normen.

Der Wanderungsraum EU beruht damit für verschiedene Staaten auf unterschiedlichen Rechtsgrundlagen. Hinzu tritt, dass der Wanderungsraum EU in Bezug auf die Schengen-Kooperation eine Ausbuchtung über die EU hinaus erfährt, dadurch nämlich, dass zwischen der EU und den Schengen-assoziierten Nicht-EU-Staaten Norwegen und Island ein völkerrechtliches Abkommen geschlossen wurde, mit dem die Einheitlichkeit des Migrationsraums, was die Abschaffung der Binnengrenzkontrollen anbelangt, beibehalten wird.

[2] Das Protokoll zur Integration des Schengen-Acquis sieht vor, dass die bestehenden Schengen-Regelungen überprüft werden und entweder in gemeinschaftsrechtlicher Form oder in Form eines Instruments der weiter bestehenden 3. Säule neu gefasst werden. Schengen-Regelungen, für die nichts vereinbart wird, gelten als Regelungen im Rahmen der 3. Säule. Vgl. hierzu ausführlicher Hailbronner/Thierry 1998, 599f. Die Einordnung des Schengen-Acquis in die verschiedenen Rechtsgrundlagen des Amsterdamer Vertrags ist pünktlich zum Mai 1999 abgeschlossen worden, vgl. EU-Bulletin Nr. 4/1999, Nr. 1.5.2.

In einem weiter äußeren Kreis des Migrationsraums befinden sich die EU-Staaten Großbritannien und Irland, die sich vorbehalten haben, fallweise zu entscheiden, ob sie an einer gemeinschaftsrechtlichen Maßnahme im Migrationsbereich teilnehmen. Sie können sich also fallweise auch mehr im inneren Kern befinden. Was sie aber auf alle Fälle von einem der inneren Kreise trennt, ist die Beibehaltung der Personenkontrollen an den Binnengrenzen. (Das Vereinigte Königreich und Irland stellen somit beträchtliche Herausforderungen an die vorliegende Analyse. Wie weiter unten dargestellt wird, konstituiert sich der europäische Migrationsraum, so wie er hier verstanden wird, allmählich auch aus dem Aufbau von transnationalen Kommunikations- und Handlungsräumen, die das Denken und Handeln in übereinstimmenden Konzepten hervorbringen. An dieser Entwicklung nehmen die beiden genannten Staaten teil, die die Notwendigkeit und die Vorteile einer transnationalen Kooperation unabhängig von einem Abbau der Binnengrenzkontrollen erkennen. Die Fälle Vereinigtes Königreich und Irland bringen demzufolge eine zusätzliche Komplexität in die Analyse sich überlappender Migrationsräume, in dem sie eigentlich zwingen, zwischen dem von Bürger tatsächlich „erfahrbaren" Migrationsraum und dem Handlungs- und Kommunikationsraum der nationalen Bürokratien zu unterscheiden. Auf diese Unterscheidung soll allerdings im vorliegenden Zusammenhang nur hingewiesen werden. Aus Gründen der Komplexitätsreduktion soll sie aber im folgenden nicht weiter ausgeführt werden.) Um die EU herum schließlich sind die EU-Beitrittskandidaten zu finden, für die die migrationsbezogene EU-Kooperation dadurch Ausstrahlungswirkung entfaltet, dass sie zum EU-Acquis zählt, auf den sie sich für den Beitrittsfall vorbereiten müssen.

Rechtlich betrachtet lässt sich zwar keine vollständige Vereinheitlichung eines EU- Migrationsraumes beobachten. Allerdings nähern sich die im Laufe der vergangenen fünfzehn Jahre entstandenen unterschiedlichen räumlichen Ansätze aneinander an und finden allmählich einen gemeinsamen Nukleus. Der Raum wird zudem „dichter", indem er immer mehr Einzelfragen betrifft, und „fester", indem demokratische und rechtsstaatliche Elemente (Europäisches Parlament und Europäischer Gerichtshof) als Stützen hinzutreten.

In der Praxis und Konzeption der Zusammenarbeit lassen sich mehr Elemente identifizieren, die es noch eher erlauben, von der graduellen Herausbildung eines gemeinsamen europäischen Migrationsraums zu sprechen. Es handelt sich dabei um die Einrichtung und den Ausbau einer transnationalen Verwaltungskooperation, die Entwicklung gemeinsamer Konzepte und einen zunehmend größer werdenden Akteurskreis.

## 3. Institutionalisierung der transnationalen Verwaltungskooperation

### Bedarf an transnationaler Verwaltungskooperation

Der asylrechtliche Teil des Schengener Durchführungsübereinkommens und das Dubliner Übereinkommen legen, wie erwähnt, den Grundsatz fest, dass jeweils ein Mitgliedstaat für einen in einem der Vertragsstaaten gestellten Asylantrag zuständig ist. Diese Idee des gemeinsamen Asylraums bedarf der Operationalisierung. In dieser Operationalisierung liegt eine Eigendynamik begründet, die von zwei Ausgangsentscheidungen der Vertragsstaaten getragen wird: Zum einen haben sich die Partner auf gemeinsame Kriterien geeinigt, nach denen die Zuständigkeit festgestellt werden soll. Diese gemeinsamen Kriterien müssen einheitlich angewendet werden.

Zum zweiten bedürfen diese Zuständigkeitsfeststellung und die Durchführung einer eventuell in Frage kommenden Übergabe eines Asylantragstellers an den vertragsgemäß zuständigen Staat der transnationalen Verwaltungskooperation. Das Schengener Durchführungsübereinkommen und später auch das Dubliner Übereinkommen begründen damit erstmalig eine transnationale Verwaltungskooperation im Migrationsbereich. Diese erfordert nicht nur eine Standardisierung bestehender Verfahrensgrundsätze, sondern vielfach auch eine Neuschaffung von Verfahrensgrundsätzen, und dies über nationale Grenzen hinweg (Bartels/Kraft 1996). Im Maastrichter und im Amsterdamer Vertrag wird die transnationale Verwaltungskooperation im Migrationsbereich ausdrücklich erwähnt. So erteilt der Maastrichter Vertrag den Mitgliedstaaten den Auftrag, eine Zusammenarbeit zwischen ihren im Migrationsbereich zuständigen Verwaltungsstellen zu begründen, um ihr Vorgehen in diesem Politikbereich zu koordinieren (Art. K.3 Abs. 1 EUV). Im Amsterdamer Vertrag betrifft die eingegangene Verpflichtung bereits den Erlass gemeinsamer Verwaltungsvorschriften (Art. 66 EGV n.F.).

Die Schengener, Maastrichter und Amsterdamer Verträge bilden somit vertragliche Grundlagen für die Ausdehnung des Handlungsspielraums migrationsspezifischer Verwaltungseinheiten über nationale Grenzen hinweg. Diese transnationale Verwaltungskooperation soll dazu dienen, die im europäischen Entscheidungsprozess entwickelten gemeinsamen Konzepte möglichst einheitlich anzuwenden. Nationale Fachverwaltungen müssen über nationale Grenzen hinweg Hand in Hand arbeiten, um gemeinsam transnational festgelegte Regeln anzuwenden.

## Aufbau von transnationalen Kommunikationsbeziehungen

Mit dem Schengener Vertrag sind Rechtsmaterien, die traditionell zum Kernbereich nationalstaatlicher Souveränität gezählt werden, transnationalisiert worden. Damit traten erstmals Akteure auf dem diplomatischen Parkett auf, deren Blick zuvor ausschließlich nach innen gerichtet war, nämlich die Innenminister. Die dafür eingerichtete Arbeitsgruppenstruktur bot erstmals Gelegenheit zum Aufbau formeller Kommunikationsbeziehungen zwischen Innenbehörden. Ihre Institutionalisierung vor allem im EU-Rahmen trägt zum Ausbau und zur Verfestigung dieser Kommunikationsbeziehungen bei.

Zu dieser Arbeitsgruppenstruktur gehören zunächst die einem intergouvernementalen Aushandlungsprozess eigenen Vorbereitungsgremien unterschiedlicher Hierarchieebenen. Diese finden sich auch im EU-Rahmen wieder (Tomei 1997, 28). Von besonderem Interesse erscheinen darüber hinaus jedoch Gremien wie CIREA und CIREFI, da hier jeweils die nationalen Praktiker zusammenkommen.

CIREA ist das Informations-, Reflexions- und Austauschzentrum für Asylfragen, das bereits Ende 1992 auf der Londoner Innenministerkonferenz gegründet worden ist. Hier kommen die Praktiker aus den nationalen Asylbehörden zusammen, um sich gegenseitig über die jeweilige Asylpraxis und asylrelevante Herkunftsländer zu informieren. Nahmen zunächst nur die für die Bearbeitung von Asylanträgen zuständigen Sachverständigen an dieser Form des Informationsaustausches teil, so sind seit Mitte 1995 auch die Leiter der jeweils zuständigen nationalen Behörden eingebunden. In den ca. alle sechs Wochen stattfindenden Sitzungen tauschen sich die Beamten über nationale Rechtsänderungen und Reformvorhaben im Asylbereich aus, sie informieren sich gegenseitig über Entwicklungen in der Rechtsprechung, vergleichen Asylbewerberzahlen und besprechen Verfahrensaspekte. Eine zunehmend größer werdende Rolle spielt auch die gemeinsame Einschätzung der Lage in den Herkunftsländern. Hier werden gemeinsame Länderberichte erstellt, die sich auf die jeweiligen Erfahrungen in bezug auf Motive, Reiserouten und Profile der Antragsteller, sowie eventuell auch gemeinsame Erkundungsreisen stützen (Jordan 1998).

CIREFI ist die entsprechende transnationale Informationsaustauschstruktur im Migrationsbereich. Hier steht die Bekämpfung des internationalen Schlepperwesens im Mittelpunkt. Die nationalen Fachleute sollen sich gegenseitig über Schleuserrouten informieren (Europäisches Parlament 1999, 96f.). Mehr oder weniger institutionalisierte Kommunikationsbeziehungen sind in weiteren Teilbereichen der Migrationspolitik entstanden. So sollen sich die Konsularbeamten regelmäßig über die Praxis der Visavergabe informieren, Grenzbeamte teilen Erfahrungen im Bereich der gefälschten Dokumente (Rat 1996; 1998a).

Vordringliches Motiv dieses Informationsaustausches und der gemeinsamen Analyse ist eine möglichst weitgehende Annäherung in der Praxis. Darüber hinaus liegt die eigentliche Bedeutung des institutionalisierten Informationsaustauschs allerdings in seiner vertrauensbildenden Funktion. Der regelmäßige Kontakt und die gemeinsam geteilten Erfahrungen stellen die Grundlage zur weiteren Zusammenarbeit dar. Die institutionalisierten Kommunikationsbeziehungen erleichtern zum einen die informellen transnationalen Arbeitskontakte im Alltag. Der regelmäßige Informationsaustausch vermittelt zum anderen nicht nur das Wissen über gemeinsam geteilte Erfahrungen, sondern schafft durch die persönlichen Kontakte auch das Bewusstsein für die Gemeinsamkeit der Situation. Gruppendynamische Prozesse, die transnationale, fachlich bezogene Interessenkongruenzen hervorbringen, sind zu beobachten (Tomei 2001).

Der Aufbau von transnationalen Kommunikationsbeziehungen im Migrationsbereich bedingt das Entstehen einer gemeinsamen Perzeption der Situation, bestehende nationale Konzepte gewinnen transnationale Akzeptanz, oder dort, wo noch keine Konzepte vorliegen, werden gemeinsam transnationale Konzepte entwickelt (Vgl. allgemein zur Bedeutung gemeinsam geteilter Überzeugung von Kausalitätsbeziehungen, Haas 1992. Auf den Migrationsbereich bezogen hebt Soysal 1993 die harmonisierende Wirkung des institutionalisierten Informationsaustausches hervor.). Es entsteht ein gemeinsamer, migrationsbezogener Kommunikationsraum.

## Genese einer migrationspolitischen Bürokratie europäischer Dimension

Die transnationale Verwaltungskooperation im Migrationsbereich, die seit Beginn der 1990er Jahre verstärkt gefördert wird, weist allmählich Elemente auf, die auf die Herausbildung einer migrationspolitischen Bürokratie europäischer Dimension hindeuten (Tomei 2001).

So handeln nationale Fachbehörden in zunehmendem Maße nicht mehr ausschließlich auf Grundlage national festgelegter Verwaltungsvorschriften. Ihr Handeln erfolgt vielmehr auch auf Grundlage von Vorschriften, die in einem intergouvernementalen Gremium vereinbart worden sind. Dies ist beispielsweise für die Zusammenarbeit der Asylbehörden in Bezug auf die Umsetzung der Schengener, nun Dubliner Zuständigkeitskriterien der Fall. Hier liegen einheitliche Formulare, klärende Erläuterungen zu einzelnen Kriterien und detaillierte Vorschriften bezüglich der Beweismittel vor (Bundesministerium des Innern 1993, I C). Die Handlungsanleitungen für die betroffenen Verwaltungen werden auch in Handbüchern zusammengefasst. Besonders detailliert sind auch beispielsweise die Gemeinsamen Konsularinstruktionen, die festlegen, nach welchen Prüf- und Ausstellungsregeln ein Schengen-Visum zu erteilen ist. Hier finden sich unter anderem Vorschriften zur Archivierung der Antragsformulare (Hildebrandt/Nanz 1999, 247).

An dieser Stelle ist somit festzuhalten, dass nationale Fachbehörden im Migrationsbereich teilweise auf der Grundlage transnational vereinbarter Verwaltungsvorschriften handeln. (Der Amsterdamer Vertrag sieht die Möglichkeit vor, gemeinschaftsrechtliche Verwaltungsvorschriften in Form unmittelbar anwendbarer Verordnungen zu erlassen, s. Art. 66 EGV n.F.)

Die transnationale Verwaltunskooperation zeichnet sich zudem durch Schriftlichkeit aus. So gehören die Aktenverwaltung und die Dokumentation zu den Aufgaben der für die Umsetzung des Schengener Durchführungsübereinkommens zuständigen Einheit im Bundesamt für die Anerkennung ausländischer Flüchtlinge (Bartels/Kraft 1996, 67).

Im Rahmen der migrationsbezogenen transnationalen Verwaltungskooperation ist auch das bürokratische Element der Professionalisierung zu finden. Dies zeigt sich einerseits in Besuchsveranstaltungen von nationalen Beamten bei ihren jeweiligen Partnerinstitutionen, bei denen die Teilnehmer einen intensiven Einblick in Politik, Recht, Verwaltungsorganisation und -praxis des Gastlandes erhalten. Diese zunächst eher vereinzelten bilateralen Initiativen sind in Form des 1998 verabschiedeten Ausbildungs- und Austauschprogramms ODYSSEUS ausgeweitet und institutionalisiert worden. Die Finanzmittel des EU-Programms stehen für Fortbildungskurse für Ausbilder, Entscheidungsträger, Führungspersonal und Richter zur Verfügung. Gefördert werden weiterhin befristete Austauschprogramme und die Ausarbeitung von Lehrmaterialien (Rat 1998b).

In der Zusammenschau erlauben es die in der migrationspolitischen transnationalen Verwaltungskooperation festgestellten bürokratischen Elemente hierarchische Ordnung, Verwaltungsvorschriften, Schriftlichkeit, Professionalisierung, von der allmählichen Genese einer migrationspolitischen Bürokratie europäischen Zuschnitts zu sprechen. Diese trägt zur Verfestigung und Verstetigung der transnationalen Kommunikations- und Handlungsbeziehungen bei.

## 4. Die nationale Ebene im europäischen Migrationsraum

Im gleichen Zuge, wie sich allmählich ein europäischer migrationsrelevanter Raum herausbildet, finden auf nationaler Ebene Veränderungen statt.

Zum einen lassen sich auf nationaler Ebene institutionelle Anpassungen beobachten. Die nationalen Fachministerien sowie die zuständigen Fachverwaltungen bilden spezialisierte Einheiten heraus, die für den Bereich der migrationspolitischen Zusammenarbeit verantwortlich zeichnen (Vgl. als Beispiel die Arbeit des Bundesamtes für die Anerkennung ausländischer Flüchtlinge in diesem Bereich, s. Jordan 1998.). Für die hieran beteiligten Beamten gehören die Notwendigkeiten der transnationalen Verwaltungskooperation, die regelmäßigen formellen und informellen Kontakte und auch der Personalaustausch zunehmend zum Arbeitsalltag (Tomei 2001).

Auch im inhaltlichen Bereich sind Anpassungen festzustellen. Dies ist beispielsweise im Asylbereich der Fall. Hier sind von etlichen EU-Staaten in den neunziger Jahren eine Reihe von Maßnahmen weitgehend einheitlich ergriffen worden, wie z.B.: die Einführung der Konzepte sicherer Dritt- und Herkunftsstaat, offensichtlich unbegründeter Asylantrag; Verfahrensbeschleunigungen; personelle Aufstockung im Verfahrens- und Gerichtsbereich; Einrichtung exterritorialer Zonen an den Flughäfen; Sanktionsbestimmungen für Transportunternehmen, die Personen ohne die erforderlichen Dokumente befördern (Angenendt 1999; IGC 1995, 1997).

Für diese zunehmenden inhaltlichen Übereinstimmungen, die sich auch in anderen migrationspolitischen Teilbereichen finden lassen, sind mehrere Ursachen entscheidend. Zum einen begünstigen gleich gelagerte migrationspolitische Herausforderungen auch gleich gelagerte Lösungsansätze. Für die neunziger Jahre lässt sich allerdings darüber hinaus auch eindeutig ein Lern- und Anpassungsprozess feststellen, der in der Entstehung migrationsbezogener transnationaler Kommunikationsbeziehungen begründet ist. Die EU-Staaten, die sozusagen zu den Nachzüglern unter den europäischen Aufnahmeländern zu zählen sind, weil sie erst später von Aus- zu Einwanderungsländern geworden sind, haben im Rahmen ihrer Migrationsgesetzgebung von den Erfahrungen ihrer Partner profitiert (Baldwin-Edwards 1997).

Der sich aus den institutionalisierten Kommunikationsbeziehungen entwickelnde Lern- und Anpassungsprozess betrifft jedoch nicht nur die so genannten Nachzügler, sondern bestimmt angesichts des weiter vorhandenen äußeren Migrationsdrucks die allgemeine Suche nach bestmöglichen Lösungen. Der Prozess verläuft dabei folgendermaßen: Zunächst werden in einem bestimmten migrationspolitischen Teilbereich, in dem sich aufgrund äußeren Druckes ein akuter Handlungsbedarf ergeben hat (beispielsweise die Frage des Umgangs mit minderjährigen Asylbewerbern), mittels Fragebogen und gemeinsamen Seminaren die jeweiligen nationalen Lösungen und Erfahrungen identifiziert. Daraufhin wird versucht, eine gemeinsame und abgestimmte Herangehensweise zu erarbeiten. Ein gemeinsam verabschiedeter Text gibt, auch wenn er ausdrücklich nicht rechtsverbindlich formuliert ist, einen gemeinsamen Handlungskorridor für nationale Maßnahmen vor. Im folgenden werden die auf nationaler Ebene mit der Umsetzung der vereinbarten Maßnahme gemachten Erfahrungen zusammengetragen und im Hinblick auf eine mögliche Weiterentwicklung und notwendigen Nachbesserungsbedarf evaluiert. Es handelt sich, betrachtet man das entstehende migrationsbezogene Mehrebenensystem als Ganzes, um die Institutionalisierung einer permanenten Interaktion zwischen der nationalen und der europäischen Ebene (Tomei 2001).

Dadurch ändert sich, insgesamt betrachtet, der Handlungs- und Bezugsrahmen nationaler Akteure. Wie dargestellt, sind nationale Fachverwaltungen im Migationsbereich längst über nationale Grenzen hinweg tätig. Der zunehmende Informations- und Erfahrungsaustausch löst das Denken in rein national geprägten Kategorien ab. Nunmehr stehen auch die Erfahrungen und Lösungsansätze der europäischen Partner zur Verfügung und können getestet werden, ebenso wie nationale Antworten im europäischen Wettbewerb verbessert werden können.

Die europäische Ebene gewinnt auch in der nationalen politischen Auseinandersetzung zunehmend als Rechtfertigungs- und Anspruchsebene an Bedeutung. Dies lässt sich zum einen daran ablesen, dass sowohl in Deutschland als auch in Frankreich Verfassungsänderungen im Asylrecht mit europapolitischen Notwendigkeiten begründet wurden (Schwarze 1998; Rey 1997, 66-72). Zum anderen hat die europäische Ebene in den neunziger Jahren im nationalen migrationspolitischen Diskurs auch zunehmend Bedeutung als neue Anspruchs- und Handlungsebene erhalten. Zum Beispiel bezog sich die 1998 zurückgetretene Ausländerbeauftragte Schmalz-Jacobsen zum Ende ihrer Amtszeit zunehmend auf die europäische Dimension des Ausländerthemas. In ihren Schriften suchte sie darauf hinzuweisen, dass die Integration von Ausländern in allen europäischen Gesellschaften der neunziger Jahren zu den großen gesellschaftlichen Herausforderungen gehört. Sie initiierte auch einen Informationsaustausch zwischen den Ausländerbeauftragten der EU-Staaten, der auch eine Beteiligung an der bislang den Regierungen vorbehaltenen Europäisierung bezweckte. Hieran lässt sich ein neuer Trend, der erst in der zweiten Hälfte der neunziger Jahre zu beobachten ist, ablesen. Die Europäisierung des Politikbereichs Migration ist nicht mehr das Monopol der Exekutive, sondern der Bezugsraum hat sich für etliche politische und gesellschaftliche Akteure über den nationalen Rahmen hinaus erweitert (Tomei 2001).

## 5. Transnationale Institutionenbildung und Neukonstruktion eines gesellschaftlichen und politischen Bezugsrahmens

Die Analyse der migrationspolitischen Kooperation der EU-Staaten seit Mitte der achtziger Jahre bringt folgende Erkenntnisse für die Frage nach Grenzabbau und Neukonstruktion politischer Räume in Europa:

Im Migrationsbereich wird deutlich, dass die Abschaffung der Binnengrenzkontrollen nicht automatisch einen neuen Raum entstehen lässt. Wichtig ist die bei den Akteuren einsetzende Erkenntnis, dass ein Mindestmaß an gemeinsamen Normen für das Außenverhältnis unerlässlich für den Abbau der Binnengrenzen ist. Der gemeinsame Raum konstitutiert sich daher zunächst durch grundlegende Normen, die transnationale Dimensionen einzelner migrationspolitischer Bereiche betreffen. Also nicht die Regelung des Ausländer- und Asylrechts als Ganzes ist zur anfänglichen Konstituierung eines gemeinsamen

Raumes notwendig, sondern Fragen des Zugangs. Im Grenzkontrollbereich betrifft dies den Standard der Grenzkontrollen, im Visabereich die Fragen, welche Drittausländer benötigen zur Einreise ein Visum und wie sollte ein gemeinsames Visum beschaffen sein, im Asylbereich die Frage, von welchem der Partnerstaaten ein Asylbegehren zu behandeln ist. Der neu entstehende Raum wird demnach als erstes von Dritten wahrnehmbar. Er manifestiert sich durch die einheitliche Abgrenzung nach außen.

Diese Grundnormen werden im gemeinsamen Entscheidungsprozess entworfen und gemeinsam umgesetzt. Damit entstehen neben den normativen Grundpfeilern, die den gemeinsamen Raum kennzeichnen, Kommunikations- und Handlungslinien, die den gemeinsamen Raum durchziehen, und zwar nicht nur sternförmig von den einzelnen Hauptstädten Richtung Brüssel, sondern quer zwischen Hauptstädten und allmählich zwischen immer mehr Verwaltungseinheiten. In diesen Kommunikationsbahnen werden gemeinsame Problemdefinitionen und ein gemeinsames Verständnis möglicher Problemlösungsansätze generiert. Somit durchziehen die migrationsspezifischen Kommunikationslinien bald einen gemeinsamen Kommunikationsraum, da im gegenseitigen Informations- und Erfahrungsaustausch sich zumindest ein Substrat an gemeinsamen Konzepten und Vorstellungen herausbildet. Die gemeinsame Definitionsarbeit an Konzepten wie offensichtlich unbegründeter Asylantrag oder sicherer Drittstaat bringt eine gemeinsame Fachsprache hervor, an die sich die nationalen Verwaltungsbeamten aufgrund der täglichen Umsetzung gewöhnen. Diese europäisch geprägte Fachsprache beschränkt sich allerdings nicht nur auf den Verwaltungsbereich, sondern bestimmt auch allmählich den politischen Diskurs.

Im gleichen Zuge, wie die politische Bedeutung dieses neu entstehenden Raumes bewusst wird, mehren sich die Anforderungen an seine demokratische und rechtsstaatliche Verfasstheit. So lässt sich im Laufe des vergangenen Jahrzehnts auch eine Konstitutionalisierung des entstehenden europäischen Migrationsraums beobachten. Waren zu Anfang des Jahrzehnts die Nationalstaaten die alleinigen Akteure, so sind mit dem Maastrichter Vertrag die EU-Kommission und das Europäische Parlament mit beschränkten Rechten hinzu getreten. Die neunziger Jahre waren in diesem Bereich von der Forderung des Europäischen Parlaments nach mehr Mitspracherechten sowie von der Debatte um eine Rechtsprechungskompetenz des Europäischen Gerichtshofes geprägt. Mit dem Amsterdamer Vertrag ist der Weg zu einer gemeinschaftsrechtlichen Beteiligung dieser beiden Institutionen beschritten worden (Art. 67 EGV n.F.).

Diese Entwicklung ist Folge der institutionellen Wahl, die die EU-Staaten zur Bewältigung der transnationalen Herausforderung Migration getroffen haben. Indem sich die EU-Staaten für eine migrationspolitische Zusammenarbeit innerhalb des institutionellen Rahmens der Euopäischen Union entschieden haben, haben sie eine Strategie gewählt, die die Herausbildung eines neuen transnationalen migrationspolitischen Raumes innerhalb bereits bestehender transnationaler Strukturen zur Folge hat. Diese bestehenden Strukturen sind allerdings bereits demokratischen und rechtsstaatlichen Prinzipien verpflichtet, Verpflichtungen, die zwangsläufig dann auch für den Migrationsbereich erfüllt werden müssen. Der demokratische und rechtsstaatliche Anspruch an „Regieren jenseits des Staates" scheint bei aller Kritik an der Demokratiefähigkeit der Europäischen Union in diesem Rahmen doch eher einlösbarer, weil vernehmlicher und legitimierter gefordert, als in anderen transnationalen Gremien, in denen Migrationsfragen intergouvernemental verhandelt werden (Tomei 2001).

Über die Aspekte vertragliche, kommunikative, interaktive und demokratische Konstituierung des europäischen Migrationsraums hinaus, bleibt die Frage nach seiner ideellen Grundlage offen. Wenn Migrationspolitik untrennbar mit nationaler Identität verbunden ist, wie lässt sich dann über nationale Grenzen hinweg eine gemeinsame ideelle Basis finden? Die Diskussion darüber, wer zu „uns" und wer zu „den anderen" gehört, hat noch nicht transnational stattgefunden. Sie wird nicht nur durch die starke nationale Prägung der einzelnen Identitäten erschwert, sondern auch dadurch, dass sich die Grenze zwischen in- und out-group durch die Erweiterungen der EU für die Herausbildung kollektiver Gemeinsamkeiten in sehr kurzer Zeit verschiebt

Insoweit geht es zum Anfang des 21. Jahrhunderts nicht mehr nur darum, die Einwanderungssituation Deutschlands anzuerkennen und aktiv zu gestalten, sondern gleichzeitig auch um die Mitwirkung an einer EU-Migrationskonzeption, die den Erfordernissen unterschiedlicher komplexer, offener Gesellschaften gerecht wird und der Tatsache Rechnung trägt, dass die Europäische Union selbst wiederum Teil eines zunehmend offeneren Austauschsystems ist.

## Literatur

**Angenendt, S. (Hrsg.) 1999:**

Asylum and Migration Policies in the European Union, Bonn, Europa Union Verlag

**Baldwin-Edwards, M. 1997:**

The Emerging European Immigration Regime: Some Reflections on Implications for Southern Europe. In: Journal of Common Market Studies, Jg. 35 (1997), S. 497 - 519

**Bartels, R. / Kraft, A. 1996:**

Die asylrechtliche Dimension des Schengener Abkommens. In: Heckmann, F./ Tomei, V. (Hrsg.): Freizügigkeit in Europa. Migrations- und europapolitische Aspekte des Schengen-Vertrags. Bonn: Europa Union Verlag, S. 63 - 79

**Brubaker, R. 1994:**

Staats-Bürger. Deutschland und Frankreich im historischen Vergleich. Hamburg: Junius

**Bundesministerium des Innern (Hrsg.) 1993:**

Textsammlung zur Europäischen Asylpraxis (SN/2836/93)

**Collinson, S. 1993:**

Beyond Borders: West European Migration Policy Towards the 21st Century. London: Royal Institute of International Affairs

**Europäisches Parlament (Generaldirektion Forschung) 1999:**

Free Movement of Persons in the European Union: Specific Issues (PE 167.028). Autor: Elpida Papahatzi

**Haas, P. M. 1992:**

Introduction: Epistemic Communities and International Policy Coordination. In: International Organization, Jg. 46 (1992), S. 1 - 35

**Hailbronner, K. / Thierry, C. 1998:**

Amsterdam - Vergemeinschaftung der Sachbereiche Freier Personenverkehr, Asylrecht und Einwanderung sowie Überführung des Schengen-Besitzstandes auf EU-Ebene. In: Europarecht, 33. Jg. (1998), S. 583 - 615

**Hildebrandt, A. / Nanz, K.-P. 1999:**

Visumpraxis. Voraussetzungen, Zuständigkeiten und Verfahren der Visumerteilung in den Staaten des Schengener Abkommens. Starnberg: Schulz

**IGC 1995:**

Secretariat of the Inter-Governmental Consultations on Asylum, Refugee and Migration Policies in Europe, North America and Australia: Summary Description of Asylum Procedures in States in Europe, North America and Australia, Stand: Oktober 1995, Genf

**IGC 1997:**

Secretariat of the Inter-Governmental Consultations on Asylum, Refugee and Migration Policies in Europe, North America and Australia: Report on Asylum Procedures. Overview of Policies and Practices in IGC Participating States, Stand: September 1997, Genf

**Jordan, H. 1998:**

Die Arbeit des Bundesamtes für die Anerkennung ausländischer Flüchtlinge im internationalen Bereich. In: Asylpraxis, Schriftenreihe des Bundesamtes für die Anerkennung ausländischer Flüchtlinge, Band 4, Nürnberg, S. 195 - 217

**Lederer, H. W. 1997:**

Migration und Integration in Zahlen. Ein Handbuch, Herausgeber: Beauftragte der Bundesregierung für Ausländerfragen, Bonn, Beauftragte der Bundesregierung für Ausländerfragen

**Rat 1996:**

Empfehlung des Rates vom 4. März 1996 betreffend die Zusammenarbeit der konsularischen Vertretungen vor Ort in Fragen der Visumerteilung, ABl. EG Nr. C 080, v. 18.3.1996, S. 1

**Rat 1998a:**

Presseerklärung Nr. 13673/98 (Presse 427)

**Rat 1998b:**

Gemeinsame Maßnahme vom 19. März 1998 - vom Rat aufgrund von Artikel K. des Vertrags über die Europäische Union angenommen - betreffend die Festlegung eines Ausbildungs-, Austausch- und Kooperationsprogramms in den Bereichen Asyl, Einwanderung und Überschreitung der Außengrenzen - ODYSSEUS", ABl. EG Nr. L 099, 31.3.1998, S. 2ff

**Rey, A. 1997:**

Einwanderung in Frankreich 1981 bis 1995. Opladen: Leske + Budrich

**Schulze, H. 1994:**

Staat und Nation in der europäischen Geschichte. München: Beck

**Schwarze, S. 1998:**

Das Arenen-Verhandlungsmodell zur Analyse von Entscheidungsprozessen: Die deutsche Asylpolitik im europäischen Kontext. In: Pfahl, S. u.a. (Hrsg.): Institutionelle Herausforderungen im neuen Europa. Legitimität, Wirkung und Anpassung. Opladen: Westdeutscher Verlag, S. 275 - 306

**Soysal, Y. N. 1993:**

Immigration and the Emerging European Polity. In: Andersen, S. S./ Eliassen K. A. (Hrsg.): Making Policy in Europe. The Europeification of National Policy-Making. London: Sage, S. 171 - 186

**Tomei, V. 1996:**

Migrationspolitische und europapolitische Perspektiven des Schengener Abkommens. In: Heckmann, F. / Tomei, V. (Hrsg.): Freizügigkeit in Europa. Migrations- und europapolitische Aspekte des Schengen-Vertrages. Bonn: Europa Union Verlag, S. 91 - 100

**Tomei, V. 1997:**

Europäische Migrationspolitik zwischen Kooperationszwang und Souveränitätsansprüchen. Bonn: Europa Union Verlag

**Tomei, V. 2000:**

Europäisierung nationaler Migrationspolitik. Eine Studie zur Veränderung von Regieren in Europa. Stuttgart: Lucius & Lucius

Hans Mahnig

# „Ist Deutschland wirklich anders?"

# Die deutsche Integrationspolitik im europäischen Vergleich[1]

## 1. Einleitung

In seinem 1981 erschienenen Buch „Die Bundesrepublik: Ein Einwanderungsland?" belegte Friedrich Heckmann als einer der ersten deutschen Sozialwissenschaftler, dass die BRD zu einer Immigrationsnation geworden war (Heckmann 1981). Zwanzig Jahre später scheint die Erkenntnis nun auch ins Bewusstsein der Mehrheit der politischen Akteure in Deutschland gedrungen zu sein, und die kürzlich erfolgte Reform der Staatsangehörigkeitsgesetzgebung kann als deutlichster Ausdruck für diesen Wandel betrachtet werden.

In der international vergleichenden Literatur hat die Entwicklung der deutschen Migrationspolitik allerdings noch keinen Niederschlag gefunden. Auch wenn ein Begriff wie „Gastarbeitermodell" nur noch von wenigen verwendet wird (z.B. Castles 1995, 295), betrachten viele Autoren Deutschlands Migrationspolitik als immer noch stark von derjenigen anderer westeuropäischer Länder abweichend. Vor allem im Bereich der *immigrant policy*, der „Integrationspolitik", also derjenigen Programme und Maßnahmen, die sich an schon eingewanderte Migrantinnen und Migranten richten, sehen verschiedene Beobachter tiefgreifende Differenzen zwischen Deutschland und seinen Nachbarn (Brubaker 1992; Schnapper 1992; Van Amersfoort 1998; Koopmans, Statham 1999). Man kann dies darauf zurückführen, dass die Sozialwissenschaften immer mit einiger Verspätung auf gesellschaftliche Veränderungen reagieren. Ein weiterer wichtiger Grund dürfte aber der Umstand sein, dass

[1] Der vorliegende Artikel ist eine überarbeitete Fassung von Hans Mahnig and Andreas Wimmer „Country-Specific or Convergent? A Typology of Immigrant Policies in Western Europe", *JIMI - Journal for International Migration and Integration*, 2 (1), 2000, pp. 177-204 und beruht auf dem Bericht derselben Autoren: *Integrationspolitik in Grossbritannien, Frankreich, Deutschland und den Niederlanden - eine vergleichende Analyse*, Neuchâtel, Schweizerisches Forum für Migrationsstudien, 1998.

international vergleichende Arbeiten zu Migrationspolitik heute von neo-institutionalistischen Forschungsansätzen dominiert werden, welche kulturellen und institutionellen Faktoren einen zentralen Stellenwert bei der Erklärung von Politikformulierung zusprechen. Variablen wie institutionelle Traditionen (Lapeyronnie 1992), die politische Kultur der Zivilgesellschaft (Schiffauer 1997), spezifische historisch bedingte Opportunitätsstrukturen (Ireland 1994) oder nationale „Integrationsphilosophien" (Favell 1998) treten in solchen Analysen in den Vordergrund. Die beiden prominentesten Vertreter dieser Sichtweise, welche das Gewicht auf nationalstaatliche Traditionen legt, sind heute Dominique Schnapper, die davon ausgeht, dass Integrationspolitik als „eine Dimension der Nationalstaatsbildung" (1992, 17) interpretiert werden muss und Rogers Brubaker (1992; 1995), welcher argumentiert, dass der Prozess der Inklusion und Exklusion von Migranten von der kulturellen und politischen Geschichte eines Landes determiniert werde.

Unbestreitbar kann der Blick auf nationalstaatliche Traditionen wichtige Differenzen zwischen der Politik einzelner Ländern gegenüber Migranten erklären, aber das Gewicht, das solche Analysen auf historische Kontinuitäten legen, macht sie oft blind für politische Entwicklungen und Veränderungen. So wird aus dieser Sicht beispielsweise sogar die Reform der deutschen Staatsangehörigkeitsgesetzgebung zu einem zweitrangigen Entscheid, welcher „the old, ethno-cultural conception of what Germany and German stand for" nur am Rande tangiert (Koopmans 1999, 644). Der vorliegende Artikel stellt gerade solche Veränderungen in den Mittelpunkt: Ich werde die These vertreten, dass sich die deutsche Integrationspolitik heute in viel weniger starkem Maße von derjenigen anderer europäischer Länder unterscheidet als gemeinhin behauptet wird. Diese Interpretation ist Teil der weitergehenden Hypothese, dass während der letzten Jahrzehnte in den westeuropäischen Einwanderungsländern allgemein eine integrationspolitische Konvergenz beobachtet werden kann. Gewisse Untersuchungen haben schon vor einigen Jahren auf diese Entwicklung hingewiesen (Hammar 1985; Miller 1990) und zwei Autoren haben ihr kürzlich zu verstärkter Popularität verholfen. So hat Yasemin Soysal (1994) auf den zunehmenden Einfluss eines „post-nationalen Modells" hingewiesen. Sie vertritt die Ansicht, dass der rechtliche Status von Migranten nicht mehr von nationalen Gesetzgebungen sondern von universalistischen Prinzipien bestimmt wird, welche in transnationalen Abkommen und Organisationen festgeschrieben sind. Noch deutlicher wird die Konvergenzthese von Gary Freeman (1995a) vertreten, wenn auch aus einer anderen Perspektive: Er sieht die migrationspolitischen Unterschiede zwischen einzelnen Ländern nicht in deren spezifischer politischer Kultur begründet, sondern interpretiert sie als Ausdruck des unterschiedlichen zeitlichen Verlaufs der Migrationsgeschichte der verschiedenen Nationalstaaten. Auf lange Sicht, so schreibt er, führt das „unfolding of the internal logic of the core values of liberal democracy" (Freeman 1995b, 909) zu identischen politischen Resultaten.

Es ist kein Zufall, das Freeman nicht von einem neo-institutionalistischen, sondern von einem akteurzentrierten Ansatz ausgeht, der den *politischen Prozess* liberaler Demokratien in den Mittelpunkt stellt. Auch die vorliegende Analyse wird diesen Weg einschlagen: Anhand einer klassischen Politikfeldanalyse (siehe z.B. Schubert 1991) soll die Integrationspolitik von drei europäischen Ländern während der letzten vier Jahrzehnte nachgezeichnet und mit derjenigen Deutschlands verglichen werden. Als Fallbeispiele dienen Großbritannien, Frankreich und die Niederlande, weil sie sich erstens nach 1945 zu den wichtigsten europäischen Immigrationsländern entwickelt haben und weil sie zweitens - zusammen mit Deutschland - in der internationalen Theoriediskussion oft als idealtypische Fälle präsentiert werden (Brubaker 1992; Castles 1995; Favell 1998; Kastoryano 1997; Schiffauer 1997; Schnapper 1992). Die Analyse wird zeigen, dass in den vier Ländern fünf verschiedene Typen von integrationspolitischen Programmen unterschieden werden können und dass sich die Politik Deutschlands nur in gewissen Bereichen von derjenigen der anderen Staaten unterscheidet.

## 2. Die Integrationspolitik vier europäischer Nationalstaaten

### 2.1 Großbritannien

Im Gegensatz zu anderen westeuropäischen Ländern präsentierte sich die Integrationsfrage in Großbritannien nie als ein juristisches Problem. Es handelte sich vielmehr darum, der Integration, welche rechtlich und politisch schon stattgefunden hatte, einen kulturellen oder symbolischen Inhalt zu geben (Crowley 1995). Soziale Spannungen, vor allem die Übergriffe von Rechtsextremisten auf Immigranten, waren dafür verantwortlich, dass die Frage der Integration während der fünfziger Jahre zu einem politischen Problem wurde. In ihrem Wahlmanifest von 1964 versprach die Labour-Partei, eine Antidiskriminierungspolitik einzuführen. Im selben Jahr an die Macht gekommen verstärkte sie jedoch anfänglich nur die Einwanderungskontrollen und verabschiedete erst 1965 den *Race Relations Act* (RRA). Dieses Gesetz bedeutete die Schaffung einer regierungsunabhängigen Instanz, des Race Relations Board (RRB), welches eine Schlichtungsfunktion und die Kompetenz zugesprochen bekam, Klagen wegen Diskriminierung auf deren Berechtigung hin zu untersuchen (Layton-Henry 1992; Solomos 1993). Ebenfalls 1965 wurde das *National Committee for Commonwealth Immigration* (NCCI) geschaffen, dessen Aufgabe die Unterstutzung der so genannten *Voluntary Liaison Committees* war, Organisationen, welche Sozialhilfe an Migranten leisteten.

Ende der sechziger Jahre kam es zu einer stark politisierten Debatte um die Einwanderung der East African Asians, Indern aus Kenia und Uganda. Am 20. April 1968 hält der Parlamentsabgeordnete Enoch Powell in Birmingham seinen berüchtigten Vortrag, welcher als die „*Rivers of Blood*"-Rede in die Geschichte einging, weil er darin die Einwanderung für zukünftige soziale Unrast verantwortlich macht. Labour-Premierminister Harold Wilson verteidigt daraufhin die Zulassungspolitik seiner Regierung, verspricht eine Verstärkung der Politik gegen Diskriminierung und kündigt eine neue Initiative an, das *Urban Programme* (UP). Das *Race Relations Board* hatte schon 1967 zusammen mit dem NCCI eine Studie veröffentlicht, welche ein hohes Maß von Diskriminierung gegenüber schwarzen Minderheiten, sowohl auf dem Arbeitsmarkt als auch im Wohnbereich, aufzeigte (Layton-Henry 1992, 44-70). Der zweite *Race Relations Act* von 1968 wurde deshalb auf den Wohnbereich, den Arbeitsmarkt und den Bereich der Ausbildung ausgedehnt. Ebenso erhielt das RRB erweiterte Kompetenzen: Es konnte nun selbst Klage erheben und Untersuchungen unternehmen, auch wenn keine individuelle Klage vorlag (Crowley 1990). Die dritte Neuerung stellte die Gründung der *Community Relations Commission* (CRC) neben dem RRB dar, welche das NCCI ersetzte und wie dieses als nationale Rahmeninstitution zur Unterstützung lokaler Vereine fungieren sollte. Diese wurden in der Folge in *Community Relations Councils* umbenannt.

Das *Urban Programme* (UP) wurde zwar nicht explizit als Antwort auf die Integrationsprobleme ethnischer Minderheiten, sondern vor allem als Maßnahme gegen die Probleme der *Inner Cities*[2] präsentiert. Es stellte aber unmissverständlich eine Reaktion auf die Rede Enoch Powells dar und spiegelte die Furcht vor den Konsequenzen der schwarzen Immigration in den von sozialen Problemen betroffenen Stadtquartieren. Zwei Kriterien gaben den Ausschlag, ob eine Gemeinde am Programm teilnehmen konnte: der Anteil an Immigranten-Kindern in den Schulen und der Anteil an Haushalten mit überdurchschnittlicher Mitgliederzahl. Die Konservative Partei, welche 1970 wieder an die Macht gekommen war, führte das *Urban Programme* weiter. Seine unbefriedigenden Resultate hatten aber zur Folge, dass sowohl die Finanzierung wie auch seine normativen Prämissen in Frage gestellt wurden. Die Idee, dass die Charakteristiken der betroffenen Bevölkerungsgruppen für die Probleme der *Inner Cities* verantwortlich seien, fand immer stärkere Kritik. Mitte der siebziger Jahre wurde deshalb das *Enhanced Urban Programme* ins Leben gerufen, welches verstärkt Partner aus der Privatwirtschaft einbeziehen sollte. Die 1978 erfolgte Entscheidung, sogenannte *Inner City Partnership Areas* zu schaffen, zeigte, dass sich eine auf ethnische Minderheiten abzielenden Sozialpolitik zu einer allgemeinen Stadterneuerungspolitik gewandelt hatte (Parkinson 1994, 52-53).

Die 1974 neu gewählte Labour-Regierung reformierte wiederum die Antidiskriminierungspolitik. Verschiedene anfangs der siebziger Jahre veröffentlichte Studien hatten diskriminierende Praktiken in der britischen Gesellschaft bestätigt, während gleichzeitig die existierenden Gesetze als enttäuschend eingeschätzt wurden (Layton-Henry 1992). Der 1976 verabschiedete dritte *Race*

[2] Als *Inner Cities* werden in Großbritannien allgemein Innenstadtquartiere bezeichnet, welche sich durch ökonomische Marginalisierung auszeichnen und in starkem Maße von sozialen Problemen betroffen sind.

*Relations Act* brachte drei grundlegende Neuerungen: Erstens wurde durch Zusammenfassung des *Race Relations Board* und der *Community Relations Commission* die *Commission for Racial Equality* (CRE) geschaffen. Als zweites wurde der Begriff der Diskriminierung auf das vom amerikanischen Recht übernommene Konzept der „indirekten Diskriminierung" ausgeweitet, demzufolge Diskriminierung nicht nur an der subjektiven Absicht einer Person, sondern vielmehr am objektiven Resultat einer Handlung zu messen ist (Banton 1988). Drittens wurde die CRE ermächtigt - wenn eine Untersuchung den Tatbestand der Diskriminierung bestätigte - eine *Non-Discriminatory Notice* gegen den Beklagten auszusprechen, welche das Gewicht eines Rechtsentscheids hat; und sie konnte nun ebenfalls Gruppen finanziell unterstützen, welche sich für die Ziele des im RRA aufgeführten Ziele einsetzten. Die positive Diskriminierung, wie sie z.B. die USA kennen, wurde hingegen im RRA von 1976 explizit verboten (Crowley 1990). Gleichzeitig wurden die von der CRE koordinierten *Community Relations Councils* in *Councils for Racial Equality* umbenannt. Diese Räte und Komissionen, welche heute auch die Bezeichnung *Committees for Community Relations* oder *Race Relations Units* haben, spielen eine Vermittlerrolle zwischen ethnischen Minoritäten und lokaler Verwaltung (Messina 1987; Vertovec 1996).

In den ersten Jahren der Thatcher-Regierung, welche 1979 an die Macht kam, konzentrierte sich die staatliche Politik hauptsächlich auf die Umsetzung einer härteren Zulassungspolitik, was mit Hilfe eines neuen Gesetzes über Staatsangehörigkeit, dem *British Nationality Act* von 1981, verwirklicht wurde. Dieses Gesetz führte eine Unterscheidung zwischen *British Citizens, British Dependent Territories Citizens* (Status, welcher vor allem den Bewohnern Hongkongs zukam) und *British Overseas Citizens* ein, wobei letztere von der Niederlassung in Großbritannien ausgeschlossen sind. Die sozialen Unruhen, welche verschiedene britische Städte anfangs der achtziger Jahre erschütterten, brachten aber ebenfalls wieder die Frage der Integration auf die politische Agenda. Obwohl an den Auseinandersetzungen sowohl weiße wie schwarze Jugendliche beteiligt gewesen waren, wurden die Unruhen von den Medien und den politisch Verantwortlichen als *Race Riots,* das heißt als von der schwarzen Bevölkerung ausgehende soziale Unrast interpretiert (Keith 1990). Der Innenminister Lord Scarman verlangte darauf einen Bericht über die Ursachen der Unruhen, welcher im November 1981 dem Parlament vorgestellt wurde. Er hatte zwei hauptsächliche Stoßrichtungen: Zum einen empfahl er eine verstärkte Sozialpolitik zur Bekämpfung der sozialen Marginalisierung ethnischer Minderheiten (Layton-Henry 1992), zum anderen forderte er eine Verbesserung der Beziehung zwischen der Polizei und den Bewohnern der *Inner Cities.* Man kann den *Scarman-Report* in dieser Beziehung als den Ausgangspunkt dafür betrachten, was später *Community Policing* genannt wurde. Dieses Konzept hat zum Ziel, die nicht-repressiven Funktionen der Polizei auszubauen und den Kontakt zu den Bewohnern - z.B. durch Verbindungspersonen in der lokalen Bevölkerung - zu suchen. Der *Scarman-Report* hatte ebenfalls gefordert, dass sich die Polizei als eine Institution präsentiere, welche Teil der Gesamtgesellschaft sei, was bedeutet, dass sie Angehörige der verschiedenen Minderheiten rekrutieren muss; dies nicht mit der Absicht, diese in ethnisch geprägten Stadtteilen einzusetzen, sondern mit dem Ziel, die Offenheit der Polizei und ihre Zugehörigkeit zur Gesellschaft zu demonstrieren.

Die sozialen Unruhen, welche zwischen 1985 und 1987 ausbrachen, waren von noch größerem Ausmaß als diejenigen von Anfang der achtziger Jahre. Die Regierung interpretierte diese neuerlichen Ausschreitungen nun aber nicht mehr als ein Integrationsproblem, sondern als eine Folge der ansteigenden Kriminalität. Das Problem der urbanen Unruhen wurde damit zu einer Frage von *Law and Order*, d.h. der Sicherung der öffentlichen Ordnung. Dieser Perspektivenwechsel (der sich schon in den Jahren zuvor angekündigt hatte) muss als Ausdruck der von Thatcher propagierten Überzeugung verstanden werden, soziale Marginalisierung sei das Resultat der moralischen Schwäche gewisser Individuen, welche sich am Rand der Gesellschaft bewegen und diese von dort her bedrohen. Nach Überzeugung der Konservativen galt es deshalb, auf diese Phänomene mit Repression zu antworten und gleichzeitig die dynamischen Kräfte der Gesellschaft zu unterstützen, welche sich auf dem freien Markt entfalten sollten. Diese Überzeugungen spiegeln sich auch in der Neuorientierung der *Inner City Policy* ab 1979, welche die Privatwirtschaft zum wichtigsten Akteur der Stadtpolitik macht. Der klarste Ausdruck dieser neuen Politik waren die elf *Urban Development Corporations* (UDC), welche die Regierung direkt zur Sanierung gewisser Stadtteile eingesetzt und mit beträchtlichen Summen versehen hatte. Die UDC orientierten sich in ihrer Politik vor allem an den Interessen der lokalen Unternehmen und klammerten soziale Bedürfnisse wie Schule, Wohnbereich, soziale Dienste und öffentlichen Transport, welche vorher im *Urban Programme* Priorität genossen hatten, zunehmend aus (Le Galès/Parkinson 1994).

Die Auseinandersetzung um die Integrationspolitik stellte im Weiteren einen der Schauplätze des Konflikts dar, welcher sich in den achtziger Jahren zwischen der konservativen Zentralregierung und einer Anzahl von Gemeinden abspielte, welche von Labour regiert wurden. Einer der Streitpunkte stellte die Schulfrage dar. Auf nationaler Ebene existieren in Großbritannien im Schulbereich keine spezifischen Integrationsdispositive. In den sechziger Jahren wurde eine explizit assimilationistische Politik verfolgt, welche dem Erlernen des Englischen Priorität einräumte und Schulen dazu anhielt, nicht mehr als 30% Immigrantenkinder aufzunehmen. Dies bedeutete, dass an vielen Orten die Praktik des *Busing* eingeführt werden musste. Der starke Protest, welcher diese Maßnahme auslöste, sowie ihre Verurteilung durch das Race Relations Board 1968 führte zu ihrer Aufgabe. Ende der siebziger Jahre wurde eine Kommission eingesetzt, welche die Gründe für die Probleme von Kindern aus ethnischen Minderheiten in der Schule untersuchen sollte. Der 1985 veröffentlichte Endbericht „Education for all" (auch *Swann-Report* genannt) gab der Diskriminierung relativ viel Gewicht und vertrat in moderater Weise auch die

Überzeugung, indirekte Diskriminierung spiele eine Rolle. Er verlangte eine multikulturelle und antirassistische Dimension für den Schulunterricht. Der 1988 von der Regierung verabschiedete Education Reform Act hingegen, welcher einen nationalen Lehrplan einführte, ging wieder eher in die Richtung einer assimilationistischen Politik (Layton-Henry 1992, 210).

Trotz der engen Grenzen, welche ihnen von der nationalen Gesetzgebung gesetzt waren, versuchten viele von Labour regierte Gemeinden (vor allem an der Peripherie von London) eine multikulturelle und antirassistische Politik im Schulunterricht zu verwirklichen. Diese Maßnahmen kamen aber ab Mitte der achtziger Jahre vielerorts unter Beschuss, weil sie gegen die britische Identität gerichtet wären. Auch in anderen Bereichen verfolgten die von Labour regierten Gemeinden in den achtziger Jahren eine aktive Politik gegen Diskriminierung ethnischer Minderheiten. Drei Aktionsprogramme lassen sich unterscheiden: Erstens die Förderung der Chancengleichheit (*Equal Opportunity Policies*), z.B. durch Maßnahmen gegen die Diskriminierung bei der Anstellung in der Gemeindeverwaltung oder dem Festlegen einer Minimalquote von Angestellten aus ethnischen Minderheiten; zweitens das Anpassen der Gemeindeverwaltung und ihrer Dienste auf die Bedürfnisse von Individuen aus anderen Kulturen; drittens der Kampf gegen Rassismus (Joly 1992).

Ende der achtziger Jahre stellte sich mit dem Auftauchen des fundamentalistischen Islams die Integrationsfrage in neuartiger Weise. Auslöser war die Affäre um Salman Rushdie. Noch bevor Ayatollah Khomeini im Februar 1989 seine *Fatwa* gegen den Autoren ausgesprochen hatte, verbrannten fundamentalistische Muslime im Januar in Bradford öffentlich das inkriminierte Buch. Dies führte zu großen Debatten in den Medien, und der Innenminister Douglas Hurd forderte am 24. Februar 1989 in einer Rede in der Zentralmoschee von Birmingham die englischen Muslime auf, die Regeln der englischen Gesellschaft zu respektieren. Zu einer weiteren Debatte kam es 1992 mit der Gründung eines islamischen Parlaments in London ebenfalls durch dem Fundamentalismus zugeneigten Exponenten des Islams. Viele Beobachter sehen in diesen Entwicklungen das Resultat des britischen Integrationsmodells, welches sie als kommunitaristisch bezeichnen, da es die ethnischen Gruppen als Kollektive integriere. Diese Interpretation ist insofern falsch, als dass das englische Recht keine kollektiven Rechte anerkennt. Die Forderungen nach einem islamischen Parlament oder nach schwarzen Sektionen (*Black sections*) in der Labour-Partei hat ihren Grund vielmehr in der Politisierung der religiösen und ethnischen Differenzen innerhalb der britischen Gesellschaft. Da die Einwanderer aus dem Commonwealth in Großbritannien vollberechtigte Bürger sind, kann diese Politisierung nicht verhindert werden. Sie wird - ob man dies befürwortet oder nicht - zu einem Bestandteil des demokratischen Prozesses (Crowley 1992).

## 2.2 Frankreich

Wie die meisten europäischen Länder hat Frankreich erst mit Verspätung auf Integrationsprobleme von Migranten reagiert. Die zentrale Schwierigkeit stellte in den fünfziger und sechziger Jahren der Wohnbereich dar. Es handelte sich bei der Wohnungsnot um ein gesamtgesellschaftliches Problem der Nachkriegszeit, welches ab den sechziger Jahren allerdings immer weniger die Einheimischen, dafür umso stärker die Migranten traf (Bachmann/Le Guennec 1996, 21-34). Die ersten Integrations-Dispositive entstanden im Zusammenhang mit der französischen Algerienpolitik. Sie sollten der muslimischen Bevölkerung Algeriens, welche zum Arbeiten ins Mutterland gekommen war, bessere Wohnbedingungen garantieren: 1956 wird die *Société Nationale de Construction de Logements pour les Travailleurs Algériens* (SONACOTRAL) gegründet, welche sich vor allem mit dem Bau und der Verwaltung von Wohnheimen für Immigranten beschäftigt[3]. Der 1958 entstandene *Fonds d'action sociale pour les travailleurs musulmans d'Algérie en métropole et pour leurs familles* (FAS) hat einen weiter gefassten Aufgabenbereich, zu dem u.a. auch die Finanzierung sozio-kultureller Aktivitäten gehört. Ab 1964 werden aber seine Kredite vor allem für den Bau von Wohnraum für Migranten verwendet (Ballain/Jacquier 1989).

Die von diesen zwei Institutionen verfolgte Politik erwies sich aber als unzureichend: Sehr viele Migranten fanden keine angemessene Unterkunft und wohnten deshalb in abbruchreifen Gebäuden heruntergekommener Innenstadtquartiere oder den *Bidonvilles*, Barackensiedlungen an der Peripherie der Großstädte (Lallaoui 1993). Wurden diese Siedlungen in den fünfziger Jahren noch mehr oder weniger geduldet, so gerieten sie ab den sechziger Jahren ins Kreuzfeuer der Kritik. Am 15. Dezember 1964 wurde ein Gesetz verabschiedet, welches die Auflösung der Bidonvilles zum Ziel hatte, indem es die Enteignung der entsprechenden Grundstücke erleichterte. Die Regierung wendete das Gesetz aber nur zögerlich an, vor allem darum, weil gleichzeitig kein Wohnungsbauprogramm zur Aufnahme der Bewohner der *Bidonvilles* entwickelt wurde. Als im Januar 1970 fünf Arbeiter aus Mali in ihrer baufälligen Unterkunft verbrannten, wurde der Vorfall zum Symbol für die soziale Marginalisierung der Migranten (Weil 1991, 72) und führte noch im selben Jahr zur Verabschiedung eines Gesetzes, das vorsah, die *Bidonvilles* aufzulösen und ihre Bewohner entweder in Wohnheime (*Foyers*), welche zum großen Teil von der SONACOTRA verwaltet wurden, oder im Falle von Familien, in *Cités de transit* (Durchgangssiedlungen) zu platzieren.

---

[3] Nach der Unabhängigkeit Algeriens wird die SONACOTRAL allen Arbeitern - seien sie Ausländer oder Franzosen - zugänglich und nennt sich fortan *Société Nationale de Construction de Logements pour les Travailleurs* (SONACOTRA).

In der gleichen Periode verabschiedete das Parlament noch zwei weitere erwähnenswerte Gesetze: Im Juni 1972 das Gesetz, welches Ausländern das Recht gab, als Vertreter von Betriebsbelegschaften gewählt zu werden (*Délégués du personnel*) und im Juli desselben Jahres das Gesetz, welches den Rassismus zu einem Delikt und damit strafbar machte (*Loi relative à la lutte contre le racisme*). Ebenfalls anfangs der siebziger Jahre kam es im Zuge der humanitären Mobilisierung für Migranten zur Gründung verschiedener Solidaritäts-Vereine, von denen z.B. der *Groupe d'information et de soutien aux travailleurs immigrés* (GISTI) bis heute eine einflussreiche Rolle spielt.

Der 1974 gewählte Präsident Valery Giscard-d'Estaing verfolgte in den ersten Jahren seiner Amtszeit eine liberale Politik gegenüber Migranten. 1974 ernannte die Regierung einen *Secrétaire d'Etat aux Immigrés*, unter welchem es zu einigen integrationspolitischen Fortschritten kam, wobei jeweils gleichzeitig auch restriktive Bestimmungen erlassen wurden. Durch zwei Dekrete von 1975 und 1976 wurde der Familiennachzug als ein Recht anerkannt. Er unterlag fortan nur noch der Bedingung, dass genügend Wohnraum vorhanden sei. Die verschiedenen aufenthaltsrechtlichen Stellungen wurden vereinheitlicht und der *Secrétaire d'Etat aux Immigrés* verstärkte das Integrationsdispositiv im Wohnbereich, indem er die *Commission nationale pour le logement des immigrés* (CNLI) schaffte, die Migranten verstärkt Zugang zum sozialen Wohnungsbau verschaffen sollte (Weil 1991).

Ebenfalls ab Anfang der siebziger Jahre tauchten im Schulbereich erste spezifische Maßnahmen für Migrantenkinder auf. Die laizistische Schule wird in Frankreich im allgemeinen als die wichtigste nationale Integrationsinstanz betrachtet, getreu der Devise *„La République a fait l'école, l'école fera la République"*. Obwohl das Grundprinzip der französischen Schule der Gleichheitsgrundsatz darstellt, sind in den siebziger Jahren drei migrantenspezifische Einrichtungen geschaffen worden. Erstens die Spezialklassen für nicht-frankophone Ausländerkinder - *Classes d'initiation* und *Classes d'adaptation* - deren Ziel es ist, den Schülern während eines Jahres genügend sprachliche Fähigkeiten zu vermitteln, um sie daraufhin in Normalklassen einweisen zu können. Als zweites Dispositiv existiert seit 1973 der Unterricht in der Sprache des Herkunftslandes. Dieses *Enseignement des langues et cultures d'origine* (LCO) richtete sich zunächst nur an Portugiesen, wurde dann aber durch ein Zirkular von 1975 umfassend geregelt: Drei Stunden pro Woche sind dafür (in fakultativer Form) vorgesehen. Auf der Sekundarstufe verfügen alle Schüler über die Möglichkeit, zwischen vierzehn Fremdsprachen (darunter auch diejenigen der größten Immigrantengruppen, wie das Arabische oder das Portugiesische) zu wählen. Drittens bestehen schließlich die *Centres de formation et d'information pour la scolarisation des enfants de migrants* (CEFISEM), von denen zwischen 1975 und 1984 zwanzig gegründet wurden und welche die Ausbildung von Lehrpersonal für Schulen mit hohem Migrantenanteil zum Ziel haben. Wegen fehlender Mittel können sie ihren Zweck aber nur ungenügend erfüllen und schon 1985 wurde erstmals ihre Auflösung in Betracht gezogen (Costa-Lascoux 1989, 86-91).

Als die Linke 1981 an die Regierung kam, sah es zunächst so aus, als ob sie die bisherige Integrationspolitik weiterverfolgen, zusätzlich aber die Rechte der Migranten erweitern wolle. Einerseits wurde der Anspruch der schon anwesenden Migranten auf einen dauerhaften Aufenthalt anerkannt: Bestehende Rückkehrprogramme wurden abgeschafft, der Familiennachzug liberalisiert und die Gründe eingeschränkt, welche eine Ausweisung von Migranten erlaubten. Die Linke verabschiedete im September 1981 auch ein Gesetz, welches Ausländern von nun an erlaubte, Vereine zu gründen. Ein anderes Projekt, das im Wahlprogramm an prominenter Stelle gestanden hatte, wurde hingegen fallen gelassen: Die Regierung zog den Vorschlag, das kommunale Wahlrecht für Ausländer einzuführen, aufgrund der Opposition der öffentlichen Meinung zurück.

Zeitgleich zu diesen Entwicklungen veränderte sich die Wahrnehmung der Integrationsfrage. 1981 brechen in Vaulx-en-Velin und Vénissieux, zwei Neubauvierteln an der Peripherie von Lyon, während der Sommermonate soziale Unruhen aus, an denen sich Immigrantenkinder beteiligen (Bachmann/Le Guennec 1996, 359-367). Von Presse und Fernsehen stark beachtet, führen die Ereignisse der Öffentlichkeit vor Augen, dass die *Immigrés* nicht nur Arbeitskräfte sind, sondern Familien mit Kindern, welche stark von Arbeitslosigkeit betroffen sind. Die neue Regierung sieht sich gezwungen, möglichst schnell zu reagieren: Ihre Antwort ist die *Politique de la ville*, die man als Stadtentwicklungspolitik bezeichnen kann. Diese Politik beruht auf der Überzeugung, dass zur Bekämpfung der sozialen Probleme, wie sie in gewissen besonders benachteiligten Vierteln auftreten, Maßnahmen ergriffen werden müssen, welche die Revitalisierung dieser Stadtteile in den Mittelpunkt stellen (Gaudin 1993, 4). Es handelt sich also um eine Politik, welche vom Prinzip „der positiven Diskriminierung beruhend auf der geographischen Eingrenzung" (Damamme/Jobert 1995, 29) ausgeht: Man bestimmt gewisse „Viertel mit sozialen Schwierigkeiten" (*Quartiers en difficulté*), welche in den Genuss zusätzlicher staatlicher Mittel gelangen sollen. Die Kriterien, die bei der Auswahl der Quartiere berücksichtigt werden, sind hohe Arbeitslosigkeit, ein hoher Anteil an ausländischer Bevölkerung, Jugendlichen und Großfamilien sowie ein hoher Bestand an Sozialwohnungen.

Die *Politique de la ville* betraf anfangs nur wenige Quartiere. Mit der Rückkehr der Linken an die Regierung und der Bildung der *Délégation interministérielle à la Ville* (DIV) wurde ihre Zahl 1988 auf 400 erweitert. Der DIV, als Koordinationsinstanz zwischen den Ministerien konzipiert, gelang es allerdings nicht, die anderen Ministerien von der Mitarbeit an der Stadtentwicklungspolitik zu überzeugen. Der französische Präsident François Mitterand verfügte deshalb 1991 die Bildung eines Stadtministeriums (*Ministère d'Etat à la Ville*), auf dessen Initiative im Mai 1991 ein Gesetz verabschiedet wurde, welches einen finanziellen Ausgleich zwischen armen und reichen Gemeinden vorsah. Im Juli 1991 folgte die *Loi d'orientation pour la ville* (LOV), auch *„Loi antighetto"* genannt, welche durch eine koordinierte Wohnungszuweisungspolitik gegen Segregationstendenzen ankämpfen und die soziale Durchmischung (*Mixité sociale*) fördern sollte (Toubon 1992). Eine ähnliche Politik wird im Bereich der Schule mit der Bildung der *Zones d'éducation prioritaires* (ZEP) verfolgt, deren Schulen mit mehr finanziellen und personellen Mitteln ausgestattet werden.

1986 kündigt Premierminister Chirac seine Absicht an, den *Code de la nationalité* zu reformieren und den Zugang zur französischen Staatsbürgerschaft restriktiver auszugestalten. Unter dem starken Druck der Opposition zog er das Projekt jedoch zurück und bildete dafür eine Kommission, welche über eine zeitgemäße Revision des Gesetzestextes nachdenken sollte. Der im Januar 1988 von der Kommission veröffentlichte Bericht schlug nur geringfügige Änderungen des *Code de la nationalité* vor, welche die Linke, die im gleichen Jahr wieder an die Macht kam, allerdings nicht berücksichtigte. Erst 1993, nach einem erneuten Regierungswechsel, wurden sie umgesetzt: In Frankreich geborene Kinder von Ausländern erhielten nun die französische Staatsbürgerschaft bei ihrer Volljährigkeit (18 Jahre) nicht mehr automatisch, sondern mussten sie zwischen dem sechzehnten und dreiundzwanzigsten Lebensjahr selbst beantragen.

Die Diskussion um die Staatbürgerschaft hatte aber die Existenz eines starken republikanischen Credos in der französischen Gesellschaft hervortreten lassen, welches ab Anfang der neunziger Jahre zur Grundlage der Integrationspolitik wird. Dafür sind mehrere parallel laufende Entwicklungen verantwortlich. Als erstes die starke Politisierung der Frage der islamischen Präsenz in Frankreich (Battegay 1992). Die Weigerung eines Schuldirektors, drei marokkanische Mädchen zum Unterricht zuzulassen, weil sie ihr Kopftuch nicht abnahmen, führte 1989 zu einer nationalen Debatte über den Platz des Islam in der französischen Gesellschaft. Diese Diskussion war stark von der Befürchtung geprägt, eine Integrationspolitik, welche nicht fest in der republikanischen Tradition Frankreichs verankert sei, könne dem islamischen Kommunitarismus Auftrieb verleihen und damit den nationalen Zusammenhalt in Frage stellen.

Ein zweiter Grund für die Rückkehr zu republikanischen Prinzipien stellt die Art und Weise dar, wie der rechtsextreme *Front National* (FN) das *„Droit à la différence"* für seine Zwecke missbrauchte. Aus der Sicht des FN handelte es sich um ein legitimes Recht, da es dem Umstand Rechnung trage, dass sich Immigranten nicht an die französische Gesellschaft assimilieren könnten. Das *„Droit à la différence"* gelte aber auch für die Einheimischen und impliziere, dass diese rechtmäßigerweise verlangen könnten, unter sich zu bleiben und die Immigranten in ihre Herkunftsländer zurückzuschicken (Taguieff 1991). Der starke Einfluss der Partei - ihr Wähleranteil lag Mitte der neunziger Jahre auf einem im europäischen Vergleich sehr hohen Niveau von ca. 15% - hat die traditionellen Parteien inklusive der Linken von der Verteidigung des *„Droit à la différence"* abrücken lassen.

Ein letztes Erklärungsmoment ist schließlich sozio-ökonomischer Natur: Die Marginalisierung weiter Bevölkerungsteile, welche aufgrund der langanhaltenden ökonomischen Krise in Frankreich allgemein zunahm, ließ eine spezifische Politik für Immigranten als nicht mehr opportun erscheinen. Verschiedene spezifisch auf Immigranten ausgerichtete Institutionen wie die SONACOTRA oder die CNLI haben sich in den letzten Jahren allen sozial benachteiligten Personen unabhängig von deren Nationalität geöffnet. Auch der FAS orientiert seine Politik zunehmend in dieselbe Richtung. Gewisse Autoren schließen deshalb, dass Frankreichs Sozialpolitik heute fast nur noch allgemeine und kaum mehr migrantenspezifische Dispositive kennt (Chebbah 1996, 17). Das republikanische Credo wird heute am prononciertesten vom 1990 geschaffenen *Haut Conseil de l'Intégration* vertreten, einer Expertengruppe, welche die Migrationsdiskussion versachlichen, die Öffentlichkeit objektiv informieren und der Regierung Vorschläge für die Verbesserung ihrer Politik machen soll. In alljährlichen Berichten - zur Schule, Siedlungspolitik, Religion etc. - gibt er Politikempfehlungen ab, welche immer auf den Prinzipien der *Intégration à la française* beruhen (Haut Conseil 1993).

Um die Darstellung zu vervollständigen, muss noch das Antirassismusgesetz von 1990 erwähnt werden: Es erweiterte die Bestimmungen desjenigen von 1972, indem es die Strafmaße verschärfte und die Zahl der Vereine erhöhte, welchen das Anklagerecht zusteht. Die französische Gesetzgebung gegen Rassismus ist allerdings nicht sehr effektiv: Als strafrechtliche Regelung gelingt es ihr wohl, rassistische Äusserungen und Druckerzeugnisse zu verfolgen, zur Bekämpfung der Diskriminierung auf dem Arbeitsmarkt und im Wohnbereich verfügt sie aber nicht über ausreichende rechtliche Mittel (Costa-Lascoux 1991). Um effizienter gegen solche Diskriminierungen kämpfen zu können, arbeitete die Sozialministerin der 1997 wieder an die Macht gekommenen Linksregierung ein Antidiskriminierungsgesetz aus, das allerdings noch nicht endgültig verabschiedet worden ist. Ansonsten hat die Regierung Jospin keine neuen integrationspolitischen Initiativen ergriffen. Mit der Verabschiedung einer erneuten Revision des *Code de la Nationalité*, welche die automatische Einbürgerung für in Frankreich geborene Kinder bei Volljährigkeit wieder einführte, hat sie allerdings ein symbolisches Zeichen für eine liberale Staatsbürgergesetzgebung gesetzt.

## 2.3 Die Niederlande

Die Unabhängigkeit der ehemaligen Kolonie Indonesien im Jahre 1949 führte in den Niederlanden während der fünfziger Jahren zu zwei unterschiedlichen Einwanderungsströmen. Der erste bestand aus den sog. *indische Nederlanders*, meist Personen indonesisch-niederländischer Herkunft, welche als „Repatriierte" wahrgenommen wurden und für die eine umfassende Integrationspolitik umgesetzt wurde (Van Amersfoort 1982). Die zweite Gruppe waren die Molukker, welche in der niederländischen Kolonialarmee gedient hatten und deswegen aus Angst vor Repressalien vor der neuen indonesischen Regierung flüchteten. Im Gegensatz zu den *indische Nederlanders* wurden sie von der niederländischen Regierung als vorübergehende Flüchtlinge betrachtet und in ungefähr fünfzig über das ganze Land verstreute Lager verteilt, wo sie vollumfänglich vom *Commissariaat Ambonezen Zorg* (CAZ) fürsorgerisch betreut wurden (WWR 1979). Für Surinamer und Antillaner, Migranten aus anderen Kolonialgebieten, wurde hingegen keine spezifische Integrationspolitik formuliert. Auch für die ausländischen Arbeitskräfte aus dem Mittelmeerraum existierten anfänglich nur einige wenige Integrationsangebote. Dies änderte sich aber in den siebziger Jahren: Während dieser Periode tauchen in den Niederlanden drei mit der Immigration verbundene Problemkreise auf, welche gegen Ende des Jahrzehnts von den politisch Verantwortlichen als so brennend empfunden werden, dass schließlich eine kohärente und umfassende Integrationspolitik entwickelt wird.

Erste politische Spannungen löste die Zunahme der Immigration aus Surinam aus. Mit der Unabhängigkeit der Kolonie 1975 - bis zu welcher ca. ein Drittel der Bevölkerung in die Niederlande auswanderte - erschöpfte sich zwar der Einwanderungsprozess, aber die Aufmerksamkeit richtete sich nun auf die sozialen Auswirkungen der Immigration. Es handelte sich dabei einerseits um die Konzentration der surinamischen Einwanderer in gewissen Stadtvierteln, andererseits um die hohe Arbeitslosigkeit, welche viele Jugendliche traf und die Entstehung einer ethnischen Unterklasse befürchten ließ (Van Amersfoort 1982). Einen zweiten Problembereich stellten die xenophoben Ausschreitungen gegen südeuropäische Zuwanderer dar, die sich teilweise in offener Gewalttätigkeit äusserten, so beispielsweise 1972 in Afrikaanderwijk, an der Peripherie von Rotterdam gelegen, oder 1976 in Schiedam, das ebenfalls zur Rotterdamer Agglomeration gehört. Diese Vorkommnisse lösten in der niederländischen Öffentlichkeit Beunruhigung aus und wurden von den Politikern einhellig verurteilt. Mit der Bildung der *Nederlandse Volksunie* (NVU), einer kleinen rechtsextremen Partei, welche ihre rassistische Haltung offen proklamierte, erfuhr die Frage eine starke Politisierung: Trotz der bescheidenen Wahlerfolge der NVU wurde die xenophobe Welle als Gefahr für die sich als tolerant verstehende niederländische Gesellschaft betrachtet (Rath 1991).

Den schwerwiegendsten Konfliktbereich stellte allerdings der molukkische Terrorismus dar, welcher auf die Mitte der sechziger Jahre zurückging, sich aber anfangs der siebziger Jahre verstärkte. Es kommt zu einer Reihe von Besetzungen, Geiselnahmen und Zugentführungen durch Gruppen junger Molukker, welche mit dem Tod von Geiseln oder Entführern enden und in der niederländischen Öffentlichkeit einen gewaltigen Schock auslösen (Bartels 1986). Obwohl die jungen Molukker erklären, sie würden für eine autonome molukkische Republik in Indonesien kämpfen, müssen die Vorkommnisse vielmehr als Folge der Isolierung der zweiten Generation von Molukkern in der niederländischen Gesellschaft interpretiert werden. Diese Isolierung war einerseits das Resultat der utopischen Hoffnung der Molukker auf eine Rückkehr in die

Heimat, andererseits die Folge der Abschottungspolitik der holländischen Regierung. Eine ihrer Auswirkungen war, dass junge Molukker auf dem niederländischen Arbeitsmarkt kaum eine Chance hatten (Dalstra 1983).

Diese verschiedenen Konflikte führen dazu, dass in den späten siebziger Jahren bei den politisch Verantwortlichen das Gefühl vorherrscht, „es müsse etwas getan werden" - nicht nur in Bezug auf die Molukker, sondern auf Migranten im Allgemeinen. Im März 1980 billigt die Regierung einen Expertenbericht für eine neue Migrationspolitik und anerkennt damit indirekt, dass die Niederlande zu einem Einwanderungsland geworden sind. Auf der Basis des Berichts wird 1983 ein Weißbuch zur Minderheitenpolitik (*Minderhedennota*) veröffentlicht, das während der achtziger Jahre als Basis der Integrationspolitik dient. Die Minderhedennota definiert als Zielgruppen der Integrationspolitik die „ethnischen Minderheiten", d.h. diejenigen Immigrantengruppen, welche aufgrund ihrer sozialen Position sowie ihrer Herkunft als von gesellschaftlicher Marginalisierung bedroht erscheinen (Penninx 1988). Dazu gehören die Molukker, Surinamer, Antillaner, die Arbeitsmigranten aus dem Mittelmeerraum und Flüchtlinge, aber auch Roma und Fahrende.

Die Umsetzung der in der *Minderhedennota* enthaltenen Vorschläge erfolgte in mehreren Etappen und beinhaltete drei Strategien: erstens die Schaffung von Bedingungen, welche die „kollektive Emanzipation" der ethnischen Minoritäten erleichtern würden; zweitens die Verbesserung ihrer sozio-ökonomischen Position; drittens Maßnahmen gegen Diskriminierung. Zum ersten Punkt gehört die rechtliche Gleichstellung und die Verbesserung der Position der ethnischen Minderheiten durch die Unterstützung (oder oft auch die Bildung) von konsultativen Räten und Immigrantenvereinen. Dem Ziel der Erweiterung der Partizipationsmöglichkeiten von Immigranten sollte auch die Einführung des Wahlrechts auf Gemeindeebene dienen: Im März 1986 fanden zum ersten Mal Lokalwahlen unter Beteiligung von Migranten statt (Rath 1988). Die Einbürgerungsbestimmungen wurden ebenfalls liberalisiert: 1985 trat das neue Staatsangehörigkeitsgesetz (*Rijikswet op het Nederlandschap*) in Kraft. Es gab u.a. in den Niederlanden geborenen Ausländern das Recht, zwischen 18 und 25 Jahren die niederländische Staatsbürgerschaft zu beantragen (Hejis 1995, 180-197). Auch in Bezug auf den Islam verfolgte die Regierung eine Politik der Rechtsgleichheit: 1987 entschied beispielsweise das Parlament, dass die gleichen Regeln für die Gebete vom Minarett einer Moschee wie für das Glockenläuten von Kirchen gelten sollten (Rath et al. 1991).

Der zweite Punkt der *Minderhedennota*, die Verbesserung der sozio-ökonomischen Position der ethnischen Minderheiten, betraf die drei Bereiche Arbeitsmarkt, Schule und Wohnen. Speziell auf Immigranten ausgerichtete Ausbildungsprogramme strebten nach vermehrter Integration in den Arbeitsmarkt. Die *Minderhedennota* hatte auch festgestellt, dass soziale Probleme von Migranten in gewissen Stadtvierteln gehäuft auftraten und dort auch Autochthone trafen. Sie empfahl deswegen eine territorial definierte Sozialpolitik, welche später in eine allgemeine Stadtentwicklungspolitik überging. Im Schulbereich werden ähnliche Maßnahmen verfolgt: Schulen mit einem hohen Anteil an Immigrantenkindern können verstärkte finanzielle und personelle Unterstützung anfordern, welche dann aber auch den einheimischen Kindern zugute kommt, die diese Schulen besuchen (Kruyt/Niessen 1997). Das Ziel der Chancengleichheit für Immigrantenkinder im Schulunterricht soll auch durch zusätzlichen Unterricht in Niederländisch sowie durch interkulturellen Unterricht, d.h. Kurse in der Herkunftssprache (*Onderwijs in eigen Taal en Cultuur* - OETC) erreicht werden (Broeder/Extra 1997). Im Wohnbereich beschränkte sich die Minderheitenpolitik vor allem auf Maßnahmen, welche die herkunftsneutrale Allokation von Wohnraum durch den Markt und damit die Verhinderung von Diskriminierung zum Ziel hatten. Im Allgemeinen wurde den Maßnahmen der Minderheitenpolitik, welche auf die Verbesserung der sozio-ökonomischen Position der Minderheiten ausgerichtet waren, zu Beginn der achtziger Jahre aber weniger Priorität zugemessen als der Herstellung von Rechtsgleichheit und der Unterstützung „kollektiver Emanzipation".

Das dritte Ziel der *Minderhedennota* bestand in der Bekämpfung von Diskriminierung. Anfang der achtziger Jahre verlangte das Parlament auf Druck des Niederländischen Zentrums für Ausländer (*Nederlands Centrum Buitenlanders* - NCB) eine Übersicht über alle rechtlichen Regelungen, welche der Gleichbehandlung von Immigranten im Wege standen. Die Empfehlungen des 1983 veröffentlichten Berichts wurden während der achtziger Jahre umgesetzt. 1985 entstand das Nationale Büro für Rassismusbekämpfung (*Landelijk Bureau Racismebestrijding*, LBR), eine vom Justizministerium subventionierte Organisation, welche von Immigrantenvereinen, Hilfswerken und dem niederländischen Anwaltsverband geleitet wird. Es erhielt die Aufgabe, Opfer von Diskriminierung zu unterstützen, aber auch Untersuchungen über Rassismus und Diskriminierung in der niederländischen Gesellschaft durchzuführen (Böcker 1991).

Trotz der Integrationsmaßnahmen, welche im Rahmen der Minderheitenpolitik umgesetzt wurden, stieg die Arbeitslosigkeit der Migranten gegen Ende der achtziger Jahre in alarmierende Höhen: 1986/87 betrug der Anteil von Arbeitslosen bei Surinamern 27%, bei Marokkanern 42% und bei Türken 44%. Der Arbeitslosenanteil bei den zwei letzteren Gruppen lag damit dreimal höher als bei den Einheimischen (13%). Wenn eines der zentralen Ziele der Minderheitenpolitik die Verbesserung der sozialen Position von Immigranten war, musste sie damit nicht als gescheitert betrachtet werden? So lautete jedenfalls der Schluss, den verschiedene Politiker und Journalisten zogen (Penninx, Groenendijk 1989) und innerhalb der Regierung Lubbers mehrten sich die Stimmen, welche eine Abkehr von der Minderheitenpolitik verlangten, da sie nur unnütze Kosten verursache. Die Kontroverse um die Minderheitenpolitik führte dazu, dass der Direktor der interdepartementalen Kommission zur Koordinierung und Umsetzung der Minderheitenpolitik Ende der achtziger Jahre einen erneuten Expertenbericht anforderte, um eine breitere Diskussion über die Integration von Immigranten in den Niederlanden zu provozieren. Die im Mai 1989 unter dem Titel *Allochtonenbeleid* (Politik für Fremde) veröffentlichte Studie empfahl, die Integrationspolitik weiterzuführen: Die Niederlande seien nicht nur ein Einwanderungsland geworden, sie würden es auch in Zukunft bleiben. Um die Gefahr der Bildung einer ethnischen Unterklasse zu verhindern, empfiehlt der Bericht, die Energien vor allem auf die Integration auf dem Arbeitsmarkt und in der Schule zu konzentrieren. Gelinge die Integration in diesen Bereichen, würde sie in den anderen nachfolgen. Ausländer sollen primär die holländische Sprache erlernen und unter Umständen sogar dazu gezwungen werden können (WWR 1990). Die Integrationspolitik richtete sich damit mehr auf sozio-ökonomische Partizipation und weniger auf die „kollektive Emanzipation" aus.

Der Bericht sprach sich gegen die positive Diskriminierung aus, wie sie während der achtziger Jahre von gewissen Seiten gefordert worden war. Er empfahl hingegen eine Politik, wie sie in Kanada mit dem *Employment Equity Act* verfolgt wird: Unternehmen sollen sich verpflichten, jedes Jahr Daten zur ethnischen Zusammensetzung ihrer Belegschaft zu veröffentlichen, wobei aber keine rechtlichen Sanktionen gegen diejenigen Arbeitgeber vorgesehen sind, welche sich nicht um die Einstellung von Angehörigen der Minderheiten bemühen. Hinter dieser Regelung steht die Idee, dass der Druck der öffentlichen Meinung die Unternehmen auf die Dauer zu einer bewussteren Einstellungspolitik zwinge. Im Gefolge dieser Empfehlungen kamen Gewerkschaften und Arbeitgeber im November 1990 in der Vereinbarung *Meer werk voor minderheden* (Mehr Arbeit für Minderheiten) überein, innerhalb von vier bis fünf Jahren 60.000 Immigranten einzustellen (Penninx et al. 1993, 163).

In ihrer Antwort vom März 1990 akzeptierte die Regierung den neuen Bericht und legte in der Folge mehr Gewicht auf die Arbeitsmarktintegration und Erwachsenenbildung sowie auf die Integration von neuankommenden Immigranten (*Nieuwkomers*). Die Kontroverse um die Minderheitenpolitik hatte aber gleichzeitig zu einer Politisierung der Migrationsfrage geführt, welche bis anhin auf einem *Gentlemen's agreement* zwischen den großen Parteien beruht hatte. Trotzdem besteht aber weiterhin eine grundsätzliche Übereinstimmung zwischen den großen Parteien bezüglich der Notwendigkeit und Stoßrichtung der Integrationspolitik. Die Art des Konsenses hat sich allerdings gewandelt: Stand Anfang der achtziger Jahre die Politik der Rechtsgleichheit und die Idee der „kollektiven Emanzipation" im Vordergrund, so hat in den neunziger Jahren die Integration in den Arbeitsmarkt Priorität erhalten. Nur noch in diesem Bereich werden heute migrantenspezifische Maßnahmen befürwortet (Fermin 1997).

Im Juli 1994 wird das Gesetz zur Förderung der Anstellung von Immigranten (*Wet Bevordering Evenredige Arbeidsdeelname Allochtonen* - WBEAA) verabschiedet, welches von Unternehmen mit mehr als 35 Angestellten verlangt, Daten zur Belegschaftszusammensetzung sowie ihre zukünftigen Pläne für die Einstellung ethnischer Minderheiten zu veröffentlichen. Bei dem Gesetz handelt es sich um eine späte Folge der Empfehlungen des Berichts von 1989. Im Bericht des Innenministeriums über die Integration ethnischer Minderheiten (*Contourennota integratiebeleid etnische minderheden*) von 1994 wird die „Minderheitenpolitik" in „Integrationspolitik" umgetauft. 1996 wird schließlich der Politik für die *Nieuwkomers* ein neuer Impuls gegeben: Neue Einwanderer sollen demzufolge verpflichtet werden, Sprachkurse und Programme zur Arbeitsmarktintegration zu besuchen. Gleichzeitig wird die Integrationspolitik zunehmend als ein großstädtisches Problem interpretiert und der Stadtentwicklungspolitik angenähert. Die Regierung geht auch davon aus, dass die ethnischen Minderheiten von den meisten Programmen für arbeitslose Frauen und Jugendliche überdurchschnittlich profitieren werden, obwohl diese nicht migrantenspezifisch definiert sind (Kruyt/Niessen 1997).

Auch im Bereich der Staatsangehörigkeitsgesetzgebung haben in den neunziger Jahren Veränderungen stattgefunden. Ab 1992 liberalisierte die niederländische Regierung ihre Haltung in Bezug auf die doppelte Staatsbürgerschaft: Neueingebürgerte konnten von nun an ihre ehemalige Staatsangehörigkeit behalten, was vorher nicht (oder nur in Ausnahmefällen) möglich war. Im April 1996 stimmte das Parlament allerdings gegen ein Gesetz, welches diese Praxis rechtlich verankert hätte, und seither besteht keine offizielle Regierungsdirektive mehr. Dies bedeutet, dass es den Gemeinden überlassen ist, die Frage zu entscheiden. Einige verfolgen eine restriktive, andere eine liberale Politik.

## 2.4 Deutschland[4]

Im Unterschied zu Großbritannien, Frankreich und den Niederlanden kannte Deutschland in der Nachkriegszeit keine Kolonialimmigration, dafür aber eine massive Einwanderung von „ethnischen Deutschen" aus den Gebieten östlich der Oder-Neiße-Grenze (den sogenannten Ostgebieten) und aus Ost- und Südosteuropa. Für diese Einwanderer bestanden und bestehen heute sehr weitreichende Integrationsdispositive. Sie sind aber nie in Zusammenhang mit der Immigration ausländischer Arbeitskräfte gebracht worden.

Wie in Frankreich waren es auch in Deutschland die schlechten Wohnbedingungen, welche während der sechziger Jahre in der Öffentlichkeit als erstes ein gewisses Interesse an der sozialen Lage der „Gastarbeiter" weckten (Herbert 1986, 202). Erst anfangs der siebziger Jahre begannen sich aber sowohl der Bund wie die Länder diesen sozialen Problemen zu widmen. Im ersten ausländerpolitischen Konzept der Bundesregierung von 1970 wurden „Grundsätze zur Eingliederung ausländischer Arbeitnehmer" festgehalten, welche aber ausschließlich aus einer Arbeitsmarktperspektive heraus formuliert waren. In fast jedem Bundesland folgten darauf Berichte zur Ausländerproblematik

[4] Mit Deutschland wird in diesem Text die Bundesrepublik Deutschland und - nach der Wiedervereinigung von 1990 - Gesamtdeutschland bezeichnet.

(Meier-Braun 1988, 134-135). Gewisse Autoren sehen in der Arbeitserlaubnisverordnung von 1971, welche länger als fünf Jahre in der Bundesrepublik beschäftigten Ausländern eine auf fünf Jahre befristete Arbeitserlaubnis zusprach, einen „konzeptionellen Bruch" mit der rein ökonomischen Perspektive, weil von da an die Ausländerpolitik nicht mehr einen ausschließlichen Bestandteil der Arbeitsmarktpolitik darstelle (Angenendt 1992, 157). Die drei Jahre vor dem Anwerbestopp und die daran anschließende Periode waren tatsächlich von der zweifachen Zielsetzung geprägt, einerseits die Integration zu bejahen, andererseits aber die Ausländerzahl zu verringern. Die Integrationsmaßnahmen gestalteten sich entsprechend widersprüchlich: So verteidigte die Regierung die „Zuzugssperren", welche ab 1975 den nicht-westeuropäischen Ausländern den Zugang zu Stadtvierteln mit hohem Ausländeranteil verboten, mit dem Argument, es gelte „überlastete Siedlungsgebiete" vor der „Ghettobildung" zu bewahren (Franz 1976, 148).

Der Anwerbestopp von 1973 führte gegen Ende der siebziger Jahre zum nicht intendierten Ergebnis, dass sich ein Großteil der Ausländer in Deutschland niederließ. Damit wurde „Integration" im politischen Diskurs zu einem vorrangigen Ziel und der Integrationsbegriff das zentrale Schlagwort in Politik und Wissenschaft. Die verschiedenen Akteure definierten den Integrationsbegriff aber sehr unterschiedlich: Staatliche Institutionen verstanden unter Integration vor allem „die Erleichterung der *Eingliederung* der ausländischen Familien durch politisch-administrative Maßnahmen, z.B. die *Maßnahmen zur beruflichen und sozialen Eingliederung*", währenddessen Kirchen, Verbände und Hilfswerke Integration als Gleichberechtigung der Immigranten mit den Einheimischen definierten. In politischen Stellungnahmen wiederum wurde unter Integration vor allem die Anpassungsleistung der Eingewanderten verstanden (Treibel 1990, 47).

Die wichtigste institutionelle Neuerung stellte 1978 die Schaffung des Amtes eines Ausländerbeauftragten dar.[5] Die Initiative ging von Bundeskanzler Helmut Schmidt aus, welcher sich gegen die Kritik der Opposition durchsetzte (Grindel 1984). Mit der Amtsführung wurde der ehemalige Ministerpräsident von Nordrhein-Westfalen Heinz Kühn (SPD) betraut. Durch die Berufung eines Ausländerbeauftragten anerkannte die Regierung, dass ein Mindestmaß an Koordination der ausländerpolitischen Maßnahmen notwendig war. Aufgabe des dem Bundesarbeitsministerium angeschlossenen Amtes wurde es, Regierung und Öffentlichkeit über die Lage der ausländischen Bevölkerung zu informieren, bei den Bundesländern, Gemeinden und betroffenen Institutionen auf eine bessere Koordination ihrer Maßnahmen hinzuwirken sowie bei der einheimischen Bevölkerung das Verständnis für Migranten zu fördern.

---

[5] Anmerkung der Herausgeber: Vgl. hierzu den Beitrag von Bernd Geiß in diesem Band.

Als ersten Auftrag erarbeitete der Ausländerbeauftragte einen Bericht über die Integrationssituation von Immigranten sowie Vorschläge für eine zukünftige Politik. Das Ende 1979 veröffentlichte Memorandum „Stand und Weiterentwicklung der Integration der ausländischen Arbeitnehmer und ihrer Familien in der Bundesrepublik Deutschland" erstaunte durch seine weitreichenden Forderungen. Kühn verlangte die Anerkennung der faktischen Einwanderungssituation, bessere Integrationsmaßnahmen vor allem für Ausländerkinder, einen Anspruch der jugendlichen Ausländer auf ungehinderten Zugang zu Arbeits- und Ausbildungsplätzen sowie ein „Optionsrecht der in der Bundesrepublik geborenen und aufgewachsenen Jugendlichen auf Einbürgerung" (Meier-Braun 1988, 17-18). Der Bericht schreibt sich in eine kurze Periode Ende der siebziger Jahre ein, welche als „Wettrennen um Integrationspolitik" charakterisiert worden ist (Meier-Braun 1988, 15). Sowohl das Arbeits- wie das Bildungsministerium veröffentlichten Vorschläge, welche allerdings deutlich weniger weit gingen als diejenigen des „Kühn-Berichts". Im Beschluss der Bundesregierung von 1980 zur „Weiterentwicklung der Ausländerpolitik" wurden die Vorschläge des Ausländerbeauftragten, trotz Protesten von in der Ausländerarbeit engagierten Kreisen, nicht berücksichtigt. Die SPD/FDP-Bundesregierung beließ es bei einer durch Integrationskonzepte ergänzten Arbeitsmarktpolitik (Bade 1990, 15).

Obwohl ab Anfang der achtziger Jahre deutlich wird, dass die Bundesrepublik mit einer Einwanderungssituation konfrontiert ist, und obwohl viele Beobachter sie nunmehr offen als ein Einwanderungsland bezeichnen, hat diese Erkenntnis keinen Einfluss auf die Gestaltung der staatlichen Politik. Nach dem kurzen „Wettrennen um Integrationspolitik" kehrt die Regierung zum Primat der Begrenzungspolitik zurück und stellt vor allem die Rückkehrförderung in den Vordergrund. Da im Integrationsbereich während der achtziger Jahre auf Bundesebene keine kohärente Politik entwickelt wird, sprechen gewisse Beobachter von einem „verlorenen Jahrzehnt" (Bade 1993, 446). Dies stellt jedoch ein zu kategorisches Urteil dar, weil einerseits auf nationaler Ebene Maßnahmen zur Integration von ausländischen Jugendlichen auf dem Arbeitsmarkt eingeführt wurden und weil andererseits Länder und Gemeinden im Schulbereich sowie in Fragen der Interessenvertretung von Migranten verschiedene Vorstöße unternahmen.

Zur Förderung der beruflichen Integration existierten seit 1977 Sprachkurse für arbeitslose ausländische Jugendliche. 1980 wurden diese Kurse zu weitreichenderen arbeitsmarktlichen Integrationsprogrammen ausgeweitet, den *Maßnahmen zur sozialen und beruflichen Eingliederung* (MSBE). Die Programme richteten sich vor allem an Jugendliche, welche aufgrund des Familiennachzugs erst seit einigen Jahren in Deutschland lebten, und bestanden aus Intensivkursen in Deutsch und der Vermittlung anderer zur Eingliederung auf dem Arbeitsmarkt wichtiger Grundkenntnisse. Zwei neue Maßnahmenpakete, welche allgemeiner auf die Probleme der zweiten Generation ausgerichtet waren, ersetzten 1987 die MSBE. Beide hatten wiederum das Erlernen von

Deutschkenntnissen zum Ziel, das eine vermittelte jedoch zusätzlich grundlegende technische Kenntnisse, das andere war auf die Bekämpfung von Lernschwierigkeiten ausgerichtet.

Da der Bildungsbereich unter die Entscheidungskompetenz der Länder fällt, sind integrationspolitische Maßnahmen in der Schule auf Länderebene angesiedelt. Schon im Mai 1964 wurde von den Ministerpräsidenten der Länder die Einführung von Vorbereitungsklassen entschieden (Esser/Korte 1981, 193-194). Es können insgesamt fünf Integrationstypen unterschieden werden: erstens die direkte Integration in *Normalklassen* (eventuell begleitet von Kursen in der Muttersprache); zweitens die *Vorbereitungsklassen*, welche als kurzfristige Übergangsmaßnahmen (2-3 Jahre) konzipiert sind und in denen intensiver Deutschunterricht in kleinen Gruppen angeboten wird; drittens *nationale Vorbereitungsklassen* mit identischem Ziel, in welchen aber ein großer Teil der Kurse in der Herkunftssprache der Immigrantenkinder abgehalten wird; viertens *langfristige Vorbereitungsklassen*, welche bis sechs Jahre dauern können; fünftens schließlich *zweisprachige Klassen*, welche sich in ihrem Inhalt vom normalen Curriculum unterscheiden (Bougarel 1992, 31-32).

Die Gemeinden können in Deutschland zwar nicht darüber bestimmen, ob sie Ausländern das kommunale Stimm- und Wahlrecht zugestehen wollen, aber sie haben die Möglichkeit, alternative Formen der politischen Partizipation zu schaffen. Schon Anfang der siebziger Jahre haben deswegen zwei Gemeinden, Wiesloch-Walldorf (1971) und Troisdorf (1972), Ausländerparlamente geschaffen. Unterdessen sind in vielen Städten ähnliche Institutionen entstanden, welche unter der Bezeichnung *Ausländerbeiräte, Arbeits- und Koordinierungskreise* oder *Ratsausschüsse für Ausländerfragen* alle versuchen, den Migranten die Möglichkeit zur Meinungsäußerung und Stellungnahme in Bezug auf sie betreffende Probleme zu geben.

Gegen Ende der achtziger Jahre lässt sich in Deutschland ein publizistischer Boom zum Thema der „multikulturellen Gesellschaft" verzeichnen. Der Begriff „Multikulturalismus" wurzelt in Deutschland in der pädagogischen Arbeit und wird ab Anfang der achtziger Jahre von Teilen der Linken als Gegenprogramm zum als „fürsorgerisch-autoritär" kritisierten Integrationsbegriff der Regierung propagiert. Ende der achtziger Jahre findet er immer mehr Zustimmung, verkommt aber bald zu einem Modewort (Treibel 1990, 49-50). Auf Bundesebene hat die Diskussion keinen direkten Einfluss auf die Ausgestaltung der Integrationspolitik gezeitigt. Wie gewisse Beobachter bemerkten, präsentierte die „multikulturelle Gesellschaft" auch für die Rechte einen akzeptablen Terminus, um über die Folgen der Einwanderung in Deutschland sprechen zu können, ohne dabei den Begriff „Einwanderungsland" benützen zu müssen (Radtke 1990a). Auf städtischer Ebene haben multikulturelle Konzepte hingegen Folgen gezeitigt. Verantwortliche verschiedener deutscher Städte bezeichnen ihre Herangehensweise heute als „multikulturelle Politik", wobei das prominenteste Beispiel wohl die Stadt Frankfurt a. M. darstellt. In der Praxis scheint sich die

Arbeit des seit 1989 bestehenden Frankfurter Amtes für Multikulturelle Angelegenheiten (AMKA) vor allem auf eine Politik der Vermittlung und des Dialogs zu konzentrieren. Es richtete in Form eines Ausländerbeirats ein Konsultativgremium für Ausländer ein, lancierte verschiedene Medienkampagnen (u.a. gegen Rassismus), spielt innerhalb der Stadtverwaltung den Vertreter der Migranteninteressen und interveniert als Schlichtungsinstanz bei Konflikten (Leggewie 1993).

Ein weiteres Beispiel für die zunehmend wichtige Rolle der Städte als politische Akteure im Integrationsbereich ist Berlin, das die Integrationspolitik schon 1981 institutionalisierte, als auf Initiative des Bürgermeisters das Amt einer Ausländerbeauftragten geschaffen wurde, womit die Stadt als erste dem Beispiel auf Bundesebene folgte. Als zentrales Integrationsziel wird in Berlin Mitte der achtziger Jahre die Garantie von Rechts- und Chancengleichheit für alle proklamiert. Dieses Integrationskonzept wird u.a. in einer Kampagne für die Einbürgerung jugendlicher Ausländer umgesetzt, welche dazu führt, dass Berlin prozentual mehr Ausländer naturalisiert als andere deutsche Städte. Ein 1994 veröffentlichter *Bericht zur Integrations- und Ausländerpolitik* empfiehlt eine Akzentuierung dieser Politik, spricht sich aber neben der Rechts- und Chancengleichheit auch für die Förderung der gegenseitigen Toleranz zwischen verschiedenen Bevölkerungsgruppen aus (Senat 1994). Dieses Postulat erklärt sich nicht zuletzt durch die Welle rassistischer Gewalttaten, welche Deutschland ab Anfang der neunziger Jahre erschüttern, was uns wieder zur Integrationspolitik auf der nationalen Ebene zurückführt.

Schon Ende der achtziger Jahre hatte der Wahlerfolg gewisser rechtsextremer Parteien in Berlin und Hessen die politisch Verantwortlichen unter migrationspolitischen Handlungsdruck gesetzt. Als Antwort wurde 1990 das neue Ausländerrecht verabschiedet, welches folgende für die Integration relevante Bestimmungen enthält: Es schreibt die formelle Rechtsgleichheit von Ausländern fest sowie den gleichberechtigten Zugang zum System der sozialen Sicherheit. Ausländer haben Anrecht auf eine unbegrenzte Aufenthaltsberechtigung unter der Bedingung, dass sie während mindestens 60 Monaten in Deutschland gearbeitet und die obligatorischen Beiträge zum Sozialversicherungssystem geleistet haben. Das Recht auf Nachzug von Ehepartnern und Kindern besteht, wenn angemessener Wohnraum vorhanden ist (Mehrländer 1993, 197-199).

Ab Anfang der neunziger Jahre nimmt die Xenophobie besonders beunruhigende Formen an: Es kommt in Deutschland zu einer Welle rassistischer Gewalttaten. Als Reaktion auf die Gewaltwelle manifestierte die Bundesregierung als erstes ihren Willen, das Asylgesetz zu reformieren. Nach langem Tauziehen erreichte sie im Frühjahr 1993 mit der sozialdemokratischen Opposition den „Asylkompromiss", demzufolge am individuellen Recht auf Asyl und an der Flüchtlingsdefinition nach Genfer Konvention festgehalten, jedoch die Regelung eingeführt wurde, dass Personen, die aus als *„safe countries"* bezeichneten Staaten einreisen, grundsätzlich kein Asylgesuch mehr stellen können. Gleichzeitig wurden aber auch die Stimmen derer immer stärker, welche eine Lösung der Migrationsfrage in Deutschland nur in einer kohärenten Einwanderungsgesetzgebung sahen. Im Zuge dieser Entwicklung kam es auch wieder zur Diskussion um die Einbürgerung, nicht zuletzt deswegen, weil von verschiedener Seite in der fehlenden politischen Integration der Migranten der eigentliche Grund dafür gesehen wurde, dass sie zum Ziel von Xenophobie und Rassismus wurden (vgl. Radtke 1990b).

Die damalige deutsche Einbürgerungsgesetzgebung war in der Tat restriktiver ausgestaltet als diejenige anderer europäischer Staaten, vor allem deswegen, weil sie dem *ius sanguinis*, d.h. der Nationalität kraft Herkunft, ein viel stärkeres Gewicht zusprach als dem *ius soli*, dem Erhalt der Nationalität durch die Geburt auf dem nationalen Territorium, ein Prinzip, das die meisten westlichen Immigrationsländer wenigstens teilweise in ihre Gesetzgebung integriert hatten. Von verschiedener Seite wurde deshalb kritisiert, dass das deutsche Staatsangehörigkeitsrecht modernen Migrationsgesellschaften nicht mehr angepasst sei und revidiert werden müsse (vgl. Hoffmann 1993). Mit dem 1990 verabschiedeten Ausländerrecht war ein Regelanspruch auf Einbürgerung für Jugendliche zwischen 16 und 23 Jahren eingeführt worden, welche seit mindestens acht Jahren in Deutschland lebten und sechs Jahre lang eine Schule besucht hatten. Voraussetzung war allerdings, dass sie bereit waren, ihre bisherige Nationalität abzulegen.

Ein weiterer Vorstoß, welcher die politische Integration von Ausländern durch deren Wahlbeteiligung auf Länderebene erreichen wollte, war hingegen nicht am politischen Willen, sondern an einem Entscheid des Bundesverfassungsgerichts gescheitert: Dieses erklärte 1989 den Versuch zweier Bundesländer, den Ausländern aus Nicht-EU-Staaten nach einer gewissen Aufenthaltsdauer das Wahlrecht auf Länderebene zuzusprechen, als verfassungswidrig. Mit der Machtübernahme der rot-grünen Koalition 1998 wurde die Reform des Staatsangehörigkeitsgesetzes in Angriff genommen. Die Politisierung der Frage durch die christlich-demokratische Opposition zwang die Regierung allerdings zu einem Kompromiss: Erhalten in Deutschland geborene Kinder ausländischer Eltern von jetzt ab automatisch die deutsche Staatsbürgerschaft, so müssen sie sich bis zum 23. Geburtstag entscheiden, ob sie diese annehmen oder diejenige ihrer Eltern behalten wollen. Damit wird die doppelte Staatsangehörigkeit ausgeschlossen. Wichtigstes Ergebnis der Reform ist aber, dass nunmehr auch in Deutschland das *jus soli* existiert.

Als letztes soll noch kurz auf die Stellung des Islam in Deutschland eingegangen werden. Die Frage stellt sich in Deutschland in weniger politisierter Form als beispielsweise in Frankreich. Als Hauptproblem wird die organisatorische Zersplitterung betrachtet, welche eine staatliche Anerkennung erschwert. Den Vertretern des Islam ist es bis jetzt nicht gelungen, eine von den verschiedenen religiösen und nationalen Gruppen anerkannte Organisation zu schaffen, welche mit dem deutschen Staat verbindliche Absprachen treffen und damit zu einer Körperschaft des öffentlichen Rechts werden könnte. Auf diese Weise hätte der Islam denselben rechtlichen Status wie die christlichen Kirchen und die jüdische Gemeinschaft und könnte wie diese von gewissen Privilegien profitieren, welche ihm heute verwehrt sind (Heine 1997).

## 3. Fazit: Integrationspolitische Konvergenzen in Westeuropa oder warum Deutschland „nicht anders ist"

Die Analyse der Politik Großbritanniens, Frankreichs, der Niederlande und Deutschlands zeigt, dass die Entscheidungen dieser Länder im Integrationsbereich zwar teilweise voneinander abweichen, dass aber auch erstaunliche Parallelen bestehen. Dies wird vor allem dann deutlich, wenn man die *integrationspolitischen Grundoptionen* herausarbeitet, welche in den vier Ländern verfolgt worden sind, d.h. wenn man eine *Typologie* aufstellt, welche die verschiedenen Integrationsstrategien gemäß ihren Inhalten, Mitteln und Zielen unterscheidet. Eine solche Analyse ergibt fünf Politiktypen, die man folgendermaßen benennen könnte: Politik der rechtlichen Gleichstellung, Politik der Bekämpfung sozialer Benachteiligung, Politik der Vermittlung und des Dialogs, Antidiskriminierungspolitik und Politik der Öffnung staatlicher Institutionen. Betrachtet man diese Politiktypen einzeln und versucht ihre Entwicklung in jedem der vier Länder herauszuarbeiten, zeigt sich, dass Deutschland ähnliche integrationspolitische Entscheidungen wie die anderen Länder getroffen hat.

### 3.1 Politik der rechtlichen Gleichstellung

Die Politik der rechtlichen Gleichstellung zielt darauf ab, die gesellschaftlichen Partizipationschancen der Migranten zu erweitern, indem ihnen Rechte, welcher sie noch entbehren, zugestanden werden. Hinter dieser Art von Politik steht die Vorstellung, die Stellung der Immigranten sei eine Frage ihrer Zugangsmöglichkeiten zu den verschiedenen Bereichen der Gesellschaft. Rechtliche Unterschiede zwischen Staatsbürgern und Ausländern werden als Integrationsbarrieren verstanden. Die Politik der rechtlichen Gleichstellung umfasst mehrere Ebenen (vgl. Marshall 1950). Eine erste Stufe stellen die Bürgerrechte (im Sinne von *Civil Rights*) dar, wozu beispielsweise das Recht auf freie Meinungsäußerung gehören, die Gleichstellung auf dem Arbeitsmarkt, das Recht, sich gewerkschaftlich zu organisieren, oder die Möglichkeit, Vereine zu gründen. Ein weiterer Bereich umfasst die sozialen Rechte, zu welchen der Zugang zu Sozialversicherungs- und Fürsorgeleistungen zählt. Eine dritte Kategorie von Rechten sind politischer Natur: Es handelt sich um die Partizipation in kommunalen oder regionalen Wahlen und Abstimmungen sowie um den Zugang zur Staatsbürgerschaft. Obwohl die Einbürgerung den letzten Schritt zur vollkommenen rechtlichen Gleichstellung von Ausländern bedeutet, bleibt noch die Frage ihrer religiösen und kulturellen Rechte: Hier geht es einerseits um die

Gleichstellung von Angehörigen nicht-christlicher Religionen bei der Ausübung ihrer religiösen Pflichten, andererseits um die Frage, ob Migranten aufgrund ihrer kulturellen oder religiösen Identität spezielle Rechte zugestanden werden sollen.

Die Analyse der vier Fallbeispiele zeigt, dass im Laufe der letzten dreißig Jahre niedergelassene Immigranten und ihre Kinder in allen vier Ländern einen Großteil der Bürgerrechte sowie der sozialen Rechte erhalten haben. Trotz des Fehlens einer eigentlichen Integrationspolitik auf Bundesebene hat sich auch in Deutschland die Gleichstellung der Migranten im Bereich der Bürger- und der sozialen Rechte weitgehend durchgesetzt. Die wichtigsten Differenzen, welche sich heute zwischen den einzelnen Ländern feststellen lassen, betreffen die Gewährung von politischen und religiösen Rechten. Die Niederlande haben als einzige das kommunale Wahlrecht für Ausländer eingeführt. In Frankreich und Deutschland wurden zwar entsprechende Vorstöße gemacht, aber nicht verwirklicht. In Bezug auf die Einbürgerung ist Großbritannien das einzige Land, welches den Zugang zu seiner Staatsbürgerschaft mit dem *British Nationality Act* von 1981 restriktiver als in der Vergangenheit ausgestaltet hat. Die Niederlande und Deutschland haben ihre Einbürgerungsbestimmungen hingegen liberalisiert. Frankreich verfügt traditionellerweise über ein liberales Staatsangehörigkeitsgesetz.

Die Differenzen, welche in Bezug auf die Behandlung von Angehörigen nicht-christlicher Religionen bestehen (in der Praxis handelt es sich meist um Muslime) erklären sich aus dem jeweils spezifischen, historisch gewachsenen Verhältnis zwischen Kirche und Staat, welches auch die Eingliederung nicht-christlicher Religionen beeinflusst. In diesem Bereich behalten Analysen, welche die historische Kontinuität nationalstaatlicher Traditionen betonen, also einen starken Erklärungswert. Trotzdem scheint es, dass die Verantwortung für ungleiche Behandlung beispielsweise des Islams weniger auf rechtlichen Bestimmungen beruht, als auf einer diskriminierenden Haltung der Gesellschaft und ihrer politischer Vertreter, welche oft mit den gesetzlichen Grundlagen in Widerspruch steht (siehe z.B. Dwyer/Meyer 1995; Rath et al. 1999). Keines der untersuchten Länder hat Migrantengruppen aufgrund ihrer religiösen oder kulturellen Identität kollektive Rechte übertragen, wie sie in gewissen Staaten für autochthone Minderheiten bestehen. Und keines von ihnen scheint in naher Zukunft dazu bereit zu sein, dies zu tun.

### 3.2 Politik der Bekämpfung sozialer Benachteiligung

Die Politik der Bekämpfung sozialer Benachteiligung versucht, die Partizipationschancen von Immigranten durch Kompensationsleistungen insbesondere in der Arbeitswelt, im Bildungswesen und im Wohnbereich zu erweitern. Sie beruht auf der Vorstellung, dass selbst formelle Rechtsgleichheit in vielen Fällen nicht ausreicht, um benachteiligten Gruppen gesellschaftliche Chancengleich-

heit zu garantieren. Eine soziale Förderungspolitik kann sich zwar an die Gesamtbevölkerung richten (in gewissen Ländern beispielsweise in Bezug auf Familienzulagen), in den meisten Fällen beruht eine solche Politik aber auf der Definition von Zielgruppen. Die soziale Unterstützung von Immigranten kann in dreifacher Weise konzipiert werden: Erstens in klassenspezifischer Form, womit sozio-ökonomische Kriterien für die Bestimmung der Zielgruppen ausschlaggebend werden. Zusätzliche Hilfe richtet sich an Personen mit niedrigem Einkommen, einem schwachen Bildungsniveau oder einer hohen Kinderzahl. Die Unterstützung kommt somit nicht ausschließlich Immigranten zugute; es handelt sich vielmehr um eine globale Sozialpolitik. Eine zweite Möglichkeit besteht in einer migrantenspezifischen Förderungspolitik, welche die Zielgruppe aufgrund der Nationalität oder der ethnischen Herkunft eingrenzt. Drittens existieren schließlich auch territorialspezifische Programme, welche auf die Bewohner bestimmter Städte oder Quartiere abzielen.

Eine migrantenspezifische Förderungspolitik wird in allen vier Ländern im *Bildungsbereich* verfolgt: Überall wurden spezielle Programme zur besseren Integration von Migrantenkindern in der Schule entwickelt. Es handelt sich aber zum großen Teil um Übergangsmaßnahmen, welche den Betroffenen die Integration in den allgemeinen Schulunterricht ermöglichen sollen. Langfristige migrantenspezifische Dispositive im Schulbereich werden heute zunehmend kritisch eingeschätzt. Im Bereich des *Arbeitsmarktes* hat Deutschland migrantenspezifische Ausbildungsprogramme entwickelt, beispielsweise die *Maßnahmen zur sozialen und beruflichen Eingliederung* (MSBE); ebenso die Niederlande, wo solche Maßnahmen bis heute existieren. In Frankreich und Großbritannien richten sich Bemühungen zur Arbeitsmarktintegration hingegen stärker auf Jugendliche allgemein. In allen Ländern stellt aber heute die Eingliederung auf dem Arbeitsmarkt das vorrangige Ziel der Bekämpfung sozialer Benachteiligung dar. Im Wohnbereich haben Frankreich und die Niederlande lange Zeit migrantenspezifische Programme verfolgt, sind aber heute von einer solchen Politik abgekommen. Die Abkehr von migrantenspezifischen Programmen beruht vor allem auf zwei Argumenten: Einerseits könne eine solche Politik zur Isolierung der Betroffenen und zu ihrer „Ghettoisierung" führen, andererseits finde sie bei der Mehrheitsbevölkerung zunehmend weniger Rückhalt, vor allem in einer Situation, in welcher die soziale Marginalisierung auch große Teile der Einheimischen bedrohe.

Eine territorialspezifische Integrationspolitik wurde erstmals von Großbritannien mit dem *Urban Programme* in den sechziger und siebziger Jahren entwickelt. Die Regierung Thatcher hat es aber nicht weitergeführt. Frankreich verfolgt mit der *Politique de la ville* seit Anfang der achtziger Jahre eine ähnliche Politik, welche auf die Förderung gewisser Viertel mit großen sozialen Problemen (und oftmals hohem Immigrantenanteil) abzielt. Und sowohl die Niederlande wie Deutschland interpretieren in den letzten Jahren die Integrationsfrage zunehmend als ein großstädtisches Problem, dessen sich die Stadtentwicklungspolitik annehmen soll.

Eine Politik der positiven Diskriminierung im amerikanischen Sinne, welche auf nationalen oder ethnischen Quoten (in Verwaltungen, Universitäten etc.) beruhen würde, verfolgt keines der untersuchten Länder, und eine solche Politik wird heute nur von politischen Minderheiten gefordert.

### 3.3 Politik der Vermittlung und des Dialogs

Die Politik der Vermittlung und des Dialogs beruht auf der Überzeugung, viele Spannungen und Probleme zwischen Einheimischen und Migranten beruhten auf mangelhafter Kommunikation zwischen den beiden Gruppen. Es wird deshalb versucht, mit Informationspolitik Vorurteile zu bekämpfen und den wechselseitigen Kontakt zu fördern. Vier verschiedene Strategien können unterschieden werden: Erstens die Subventionierung von Immigranten-Vereinen, denen eine wichtige Integrationsfunktion zugeschrieben wird. Zweitens die Finanzierung sozio-kultureller Aktivitäten, wie Informationsveranstaltungen und interkulturelle Anlässe, welche die Verständigung zwischen Einheimischen und Immigranten verbessern sollen. Drittens die Entwicklung von konsultativen Gremien, wie Räten ethnischer Minderheiten und Ausländerparlamenten, welchen eine Vermittlerrolle übertragen wird. Eine vierte Option stellt schließlich die Bildung von Beratungsorganen dar, welche Regierung und Verwaltung über die Schwierigkeiten von Migranten unterrichten sollen.

Alle untersuchten Länder verfolgen in verschiedener Ausprägung eine Politik der Vermittlung und des Dialogs. Vor allem zur Unterstützung von Vereinen und sozio-kulturellen Aktivitäten wurden überall entsprechende Organe ins Leben gerufen: Zu den wichtigsten gehören die *Commission for Racial Equality* in Großbritannien und der *Fonds d'action sociale* in Frankreich. In Deutschland sind es vor allem die Ausländerbeauftragten der Bundesländer und der Städte, welche eine entsprechende Rolle spielen. In den Niederlanden werden soziokulturelle Aktivitäten teilweise direkt von den staatlichen Behörden finanziert, welche für Sozialpolitik zuständig sind; eine wichtige Rolle spielen aber auch die Städte.

Konsultative Gremien spielen in Großbritannien in Form der *Councils for Racial Equality* eine wichtige Rolle. Diese sind auf Gemeindeebene angesiedelt und haben die Aufgabe, zwischen lokaler Verwaltung und den in den Gemeinden wohnenden Minderheiten zu vermitteln. Auch die Niederlande haben die Bildung einer Vielzahl von konsultativen Gremien - sowohl auf nationaler wie lokaler Ebene - ermutigt. In Deutschland ist die Erweiterung von Partizipationsmöglichkeiten für Immigranten von den Gemeinden und Städten ausgegangen. Einzig Frankreich misst dieser Art von Vermittlungspolitik kein großes Gewicht zu. Mit der Ausländerbeauftragten existiert in Deutschland seit 1978 auch ein Amt, das vor allem als Informations- und Koordinationsorgan konzipiert war, dessen Vertreterin sich aber während der achtziger Jahre nicht gescheut hat, in die politischen Auseinandersetzungen über Migrationsfragen einzugreifen. Der 1990 in Frankreich gegründete *Haut Conseil de l'intégration* hat sich hingegen bis jetzt damit begnügt, jährliche Empfehlungen abzugeben und hat nicht direkt in die politische Diskussion eingegriffen.

### 3.4 Antidiskriminierungspolitik

Die Politik gegen ethnische und Rassendiskriminierung geht von der Vorstellung aus, Diskriminierung stelle ein zentrales Hindernis für die Integration von Migranten und gleichzeitig eine Bedrohung für das friedliche Zusammenleben der Individuen einer Gesellschaft dar. Anti-Diskriminierungspolitik kann sich gegen direkte und indirekte Diskriminierung richten: Die erstere beruht auf der subjektiven Absicht einer diskriminierenden Person oder Gruppe, die letztere hingegen wird am objektiven Resultat einer Handlung, welches nicht intendiert zu sein braucht, gemessen.

Die Politik gegen Diskriminierung ist in Großbritannien mit den drei *Race Relations Acts* und der *Commission for Racial Equality* am weitesten entwickelt worden. Auch die Niederlande verfügen mit dem Nationalen Büro für Rassismusbekämpfung (*Landelijke Bureau Racismebestrijding*) über eine vergleichbare Institution. In Frankreich und Deutschland existieren zwar Gesetze gegen Rassismus und Diskriminierung: Es handelt sich aber um strafrechtliche Bestimmungen, welchen es wohl gelingt, rassistische Äußerungen und Publikationen zu verfolgen; zur Bekämpfung der Diskriminierung auf dem Arbeitsmarkt und im Wohnbereich sind sie aber nicht geeignet und werden selten angewandt.

### 3.5 Politik der Öffnung staatlicher Institutionen

Die Politik der Öffnung der staatlichen Institutionen fördert die Beschäftigung von Migranten in Verwaltung, Polizei und anderen staatlichen Bereichen. Sie geht von der Prämisse aus, dass die Organe des Staates von allen Mitgliedern einer Gesellschaft akzeptiert werden sollten. Dies sei aber nur möglich, wenn sich staatliche Institutionen als Teil der Gesamtgesellschaft verstehen und deren Angehörige die Möglichkeit haben, sich in ihnen wiederzuerkennen. Daraus wird abgeleitet, dass die ethnische Zusammensetzung der Gesellschaft sich im Personal der Verwaltung spiegeln sollte. Großbritannien verfolgt heute mit dem *Community policing* und dem *Ethnic monitoring* im öffentlichen Dienst eine solche Strategie. Die Niederlande haben in beiden Bereichen ähnliche Programme entwickelt. In Frankreich und Deutschland hingegen fehlt diese Art von Integrationspolitik.

Unsere Analyse macht deutlich, dass die zwei zuletzt genannten Typen von Integrationspolitik in Deutschland nicht existieren. Sie sind aber auch in Frankreich entweder nicht vorhanden (was die Öffnung staatlicher Institutionen für ethnische Minderheiten betrifft) oder bestehen erst in Ansätzen (Antidiskriminierungspolitik). Die Differenz besteht also weniger zwischen Deutschland und den anderen drei untersuchten Ländern als zwischen Großbritannien und den Niederlanden einerseits, Frankreich und Deutschland andererseits. Dies erstaunt umso mehr, als die zwei zuletzt genannten Nationen oft als Beispiele einer antagonistischen Integrationspolitik präsentiert werden (vgl. Brubaker 1992). In Bezug auf die anderen Typen von Integrationspolitik kann aber von einer erstaunlichen Konvergenz zwischen allen vier Ländern - auch Deutschland - gesprochen werden. Es handelt sich erstens um die Tendenz, Migranten im Bereich der Bürger- und der sozialen Rechte gleichzustellen; zweitens lässt sich beobachten, dass im Bereich der Bekämpfung sozialer Benachteiligung die ökonomische Eingliederung von Migranten überall als vorrangig betrachtet wird, da die Arbeitsmarktintegration nicht mehr - wie bis Mitte der siebziger Jahre - automatisch durch den Markt erfolgt; eng mit dieser Entwicklung ist der ebenfalls überall beobachtbare Übergang zu einer Stadtentwicklungspolitik verbunden, welche auf die Förderung gewisser Viertel abzielt, in denen sich soziale Probleme konzentrieren; und als vierte Tendenz kann schließlich die Akzentuierung einer Politik der Vermittlung und des Dialogs zwischen Einheimischen und Immigranten betrachtet werden, welche aus der Subventionierung von Vereinsaktivitäten, interkulturellen Veranstaltungen, der Bildung von konsultativen Gremien sowie der Einrichtung von Beratungs- und Informationsorganen besteht. Alle vier Tendenzen sind auch in Deutschland vorhanden und die deutsche Integrationspolitik weiterhin als von derjenigen anderer westeuropäischer Länder als abweichend zu beurteilen, erscheint deshalb als ungerechtfertigt.

Woher diese integrationspolitischen Konvergenzen rühren, kann hier nicht geklärt werden, das Ziel des Textes war allein, ihr Vorhandensein aufzuzeigen. Trotzdem sollen noch ein paar Überlegungen angestellt werden, in welcher Richtung eine weitere Untersuchung gehen könnte. Man muss sich dabei bewusst sein, dass politische Diskurse nicht unbedingt die konkrete Politikformulierung spiegeln. Obwohl die Diskussion um die Integration von Migrantinnen und Migranten meist in Bezug auf Traditionen kollektiver Identität geführt wird, können konkrete politische Entscheidungen sehr wohl in Gegensatz zu solchen historischen Referenzen stehen. Anders gesagt: Im Schatten der Debatte um verschiedene „Integrationsmodelle" haben westeuropäische Staaten eine ganze Reihe vergleichbarer integrationspolitischer Maßnahmen ergriffen, welche auf unterschiedliche, aber miteinander verwandte Herausforderungen antworten. Erstens haben liberale Demokratien normative und politische Probleme, einen Teil ihrer Wohnbevölkerung dauerhaft auszuschließen. Ob die Gleichstellung im Bereich der Bürger- und der sozialen Rechte, wie Yasemin Soysal (1994) postuliert, dem Einfluss eines „post-nationalen Modells" auf die nationale Politikformulierung zu verdanken ist oder ob sie sich aus der internen Logik liberaler Demokratien ergibt, wie Gary Freeman (1995a) behauptet, ist Gegenstand einer lebhaften Diskussion (siehe z.B. Joppke 1998) und kann hier nicht beantwortet werden.

Zweitens, hohe Arbeitslosenraten von Immigranten haben in allen Ländern soziale Folgeprobleme - wie steigende Fürsorgekosten, soziale Segregation und teilweise soziale Unruhen - entstehen lassen, welche zunehmend als Bedrohung für den gesellschaftlichen Zusammenhalt wahrgenommen wurden. Drittens werden gleichzeitig Integrationsschwierigkeiten zunehmend als ein städtisches Problem verstanden und sollen deshalb auch im Rahmen städtischer Politik gelöst werden. Schließlich steht viertens die Angst vor gesellschaftlichen Spannungen und Eruptionen auch hinter den Bemühungen, mit Hilfe einer Politik des Dialoges und der Vermittlung soziales Konfliktpotential abzubauen. Zusammengefasst: Ähnliche Probleme haben vergleichbare politische Antworten hervorgebracht.

Es bleibt damit aber noch die Frage, wie die Differenzen zwischen den vier Ländern erklärt werden sollen. Hier stoßen wir - ebenso wie in Bezug auf die Eingliederung nicht-christlicher Religionen - auf die Grenzen unseres Ansatzes, der den politischen Prozess liberaler Demokratien in den Mittelpunkt stellt. Der Kampf gegen die Diskriminierung und die Öffnung staatlicher Institutionen für Migranten, die beiden einzigen Bereiche, in denen zwischen den vier Ländern bedeutende Unterschiede bestehen, scheinen an den Kern des historisch gewachsenen Verhältnisses von Staat und Gesellschaft zu rühren. Der Einfluss nationalstaatlicher Traditionen wirkt in diesen Bereichen bis anhin ungebrochen weiter.

## Literatur

**Angenendt, S. 1992:**

Ausländerforschung in Frankreich und der Bundesrepublik Deutschland. Frankfurt a. M.: Campus Verlag

**Bachmann, C. / Le Guennec, N. 1996:**

Violences urbaines. Paris: Albin Michel

**Bade, K. 1990:**

Ausländer, Aussiedler, Asyl in der Bundesrepublik Deutschland. Niedersächsische Landeszentrale für politische Bildung

**Bade, K. 1993:**

Politik in der Einwanderungssituation: Migration - Integration - Minderheiten. In: K. Bade (Ed.): Deutsche im Ausland - Fremde in Deutschland. München: C. H. Beck Verlag, pp. 442-455

**Ballain, R. / Jaquier C. 1987:**

Politique française en faveur des mal-logés (1945-1989), Paris: Ministère de l'Equipement, du Logement, de l'Aménagement du Territoire et des Transports

**Banton, M. 1988:**

Discrimination: Categorical and Statistical. In: E. Cashmore / B. Troyna (Eds.): Dictionary of Race and Ethnic Relations (2nd Edition). London: Routledge, pp. 72-74

**Bartels, D. 1986:**

Can the train ever be stopped again? Developments in the Moluccan Community in the Netherlands before and after the Hijackings. In: Indonesia, 41, pp. 23-46

**Battegay, A. 1992:**

La médiatisation de l'immigration dans la France des années 80. In: Les Annales de la Recherche Urbaine, 57-58, pp. 173-184

**Böcker, A. 1991:**

A pyramid of complaints: the handling of complaints about racial discrimination in the Netherlands. In: New Community, 17 (4), pp. 603-616

**Bougarel, X. 1992:**

Allemagne - Assimilation ou préservation des spécificités. In: Didier Lapeyronnie (Dir.), Immigrés en Europe - Politiques locales d'intégration. Paris: La Documentation française

**Broeder, P. / Extra, G. 1997:**

Language. In: Hans Vermeulen (Ed.): Immigrant Policy for a Multicultural Society. Brussels: Migration Policy Group, pp. 57-100

**Brubaker, R. 1992:**

Citizenship and Nationhood in France and Germany. Cambridge, MA: Harvard University Press

**Brubaker, R. 1995:**

Comments on Models of Immigration Politics in Liberal Democratic States. In: International Migration Review, XXIX (4), pp. 903-908

**Castles, S. 1995:**

How nation-states respond to immigration and ethnic diversity. In: New Community, 21 (3), pp. 293-308

**Chebbah, L. 1996:**

La politique française d'intégration, entre spécifique et droit commun. In: Hommes et Migrations, 1203

**Costa-Lascoux, J. 1989:**

De l'immigré au citoyen. Paris: La Documentation française

**Costa-Lascoux 1991:**

Des lois contre le racisme. In: P. Taguieff (Dir.): Face au racisme, tome 1. Paris: La Découverte

**Crowley, J. 1990:**

Le rôle de la Commission for Racial Equality dans la représentation politique des minorités ethniques britanniques. In: Revue Européenne des Migrations Internationales, 6 (3), pp. 45-62

**Crowley, J. 1992:**

Consensus et conflit dans la politique de l'immigration et des relations raciales au Royaume-Uni. In Jacqueline Costa-Lascoux et Patrick Weil (Dir.): Logiques d'Etat et immigrations. Paris: Editions Kimé, 1992, pp. 73-118

**Crowley, J. 1995:**

Royaume-Uni: l'intégration politisée. In: C. Withol de Wenden, A. de Tinguy (Dir.): L'Europe et toutes ses migrations. Paris: Editions Complexes, pp. 73-90

**Dalstra, K. 1983:**

The South Moluccan Minority in the Netherlands. In: Contemporary Crisis, 7 (2), pp. 195-208

**Dammame, D. / Jobert, B. 1995:**

La politique de la ville ou l'injonction contradictoire en politique. In: Revue française de science politique, 45 (1), pp. 3-30

**Dwyer, C. / Meyer, A. 1995:**

The institutionalisation of Islam in the Netherlands and in the UK: the case of Islamic schools. In: New Community, 21(1), pp. 37-54

**Esser, H. / Korte, H. 1985:**

Federal Republic of Germany. In: T. Hammar (Ed.): European immigration policy - A comparative study. Cambridge: Cambridge University Press, pp. 165-205

**Favell, A. 1998:**

Philosophies of Integration. Immigration and the Idea of Citizenship in France and Britain. London: Macmillan

**Fermin, A. 1997:**

Nederlandse politieke partijen over minderhedenbeleid, 1977-1995. Amsterdam: Thesis Publishers

**Franz, F. 1976:**

Überlastetes Siedlungsgebiet Berlin? In: Juristische Rundschau, 4, pp. 146-150

**Freeman, G. 1995a:**

Models of Immigration Politics in Liberal Democratic States. In: International Migration Review, XXIX (4), pp. 881-902

**Freeman, G. 1995b:**

Rejoinder. In: International Migration Review, XXIX (4), pp. 909-913

**Gaudin, J. 1993:**

Les nouvelles politiques urbaines. Paris: PUF

**Grindel 1984:**

Ausländerbeauftragte - Aufgaben und Rechtsstellung. Baden-Baden: Nomos Verlagsgesellschaft

**Hammar, T. (Ed.) 1985:**

European immigration policy - A comparative study. Cambridge: Cambridge University Press

**Haut Conseil 1993:**

L'intégration à la française. Haut Conseil à l'intégration. Paris: Editions 10/18

**Heckmann, F. 1981:**

Die Bundesrepublik: Ein Einwanderungsland? Stuttgart: Klett-Cotta

**Heine, P. 1997:**

Halbmond über deutschen Dächern - Muslimisches Leben in unserem Land. München: List-Verlag

**Hejis, E. 1995:**

Van Vreemdeling tot Nederlander - De Verlening van het Nederlanderschap aan Vreemdelingen 1813-1992. Amsterdam: Het Spinhuis

**Herbert, U. 1986:**

Geschichte der Ausländerbeschäftigung in Deutschland 1880 bis 1980. Berlin, Bonn: Dietz-Verlag

**Hoffmann, L. 1993:**

Nationalstaat, Einwanderung und Ausländerfeindlichkeit. In: M. Hessler (Hrsg.): Zwischen Nationalstaat und multikultureller Gesellschaft - Einwanderung und Fremdenfeindlichkeit in der Bundesrepublik Deutschland. Berlin: Hitit-Verlag, pp. 29-51

**Ireland, P. 1994:**

The Policy Challenge of Ethnic Diversity - Immigration politics in France and Switzerland. Cambridge (Mass.): Harvard University Press

**Joly, D. 1992:**

Grande-Bretagne - Minorités ethniques et risques de ségrégation. In: D. Lapeyronnie (Ed.): Immigrés en Europe - Politiques locales d'intégration. Paris: La Documentation française, pp. 111-143

**Joppke, C. 1998:**

Immigration Challenges the Nation-State. In: C. Joppke (Ed.): Challenge to the Nation-State - Immigration in Western Europe and the United States. Oxford: Oxford University Press, pp. 5-46

**Kastoryano, R. 1997:**

La France, l'Allemagne et leurs immigrés. Négocier l'identité. Paris: Armand Colin

**Keith, M. 1990:**

Que s'est-il passé? Les émeutes de 1980 et 1981 dans les cités britanniques. Un essaie d'analyse. In: Revue Européenne des Migrations Internationales, 6 (3), pp. 21-44

**Koopmans, R. 1999:**

Germany and its immigrants: an ambivalent relationship. In: Journal of Ethnic and Migration Studies, 25 (4), pp. 627-647

**Koopmans, R. / Statham, P. 1999:**

Challenging the Liberal Nation-State? Postnationalism, and the Collective Claims Making of Migrants and Ethnic Minorities in Britain and Germany. In: American Journal of Sociology, 105, pp. 652-696

**Kruyt, A. / Niessen, J. 1997:**

Integration. In: H. Vermeulen (Ed.): Immigrant Policy for a Multicultural Society. Brussels: Migration Policy Group, pp. 15-55

**Lallaoui, M. 1993:**

Du bidonville aux HLM. Paris: Syros

**Lapeyronnie, D. 1992:**

Les politiques locales d'intégration des immigrés en Europe. In: D. Lapeyronnie (Dir): Immigrés en Europe - Politiques locales d'intégration. Paris: La Documentation française, pp. 5-17

**Layton-Henry, Z. 1992:**

The Politics of Immigration. Oxford: Blackwell

**Le Galès, P. / Parkinson, M. 1994:**

L' Inner City Policy en Grande-Bretagne. In: Revue française d'administration publique, 71, pp. 492-498

**Leggewie, C. 1993:**

Multikulti, Berlin: Rotbuchverlag

**Marshall, T. H. 1950:**

Citizenship and social class. Cambridge: Cambridge University Press

**Mehrländer, U. 1993:**

Federal Republic of Germany: Sociological Aspects of Migration Policy. In: Daniel Kubat (Ed.): The Politics of Migration Policies. New York: Center for Migration Studies

**Meier-Braun, K. 1988:**

Integration und Rückkehr ? - Zur Ausländerplitik des Bundes und der Länder, insbesondere Baden-Würtembergs. Mainz, München: Grünewald / Kaiser

**Messina, A. M 1987:**

Mediating race relations: British Community Relations Councils revisited. In: Ethnic and Racial Studies, 10 (2), pp. 186-202

**Miller, M. J. 1990:**

Valeur et limites de la notion de la convergence dans les études de la migration internationale. In: G. Abou Sada (Ed.): L'immigration au tournant. Paris: CIEMI, L'Harmattan, pp. 55-65

**Parkinson, M. 1994:**

The Thatchers Governments' Urban Policy 1979-1989. In: M. Charlot (Ed.): Britain's Inner Cities. Paris: Pophrys - Ploton, pp. 43-70

**Penninx, R. 1984:**

Research and Policy with regard to Ethnic Minoriries in the Netherlands: a historical Outline and the State of Affairs. In: International Migration, XXII (4), pp. 345-365

**Penninx, R. 1988:**

Minderheidsvorming en emancipatie - Balans van kennisverwerving ten aanzien van immigranten en woonwagenbewoner. Alphen aan den Rijn: Samson Uijtgeverij

**Penninx, R. / Groenendijk, K. 1989:**

Auf dem Weg zu einer neuen Einwanderungspolitik in den Niederlanden? In: ZAR, 4, pp. 169-174

**Penninx, R. et al. 1993:**

The Impact of International Migration on Receiving Countries: The Case of the Netherlands. Amsterdam: NIDI, Swets & Zeitlinger

**Radtke, F. 1990a:**

Multikulturell - Das Gesellschaftsdesign der 90er Jahre? In: Informationsdienst zur Ausländerarbeit, 4, pp. 27-34

**Radtke, F. 1990b:**

Reaktiver Nationalismus oder Verfassungschauvinismus? In: Karl Otto: Westwärts-Heimwärts. Bielefeld: AJZ, pp. 75-90

**Rath, J. 1988:**

La participation des immigrés aux élections locales aux Pays-Bas. In: Revue européenne des migrations internationales, 4 (3), pp. 23-35

**Rath, J. 1991:**

Ist Holland anders?. In: M. Kirfel / W. Oswald (Hrsg.): Die Rückkehr der Führer - Modernisierter Rechtsradikalismus in Westeuropa. Wien, Zürich: Europaverlag, pp. 159-163

**Rath J. et al. 1991:**

The recognition and institutionalisation of Islam in Belgium, Great Britain and the Netherlands. In: New Community, 18 (1), pp. 108-113

**Rath J. et al. 1999:**

Western Europe and its Islam, Amsterdam, Nijmegen: Manuscript

**Schiffauer, W. 1997:**

Die civil society und der Fremde. In: W. Schiffauer: Fremde in der Stadt. Frankfurt a. M.: Suhrkamp, pp. 35-49

**Schnapper, D. 1992:**

L'Europe des immigrés. Paris: Editions François Bourin

**Schubert, Klaus 1991:**

Politikfeldanalyse. Opladen: Leske + Budrich

**Senat 1994:**

Bericht zur Integrations - und Ausländerpolitik. Berlin: Senat von Berlin, Die Ausländerbeauftragte des Senats

**Solomos, J. 1993:**

Race and Racism in Britain (2nd Edition). London: Macmillan

**Soysal, Y. 1994:**

Limits of Citizenship - Migrants and Postnational Membership in Europe. Chicago and London: The University of Chicago Press

**Taguieff, P. 1991:**

Les métamorphoses idéologiques du racisme et la crise de l'antiracisme. In: P. Taguieff (Dir.): Face au racisme, tome 2. Paris: La Découverte, pp. 13-63

**Toubon, J. 1992:**

Du droit au logement à la recherche de la diversité. In: Hommes et Migrations, 1151-1152, pp. 79-86

**Treibel, A. 1990:**

Migration in modernen Gesellschaften. Weinheim, München: Juventa

**Van Amersfoort, H. 1998:**

Governments and Immigrants: Similarities and Dissimilarities in the Western European Experience. In: A. Böcker et al. (Eds.): Regulation of Migration: International Experiences. Amsterdam: Het Spinhuis, pp. 119-136

**Van Amersfoort, H. 1982:**

Immigration and the Formation of Minority Groups - The Dutch Experience 1945-1975. Cambridge: Cambridge University Press

**Vertovec, S. 1996:**

Multiculturalism, culturalism and public incorporation. In: Ethnic and Racial Studies, 19 (1), pp. 49-69

**Weil, P. 1991:**

La France et ses étrangers. Paris: Calmann-Lévy

**WWR 1979:**

Ethnic Minorities - Report to the government. The Hague: Wetenschappelijke Raad voor het Regeringsbeleid

**WWR 1990:**

Immigrant Policy - Summary of the 36th Report. The Hague: Wetenschappelijke Raad voor het Regeringsbeleid

Anton Sterbling

## Die Aussiedlung der Deutschen aus Rumänien in die Bundesrepublik Deutschland und andere Migrationsvorgänge in und aus Südosteuropa

Südosteuropa ist durch eine komplizierte Siedlungsgeschichte, die vielerorts zu Überlagerungen und multiethnischen Gebilden führte, und durch eine folgenreiche politische Geschichte, die für die meisten Balkanvölker eine jahrhundertelange Fremdherrschaft bedeutete, geprägt. Gleichermaßen gehören aber auch verschiedene Wanderungsbewegungen jahrhundertelang zu den maßgeblichen Faktoren in der Geschichte Südosteuropas. So heißt es in einer auf den Zeitraum der osmanischen Herrschaftsexpansion in Südosteuropa[1] bezogenen Betrachtung: „Migration hat sich im Verlaufe dreier Jahrhunderte in ganz Südosteuropa und insbesondere auf dem Gebiet des seit 1541 politisch dreigeteilten Königreichs Ungarn zu einer dominanten Lebensform entwickelt, der sich zeitweise die Bevölkerung ganzer Landstriche bediente, um der Bedrohung in Form militärischer Operationen, materieller Not und Entzug der wirtschaftlichen Existenzbasis zu entkommen und ihr Leben dorthin zu retten, wo es einigermaßen besser gesichert schien. Migration als Überlebensstrategie praktizierten alle sozialen Schichten von hoch bis niedrig und alle ethnischen Bevölkerungsgruppen."(Seewann 1999, 90)[2].

[1] Die osmanische Herrschaftsexpansion in Europa fällt, nach der erstmaligen Besetzung europäischen Bodens im Jahre 1352, insbesondere in den Zeitraum zwischen 1389, der Schlacht auf dem Amselfeld, und der letztlich erfolglosen Belagerung Wiens im Jahre 1683.

[2] Lendvai stellt zu den 150 Jahren türkischer Herrschaft in Ungarn zudem Folgendes fest: „Noch gravierender war aber die radikale Verschiebung der ethnischen Zusammensetzung zu ungunsten der Ungarn...Die ständige Flucht von Serben nordwärts und Slowaken südwärts sowie der massive Zustrom von Rumänen aus der Walachei verringerte den ungarischen Anteil an der Gesamtbevölkerung auf rund die Hälfte. ...Wenn man noch die bewußte, großangelegte Ansiedlung von Deutschen und Slawen im 18. Jahrhundert vorgreifend erwähnt, so ist es nicht überraschend, daß die Volkszählung von 1787 bei einer Einwohnerzahl von 8,5 Millionen einen ungarischen Anteil von lediglich 39 Prozent aufweist." (Lendvai 1999, 119).

Die bewegte Siedlungsgeschichte und komplizierte politische Geschichte und die verschiedenen Migrationsvorgänge führten in einzelnen Gebieten Südosteuropas immer wieder zu schwierigen Minderheitenlagen[3] und interethnischen Konflikten (siehe z.B. Sterbling 1995, 37-52), die wiederum nicht selten zu Ausgangspunkten neuer Wanderungsbewegungen wurden. Als Beispiel eines solchen, in einen komplizierten historischen Geschehniszusammenhang eingelagerten Migrationsvorgangs möchte ich in diesem Beitrag die Aussiedlung der Deutschen aus Rumänien in die Bundesrepublik Deutschland im Hinblick auf ihre Ursachen, Erscheinungsformen und Rückwirkungen darstellen. Dem vorausgehend sollen allerdings zunächst eine Reihe anderer folgenreicher Migrationsprozesse angesprochen werden, die zumindest grob die für Südosteuropa charakteristische Wanderungsdynamik erkennen lassen.

## Wanderungsbewegungen in Südosteuropa in den letzten drei Jahrhunderten

Zieht man allein die letzten drei Jahrhunderte in Betracht, so lassen sich im Hinblick auf ihre spezifischen Ursachen und ihre Verlaufsformen eine Vielzahl folgenreicher räumlicher Wanderungsbewegungen *in*, *nach* und *aus* Südosteuropa ausmachen, von denen im Folgenden nur einige, im Hinblick auf ihre Auswirkungen besonders bemerkenswerte Migrationsvorgänge erwähnt werden sollen.

Zunächst kann an die Abwanderung wohlhabender Juden im 18. Jahrhundert, die insbesondere das Gebiet um Thessalonike (Saloniki) zu einer blühenden Textil- und Handelsregion entwickelt hatten, erinnert werden. Es handelt sich hierbei größtenteils um Nachkommen der Ende des 15. Jahrhunderts aus Spanien, Portugal und Sizilien vertriebenen sephardischen Juden, die sich unter anderem im östlichen Mittelmeerraum und auf dem Balkan niedergelassen haben und die unter der osmanischen Herrschaft auf Grund weitreichender Handelsprivilegien und Konzessionen wesentlich zum wirtschaftlichen Aufstieg verschiedener Städte (z.B. Skopje, Sofia, Belgrad) und Regionen (z.B. Thessalonike) mit beitrugen. Diese Auswanderer haben sodann auch in den westeuropäischen Zentren wie Amsterdam und London eine sehr aktive wirtschaftliche Rolle gespielt und erheblich zur Dynamik des modernen Kapitalismus beigetragen (Hösch 1993, 98ff).

[3] Wichtige kategoriale Präzisierungen und Überlegungen zur Analyse ethnischer Minderheitenlagen finden sich in Heckmann 1992a.

Eine weitreichende Bedeutung hatten auf dem Balkan und darüber hinaus auch die fortgesetzten Wanderungen, einschließlich der saisonalen Wanderungen, und die Ausdehnung der Siedlungsgebiete von Albanern, Zigeunern, Aromunen und anderen kleineren ethnischen Gruppen. Die Albaner (Arnauten) haben nicht nur ihre Siedlungsgebiete in die Nachbarregionen (Amselfeld, Nordgriechenland, Mazedonien usw.) ausgedehnt, sondern eigentlich im gesamten Osmanischen Reich (z.B. in Alexandria oder Istanbul) wichtige Emigrationszentren gebildet (Hösch 1993). Sehr interessant sind beispielsweise auch die Wanderungen der Aromunen und deren wechselvolles Schicksal im süddanubischen Raum überhaupt, zumal man am Beispiel dieser Minderheit gut zeigen kann, daß Migrationsvorgänge eine durchaus wichtige Rolle beim Verlust der kulturellen Identität einer ethnischen Gruppe spielen können (Kahl 2000, 23ff; Dahmen 1999, 31-42).

Sodann ist im 18. Jahrhundert die West-Ost-Wanderung deutscher Kolonisten (später „Donauschwaben" genannt), insbesondere nach Südungarn und in das Banat, zu erwähnen (Röder 1998), wodurch es mithin auch zu einem Stillstand und zu einer partiellen Umkehr der in den Jahrhunderten davor erfolgten Süd-Nord-Wanderung der Südslawen und insbesondere der Serben kam (Seewann 1999, 89-108).

Im 19. und 20. Jahrhundert spielte die zunehmende Auswanderung aus Südosteuropa nach Amerika eine wichtige Rolle. Allein zwischen 1899-1913 und nur aus der ungarischen Reichshälfte der österreich-ungarischen Doppelmonarchie sind etwa 1,2 Millionen Menschen in die USA ausgewandert, von denen übrigens sechs Siebtel Angehörige ethnischer Minderheiten (Slowaken, Deutsche, Rumänen, Serben usw.) waren (Frank 1999, 73 u. 77ff). In diesem Zusammenhang ist zu berücksichtigen, dass die transleithanische Reichshälfte Österreich-Ungarns, also die Länder der Ungarischen Krone, 1910 rund 20,9 Millionen Einwohnen (ohne Kroatien 18,2 Millionen) hatten, wobei der Anteil der Ungarn 48 Prozent (auf dem Gebiet des ungarischen Königreichs ohne Kroatien 54,5 Prozent) betrug (Lendvai 1999, 494).

Einen anderen überaus bedeutsamen, langwierigen und folgenreichen Auswanderungsvorgang stellt der Rückzug, die Flucht und die Vertreibung der Türken und anderer islamischer Bevölkerungsgruppen nach dem russisch-türkischen Krieg 1877/78 und dem ersten Balkankrieg 1912 dar (Höpken 1989, 611/618/621; Hösch 1993; Pauli 1913). Nach türkischen Angaben, die allerdings schwer zu überprüfen sind, verließen infolge des russisch-türkischen Krieges 1877/1878 etwa 1 bis 1,5 Millionen Türken und Muslime das Territorium des späteren bulgarischen Staates, wobei danach weitere Abwanderungen (z.B. von 1881 bis 1912 etwa 350.000 Personen), aber auch erhebliche Rückwanderungen erfolgten. Die Balkankriege 1912/1913 haben zur Abwanderung von etwa 440.000 Türken aus Bulgarien wie auch zu einem erheblichen Bevölkerungsaustausch nach dem 1913 zwischen Bulgarien und dem Osmanischen Reich geschlossenen Abkommen geführt. Nach dem Ersten Weltkrieg und in der Zeit der kommunistischen Herrschaft kam es mehrfach zu weiteren Auswanderungs- und Vertreibungswellen der Türken aus Bulgarien. In der Zwischenkriegszeit (1923 bis zum Ausbruch des Zweiten Weltkriegs) wanderten ca. 230.000 Türken aus Bulgarien aus. 1950/1951 wurden 250.000 Türken zur Emigration aus Bulgarien aufgefordert, von denen etwa 154.000 tatsächlich in die Türkei emigriert sind. Zwischen 1968 und 1978 wanderten 130.000 bulgarische Türken aus, im Mai 1989 wurden sodann nochmals etwa 300.000 Türken von den kommunistischen Machthabern zur Emigration aufgefordert, von denen allerdings viele wieder nach Bulgarien zurückkehrten, so dass die Nettoauswanderung etwa bei 150.000 Personen lag (Höpken 1989, 622 u. 626ff; Höpken 1992, 370 u. 375).

In der Folge des Ersten Weltkrieges und nach den neuen staatlichen Grenzziehungen in Südosteuropa kam es zu massiven Rückwanderungen in die „Mutterländer" und zu verschiedenen Bevölkerungsaustauschvorgängen. So erfolgte ein breiter Rückzug von ungarischen Beamten und anderen Bevölkerungsgruppen aus den ehemaligen Gebieten des ungarischen Königreichs (z.B. aus Siebenbürgen, der Slowakei usw.) in das territorial erheblich verkleinerte Mutterland Ungarn. Ebenso erfolgte ein Bevölkerungsaustausch zwischen Ungarn und der Tschechoslowakei. Ähnliche Vorgänge fanden auch zwischen anderen ost- und südosteuropäischen Staaten nach dem Ersten Weltkrieg statt. So siedelten etwa 110.000 Griechen aus Russland bzw. der neu entstandenen Sowjetunion nach Griechenland um (Hösch 1993, 193ff).

Auch nach dem griechisch-türkischen Krieg 1920-1922 und dem Frieden von Lausanne 1923 kam es zu Flüchtlingsströmen und einem Bevölkerungstransfer, bei dem rund 1,5 Millionen Griechen aus Kleinasien nach Griechenland und rund 600.000 Muslime aus Griechenland in die Türkei umsiedeln mussten.

Die Flucht, Vertreibung, Deportation und Vernichtung der Juden während des Zweiten Weltkrieges ist auch auf dem Balkan eines der traurigsten Kapitel der an Gewaltsamkeit nicht armen Vertreibungen und erzwungenen Migrationsprozesse in dieser Region Europas. Dabei wurden diese Vorgänge während der Zeit der kommunistischen Herrschaft mitunter einer seltsamen Verdrängung und Umdeutung unterworfen (Ancel 1998; Böhm 1997; Troebst 1994).

Ähnlich verhielt es sich im Hinblick auf die Flucht und Vertreibung der Deutschen nach dem Zweiten Weltkrieg (Bundesministerium für Vertriebene, Flüchtlinge und Kriegsgeschädigte II, III, V) und der Deportation der Deutschen in die Sowjetunion. Nach dem Zweiten Weltkrieg wurden allein aus Rumänien etwa 70.000 Deutsche zur Zwangsarbeit in die Sowjetunion deportiert, wobei dies in der offiziellen rumänischen Geschichtsschreibung lange Zeit ein weitgehend tabuisiertes Thema blieb (Weber 1995; Klein 1998).

Zwei weitere, durch politische Konflikte der Nachkriegszeit bewirkte Emigrationsvorgänge stellen die Abwanderung ins politische Exil nach dem 1949 beendeten Bürgerkrieg in Griechenland und die Flucht in den Westen nach dem ungarischen Volksaufstand von 1956 dar. Zehntausende von im griechischen Bürgerkrieg 1947-1949 unterlegenen Anhängern des kommunistischen Aufstands sind - zumeist in sozialistische Länder - emigriert. Nach der Niederschlagung des ungarischen Volksaufstandes im Jahre 1956 flüchteten Hunderttausende von Ungarn in den Westen (Molnár 1999; Lendvai 1999).

Bekannter und genauer untersucht ist die Arbeitsmigration seit Anfang der sechziger Jahre, die Hunderttausende von so genannten „Gastarbeitern", insbesondere aus Griechenland und Jugoslawien, nach Westeuropa und auch in die Bundesrepublik Deutschland brachte (Heller 1997). Einen weiteren Migrationsvorgang, auf den noch ausführlicher einzugehen sein wird, bildet die Aussiedlung der Deutschen aus Rumänien, die insbesondere in den siebziger, achtziger und neunziger Jahren des 20. Jahrhunderts erfolgte (Sterbling 1995; 1997; 1999).

Die Auswanderung von jüngeren, vielfach hochqualifizierten Personengruppen aus den ehemaligen kommunistischen Staaten Südosteuropas in den Westen - vor allem nach dem Ende der kommunistischen Herrschaft, aber auch schon vorher - stellt einen Wanderungsprozess dar, der für Länder wie Bulgarien und Rumänien einen hohen Verlust an Humankapital und eine erhebliche Beeinträchtigung der marktwirtschaftlichen Transformationsprozesse bedeutet (Heller 1997). Schließlich sind die Vertreibungen und Flüchtlingsströme im ehemaligen Jugoslawien zu erwähnen, die durch gewaltsame interethnische Auseinandersetzungen und militärische Konflikte herbeigeführt wurden, und die Hunderttausende von Menschen aus ihrer Heimat in andere Gebiete der Region, aber auch nach Westeuropa und in die Bundesrepublik Deutschland verschlugen.

All diese erzwungenen oder freiwilligen Migrationsprozesse haben jeweils spezifische, durchaus komplexe Ursachen. Sie sind oft langfristiger Art und nicht selten in komplizierter Weise miteinander verknüpft. Und sie sind teilweise mit sehr weitreichenden Auswirkungen und Folgeproblemen für die Abwanderungsregion oder Abwanderungsgesellschaft verbunden. So haben schon mehrere Informationsreisen von Experten der Immigrationsbehörde der USA, die zwischen 1891 und 1907 nach Österreich-Ungarn unternommen wurden, den Befund ergeben, dass in manchen Gebieten, z.B. Nordungarns bzw. der Slowakei, aber auch Siebenbürgens, infolge der Auswanderung in die USA nur noch wenige junge Menschen vorhanden oder ganze Dörfer entvölkert waren, wobei die Menschen, die noch in der alten Heimat angetroffen wurden, vielfach ebenfalls die Auswanderung in die USA anstrebten[4].

[4] Diese Informationsreisen sind nicht zuletzt wegen der damaligen amerikanischen Besorgnis über die wachsenden Einwanderungen aus Südosteuropa unternommen worden (siehe Frank 1999).

Bei der heutigen sozialwissenschaftlichen Beschäftigung mit Migrationsvorgängen wie auch in der öffentlichen Diskussion, wie wir sie gegenwärtig etwa im Zusammenhang mit der Forderung nach einem Einwanderungsgesetz in Deutschland erleben[5], wird das Schwergewicht zumeist auf die Betrachtung der Voraussetzungen, Probleme und Integrationsfragen in den Aufnahmeländern gelegt. Eine deutlich geringere Beachtung findet indes die Beschäftigung mit den spezifischen Ursachen von massenhaften Migrationsprozessen und vor allem mit den Rückwirkungen und Folgeproblemen solcher Vorgänge für die Herkunftsgesellschaften oder Herkunftsregionen der Migranten.

Aus den vielfältigen, vorhin angesprochenen Migrations- und Abwanderungsprozessen aus Südosteuropa will ich im Folgenden exemplarisch einen Vorgang herausgreifen: den Aussiedlungsprozess der Deutschen aus Rumänien[6], und diesen Prozess im Hinblick auf seine spezifischen Ursachen und Folgeprobleme für die rumänische Gesellschaft und die betroffenen Abwanderungsregionen (Siebenbürgen und das Banat) darstellen. Besondere Aufmerksamkeit soll dabei die „eigendynamische Komponente" des Aussiedlungsprozesses erfahren. Die hierbei gewonnenen Einsichten sollen schließlich mit der soziologisch und politisch gleichermaßen interessanten Frage verbunden werden, unter welchen Randbedingungen bestimmte Migrationsprozesse eine solche, letztlich politisch nur noch schwer steuerbare Eigendynamik entwickeln.

## Zur Aussiedlung der Deutschen aus Rumänien

Im Jahre 1930 lebten etwas 745.000 Deutsche im damaligen Königreich Rumänien. In dem nach dem Ersten Weltkrieg entstandenen „Groß-Rumänien", das sein Staatsgebiet durch den Kriegsausgang mehr als verdoppeln konnte - wobei die von den Deutschen bewohnten Gebiete größtenteils erst im Zuge dieser Staatsgebietserweiterung an Rumänien fielen - lebten rund ein Dutzend deutsche Siedlergruppen: die Siebenbürger Sachsen, die Banater Schwaben, die Landler, die Durlacher, die Deutschböhmen, die Steyrer, die „Temeswarer", die Sathmarschwaben, die Zipser und Buchenländer, die Bessarabiendeutschen und die Dobrudschadeutschen (Bundesministerium für Vertriebene, Flüchtlinge und

[5] In dieser Diskussion stehen die sicherlich wichtigen Fragen des quantitativen Zuwanderungsbedarfs und der Integrationsprobleme der zugewanderten Bevölkerungsgruppen im Mittelpunkt (siehe zum Beispiel Friedrich Ebert Stiftung 1994; 1995; 1998; 1999). Allerdings ist dabei problematisch, dass die Frage nach den Folgeproblemen für die Herkunftsländer kaum oder bestenfalls nachrangig thematisiert wird (siehe Friedrich Ebert Stiftung 1994).

[6] Im Aussiedlungsprozess der Deutschen aus Rumänien finden nicht zuletzt wichtige Entwicklungsmomente einer wechselvollen und konfliktreichen europäischen Geschichte in unserem Jahrhundert ihren Niederschlag. In diesem Migrationsvorgang deuten sich aber gleichermaßen auch wichtige europäische und globale Gegenwarts- und Zukunftsprobleme an, die in dem in Gang befindlichen und sich voraussichtlich noch weiter intensivierenden Prozess „internationaler Wanderungen" zu sehen sind.

Kriegsgeschädigte 1984; Gabanyi 1988, 28). Bei der Volkszählung 1956 wurden auf dem gegenüber 1930 um Bessarabien, die Nordbukowina und die Süddobrudscha verkleinerten Staatsgebiet Rumäniens 384.700 Einwohner „deutscher Nationalität" erfasst.

Durch die Kriegs- und Nachkriegsgeschehnisse hatte sich die Zahl der Deutschen in Rumänien also nahezu halbiert. Dieser Bevölkerungsverlust hatte mehrere Ursachen. Infolge des deutsch-sowjetischen Nichtangriffspaktes vom 23. August 1939 und der im geheimen Zusatzprotokoll vereinbarten Abgrenzung der Interessenbereiche in Osteuropa wurde von Berlin aus die Umsiedlung der Deutschen aus Bessarabien und der Nordbukowina beschlossen und ab 1940 in die Tat umgesetzt, wobei die Umsiedler zunächst auf Österreich, Schlesien und andere Reichsgebiete verteilt wurden, um sie sodann vor allem in Danzig-Westpreußen, im Wartheland und in Oberschlesien anzusiedeln. Ähnlich verfuhr man infolge eines am 22. Oktober 1940 vereinbarten deutsch-rumänischen Umsiedlungsvertrages auch mit den Dobrudschadeutschen, den Deutschen aus der Südbukowina und den Deutschen aus Altrumänien.

Eine zweite Ursache des Bevölkerungsrückganges waren die Kriegsverluste unter den zum rumänischen und deutschen Militär eingezogenen Soldaten wie auch unter der deutschen Zivilbevölkerung Rumäniens. Die Flucht eines Teils der deutschen Bevölkerung Rumäniens vor der heranrückenden Front stellt eine weitere Verlustursache dar. Weitere Bevölkerungsrückgänge traten durch die Kriegsgefangenschaft, durch die Deportation in die Sowjetunion, von der etwa 70.000 Deutsche aus Rumänien betroffen waren, und durch die 1951 erfolgte Umsiedlung eines Teils der Deutschen in die unwirtliche Baragansteppe in Altrumänien ein.

In den fünfziger und sechziger Jahren erfolgte sodann eine bemerkenswerte Stabilisierung der Zahl und des Anteils der deutschen Bevölkerung in Rumänien auf einem Niveau von über 380.000 Personen. Dabei kam zum Tragen, dass die Bevölkerungsentwicklung in diesem Zeitraum weder durch größere Abwanderungen noch durch bedeutendere Assimilationsverluste beeinflusst wurde, wenngleich es natürlich auch gewisse karriere- oder eheschließungsbedingte Assimilationsvorgänge gab, die insgesamt gesehen aber nur eine marginale Erscheinung blieben und demographisch nicht erheblich ins Gewicht fielen.

Im Jahre 1966 wurden 382.600 Deutsche gezählt. Im Rahmen der vorletzten Volkszählung 1977 bezeichneten sich 348.000 Personen als „Deutsche"[7]. Nach

[7] Dabei rechneten sich den erstmals ebenfalls vorgesehenen Kategorien „Sachsen" und „Schwaben" lediglich etwa 10.000 Personen zu. Die erstmalige Verwendung der in Anlehnung an die größten deutschen Siedlergruppen gebildeten statistischen Kategorien „Sachsen" und „Schwaben" war mit einer spezifischen politischen Absicht verbunden. Die Zurechnung zu diesen Kategorien sollte nämlich die offizielle These untermauern, bei den in Rumänien lebenden Deutschen handele es sich um eine eigenständige, vom deutschen Kultur- und Sprachraum weitgehend losgelöste, durch eine eigene Geschichte und kulturelle Identität und

der letzten Volkszählung schließlich, die Anfang 1992 stattfand, betrug die Zahl der Deutschen in Rumänien etwa 119.000 Personen, von denen in der Zwischenzeit, infolge des anhaltenden Aussiedlungsprozesses, nochmals rund 43.000 das Land verlassen haben (Tabelle 1)[8].

**Tab. 1: Entwicklung der Gesamtbevölkerung und der deutschen Bevölkerung in Rumänien**

| Volkszählungsjahr | Bevölkerung Rumäniens | Deutsche |
|---|---|---|
| 1930 | 18.057.028 | 745.421[a] |
| 1941 | 13.535.757 | 542.325[b] |
| 1948 | 15.872.624 | 343.913[c] |
| 1956 | 17.489.450 | 384.708[d] |
| 1966 | 19.103.163 | 382.595[e] |
| 1977 | 21.559.416 | 358.732[f] |
| 1992 | 22.810.035 | 119.636[g] |

Quelle: Bundesministerium für Vertriebene, Flüchtlinge und Kriegsgeschädigte 1984; Mihok 1990, 204f; Schreiber 1993, 205; Wolf 1994

den Einfluss der rumänisch-sozialistischen Gesellschaft geprägte Bevölkerungsgruppe. Insofern war die nahezu ausnahmslose Selbstzurechnung als „Deutsche" bei dieser Volkszählung zugleich eine eindeutige Zugehörigkeitsbekundung zur deutschen Nation und Bezugsgesellschaft, die der auf einen allmählichen Assimilations- und Homogenisierungsprozess ausgerichteten rumänischen Minderheitenpolitik sicherlich missfallen hat.

[8] Der sich gedrosselt fortsetzende Aussiedlungsprozess und insbesondere die sozialdemographische Zusammensetzung der in Rumänien verbliebenen deutschen Restbevölkerung, die aus vielen alten Menschen besteht, lassen es wenig wahrscheinlich erscheinen, dass diese Minderheit längerfristig in einem größeren Umfang fortbestehen wird. Daran ändern wohl auch die in den letzten Jahren in kleinem Umfang erfolgenden Rückwanderungen nach Rumänien und Zuzüge aus der Bundesrepublik Deutschland nicht viel.

[a] In der am 30. Dezember 1930 vorgenommenen Volkszählung wurde nach der „Nationalität" und „Muttersprache" gefragt. Die Zahl oben bezieht sich auf das Befragungskriterium „Nationalität". Deutsch als „Muttersprache" gaben hingegen 760.687 Personen an.
[b] Die Volkszählung vom 6. April 1941 wurde nach der Abtretung Nordsiebenbürgens an Ungarn, Bessarabien und der Nordbukowina an die Sowjetunion und der Süddobrudscha an Bulgarien vorgenommen. Gefragt wurde nach der „Abstammung".
[c] Die Volkszählung vom 25. Januar 1948 fand auf dem Territorium Rumäniens in seinen heutigen Grenzen statt. Gefragt wurde nach der „Muttersprache".
[d] Bei der am 21. Februar 1956 durchgeführten Zählung wurde erneut, wie im Jahre 1930, nach der „Nationalität" und „Muttersprache" gefragt. Die Zahl oben bezieht sich auf das Befragungskriterium „Nationalität". Deutsch als „Muttersprache" gaben indes 395.374 Personen an.
[e] Die Volkszählung wurde am 15. März 1966 durchgeführt. Die Zahl oben bezieht sich auf das Befragungskriterium „Nationalität".
[f] Bei dieser Volkszählung, die am 5. Januar 1977 stattfand, war zum ersten Mal die Möglichkeit vorgesehen, sich als „Deutsche" oder als „Sachsen" oder „Schwaben" zuzurechnen. 348.444 bezeichneten sich als „Deutsche", 5.930 als „Sachsen" und 4.358 als „Schwaben".
[g] Ergebnisse der Volkszählung vom 7. Januar 1992.

Die quantitative Entwicklung der deutschen Bevölkerung Rumäniens nach dem Zweiten Weltkrieg stellt sich in erster Linie als Spiegelbild und Resultat des Aussiedlungsprozesses dar, wie man durch einen Vergleich der Entwicklung der deutschen Bevölkerung in Rumänien (Tabelle 1) mit den durch den Aussiedlungsprozess einhergehenden Abwanderungen bzw. Bevölkerungsverlusten deutlich erkennen kann (Tabelle 2 und Tabelle 3)[9].

[9] Die natürliche Bevölkerungsentwicklung, die in den einzelnen Zeitabschnitten durchaus unterschiedlich verlief, ist dagegen von weitaus geringerer Bedeutung.

**Tab. 2: Zahl der Aussiedler aus Rumänien in die Bundesrepublik Deutschland 1950-1999 in den einzelnen Jahrzehnten[10]**

| Zeitraum | Anzahl | Jahresdurchschnitt |
|---|---|---|
| 1950-1959 | 3.454 | 345 |
| 1960-1969 | 16.294 | 1.629 |
| 1970-1979 | 71.451 | 7.145 |
| 1980-1989 | 151.166 | 15.117 |
| 1990-1999 | 186.497 | 18.650 |
| davon 1990 | 111.180 | 111.180 |
| 1950-1999 | 428.862 | 8.577 |

Quelle: Landsmannschaft der Banater Schwaben 1990, 348; Schreiber 1993, 205

Zwischen 1950 und 1969 - einem Zeitraum, in dem die Zahl der Rumäniendeutschen relativ konstant blieb - betrug die Gesamtzahl der deutschen Aussiedler aus Rumänien lediglich rund 20.000, was einer durchschnittlichen Abwanderung von knapp 1.000 Personen pro Jahr entsprach. Die Aussiedlerzahl wuchs sodann - bei gewissen jährlichen Schwankungen - auf 5.500 Personen pro Jahr im Zeitraum 1970-1976, auf durchschnittlich 11.000 pro Jahr im Zeitraum 1977-1979 und auf durchschnittlich 14.200 Personen jährlich im Zeitraum 1980-1988. Im „Revolutionsjahr" 1989, das Rumänien bekanntlich spät erreichte und erst in den letzten Dezemberwochen zum Sturz des Ceauşescu-Regimes führte, verließen 23.400 deutsche Aussiedler das Land (Gabanyi 1990). Seinen Höhepunkt erreichte der Aussiedlungsprozess im Jahre 1990, nach dem Wegfall der Reisebeschränkungen, mit über 111.000 Aussiedlern. Danach trafen bis heute - bei sinkenden jährlichen Auswanderungszahlen infolge eines bürokratisch gedrosselten Verfahrens - nochmals rund 75.500 Aussiedler aus Rumänien in der Bundesrepublik Deutschland ein (Tabelle 3).

[10] Bei den Zahlen für den Zeitraum 1991-1999 handelt es sich um die offiziellen Zahlen des Bundesverwaltungsamtes in Köln. Vom Januar bis Mai 2000 sind übrigens weitere 180 deutsche Aussiedler aus Rumänien in der Bundesrepublik Deutschland eingetroffen.

**Tab. 3: Zahl der Aussiedler aus Rumänien in die Bundesrepublik Deutschland 1950-1999 - Aussiedlungsdynamik in einzelnen Zeitabschnitten**

| Zeitraum | Anzahl | Jahresdurchschnitt |
|---|---|---|
| 1950-1969 | 19.748 | 987 |
| 1970-1976 | 38.679 | 5.526 |
| 1977-1979 | 32.772 | 10.924 |
| 1980-1988 | 127.779 | 14.198 |
| 1989 | 23.387 | 23.387 |
| 1990 | 111.180 | 111.180 |
| 1991-1992 | 48.324 | 24.162 |
| 1993-1999 | 26.993 | 3.856 |
| 1950-1993 | 428.862 | 8.577 |

Welches waren nun die spezifischen Randbedingungen und Beweggründe dieses Aussiedlungsprozesses, der in einem gut überschaubaren Zeitraum von rund zwei bis drei Jahrzehnten zur Migration und weitgehenden Auflösung einer jahrhundertelang traditional verwurzelten, bodenständig-heimatverbundenen ethnischen Minderheit geführt hat? Inwiefern weist der Prozess eigendynamische Züge auf? Mit welchen Rückwirkungen und Folgeproblemen für die rumänische Gesellschaft und einzelne Auswanderungsregionen ist dieser Aussiedlungsprozess verbunden?

Nachdem ich mich zunächst sozialstrukturellen Entwicklungen und politischen Rahmenbedingungen zuwenden möchte, die sich folgenreich auf die Lebensverhältnisse und sozialen Orientierungen auswirkten und insofern auch die Ausreisemotive mitbestimmt haben, will ich mich in einem zweiten Gedankenschritt etwas eingehender mit der Eigendynamik des Aussiedlungsprozesses beschäftigen. Dies zumal eine solche Betrachtung durchaus interessante Einblicke in den komplizierten Mechanismus der „Eigenverursachung" von Migrationsvorgängen, sobald solche Prozesse in Gang gekommen sind und ein bestimmtes Ausmaß erreicht haben, gewährt. Anschließend werde ich einige Folgeprobleme ansprechen und entsprechende soziologische Anschlussfragen knapp umreißen.

## Sozialstrukturelle Entwicklungen und politische Verhältnisse als Ursachen der Aussiedlung

Nachdem die Deutschen in Rumänien schon durch die Kriegs- und Nachkriegsgeschehnisse mobilisiert, durcheinandergewirbelt, in die Ereignisse mit verstrickt und damit in eine prekäre kollektive Lage gebracht wurden, war die Normalisierung des sozialen Lebens - die weitgehend im Zeichen überkommener, bodenständig-traditionaler Wertvorstellungen erfolgte - nur eine vorübergehende, hauptsächlich auf die fünfziger und frühen sechziger Jahre beschränkt gebliebene Erscheinung. Der aus Rumänien stammende deutsche Schriftsteller Richard Wagner stellt dazu trefflich fest: „Damals, in den sechziger Jahren, waren die Banatdeutschen Dorfgemeinschaften in gewissen Maßen wieder intakt, sie hatten sich von Krieg und Nachkrieg erholt, von Deportation und Zwangsmaßnahmen. Die Menschen hatten sich in den Grenzen der Zeit eingerichtet. Sie redeten von den guten Zeiten wie von der Vergangenheit und von Deutschland wie von einer großen Zukunft." (Wagner 1990, 123f; Sterbling 1989).

Die Bodenenteignung, die schon 1945 durchgeführt wurde und die die bis dahin überwiegend in der Landwirtschaft tätige deutsche Bevölkerung fast ausnahmslos betraf (Sterbling 1995a; 1995b), der sozialistische wirtschaftliche Umwälzungsprozess wie auch die sektorale Transformation veränderten die Erwerbssituation und wirtschaftliche Lage der Deutschen in Rumänien erheblich. Die tiefgreifenden Veränderungen in den sozioökonomischen Lebenslagen und die damit verbundenen Mobilisierungsprozesse werden unmittelbar deutlich, wenn man sich vor Augen führt, dass der Anteil der in der Landwirtschaft beschäftigten Deutschen im Jahre 1945 noch 77 Prozent, 1956 aber nur noch 22 Prozent betrug (Gabanyi 1988, 35; Mihok 1990, 184f). Im Jahre 1956 lebte auch schon die Hälfte der Deutschen in Städten, während der allgemeine Urbanisierungsgrad zu diesem Zeitpunkt lediglich 31 Prozent erreichte. Hinzu kam, dass die in den sechziger Jahren einsetzende Bildungsexpansion insbesondere für die jüngeren Alterskohorten weitgehende berufliche und räumliche Mobilitätszwänge herbeiführte[11], die mit entsprechenden sozialen und psychischen Mobilisierungsprozessen verbunden waren[12].

Diese Prozesse wirkten sich zwar einerseits - wenn auch zeitlich verzögert - tendenziell auflösend und entfremdend auf die überkommenen Sozialbeziehungen, Lebensmuster und Wertvorstellungen aus; sie führten aber andererseits kaum zu einer stärkeren Integration der aus den traditionalen Bindungen herausgelösten und im Hinblick auf ihre Zukunftserwartungen mobilisierten

---

[11] Zum hier angesprochenen „partiellen" sozialistischen Modernisierungsprozess und seinen Mobilisierungseffekten siehe auch Sterbling 1993a und 1993b.

[12] Zur „sozialen" und „psychischen Mobilisierung" als Dimension der Modernisierung siehe Deutsch 1966; Lerner 1958; Sterbling 1987, 247 ff; Sterbling 1991, 105 ff; Sterbling 1992.

Deutschen in die sozialistische rumänische Gesellschaft. Der immer offenkundiger werdende rumänische Nationalismus mit seinen diskriminierenden Auswirkungen auf die soziale Lage der ethnischen Minderheiten (Illyés 1981; Oschlies 1988) verhinderte eine solche Integration und Identifikation ebenso wie der einsetzende Aussiedlungsprozess, der, aus der individuellen Perspektive gesehen, eine zwar weitgehend unberechenbare, aber doch prinzipiell vorhandene „alternative" Option der sozialen Orientierung, Selbstvergewisserung und Zukunftsplanung bot.

Die mit dem angedeuteten sozialstrukturellen Wandel einhergehenden Mobilisierungsprozesse, die die traditional geprägten Sozialbeziehungen und Selbstverständnisse allmählich auflockerten und neuen materiellen und ideellen Erwartungen Vorschub leisteten, die zunehmend intolerantere und aggressivere rumänische Minderheitenpolitik, die - nach der „Tauwetterperiode" der sechziger Jahre[13] - die Handlungsspielräume und kulturellen Entfaltungsmöglichkeiten der ethnischen Minderheiten in den siebziger und achtziger Jahren immer stärker einschränkte, wie auch die gleichzeitig wachsende ökonomische Misere in Rumänien bildeten Rahmenbedingungen, die die Ausreisemotive sicherlich maßgeblich mitbestimmten.

Hinzu kam - gewissermaßen als „außenpolitische" Randbedingung -, dass im Zuge der Aufnahme diplomatischer Beziehungen zwischen der Bundesrepublik Deutschland und Rumänien im Jahre 1967 gewisse Ausreiseerleichterungen in Familienzusammenführungsfällen eintraten. Ebenso, dass durch die 1978 vom damaligen Bundeskanzler Helmut Schmidt ausgehandelte Vereinbarung, die die Ausreisemöglichkeit von 12.000 - 16.000 Deutschen pro Jahr gegen Zahlung eines Pauschalbetrages seitens der Bundesregierung vorsah[14], eine gewisse Kontinuität des Aussiedlungsprozesses sichergestellt wurde. Zwar zählte es zur Praxis der rumänischen Behörden, die individuellen Ausreisechancen möglichst unberechenbar erscheinen zu lassen, wobei das Willkürprinzip der Einzelfallentscheidungen zu einer geschickt eingesetzten Methode der Schmiergelderpressung wurde; dessen ungeachtet schuf die erkennbar bleibende Kontinuität des Aussiedlungsprozesses doch zumindest gewisse Anhaltspunkte für individuelle Chancenerwägungen - oder wenigstens einen allgemeinen Bezugspunkt für die Ausreisehoffnungen vieler Menschen.

Die hier knapp umrissenen Entwicklungsprozesse und Randbedingungen dürfen in einer Analyse des Aussiedlungsprozesses der Deutschen aus Rumänien und der ihm zu Grunde liegenden Motive sicherlich nicht übergangen werden. Eine Betrachtung dieser Vorgänge bliebe aber dennoch recht einseitig und unvollständig, würde sie sich allein darauf beschränken und nicht auch

[13] Zur „Tauwetterperiode" der sechziger Jahre siehe auch Sterbling 1991b.

[14] Zunächst sagte die Bundesregierung die Zahlung eines Pauschalbetrages von 5.000 DM pro Aussiedler zu, der 1983 auf 7.800 DM angehoben wurde (Gabanyi 1988, 38).

bestimmte eigendynamische Aspekte des Aussiedlungsprozesses, die mit dem Hinweis auf dessen Kontinuität schon angedeutet wurden, mit in Betracht ziehen.

## Zur Eigendynamik des Aussiedlungsprozesses

Folgt man Renate Mayntz und Birgitta Nedelmann, so lassen sich soziale Prozesse „dann als eigendynamisch bezeichnen, wenn sie sich - einmal in Gang gekommen oder ausgelöst - aus sich selbst heraus und ohne weitere externe Einwirkung weiterbewegen und dadurch ein für sie charakteristisches Muster produzieren und reproduzieren. Formuliert man diesen Sachverhalt in bezug auf die Träger dieser Prozesse, so ließe sich von eigendynamischen Prozessen dann sprechen, wenn die Akteure die sie antreibenden Motivationen im Prozessverlauf selbst hervorbringen und verstärken." (Mayntz/Nedelmann 1987, 648f).

Im Sinne einer solchen Auffassung eigendynamischer Prozesse soll die Aussiedlung der Deutschen aus Rumänien nun unter drei Gesichtspunkten etwas näher beleuchtet werden: unter dem Aspekt der Eigendynamik des Familiennachzuges; unter dem Aspekt des durch den Aussiedlungsvorgang bewirkten Informationsflusses, der als intensiver Kommunikationsprozess zwischen Ausgesiedelten und Herkunftsmilieu starken Einfluss auf die Aussiedlungsneigungen der im Herkunftsmilieu Verbliebenen gewann; schließlich unter dem Aspekt der durch den Aussiedlungsprozess eingetretenen strukturellen Veränderungen, die ihrerseits neue Ausreisemotive erzeugt haben.

Zunächst kann man feststellen: Selbst wenn grenzüberschreitende Migrationsprozesse einerseits der Familienzusammenführung dienen - die Familienzusammenführung galt in Rumänien bekanntlich lange als der einzige offiziell akzeptierte Ausreisegrund - bewirken solche Prozesse doch andererseits häufig auch neue Trennungen zwischen einander nahestehenden Familienangehörigen, die ihrerseits wieder Bestrebungen der Familienzusammenführung auslösen. Im Rückblick betrachtet, stellt sich der Aussiedlungsprozess der Deutschen aus Rumänien tatsächlich weitgehend als ein mehrstufiger und zugleich immer weiter um sich greifender Kettenprozess der familienzusammenführungsbegründeten Ausreise, der aussiedlungsbedingten Familientrennung und der trennungsbedingten Wiederzusammenführung durch den Nachzug der zunächst in Rumänien zurückgebliebenen Familienteile dar. Dabei waren es - wie im Falle vieler Migrationsprozesse -, mal die mobilsten und lebenstüchtigsten Familienangehörigen, die die „Pionierrolle" übernahmen, mal aber durchaus auch ältere Familienmitglieder, die als wirtschaftlich „unproduktive" und kostenproduzierende Rentner mitunter bessere Ausreisechancen als andere Personengruppen hatten.

Der einmal in Gang gekommene Aussiedlungsprozess wirkte noch in einer anderen Weise, über die unmittelbaren Familienbeziehungen und Familienkontakte hinaus, auf das Herkunftsmilieu der Aussiedler zurück. Durch die vor allem in der ersten Zeit nach der Aussiedlung zumeist noch sehr engen Kontakte der Aussiedler zur Heimat erfuhr der Informationsfluss zwischen der bundesdeutschen „Bezugsgesellschaft" und den noch in Rumänien verbliebenen Deutschen eine deutliche Intensivierung und Substantialisierung[15]. Nachdem solche Kommunikationsbeziehungen schon in der zweiten Hälfte der sechziger Jahre durch den zunehmenden Reiseverkehr und den grenzüberschreitenden Einfluss der Massenmedien immer enger wurden, gewannen sie durch die Vermittlung der Aussiedler eine neue erfahrungsgestützte und vertrauensverbürgte Qualität.

Diese unmittelbare persönliche Information durch die die ehemalige Heimat besuchenden Aussiedler führte zu einer beachtlichen Wissensdiffusion über moderne Gesellschaftszusammenhänge, zu vielfältigen Weltbilderweiterungen und Einstellungsveränderungen und insbesondere zu neuen sozialen Erwartungen. Der damit verbundene Erfahrungs- und Wissenstransfer hatte bemerkenswerte Umorientierungen und einen erheblichen Modernisierungsschub im sozialen und kulturellen Selbstverständnis der zunächst in der Heimat zurückgebliebenen Deutschen zur Folge. Von einer vagen Zurechnung zur deutschen Kulturgemeinschaft und ihren überkommenen Kulturwerten gelangten die meisten Rumäniendeutschen schrittweise zu einem sicherlich nicht verzerrungs- und illusionsfreien, aber doch substantielleren und erfahrungsgebundenen Wissen über die moderne Realität der bundesdeutschen Gesellschaft.

Im Hinblick auf das Denken und die Handlungsorientierungen führte dies in vielen Fällen zu einer grundsätzlichen Revision der Lebensziele und der Zukunftserwartungen, zu neuen sozialen Relevanzstrukturen, zu anderen Entscheidungshaltungen in biographischen Schlüsselsituationen, zu veränderten Eckdaten der Lebensplanung[16], wobei das Ausreiseziel vielfach in den Mittelpunkt der individuellen Lebensentwürfe und familialen Lebensplanungen rückte und eine entsprechende, strategisch auf das Ausreiseziel ausgerichtete Bündelung von Kräften und Ressourcen bewirkte. All dies erschütterte gleichsam auch das überkommene Selbstverständnis und die traditionalen Bindungen und führte natürlich auch zu einer fortschreitenden Entfremdung gegenüber der rumänisch-sozialistischen Gesellschaft.

---

[15] Eine immer intensivere kulturelle Orientierung an der deutschen, insbesondere der bundesdeutschen Bezugsgesellschaft hat auch in intellektueller Hinsicht stattgefunden.

[16] Vor allem Bildungsentscheidungen und berufliche Karriereentscheidungen - soweit bestimmte Karrieren zum Beispiel die Parteizugehörigkeit zur Voraussetzung hatten - aber auch Entscheidungen im Hinblick auf partnerschaftliche und eheliche Verbindungen und Fragen der Familienplanung wurden davon unmittelbar berührt.

Der Aussiedlungsprozess hatte aber nicht nur informations-, wissens- und handlungsorientierungsbezogene, sondern auch strukturelle Rückwirkungen auf das Herkunftsmilieu. Er löste Nachbarschaftsstrukturen und ganze Dorfgemeinschaften auf, ließ die die deutsche Identität stützende kulturelle Infrastruktur[17] (zum Beispiel deutschsprachige Schulen oder kulturelle und kirchliche Einrichtungen) zusammenbrechen und führte selbst in den deutschen Kernsiedlungsgebieten zu einer fortschreitenden Überfremdung und Isolierung der dort verbliebenen Deutschen. Dieser Erfahrungshintergrund einer fortschreitenden Erosion der kulturellen Daseinsvoraussetzungen als ethnische Minderheit, der zeitlich mit einer wachsenden wirtschaftlichen Misere in Rumänien und einer ständig intoleranter werdenden nationalistischen Minderheitenpolitik zusammenfiel, bewirkte, dass sich der Ausreisewunsch auch bei jenem Teil der deutschen Bevölkerung Rumäniens ausbreitete, der zunächst in der alten Heimat zu verbleiben gedachte oder lange Zeit unentschieden war. Insofern wurde auch dieser immer kleiner werdende Teil der deutschen Minderheit von der „Eigendynamik" des Aussiedlungsprozesses mitgerissen.

## Auswirkungen und Folgeprobleme des Aussiedlungsprozesses

Mit dem Aussiedlungsprozess der Deutschen aus Rumänien ist nicht nur eine der größten ethnischen Gruppen, die die Wirtschaft und Kultur Siebenbürgens jahrhundertelang wesentlich mitgeprägt hat, im Verschwinden begriffen. Wie führende rumänische Politiker heute vielfach bedauern[18], hat der Aussiedlungsprozess der Deutschen aus Rumänien zu einem großen Verlust an Humankapital geführt, wodurch die wirtschaftlichen Entwicklungsmöglichkeiten erheblich beeinträchtigt wurden. Mit der Aussiedlung der Deutschen verlor Rumänien auch eine Bevölkerungsgruppe, von der wichtige kulturelle Anstöße kamen und die gleichsam auch als bedeutsames Bindeglied zu Mittel- und Westeuropa fungierte.

---

[17] Die rumänischen Behörden haben diesem Prozess insofern nachgeholfen, als sie ausreisewillige Lehrer aus dem Schuldienst entfernten und diese - wie auch andere Intellektuelle - sodann viel leichter als andere Personengruppen ausreisen ließen. Dies führte dazu, daß die Aussiedlung der Lehrer ebenfalls eine gewisse „Eigendynamik" mit weitreichenden Folgen entwickelte.

[18] So befand zum Beispiel der mehrere Jahre als rumänischer Unterrichtsminister fungierende Andrei Marga: „In Rumänien zeigte die Massenauswanderung der Deutschen und Juden, die auch dem Elend des autoritären Regimes zu verdanken ist, wohin eine verfehlte Politik und ein aggressiver Nationalismus führen kann." (Marga 1999, 48). Ihr Bedauern über den Verlust, der durch die Auswanderung der Deutschen aus Rumänien eingetreten ist, haben auch andere rumänische Politiker und nicht zuletzt der ehemalige Präsident Rumäniens, Emil Constantinescu, oder seine erste Beraterin, Frau Professor Dr. Zoe Petre, wiederholt zum Ausdruck gebracht.

In den Abwanderungsregionen, insbesondere Siebenbürgens und des Banats, ging mit der Aussiedlung der Deutschen vielfach ein Prozess des Verfalls, der Überalterung oder der Auflassung kleinerer Ortschaften und Dörfer einher[19]. Durch neue Zuwanderungen aus anderen, zum Teil weit entlegenen Regionen Rumäniens hat sich die Bevölkerungs- und Sozialstruktur in vielen Dörfern und Städten der ehemaligen deutschen Siedlungsgebiete stark verändert, wobei dies zum Teil zu erheblichen sozialen Verwerfungen und Spannungen zwischen einheimischen und zugewanderten Bevölkerungsgruppen geführt hat.

Insgesamt bewirkte der Aussiedlungsprozess der Deutschen zusammen mit dem partiellen Abwanderungsprozess anderer ethnischer Minderheiten und mit der Auswanderung vieler hochqualifizierter und dynamischer rumänischer Fachleute einen erheblichen Verlust an Humankapital und Unternehmergeist und bildet mithin eine wichtige Ursache der andauerenden Wirtschaftskrise in Rumänien (Gabanyi/Sterbling 2000).

## Weiterführende soziologische Überlegungen und komparative Betrachtungen der Ursachen, Eigendynamik und Folgeprobleme von Migrationsprozessen

Diese knappe Darstellung des Aussiedlungsprozesses der Deutschen aus Rumänien führt anhand eines in seinen Ursachen, seiner Eigendynamik und seinen Folgeproblemen recht gut überschaubarem Fallbeispiel zu allgemeineren Fragen der Migrationsforschung, die ich abschließend zumindest kurz andeuten möchte.

Zunächst wäre zu fragen, unter welchen Bedingungen besitzen Migrationsprozesse eine ausgeprägte eigendynamische Komponente? Neben allgemeinen strukturellen und politischen Ursachen von Migrationsprozessen (Esser 1980; Heckmann 1981) wie einem dauerhaften Wohlstands- und Freiheitsgefälle zwischen Herkunfts- und Aufnahmegesellschaften dürften im Hinblick auf die Eigendynamik von Migrationsvorgängen spezifische Faktoren wie die Zugehörigkeit der Migranten zu einer ethnischen oder sonstigen Minderheit, die fortgesetzte Diskriminierung dieser Minderheit in den Herkunftsgesellschaften[20], kulturellen Affinitäten dieser Minderheit zu einzelnen Aufnahmegesellschaften wie auch bestimmte quantitative Schwellenwerte und Relationen zwischen dem Anteil der schon ausgewanderten und dem Anteil der noch zurückgebliebenen Bevölkerung eine wichtige Rolle spielen. Dies näher zu

[19] Dieser erinnert zum Teil merkwürdig an Erscheinungen, von denen bei der Massenauswanderung aus bestimmten Gebieten Österreich-Ungarns in die USA um die Jahrhundertwende berichtet wurde (Frank 1999).

[20] Zur „Intoleranz des Nationalstaats" gegenüber ethnischen Minderheiten siehe auch Heckmann 1992b.

erforschen, bleibt ein wichtiges Anliegen komparativer Untersuchungen entsprechender Migrationsvorgänge.

Ein zweiter Fragenkomplex, der durch das Fallbeispiel angesprochen wurde, wäre: Welche Rückwirkungen und Folgeprobleme haben Migrationsprozesse für die jeweiligen Herkunftsgesellschaften oder Auswanderungsregionen und unter welchen Umständen fällt die Bilanz der Vor- und Nachteile für diese Gesellschaften und Regionen besonders negativ aus? Im Zeitalter der Globalisierung ist dies sicherlich keine nebensächliche Frage (Sterbling 1999a).

## Literatur

**Ancel, J. 1998:**

Transnistria (Transnistrien), Bukarest (3 Bde)

**Böhm, J. 1997:**

Antisemitismus in Südosteuropa von 1933-1945 unter besonderer Berücksichtigung Ungarns und Rumäniens. In: Halbjahresschrift für südosteuropäische Geschichte, Literatur und Politik, 9. Jg., Heft 2, Dinklage, S. 67-83

**Bundesministerium für Vertriebene, Flüchtlinge und Kriegsgeschädigte (Hrsg.) 1984:**

Dokumentation der Vertreibung der Deutschen aus Ost-Mitteleuropa II: Das Schicksal der Deutschen in Ungarn. München

**Bundesministerium für Vertriebene, Flüchtlinge und Kriegsgeschädigte (Hrsg.) 1984:**

Dokumentation der Vertreibung der Deutschen aus Ost-Mitteleuropa III: Das Schicksal der Deutschen in Rumänien. München

**Bundesministerium für Vertriebene, Flüchtlinge und Kriegsgeschädigte (Hrsg.) 1984:**

Dokumentation der Vertreibung der Deutschen aus Ost-Mitteleuropa V: Das Schicksal der Deutschen in Jugoslawien. München

**Dahmen, W. 1999:**

Kulturdialog und akzeptierte Vielfalt oder Kulturmonolog und verordnete Einfalt? Die süddanubische Rumänität im 20. Jahrhundert. In: Förster, H./Fassel, H. (Hrsg.): Kulturdialog und akzeptierte Vielfalt? Rumänien und rumänische Sprachgebiete nach 1918. Stuttgart, S. 31-42

**Deutsch, K. W. 1966:**

Nationalism and Social Communication. An Inquiry into the Foundations of Nationality. Cambridge/Mass.

**Esser, H. 1980:**

Aspekte der Wanderungssoziologie. Assimilation und Integration von Wanderern, ethnischen Gruppen und Minderheiten. Eine handlungstheoretische Analyse. Darmstadt-Neuwied

**Frank, T. 1999:**

From Austria-Hungary to the United States: National Minorities and Emigration, 1880-1914. In: Frank, T.: Ethnicity, Propaganda, Myth-Making. Studies on Hungarian Connections to Britain and America 1848-1945. Budapest, S. 73-91

**Frank, T. 1999:**

„For the Information of the President": U.S. Government Surveillance of Austro-Hungarian Emigration, 1891-1907. In: Frank, T.: Ethnicity, Propaganda, Myth-Making. Studies on Hungarian Connections to Britain and America 1848-1945. Budapest (S. 108-131)

**Friedrich Ebert Stiftung (Hrsg.) 1994:**

Von der Ausländer- zur Einwanderungspolitik, Bonn

**Friedrich Ebert Stiftung (Hrsg.) 1994:**

Ost-West-Migration. Fluchtursachen und Handlungsperspektiven, Bonn

**Friedrich Ebert Stiftung (Hrsg.) 1995:**

Einwanderungskonzeption für die Bundesrepublik Deutschland, Bonn

**Friedrich Ebert Stiftung (Hrsg.) 1998:**

Ethnische Konflikte und Integrationsprozesse in Einwanderungsgesellschaften, Bonn

**Friedrich Ebert Stiftung (Hrsg.) 1999:**

Integration und Integrationsförderung in der Einwanderungsgesellschaft, Bonn

**Gabanyi, A. U. 1988:**

Die Deutschen in Rumänien. In: Aus Politik und Zeitgeschichte. Beilage zur Wochenzeitung Das Parlament B 50. Bonn, S. 28-39

**Gabanyi, A. U. 1990:**

Die unvollendete Revolution. Rumänien zwischen Diktatur und Demokratie. München-Zürich

**Gabanyi, A. U. / Sterbling, A. (Hrsg.) 2000:**

Sozialstruktureller Wandel, soziale Probleme und soziale Sicherung in Südosteuropa. München

**Heckmann, F. 1981:**

Die Bundesrepublik: ein Einwanderungsland? Zur Soziologie der Gastarbeiterbevölkerung als Einwanderungsminorität. Stuttgart

**Heckmann, F. 1992a:**

Ethnische Minderheiten, Volk und Nation. Soziologie inter-ethnischer Beziehungen. Stuttgart

**Heckmann, F. 1992b:**

Ethnos, Demos und Nation oder: Woher stammt die Intoleranz des Nationalstaats gegenüber ethnischen Minderheiten. In: Seewann, Gerhard (Hrsg.): Minderheitenfragen in Südosteuropa. Beiträge der Internationalen Konferenz: The Minority Question in Historical Perspective 1900-1990. Inter University Center, Dubrovnik 8.-14. April 1991. München, S. 9-36

**Heller, W. (Hrsg.) 1997:**

Migration und sozioökonomische Transformation in Südosteuropa. München

**Höpken, W. 1989:**

Die Emigration von Türken aus Bulgarien. Historisches und Gegenwärtiges. Teil I: Die Emigration 1878 bis 1951. In: Südosteuropa. Zeitschrift für Gegenwartsforschung, 38. Jg., München, S. 608-637

**Höpken, W. 1992:**

Emigration und Integration von Bulgarien-Türken seit dem Zweiten Weltkrieg. In: Seewann, Gerhard (Hrsg.): Minderheitenfragen in Südosteuropa. Beiträge der Internationalen Konferenz: The Minority Question in Historical Perspective 1990-1990. München, S. 359-376

**Hösch, E. 1993:**

Geschichte der Balkanländer. Von der Frühzeit bis zur Gegenwart. München

**Illyés, E. 1981:**

Nationale Minderheiten in Rumänien. Siebenbürgen im Wandel. Wien

**Kahl, T. 2000:**

Wandlung von ethnischen Identitätsmustern bei den Aromunen (Vlachen) Bulgariens und ihre Folgen. In: Linau, Cay/Steindorff, Ludwig (Hrsg.): Ethnizität, Identität und Nationalität in Südosteuropa. München, S. 19-47

**Klein, G. 1998:**

Im Lichte sowjetischer Quellen. Die Deportation Deutscher aus Rumänien zur Zwangsarbeit in die UdSSR 1945. In: Südostdeutsche Vierteljahresblätter, 47. Jg., München, S. 153-162

**Landsmannschaft der Banater Schwaben (Hrsg.) 1990:**

40 Jahre Landsmannschaft 1949/50-1989/90. Eine Dokumentation. München

**Lendvai, P. 1999:**

Die Ungarn. Ein Jahrtausend Sieger in Niederlagen. München

**Lerner, D. 1958:**

The Passing of Traditional Society. Glencoe

**Marga, A. 1999:**

Die Universität als Forum des Kulturdialogs. Das Beispiel Klausenburg. In: Förster, Horst/Fassel, Horst (Hrsg.): Kulturdialog und akzeptierte Vielfalt? Rumänien und rumänische Sprachgebiete nach 1918. Stuttgart, S. 43-58

**Mayntz, R. / Nedelmann, B. 1987:**

Eigendynamische soziale Prozesse. Anmerkungen zu einem analytischen Paradigma. In: Kölner Zeitschrift für Soziologie und Sozialpsychologie, 39. Jg., Opladen, S. 648-668

**Mihok, B. 1990:**

Die rumänische Nationalitätenpolitik seit 1945. In: Südosteuropa. Zeitschrift für Gegenwartsforschung, 39. Jg., München, S. 204-221

**Mihok, B. 1990:**

Ethnostratifikation im Sozialismus, aufgezeigt an den Beispielländern Ungarn und Rumänien. Frankfurt a. M., Bern, New York, Paris

**Molnár, M. 1999:**

Geschichte Ungarns. Hamburg

**Oschlies, W. 1988:**

Rumäniendeutsches Schicksal 1918-1988. Wo Deutsch zur Sprache der Grabsteine wird... . Köln

**Pauli, C. o. J., vermutlich 1913:**

Kriegsgreuel. Erlebnisse im türkisch-bulgarischen Kriege 1912. Nach Berichten von Mitkämpfern und Augenzeugen. Minden

**Röder, A. 1998:**

Deutsche, Schwaben, Donauschwaben. Ethnisierungsprozesse einer deutschen Minderheit in Südosteuropa. Marburg

**Schreiber, W. E. 1993:**

Demographische Entwicklungen bei den Rumäniendeutschen. In: Südosteuropa-Mitteilungen, 33. Jg., München, S. 204-211

**Seewann, G. 1999:**

Migration in Südosteuropa als Voraussetzung für die neuzeitliche West-Ost-Wanderung. In: Beer, Mathias/Dahlmann, Dittmar (Hrsg.): Migration nach Ost- und Südosteuropa vom 18. bis zum Beginn des 19. Jahrhunderts. Ursachen - Formen - Verlauf - Ergebnis, Stuttgart, S. 89-108

**Sterbling, A. 1987:**

Eliten im Modernisierungsprozeß. Ein Theoriebeitrag zur vergleichenden Strukturanalyse unter besonderer Berücksichtigung grundlagentheoretischer Probleme. Hamburg

**Sterbling, A. 1989:**

Zur Problematik der kulturellen Identität: Überlegungen zum Selbstverständnis der Deutschen in Rumänien. In: Tolksdorf, Ulrich (Hrsg.): Jahrbuch für ostdeutsche Volkskunde, 32. Jg., Marburg, S. 142-160

**Sterbling, A. 1991a:**

Modernisierung und soziologisches Denken. Analysen und Betrachtungen. Hamburg

**Sterbling, A. 1991b:**

Zum Abschied einer Minderheit. Gedanken zum „Nachruf auf die rumäniendeutsche Literatur". In: Südosteuropa. Zeitschrift für Gegenwartsforschung, 40. Jg., München, S. 211-223

**Sterbling, A. 1992:**

Die Deutschen in Rumänien zwischen Tradition und Modernität. Aspekte sozialer Mobilisierung nach dem Zweiten Weltkrieg. In: Seewann, Gerhard (Hrsg.): Minderheitenfragen in Südosteuropa. Beiträge der Internationalen Konferenz: The Minority Question in Historical Perspective 1900-1990. Inter University Center, Dubrovnik 8.-14. April 1991, München, S. 265-277

**Sterbling, A. 1993a:**

Strukturfragen und Modernisierungsprobleme südosteuropäischer Gesellschaften. Hamburg

**Sterbling, A. 1993b:**

Statussegregation als Strukturmerkmal osteuropäischer Gesellschaften. Shmuel N. Eisenstadts Bedeutung für die soziologische Osteuropaforschung. In: Plake, Klaus/Schulz, W. (Hrsg.): Entillusionierung als Programm. Beiträge zur Soziologie von Shmuel N. Eisenstadt. Weinheim, S. 149-175

**Sterbling, A. 1995a:**

A qui appartient la terre transylvaine? In: Etudes rurales, Heft 138-140, Paris, S. 87-101

**Sterbling, A. 1995b:**

On the Development of Ethnic Relations and Conflicts in Romania. In: Giordano, Christian/Greverus, Ina-Maria (Hrsg.): Ethnicity - Nationalism - Geopolitics in the Balkans (II), Sonderheft des Anthropological Journal on European Cultures, 4. Jg., Heft 2, Fribourg-Frankfurt a. M., S. 37-52

**Sterbling, A. 1995c:**

Die Aussiedlung der Deutschen aus Rumänien: Motive, Randbedingungen und Eigendynamik eines Migrationsprozesses. In: Münz, Rainer/ Korte, Hermann/Wagner, Gert (Hrsg): Internationale Wanderungen. Tagungsband zur 28. Arbeitstagung der Deutschen Gesellschaft für Bevölkerungswissenschaft 16.-18.2.1994 in Bochum. Tagungsband, Berlin, S. 66-74

**Sterbling, A. 1997:**

Zur Aussiedlung der Deutschen aus Rumänien. In: Sterbling, A.: Kontinuität und Wandel in Rumänien und Südosteuropa. Historisch-soziologische Analysen. München, S. 71-84

**Sterbling, A. 1999a:**

Der Globalisierungsdiskurs und die Ungleichzeitigkeiten des Denkens in Ost und West. In: Sterbling, A.: Modernisierungsprobleme und Ungleichzeitigkeiten des Denkens in Ost und West. Rothenburg/OL, S. 91-102

**Sterbling, A. 1999b:**

Deutsche in Rumänien - eine längerfristige Betrachtungsperspektive. In: Sterbling, A.: Modernisierungsprobleme und Ungleichzeitigkeiten des Denkens in Ost und West. Rothenburg/OL S. 127-159

**Sterbling, A. 2001:**

Eliten, Intellektuelle, Institutionenwandel. Untersuchungen zu Rumänien und Südosteuropa. Hamburg

**Troebst, S. 1994:**

Antisemitismus im „Land ohne Antisemitismus": Staat, Titularnation und jüdische Minderheit in Bulgarien 1878-1993. In: Südosteuropa-Mitteilungen, 34. Jg., München. S. 187-201

**Wagner, R. 1990:**

Die Aktionsgruppe Banat. Versuch einer Selbstdarstellung. In: Solms, Wilhelm (Hrsg.): Nachruf auf die rumäniendeutsche Literatur, Marburg, S. 121-126

**Weber, G. u.a. 1995:**

Die Deportation von Siebenbürger Sachsen in die Sowjetunion 1945-1949. Köln-Weimar-Wien (3 Bde)

**Wolf, J. 1994:**

Die Deutschen in Rumänien und im Banat im Zahlenspiegel der letzten Volkszählung (1992). In: Banater Post, 39. Jg., Nr. 13/14, München, S. 8-9

Thomas Müller-Schneider

# Einschleusung von Migranten nach Deutschland. Ein neues Massenphänomen im migrationssoziologischen Überblick

## 1. Einleitung

Fluchthilfe spielt in der jüngeren Geschichte Deutschlands eine bedeutende Rolle. Ihr ist es zu verdanken, dass zahlreiche Personen während des nationalsozialistischen Schreckensregimes ihren Verfolgern entkommen konnten. Beispielsweise verhalf der amerikanische Journalist Varian Fry von Frankreich aus mehr als eintausend Menschen zur Flucht aus Deutschland - darunter den Schriftstellern Lion Feuchtwanger, Franz Werfel und Heinrich Mann. Ebenso halfen viele Deutsche, meist aus politischen und humanitären Gründen und unter hohem persönlichem Risiko, ihren jüdischen Mitbürgern und anderen Verfolgten über die deutschen Grenzen ins Ausland zu gelangen (vgl. Fogelman 1995). Auch nach 1945 waren Fluchthelfer tätig. Wenig rühmlich ist die „Rattenlinie", ein Fluchtweg auf dem sich Nationalsozialisten nach dem Zweiten Weltkrieg ihrer Verantwortung entzogen (Giefer/Giefer 1995). Zu Zeiten des Ost-West-Konfliktes konnten DDR-Bürger durch die gezielte Hilfe Dritter immer wieder aus dem kommunistischen „Arbeiter- und Bauernparadies" fliehen.

Spätestens seit den neunziger Jahren tritt in Deutschland ein Migrationsphänomen hervor, das mitunter zwar ebenfalls als „Fluchthilfe" bezeichnet wird, aber mit den angesprochenen Erscheinungsformen nicht mehr vergleichbar ist: die Einschleusung von Migranten aus aller Welt. Die Neuartigkeit dieses Phänomens zeigt sich schon darin, dass nicht nur Deutschland allein betroffen ist, sondern nahezu alle westlichen Wohlstandsgesellschaften. Unter ihnen ist für die westeuropäischen Zielländer die Einschleusung insgesamt eine neue Erfahrung, die den Wandel Europas vom Auswanderungs- zum Einwanderungskontinent augenfällig dokumentiert. Auch in den klassischen Einwanderungsländern ist der gegenwärtige Menschenschmuggel eine bis vor kurzer Zeit noch ungewohnte Erscheinung, zumindest was den massenhaften Umfang sowie das globale Spektrum der Herkunftsländer anbelangt. Insbesondere in den Vereinigten Staaten hat die Einschleusung aber eine gewisse Tradition. Dort wurden bereits in den zwanziger Jahren Einwanderer aus China, Deutschland, Italien, Polen und Russland und in späteren Jahren dann vorwiegend aus Mexiko illegal ins Land gebracht (Kyle/Liang 1998, 2).

In der Migrationssoziologie, vor allem in der deutschsprachigen, wird der um sich greifende Menschenschmuggel bislang kaum wahrgenommen. Trotz seiner großen gesellschaftlichen und politischen Bedeutung findet keine umfassende und systematische Auseinandersetzung mit diesem Migrationstypus statt. Die akademische Forschungsliteratur bleibt meist auf beiläufige Darstellungen singulärer Erscheinungen in bestimmten Herkunfts- und Zielländern beschränkt. Woran es weitgehend mangelt, sind sowohl deskriptive Information als auch theoretische Analyse. Vor diesem Hintergrund möchte der vorliegende Beitrag einen migrationssoziologischen Überblick über die weltweite Einschleusung von Migranten bieten. Vorwiegend aus deutschem Blickwinkel wird dabei auf verschiedene Aspekte des insgesamt aber transnationalen Geschehens eingegangen[1]. Zunächst wird eine begriffliche Klärung vorgenommen, die deutlich zwischen den Konzepten der Einschleusung und des Menschenhandels unterscheidet. Daran anschließend kommen Ausmaß, Herkunftsländer und Routen der Einschleusung zur Sprache. Ein weiterer Abschnitt beschäftigt sich mit der sozialen Organisation der illegalen Einreise. Es folgen Handlungskontexte des Menschenschmuggels im Inland und danach wesentliche Elemente seiner Erklärung. Abschließend werden staatliche Gegenmaßnahmen und die damit zusammenhängende Steuerungsproblematik betrachtet.

## 2. Einschleusung und Menschenhandel: Eine begriffliche Unterscheidung

In der internationalen, vorwiegend außerakademisch geführten Diskussion über den Menschenschmuggel gibt es bislang keine einfache, klare und allgemein akzeptierte Definition, die dieses Phänomen in seiner Gesamtheit erfassen könnte (Gosh 1998, 3). Trotz einer verwirrenden Vielfalt verschiedener und uneinheitlich verwendeter Termini zeichnet sich immer deutlicher eine

[1] Dieser Beitrag ist eine leicht veränderte Version eines Artikels im Berliner Journal für Soziologie (3/2001). Die nachfolgenden Ausführungen beruhen auf einem von der DFG geförderten Habilitationsprojekt, das in Zusammenarbeit mit dem europäischen forum für migrationsstudien (efms) an der Universität Bamberg und insbesondere mit Friedrich Heckmann durchgeführt wurde (Müller-Schneider 2000). In dieses Projekt wurden Beiträge der neueren Migrationsforschung einbezogen sowie eine Reihe von Experteninterviews zu verschiedenen Migrationstypen durchgeführt. Zur empirischen Erforschung des Menschenschmuggels wurden Mitarbeiter des Bundesamtes für die Anerkennung ausländischer Flüchtlinge, des Bundesgrenzschutzes, des Bundeskriminalamtes, der Kriminalpolizei Nürnberg sowie ein Mitarbeiter der „Gemeinsamen Ermittlungsgruppe Schleuser" des BGS und des Landeskriminalamtes Berlin befragt. Prof. Heckmann hat das Habilitationsprojekt im Werdegang bis zum Abschluss begleitet.

Trennlinie zwischen den zwei Grundkonzepten der „Einschleusung" und des „Menschenhandels" ab (Salt 2000, 33). Der Begriff der Einschleusung, für den im englischsprachigen Diskurs der Terminus „smuggling" verwendet wird, bezieht sich in erster Linie auf die Modalität des Grenzübertritts. Zwei Aspekte sind in diesem Kontext von besonderer Bedeutung. Erstens: Die Einreise ist illegal. Dabei ist zu berücksichtigen, dass ein Grenzübertritt bereits dann illegal ist, wenn die betreffende Person scheinbar legal mit einem Touristen- oder Besuchervisum einreist, jedoch in der Absicht handelt, sich dauerhaft im Zielland aufzuhalten. Wesentlich ist hier das subjektive Moment (vgl. BKA o. J., 11). Zweitens sind „Helfer" - also die eigentlichen Schleuser bzw. Schmuggler - beteiligt, deren Aktivitäten direkt darauf ausgerichtet sind, den illegalen Grenzübertritt zu ermöglichen. Andere Kriterien, die mitunter zur Definition der Einschleusung genannt werden, etwa das profitorientierte Handlungsziel der Menschenschmuggler (z.B. Armando/Chabaké 2000), ist für die hier verwendete Begriffsbestimmung nicht von Belang. Im vorliegenden Aufsatz wird für eine weit gefasste Definition der Einschleusung und synonym dazu des Menschenschmuggels optiert, um den zu untersuchenden Wirklichkeitsausschnitt nicht von vorne herein unnötig zu beschränken.

Im Unterschied zur Einschleusung geht es beim Konzept des Menschenhandels nicht um die unerlaubte Einreise, sondern um die sich daran anschließende Lebenssituation der Migranten im Zielland. Wie vielen neueren Definitionen zu entnehmen ist, gibt es in der internationalen Diskussion eine wachsende Zustimmung zu der Auffassung, dass mit „trafficking in migrants" langfristige Formen rigoroser Ausbeutung geschleuster Personen und damit zusammenhängende, ernsthafte Verletzungen der Menschenrechte gemeint sein sollen (Salt 2000, 32). Dabei wird insbesondere an die sexuelle Ausbeutung von ausländischen Frauen als Prostituierten gedacht. Darüber hinaus umfasst der Menschenhandel im einem weiteren Sinne alle ausbeuterischen Arbeitsverhältnisse und Zwangssituationen, in die geschmuggelte Personen geraten (vgl. Sieber/Bögel 1993, 201). Für den Begriff des Menschenhandels ist es völlig unerheblich, ob die Betroffenen bereits vor Beginn ihrer Reise wussten, welcher Tätigkeit sie im Zielland nachgehen müssen oder nicht. Es spielt auch keine Rolle, ob sich die Migranten als wehrlose Opfer wahrnehmen oder erhoffter Vorteile wegen in ihre Ausbeutung einwilligen. Entscheidend ist vielmehr die strafrechtliche bzw. moralische Beurteilung des Geschehens.

Im Mittelpunkt der nachfolgenden Ausführungen steht die Einschleusung, also die unerlaubte Einreise von Migranten mit Hilfe von Schmugglern. Daneben wird aber auch auf den Menschenhandel eingegangen, und zwar im Rahmen der inländischen Handlungskontexte von Schleuserorganisationen (Abschnitt 6).

## 3. Ausmaß, Herkunftsländer und Routen der Einschleusung

Der genaue quantitative Umfang des Menschenschmuggels kann aufgrund seines verborgenen Charakters grundsätzlich nicht ermittelt werden. Wo dennoch Zahlenangaben gemacht werden, handelt es sich meist um grobe Schätzungen, die mehr auf „informierter Willkür" denn auf methodisch begründetem Vorgehen beruhen. So meint beispielsweise Jonas Widgren, der Direktor des International Centre for Migration Policy Development (ICMPD) in Wien, von Aufgriffen an europäischen Grenzen und einer hypothetischen Aufgriffswahrscheinlichkeit ausgehend, dass gegenwärtig etwa 400.000 Personen jährlich in die Europäische Union eingeschleust werden (efms 2000, 2). Eine weitaus verlässlichere Zahl liegt für den Umfang der nach Deutschland eingeschleusten Asylbewerber vor. Auf der Basis entsprechender Auskünfte von Asylbewerbern schätzt das Bundesamt für die Anerkennung ausländischer Flüchtlinge, dass 1997 ca. 50.000 der insgesamt ca. 100.000 Asylsuchenden nach Deutschland eingeschmuggelt wurden (Müller-Schneider 2000, 127). Diese Schätzung gibt allerdings nur das Minimum erfolgreich geschleuster Personen wieder, deren tatsächliche Zahl vermutlich sehr viel größer ist. Längst nicht alle Asylbewerber geben wahrheitsgemäß über ihre Einreise Auskunft, insbesondere dann nicht, wenn Schleuser beteiligt waren. Eine unbekannte Zahl von Geschleusten bittet außerdem gar nicht um Asyl, sondern bleibt in der Illegalität oder reist in ein anderes Land weiter. Dieser Personenkreis ist in der genannten Zahl ebenfalls nicht enthalten.

Leichter als der Umfang der Einschleusungen zu einem bestimmten Zeitpunkt lässt sich deren Entwicklung im Zeitablauf abschätzen. Grundlage ist die Zahl der jährlich an den deutschen Grenzen aufgegriffenen geschleusten Personen. Im Jahr 1990 waren dies knapp 1.800 Ausländer, wohingegen 1999 mehr als sechsmal so viele, nämlich ca. 11.100 geschleuste Personen an den deutschen Außengrenzen registriert wurden (BGSDIR 2000, 9; Lederer 1997, 324). Diese Zahlen lassen allerdings keine unmittelbaren Rückschlüsse auf den Verlauf der Einschleusung zu, da sie von einer Reihe variabler Einflussgrößen abhängen, insbesondere der „Kontrolldichte" an den Grenzen. Dennoch ist die Zunahme aufgegriffener Migranten ein deutliches Indiz, dass der Menschenschmuggel im vergangenen Jahrzehnt sprunghaft zunahm. Die zahlenmäßige Steigerung von 1990 bis 1999 um mehr als das Sechsfache kann bei weitem nicht allein auf die verstärkten Grenzsicherungsmaßnahmen in diesem Zeitraum zurückgeführt werden.

Bei den 1999 aufgegriffenen und zweifelsfrei geschleusten Personen handelt es sich vorwiegend um Staatsangehörige der Bundesrepublik Jugoslawien (3.729) und Afghanistans (1.744), gefolgt von rumänischen (916), irakischen (672), sri-lankischen (589), indischen (401), chinesischen (399) und türkischen Staatsangehörigen (345). Im Vergleich zum Vorjahreszeitraum haben insbesondere die versuchten Einschleusungen aus Indien und Sri Lanka zugenommen, wohingegen Aufgriffe von Personen mit jugoslawischer Nationalität stark zurückgegangen sind (BGSDIR 2000, 10). Bei den genannten Ländern ist allerdings zu berücksichtigen, dass die nationale Herkunft derjenigen Personen, die mit Hilfe erschlichener und daher scheinbar authentischer Visa eingeschleust werden, völlig unberücksichtigt bleibt. Dennoch wird der „gemeinsame Nenner" der Herkunftsländer geschleuster Personen sichtbar, allerdings noch deutlicher, wenn man nicht nur Deutschland als Zielland berücksichtigt, sondern das Gesamtspektrum der westlichen Wohlstandsgesellschaften: Die globalen „Einschleusungsströme" gehen von weniger entwickelten Ländern aus und spiegeln somit eindeutig das internationale Ungleichheitsgefälle (vgl. IOM 1996).

Einschleusungen nach Deutschland erfolgen gegenwärtig auf zwei Hauptrouten: der „Ost-" und der „Südosteuropa-Route". Zur wichtigsten Etappe der Ostroute hat sich Russland entwickelt. Von dort aus gelangen meist asiatische und afrikanische Migranten mit falschen Reisedokumenten entweder auf dem Luftweg direkt oder über einen anderen Schengenstaat indirekt nach Deutschland. Die Einschleusung auf dem Landweg erfolgt über die Ukraine und die nach Westen angrenzenden Länder, oder aber von Prag aus, das die Geschleusten mit dem Flugzeug erreichen. Ausgangspunkt verschiedener Südosteuropa-Routen ist die Türkei. Vor allem in den bedeutenden Schleuserzentren Istanbul und Izmir wenden sich Menschen aus dem arabischen, vorderasiatischen und asiatischen Raum an die dort operierenden Schleuser. Eine der Südosteuropa-Routen führt zunächst nach Bulgarien, von wo aus die Migranten über Ungarn nach Deutschland eingeschmuggelt werden. Eine wichtige Route verläuft ebenfalls von der Türkei ausgehend über Griechenland oder Albanien. Dort angekommen werden die Schleusungen auf dem Seeweg, meist mit Fähren bzw. Hochgeschwindigkeitsschlauchbooten, nach Italien und weiter in die nördlichen Staaten Europas fortgesetzt. In gewissem Umfang wird außerdem die „Maghreb-Route", die von nordafrikanischen Staaten über die Meerenge von Gibraltar führt, zur illegalen Einreise nach Deutschland genutzt (BGSDIR 2000, 23-29).

## 4. Soziale Organisation der illegalen Einreise

Menschenschmuggel über internationale Grenzen kann man als einen sozialen Prozess betrachten, an dem verschiedene Akteure mit zum Teil sehr unterschiedlichen Zielsetzungen zusammenwirken. Bei der sozialen Organisation der illegalen Einreise sind zwei grundlegende Aspekte zu unterscheiden. Erstens die Interaktion zwischen Migranten und Menschenschmugglern, durch die der eigentliche Schleusungsprozess in Gang kommt, und zweitens die sozialen Strukturen, innerhalb derer Menschenschmuggler interagieren, um die illegale Einreise von Migranten zu bewerkstelligen.

### 4.1 Tauschgeschäft zwischen Zuwanderern und Schleusern

Die Interaktion zwischen Migranten und Menschenschmugglern lässt sich rekonstruieren, indem man an den staatlichen Migrationsbarrieren ansetzt. Im Extremfall völlig unkontrollierter nationaler Außengrenzen wäre der Zutritt für Migranten aus aller Welt ungehindert möglich und Einschleusung daher grundsätzlich überflüssig. Unabhängig davon, welche ursächlichen Faktoren für die beabsichtigte illegale Zuwanderung im einzelnen wirken mögen, kann Menschenschmuggel nur da entstehen, wo staatliche Vorkehrungen aus Sicht der betreffenden Migranten wirksam genug sind, um eine illegale Einreise auf „eigene Faust" zu verhindern. Nur in diesem Fall sind sie auf die Hilfe von Schleusern angewiesen.

Menschenschmuggler helfen Migranten beim illegalen Grenzübertritt, indem sie bestimmte Schleusungsmethoden anwenden, die systematisch auf „Schwachstellen" staatlicher Migrationsbarrieren ausgerichtet sind. Prinzipiell lassen sich dabei drei Haupttypen von Schleusungsmethoden unterscheiden (Müller-Schneider 2000, 132-136). Der erste besteht darin, Kontrollorgane gezielt zu umgehen und Migranten an „günstigen Stellen" über Staatsgrenzen zu bringen. Dies können Grüne Grenzen sein oder auch Meerengen, die Wohlstandsgesellschaften von ärmeren Nachbarstaaten trennen. Am bekanntesten ist in diesem Zusammenhang die Straße von Otranto, die an ihrer engsten Stelle zwischen dem albanischen und italienischen Festland etwa siebzig Kilometer breit ist. Der zweite Typ von Schleusungsmethoden ist der Transport über reguläre Grenzübergänge, wobei die betreffenden Migranten in einem geeigneten Transportmittel versteckt werden (z.B. Lastkraftwagen, Kleinbusse und Schiffscontainer). Der dritte Typ umfasst alle Hilfestellungen, die Migranten eine „scheinlegale" Einreise mit entsprechenden Dokumenten ermöglichen. Das sind häufig Visa, die sich Schleuser illegal bei den betreffenden Auslandsbotschaften beschaffen, beispielsweise indem sie private oder berufliche Einladungen in ein westliches Zielland fingieren. Beim Menschenschmuggel nach Deutschland werden auch Pässe anderer Mitgliedsstaaten der Europäischen Union verwendet. Befinden sich die Geschleusten erst einmal auf deren Territorien, insbesondere auf denen der Schengenstaaten, können sie aufgrund der geltenden Freizügigkeit problemlos in jeden anderen Mitgliedsstaat einreisen (Schlögl 1996, 5).

Worin bestehen die Motive der Menschenschmuggler, Migranten zur illegalen Einreise nach Deutschland oder in ein anderes westliches Zielland zu verhelfen? Um Humanität geht es ihnen jedenfalls nicht. Schleuser verfolgen ein anderes Ziel, sie wollen Profit machen. Das Schicksal der Migranten spielt für sie dabei keine Rolle. Sie betrachten Migranten als Einkommensquelle, die es maximal auszubeuten gilt. Dafür schrecken Schleuser auch nicht davor zurück, das Leben von Migranten zu gefährden. Nach Angaben der International Organization for Migration starben seit 1993 mindestens 1.500 Menschen bei dem Versuch, illegal in ein europäisches Land zu gelangen (IOM

2000). Das häufig menschenverachtende Vorgehen der Schleuser ist ein wesentlicher Grund, warum der heutige Menschenschmuggel nicht mit der Fluchthilfe zu Zeiten des Nationalsozialismus oder der innerdeutschen Teilung gleichgesetzt werden kann. Profitstreben mag zwar durchaus nicht immer auszuschließen gewesen sein, aber als skrupelloses Geschäft mit der „Ware" Mensch, wie dies heute zweifellos der Fall ist, kann die Fluchthilfe in jenen Zeiten kaum bezeichnet werden.

Um Profit erzielen zu können, verlangen Schleuser von ihren „Kunden" Geldbeträge. Für vergleichsweise geringe finanzielle Aufwendungen im Bereich von wenigen hundert Mark kann man sich von lokalen „Fußschleusern" von Tschechien über die Grüne Grenze nach Deutschland bringen lassen. Wesentlich teurer sind international organisierte Schleusungen, die bis zu mehreren zehntausend Mark kosten können (BGSDIR 2000, 12). In „Schleuserlöhnen" spiegeln sich zwar auch Aufwand und zu erwartende Schwierigkeiten beim Grenzübertritt, aber vor allem die Profiterwartung der Schleuser (Severin 1997, 11). Der Gewinn, den der Menschenschmuggel einbringt, lässt sich wegen seines illegalen und verdeckten Geschäftscharakters nur schwer ermessen. Polizeiexperten gehen aber davon aus, dass das Geschäft mit der illegalen Einreise inzwischen genau so einträglich ist wie das Drogengeschäft. In einzelnen Fällen kann der Profit von Menschenschmugglern durch polizeiliche Ermittlung abgeschätzt werden. So gelang es einer tamilischen Schleuserorganisation Mitte der neunziger Jahre, innerhalb von eineinhalb Jahren ca. 2000 Migranten nach Deutschland einzuschleusen und dadurch einen Reingewinn von mehr als zehn Millionen Mark zu erzielen (Müller-Schneider 2000, 141).

Die Interaktion, die den Schleusungsprozess auslöst, kann nun als Tausch beschrieben werden, bei dem Migranten, die illegal in ein bestimmtes Zielland einreisen wollen, für Dienstleistungen bezahlen, die von profitorientierten Menschenschmugglern zur Überwindung staatlicher Migrationsbarrieren erbracht werden. Dieses Tauschgeschäft findet nicht im Rahmen einer einzigen Operation statt, sondern ist ein komplexes Geschehen, das sich über einen längeren Zeitraum, insgesamt bis zu mehreren Monaten, hinziehen kann. Es beginnt in der Regel mit der Bezahlung der zuvor vereinbarten Schleusergebühren oder zumindest einer Anzahlung darauf und endet, wenn die Migranten im Zielland angekommen sind bzw. dort ihre Schulden abbezahlt haben. Wichtig für das Zustandekommen dieses Tausches ist zum einen die Erwartung der Migranten, dass sich die jeweiligen Menschenschmuggler an die verabredeten Bedingungen halten, zum anderen ihre Zuversicht, dass der gesamte Schleusungsprozess erfolgreich verlaufen wird (Kyle/Liang 1998, 4). Die Schleusung kann für Migranten jedoch auch eine unerwünschte Wendung nehmen. Dies ist der Fall, wenn sie auf dem Weg ins Zielland rigoros ausgebeutet oder von Grenzschutzbehörden aufgegriffen werden oder wenn ihre Reise gar auf tragische Weise mit dem Tod endet. Solche Vorkommnisse ändern aber nichts an der grundsätzlichen Bedeutung der Tauschperspektive, ohne die der Schleusungsprozesses nicht zu verstehen wäre. Nicht der tatsächliche Vollzug des

Tausches „Geld gegen illegale Einreise" ist handlungsrelevant, sondern die - nicht selten völlig irrigen - Erwartungen der Migranten zu Beginn der Transaktion.

### 4.2 Schleuserorganisationen

Nach den bisherigen Ausführungen zur sozialen Organisation der illegalen Einreise könnte man sich den Einschleusungsprozess als Tauschgeschäft vorstellen, an dem die Menschenschmuggler lediglich als Einzelpersonen beteiligt sind. Obwohl es - vor allem in Grenznähe zum Zielland - durchaus Schleuser gibt, die nur für sich alleine handeln (vgl. IOM 1994, 3), ist der heutige Menschenschmuggel jedoch nur als Resultat arbeitsteiligen Handelns denkbar. Insbesondere räumlich weit ausgedehnte Schleusungsprozesse erfordern organisiertes Handeln, da sie die Möglichkeiten von Einzelpersonen bei weitem übersteigen. Wer mit Einschleusungen möglichst viel Geld verdienen will, muss mit anderen Personen zielgerichtet kooperieren.

Dementsprechend zeigt sich ein länderübergreifender Trend zur Organisation von Einschleusungsprozessen (vgl. Salt 2000, 41). Schleuserorganisationen sind eine neue Population krimineller Organisationen, die sich in Europa bereits in den achtziger Jahren herauszukristallisieren begann. Nach dem Zusammenbruch des kommunistischen Machtregimes trat die Organisationsbildung in eine bis dahin unbekannte Dimension ein. In den östlichen Transformationsgesellschaften fanden Menschenschmuggler nahezu ideale Bedingungen für den beinahe ungehinderten Aufbau von Schleuserorganisationen vor. Die Länder des ehemaligen Ostblocks hatten meist völlig andere Probleme als den illegalen Transit von Wanderern, so dass dieser zumindest anfänglich kaum beachtet wurde. So konnte sich der osteuropäische Raum innerhalb kürzester Zeit zur Drehscheibe des globalen Menschenschmuggels entwickeln.

Die entstandenen Schleuserorganisationen zeichnen sich durch einen hohen Spezialisierungsgrad aus. Menschenschmuggler wenden üblicherweise nicht alle Schleusungsmethoden an, sondern nur diejenigen, die sich als besonders ertragreich herausstellen. Die Spezialisierung der Organisationen ist erfolgsbedingt, d.h. mehr und mehr Migranten werden auf eine „bewährte" Art und Weise geschleust und die dabei verwendete Methode wird soweit wie möglich perfektioniert. Schleuserorganisationen verlegen sich außerdem häufig auf bestimmte ethnische Gruppen oder Herkunftsregionen. Umgekehrt gibt es aber auch organisierte Gruppen, die darauf spezialisiert sind, Zuwanderer aller Nationalitäten von der Tschechischen Republik aus nach Deutschland zu bringen (Müller-Schneider 2000, 150).

In den Schleuserorganisationen herrscht ein stark arbeitsteiliges Vorgehen, wobei bestimmte Personen für festgelegte Aufgabengebiete zuständig sind, die wiederum von der Einschleusungsmethode und eventuellen Aktivitäten im Zielland abhängen (vgl. Salt/Stein 1997, 490). Im Vorfeld der eigentlichen Schleusung sind bei vielen Organisationen in den jeweiligen Herkunftsländern eigens abgestellte Personen für den zum Teil marktförmig gestalteten „Kundenkontakt" zuständig. Erfolgt die Schleusung in mehreren Etappen, muss für Unterkunft und Verpflegung während der Reise gesorgt werden, wofür ebenfalls spezielles Personal bereitsteht. Den eigentlichen Grenzübertritt nach Deutschland führen dann vielfach Fahrer oder Fußschleuser durch, die als „Gelegenheitsschmuggler" angeheuert werden. Bei Dokumentenschleusungen gibt es Organisationsmitglieder, die damit befasst sind, die benötigten Dokumente zu beschaffen bzw. zu (ver-)fälschen. Nicht selten ist bei Schleuserorganisationen sogar eine Art „Verwaltung" vorzufinden, in der spezialisierte Kräfte arbeiten, die sich u.a. um die Überprüfung der Einnahmen und Ausgaben kümmern. Organisationen mit „Komfortangebot" beschäftigen Reisebegleiter, die einen möglichst reibungslosen Ablauf des gesamten Schleusungsprozesses gewährleisten sollen (Müller-Schneider 2000, 150-151).

In den meisten Schleuserorganisationen finden sich ausgeprägte Hierarchien und ein autoritärer Führungsstil (BKA 2000, 25). Die häufig international vernetzte Leitungsebene verfügt über das geschäftsnötige Kapital und Wissen und steuert die Schleuserorganisationen meist vom vergleichsweise verfolgungssicheren Ausland aus. Die Hierarchie der Organisation verläuft über mehrere Ebenen, wobei Personen unterer Ebenen aufgrund gezielter Abschottungsmaßnahmen kaum Einblick in das Geschehen der jeweils nächsthöheren Ebene haben. Die unterste Ebene wird vom ausführenden Personal besetzt, das meist nur regional agiert (z.B. als „Fußschleuser"), kein strategisch relevantes Wissen hat und nach einer polizeilichen Festnahme ohne weiteres ersetzt werden kann. Neben dieser dominanten hierarchischen Struktur existiert eine Strukturvariante, bei der vernetzte Gruppen bis zu einem gewissen Grad unabhängig voneinander handeln und zum Teil sogar in Konkurrenz zueinander stehen können (Müller-Schneider 2000, 151; Salt 2000, 42).

Erst die Entwicklung und Ausbreitung transnational agierender Schleuserorganisationen ermöglicht den gegenwärtig beobachtbaren massenhaften Menschenschmuggel. Die Gesamtzahl der innerhalb eines bestimmten Zeitraumes nach Deutschland und andere westliche Wohlstandsgesellschaften eingeschleusten Migranten hängt wesentlich von der „Durchlaufkapazität" aller im jeweiligen Zielraum tätigen Organisationen ab. Je nach Größe, verwendeter Schleusungsmethode und Effizienz der Arbeitsweise kann diese sehr unterschiedlich sein. Manche Organisationen schmuggeln nur wenige hundert Migranten pro Jahr, anderen wiederum gelingt es, in einem Jahr weit mehr als tausend Migranten nach Deutschland einzuschleusen (Schlögl 1996, 3).

## 5. Handlungskontexte in Deutschland

Vielfach ist der organisierte Einschleusungsprozess und damit auch das Tauschgeschäft zwischen Migranten und Menschenschmugglern abgeschlossen, wenn die illegale Einreise nach Deutschland bewerkstelligt wurde. Die Geschleusten beantragen anschließend beim Bundesamt für die Anerkennung ausländischer Flüchtlinge Asyl oder finden bei Verwandten und Bekannten eine erste Anlaufstelle. Dort erhalten sie Unterkunft, zum Teil auch Arbeit, zumindest aber Informationen, wie sie an Arbeit gelangen können.

In einer erheblichen Zahl von Fällen geht die Einschleusung jedoch weit über die unmittelbare Einreise hinaus. Die Aktivitäten mancher Schleuserorganisationen reichen tief in die deutsche Gesellschaft hinein. Dabei sind mehrere Handlungskontexte zu unterscheiden, die sich zum Teil überlagern können. Der erste ist der Menschenhandel, d.h. die systematische und oft mit schweren Menschenrechtsverletzungen einhergehende Ausbeutung geschleuster Migranten (vgl. Abschnitt 2). Es ist durchaus nicht übertrieben, in diesem Zusammenhang von einem „modernen Sklaventum" zu sprechen. Dazu gehört die „Schuldentilgung" durch Arbeit. Ein Teil der geschleusten Migranten hat bei Reiseantritt nur eine Anzahlung auf die fälligen Schleusergebühren geleistet und muss die entstandenen Schulden nach der Einreise abbezahlen, meist in der Gastronomie oder in anderen Dienstleistungsunternehmen (z.B. Schneidereien, Reinigungsfirmen, „Asia-Shops"). An diesen Unternehmen selbst, das trifft insbesondere auf Chinarestaurants zu, sind Schleuserorganisationen nicht selten direkt beteiligt, so dass sie den ohnehin geringen Verdienst der Geschleusten direkt mit deren Schulden „verrechnen" können. Die „Schuldner" müssen wie Leibeigene arbeiten, häufig zwölf bis vierzehn Stunden täglich und ohne wöchentlichen Ruhetag, bis sie ihre Schleusung nach durchschnittlich drei bis fünf Jahren abbezahlt haben (IOM 1994, 4; Schlögl 1996, 11). Um die Geschleusten möglichst lange ausbeuten zu können, schaffen die Menschenschmuggler, z.B. durch die Beschaffung neuer Aufenthaltspapiere, immer wieder neue Abhängigkeiten.

Ähnlich verhält es sich bei Frauen, die vor allem aus mittel- und osteuropäischen Ländern als Prostituierte eingeschleust werden. Ein gewisser Anteil von ihnen, insbesondere verdeckt angeworbene, sind sich nicht im klaren darüber, was im Inland auf sie zukommt. Gegen diejenigen, die sich der ihnen zugedachten Arbeit widersetzen, wird mit besonderer Härte und Gewaltbereitschaft vorgegangen, um sie gefügig zu machen (Flormann 1995). Die vorgefundene Situation widerstrebend zu akzeptieren ist meist der einzige Weg, der den geschleusten Frauen bleibt, um die gegen sie gerichtete Gewaltanwendung zu minimieren (IOM 1994, 12). Viele der eingeschleusten Frauen werden zwar nicht zur Prostitution als solcher genötigt, aber oft aufgrund ihres illegalen Aufenthalts sexuell ausgebeutet. Die Schleuserorganisationen, die die Prostituierten ins Land gebracht haben, sind daran in der Regel nicht unmittelbar beteiligt. Sie treten vielmehr als „Händlerringe" auf, indem sie die geschmuggelten Frauen an Bordellbesitzer vermitteln bzw. regelrecht verkaufen und sich auf diese Weise ihren Gewinn sichern (Müller-Schneider 2000, 156-157).

Ein zweiter Handlungskontext inländischer Aktivitäten ist eine Sonderform der Einschleusung: die „Scheinlegalisierung" des Aufenthalts. Menschenschmuggler bieten zu diesem Zweck verschiedene Dienstleistungen an, die allerdings nicht mit denjenigen zu verwechseln sind, die zur unerlaubten Einreise benötigt werden. Selbst wenn Migranten mit Hilfe von Dokumenten eingeschleust werden (vgl. Abschnitt 3), verhelfen diese nur in Ausnahmefällen zu einem dauerhaften scheinlegalen Aufenthalt. Ein erschlichenes Besuchervisum ist nach drei Monaten abgelaufen und falsche Pässe werden den Geschleusten unmittelbar nach dem Grenzübertritt häufig wieder abgenommen, um sie zur Schleusung weiterer Migranten zu verwenden. Eine der Möglichkeiten, den Aufenthalt in Deutschland auf Dauer oder zumindest vorübergehend zu legalisieren, besteht darin, Asyl zu erbitten und ein politisches Verfolgungsschicksal vorzugeben. Schleuserorganisationen wirken daran in großem Umfang mit. Gegen entsprechende Bezahlung vermitteln sie Migranten bestimmte „Asyllegenden", die sich an tatsächliche Verfolgungsmaßnahmen in deren Herkunftsländern anlehnen und so die Entscheider im Bundesamt für die Anerkennung ausländischer Flüchtlinge täuschen sollen (Griesbeck 1998: 268; Müller-Schneider 2000, 181-190). Um den Aufenthalt legal erscheinen zu lassen, beschaffen Schleuser außerdem verschiedene Dokumente, bei denen es sich in erster Linie um (Reise-)Pässe, aber auch um Geburts- und Heiratsurkunden handelt. Auch der Kauf solcher Papiere ist für Migranten mit hohen Kosten und für Menschenschmuggler mit hohen Profitmöglichkeiten verbunden; in Einzelfällen wurden für gefälschte deutsche Pässe bis zu 40.000 DM verlangt (Schlögl 1996, 15).

Der dritte wichtige Handlungskontext im Inland ist die „Integration" geschleuster Personen in die gesellschaftlichen Lebensbereiche bzw. in die „Schattengesellschaft". Menschenschmuggler tragen dazu bei, das Leben in der Illegalität zu organisieren, indem sie vor allem in städtischen Agglomerationsräumen Arbeit und Wohngelegenheit vermitteln. Manche Schleuserorganisationen verfügen über spezialisiertes Personal, das vorzugsweise in Großsiedlungen oder in leerstehenden Gebäuden geeigneten Wohnraum „akquiriert" (Müller-Schneider 2000, 157). Schleuser erleichtern außerdem den Weg in eine scheinlegale Integration, indem sie Migranten - wiederum nur gegen Bezahlung - mit Falschdokumenten unterstützen, regelrechte „Fassaden" für ein zumindest teilweise „normales" gesellschaftliches Leben zu konstruieren. Bei diesen Papieren handelt es sich u.a. um Arbeitserlaubnisse, Lohnsteuerkarten, Führerscheine oder Anmeldebescheinigungen von Einwohnermeldeämtern (vgl. Mainzinger 1995, 25). Derartige Dokumente ermöglichen eine Interaktion mit Behörden, ohne dass dabei der illegale Aufenthaltsstatus der betreffenden Personen bekannt werden muss.

## 6. Erklärung der weltweiten Einschleusung

Sowohl in migrationspolitischen Diskursen als auch in der Forschungsliteratur stößt man immer wieder auf ein Denkmodell, das die steigende Einschleusung von Migranten in westliche Gesellschaften erklären soll. Ein Diskussionspapier der International Organization for Migration zum weltweiten Menschenschmuggel gibt die Standarderklärung prägnant wieder (IOM 1994, 7): „First of all, immigration policies in receiving countries have been changed (or are under review), seriously reducing legal immigration possibilities." Vertreter dieser Position gehen offensichtlich von einem „Modell kommunizierender Röhren" aus, das einen fixen Migrationsstrom unterstellt, der durch die Verringerung des legalen „Durchflusses" in den illegalen Kanal der Einschleusung umgelenkt wird.

Dieses sehr weit verbreitete und auf den ersten Blick durchaus plausibel erscheinende Modell ist aber nicht geeignet, die Entstehung und Dynamik der Einschleusung nach Deutschland und in andere westliche Zielgesellschaften zu erklären. Um das zu erkennen, kann man sich die Verhältnisse in den Vereinigten Staaten vor Augen führen. Dort stieg der Umfang der legalen Einwanderung in den letzten Jahrzehnten deutlich an und dennoch wurde das Land immer stärker mit der Einschleusung von Migranten konfrontiert. Diese Entwicklung widerspricht eindeutig dem Modell kommunizierender Röhren, demzufolge der Menschenschmuggel aufgrund des größeren legalen Durchflusses eigentlich hätte abnehmen müssen. Dies bedeutet aber keineswegs, dass fehlende Wanderungsmöglichkeiten für den zunehmenden Menschenschmuggel unbedeutend seien. Ganz im Gegenteil, der Mangel an legalen Möglichkeiten ist zweifellos eine wesentliche Ausgangsbedingung dafür, dass Schleusungen überhaupt stattfinden. Nur lässt sich deren Entwicklung und Ausmaß nicht mit dem Modell kommunizierender Röhren erklären. Deshalb wird im Folgenden eine alternative Erklärung des gegenwärtigen Menschenschmuggels gegeben.

Ausgangspunkt sind zwei Entwicklungen, die in den vergangenen Jahrzehnten insgesamt eine völlig neue internationale Wanderungssituation hervorriefen. Die erste ist die „Explosion" der Zuwanderungswünsche in weniger entwickelten Ländern. Folgt man Hoffmann-Nowotny (1991), wird das internationale Wanderungspotential nicht nur von den gravierenden Entwicklungsunterschieden zwischen wohlhabenden und armen Ländern bestimmt, sondern auch von der globalen Wertintegration[2]. Im gegenwärtigen Übergang zur Weltgesellschaft entwickeln die Menschen seiner Auffassung nach eine *gemeinsame Vision* von so existenziellen Werten wie Wohlstand, Wohlfahrt, Menschenrechten und sozialer Gerechtigkeit (ebenda, 80). Diese globale Wertintegration ist das Resultat moderner Kommunikationsstrukturen. Wenn selbst

---

[2] Anmerkung der Herausgeber: Vgl. dazu den Beitrag von Hoffmann-Nowotny in diesem Band.

in noch so entlegenen Regionen der Entwicklungsländer „soap operas" wie Dallas und Serien wie Kojak im Fernsehen laufen, kann das nicht ohne Wirkungen auf die Vorstellungen von einem „guten Leben" bleiben. Auch die weltweite Bildungsexpansion ist nicht nur ein formaler Qualifikationsvorgang, sondern verändert in grundlegender Weise die Erwartungen und Wertstrukturen der Menschen. Es entstehen neue Aspirationen, die aber in weniger entwickelten Ländern nicht oder nur unzureichend zu verwirklichen sind. Infolgedessen macht sich dort eine allgemeine Unzufriedenheit mit den Lebensumständen breit (Melkote 1991, 152) und Wanderungswünsche entstehen dann daraus, dass Individuen nicht mehr bereit sind, auf die Entwicklung ihres Herkunftslandes zu warten, sondern in Deutschland und anderen westlichen Wohlstandsgesellschaften möglichst unmittelbar an den modernen Lebensmöglichkeiten teilhaben wollen.

Die zweite Entwicklung, die zu einer grundlegend neuen globalen Wanderungssituation beitrug, ist der enorme Anstieg der Mobilitätsmöglichkeiten. Er resultiert zum einen aus dem Zuwachs materieller Ressourcen in der Dritten Welt. Trotz der sich öffnenden Einkommensschere zwischen armen und reichen Ländern nahm in den vergangenen Jahrzehnten das durchschnittliche Einkommen auch in den Entwicklungsländern zu (Weltbank 1992, 41). In aller Welt gibt es demzufolge mehr und mehr Menschen, die zwar nicht im Wohlstand leben, aber immerhin die Mittel haben, um auf der Suche danach in andere Länder zu wandern. Zum anderen sind neue Mobilitätsmöglichkeiten durch die Modernisierung und Globalisierung des Personenverkehrs entstanden. Die Entwicklungen im Bereich des Flugverkehrs führten zu einer regelrechten Revolution des internationalen Verkehrswesens. Nahezu jedes Land ist heute von jedem anderen Land der Erde aus ohne großen Aufwand an Zeit und Geld erreichbar. Migration ist somit immer weniger ein Verkehrs- und Transportproblem.

Globale Wertintegration, gestiegene Mobilitätschancen und andere makrostrukturelle Veränderungen, die hier aber nicht von Belang sind (vgl. Müller-Schneider 2000, 97-123), lösten in der zweiten Hälfte des 20. Jahrhunderts eine weltweite Bevölkerungsbewegung in Richtung westlicher Wohlstandsgesellschaften aus. Diese neue Zuwanderung, das ist eines ihrer wesentlichen Charakteristika, verläuft nicht nur in regulären, sondern zunehmend auch in irregulären Bahnen. Angesichts der enorm gestiegenen Zuwanderungswünsche kann nur ein verschwindend geringer Anteil der potentiellen Migranten auf legalem Weg in westliche Länder gelangen. Immer mehr entscheiden sich für den illegalen Weg. Um sich Aufenthalt in einem Zielland zu verschaffen, nutzen Wanderer die Schwachstellen staatlicher Migrationsbarrieren. Viele sind dabei auf die Unterstützung Dritter angewiesen, wodurch eine Nachfrage nach entsprechenden Hilfeleistungen entsteht, die wiederum profitorientierte Schleuser auf den Plan rufen. Auf diese Weise entwickelt und breitet sich das oben (Abschnitt 4) beschriebene Tauschgeschäft zwischen Migranten und Menschenschmugglern aus.

Erst einmal in Gang gekommen, expandiert die Schleusung eigendynamisch. Dafür ist vor allem ein über die Jahre hinweg wirkender Netzwerkprozess verantwortlich, der dadurch zustande kommt, dass die Schleusung für viele Wanderer letztlich ein erfolgreiches Handlungsprojekt ist. Es gelingt ihnen nicht nur einzureisen und zumindest temporär im Zielland zu bleiben, sie können darüber hinaus auch ihren zentralen Migrationszweck verwirklichen, nämlich Einkommen erzielen. In Deutschland ist in diesem Zusammenhang das Asylverfahren von besonderer Bedeutung. Bis weit in die neunziger Jahre hinein bot es meist eine langjährige oder gar dauerhafte Aufenthaltsmöglichkeit, selbst wenn bei den betreffenden Antragstellern kein Verfolgungsschicksal vorlag. Dieser Zeitraum, der heute allerdings erheblich kürzer ist, kann genutzt werden, um auf dem legalen und illegalen Arbeitsmarkt Geld zu verdienen (Müller-Schneider 2000, 174-176). Entsprechende Rückmeldungen „zweckfremd" handelnder Asylbewerber machten ihren Erfolg im Herkunftsland bekannt, wodurch weitere Schleusungen angeregt wurden, die häufig wiederum erfolgreich waren und neuerdings zu positiven Rückmeldungen führten und dadurch weitere Schleusungen anregten. Auf diese Weise entstand eine - nicht nur auf Asylbewerber begrenzte - Eigendynamik, die sich mit großer Geschwindigkeit in den sozialen Netzwerken der Geschleusten ausbreitete.

An diesem Punkt kommt die Bildung von Schleuserorganisationen (vgl. Abschnitt 4) als erklärender Faktor ins Spiel, und zwar auf zweierlei Weise. Erstens hätte die beschriebene Eigendynamik nicht ohne den gleichzeitigen Aufbau von Schleuserorganisationen stattfinden können. Denn diese bilden, wie erwähnt, die infrastrukturelle Voraussetzung für die massenhafte Einschleusung von Migranten. Zweitens versuchen Schleuserorganisationen, wie alle anderen sozialen Organisationen auch, ihre Umwelt zu ihren Gunsten zu beeinflussen. Das heißt konkret: Haben sich erst einmal Schleuserorganisationen etabliert, suchen sie nach Mitteln und Wegen, wie sie noch mehr Personen schleusen können. Ihr Kalkül dabei ist einfach: Je mehr Wanderer ihre Hilfe in Anspruch nehmen, desto größer der Profit. Es ist das Handlungsziel der Gewinnmaximierung, das Schleuserorganisationen veranlasst, nach geeigneten Rationalisierungsmaßnahmen zur Ausdehnung ihres Kundenkreises zu suchen.

Eine dieser Maßnahmen ist die gezielte Anwerbung von Migranten. In GUS-Ländern wurde Mitte der neunziger Jahre in Annoncen unverblümt damit geworben, dass umgehend Visa für die Einreise nach Deutschland beschafft werden könnten. In der indischen Presse tauchten Schleuseranzeigen mit dem Titel „Go West" auf. Nicht selten verwenden Menschenschmuggler regelrechte Bilderkataloge, die ihren potenziellen Kunden ein von Reichtum überbordendes Bild Deutschlands vermitteln soll (Müller-Schneider 2000, 152; Severin 1997, 13). Eine weitere Maßnahme zur Profitsteigerung zeigt sich im Bereich der Dokumentenschleusung. Schleuserorganisationen sind bestrebt, Reisedokumente so oft wie möglich zu verwenden, um dadurch die Zahl geschleuster Migranten zu maximieren. Auch die Möglichkeit, bei Reiseantritt nur eine Anzahlung auf die „Schleuserlöhne" zahlen, die dann im Inland abgearbeitet werden müssen, kann als profitorientierte Rationalisierungsmaßnahme gewertet werden. Durch die Schleusungsvariante „wandere sofort, zahle später" kann der Kundenkreis auch auf solche Personen ausgedehnt werden, die ansonsten nicht genügend Geld für eine illegale Einreise zur Verfügung hätten.

Der illegale Arbeitsmarkt, dies deutete sich schon bei den inländischen Handlungskontexten und bei der erfolgsbezogenen Netzwerkdynamik an, ist eine wichtige Komponente der Schleusungsdynamik. Ohne illegale Ausländerbeschäftigung, die sich in Deutschland im Baugewerbe, der Gebäude- und Industriereinigung, Land- und Forstwirtschaft sowie im Unterhaltungsgewerbe und in der Prostitution konzentriert (Lederer/Nickel 1997, 30-35), wäre der Menschenschmuggel wesentlich geringer. Obwohl die genauen kausalen Mechanismen noch nicht hinreichend bekannt sind, kann man von einer kumulativen Verursachung in der Schattenwirtschaft ausgehen. In den vergangenen Jahrzehnten ist in westlichen Gesellschaften auf dem Arbeitsmarkt für gering Qualifizierte eine erhebliche Nachfrage nach billigen Arbeitskräften entstanden, die manche Arbeitgeber mit illegal eingewanderten bzw. mit eingeschleusten Migranten decken (vgl. Han 2000, 97). Dies wiederum verschärft die Wettbewerbssituation vieler arbeitsintensiver Klein- und Mittelbetriebe, die daraufhin zum Teil ebenfalls illegale Arbeitskräfte einsetzen, um in ihrem Marktsegment überleben zu können (Simon 1987, 287). Je größer aber - bei insgesamt sehr begrenzten legalen Zuzugsmöglichkeiten - die Nachfrage nach billigen ausländischen Arbeitskräften ohne Aufenthaltsgenehmigung ist, desto mehr Personen lassen sich einschleusen. Das dadurch steigende Angebot an illegalen Arbeitskräften nutzen dann noch mehr Unternehmer, um ihre Betriebskosten zu senken und sich auf diese Weise einen Wettbewerbsvorsprung zu sichern. Martin (1986) spricht in diesem Zusammenhang von einer regelrechten „Kolonisierung" des US-amerikanischen Arbeitsmarktes für gering Qualifizierte.

Zusammenfassend lässt sich sagen, dass die gegenwärtige Einschleusung von Migranten durch zwei Gruppen ursächlicher Faktoren hervorgebracht wurde. Die erste ist für den „Auftakt" dieses neuartigen Migrationsphänomens verantwortlich. Aus der globalen Wertintegration resultiert ein explosionsartiger Anstieg von Zuwanderungswünschen und neue Mobilitätsmöglichkeiten sowie gestiegene Ressourcen in den Entwicklungsländern ermöglichen es, diese Wünsche auch illegal - mit Hilfe von Menschenschmugglern - zu verwirklichen. Erst einmal in Gang gekommen, wirkt zusätzlich die zweite Gruppe von Faktoren, die die Einschleusung eigendynamisch beschleunigt: Der erfolgsbezogene Netzwerkprozess, durch den um so mehr Schleusungen ausgelöst werden, je erfolgreicher der Menschenschmuggel ist; die damit einhergehende Organisationsbildung und die anschließende Rationalisierung der Schleuserorganisationen, die beide zusammen die Grundlage für die Massenschleusung von Migranten bilden; schließlich die beschriebene kumulative Verursachungsdynamik in der Schattenwirtschaft.

## 7. Gegenmaßnahmen und Steuerung des Menschenschmuggels

Lange Zeit wurde die Schleusung von Migranten nicht als gravierendes Problem wahrgenommen und dementsprechend auf nationaler und internationaler Ebene auch wenig beachtet. Das änderte sich spätestens zu Beginn der neunziger Jahre, als die rasante Ausbreitung des Schleuserwesens nicht mehr zu übersehen war. Mehr und mehr rückte der Menschenschmuggel ins Zentrum der politischen Aufmerksamkeit und es entstand eine regelrechte „Gegenbewegung" westlicher Staaten. Blieb diese anfangs fast ausschließlich auf die nationale Ebene beschränkt, so tritt später der inter- und supranationale Kontext immer stärker hervor. In der Europäischen Union ist dies insbesondere der Ministerrat, der bei der Bekämpfung des internationalen Menschenschmuggels schon seit längerem eine wichtige Rolle spielt (Koslowski 1998, 5-6). Ein wichtiges internationales Forum, in dem west-, mittel- und osteuropäische Staaten bei der Bekämpfung der illegalen Zuwanderung und der Schleuserkriminalität zusammenarbeiten, ist der „Budapester Prozess". Die multilaterale Kooperation beschränkt sich aber keineswegs nur auf Europa, sondern umfasst inzwischen alle westlichen Zielländer der Einschleusung. Beispielhaft seien hier die Inter-Governmental Consultations on Asylum, Refugee and Migration Policies in Europe, North America and Australia (IGC) genannt - eine informelle Arbeitsgruppe westlicher Regierungen, die seit 1993 explizit mit dem Menschenschmuggel und möglichen Gegenmaßnahmen befasst ist (IOM 1994, 14).

Besondere Anstrengungen unternahmen westliche Zielstaaten, ihre nationalen Außengrenzen zu sichern. In den Mitgliedsstaaten des Schengener Abkommens sind dies gleichzeitig Ausgleichsmaßnahmen für die abgeschafften internen Grenzkontrollen. Nach mehrjähriger, umfangreicher Aufstockung des Personals gehört die deutsche Ostgrenze heute zu den bestbewachten Abschnitten der Schengengrenze. Dort wird inzwischen modernste Technik eingesetzt. Mit speziellen Wärmebildkameras können über die Grüne Grenze einreisende Migranten auch bei völliger Dunkelheit mehrere Kilometer weit entdeckt werden. Außerdem stehen $CO_2$-Detektionsgeräte zur Verfügung, mit denen die Grenzpolizei Personen in Lastkraftwagen oder Hohlräumen anhand ihrer Atemluft aufspüren kann. Außerdem wurden neueste Informationstechnik, Kraftfahrzeuge und Hubschrauber zur besseren Kontrolle der Grenze angeschafft (Severin 1997, 17). Als weitere Maßnahme wurden die Befugnisse des Bundesgrenzschutzes erweitert, der seit 1998 „verdachtsunabhängige" Kontrollen im näheren Grenzgebiet sowie auf Bahnhöfen und Flughäfen vornehmen darf (BGBL 1998). Ebenfalls der Grenzsicherung dient die in Bayern eingeführte „Schleierfahndung" (efms 2000, 5).

Ein anderes Maßnahmepaket gegen den Menschenschmuggel ist dessen Kriminalisierung und Strafverfolgung. In Deutschland wurde - wie in anderen westlichen Ländern auch - die Strafe für Schleuserdelikte deutlich angehoben. Seit der Verabschiedung des Verbrechensbekämpfungsgesetzes von 1994 können Schleuser, wenn sie gewerbsmäßig und organisiert handeln, mit bis zu zehn Jahren Gefängnis bestraft werden (Aurnhammer 1996, 44). Zusätzlich werden spezielle Polizeikräfte eingesetzt, die ausschließlich in Schleusungsfällen ermitteln und dadurch den Verfolgungsdruck auf Menschenschmuggler nachhaltig erhöhen. Seit Mitte der neunziger Jahre werden zum bundesweiten Informationsaustausch und zur zielgerichteten Ressourcenbündelung gemeinsame Ermittlungsgruppen eingerichtet, in denen Beamte der jeweiligen Landeskriminalämter und des Bundesgrenzschutzes tätig sind.

Auf die umfangreichen staatlichen Maßnahmen reagieren die Schleuserorganisationen ihrerseits mit Gegenmaßnahmen. So weichen sie der verstärkten Grenzsicherung aus, indem sie Schleuserrouten an „günstigere" Stellen verlegen. Mit steigender Kontrolldichte an der deutschen Ostgrenze etablierte sich innerhalb kurzer Zeit eine von Albanien aus über die Straße von Otranto nach Italien und dann nach Norden führende Route. Menschenschmuggler handeln außerdem innovativ, indem sie ihre Schleusungsmethoden neuen Gegebenheiten anpassen und verbessern. Mit diesen Gegenmaßnahmen, auf die nun wiederum die staatlichen Akteure antworten, beginnt ein strategisches Wechselspiel, durch das sich die Strukturen des Schleusungsgeschehens ununterbrochen verändern. Die von Behörden und ihren Gegenspielern in Gang gesetzte Interaktionsspirale zieht eine ständige Weiterentwicklung der Schleusungsmethoden nach sich, so dass ein beträchtlicher Teil der Schleuserorganisationen heute die Migrationsbarrieren westlicher Staaten flexibel überwinden kann (Müller-Schneider 2000, 164-167).

Angesichts dieser nicht unerheblichen Nebenwirkung stellt sich die Frage, ob der Menschenschmuggel überhaupt durch eine verstärkte Grenzsicherung gesteuert werden kann. Mitunter wird deren Wirksamkeit grundsätzlich bestritten, etwa von dem amerikanischen Soziologen Bustamente: „Das ist wie bei den primitiven Völkern, die früher Amulette auf die Grenzlinien zu legen pflegten, um damit das Eindringen böser Geister zu vereiteln - da glaubte man auch, dass das eine sehr effiziente Methode sei." (zit. nach taz, 14.05. 1997). Im Gegensatz dazu wird hier die Auffassung vertreten, dass die tatsächlichen Verhältnisse wesentlicher komplexer sind und die ergriffenen Maßnahmen durchaus ihre Wirkung zeigen. Darauf deutet schon die Existenz der Interaktionsspirale zwischen den Grenzbehörden und ihren Gegenspielern hin, die ja nur deshalb auftreten kann, weil die Menschenschmuggler den effektiven Maßnahmen der Behörden ausweichen oder innovativ reagieren müssen, um ihre Profitmöglichkeiten nicht zu gefährden. Weiterhin kann man davon ausgehen, dass die Wirksamkeit staatlicher Maßnahmen bei jeder Drehung der Spirale zunimmt: Je mehr Schwachstellen von staatlicher Seite behoben oder verringert werden, desto schwieriger wird es für Menschenschmuggler, andere zu entdecken und ihre Schleusungsmethoden zu verbessern. Schleuser, die sich den für sie immer widriger werdenden Gegebenheiten nicht anpassen (können), verlieren ihre Geschäftsgrundlage und sind dann nicht mehr in der Lage, Migranten ins Land zu bringen. Außerdem werden die Schleusungsmethoden immer aufwändiger und infolge dessen steigen, wie sich schon seit längerem beobachten lässt, die „Preise" für Schleusungen. Bei sich stark erhöhenden Kosten sinkt aber die „Rentabilität" des gesamten Migrationsprojekts und es wird immer unwahrscheinlicher, dass Wanderungswünsche mit Hilfe von Schleusern illegal in die Tat umgesetzt werden.

Gegen die Effektivität einer stärkeren Grenzsicherung wird häufig ins Feld geführt, sie reduziere nicht etwa den Menschenschmuggel, sondern fördere ihn vielmehr. Diese Aussage basiert auf folgendem Argument: Je schwieriger die Überwindung der Migrationbarrieren ist, um so weniger können illegale Zuwanderer auf die Mithilfe von Schleusern verzichten (z.B. Andreas 2000, 19). In der Tat ist dies eine ernstzunehmende Nebenwirkung von Grenzsicherungsmaßnahmen. Allerdings ist sie in dem Moment nicht mehr vorhanden, wo sich als Folge der Grenzsicherung ohnehin alle Zuwanderer einschleusen lassen müssen, wenn sie illegal einreisen wollen. Das trifft heute schon weitgehend auf die deutsche Ostgrenze zu, die ohne irgendeine Mitwirkung von Schleusern kaum noch zu überwinden ist. Jede weitere Grenzsicherung wirkt sich dann - ceteris paribus - bremsend auf die Einschleusungsdynamik aus.

Die Effektivität verstärkter Grenzsicherung wird durch einen bislang völlig unbeachteten Multiplikatorprozess im sozialen Netzwerk der Geschleusten noch verstärkt. Jeder illegale Übertrittsversuch, den die Grenzbehörden verhindern, ist aus Sicht der Geschleusten ein Misserfolg. Geschmuggelte Migranten, die am Grenzübertritt endgültig scheitern, vermitteln im Herkunftsland ein negatives „Feedback". Je mehr missglückte Versuche dort bekannt werden, um so mehr wächst bei potentiellen Wanderern der Zweifel, ob sich - angesichts des großen Risikos, spätestens an der Grenze zum Zielland aufgegriffen zu werden - der hohe Aufwand einer Schleusung überhaupt noch lohnt. Ab einer bestimmten Schwelle kommt dann die erfolgsbezogene Netzwerkdynamik, die wesentlich an der rapiden Ausbreitung des Menschenhandels beteiligt ist, zum Erliegen. Die sozialen Netzwerke der Geschleusten wirken nunmehr eher hemmend als migrationsfördernd.

Neben den Maßnahmen zur externen werden auch solche zur internen Kontrolle des Menschenschmuggels, insbesondere Arbeitgebersanktionen, ergriffen. Obwohl es Anhaltspunkte gibt, dass sich die Effektivität derartiger Sanktionen im Zeitablauf verbessern lässt (Freeman 1994, 25; Marie 1994), deutet die bisherige Erfahrung doch eher darauf hin, dass liberale Demokratien nicht so rigoros in die illegale Arbeitnehmerbeschäftigung eingreifen können oder wollen, wie dies für eine wirksame Steuerung der Schleusung nötig wäre. In Deutschland beispielsweise wird Gastronomiebetrieben, die verdächtigt werden, geschleuste Personen zu beschäftigen, die Gewerbeerlaubnis nur bei „erdrückender" Beweislast entzogen (Müller-Schneider 2000, 311). Es sind vor allem Arbeitgeberinteressen und ein tief verwurzeltes liberales Verhältnis von Staat und Gesellschaft, die sich hinderlich auf die Implementierung effektiver interner Kontrollmaßnahmen auswirken.

Als präventiver Ansatz wird immer wieder vorgeschlagen, Wanderungswilligen legale Zutrittstüren zu öffnen, um dadurch den Menschenschmuggel reduzieren zu können (z.B. IOM 2000). Dabei wird (zumindest implizit) wiederum auf das Modell kommunizierender Röhren (vgl. Abschnitt 6) Bezug genommen, diesmal allerdings nicht als Erklärungs-, sondern als Steuerungsmodell. Aber genauso wenig, wie es die Verbreitung des Menschenschmuggels erklären kann, ist es als Steuerungsmodell geeignet: Durch die Öffnung oder Schließung verschiedener „Kanäle" sind Wanderungsströme nicht so einfach umzulenken wie Flüssigkeiten in einem System kommunizierender Röhren. Unter Umständen bringt eine Steigerung regulärer Zuwanderungen nicht weniger, sondern sogar noch mehr irreguläre Zuwanderungen mit sich, und zwar weil neue transnationale Netzwerke entstehen, die weitere Migrationsprozesse - darunter eben auch irreguläre - erleichtern oder anregen. Selbst noch so großzügige Quotenregelungen können angesichts der weltweit vorhandenen Zuwanderungswünsche daran nichts ändern. Dies macht die zum Teil hochfliegenden Hoffnungen auf ein zukünftiges Einwanderungsgesetz zunichte, selbst wenn es zur Anwerbung hochqualifizierter Arbeitskräfte durchaus sinnvoll sein mag. Hinzu kommt, dass es für bestimmte Personengruppen, die sich nach Deutschland einschleusen lassen, unter den gegebenen gesellschaftlichen Verhältnissen ohnehin kaum „Quoten" geben kann. Hierbei ist vor allem an ausländische Frauen zu denken, die in Deutschland als Prostituierte arbeiten wollen.

Wie die vorangegangene Steuerungsanalyse zeigt, können Deutschland und andere westliche Zielländer der Einschleusung auch in nächster Zukunft nicht auf die verstärkte Sicherung der nationalen Außengrenzen verzichten. Der Menschenschmuggel lässt sich so zwar nicht grundsätzlich verhindern, aber im Rahmen einer multilateralen Kooperation doch erheblich reduzieren. Dabei kann es keinesfalls darum gehen, wie etwa Rufin (1993) vorschlägt, eine Art „Limes" zu errichten, der die reichen Länder des Westens von den ärmeren abschottet. Die immer wieder kritisierte „Festung Europa" kann tatsächlich kein Leitbild einer verantwortlichen Migrationspolitik sein, was für die relevanten politischen Entscheidungsträger aber ohnehin nicht zur Debatte steht. In der heute entstehenden Weltgesellschaft, die letztlich allen Menschen freie Mobilität über alle Grenzen hinweg verheißt, sind staatliche Migrationsbarrieren nur insoweit legitim, als sie die betreffenden Zielgesellschaften vor gravierenden sozialen Problemen durch unkontrollierte Zuwanderung bzw. massenhafte Einschleusung von Migranten aus weniger entwickelten Ländern schützen. Im Übergang zur modernen Weltgesellschaft des 21. Jahrhunderts ist Grenzsicherung zudem unabweisbar mit dem normativen Anspruch verbunden, nach Kräften an der Verbesserung der Lebensumstände in den Herkunftsländern mitzuwirken. Nicht nur, weil es ein Recht auf lebenswertes Leben im Herkunftsland gibt (UNHCR 1997, 226), sondern auch, weil die Grenzen von heute morgen überflüssig sein sollen.

## Literatur

**Andreas, P. 2000:**

The Transformation of Migrant Smuggling Across the U.S. - Mexico Border. Discussion Paper presented on the Transatlantic Workshop on Human Smuggling, June 4-5, Georgetown University, Washington

**Aurnhammer, K. 1996:**

Spezielles Ausländerstrafrecht. Die Straftatbestände des Ausländergesetzes und Asylverfahrensgesetzes. Eine vergleichende Untersuchung. Baden-Baden

**BGBl, Bundesgesetzblatt I 1998:**

Erstes Gesetz zur Änderung des Bundesgrenzschutzgesetzes. Vom 25. August 1998, S. 2486

**BGSDIR, Grenzschutzdirektion 2000:**

Lagebericht Unerlaubte Einreise und Schleusungskriminalität. Jahresbericht 1999. Koblenz

**BKA, Bundeskriminalamt 2000:**

Lagebild Organisierte Kriminalität Bundesrepublik Deutschland 1999. Wiesbaden

**BKA, Bundeskriminalamt o. J.:**

Lagebild Menschenhandel 1999. Wiesbaden

**europäisches forum für migrationsstudien 2000:**

Workshop on Human Smuggling: Transatlantic Perspectives. Akademie für Politische Bildung Tutzing, 8.3. - 9.3.2000. Unveröffentlichter Konferenzbericht. Bamberg

**Flormann, W. 1995:**

Rotlichtmilieu - Menschenhandel als Teilbereich der Organisierten Kriminalität. In: Der Kriminalist 4, S.174-185

**Fogelman, E. 1995:**

"Wir waren keine Helden". Lebensretter im Angesicht des Holocaust. Motive, Geschichten, Hintergründe. Frankfurt/Main

**Freeman, G.P. 1994:**

Can Liberal States Control Unwanted Migration? In: The Annals of The American Academy of Political and Social Science 534, S.17-30

**Giefer, R. / Giefer, Th. 1992:**

Die Rattenlinie. Fluchtwege der Nazis. Eine Dokumentation. Frankfurt/ Main

**Griesbeck, M. 1998:**

Migration, Asyl und Schleusertum - zur Bedeutung des Asylrechts und der Asylpraxis bei der Bekämpfung der Schleuserkriminalität. In: ZFIS, 2. Jg., Nr. 5, S.266-273

**Han, P. 2000:**

Soziologie der Migration. Erklärungsmodelle, Fakten, Politische Konsequenzen, Perspektiven. Stuttgart

**Hoffmann-Nowotny, H.-J. 1991:**

Weltbevölkerung und Weltmigration. Eine zukunftsorientierte Analyse. In: W. Lindner (Hrsg.): Das Flüchtlingsproblem - Eine Zeitbombe? Zürich, S.75-99

**IOM, International Organization for Migration 1994:**

Trafficking Migrants: Characteristics and Trends in Different Regions of the World. Eleventh IOM Seminar on Migration 26-28 October 1994. Discussion Paper submitted by the International Organization of Migration. Genf

**IOM, International Organization for Migration 1996:**

Trafficking In Migrants, Quarterly Bulletin, No 11. Genf

**IOM, International Organization for Migration 2000:**

Trafficking In Migrants, Quarterly Bulletin, No 21. Genf

**Koslowski, R. 1998:**

Economic Globalization, Human Smuggling and Global Governance. Manuskript. Rutgers University. Newark

**Kyle, D. / Liang, Z. 1998:**

Migration Merchants: Organized Migrant Trafficking from China to Ecuador. Davis

**Lederer, H. 1997:**

Migration und Integration in Zahlen. Ein Handbuch. Bamberg

**Lederer, H. / Nickel, A. 1997:**

Illegale Ausländerbeschäftigung in der Bundesrepublik Deutschland. Expertise im Auftrag der Friedrich-Ebert-Stiftung. Bamberg: efms

**Mainzinger 1995:**

Bundesweit agierende Schleuser- und Fälscherbande zerschlagen - gute Zusammenarbeit der Ermittlungsbeamten des GSAmt Flensburg mit Kollegen der Landespolizei Hessen in Frankfurt/M. In:Wir vom BGS (Zeitschrift des BGS) 22, S.22-25

**Marie, C.-V. 1994:**

From the Campaign against Illegal Migration to the Campaign against Illegal Work. In: The Annals of The American Academy of Political and Social Science 534, S.119-133

**Martin, Ph. 1986:**

Illegal Migration and the Colonization of the American Labor Market. Center for Immigration Studies. CIS Paper 1. Washington

**Melkote, S. 1991:**

Communication for Development in the Third World. London

**Müller-Schneider, T. 2000:**

Zuwanderung in westliche Gesellschaften. Analyse und Steuerungsoptionen. Opladen

**Rufin, J.C. 1993:**

Das Reich und die neuen Barbaren. Berlin

**Salt, J. 2000:**

Trafficking and Human Smuggling: A European Perspective. In: International Migration, Vol. 38, S. 31-56

**Salt, J. / Stein, J. 1997:**

Migration as a Business. The Case of Trafficking. In: International Migration 35, S.467-491

**Schlögl, G. 1996:**

Schleuserkriminalität als Brennpunkt illegaler Einreisen. Unveröffentlichtes Manuskript. Kriminalpolizeidirektion Nürnberg

**Severin, K. 1997:**

Illegale Einreise und internationale Schleuserkriminalität. Hintergründe, Beispiele und Maßnahmen. In: Aus Politik und Zeitgeschichte B46, S.11-19

**Sieber, U. / Bögel, M. 1993:**

Logistik der Organisierten Kriminalität. BKA-Forschungsreihe. Band 28. Wiesbaden

**Simon, G. 1987:**

Migration in Southern Europe: An Overview. In: SOPEMI (OECD), The Future of Migration, S.258-291

**die tageszeitung:**

Das flüchtige Leben am Zaun, 14.05.1997

**UNHCR, Der Hohe Flüchtlingskommissar der Vereinten Nationen 1997:**

Zur Lage der Flüchtlinge in der Welt. Erzwungene Migration: Eine Herausforderung. UNHCR - Report 1997-98. Bonn

**Weltbank 1992:**

Weltentwicklung 1992. Washington

# Teil IV:
# Migration und Sozialstruktur

Bernhard Nauck

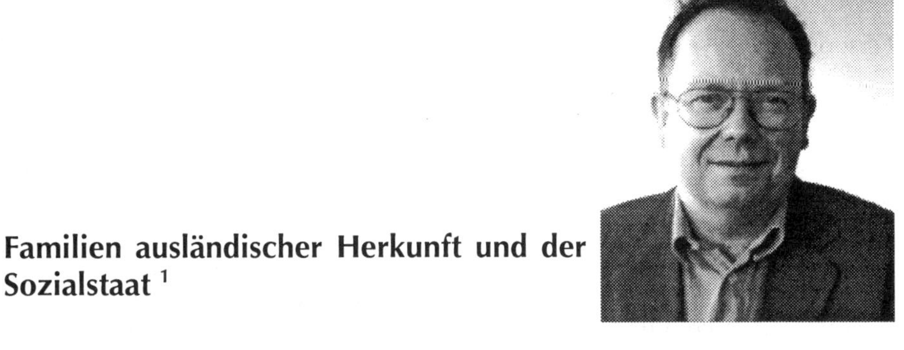

# Familien ausländischer Herkunft und der Sozialstaat [1]

## Zusammenfassung

Deutschland hat sich in den letzten vier Jahrzehnten zu einer Einwanderungsgesellschaft entwickelt. Besonderheiten ergeben sich daraus, dass das nationalstaatliche Regime zwar das Abstammungsprinzip zum zentralen Inklusionskriterium erhebt, aber durch die Ausgestaltung des Sozialstaates und die individuelle Teilhabe der gesamten Wohnbevölkerung wesentliche Mechanismen zur sozialen Integration von Migrantenminoritäten bereithält. In wachsendem Maße beginnen jedoch Globalisierungsprozesse solche nationalen Inklusionsmechanismen zu überlagern. Von besonderer Bedeutung sind hierbei die Universalisierung von naturrechtlich legitimierten individualistischen Rechtsnormen, die sowohl die Art der Wanderungsströme als auch den Verlauf der sozialen Integration zukünftig verändern werden: Humankapitalallokation verliert gegenüber minoritätenspezifischem sozialem Kapital an Bedeutung. Die aussichtsreichste Option für die Ausgestaltung der Politik für Familien ausländischer Herkunft wird unter diesen Bedingungen in der normativen Orientierung an einer Zivilgesellschaft gesehen.

[1] Dieser Beitrag ist in Zusammenhang mit der Mitwirkung des Autors an der Erstellung des Sechsten Familienberichts der Bundesrepublik Deutschland entstanden, der „Familien ausländischer Herkunft" zum Gegenstand hat. Viele der in diesem Beitrag geäußerten Gedanken und Argumente gehen auf intensive Diskussionen der Berichtskommission zurück. Es muss deshalb ausdrücklich betont werden, dass die hier vorgetragene Argumentation ausschließlich vom Autor zu vertreten ist, sie in einem anderen Funktionskontext steht und andere Akzentuierungen vornimmt als dies bei einem Familienbericht der Fall sein könnte, der der Unterrichtung des Parlaments und der allgemeinen Öffentlichkeit dient.

## Migration im Regime des deutschen Nationalstaats

Wie groß die Anzahl der in der Bundesrepublik Deutschland lebenden Personen ist, die im Ausland geboren worden sind und damit eine unmittelbare internationale Migrationserfahrung haben, weiß niemand. Der Anteil der Personen, der entweder selbst im Ausland geboren ist oder aber Eltern ausländischer Herkunft hat, dürfte jedoch einen ganz erheblichen Anteil der Wohnbevölkerung ausmachen. Folgende verfügbare Eckdaten beschreiben diese Situation:

- Ende des Jahres 1996 lebten 7,3 Millionen Ausländer in Deutschland; sie bildeten damit 8,9% der Wohnbevölkerung in der Bundesrepublik Deutschland (Grünheid/Mammey 1997). 1961 lebten ca. 700.000 Ausländer in Westdeutschland und bildeten zu diesem Zeitpunkt 1,2% der Wohnbevölkerung. Entsprechend ist davon auszugehen, dass die Mehrzahl der in Deutschland lebenden Ausländer Migranten vornehmlich der ersten Generation sind, deren Kinder (der zweiten Migrantengeneration) derzeit in etwa das Alter erreichen, das ihre Eltern zum Zeitpunkt ihrer Migration hatten und Angehörige der dritten Migrantengeneration in Deutschland bislang eher selten sind. Diese Personengruppe umfasst jedoch nicht die Gesamtheit der Personen ausländischer Herkunft in Deutschland: Hinzuzurechnen sind hierzu mindestens die ca. 3,7 Millionen Aussiedler, die zwischen 1955 und 1995 nach Deutschland eingereist sind, wobei die meisten Zuwanderungen seit 1985 erfolgt sind, so dass wiederum davon auszugehen ist, dass die direkten Migrationserfahrungen überwiegen.
- Anders als bei den Aussiedlern handelt es sich bei der ausländischen Wohnbevölkerung keineswegs um eine im Bestand gleichbleibende Personengruppe, vielmehr ist eine ganz erhebliche Fluktuation zu verzeichnen. Zwischen 1974 und 1994 sind 12,3 Millionen Ausländer nach Deutschland zugezogen und 9,9 Millionen fortgezogen. Diese Fluktuation macht somit ein Mehrfaches des Bestandes aus und ist keineswegs auf solche Ausländer beschränkt, die aus EU-Mitgliedsstaaten stammen und keinerlei Mobilitätsbarrieren unterliegen. So stehen in diesem Zeitraum bei den Italienern 1,1 Millionen Zuzügen 1,3 Millionen Fortzüge gegenüber, bei den Türken 1,9 Millionen Zuzügen 1,7 Millionen Fortzüge. Ebenso wenig beschränken sich Fortzüge etwa auf ältere Migranten: Zwischen 1974 bis 1994 kehrten insgesamt 654.393 der unter 18-jährigen türkischer Staatsangehörigkeit in die Türkei zurück (39,6% aller Rückkehrer). Insgesamt liegt der Anteil der Zu- und Fortzüge an der gesamten ausländischen Bevölkerung in Deutschland bei 15 bis 20% pro Jahr und ist damit höher als z.B. in Großbritannien (4%), Frankreich (5%), Belgien (8%), Schweden (8 bis 10%), den Niederlanden (11 bis 12%) und der Schweiz (12 bis 13%) (Hansen/Wenning 1991).

- Migration ist zum dominanten Bestandteil des Bevölkerungsprozesses der Bundesrepublik Deutschland geworden. Im Jahr 1995 wurden in der Bundesrepublik Deutschland

  - 765.221 Geburten (davon 99.700 mit ausländischer Nationalität)
  - 884.588 Todesfälle (davon 12.383 von Ausländern)
  - 1.096.048 Zuwanderungen (davon 792.701 von Ausländern)
  - 698.113 Abwanderungen (davon 567.441 von Ausländern)

  registriert (Grünheid/Schulz 1996; Roloff 1997). Die 1,65 Millionen natürlichen Bevölkerungsbewegungen (Geburten und Sterbefälle) sind in diesem Jahr von den 1,80 Millionen wanderungsbedingten Bevölkerungsbewegungen übertroffen worden. Dabei haben die Wanderungsgewinne die Bevölkerungsverluste des „natürlichen" Bevölkerungssaldos mehr als ausgleichen können. Zumindest nach diesem Kriterium wird man zu Recht feststellen müssen, dass *Deutschland tatsächlich ein Einwanderungsland* ist.

Es wäre einerseits weit verfehlt, diese Situation im gegenwärtigen Deutschland als Besonderheit im internationalen oder im historischen Vergleich zu sehen: (Zu-)Wanderungen sind nicht auf Deutschland beschränkt, sie finden sich in ähnlicher Weise sowohl in anderen Wohlstandsgesellschaften (Fassmann/Münz 1996) als auch in Armutsgesellschaften. Ebenso wenig handelt es sich um ein grundsätzlich „neues" Phänomen, vielmehr hat es die gesamte Menschheitsgeschichte begleitet (McNeill 1987).

Dass Migration als Bestandteil des Bevölkerungsprozesses zu einem „Problem" hat werden können, hängt mit der Bildung von Nationalstaaten zusammen, von der auch Deutschland (recht spät) betroffen war: Bis in die vorindustrielle Zeit des Merkantilismus hinein war Migration als integrativer Bestandteil des Bevölkerungsprozesses verstanden worden. Dies wird nicht zuletzt daran deutlich, dass bis in diese Zeit „Peuplierung" als der aktive Prozess der Bevölkerung eines Territoriums durch Geburten *und* Immigration verstanden wurde. Die bis heute gängige Unterscheidung in *natürliche* und *andere* Bevölkerungsprozesse ist unmittelbar mit der Entwicklung und Durchsetzung des Nationalstaatsgedankens verbunden, wonach nunmehr Geburten und Todesfälle einen anderen normativen Status erhielten und Migration über die Grenzen des Nationalstaates hinweg zu einer als problematisch definierten Sondersituation wurde. Dieser Nationalstaatsgedanke ist der bis heute wichtigste Bezugspunkt für den öffentlichen Diskurs über Migration und Eingliederung von Zuwanderern geblieben (Heckmann 1992; Soysal 1994). Er findet seinen Ausdruck in der regulativen Idee der Kontingenz von Kultur, Gesellschaft und Territorium, d.h. der Einheit von ethnischer Zugehörigkeit, politisch-staatsverbandlicher Organisation und Staatsgebiet. Mit der Durchsetzung dieses Nationalstaatsgedankens verbunden sind eine Vielzahl von umfassenden Regelungen, wie z.B. der Geltungsbereich des Rechts an die Territorialität des Staates, die Exklusivität staatsbürgerschaftlicher Mitgliedschaft einschließlich der daran geknüpften partizipativen Rechte und Pflichten und insbesondere die Durchsetzung von nationalen Vergemeinschaftungsprozessen. Diese werden legitimiert durch Glaube an eine gemeinsame Herkunft und schicksalhafte Verkettung, an Gemeinsamkeiten von Kultur und Geschichte und ermöglichen Gemeinschaftshandeln und Solidarität auf nationaler Ebene. Komplementär hierzu gewinnen Unterscheidungen zwischen In- und Ausländern, zwischen ethnischen Minoritäten und Bevölkerungsmajorität die sich typischerweise selbst nicht als ethnische Gruppe - unter mehreren - versteht), zwischen „fremden" Zuwanderern und Einheimischen an Schärfe und an Bedeutung für die Regelung aller sozialen, rechtlichen und politischen Beziehungen. Erst vor diesem Hintergrund erhalten Personalausweise, Pässe und Visa, Bürger-, Ausländer- und Aufenthaltsrecht, Einwanderungs-, Einbürgerungsgesetze, Minderheitenschutz und die Diskussion um ihre Ausgestaltung ihren herausgehobenen Sinn: Sie definieren den Status des Einzelnen im Nationalstaat und regeln so die statusspezifischen individuellen Rechte, Ansprüche, Pflichten und Belastungen.

Zum anderen sind für Deutschland jedoch einige Besonderheiten zu verzeichnen, die über die allgemeinen Rahmenbedingungen, die mehr oder weniger für alle modernen Nationalstaaten in gleicher Weise gelten, hinausgehen und die Ausgestaltung des Verhältnisses zu Migration und Migrantenminoritäten in Deutschland stark beeinflusst haben: (1) die Akzentuierung des Abstammungsprinzips, (2) die Ausgestaltung des Sozialstaats und (3) die Teilhabe von Migranten am Sozialstaat als Individuen und nicht als Gruppen.

(1) Mehr als in anderen vergleichbaren modernen Nationalstaaten gehört es zur Rechtstradition in Deutschland, dass das *Abstammungsprinzip* (jus sanguinis) ein maßgebliches Kriterium der Bestimmung der nationalen Zugehörigkeit ist, wohingegen das Territorialitätsprinzip (jus soli) trotz der Reform des Staatsangehörigkeitsrechts bislang vergleichsweise schwach ausgeprägt ist. Etwa im Vergleich zu Frankreich und den angelsächsischen Staaten werden damit ethnische Linien für die Bestimmung der nationalen Zugehörigkeit stärker gewichtet, wohingegen aktive Partizipation im Staatsgebilde (‚citizenship') oder der Erwerb von Bürgerrechten durch Geburt im Staatsgebiet deutlich zurücktreten. Nicht die Bindung an ein Staatsterritorium und an eine für das demokratische Gemeinwesen vorauszusetzende politische Kultur ist maßgeblich für die nationale Zugehörigkeit, sondern der Glaube an eine gemeinsame Abstammung. Eine solch weitgehende Realisierung des Abstammungsprinzips wie in Deutschland weist unter den Wohlstandsgesellschaften nur Japan auf (Takenaka 1994), wobei sich allerdings für ethnische Minoritäten durch die Unterschiede in der Sozialstaatlichkeit gänzlich andere Integrationsmodi ergeben. Es kann kein Zweifel bestehen, dass das ‚republikanische' Nationenverständnis einer ‚civic society' günstigere Voraussetzungen für die Entwicklung von Eingliederungsmodellen für Familien ausländischer Herkunft bietet als das einer ethnisch-kulturellen Schicksalsgemeinschaft.

Das Abstammungsprinzip kann grundsätzlich den Sonderstatus der Zugehörigkeit zur Ausländerminorität über Generationen hinweg auf Dauer stellen und hat sicher dazu beigetragen, dass die Anzahl der Einbürgerungen in Deutschland hinter denen der Nachbarländer weit zurückgeblieben ist. Dies hat insgesamt dazu beigetragen, dass die „Ausländerstatistik" in Deutschland gänzlich andere Bevölkerungsgruppen umschließt, als dies in den Nachbarländern der Fall ist. Das Abstammungsprinzip in Verbindung mit dem Kriegsfolgenrecht ist auch legitimatorische Grundlage gewesen für die Kreation einer eigenen Rechtsstellung von Migranten als „Aussiedler" (einschließlich der Ansprüche auf staatliche Leistungen, die an diesen Status gebunden sind) gegenüber solchen, die sich auf dieses Prinzip nicht berufen können. Diese einseitige Privilegierung von Zuwanderergruppen hat zu einer neuen Konfliktlinie in inter-ethnischen Beziehungen geführt. Bei Auseinandersetzungen zwischen Jugendlichengruppen von Aussiedlern und Ausländern der zweiten und dritten Aufenthaltsgeneration fühlen erstere sich „im Recht", weil sie sich auf ihr Abstammungsprivileg berufen, während die zweiten sich durch ‚citizenship', d.h. durch ihren längeren Aufenthalt und die dadurch „begründeten" Gewohnheitsrechte, zu legitimieren suchen.

Es kann nicht verwundern, dass angesichts des im deutschen Staatsgebilde weithin durchgesetzten Abstammungsprinzips die Arbeitsmigration nach Deutschland, auf die nach wie vor der Großteil der in Deutschland lebenden Familien ausländischer Herkunft zurückzuführen ist, im öffentlichen Diskurs und im politisch-gesetzgeberischen Raum lange Zeit als zeitlich begrenzte „Ausnahmesituation", als „Irregularität" und „Anomalie" im Sinne der basalen politischen Philosophie wahrgenommen worden ist - die Abfolge der politischen Benennung dieser Bevölkerungsgruppe als „ausländische Wanderarbeiter", als „Fremdarbeiter" und als „Gastarbeiter" zeigt dies überdeutlich. Tatsächlich hat sich die Migrationspolitik der Bundesrepublik Deutschland auch dann noch durch große Hilflosigkeit ausgezeichnet, als allgemein anerkannt wurde, dass Arbeitsmigranten einen unverzichtbaren Beitrag zur Lösung nationaler Wirtschaftsprobleme darstellen - das ritualistische Festhalten an der Floskel „Die Bundesrepublik ist kein Einwanderungsland" ist hierfür das beredte Beispiel. *Bis in die Gegenwart hinein fehlen Überlegungen, wie eine Gesellschaft dauerhaft mit (immer neuen, wechselnden) Familien ausländischer Herkunft leben kann.* Stattdessen orientiert sich die politische Rhetorik an Modellvorstellungen, die - zumindest längerfristig - auf eine Beendigung des Lebens mit Familien ausländischer Herkunft hinauslaufen, etwa durch Überlegungen zur weitgehenden Unterbindung von Zuwanderung, zur Rückkehrförderung oder Abschiebung und zur endgültigen Absorption der bereits seit längerem in Deutschland Lebenden.

(2) Die Bundesrepublik Deutschland ist ein *Sozialstaat*, der Sicherungssysteme gegen lebensbegleitende Risiken (Kranken-, Arbeitslosigkeits- und Rentenversicherung) sowie eine weit ausgebaute Infrastruktur für eine Vielzahl von institutionellen Leistungen (u.a. ein einheitliches, weitgehend kostenloses Bildungssystem) bereitstellt. Ähnlich wie in den nordeuropäischen Staaten *sind die sozialstaatlichen Leistungen korporatistisch auf Staatsebene organisiert und erfassen praktisch die gesamte Wohnbevölkerung*. Im Unterschied zu diesen Staaten beinhalten diese Sicherungssysteme in Deutschland jedoch eine deutliche vertikale Differenzierung, ablesbar z.B. am vertikal gegliederten Bildungssystem und an der Rentenversicherung. Im Unterschied zu angelsächsischen Staaten wird diese vertikale Differenzierung jedoch nicht durch eine Reduktion von sozialstaatlichen Leistungen auf Armutsgruppen und eine Privatisierung der Leistungen für die übrige Bevölkerung erreicht (einschließlich der Bildung), sondern durch die Bindung von Leistungen an die Erwerbsbiographie: „Das deutsche Rentensystem ist international das einzige, das seine Leistungen auf diese Weise fast ganz von geleisteter Erwerbsarbeit abhängig macht, statt beitragsunabhängig Leistungen zu gewähren wie bei einer Staatsbürgerversorgung (Modell Schweden) oder fürsorgeartige, d.h. einkommensabhängige und bedarfsorientierte Zahlungen vorzusehen wie im residualen Wohlfahrtsstaat (Modell USA). Diese Erwerbsfixierung ist der Kern des deutschen Sozialversicherungsstaates. Die Zielformel Sicherheit - die Sicherung eines einmal erreichten Einkommensstatus über das Erwerbsleben hinaus - ist gegenüber der konkurrierenden Zielformel Gleichheit im deutschen Sozialstaat besonders ausgeprägt. Umverteilung findet in diesem Modell weniger zwischen oben und unten als im Lebensverlauf statt, von Zeiten der Beitragszahlung zu Zeiten des Leistungsbezuges" (Leibfried et al. 1995, 28).

Entscheidend für die Situation von Migranten ist, welche Regeln für ihre Einbeziehung in die verschiedensten sozialstaatlichen Regelungen gelten, d.h. wie die *Inklusion in den Sozialstaat* erfolgt. In Deutschland schließen die sozialstaatlichen Regelungen grundsätzlich die gesamte Wohnbevölkerung ein und eröffnen damit Migranten eine Vielzahl von sozialen Eingliederungsmöglichkeiten, die in individualistisch organisierten Gesellschaften mit weithin privatisierten Systemen der Risikoabsicherung weit weniger zur Verfügung stehen: „Migration unter Bedingungen des Sozialstaates forciert ohnehin zu erwartende Prozesse der Niederlassung von Zuwanderern. Damit einher geht aber auch soziale Integration, die in dem Maße, wie sie soziale Mitgliedschaften erzeugt, Migranten zu normalen Gesellschaftsmitgliedern in dem Sinne werden lässt, dass sie als Marktteilnehmer, Wohnungsnehmer, Patienten, Klienten, Kinder, Schüler in die entsprechenden sozialen Teilsysteme mit einem bearbeitbaren Ausmaß an Friktionen einbezogen werden" (Bommes 1994, 370). Diese durch den Sozialstaat bereitgestellten Eingliederungsmöglichkeiten dürften in erheblichem Maße dazu beigetragen haben, dass bislang Segregation und Marginalisierung eher seltene Resultate des Eingliederungsprozesses von Migranten in Deutschland gewesen sind; vielmehr *hat die Inklusion in den Sozialstaat dazu*

*geführt, dass Assimilation und Integration trotz der am Abstammungsprinzip orientierten Statuszuweisung zum wahrscheinlichsten Ausgang des Eingliederungsprozesses der in Deutschland verbliebenen Migrantenfamilien geworden ist.*

(3) Unterstützt worden ist dies auch dadurch, dass in Deutschland *die Teilhabe am Sozialstaat an individuelle und nicht an kollektive Eigenschaften gebunden ist.* Deutschland unterscheidet sich damit von Sozialstaaten wie den Niederlanden, Schweden oder Kanada, in denen ein stärker korporatistisches Modell der Inklusion realisiert wird, bei dem insbesondere auch ethnische und religiöse Gruppen „natürliche" Rechte gegenüber dem Staat beanspruchen können und diese so zum Ansprechpartner und Ziel wohlfahrtsstaatlicher Maßnahmen werden: Wohlfahrt wird in einem solchen Modell weniger individuell, sondern als Wohlfahrt sozialer Gruppen verstanden, und die Inklusion in den Sozialstaat erfolgt primär durch die Einbeziehung dieser Gruppen in staatlich-administrative Maßnahmen. Migranten werden in einem solchen „versäulten" Modell kollektiv eingegliedert, indem sie an den intermediären (ethnischen und religiösen) Gruppen und Institutionen partizipieren, die ihrerseits vom Staat weitgehende Unterstützungen erhalten (Soysal 1994).

Obwohl in Deutschland intermediäre Organisationen, wie Kammern, Kirchen, Verbände, Standesvertretungen, Gewerkschaften, für die politische Willensbildung von außerordentlich großer Bedeutung sind, finden sich vergleichbare Regelungen allenfalls insofern, als die Wohlfahrtsorganisationen ihrerseits enge kirchliche Bindungen aufweisen und für die Betreuung der Familien ausländischer Herkunft ein Modell der Arbeitsteilung praktizieren, bei dem die wenigen großen Wohlfahrtsverbände die wichtigsten Herkunftsnationalitäten untereinander „aufgeteilt" haben. Kennzeichnend für die bedeutsamen intermediären Organisationen in Deutschland ist vielmehr, dass sie selbst in hohem Maße „universalistisch" orientiert und ethnische Linien in ihnen vergleichsweise bedeutungslos sind. Entsprechend haben Schließungstendenzen gegenüber Migrantenminoritäten in diesen Organisationen ebenso wenig Platz gegriffen, wie es Raum für an ethnischen Linien orientierte Neugründungen gegeben hat: Das Prinzip der Einheitsgewerkschaft hat ethnischen Konflikten ebenso stark entgegengewirkt wie die Struktur der deutschen Wohlfahrtsverbände oder der deutschen Sportorganisationen.

Diese Rahmenbedingungen haben sich jedoch grundsätzlich dadurch verschoben, dass die zunehmende Systemintegration auf europäischer Ebene und Globalisierungsprozesse für internationale Migration einen neuen Handlungskontext eröffnet haben, indem einerseits durch gestiegene Optionen sich Umfang und Reichweite von Migration vergrößert und die Möglichkeiten nationalstaatlicher Intervention sich deutlich verringert haben: Waren es in der Vergangenheit wesentlich die Akteure aus Wirtschaft und Staat des Aufnahmelandes, die Umfang und Qualität von Zuwanderung durch Selektionskriterien zu steuern vermochten, so sind es nunmehr zunehmend die Migranten selbst, die sich ihre Zielregion aussuchen.

## Migration unter den Bedingungen beginnender Globalisierungsprozesse

Es kann kein Zweifel daran bestehen, dass ökonomische Globalisierung einen unmittelbaren Einfluss auf internationale Migration hat, da dieser Prozess nicht nur eine Ausweitung des Geld-, Informations-, Dienstleistungs- und Warenverkehrs beinhaltet, sondern auch eine *Ausweitung des internationalen Personenverkehrs*. Charakteristisch hierfür ist, dass die modernen Informationstechniken es potentiellen Migranten ermöglichen, Wanderungsgelegenheiten weltweit zu beobachten, und dass moderne Verkehrstechnologien hohe Kapazitäten für den schnellen weltweiten Transport von Menschen vorhalten. Beides trägt in entscheidendem Maße dazu bei, den Charakter internationaler Migration kontinuierlich zu verändern: Wanderungsentscheidungen verlieren zunehmend den Charakter einer Zäsur im Lebensverlauf, bei dem der Herkunftskontext „ein für allemal" zugunsten einer „Einwanderung" aufgegeben und allenfalls sporadischer Kontakt unterhalten wird. Moderne Informationstechnologien ermöglichen es, den Kontakt zu Bezugspersonen im Herkunftskontext dauerhaft zu unterhalten und sich kontinuierlich über das Geschehen in der Herkunftsgesellschaft zu informieren. Verkehrstechnologien ermöglichen es, zeit- und kostengünstig den Herkunftskontext regelmäßig zu besuchen, Migrationsentscheidungen zu revidieren oder durch neue zu erweitern.

Diese technologischen Veränderungen haben insbesondere dazu beigetragen, dass familiär-verwandtschaftliche Beziehungen von Migranten zunehmend den Charakter von transnationalen Netzwerken annehmen (Pries 1997). Allerdings wäre es verfehlt, das Ausmaß der bislang eingetretenen Entwicklung zum gegenwärtigen Zeitpunkt zu überschätzen: Nach wie vor ist insbesondere die Arbeitsmigration (und im Gefolge davon: die familiäre Kettenmigration) regional begrenzt, d.h. sie konzentriert sich auf eine begrenzte Anzahl von süd- und osteuropäischen Herkunftsstaaten; ebenso haben die Freizügigkeitsregelungen in der Europäischen Union in keiner Weise zu einer Ausweitung der internationalen Mobilität geführt, vielmehr hat die parallel verlaufende Angleichung der Lebensverhältnisse in den Mitgliedsstaaten die europäische Binnenmigration eher reduziert (Werner 1994). Die informationstechnischen Veränderungen haben somit zwar die Suchkosten für Migrationsopportunitäten und die verkehrstechnischen Veränderungen die ökonomischen Kosten von Migration verringert, die sozialen Kosten sind dagegen unverändert geblieben.

Parallel zu dieser ökonomisch-technischen Globalisierung hat jedoch gleichzeitig ein kultureller Diffusionsprozess stattgefunden, der auf sehr unterschiedlichen Ebenen die Migrationsbedingungen verändert hat:

(1) Der weltweite Warenverkehr hat im Verlauf der zurückliegenden Jahrzehnte zu einer *globalen Diffusion von vielen Elementen der Alltagskultur* geführt. Dies betrifft die massenmediale Populärkultur mit der weltweiten Standardisierung von Musik-, Film- und Fernsehangeboten ebenso wie die Vorfindbarkeit von identischen Elementen des täglichen Konsums selbst in den entlegensten Gebieten (z.B. Cola) bis hin zur weltweiten Präsenz von Fast-Food-Ketten. Diese „McDonaldisierung" hat auch dazu beigetragen, dass Migranten stets bereits bekannte Anknüpfungspunkte für die Reorganisation des Alltags im jeweiligen Aufnahmekontext vorfinden können. Zumindest für Wohlstandsgesellschaften kommt hinzu, dass durch die enorme Ausweitung des Waren- und Dienstleistungsangebots zunehmend auch Elemente der jeweiligen Alltagskultur der Herkunftsgesellschaften auch als Konsumangebot für die Mitglieder der Mehrheitsgesellschaft enthalten sind. So lassen sich schnell alltagskulturelle „Nischen" entdecken, die die spezifischen Bedürfnisse der Migrantenfamilien auch dann abdecken, wenn keine eigenethnische Kolonie in der Nähe ist.

(2) Mit der Globalisierung ist jedoch nicht nur eine beschleunigte Diffusion von Informationen, Gütern und Dienstleistungen verbunden, sondern auch die zunehmende *funktionale Differenzierung* im globalen Zusammenhang der Weltgesellschaft. Dieser Prozess beinhaltet einerseits eine zunehmende Ausdifferenzierung von (supranationalen) Organisationsstrukturen und Berufspositionen und eine Spezialisierung von Wissensbeständen und Qualifikationen. Er führt jedoch andererseits dazu, dass die jeweiligen Organisationsstrukturen und Berufspositionen sich global immer ähnlicher werden. Dies bedeutet einerseits, dass das kulturelle Kapital des berufsspezifischen Wissens und der erworbenen Qualifikationen auf immer weniger Positionen in anderen Funktionsbereichen übertragbar werden. Andererseits verlieren räumliche und kulturelle Kontexte jedoch zunehmend ihre spezifische Bedeutung für die Effektivität von Organisationen oder für die erfolgreiche Ausübung von Berufstätigkeit. So wird sektorale Berufsmobilität wegen der in einem Menschenleben) unaufholbaren fachlichen Qualifikationsnotwendigkeiten immer unwahrscheinlicher. Der regionalen Mobilität stellen sich dagegen zunehmend weniger Hindernisse entgegen. Dies gilt dann umso mehr, wenn auch soziales Kapital eher im Beziehungsgeflecht globalisierter Expertenkulturen als in ortsgebundenen Milieus aufgebaut und gepflegt wird.

Es ist offensichtlich, dass diese Dimension des beginnenden Globalisierungsprozesses ihre Auswirkungen weniger auf die klassische Arbeitsmigration haben wird, mit der in einem Unterschichtungsprozess die niedrigen Statuspositionen in Wohlstandsgesellschaften besetzt worden sind. Vielmehr werden hiermit (wieder) die strukturellen Voraussetzungen für die Ausweitung internationaler Migration auf hochqualifizierte Berufspositionen geschaffen: War es beispielsweise im Europa der frühen Neuzeit die Universalkultur des christlich-römischen Abendlandes, die „global players" wie die katholische Kirche und einen problemlosen Austausch von weltlichen und kirchlichen Regenten, von Gelehrten und Heeresführern ermöglichte, so führen Globalisierungsprozesse heute zu einer zunehmenden Vernetzung von Funktionseliten und einer Strukturähnlichkeit ihrer Aufgabenbereiche. So mag es immer unwahrscheinlicher werden, dass in einem Unternehmen der Leiter der Einkaufsabteilung die Aufgaben eines Laborleiters im gleichen Werk übernimmt, dagegen mag es immer wahrscheinlicher werden, dass er vergleichsweise problemlos dieselbe Position in einem anderen Werk auf einem anderen Kontinent ausüben könnte.

(3) Den vermutlich stärksten Einfluss auf die zukünftige Entwicklung von internationalen Migrationsströmen wird jedoch der kulturelle Diffusionsprozess auf der Ebene der zwischenstaatlichen Beziehungen haben. Ein wesentliches Kennzeichen des Globalisierungsprozesses ist nämlich die zunehmende *Selbstbindung von Nationalstaaten durch zwischenstaatliche Verträge, Beitritte zu internationalen Konventionen und durch Mitgliedschaften in internationalen Organisationen*. Hierbei handelt es sich um einen kulturellen Diffusionsprozess insofern, als zumeist dem Kulturkreis westlicher Demokratien entstammende Rechtsnormen erstens eine zunehmend globale Geltung erlangen, und sich zweitens eine inhaltliche Ausweitung solcher Rechtsnormen vollzieht. Besonders augenfällig ist dieser Diffusionsprozess am Beispiel des Leitbildes des humanistischen Individualismus zu verfolgen, der seinen Ausdruck insbesondere in den individuellen Menschenrechten gefunden hat: Diese aus westlichen Demokratietraditionen stammende naturrechtliche Konzeption mit dem Individuum als Träger unveräußerlicher Rechte „vor" aller gesellschaftlichen Organisation ist inzwischen normative Grundlage vieler Staatsverfassungen und internationalen Konventionen geworden. Die Verrechtlichung der internationalen Beziehungen beinhaltet dabei ihrerseits zugleich auch zunehmende Möglichkeiten der Nachprüfbarkeit einzelstaatlicher Entscheidungen auf dem Klagewege und eine zunehmende Interdependenz einzelner Rechtsbereiche durch Normkontrollen.

Es kann nicht verwundern, dass solche Selbstbindungen der Einzelstaaten durch eingegangene vertragliche Verpflichtungen oder durch Beitritte zu internationalen Konventionen oder Organisationen - obwohl ursprünglich häufig auf ganz andere Sachverhalte zielend - auch unmittelbare Auswirkungen auf internationale Migrationsprozesse haben. In jedem Falle entziehen sie sich zunehmend der direkten einzelstaatlichen Kontrolle, da eine Migrationspolitik, die von anderen Politikbereichen und von der Politik in Nachbarstaaten isoliert zu betreiben wäre, zunehmend unmöglich wird. Ebenso wenig kann verwundern, dass unter diesen Bedingungen jeder Versuch einer solchen nationalstaatlichen Migrationspolitik in direkten Konflikt mit der eingegangenen Selbstverpflichtung auf Menschenrechte geraten muss. Es entspricht dem Komplexitätszuwachs des Globalisierungsprozesses und ist insofern „normal", dass sich immer neue Konfliktlinien aus den Wechselbeziehungen mit anderen Politikbereichen entwickeln: Seien es z.B. die Implikationen des Beitritts zur internationalen Kinderrechtskonvention für das Recht des Migrantenkindes auf den Umgang mit seinen beiden Elternteilen, sei es die Frage, inwiefern die Verfolgung von familiären oder familienähnlichen Lebensformen einen Asylanspruch begründet, oder sei es die Frage, ob der verfassungsmäßige Schutz von Ehe und Familie Raum für die Einbeziehung von in anderen kulturellen Kontexten legitim praktizierten, funktional äquivalenten Lebensformen gibt.

Welch nachhaltigen Einfluss eine solche Universalisierung von Rechtstiteln auf die Migrationsentwicklung hat, kann eindrücklich am Beispiel der Vereinigten Staaten studiert werden: Bis ca. 1965 ist in den Vereinigten Staaten eine klassische nationalstaatliche Einwanderungspolitik verfolgt worden, bei der die staatliche Kontrolle wesentlich über Quotenregelungen für Zuwanderergruppen erfolgte. Das Ziel einer Assimilation der Zuwanderer wurde dabei von allen Beteiligten fraglos anerkannt („melting pot") und sollte mit Hilfe von schneller Naturalisierung und Integration in „universalistische" Institutionen (englischsprachige Schulen, Militär, offener Arbeitsmarkt) erreicht werden. In unmittelbarem Zusammenhang mit der „civil rights"-Bewegung wurde dann jedoch die (im Sinne einer nationalstaatlichen Zuwanderungspolitik: „rationale") Quotenregelung dahingehend modifiziert, dass „Familiennachzug" in Reaktion auf die unabweisbaren Rechte der bereits in den USA Lebenden eine überragende Bedeutung erhielt. Ebenso wurde das Assimilationsziel unter dem Eindruck der Gleichrangigkeit und -berechtigung von verschiedenem kulturellem Erbe zunehmend in Frage gestellt, und die ethnisch-kulturelle Differenz und Pluralität erhielt gegenüber nationalstaatlichen Einheitssymboliken eine zunehmende Präsenz im öffentlichen Diskurs und resultierte in entsprechenden Maßnahmen von bilingualer Erziehung, von „affirmative action", „ethnic revival" und einem (auch) entlang ethnischen Linien geführten Kampf um die kulturellen Inhalte von Schulen und Hochschulen (Heckmann/Tomei 1997).

Die zumeist negative Beurteilung der (jeweils) jüngeren Entwicklungen und die daran geknüpften Befürchtungen hinsichtlich des Zusammenhalts und der Überlebensfähigkeit des Staatsgebildes sind zwar verständlich (und ein wohlfeiles Argument in den Arenen der „ethnic competition"), aber möglicherweise heute ebenso unbegründet wie in früheren Dekaden. Es ist zumindest eine offene Frage, ob sich die Eingliederung der jüngeren Einwanderungswellen von Lateinamerikanern und Asiaten in Geschwindigkeit und Nachhaltigkeit von der jener Generationen von Süd-, Mittel- und Osteuropäern unterscheidet (Alba 1990), die in der ersten Hälfte dieses Jahrhunderts immigiert waren und denen gegenüber damals dieselben Befürchtungen und Ängste (im Vergleich zur damaligen „Referenz" der bereits ansässigen Amerikanern angelsächsischer Herkunft) geäußert wurden und deren Eingliederungsprozess heute im Rückblick verklärt wird. Dass es sich bei diesem Prozess um eine *unausweichliche Konsequenz der mit dem Globalisierungsprozess verbundenen Universalisierung von Rechtsnormen handelt,* wird insbesondere auch daran deutlich, dass sich ähnliche Resultate auch in anderen Staaten wie Großbritannien, Frankreich, den Niederlanden und Deutschland - obwohl jeweils von anderen Ausgangspunkten kommend - einstellen und damit eine zunehmende Konvergenz zu beobachten ist.

## Erwartbare Entwicklungen und die Optionen der Familienpolitik

In Deutschland haben sich die Migrationsbedingungen insofern nachhaltig verändert, als noch bis in die Phase der Anwerbung der Arbeitsmigranten zu Beginn der 70er Jahre das bestimmende Motiv und die legale Grundlage der Migration die Arbeitsaufnahme gewesen sind. Es waren damit primär privatwirtschaftliche Interessen im Aufnahmeland, die Art und Umfang der Zuwanderung gesteuert haben. Für diese Art der Arbeitsmigration hatte somit zumindest prinzipiell die Möglichkeit bestanden, eine Steuerung der Migrationsströme und eine Rekrutierung von Migranten nach universalistischen Leistungskriterien im Sinne einer „rationalen", nationalstaatlichen Zuwanderungspolitik vorzunehmen und damit die kollektiv-nationalstaatlichen Interessen zu wahren. In dem Maße, wie die legale Grundlage der Migration sich von der Arbeitsaufnahme auf Heiratsmigration, Familienzusammenführung und Familiennachzug sowie auf politische Verfolgung verschiebt, können immer weniger nationalstaatliche Interessen und universalistische Leistungskriterien geltend gemacht werden; an ihre Stelle treten naturrechtlich begründete Legitimationen durch *individuelle Menschenrechte,* zu denen sich der demokratische Rechtsstaat bekannt hat. Diese neuentstandene Situation stellt nicht nur eine Herausforderung für das Selbstverständnis eines jeden Wohlfahrtsstaates, der seine Leistungen an die Legitimation durch die Zugehörigkeit zu einer Abstammungsgemeinschaft bindet, sie hat auch unmittelbare Folgen für die zukünftig zu erwartenden Migrationsströme:

(1) Über den Mechanismus des Familiennachzugs und über die Wirkung von Kettenmigrations-Netzen werden sich die bereits in Deutschland ansässigen Migrantennationalitäten weiter ergänzen. Es ist also nicht davon auszugehen, dass es sich bei Familiennachzug um eine zeitlich begrenzte Angelegenheit handelt. Insbesondere für solche Nationalitäten, bei denen ein großes Wirtschaftsgefälle zwischen Herkunfts- und Aufnahmeland gegeben ist, besteht vielmehr ein permanenter Anreiz, nicht innerhalb der Migrantenminorität zu heiraten bzw. einen Partner aus der Aufnahmegesellschaft zu wählen. Auch für Angehörige der zweiten Migrantengeneration beinhaltet die Offerte eines Aufenthaltsstatus im Aufnahmeland für den potentiellen Ehepartner gesteigerte Chancen auf dem Heiratsmarkt der Herkunftsgesellschaft. Dieser Prozess dürfte sich weitgehend unbeeinflusst von den Steuerungsmöglichkeiten nationaler Zuwanderungspolitiken vollziehen bzw. sich durch eine erleichterte Einbürgerung für Angehörige der zweiten Zuwanderergeneration eher noch verstärken. Entsprechend wird es auch immer weniger möglich sein, etwaige Steigerungen in den binationalen Heiratsraten als Indiz wachsender

Assimilation der Zuwanderungsminoritäten zu interpretieren, da sich hinter den binationalen Ehen zunehmend häufiger auch intra-ethnische Heiraten verbergen werden.

Dieser Mechanismus der Selbstergänzung von Zuwanderungsgruppen hat bereits in der Vergangenheit erheblich dazu beigetragen, dass auch nach dem Anwerbeverbot ausländischer Arbeitskräfte von 1973 die Fluktuation innerhalb der ausländischen Wohnbevölkerung vergleichsweise groß geblieben ist und sich keineswegs auf die Nationalitäten beschränkt hat, die als EU-Angehörige davon nicht betroffen gewesen sind. Vielmehr hat dieser Mechanismus gerade bei den übrigen Migrantennationalitäten zu einem Anstieg der in Deutschland lebenden Familien ausländischer Herkunft geführt. Kaum Auswirkungen dürfte diese Umstellung auf den Familiennachzug im Hinblick auf Alter und Bildung der Zugewanderten haben. Wiederum wird es sich vorzugsweise um eher junge Migranten mit einer eher überdurchschnittlichen Bildung und mit eher überdurchschnittlichen Wohlstandspositionen handeln, die als Heiratskandidaten attraktiv sind. Der entscheidende Unterschied ist deshalb darin zu sehen, dass der Zuzug über einen anderen Aufnahme- und Eingliederungs-Mechanismus erfolgt: Es ist dies (zumindest zunächst) nicht mehr die strukturelle Eingliederung in das Beschäftigungssystem der Aufnahmegesellschaft mit allen damit verbundenen individuellen Qualifizierungsprozessen und Gelegenheiten der Kontaktaufnahme zu Mitgliedern dieser Gesellschaft. Vielmehr erfolgt diese Eingliederung (zumindest zunächst) ausschließlich aufgrund der sozialen Beziehungen zu und innerhalb der Migrantenminorität, d.h. *an die Stelle des Humankapitals als wichtigster Faktor für den Verlauf des Eingliederungsprozesses ist das gruppenspezifische soziale Kapital getreten.* Solche Entwicklungen tragen stark dazu bei, dass ‚Assimilation' als Ausgang des Kulturkontakts tendenziell an Bedeutung verlieren wird. Stattdessen wird die Herausbildung von transnationalen Netzwerken ebenso zu beobachten sein wie die Herausbildung einer transnationalen Identität seitens der Migranten.

Diese Veränderung kann nicht ohne Einfluss auf den Verlauf des Eingliederungsprozesses bleiben: Eine durch Familiennachzug begründete Immigration wird eher die Tendenz ethnischer Schließungen und einer institutionellen Vervollständigung ethnischer Minoritäten begünstigen als eine Arbeitsmigration. Unmittelbar einsichtig ist, dass Eingliederungsbarrieren für zugewanderte Familienangehörige, wie z.B. das Verbot der Arbeitsaufnahme, diese Unterschiede weiter verschärfen. Ein wirkungsvolles Korrektiv hierfür könnte sein, den „Heiratsmigranten" zusätzliche Eingliederungsanreize zu bieten. Diese könnten z.B. darin bestehen, eine schnelle Gewährung von Arbeitserlaubnis und aufenthaltsrechtliche Privilegien von einer Basisqualifikation in schulischer Bildung, in der Beherrschung der deutschen Sprache und staatsbürgerlichen Grundkenntnissen abhängig zu machen und entsprechende zielgruppenspezifische Bildungsangebote hierfür bereitzustellen. Diese könnten dann sinnvollerweise auch Komponenten einer Familienbildung enthalten, um z.B. über das deutsche Vorschul- und Schulsystem zu informieren.

(2) Durch politische Verfolgung, Asylsuche und Flüchtlingsaufnahme wird sich die nationale Zusammensetzung der Bevölkerung ausländischer Herkunft vermutlich auch in Zukunft ständig in einer nicht vorhersagbaren Weise verändern. Ethnische und politische Konflikte sowie kriegerische Auseinandersetzungen zwischen und innerhalb von Staaten lösen dabei zwar zunehmend Migrationsströme weltweit aus, doch sind regionale Wanderungen aufgrund politischer Verfolgung oder Vertreibung nach wie vor quantitativ weit bedeutsamer. Da auch in Zukunft davon auszugehen ist, dass in der unmittelbaren Nachbarschaft der Europäischen Union solche Konflikte bestehen bleiben oder neu entstehen werden, wird auch die durch Asylsuche motivierte Migration auf absehbare Zeit ein Dauerphänomen bleiben.

Auch hier hat sich eine qualitative Veränderung in der Legitimation des Aufenthaltsstatus dieser Migranten ergeben, der mit dem generellen Wertewandel in modernen Wohlfahrtsstaaten in unmittelbarem Zusammenhang steht und seinen Ausdruck in der immer stärkeren Gewichtung von individuellen Persönlichkeitsrechten gegenüber im Staats- oder Völkerrecht verankerten Gruppenrechten gefunden hat. Diese Gewichtsverlagerung zeigt sich nicht nur im Gerechtigkeitsempfinden der Bevölkerungsmehrheit in Wohlfahrtsstaaten, sondern auch in der Legitimation von politischem und Verwaltungshandeln - sei es in der Rechtfertigung von externer, auch gewaltsamer Intervention bei Bürgerkriegen und ethnischen Verfolgungen und Vertreibungen, sei es bei der Asylgewährung oder sei es bei der Aussetzung von Abschiebungen. Die tiefe naturrechtliche Verwurzelung der legitimatorischen Grundlagen beinhaltet ein hohes Maß an Selbstbindung, das dem verantwortlichen Handeln gegenüber Flüchtlingen enge Grenzen setzt. Populistische Forderungen nach einer Ausweitung der Handlungsspielräume für staatliche Intervention wären entsprechend nur unter Preisgabe der verfassungsrechtlich und durch internationale Konventionen abgesicherten Wertgrundlagen realisierbar. Diese Situation hat allerdings kaum dazu geführt, dass die Dauersituation der Aufnahme von Flüchtlingen Anlass für Überlegungen geworden ist, daraus die notwendigen familien- und sozialpolitischen Konsequenzen zu ziehen.

So wird die entstandene Situation einerseits dazu führen, dass sich über interkontinentale Flüchtlingsströme das Spektrum der kulturellen Herkunft von Familien ausländischer Herkunft in Deutschland weiter verbreitern wird. Auf der anderen Seite werden sich aus den quantitativ bedeutsameren regionalen Flüchtlingsströmen entweder neue ethnische Kolonien entwickeln können oder bereits bestehende Kolonien verstärken. In der jüngeren Vergangenheit hat sich immer wieder gezeigt, dass für die Auswahl des Ziellandes auch bei politischen Flüchtlingen neben der Erreichbarkeit und materiellen Faktoren der Umstand ausschlaggebend ist, ob in diesem Land bereits Angehörige leben: Aus dem Umstand, dass die Arbeitsmigranten jugoslawischer Abstammung in der Schweiz infolge Anwerbepraxis und Kettenmigration „zufällig" zu einem Großteil aus dem Kosovo stammten, resultierte, dass sie zum Hauptzielland der Bürgerkriegsflüchtlinge aus dieser Region geworden ist.

Insofern ist *Kettenmigration nicht auf Arbeitsmigration und Familienzusammenführung beschränkt, sondern erstreckt sich auch auf politische Flüchtlinge.* Mehr noch als andere Migranten sind politische Flüchtlinge in einer Situation, in der sie auf die emotionale, soziale und materielle Unterstützung primärer Bezugspersonen angewiesen sind. Entsprechend naheliegend ist ihr Bestreben, auch gegen politische und administrative Hemmnisse die Nähe ihrer Angehörigen zu suchen. In vielen Fällen werden die dabei mobilisierten Selbsthilfepotentiale öffentlich bereitgestellte Hilfen übertreffen, so dass es sowohl im familienpolitischen Interesse des Aufenthaltslandes als auch im Interesse der Migranten ist, wenn möglichst rasch persönliche Beziehungen reaktiviert oder neu aufgebaut und ausgestaltet werden. Gleichwohl verleiht dieser Prozess der Selbstselektion von Wanderungszielen der Eigendynamik von Migrationsprozessen weitere Schubkraft und schafft dadurch immer neue Anreize für Zuwanderungen. Diese neu entstehende Situation hat außerdem unmittelbare Folgen für den Status von Familien ausländischer Herkunft in Deutschland:

(1) In dem Maße, wie Migration nicht mehr dominant über die Allokation von Humankapital entsprechend den Interessen des Aufnahmelandes gesteuert wird, sondern über die Durchsetzung universaler Menschenrechte, kann dies nicht ohne Konsequenzen für das Verhältnis von Staat, Gesellschaft, Familie und Individuum bleiben. Waren es noch in jüngerer Vergangenheit vornehmlich arbeitsmarktpolitische Überlegungen, die für den Umgang mit Migration ausschlaggebend gewesen sind, so gerät sie nun zunehmend in das Blickfeld anderer Politikbereiche. Von besonderer familienpolitischer Bedeutung ist, dass neben dem Schutz vor politischer und ethnischer Verfolgung insbesondere auch familiäre Rechte in einen zunehmend engeren Zusammenhang mit Migration gerückt sind: Aus dem Recht auf selbst bestimmte Eheschließung ergibt sich immer auch das Recht der in Deutschland Lebenden, sich einen Ehepartner auch außerhalb der Landesgrenzen zu wählen; aus dem Recht auf Leben in gemeinsamen Familienhaushalten ergibt sich das Recht auf Familienzusammenführung; aus dem Recht auf selbstbestimmte Familiengründung folgt das Recht auf binationale Elternschaft, das im Zusammenhang mit dem Kindesrecht auf Umgang mit seinen leiblichen Eltern ebenfalls aufenthaltsrechtliche Konsequenzen hat.

*Politische Überlegungen zu Familien ausländischer Herkunft* verlieren damit zunehmend den Charakter der sozialen Nachsorge arbeitsmarktpolitischer Entscheidungen („Wir riefen Arbeitskräfte, und es kamen Menschen"), *sie werden zukünftig im Brennpunkt migrations- und aufenthaltsrechtlicher Diskussionen stehen.* Immer häufiger wird der Aufenthaltsstatus von Personen ausländischer Herkunft (zunächst) eng mit ihrer familiären Situation verbunden sein. Das Interesse der Familien ausländischer Herkunft an einer Absicherung ihres Aufenthaltsstatus ist somit zu einer familienpolitischen Gestaltungschance geworden, die für eine Stärkung der familiären Kompetenzen zur Bewältigung der mit dem Eingliederungsprozess verbundenen Aufgaben und für eine verantwortete Elternschaft unter Migrationsbedingungen genutzt werden kann.

(2) Familien ausländischer Herkunft stehen in einem besonderen Maße im Spannungsverhältnis zwischen der Universalisierung von Menschenrechten einerseits und der identitätsstiftenden Zugehörigkeit zu partikularistischen Kulturen andererseits. Zwar haben Menschenrechte eine universale Ausbreitung und Legitimation erfahren, sie müssen jedoch faktisch nach wie vor vom souveränen Nationalstaat und seinen Institutionen garantiert und auf seinem Territorium für die gesamte Wohnbevölkerung unabhängig von deren Nationalität durchgesetzt und aufrecht erhalten werden. Im Zuge der universalen Ausbreitung haben die Menschenrechte zugleich eine beträchtliche inhaltliche Ausweitung erfahren und umfassen zunehmend auch „kulturelle" Rechte: auch das Recht, kulturell „anders" zu sein als die Mehrheitsgesellschaft und die „eigene" Kultur zu erhalten und zu entwickeln, wird öffentlich zunehmend unter dem Gesichtspunkt des Persönlichkeitsrechts auf freie Entfaltung diskutiert: *Die Aufrechterhaltung partikularistischer Gruppenmerkmale,* wie z.B. eine eigene Sprache und eigene kulturelle Bräuche, *werden als Markierungen einer eigenen ethnischen Identität legitimiert unter Berufung auf universalistische Menschenrechte.* Daraus lassen sich dann wiederum leicht Forderungen nach institutionellen Vorkehrungen ableiten, die zur Sicherung dieser Gruppenidentität geeignet sind, wie z.B. Sonderregelungen in Schulen.

Entscheidend hierbei ist, dass die Durchsetzung solcher partikularistischen Interessen durch die menschenrechtliche Legitimation nicht mehr an die traditionelle Mitgliedschaft im Nationalstaat gebunden ist, d.h. dieser wird zum Garanten solcher Rechte selbst dann, wenn es sich um Nicht-Mitglieder handelt. Offenkundig geworden ist diese Entwicklung insbesondere an Beispielen der Ausweitung dessen, was als „Verfolgung" und mithin als Grund für Asylgewährung gilt: Das Immigration and Refugee Board von Kanada hat begonnen, Frauen deshalb Asyl zu gewähren, weil sie wegen ihres Geschlechts Vergewaltigung oder häuslicher Gewalt ausgesetzt waren oder weil in ihrem Herkunftsstaat diskriminierende rechtliche Regelungen für Frauen bestehen; Frankreich hat die Beschneidung von Frauen als eine Form der Verfolgung anerkannt und westafrikanischen Frauen Asyl deshalb gewährt; in den USA ist einem homosexuellen Brasilianer als Mitglied einer „verfolgten sozialen Gruppe" Asyl gewährt worden (Soysal 1994, 158).

Es ist davon auszugehen, dass sowohl eine weitere Universalisierung als auch eine weitere inhaltliche Ausweitung „vorstaatlicher" Menschenrechte wahrscheinlich ist. Dies wird nicht nur die Legitimationsbasis für Zuwanderung verbreitern („Kinderarbeit" und „erzwungene Prostitution" könnten die nächsten Kandidaten sein), es wird vielmehr zunehmend auch die legitimatorische Basis der Migrantenfamilien bei der Durchsetzung von Partikularinteressen gegenüber dem Nationalstaat sein: So ist z.B. in Deutschland die bevorstehende Beschneidung eines Jungen erfolgreich zum Anlass genommen worden, die Änderung einer Sorgerechtsentscheidung für ein getrennt lebendes Elternpaar einzuklagen. Diese Entwicklung wird insofern unmittelbare Rückwirkungen auf die Familienpolitik haben, als die kulturellen Grundlagen des in ihr verwendeten Familienbegriffs sowohl in seiner Extensionalität (wer gehört zu einer Familie?) als auch in seiner Intensionalität (welche legitimen Funktionen und Bedeutungen hat Familie für die Familienmitglieder und für die Gesellschaft?) von zwei völlig verschiedenen Richtungen in diese Auseinandersetzungen einbezogen werden wird: Einerseits schafft die Migrationsoption durch Heirat und Familiennachzug permanent neue Anreize für eine juristische und politische Diskussion um die Ausweitung des Familienbegriffs zur Durchsetzung der Partikularinteressen weiterer Personengruppen auf Eröffnung einer Zuwanderungsmöglichkeit; dies wird wesentlich über spektakuläre Berichterstattungen über Einzelfälle und den juristischen und administrativen Umgang mit ihnen erfolgen. Andererseits ist nicht zu übersehen, dass die ganz überwiegende Mehrheit der nach Deutschland zugewanderten Personengruppen einen - im Vergleich zur deutschen Bevölkerung - eher engen, traditionellen Familienbegriff für sich akzeptiert, der durch eine klar nach Generations- und Geschlechtszugehörigkeit definierte Funktionsbestimmung gekennzeichnet ist und einen engen institutionellen Zusammenhang von Ehe und Familie betont.

Diese Entwicklungen werden mittelfristig der in Deutschland zögerlich begonnenen Diskussion um die Neubestimmung des Verhältnisses von Menschen- und Bürgerrechten, von Staat, Familie und Individuum weitere Schubkraft und zusätzliche Brisanz verleihen. Je länger eine solche längst überfällige, grundsätzliche Diskussion hinausgezögert wird, desto wahrscheinlicher wird sich diese an tagesaktuellen „Fällen" aus Migrantenminderheiten entzünden. Dies kann von erheblichen Risiken für die politische Kultur in Deutschland und für den sozialen Frieden sein. Im Brennpunkt wird dabei die Frage stehen müssen, *wie in einer pluralistischen Gesellschaft mit globalen Interdependenzen das gestiegene Spannungsverhältnis zwischen der Universalität von (Menschen-)Rechten und der Partikularität von menschlicher Identität und seinen Gruppenbindungen politisch gestaltet werden kann.*

Die (Wieder-)Herstellung einer alle Lebensbereiche gleichermaßen durchziehenden kulturellen Einheitlichkeit innerhalb der Territorialität des Nationalstaates, d.h. die Etablierung, Wiederherstellung oder Aufrechterhaltung einer „Leitkultur" wird hierbei wegen der fortschreitenden funktionalen Autonomie gesellschaftlicher Teilsysteme, aber nicht zuletzt auch wegen der weiterhin zu erwartenden Neuzuwanderung, der zunehmenden Differenzierung der Sozialstruktur moderner Gesellschaften und wegen der Universalisierung von Menschenrechten keine realistische Option sein. Genauso wenig wird dies eine im strikten Wortsinne „multikulturelle" Gesellschaft sein, in der dann tatsächlich mehrere Institutionengefüge nebeneinander bestehen müssten und auf einem Territorium ohne „Letztinstanzen" miteinander konkurrierten.

Wenn weder die gesamtgesellschaftliche Wertintegration über eine allumfassende Nationalkultur noch die segmentäre Differenzierung der multikulturellen Gesellschaft realistische Optionen einer Einwanderungsgesellschaft darstellen, dann hat dies ebenfalls Konsequenzen für die soziale Integration von Migrantenminoritäten. Soziale Integration wird dann nicht daran zu messen sein, inwieweit Angehörige von Migrantenminoritäten sich mit der Aufnahmegesellschaft in einem kulturell-umfassenden Sinne „identifizieren" bzw. von der autochthonen Bevölkerung ununterscheidbare „Identitäten" entwickeln. Ausschlaggebend ist vielmehr, inwieweit sie von den knappen, hoch bewerteten Gütern der Aufnahmegesellschaft ausgeschlossen sind bzw. an ihnen partizipieren, wozu insbesondere die strukturelle Integration in das Beschäftigungssystem und - durch politische Partizipation - die Einflussnahme auf die Definition und Verteilung kollektiver Güter gehören. Beides wird von fehlender rechtlicher, politischer und sozialer Diskriminierung abgesehen - nicht ohne den Erwerb von *spezifischem kulturellem Kapital* möglich sein. Grundvoraussetzung struktureller Integration ist somit in aller Regel der Erwerb von Bildungszertifikaten als Inklusionsvoraussetzung für das in starkem Maße verberuflichte und in Karrieren organisierte Beschäftigungssystem und der Erwerb von in den öffentlichen Funktionssystemen der Aufnahmegesellschaft wettbewerbsfähigem Wissen und Fertigkeiten. Entsprechend deutlich wird die strategische Bedeutung des - nationalstaatlich organisierten und von kulturspezifischen Identitätsanforderungen allerdings keineswegs freien - Bildungssystems und des Verlaufs von Bildungskarrieren von Kindern aus Migrantenfamilien für die längerfristige soziale Integration von Zuwanderungsminoritäten (Alba/Handl/Müller 1994; Diefenbach/Nauck 1997; Nauck/Diefenbach/Petri 1998).

Einer möglichen (und durchaus nicht unwahrscheinlichen) Entwicklung in Richtung einer ethnisch-kulturell geschichteten Gesellschaft würde entgegen wirken, wenn sich die institutionelle Verfassung der Bundesrepublik Deutschland vom Rechtsprinzip des jus sanguinis stärker in Richtung einer „civic society" weiter entwickelte. Hierzu würde insbesondere eine schärfere Trennung zwischen öffentlicher und privater Sphäre gehören, wobei in der Öffentlichkeit die vom Staat garantierten universalistischen Regeln eines demokratischen Rechtsstaates gelten, während in der Privatsphäre vielgestaltige partikularistische Beziehungen in kultureller Pluralität gelebt werden können und Raum für identitätsstiftende soziale Differenzierung bleibt. Entsprechend wären Regeln der Zugehörigkeit nicht primär an Abstammungskriterien, sondern an der Akzeptanz der universalistischen Verkehrsnormen in der Öffentlichkeit und an der gewohnheitsmäßigen Teilhabe zu entwickeln.

Eine solche Weiterentwicklung in Richtung auf eine Zivilgesellschaft würde zugleich auch der Diskussion um Doppelmitgliedschaften ihre Schärfe nehmen, da sie dann nicht mehr zwingend mit Fragen der ethnischen oder kulturellen Identität verknüpft wäre. Ohnehin muss aus familiensoziologischer Sicht bezweifelt werden, dass die mit Vehemenz geführte Diskussion um doppelte Staatsbürgerschaft ihre Berechtigung hat bzw. sich angemessener Argumente bedient. Regelmäßig wird nämlich angeführt, eine solche Doppelmitgliedschaft führe zu Identitätskonfusionen, mindestens jedoch zu fehlender oder mangelnder Loyalität mindestens einem der Nationalstaaten gegenüber. Diese Argumentation hat durchaus Parallelen zu Diskussionen, die zum Thema der Familienloyalität und zu vermeintlichen Problemen der Identitätsbildung bei Kindern in „nicht-eindeutigen" Beziehungssituationen geführt worden sind.

Die Sozialgeschichte der Familie und die interkulturell vergleichende Familienforschung hat viele Belege dafür geliefert, dass eine eindeutige Familienloyalität in Agrargesellschaften eine hohe Funktionalität hatte, sicherte sie doch die Eindeutigkeit der Erbschaftsregelungen bei der Weitergabe des Grundbesitzes. Entsprechend ist in vielen solcher Gesellschaften z.B. bei Heirat das vollständige Hinüberwechseln eines Ehepartners in das Verwandtschaftssystem des anderen unter Verlust aller Beziehungen zur und Rechte in der Herkunftsfamilie und die Herausbildung eindeutiger patrilinearer (oder seltener: matrilinearer) Abstammungslinien vorgesehen. Entsprechend gilt für die Kinder, dass sie nur Beziehungen zu einer Großelternlinie unterhalten haben. Demgegenüber haben sich in modernen Gesellschaften ambilineare Abstammungslinien als Kulturmuster vollständig durchgesetzt, d.h. beide Verwandtschaftslinien stehen gleichberechtigt nebeneinander - wobei kaum jemals ernsthaft argumentiert worden ist, es müsse bei Kindern zwangsläufig zu „Identitätskonfusionen" kommen, weil es Umgang mit zwei Großmüttern unterhält, und normalerweise gelingt es Kindern spielend, die Loyalitäten auszubalancieren.

Konsequent weiter entwickelt worden ist das Kulturmuster ambilinearer Loyalitäten in jüngerer Zeit auch im Hinblick auf Stiefkindschaftsverhältnisse: Noch bis vor kurzem war es das akzeptierte Kulturmuster, im Falle einer Neuzusammensetzung der Familien (mit den gleichen Argumenten) frühere Beziehungen entweder zu unterbinden oder drastisch einzuschränken. Demgegenüber wird heute die besondere Bedeutung des Aufbaus gleichberechtigter Bindungen von Kindern zu ihren biologischen *und* ihren hinzugekommenen sozialen Eltern betont. Wer die Stützung und Aufrechterhaltung von ambilinearen Bindungen als Grundlage aller neueren Gesetzgebungen zum Kindschaftsrechts befürwortet, dem steht in der Migrationspolitik das Argument der Identitätskonfusion und der fehlenden Loyalität in der Frage der Zulassung doppelter Staatsbürgerschaft nicht mehr zur Verfügung.

Für eine solche Weiterentwicklung in Richtung auf eine Zivilgesellschaft bietet das in Deutschland entwickelte System sehr differenzierter aufenthaltsrechtlicher Stellungen im Prinzip gute Ansatzpunkte; es wird der Realität pluraler Gesellschaften mit sich vielfältig überkreuzenden und wechselnden Mitgliedschaften und Loyalitäten weitaus besser gerecht als solche Systeme, die nur eine einfache Unterscheidung zwischen Mitgliedern und Nicht-Mitgliedern kennen. Allerdings muss dieses System konsequent in Richtung auf ein abgestuftes System sozialer und politischer Teilhabe hin weiter entwickelt werden. Hierbei sind nicht nur die jeweiligen Fristen neu daraufhin zu überprüfen, wie sie sich faktisch in den Biographien der Migranten und ihrer Familien realisieren und welche Konsequenzen dies für den Verlauf von Eingliederungsprozessen hat. Vielmehr sollten auch die aufenthaltsrechtlichen Stellungen im Hinblick auf die damit jeweils verbundenen Rechte und Verpflichtungen überprüft werden, wobei es sich durchaus anbietet, nicht alle Rechte der politischen Teilhabe erst mit der letzten Stufe der Einbürgerung zu vergeben. Eine solche klare Regelung von Eingliederungs„karrieren" hätte den großen Vorteil, dass sie Familien ausländischer Herkunft mit ihren langfristigen, mehrere Generationen umfassenden Migrationsprojekten eine größere Handlungssicherheit gerade dann gewähren, wenn diese bereit sind, ihre Ressourcen in die Aufnahmegesellschaft zu investieren.

## Literatur

**Alba, R. D. 1990:**

Ethnic Identity: The Transformation of White America. New Haven/ London: Yale University Press

**Alba, R. D. / Handl, J. / Müller, W. 1994:**

Ethnische Ungleichheit im deutschen Bildungssystem. Kölner Zeitschrift für Soziologie und Sozialpsychologie, 46, S. 209-237

**Bommes, M. 1994:**

Migration und Ethnizität im nationalen Sozialstaat. Zeitschrift für Soziologie, 23, S. 364-377

**Diefenbach, H. / Nauck, B. 1997:**

Bildungsverhalten als 'strategische Praxis': Ein Modell zur Erklärung der Reproduktion von Humankapital in Migrantenfamilien. In: Pries, L. (Hrsg.): Transnationale Migration (Bd. 12 Sonderband der Sozialen Welt). Baden-Baden: Nomos, S. 277-291

**Grünheid, E. / Mammey, U. 1997:**

Bericht 1997 über die demographische Lage in Deutschland. Zeitschrift für Bevölkerungswissenschaft, 22, S. 377-480

**Grünheid, E. / Schulz, R. 1996:**

Bericht 1996 über die demographische Lage in Deutschland. Zeitschrift für Bevölkerungswissenschaft, 21, S. 345-439

**Hansen, G. / Wenning, N. 1991:**

Migration in Vergangenheit und Zukunft. Hagen: Fernuniversität

**Heckmann, F. 1992:**

Ethnische Minderheiten, Volk und Nation. Soziologie inter-ethnischer Beziehungen. Stuttgart: Enke

**Heckmann, F. / Tomei, V. 1997:**

Einwanderungsgesellschaft Deutschland - Zukunftsszenarien: Chancen und Konfliktpotentiale. Gutachten für die Enquete-Kommission 'Demographischer Wandel' des Deutschen Bundestages. Bamberg: Europäisches Forum für Migrationsstudien

**Leibfried, S. / Leisering, L. / Buhr, P. / Ludwig, M. / Mädje, E. / Olk, T. / Voges, W./ Zwick, M. 1995:**

Zeit der Armut. Lebensläufe im Sozialstaat. Frankfurt: Suhrkamp

**McNeill, W. H. 1987:**

Migration in Premodern Times. In Alonso, W. (Hrsg.): Population in an Interacting World. Cambridge: Harvard University Press

**Nauck, B. / Diefenbach, H. / Petri, K. 1998:**

Intergenerationale Transmission von kulturellem Kapital unter Migrationsbedingungen: Zum Bildungserfolg von Kindern und Jugendlichen aus Migrantenfamilien in Deutschland. Zeitschrift für Pädagogik, 44, S. 701-722

**Pries, L. 1997:**

Neue Migration im transnationalen Raum. In: Pries, L. (Hrsg.): Transnationale Migration (Bd. 12 Sonderheft der Sozialen Welt). Baden-Baden: Nomos, S. 15-46

**Roloff, J. 1997:**

Die ausländische und deutsche Bevölkerung in der Bundesrepublik Deutschland - ein bevölkerungsstatistischer Vergleich. Zeitschrift für Bevölkerungswissenschaft, 22, S. 73-98

**Soysal, Y. N. 1994:**

Limits of Citizenship. Migrants and Postnational Membership in Europe. Chicago/London: University of Chicago Press

**Takenaka, A. 1994:**

Nation und Staatsbürgerschaft in Japan und Deutschland. Eine Replik auf Roger Brubaker. Zeitschrift für Soziologie, 23, S. 345-363

**Werner, H. 1994:**

Wirtschaftliche Integration und Arbeitskräftewanderungen: Das Beispiel Europa. Mitteilungen aus der Arbeitsmarkt- und Berufsforschung, 27, S. 232-245

Laszlo A. Vaskovics

## Binationale Partnerwahl und Ehe in Deutschland: Trends und Deutungen

### 1. Problemzusammenhang und Datenlage

Als Ausgangsmaterial für diesen Beitrag dient eine Studie zum Thema „Binationale Ehen in der Bundesrepublik Deutschland", die wir 1984 durchgeführt hatten (vgl. Buba/Ueltzen/Vaskovics 1984). Diese Untersuchung hatte Entwicklung und Struktur deutsch-ausländischer Eheschließungen und die damaligen Rahmenbedingungen der Partnerwahl zu ihrem Thema gemacht - ein Thema, das in Deutschland (anders als z.B. in den USA, wo ethnische, rassische und nationale Mischehen, sog. „intermarriage" in der wissenschaftlichen Forschung seit Beginn des 20. Jahrhunderts internationale Beachtung fanden), zwar damals nicht tabuisiert, doch in der öffentlichen Diskussion und der wissenschaftlichen Forschung nur am Rande behandelt wurde. In der amerikanischen Forschungsliteratur fanden binationale Ehen wegen der besonderen Problematik ihres Zustandekommens (Rahmenbedingungen der Partnerwahl), ihrer Gefährdungen oder Beständigkeit sowie ihrer sozialen Integration bereits früher besondere Beachtung. Dabei spielte sicherlich eine Rolle, dass diese „Mischehen" oft in mehrerer Hinsicht heterogen sind; die Ehepartner in solchen Ehen haben sich in den USA, also einem Zuwanderungsland, oft auch in Bezug auf ihre ethnische, religiöse und kulturelle Zugehörigkeit unterschieden. Die Heirat zwischen Zuwanderern verschiedener Herkunft untereinander sowie Zuwanderern und Einheimischen wurde als ein Indikator der Assimilation und sozialer Integration theoretisch interpretiert. Das Ausmaß verwandtschaftlicher und familialer Verflechtungen wurde als Maßstab der kulturellen und sozialen Nähe verschiedener Bevölkerungsgruppen unterschiedlicher ethnischer, nationaler, religiöser Herkunft gedeutet. Die ethnische, nationale, religiöse Zugehörigkeit wurde zugleich als Merkmal der Sozialstruktur aufgefasst und die Integration zwischen diesen als Minorität und der Gesamtbevölkerung analysiert.

Auf diese theoretische Tradition der amerikanischen Untersuchungen bezog sich unsere damalige Untersuchung binationaler Ehen in Deutschland. Wir betrachteten Heiratsbeziehungen in Deutschland zwischen deutschen und ausländischen Mitbürgern als einen theoretisch begründeten Indikator für assimilatives Verhalten und zugleich als einen Maßstab für die Offenheit der Gesellschaft gegenüber Menschen anderer Herkunft.

Unsere Studie beschrieb 1. Größenordnungen und Entwicklungstendenzen deutsch-ausländischer Eheschließungen bis 1980 und diskutierte die Rahmenbedingungen der Partnerwahl (anhand der Merkmale Geschlecht in Verbindung mit Staatsangehörigkeit, Heiratsalter, Altersdifferenz, Konfession und sozialökonomischen Faktoren). 2. Es wurde abgeschätzt, wie sich der Bestand an deutsch-ausländischen Ehepaaren durch Wanderung, Scheidung, Sterblichkeit und Eheschließungen verändert hatte. 3. Die Auswirkungen nationaler (und kultureller Heterogenität) in diesen Ehen auf das Verhalten der Ehepartner wurde am Beispiel des Fruchtbarkeitsverhaltens analysiert. Diese Daten zur Fruchtbarkeit und die Daten zur Scheidung und Abwanderung gaben auch erste Hinweise, inwieweit binationale Ehen in Deutschland zur Integration des ausländischen Bevölkerungsteils in der Bundesrepublik beitrugen.

Aus fast 20jähriger Perspektive soll nun untersucht werden: Was hat sich diesbezüglich seitdem verändert, in welche Richtung, mit welchen Konsequenzen? Was ist gleich geblieben?

Bei der Erklärung der festgestellten Trends ist gemäß dem Stand der Forschung zu berücksichtigen, dass die binationale Partnerwahl und Ehe nicht nur als Indikator individuelle Präferenzen ausdrückt, sondern zugleich als Korrelate verschiedener makrostruktureller Bedingungszusammenhänge zu interpretieren sind. So spielt dabei die Tatsache eine Rolle, a) wie stark eine ausländische Gruppe in Deutschland und b) wie lange sie vertreten ist; c) wie die geschlechtsspezifische Zusammensetzung der Ausländer in Deutschland ist; d) wie die Verflechtung zwischen dem „deutschen" und dem „internationalen" Heiratsmarkt ist.

Die Größe einer ausländischen Bevölkerungsgruppe bestimmt in zweifacher Hinsicht die Wahrscheinlichkeit der binationalen Partnerwahl in dem Sinne: Je größer die Gruppe, desto höher ist die Wahrscheinlichkeit, dass ein Mitglied der deutschen Gesellschaft eine partnerschaftliche Beziehung zu einem Mitglied der ausländischen Gruppe aufnehmen wird; je kleiner diese Gruppe, umso unwahrscheinlicher ist, dass die Mitglieder untereinander eine/n Partner/in finden. Die Auswahlmöglichkeit wird noch mehr eingeschränkt, wenn das Geschlechterverhältnis innerhalb der ausländischen Gruppe nicht ausgewogen ist, wenn zum Beispiel die Zahl der Männer (als Arbeitsmigranten oder Armeeangehörige) weit überwiegt. Männerüberschuss, aber auch Frauenüberschuss, fördern potentiell die Exogamie-Rate. Der Heiratsmarkt ist der Tendenz nach ein regionaler Heiratsmarkt, d.h. je stärker die räumliche Konzentration einer ausländischen Gruppe in Deutschland ist, desto höher ist die Wahrscheinlichkeit, dass sie untereinander Partner/innen finden. Die binationale Partnerwahl wird natürlich nicht nur von solchen Merkmalen der „Gelegenheitsstrukturen" des Partnerschaftsmarktes beeinflusst, sondern auch durch kulturelle Faktoren (insbesondere Konfessionszugehörigkeit, Religiosität), denn solche kulturelle Faktoren können soziale Distanzen verursachen und damit erhebliche Hürden für den Heiratsmarkt.

## 2. Bemerkungen zum Stand der Forschung

Vor 20 Jahren mussten wir feststellen, dass die sozialwissenschaftliche Forschung in der Bundesrepublik Deutschland die Bedeutung des Sachverhaltes nicht erkannt hatte. In der Bundesrepublik beschäftigten sich damals nur sehr wenige empirische Studien mit diesen Ehen (Schramm/Steuer 1965; Guerend 1975; Samama 1977; Müller 1983), die nur mit äußerst kleinen Stichproben (z. T. unter 50 Personen) arbeiteten und daher eher illustrativen Charakter besaßen. Die Nichtbeachtung binationaler Ehen in der Bundesrepublik Deutschland stand im krassen Gegensatz zu ihren quantitativen Bedeutungen. So wurde bereits 1980 von allen Eheschließungen in der Bundesrepublik Deutschland jede 12. Ehe zwischen Deutschen und Ausländern geschlossen. Auch mehrten sich Beobachtungen und Hinweise, dass solche Ehen - je nach Staatszugehörigkeit des ausländischen Ehepartners - mit vielfältigen Problemen konfrontiert sind, die deutsche Ehen nicht belasten.

Eine Übertragung empirischer Befunde amerikanischer Studien auf deutsche Verhältnisse war sowohl wegen der unterschiedlichen Rahmenbedingungen als auch wegen der unterschiedlichen Zusammensetzung binationaler Ehen in den beiden Ländern sehr problematisch. Die Fragestellungen amerikanischer Studien jedoch verdienten auch aus der Sicht bundesrepublikanischer Verhältnisse Beachtung, weil sie auf bisher nicht erkannte und diskutierte Problemzusammenhänge aufmerksam machten. So war - analog zu amerikanischen Studien - zunächst nach der Integrationswirkung binationaler Ehen bei der Assimilation von ausländischen Arbeitsmigranten in der Bundesrepublik, aber auch nach dem Muster der Partnerwahl im Sinne der Annahmen verschiedener Theorien und Partnerwahlkonzepte, wie z. B. der Heterogamie- oder Monogamietheorie, Filtertheorie, Devianz- und Austauschtheorie etc. zu fragen (vgl. Barron 1951; Simpson/Yinger 1953; Barnett 1962; Gordon 1964). Zu fragen war auch nach den Gefährdungen und der Beständigkeit solcher Ehen (nach dem Ansatz von Goldon 1957; Sklare/Greenblum 1967) im Vergleich zu deutsch-deutschen Ehen.

Seit Anfang der 80er Jahre sind mehrere neuere Untersuchungen zum Thema erschienen: Zum Beispiel die umfassende Beschreibung des Forschungsstandes von Müller-Dinca (1981), worin auch die Begriffe des Gegenstandsbereiches, die historische Entwicklung binationaler Ehen, die rechtlichen und ökonomischen Rahmenbedingungen, beschrieben werden; eine kleinere Studie von Scheibler (1992) zur Lebenssituation binationaler Ehepaare in der Bundesrepublik Deutschland (mit einer guten Zusammenfassung zur Geschichte der Erforschung binationaler Ehen); ebenfalls eine kleinere Untersuchung von Kienecker (1993) zur rechtlichen Situation von binationalen Ehen in Deutschland (mit einem Exkurs über die Geschichte der Mischehen vom Mittelalter bis in die Neuzeit). Weiterhin untersucht wurden Reaktionen des sozialen Umfeldes auf binationale Ehen, interpretiert aus der Sicht von Theorien zur Partnerwahl. Erwähnenswert ist auch die Studie von Beer (1996), in der nach einer kritischen Darstellung der Theorien zur Partnerwahl die Auswirkungen der kulturellen Einbindung auf die Erwartungen der Brautleute analysiert wurden. Zu beachten ist auch die Veröffentlichung von Heer (1985) zur Erklärung von bikulturellen Eheschließungen unter Berücksichtigung gesetzlicher Rahmenbedingungen sowie konfessionellen Normierungen etc. Hier wird auch ein sehr guter Überblick über den Stand der Forschung bis 1985 gegeben. Besonders wichtig ist der 6. Familienbericht des Bundesministeriums für Familie, Senioren, Frauen und Jugend, in dem die Familien ausländischer Herkunft in Deutschland einer umfassenden Analyse unterzogen wurden. Besonders zu beachten sind in diesem Zusammenhang die Materialien zum 6. Familienbericht „Empirische Beiträge zur Familienentwicklung und Akkulturation", so die Beiträge von Straßburger (Das Heiratsverhalten von Frauen und Männern ausländischer Herkunft im Einwanderungskontext der BRD) und Klein (Partnerwahl zwischen Deutschen und Ausländern).

Zusammenfassend kann man feststellen, dass die Forschung im Laufe der letzten Jahrzehnte der Bedeutung binationaler Ehen in Deutschland durch erhöhte Aktivitäten gerecht werden will - sei es in Form von Primärerhebungen, Aufbereitung amtlicher Statistiken, theoretischer Erklärungen. Dasselbe kann man in der öffentlichen Diskussion beobachten. Hier setzt der soeben erschienene Sechste Familienbericht „Familien ausländischer Herkunft in Deutschland. Leistungen, Belastungen, Herausforderungen" neue Akzente.

## 3. Entwicklung und Struktur deutsch-ausländischer Eheschließungen

Die Entwicklung deutsch-ausländischer Eheschließungen in den letzten 30 Jahren war bis 1965 durch einen stetigen Anstieg gekennzeichnet. Danach blieb sie etwa auf demselben Niveau. Seit 1979 ist wieder eine deutliche Zunahme deutsch-ausländischer Eheschließungen zu verzeichnen. 1981 entfielen von den rund 360.000 Eheschließungen in der Bundesrepublik 29.107 (also über 8%) auf die Heirat eines Ausländers/einer Ausländerin mit einer deutschen Partnerin/einem deutschen Partner. Zahl und Anteil solcher Ehe-

schließungen waren also quantitativ bedeutsam. Die Bedeutung solcher Ehen ist aus der Perspektive der Ausländer/innen in Deutschland noch größer: 75% der Eheschließungen von ausländischen Personen in der Bundesrepublik erfolgten bis Ende der 70er Jahre mit einem/einer Deutschen. Binationale Eheschließungen von Ausländern untereinander waren damals wegen ihrer geringen Größenordnung (0,5 % aller Eheschließungen) zu vernachlässigen. (Sowohl bei den binationalen Eheschließungen zwischen deutschen und ausländischen Personen oder Ausländern/innen untereinander ist allerdings zu berücksichtigen, dass ein Teil dieser Eheschließungen nicht in deutschen Standesämtern geschlossen wurde, sondern z. B. in Konsulaten oder außerhalb Deutschlands. Die Zahl solcher Ehen in den deutschen Ehestatistiken wird also der Tendenz nach unterschätzt).

## Graphik 1: Binationale Eheschließungen in Deutschland (1960 bis 1999)

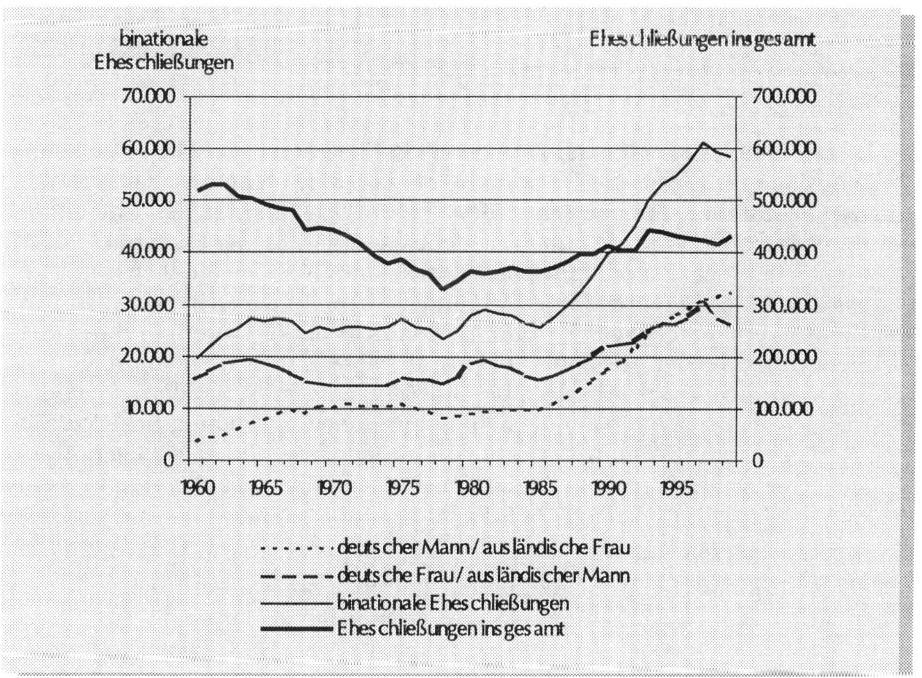


Quelle: Statistisches Bundesamt (bis 1992: Daten nur alte Bundesländer)

Ab Mitte der 80er Jahre kann eine sprunghafte Vermehrung der binationalen Eheschließungen in Deutschland beobachtet werden: Die Zahl von knapp 30.000 verdoppelte sich auf 60.000. Im gleichen Zeitraum stiegen die deutsch-deutschen Eheschließungen nur sehr geringfügig an. Die Zunahme der binationalen Eheschließungen ist im Laufe der vergangenen zwei Jahrzehnte also überproportional gestiegen. 1960 wurde jede 21. Ehe zwischen einer deutschen und einer ausländischen Person geschlossen, 1980 war es bereits jede 12. und 1999 jede 7. Ehe. Insgesamt wurden 1966 im früheren Bundesgebiet 14% der Ehen zwischen Deutschen und Ausländern/innen geschlossen, wobei hier ebenfalls zu berücksichtigen ist, dass nur ein Teil der binationalen Ehen bzw. Ehen zwischen Ausländern in Deutschland in einem deutschen Standesamt vollzogen wurde.

Auch hat sich die Zusammensetzung binationaler Ehen nach der Staatszugehörigkeit der Eheschließenden verändert. Bis zu den 60er, 70er und 80er Jahren dominierten zahlenmäßig die Ehen zwischen einer deutschen Frau und einem ausländischen Mann. In den 90er Jahren lässt sich dieses Muster nicht mehr beobachten, hauptsächlich deshalb, weil seit Mitte der 80er Jahre die Ehen zwischen deutschen Männern und ausländischen Frauen überproportional anstiegen.

Diese Veränderungen in der Zahl der Eheschließungen zwischen Deutschen und Ausländern legten die Frage nahe, ob sich darin eine insgesamt zunehmende Bereitschaft der deutschen Bevölkerung zur binationalen Eheschliessung ausdrückt oder ob die Zunahme deutsch-ausländischer Eheschließungen nur ein Effekt der demographischen Entwicklung sei. Der Vergleich mit der Entwicklung der Gesamtzahl der Ausländer, der Zahl der heiratsfähigen Ausländer (unverheiratete Personen im Alter von 15 bis 45 Jahren) und der Eheschließungsquote der Ausländer insgesamt zeigte, dass innerhalb dieses Zeitraums zwar die Gesamtzahl der Eheschließungen von Ausländern stieg; dies war jedoch hauptsächlich auf die demographische Entwicklung zurückzuführen (insbesondere Erhöhung der Zahl von Ausländern im heiratsfähigen Alter). Das relative Ausmaß, in dem Ausländer in der Bundesrepublik eine Ehe eingingen, hatte sich bis Anfang der 90er Jahre kaum verändert.

Dies galt jedoch nur für die Eheschließungen mit Ausländern insgesamt. Deutsch-ausländische Eheschließungen hatten zwar während der 60er und 70er Jahre absolut zugenommen. Die Zahl heiratsfähiger ausländischer Frauen und Männer war jedoch in deutlich höherem Maße gestiegen als die Zahl deutsch-ausländischer Ehen. Der Anteil jener ausländischen Personen in der Bundesrepublik, die Deutsche heirateten, sank von 81% im Jahr 1976 auf 75% im Jahr 1981. Die absolute Zunahme deutsch-ausländischer Eheschließungen war somit m.E. ein Effekt der demographischen Entwicklung. Die Bereitschaft von Deutschen bzw. Ausländern, eine Ehe einzugehen, war in den 70er Jahren also eher gesunken (vgl. Blau et al. 1982).

Dieser Trend kann zunächst auch nach 1980 beobachtet werden, mit der Einschränkung, dass in diesem Zeitraum die Zahl der Ausländer/innen in Deutschland auch gestiegen ist und relativ viele deutsche Männer eine ausländische Frau mit kurzer Aufenthaltsdauer in Deutschland heiraten. Offenbar ist der Anteil dieser „vermittelten" Ehen zwischen deutschen Männern und asiatischen Frauen überproportional gestiegen. So ist allein zwischen 1980 und 1999 die Zahl der Eheschließungen zwischen deutschen Männern und asiatischen Frauen (insbesondere von den Philippinen und Thailand) um ein Vielfaches gestiegen (von knapp 1.000 im Jahr 1980 auf ca. 5.000 im Jahr 1999).

## 4. Strukturmerkmale binationaler Ehen

Da bei den meisten in der Bundesrepublik lebenden Ausländergruppen die Geschlechterrelation der heiratsfähigen Jahrgänge unausgeglichen war (Männerüberschuss) war zu erwarten, dass die meisten der deutsch-ausländischen Ehen zwischen ausländischen Männern und deutschen Frauen geschlossen würden. Dies war auch aufgrund der Ergebnisse verschiedener Studien zu vermuten (vgl. Panunzio 1942; Barron 1951; Cheng/Yamamura 1957; Gordon 1964). Unsere Daten bestätigten für die 80er Jahre diese Vermutung. Bereits 1950 wurden die meisten deutsch-ausländischen Ehen zwischen deutschen Frauen und ausländischen Männern geschlossen. Die Eheschließungen zwischen deutschen Männern und Ausländerinnen stiegen zwar im Zeitraum von 1950 bis 1968 stetig an, nach wie vor überwogen jedoch Ehen, in denen die Frau deutsche Staatsangehörige war. 1981 gingen zwei Drittel aller deutsch-ausländischen Ehen auf die Heirat einer deutschen Frau mit einem Ausländer zurück, nur ein Drittel auf die Heirat einer Ausländerin mit einem deutschen Mann.

Der relative Rückgang binationaler Ehen in den 70er Jahren resultierte also aus der Tatsache, dass mit einem deutlichen Anstieg der absoluten Zahl ausländischer Frauen im heiratsfähigen Alter eine relative Abnahme der Bereitschaft zu einer binationalen Ehe verbunden war. Ob diese abnehmende Bereitschaft zur Eheschließung mit einem Partner anderer Staatszugehörigkeit in den veränderten Präferenzen deutscher Männer oder jener der ausländischen Frauen begründet war, konnte aufgrund der Daten unserer Studie nicht eindeutig nachgewiesen werden.

Leider gibt es zu dieser Frage auch keine neueren Untersuchungen. Empirische Forschungsergebnisse der letzten Jahre zeigen lediglich die Einstellung der ausländischen Bevölkerung zur Eheschließung mit einem/einer deutschen Partner/in. Nach der Studie von Mehrländer et al. (1996) sagte etwa die Hälfte der türkischen Befragten und 9 von 10 der befragten italienischen und griechischen Eltern, dass sie mit einer Heirat ihrer Kinder mit einem/einer deutschen Partner/in einverstanden wären. Vor 10 Jahren lag dieser Anteil bei den Türken

**Graphik 2a: Eheschließungen: deutscher Mann und ausländische Frau - nach Nationalität der Frau (1960 bis 1999)**

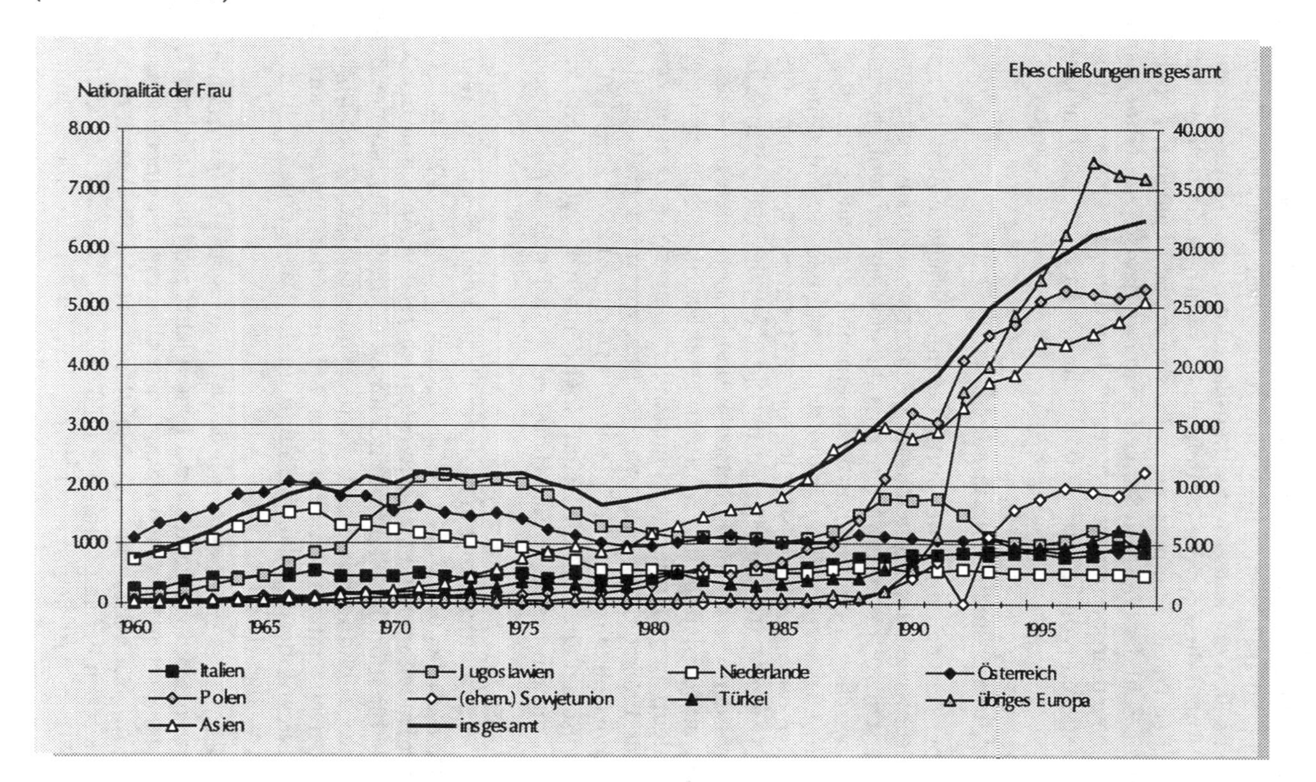


Quelle: Statistisches Bundesamt (bis 1992: Daten nur alte Bundesländer)

**Graphik 2b: Eheschließungen: deutsche Frau und ausländischer Mann - nach Nationalität des Mannes (1960 bis 1999)**

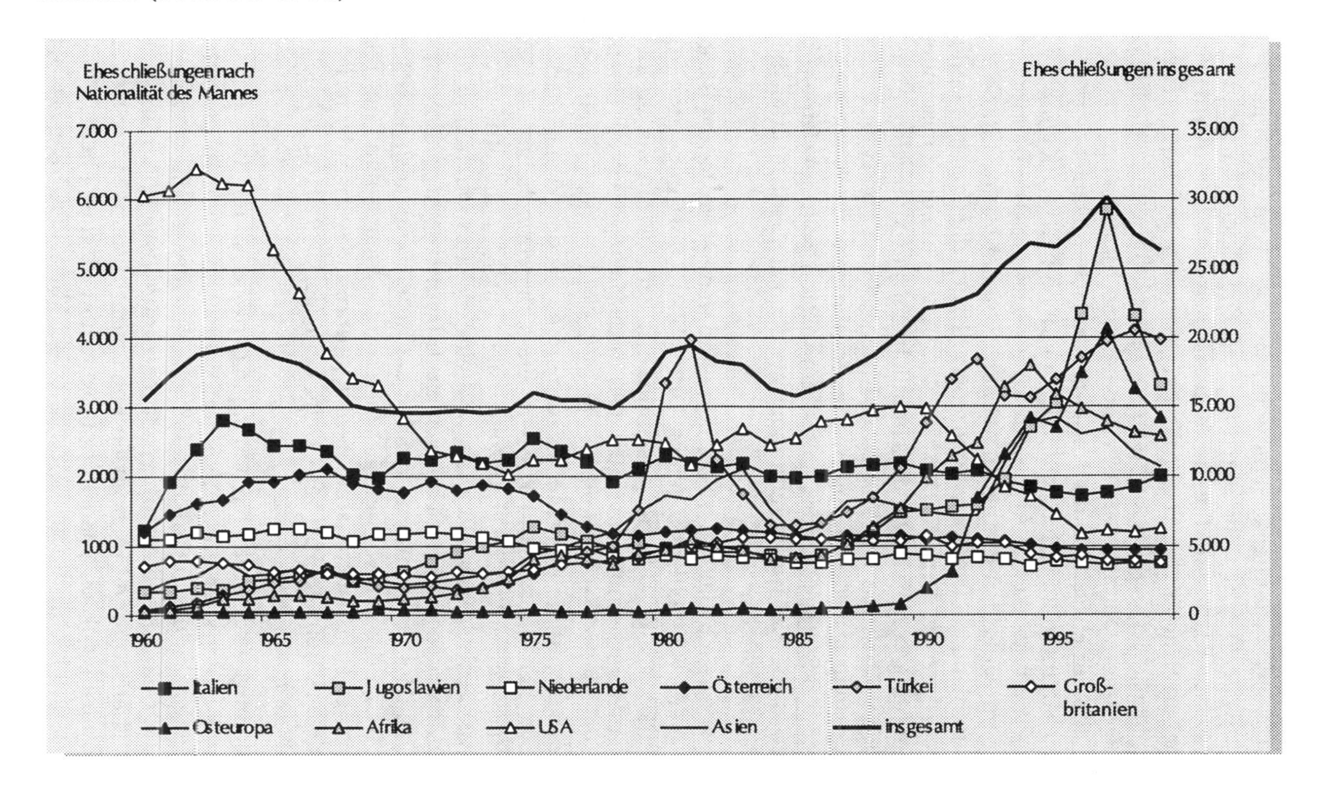


Quelle: Statistisches Bundesamt (bis 1992: Daten nur alte Bundesländer)

rund bei einem Drittel, bei Italienern bei ca. zwei Dritteln und bei Griechen bei ca. der Hälfte. Das heißt, die Akzeptanz interethnischer Ehen hat - zumindest bei den Familien ausländischer Herkunft - im Zeitraum von 10 Jahren (1985 bis 1995) sehr stark zugenommen. Die gleiche Untersuchung belegt, dass die Akzeptanz, eine Ehe mit einem/einer deutschen Partner/in einzugehen, bei unverheirateten ausländischen Männern und Frauen ebenfalls stark gestiegen ist. Bei den Türkinnen von 14% (1985) auf 44% (1995), bei den Italienerinnen von 50% auf 74% und bei Griechinnen von 28% auf 71%. Die Akzeptanz der Eheschließung mit einer deutschen Frau stieg bei den ausländischen Männern im untersuchten Zeitraum nicht so stark an. Bei den Türken war sogar eine sinkende Akzeptanz zu beobachten. Die Bereitschaft zur Ehe mit einem deutschen Partner hängt auch von der Nationalität der Ausländer in Deutschland ab. Die höchste Akzeptanz haben die Griechen und Italienern, die niedrigste die Türken. Dieses Ergebnis scheint die These über den Zusammenhang von Heiratswahrscheinlichkeit und kultureller Ähnlichkeit zu bestätigen. Auch das Ergebnis einer Untersuchung von Nauck (1998) deutet eine Einstellungsveränderung im Generationenvergleich an: die Söhne und Töchter türkischer Familien halten eine Heirat mit einer/einem deutschen Partner/in für viel wahrscheinlicher als die Väter und Mütter dies für ihre Kinder einschätzen.

Ab der zweiten Hälfte der 80er Jahre und in den 90er Jahren ist die Zahl der binationalen Eheschließungen in Deutschland überproportional gestiegen, d.h. stärker als die Zahl der ausländischen Personen in der Bundesrepublik. Dies deutet wiederum daraufhin, dass in der letzten Zeit die Bereitschaft sowohl von deutschen Männern, aber insbesondere der Frauen gestiegen ist, eine/n ausländische/n Partner/in zu heiraten. In den Heiratsmarkt der Deutschen werden die Ausländer/innen, die sich schon länger in Deutschland aufhalten, immer stärker einbezogen, aber auch Männer und Frauen, die als Urlaubsbekanntschaften oder „vermittelte" Bekanntschaften in diesem Kontext der Partnerschaftsbeziehungen nach Deutschland „geholt" werden. Die Tatsache, dass bei binationalen Ehen der Anteil jener ausländischen Partner/innen steigt, die sich vor der Eheschließung in Deutschland nur relativ kurze Zeit aufhielten, ist auch darauf zurückzuführen, dass sich der in Deutschland lebende Teil seine/n Partner/in aus dem Herkunftsland schnellstmöglich „nachholt".

In homogamen Ausländerehen lag in den 70er Jahren das durchschnittliche Heiratsalter merkbar unter dem von deutschen Ehen. In deutsch-ausländischen Ehen war das durchschnittliche Heiratsalter sowohl des männlichen als auch des weiblichen Ehepartners dagegen durchweg höher. Im Durchschnitt waren Ehepartner in binationalen Ehen zum Zeitpunkt ihrer Heirat um etwa zwei Jahre älter als Ehepaare in homogamen deutschen Ehen. Besonders hoch war das durchschnittliche Heiratsalter bei Eheschließungen zwischen deutschen Männern und Ausländerinnen.

Diesbezüglich hat sich im Laufe der vergangenen 20 Jahre bei den deutsch-ausländischen Ehen wenig verändert. Eine Veränderung ist nur bei den deutschen Ehen dahingehend zu beobachten, dass das durchschnittliche Heiratsalter bei diesen in diesem Zeitraum wesentlich gestiegen ist. Durch die Veränderung des Heiratsverhaltens der deutschen Bevölkerung im Hinblick auf das Heiratsalter können wir eine konvergente Entwicklung bei deutschen und binationalen Ehen beobachten.

Wir konnten die Ursache für die Unterschiede des durchschnittlichen Heiratsalters nicht erklären. So stellte sich die Frage, ob sich in diesem erhöhten Heiratsalter Schwierigkeiten deutsch-ausländischer Ehepartner mit der sozialen Umwelt ausdrücken. Eine Erklärung für ein erhöhtes Heiratsalter wäre beispielsweise, dass das unmittelbare sozio-kulturelle Umfeld dieser Ehepartner einer Heirat negativ gegenübersteht und dadurch der Entschluss zur Eheschließung verzögert wird. Eine andere Erklärungsmöglichkeit wäre, dass vor allem dann binationale Ehen eingegangen werden, wenn nach längerer Suche kein Partner gleicher Staatsangehörigkeit gefunden wird (vgl. Buba/Ueltzen/Vaskovics 1984).

Die Staatsangehörigkeit des ausländischen Ehepartners bei deutsch-ausländischen Eheschließungen zeigte bis Ende der 70er Jahre gravierende Veränderungen im Zeitablauf, aber auch nach dem Geschlecht des deutschen Ehepartners. Beispielsweise haben früher deutsche Frauen, soweit sie einen Ausländer heirateten, vorwiegend Amerikaner zum Ehepartner gewählt, in nennenswertem Ausmaß daneben auch Italiener und Österreicher. Während der 70er Jahre ehelichten deutsche Frauen jedoch zunehmend Asiaten, vor allem aber Türken. 1981 erreichte die Zahl der Eheschließungen deutscher Frauen mit Türken fast 4.000 (das sind 20% der Eheschließungen) (vgl. Graphiken 2a und 2b). Auch bei den Eheschließungen deutscher Männer mit Ausländerinnen zeigten sich Veränderungen im Zeitablauf: Während früher Eheschließungen mit Frauen aus Österreich und den Niederlanden deutlich überwogen, gewannen Ende der 70er Jahre Ehen mit Asiatinnen stark an Bedeutung. Damals lag bei binationalen Eheschließungen deutscher Männer das Schwergewicht bei der Heirat mit Asiatinnen, Jugoslawinnen, Österreicherinnen; bei deutschen Frauen vor allem bei Ehen mit Türken, daneben auch mit Amerikanern, Italienern und Asiaten.

Seit Anfang der 70er Jahre fällt neben der sprunghaften Zunahme der Eheschließungen zwischen deutschen Männern und asiatischen Frauen ein ebenfalls rapider Anstieg der Eheschließungen zwischen deutschen Männern und Frauen aus den Gebieten der russischen Föderation und aus osteuropäischen Ländern (insbesondere Bosnien-Herzegowina, Kroatien, Mazedonien, Albanien, Slowenien, Bulgarien, Rumänien) auf. Was das Heiratsverhalten deutscher Frauen in der letzten Dekade betrifft ist festzustellen, dass die bereits vor 1980 einsetzende sinkende Zahl von Eheschließungen mit Amerikanern sich weiter fortsetzt. Demgegenüber steigt die Zahl der Eheschließungen mit Jugoslawen, Österreichern und Türken. Diese Zunahme ist zum Teil darauf zurückzuführen, dass im gleichen Zeitraum aus den vorhin genannten Ländern (insbesondere Türkei) mehr Männer in Deutschland leben. Aber manches deutet darauf hin (z.B. relativ kurze Aufenthaltsdauer der Männer aus Osteuropa), dass immer mehr deutsche Frauen „gezielt" Partner aus Ländern suchen - aus welchen Gründen auch immer. Es ist zum Beispiel nicht auszuschließen, dass auch Migrationsgründe (erhoffte Zuwanderung nach Deutschland), der politische Systemwechsel und nicht primär partnerschaftliche Motive ausschlaggebend sind. Mit Sicherheit spielt hier auch das Heiratsverhalten der Aussiedler eine Rolle, denn es kommt häufig vor, dass die heiratsfähigen Mitglieder der Aussiedlerfamilien ihre Partner/innen aus den Herkunftsländern „nachholen". Motive der Eheschließung in diesen Fällen, also bei den „Heiratsmigranten", können je nach Gepflogenheiten des Herkunftslandes anders sein als bei den deutschen Ehen. Es ist zu vermuten, dass unter diesen Ehen häufiger solche sind, die durch Eltern, Verwandte oder organisierte Heiratsvermittler arrangiert wurden. In wie vielen Fällen es sich dabei um „Scheinehen" handelt, lässt sich derzeit nicht beantworten.

Diese Ergebnisse zur Staatsangehörigkeit des ausländischen Ehepartners werfen die Frage auf, warum sich je Zeiteinheit und je nach Staatsangehörigkeit offensichtlich unterschiedliche Chancen zur Eheschließung zwischen Deutschen und Ausländern ergeben bzw. Präferenzen entwickeln. In der Literatur wird häufig die These vertreten, dass sich die „kulturelle Nähe", die Unausgeglichenheit der Geschlechterproportion der heiratsfähigen Personen und die durchschnittliche Wohndauer einer Gruppe von Ausländern auf die Häufigkeit der Eheschließung mit Angehörigen des Gastlandes auswirkt (vgl. Bossard 1939; Barron 1946; Rosenthal 1963; Glick 1972; Gurak/Kritz 1978). Auch gemäß der Daten für die Bundesrepublik Deutschland spielt die Tatsache eine Rolle, aus welchem Land der Ausländer stammt. Je ähnlicher die kulturellen und gesellschaftlichen Gegebenheiten beider Länder sind, um so höher ist der Anteil binationaler Ehen (z. B. mit Österreichern, Niederländern, Italienern oder Jugoslawen). Bei größeren Unterschieden, etwa in kultureller Hinsicht, wie dies z. B. bei Türken der Fall ist, finden Eheschließungen mit Deutschen wesentlich seltener statt. Dass die Zahl solcher Ehen dennoch von Bedeutung ist, hängt nur damit zusammen, dass in den letzten Jahren sehr viele Türken in die Bundesrepublik gekommen sind.

Die Tatsache, dass seit etwa 1990 die Zahl der Eheschließungen zwischen deutschen Männern und Frauen aus dem asiatischen Raum stark angestiegen ist, spricht gegen die These, dass die „kulturelle Nähe" für die Eheschließungshäufigkeit ausschlaggebend ist. Andererseits sind die Trends der steigenden Eheschließungen zwischen deutschen Männern und Frauen aus den Staaten des früheren Jugoslawien, aus Restjugoslawien sowie Bulgarien, Rumänien, Ukraine und Weißrussland nach dieser These schwer zu interpretieren. In diesen Staaten ist „kulturelle Nähe" bei den Christen anzunehmen, weniger bei Muslimen oder anderen Konfessionen.

Auch die Ergebnisse der Befragungen von Mehrländer et al. (1996) deuten darauf hin, dass mit dem Herkunftsland korrespondierende Grade kultureller Distanz ebenfalls eine Rolle spielen können. Aber möglicherweise hat man es hier auch mit den vermuteten „Scheinehen" zu tun, die nach relativ kurzer Zeit wieder aufgelöst werden. Dazu sind sehr wenige gesicherte Aussagen vorhanden.

Auch die Wohndauer als Erklärung ist fraglich geworden, denn die Personen aus Jugoslawien, Restjugoslawien, Bulgarien etc. weisen eher eine kurze Wohndauer in Deutschland auf. Hier sind noch weitere Untersuchungen notwendig, um die Ursachen objektiv feststellen zu können. Übereinstimmend mit den Aussagen amerikanischer Vergleichsstudien konnte in den 70er Jahren nachgewiesen werden, dass die durchschnittliche Wohndauer des ausländischen Partners in der Bundesrepublik Deutschland die Wahrscheinlichkeit binationaler Partnerschaften erhöht. Je länger sich ein/e Ausländer/in hier aufhält, um so größer ist die Wahrscheinlichkeit, eine Ehe mit einem/einer deutschen Partner/in zu schließen. Dieser Zusammenhang lässt sich allerdings anhand der Daten der 80er und 90er Jahre in Anbetracht des starken Anstiegs der Eheschließungen zwischen deutschen Männern und asiatischen Frauen und Frauen aus dem osteuropäischen Raum/Restjugoslawien etc. nicht (mehr) eindeutig nachweisen.

Ähnlich verhielt es sich mit der konfessionellen Zugehörigkeit. In Übereinstimmung mit amerikanischen Vergleichsergebnissen zeigte sich bis Anfang der 80er Jahre eine weit verbreitete konfessionelle Homogenität binationaler Ehen (vgl. Kennedy 1944, 1952). Entsprach die Religion der ausländischen Person den in der Bundesrepublik Deutschland vorherrschenden Religionsgemeinschaften, so fand eher eine Eheschließung mit einem/einer deutschen Partner/in statt. Vor allem in deutsch-ausländischen Ehen mit einem/einer deutschen katholischen Partner/in war dies meist auch der/die ausländische Partner/in. Zwei Drittel dieser Ehen waren konfessionell homogen. Demgegenüber war nur in etwa der Hälfte der deutsch-ausländischen Ehen mit einem/einer protestantischen deutschen Partner/in auch der/die ausländische Partner/in Protestant/in (vgl. Buba/Ueltzen/Vaskovics 1984).

Diese weit verbreitete konfessionelle Homogenität deutsch-ausländischer Ehepaare ist dann nicht überraschend, wenn berücksichtigt wird, dass ein erheblicher Teil der Ausländer/innen aus Nachbarländern und ehemaligen Anwerbeländern kam, die überwiegend katholisch sind. Schon von daher bestand eine relativ hohe Wahrscheinlichkeit zu rein katholischen deutsch ausländischen Ehen.

Seit den 80er Jahren ist die Zahl der konfessionell heterogenen binationalen Ehen gestiegen, sowohl bei deutschen Frauen als auch bei deutschen Männern. Offensichtlich gelten, insbesondere seit dem Wegfall des „Eisernen Vorhangs" und als Folge des politischen Systemwechsels in den mittel- und osteuropäischen Staaten, für binationale Ehen in Deutschland andere Rahmenbedingungen als dies die bisherigen Theorien thematisierten. Dies betrifft auch die steigende Internationalisierung des Heiratsmarktes und die damit zusammenhängenden Veränderungen der Gelegenheitsstrukturen des Partnerschaftsmarktes in Deutschland. Dies erhöht nicht nur die Chancen der Eheschließungen zwischen Deutschen und Nicht-Deutschen, sondern auch die Chancen dafür, dass Ehen trotz kultureller Distanz häufiger geschlossen werden.

Einflussfaktoren binationaler Eheschließungen in Deutschland auf die Wohnumwelt sind im Grunde die am jeweiligen regionalen Heiratsmarkt gegebenen Bedingungen für die Partnerwahl. Als Beispiel für die Analyse solcher Bedingungen hatten wir den Einfluss der Segregation des ausländischen Bevölkerungsteils und der Siedlungsstruktur auf die Partnerwahl untersucht, mit dem Ergebnis, dass der wachsende Grad der Segregation der ausländischen Bevölkerung in Deutschland die binationale Eheschließung unwahrscheinlicher macht (vgl. Buba/Ueltzen/Vaskovics 1984).

Auch in amerikanischen Untersuchungen konnte der hemmende Einfluss segregierter Wohnbedingungen auf die Schließung binationaler Ehen beobachtet werden (vgl. Peach 1981; Gurak/Fitzpatrick 1982.) Ein Indiz, ob dies auch in der Bundesrepublik der Fall ist, konnte an einem Vergleich des Bestandes an deutsch-ausländischen Ehen in Gebieten mit einem unterschiedlichen Ausländeranteil überprüft werden. Dabei zeigte sich, dass die Zahl deutsch-ausländischer Ehen um so geringer ist, je segregierter Ausländer wohnen. Mit zunehmender Segregation und Konzentration des ausländischen Bevölkerungsteils sinkt also die Zahl deutsch-ausländischer Eheschließungen, die Eheschließung zwischen Personen gleicher ausländischer Staatszugehörigkeit steigt.

Auch hier muss offenbleiben, ob dieser Zusammenhang tatsächlich auf die Bedingungen der Wohnumwelt und damit verbundene Folgeprozesse oder auf andere Faktoren (wie beispielsweise selektive Wanderungsprozesse nach der Eheschließung) zurückzuführen ist.

## 5. Geburtenentwicklung und Kinderzahl bei deutsch-ausländischen Ehen

Anfang der 80er Jahre waren ca. 30.000 der Lebendgeborenen Kinder aus deutsch-ausländischen Ehen (dies entspricht ca. 5% der Lebendgeburten in der Bundesrepublik). Jedes 20. Kind, das zu diesem Zeitpunkt geboren wurde, war also ein Kind mit einem deutschen und einem ausländischen Elternteil. Im gleichen Zeitraum hatten ca. zwei Fünftel dieser ehelichen Kinder eine ausländische Mutter und einen deutschen Vater, drei Fünftel eine deutsche Mutter und einen ausländischen Vater.

Die in der zweiten Hälfte der 70er Jahre vergleichsweise häufigen Eheschließungen zwischen deutschen Frauen und Türken machten sich dabei in einem starken Anstieg der Anzahl von Lebendgeborenen mit einem türkischen Vater und einer deutschen Mutter bemerkbar. Bei deutsch-ausländischen Ehen mit deutschen Männern waren dagegen - bei einem kontinuierlichen und starken Anstieg der Zahl der Lebendgeborenen aus solchen Ehen - keine wesentlichen Veränderungen festzustellen.

Bei der Analyse der Ehen von Frauen im gebärfähigen Alter zeigte sich, dass die durchschnittliche Kinderzahl von deutsch-ausländischen Ehen der 70er Jahre nur geringfügig von der Kinderzahl in deutschen Ehen abwich. Deutsch-ausländische Ehepaare hatten sich also offensichtlich in ihrem Geburtenverhalten an die deutsche Norm angenähert. Die Kinderzahl in homogamen ausländischen Ehen lag dagegen doppelt so hoch. Deutsch-ausländische Ehepaare unterschieden sich also bereits in den 70er Jahren in ihrem generativen Verhalten deutlich von rein ausländischen Ehepaaren.

**Graphik 3: Lebendgeborene in binationalen Ehen in Deutschland (1960 bis 1999)**

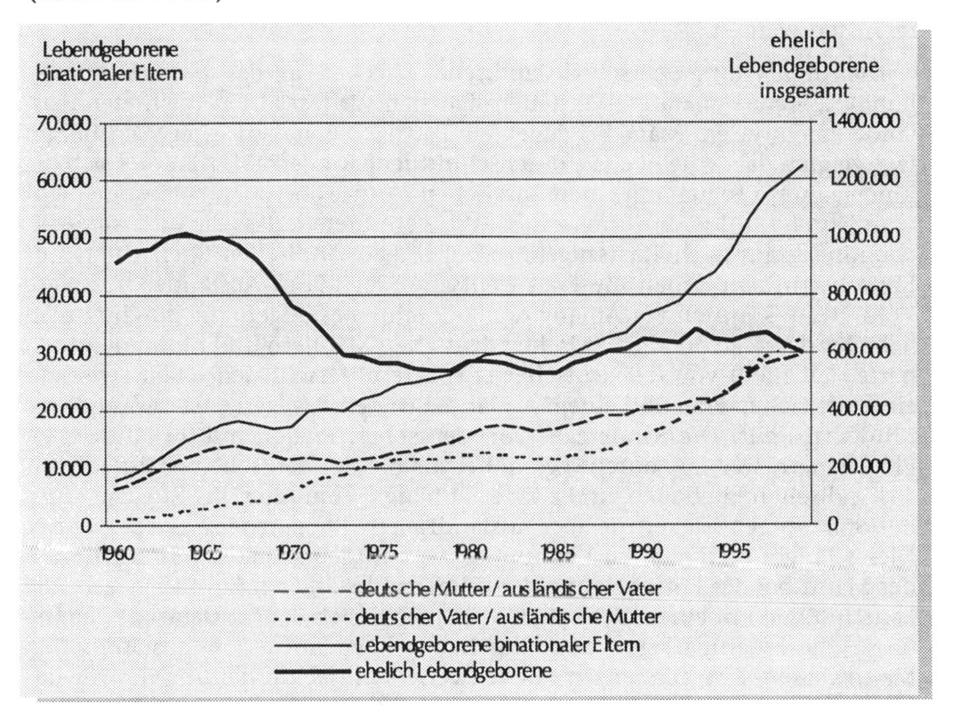


Quelle: Statistisches Bundesamt (bis 1992: Daten nur alte Bundesländer)

Die Zahl der lebend geborenen Kinder aus binationalen Ehen zeigt ab Mitte der 80er Jahre einen stark ansteigenden Trend. Dieser ist jedoch nicht auf erhöhte Fruchtbarkeit in diesen Ehen zurückzuführen, sondern (fast ausschließlich) auf die vermehrte Zahl von binationalen Ehen in diesem Zeitraum.

Die in den 60er und 70er Jahren beobachtete Entwicklung findet also auch ihre Fortsetzung in den 80er und 90er Jahren. Die Unterschiede hinsichtlich des Geburtenverhaltens werden immer geringer, insbesondere nach längerem Aufenthalt in Deutschland, und damit zusammenhängend, bei der zweiten Migrantengeneration. Wenn auch mit gewissen Einschränkungen, ist dieser Trend auch aufgrund des Vergleichs der Eheschließungen und Geburten erkennbar: 1996 betrugen die deutsch-deutschen Ehen an allen Eheschließungen 83%. Der Anteil der Geburten in diesem Jahr aus solchen Ehen betrug 77%. Der Anteil der binationalen Ehen betrug 14%; die Geburten aus binationalen Ehen 8%. Der Anteil der rein ausländischen Ehen betrug 3%; der Anteil der Kinder aber 15% (vgl. Sechster Familienbericht, 81). Bei diesen Vergleichen ist natürlich zu berücksichtigen, dass es sich hier nicht um die Geburten aus den in diesem Jahr geschlossenen Ehen handelt. Einschränkend gilt auch, dass nicht alle binationalen und ausländischen Eheschließungen in Deutschland registriert werden.

Die Angleichung deutsch-ausländischer Ehepaare an das in der Bundesrepublik übliche generative Verhalten ließ sich für fast alle betrachteten Ausländer nachweisen. Paare, bei denen ein Partner z.B. italienischer Staatsbürger war, zeigten dabei die höchste durchschnittliche Kinderzahl, während sich die Kinderzahl bei Paaren mit einem türkischen Partner überraschenderweise nicht vom Durchschnittswert unterschied. Wir vermuteten, dass die unterschiedliche Kinderzahl nach Staatszugehörigkeit des ausländischen Ehepartners nur Ehen betrifft, in denen die Frau Deutsche, der Mann Ausländer ist. Diese Vermutung konnten wir Anfang der 80er Jahre bestätigen: die durchschnittliche Kinderzahl von Ehen zwischen deutschen Männern und Ausländerinnen hatte sich nicht von der deutscher Ehepaare unterschieden. Ehen zwischen einer deutschen Frau und einem Ausländer wiesen dagegen eine etwas höhere Kinderzahl auf. Die Kinderzahl von deutschen Frauen mit ausländischen Ehepartnern war fast durchwegs höher als die bei deutschen Männern mit ausländischen Ehefrauen, und zwar unabhängig vom Alter, der Ehedauer und der Staatszugehörigkeit des/der ausländischen Ehepartners/ Ehepartnerin. Dieses Ergebnis stützte die Vermutung, dass in deutsch-ausländischen Ehen der Mann bei der Entscheidung der Kinderzahl stärkeren Einfluss hat als die Frau. In Ehen mit einem deutschen Mann setzte sich das für Deutsche charakteristische Fruchtbarkeitsmuster durch, bei Ehen mit einem ausländischen Mann ließen sich Tendenzen zur teilweisen Aufrechterhaltung des für das Heimatland des Ausländers typischen Fruchtbarkeitsmusters feststellen.

Die Analyse der Segregation und ihrer Auswirkungen auf die Kinderzahl knüpfte an eigene frühere Studien an (vgl. Vaskovics et al. 1983). Dort wurde die Bedeutung der räumlichen Konzentration von Ausländern in bundesdeutschen Städten und ihre Wirkung auf das generative Verhalten des ausländischen Bevölkerungsteils nachgewiesen.

Während bei Ehen mit Ausländern gleicher Staatsangehörigkeit die Kinderzahl mit dem Segregations- und Konzentrationsgrad stieg, hatte dieses Merkmal des räumlichen Kontextes für die durchschnittliche Kinderzahl deutsch-ausländischer Ehen nur geringe Bedeutung. Soweit überprüfbar, war bei deutsch-ausländischen Ehepaaren auch in segregierten Ausländerwohngebieten die Kinderzahl niedrig oder nur unbedeutend höher als bei nicht segregiert wohnenden Paaren (vgl. Buba/Ueltzen/Vaskovics 1984). Allerdings ergab sich mit längerer Wohndauer in segregierten Gebieten auch bei deutsch-ausländischen Ehen eine Erhöhung der Kinderzahl. Dies galt vorwiegend für Ehen zwischen deutschen Frauen und Ausländern. Ehen zwischen deutschen Männern und Ausländerinnen waren dagegen von diesen Rahmenbedingungen nur wenig beeinflusst und zeigten kaum Unterschiede zu deutsch-deutschen Paaren. Auch dies war nach unserer Einschätzung ein weiterer Hinweis auf den stärkeren Einfluss der Fertilitätsvorstellungen des Mannes in deutsch-ausländischen Ehen.

## 6. Konfliktbelastung deutsch-ausländischer Ehepaare

Deutsch-ausländische Ehepaare leben, insbesondere wegen der kulturellen Distanz zwischen dem Herkunftsland und Deutschland, meist im Spannungsfeld zweier Kulturen. Es ist anzunehmen, dass sich daraus eine höhere Anfälligkeit für das Auftreten von Konflikten ergeben kann. Innerhalb des Verwandtschaftssystems und gegenüber Freunden, gegenüber der sozialen Umwelt, muss von diesen Ehepaaren eine Reihe von Anpassungs- und Integrationsleistungen erbracht werden. Aus dieser Perspektive hatten wir die Scheidungshäufigkeit und Abwanderungstendenzen binationaler Ehen untersucht.

Die Scheidungsrate deutsch-ausländischer Ehen (hier verstanden als Anteil der Scheidungen am Bestand an Ehen des Vorjahres) lag Anfang der 80er Jahre bei über 5%, und damit deutlich über dem Vergleichswert für deutsch-deutsche Ehepaare (0,6%), bzw. homogamer ausländischer Ehepaare (0,1%). Auch dann, wenn diese Unterschiede in der Altersstruktur und Ehedauer berücksichtigt werden, wiesen deutsch-ausländische Ehen eine bedeutend höhere Scheidungsrate auf (vgl. Statistisches Bundesamt 1983). Es zeigte sich also, dass deutsch-ausländische Ehen mehr als doppelt so häufig geschieden wurden als deutsch-deutsche Ehen. Die analysierten Daten deuteten also darauf hin, dass die Konfliktbelastung in Ehen einer deutschen Frau mit einem Ausländer bedeutend größer war als in Ehen zwischen einem deutschen Mann und einer Ausländerin. Einen Grund für diese geschlechtsspezifischen Unterschiede in der Konfliktbelastung hatten wir darin vermutet, dass deutsche Männer in den 60er und 70er Jahren überwiegend Ehen mit Frauen aus den direkten Nachbarländern der Bundesrepublik eingingen (Österreich, Frankreich, Niederlande), deutsche Frauen dagegen häufiger auch Ehen mit einem Angehörigen eines „kulturell stärker abweichenden" Landes (wie z. B. der Türkei oder Griechenland).

Unsere Vermutung war, dass die Staatsangehörigkeit des ausländischen Ehepartners - und damit korrespondierend die kulturelle Distanz - zwar nicht für die geschlechtsspezifischen Unterschiede in der Scheidungsquote allein verantwortlich sei, insgesamt sich jedoch wesentlich auf die Beständigkeit deutsch-ausländischer Ehen auswirken würde. Eine überdurchschnittliche Scheidungshäufigkeit wiesen in den 70er Jahren Ehen mit einem türkischen, jugoslawischen bzw. griechischen Partner auf; vergleichsweise geringer ist die Scheidungshäufigkeit bei Ehen mit Italienern oder Spaniern.

Dieses Muster der Ehescheidung nach Staatszugehörigkeit des ausländischen Partners ist bis zum Anfang der 90er Jahre unverändert geblieben. Als Konsequenz der steigenden Eheschließungen mit Partner/innen aus dem asiatischen Raum bzw. aus Mittel- und Osteuropa nach dem Systemwechsel veränderten sich in den letzten Jahren auch die Scheidungswahrscheinlichkeiten. Der Zusammenhang ist naheliegend: je mehr Ehen geschlossen werden, desto höher ist auch die Wahrscheinlichkeit der Ehescheidungen. Insgesamt gilt aber, dass das Ehescheidungsverhalten der Partner in deutschen und binationalen Ehen eine konvergierende Bewegung zeigt. Dies resultiert weniger aus dem veränderten Scheidungsverhalten der Partner in binationalen Ehen als aus dem Verhalten der Partner in deutschen Ehen. Hier zeigt die Zahl der Ehescheidungen einen zunehmenden Trend und daraus resultierend werden die Unterschiede zu den Ehescheidungen binationaler Ehen geringer.

Auch die Abwanderungsquote ist davon abhängig, welcher Ehepartner die deutsche Staatsangehörigkeit besitzt. Ehepaare (deutsche Frau/ausländischer Mann) wanderten in den 70er Jahren bedeutend häufiger aus der Bundesrepublik ab als Ehepaare mit einer ausländischen Frau und einem deutschen Mann.

Auch bei der Abwanderung ist von Bedeutung, aus welchem Ausland der Ehepartner kam. So wanderten in verstärktem Maße Ehepaare ab, bei denen der ausländische Ehepartner aus einem Nachbarland kommt (Italien, Schweiz, Österreich, Frankreich; daneben auch Griechenland). Fast alle deutschen Frauen, die in den 70er Jahren einen amerikanischen Staatsbürger geheiratet hatten, wanderten aus der Bundesrepublik ab. Deutsch-türkische Ehepaare dagegen wiesen eine vergleichsweise hohe Bleibequote auf.

Diese Ergebnisse bieten zweifellos nur Anhaltspunkte zur Beurteilung der sozialen Integration deutsch-ausländischer Ehepaare.

## Resümee

Wenn wir zusammenfassend und resümierend nach dem Trend der Entwicklung binationaler Ehen in Deutschland in den 80er und 90er Jahren (verglichen mit der Entwicklung bis 1980) fragen, dann sind die wichtigsten Änderungen in folgender Hinsicht zu sehen:

1. Die Zahl der binationalen Eheschließungen nimmt stark zu (und wird voraussichtlich in den nächsten Jahren noch stärker steigen). Das heißt, die Bereitschaft deutscher Frauen und Männer wächst, ausländische Partner/innen zu heiraten, aber auch die Bereitschaft der in Deutschland lebenden Ausländer/innen, eine/n deutsche/n Frau/Mann zu heiraten. Diesbezüglich gibt es nach wie vor gravierende Unterschiede, je nach Herkunftsland. Aber der allgemeine Trend zeigt doch eine bedeutsame Veränderung.

2. Die Zusammensetzung der binationalen Ehen nach Staatszugehörigkeit des nichtdeutschen Partners/der Partnerin hat sich in den 90er Jahren grundlegend verändert. Die Herkunftsländer der ehemaligen Ostblockstaaten, Jugoslawien und Restjugoslawien haben an erheblicher Bedeutung gewonnen. Bedeutsam ist die Zunahme der binationalen Ehen mit einer Partnerin/einem Partner aus dem asiatischen Raum (dies gilt allerdings überwiegend für die Männer). In dem Zusammenhang ist auch auf die immer größer werdende Internationalisierung des Heiratsmarktes, auch aus Sicht der deutschen Bevölkerung, hinzuweisen.

3. Der bereits in den 60er und 70er Jahren beobachtete Trend in Richtung Konvergenz des generativen Verhaltens von Paaren in binationalen und rein deutschen Ehen setzt sich in den 70er und 80er Jahren fort mit der Konsequenz, dass die Unterschiede nur noch bei einem kleineren Teil der binationalen Ehen von Bedeutung sind: bei Ehen, die zwischen Partner/innen ausländischer Herkunft geschlossen werden, deren Aufenthaltsdauer in Deutschland kürzer ist, bzw. binationalen Ehen zwischen Partner/innen mit hoher kultureller Distanz.

4. Eine Konvergenz ist auch hinsichtlich des Geburtenverhaltens der Paare in binationalen Ehen im Vergleich zu den deutsch-deutschen Paaren zu beobachten. In solchen Ehen haben sich in den 60er und 70er Jahren insbesondere die deutschen Männer mit ihren Orientierungen durchgesetzt. In den 80er und 90er Jahren gilt dies immer mehr auch für deutsche Frauen. Insgesamt steigt die Wahrscheinlichkeit, dass Paare in binationalen Ehen sich genauso verhalten wie Paare in rein deutschen Ehen - dies insbesondere, wenn der/die ausländische Partner/in bereits längere Zeit in Deutschland lebt.

5. Die Beständigkeit binationaler Ehen - beurteilt nach dem Kriterium „erfolgte Ehescheidung", hat sich in den 80er und 90er Jahren nicht wesentlich verändert (Problematik der „Scheinehen" wird ausgenommen). Eine Konvergenz ist trotzdem zu beobachten, daraus resultierend, dass die Ehescheidungen bei den rein deutschen Ehen zunehmen.

6. Diese Entwicklungstrends sind dahingehend zu deuten, dass binationale Ehen auch in Deutschland zu einem immer wichtigeren Bedingungszusammenhang sozialer Assimilation werden. So gesehen, verdienen diese Ehen auch aus der Sicht soziologischer Forschung eine immer größere Beachtung.

## Literatur

**Barnett, L.D. 1962:**

Research on interreligous dating and marriage. In: MFL 24, 191-194

**Barron, M.L. 1946:**

People who intermarry. In: Barron, M.L.: Research on intermarriage: a survey of accomplishments and prospects. AJS, Nov. 1951, 57, 249-255

**Barron, M.L. 1946:**

The incidence of Jewish intermarriage in Europe and America. In: ASR 11: 6-13

**Beckmann, L.G. 1978:**

Couples decision-making process regarding fertility. In: Täuber, K.E. / Bumpais, L.L. / Sweet, J.A. (eds.): Social demography. New York: 57-81

**Beer, B. 1996:**

Deutsch-philippinische Ehen. Interethnische Heirat und Migration von Frauen. Berlin: Dietrich Reimer Verlag

**Beetz, S. / Darieva, T. 1997:**

„Ich heirate nicht nur den Mann, sondern auch das Land". Heiratsmigrantinnen aus der ehemaligen Sowjetunion in Berlin. In: Häußermann, H./Oswald, I.: Zuwanderung und Stadtentwicklung. LEVIATHAN, Sonderheft 17/1997

**Blau, P.M. et al. 1982:**

Heterogenity and intermarriage. In: ASR 47, 1, 45 ff.

**Bossard, James H.S. 1939:**

Nationality and nativity as factors in marriage. In: ASR 4, 792-798

**Buba, H.P. / Müller, W. / Ueltzen, W. / Vaskovics, L. A. 1984:**

Gemischt-nationale Ehen in der Bundesrepublik Deutschland. In: Zeitschrift für Bevölkerungswissenschaft 4, 421-448. Boppard am Rhein: Boldt

**Bundesministerium für Familie, Senioren, Frauen und Jugend 2000:**

Familien ausländischer Herkunft in Deutschland. Leistungen - Belastungen - Herausforderungen. Sechster Familienbericht. Berlin

**Cheng, C.K. / Yamamura, D.S. 1957:**

Interracial marriage and divorce in Hawaii. In: Social Forces 36, 77

**Coleman, D. 1992:**

Ethnic Intermarriage. in: Bittles, A. / Roberts, D.: Minority Populations. Genetics, Demography and Health. Proceedings of the twenty-seventh annual symposium of the Galton Institute, London, 1990. Houndmills, Basingstoke, Hampshire, London

**Coleman, D. 1994:**

Trends in fertility and intermarriage among immigrant populations in Western Europe as measures of integration. In: Journal of Biosocial Science, Vol. 26, Nr. 1

**Collet, B. 1996:**

Integration und mixogame Ehe in Frankreich und in der Bundesrepublik. Staatsbürgerliche und familiäre Integrationsformen inländisch verheirateter Ausländer. In: Rehberg, K.-S.: Differenz und Integration. Die Zukunft moderner Gesellschaften. Verhandlungen des 28. Kongresses der Deutschen Gesellschaft für Soziologie im Oktober 1996 in Dresden: Westdeutscher Verlag

**Crester, G.A. / Leon, J.J. 1982:**

Intermarriage in the U.S.: An overwiew of theory and research. In: Marriage and Family Review 5, 3-15

**Glick, C.P. 1972:**

Interracial marriage and admixture in Hawaii. In: Social Biology 17, 278-291

**Goldon, J. 1957:**

Social control of the negro-white intermarriage. In: Social Forces 36, 267 ff.

**Gómez Tutor, Cl. 1995:**

Bikulturelle Ehen in Deutschland. Pädagogische Perspektiven und Maßnahmen. Frankfurt a.M.: IKO

**Gordon, A.I. 1964:**

Intermarriage. Boston

**Guerend, J.P. 1975:**

Un cas particulier de marriages mixtes. In: Ethnies 4, 135-153

**Gurak, D. / Fitzpatrick, J.P. 1982:**

Intermarriage among hispanic ethnic groups in New York City. In: AJS 87, 921 ff.

**Gurak, D. / Kritz, M. 1978:**

Intermarriage patterns in the US: Maximizing information from the U.S. Census public use samples. In: Public data use, 33-43

**Heer, D. 1985:**

Bi-kulturelle Ehen. in: Elschenbroich, D.: Einwanderung, Integration, Ethnische Bindung. Harvard Encyclopedia of American Ethnic Groups. Eine deutsche Auswahl. Frankfurt a.M.

**IAF (Hrsg., verfasst bzw. zusammengestellt von Wolf-Almanasreh, R. / Kriechhammer-Yagmur, S.) 1994:**

Mein Partner oder meine Partnerin kommt aus einem anderen Land: Interkulturelle Ehen, Familie und Partnerschaften. Frankfurt a.M. (3. Auflage)

**Jasso, G. / Massey, D. / Rosenzweig, M. / Smith, J. 2000:**

Assortative Mating among Married New Legal Immigrants to the United States: Evidence from the New Immigrant Survey Pilot. in: International Migration Review

**Jürgens, H.W. / Pohl, K. 1978:**

Partnerbeziehung und generatives Verhalten. In: Zeitschrift für Bevölkerungswissenschaft 3, 247-268

**Kane, Th. / Stephen, E. 1988:**

Patterns of intermarriage of guestworker populations in the Federal Republic of Germany: 1960-1985. In: Zeitschrift für Bevölkerungsforschung

**Kennedy, R.J.R. 1944:**

Single or triple melting pot? Intermarriage trends in New Haven 1870-1940. In: AJS 49, 331-339

**Kennedy, R.J.R. 1952:**

Single or triple melting pot? Intermarriage in New Haven 1870-1950. In: AJS 58, 56-59

**Kienecker, S. 1993:**

Interethnische Ehen. Deutsche Frauen mit ausländischen Partnern. Reihe: Interethnische Beziehungen und Kulturwandel, Band 6 (hrsg. von Jensen, J.). Münster, Hamburg: LIT

**Klein, Th. 1998:**

Partnerwahl zwischen Deutschen und Ausländern. Expertise zum Sechsten Familienbericht, a.a.O.

**Kurbatova, O. / Pobedonostseva, E. 1992:**

Assortative Mating Among Minority Ethnic Groups in Moscow and Other Large Cities of the CIS. In: Bittles, A./Roberts, D.: Minority Populations. Genetics, Demography and Health. Proceedings of the twenty-seventh annual symposium of the Galton Institute, London, 1990. Houndmills, Basingstoke, Hampshire, London

**Lievens, J. 1998:**

Interethnic Marriage: Bringing in the Context through Multilevel Modelling. In: European Journal of Population 14

**Mehrländer, U. / Ascheberg, C. / Ueltzhöffer, J. 1996:**

Repräsentativuntersuchung '95. Situation ausländischer Arbeitnehmer und ihrer Familienangehörigen in der Bundesrepublik Deutschland. Bundesminister für Arbeit und Sozialordnung, Bonn

**Müller, W. 1983:**

Zur Integration von Gastarbeiterfamilien in der Bundesrepublik Deutschland, dargestellt an der ethnisch-national heterogenen Ehe (unveröffentl. Diplomarbeit), Bamberg

**Müller-Dincu, B. 1981:**

Gemischt-nationale Ehen zwischen deutschen Frauen und Ausländern in der Bundesrepublik. Eine familiensoziologische Analyse ihrer Situation und Problematik. Materialen zur Bevölkerungswissenschaft, Heft 22 (hrsg. vom BIB). Wiesbaden

**Nauck, B. 1998:**

Eltern-Kind-Beziehungen in Migrantenfamilien - ein Vergleich zwischen griechischen, italienischen, türkischen und vietnamesischen Familien in Deutschland. Survey intergenerative Beziehungen in Migrantenfamilien. Expertise zum Sechsten Familienbericht, a.a.O.

**Niesner, E. et al. 1997:**

Internationaler Heiratsmarkt - zusammenfassende Thesen zu einer Buchveröffentlichung. Expertise zum Sechsten Familienbericht, a.a.O.

**Niesner, E. 1998:**

Interkulturelle Familien: Deutsche Männer und ausländische Frauen im Grenzbereich von Frauenhandel und informeller Reproduktionsarbeit. Expertise zum Sechsten Familienbericht, a.a.O.

**Pagnini, D. / Morgan, S. 1990:**

Intermarriage and Social Distance among U.S. Immigrants at the Turn of the Century. In: AJS 96

**Panunzio, C.:**

Intermarriage in Los Angeles 1924-33. In: AJS 47 (1941-42): 690-70

**Peach, C. (ed.) 1981:**

Ethnic segregation in cities, o. O.

**Rosenstiel, L. von 1980:**

Sozialpsychologische Aspekte des generativen Verhalten unter besonderer Berücksichtigung von Erhebungsmethoden. In: Der Kinderwunsch in der modernen Industriegesellschaft. Schriftenreihe des Bundesministers für Jugend, Familie und Gesundheit, Bd. 81: 143-153

**Rosenthal, E. 1963:**

Studies of Jewish intermarriage in the US. In: American Jewish Year Book 64, 3-53

**Sachverständigenkommission 6. Familienbericht (Hrsg.) 2000:**

Familien ausländischer Herkunft in Deutschland. Empirische Beiträge zur Familienentwicklung und Akkulturation. Materialien zum 6. Familienbericht, Band I

**Samama, H. 1977:**

Die Mischehe in Gießen. Forschung über interkulturelle Ehen in einer deutschen Stadt unter besonderer Berücksichtigung kommunikativer Aspekte (Diplomarbeit). Germersheim

**Scheibler, P. 1992:**

Binationale Ehen: Zur Lebenssituation europäischer Paare in Deutschland. Weinheim

**Schnepp, G.J. / Yui, M. 1955:**

Cultural and marital adjustment of Japanese war brides. In: AJS 61, 48 ff.

**Schramm, K. / Steuer, W. 1965:**

Ehen zwischen deutschen und ausländischen Arbeitnehmern. Sozialkritische Erhebungen aus dem Bereich eines Gesundheitsamtes. In: Der öffentliche Gesundheitsdienst. Monatsschrift für Gesundheitsverwaltung und Sozialhygiene 27, 287-493

**Simpson, G. / Yinger, M. 1953:**

Racial and cultural minorities: an analysis of prejudice and discrimination, o. O.

**Simpson, G. / Yinger, M. 1976:**

Intermarriage: interracial, interfaith and interethnic. In: Bowker, G. / Carrier, J. (eds.): Race and ethnic relations, o. O., 353-376

**Sklare, M. / Greenblum, M. 1967:**

Jewish identity on the suburban frontier. New York

**Spickard, P. 1989:**

Mixed Blood. Intermarriage and Ethnic Identity in Twentieth-Century America. Wisconsin

**Statistisches Bundesamt (Hrsg.) 1983:**

Gebiet und Bevölkerung. Fachserie 1, Reihe 1. Wiesbaden

**Statistisches Bundesamt (Hrsg.) 1992:**

Wirtschaft und Statistik

**Statistisches Bundesamt (Hrsg.) 2000:**

Datenreport 1999. Zahlen und Fakten über die Bundesrepublik Deutschland. Schriftenreihe, Band 365

**Straßburger, G. 1998:**

Das Heiratsverhalten von Frauen und Männern ausländischer Herkunft im Einwanderungskontext der BRD. Expertise für die Sachverständigenkommission zur Erstellung des 6. Familienberichtes „Familien ausländischer Herkunft in Deutschland". Osnabrück

**Strauss, A. 1954:**

Strain and harmony in American war bride marriage. In: MFL

**Urdze, A. / Rerrich, M.S. 1981:**

Frauenalltag und Kinderwunsch. Entscheidungsgründe für oder gegen weitere Kinder bei Müttern mit einem Kind. Frankfurt a. Main

**Varro, G. / Gebauer, G. 1997:**

Zwei Kulturen - eine Familie. Paare aus verschiedenen Kulturen und ihre Kinder, am Beispiel Frankreichs und Deutschlands. Opladen: Leske + Budrich

**Vaskovics, L.A. 1976:**

Segregierte Armut: Randgruppenbildung in Notunterkünften. Frankfurt a.M., New York: Campus

**Vaskovics, L.A. / Franz, P. / Ueltzen, W. 1983:**

Ursachen der räumlichen Segregation alter Menschen in bundesdeutschen Städten. Bamberg

**Weißmeier, B. 1992:**

Das „Fremde" als Lebensidee. Eine empirische Untersuchung bikultureller Ehen in Berlin. Reihe: Fremde Nähe, Band 3 (hrsg. von Gronemeyer, Reimer / Schopf, Roland). Münster, Hamburg: LIT

AJS: American Journal of Sociology

ASR: American Sociologial Review

MFL: Marriage and Family Living

Joachim R. Frick

Gert G. Wagner

# Economic and Social Perspectives of Immigrant Children in Germany[1]

## 1 Introduction

Throughout the last decade the financial situation of children in Germany has been marked by increasing problems: in 1997 the proportion of children living in households receiving welfare payments was about twice as high as their respective share of the entire population. Households with children have lower than average incomes and poverty rates[2] have increased from about 10 percent to more than 15 percent over the period from the mid 1980s to 1996. The central aim of this paper is to compare the effects of this trend on native and non-native children.

Non-native children include children who do not have German citizenship and "ethnic Germans" who migrated from eastern European countries to Germany (*Aussiedler*). About one half of the immigrants who entered Germany since 1984 are ethnic Germans. Thus, any analysis which compares the living conditions of immigrant children to those of native born German children must take into account the heterogeneity of immigrants in Germany as well as their respective legal status.

[1] The authors would like to thank Anita I. Drever, UCLA and DIW Berlin, for helpful comments and editing.

[2] Measured as poverty head count rates based on a poverty threshold of 50 percent of median equivalent income.

In 1995, the share of foreign born persons in Germany was about 9% of the entire population[3]; in West Germany, where most of the immigrants live, the share of foreign born was about 12%. Because immigrants make up a significant share of the overall population and immigrant women have higher fertility rates than native women, children of non-natives are making up an increasing proportion of all children in Germany. Despite the continuing influx of immigrants to Germany, German society generally does not consider itself to be an "immigrant society" (cf. Heckmann 1999b).

Due to the German citizenship regulations, children born to non-nationals in Germany are considered "immigrant children" regardless of their respective place of birth (abroad or within Germany after their parents immigrated). In contrast to countries like the United States of America, where citizenship is granted to persons born within the country (*ius solis*), children born in Germany do not automatically receive German citizenship. They receive the nationality of their parents (the right of blood, *ius sanguinis*). This in turn leads to so-called "second" and even "third generation immigrants", the latter being children born to second generation immigrants, who - very often - still hold their original citizenship[4].

There are two main groups of immigrants in Germany. The first is made up of migrant workers from Mediterranean countries who entered the country in the 1960s and early 1970s (the so-called *guestworkers*). The second group consists of immigrants from Eastern Europe who arrived after the fall of the Berlin wall in October 1989 who are often referred to as "Ethnic Germans" (*Aussiedler*). Because of the specific German concept of ethnicity and citizenship it is worthwhile to make certain distinctions when speaking of immigrant children: Figure 1 shows our concept of "immigration status" based on the combination of citizenship and country of birth of children and their parents.

[3] Immigrants who entered German territory (Federal Republic of Germany and German Democratic Republic) after 1949, the year the Federal Republic of Germany was founded.

[4] The federal government recently introduced some changes in the legislation concerning citizenship and naturalization. For the following empirical analyses these changes are not relevant, since they are based on data up until 1996.

**Figure 1 Immigration Status in Germany**

| Citizenship (child or parents) | Place of Birth (child or parents): in Germany | Place of Birth (child or parents): Abroad |
|---|---|---|
| **German** | **(A)**<br>Native Born German | **(B)**<br>German Immigrant (mainly *Aussiedler*) |
| **Non-German** | **(C1)**<br>Native Born Foreigner<br>*"Second and Third Generation"* | **(C2)**<br>Foreign Born Foreigner<br>(classic immigrant case) |

In our analysis we pay special attention to differences in the situation of immigrant and foreign children as compared to those born to native born German parents. Mostly, we will differentiate three groups of children depending on their family roots:

A: the mainstream of Native Born Germans

B: German Immigrants (mainly *Aussiedler*)

C1 + C2: Foreigners (Foreign Born and Native Born).

As measures of short-term living conditions we analyze income position, poverty risk, and some selected indicators concerning household structure, employment, and the housing situation. In addition, we use language proficiency as well as some habitual indicators to shed more light on the process of cultural assimilation into German society. Finally, our major indicator for long-run prospects for children is the current educational enrollment of teenagers, which is closely linked to their future development.

## 2 Data

The micro data used for the following analysis comes from the German Socio-economic Panel Study (SOEP). This survey was started in 1984 in West Germany and was extended to the former German Democratic Republic (East Germany) in June 1990, shortly before unification (cf. Wagner et al. 1993). Because most of the immigrants who entered Germany after the late 1980s settled down in newly created households which are not covered by the ongoing panel study, a new sub-sample was introduced to the SOEP in 1994/95, titled the "immigrant sample"[5] (cf. Burkhauser et al. 1997).

For this paper we are exploiting data for the years 1995/96 for East and West Germany which includes the most recent immigrant population[6]. The following descriptive analyses focus on children in unified Germany, however, the regression estimates concentrate on West Germany, where most of the children born to immigrants and foreigners reside[7].

While all adult members of a given household are interviewed personally in the SOEP, information about children up to 16 years of age is gathered by questions asked from the main respondent who is usually the household head which restricts the data available to us on the youth population. The data we do have includes age, gender, and some more detailed information concerning enrollment in pre-school, school, or other educational settings. In addition, the SOEP does contain a lot of data on the household a given child resides in as well as its adult members.

Citizenship data in the SOEP is obtained from the "register file" of the panel study, which contains basic demographic information on each household member (i.e. for adults as well as for children). Eventual immigration related data (country of origin, year of immigration, etc.) is not known for children, but for interviewed adults only, since this data is collected in a special biography questionnaire. Due to the above mentioned differentiation of our sample, we need to know immigration related information for the parents, but not necessarily for the child[8].

---

[5] As long as immigrants live in institutions (e.g. refugee camps) they are not part of the SOEP target population of private (non-institutionalized) households.

[6] In order to get more stable results we pool information over two years. In our regression analyses we control for this by a time-dummy variable; however, we do not calculate robust standard errors. The number of observations for these analyses are 5,648 in West Germany and 2,122 in East Germany for 1995/96.

[7] For extended analyses of selected indicators, also in comparison to the situation a decade ago in 1985/86, cf. Frick/Wagner 2000.

[8] Based on some assumptions one also can define immigrant information for children: e.g. if a child is born after its mother immigrated to Germany, we assume the child to be native born. If the birth took place before the mother migrated, the child would be dealt with as an immigrant. Nevertheless, depending on the mother in this example being an immigrant and/or foreigner herself, the child would be sorted into the corresponding category "German immigrant" or "Foreigner".

## 3 Methodological Aspects

Our empirical analysis begins with descriptive, mostly bivariate information on the subpopulations of interest. In our second step we estimate regression models for income, poverty status, and school attendance controlling for a variety of influential factors in order to find out if there are any significant immigration or foreigner related differences in the short-term living conditions and long-term prospects of children in Germany. In line with our previous description of nationality and legal status factors we will make use of different variables to identify the subgroups of interest.

First, we use a simple dummy variable indicating if a child lives in a household with immigrants or if the child stems from immigrants as compared to the mainstream population of Native Born Germans.

A second variable differentiates between Native Born Germans, German Immigrants and Foreigners. In the regression analyses we further differentiate immigrants and foreigners according to their state of assimilation. We compare children in households of "single" ethnicity (both parents are immigrants or foreigners) with children of "mixed" ethnicity, where at least one adult (mostly one parent) is native German (cf. Büchel/Frick 2000).

A third variable distinguishes children of immigrants by the number of years since migration of the parents. Here we look at those who have lived in Germany for up to 5 years, 6 to 10 years, 11 to 20 years, more than 20 years, and finally those who were born in Germany, but still hold a foreign citizenship and as such belong to the immigrant population according to our definition (see figure 1 above). This differentiation is not only relevant as a measure of time spent in Germany, which is a proxy for chances to be better integrated into the host country's society. The measure can also be used to check the position in the business cycle at the point of time when a person immigrated: we assume that there are long term benefits of entering the country during a boom period, since this enhances the likelihood of success within the labor market. On the other hand, a person immigrating during a trough period might be more likely to experience long-term unemployment.

Finally, a variable differentiates our population of interest according to the country of origin. Here we look at those coming from Mediterranean EU-countries (mainly Italy, Spain, Portugal, and Greece), Mediterranean Non-EU-countries (Turkey and the former Yugoslavia), Eastern Europe (including former Soviet Union), Western industrialized countries (e.g. USA, Canada) and a rather heterogeneous rest category, which includes asylum seekers and refugees from other parts of the world.

Without a doubt, individual well-being depends on monetary as well as non-monetary factors. However, we are dealing mainly with disposable household income and poverty status as the major indicators of general well-being. We argue that this is justified because of the many connections, direct and indirect, that economic conditions have with well-being.

Household income is derived from annual income measures, which are calculated for the year prior to the interview. We calculate household income two ways: pre-government income and post-government income, which is our measure of disposable income[9]. Pre-government income is a measure of the previous years market income, which includes income from employment of any kind, private transfers, net returns on assets (income from interests, dividends or rent), and imputed rental value of owner occupied housing. Post-government income is pre-government income minus taxes and social security contributions, plus public transfers and pensions of all sources. Public transfers are the sum of all - mostly means tested - transfers received by all household members throughout the previous year.

In order to adjust income for differences in family or household size, we apply a straightforward equivalence scale, following Atkinson, Rainwater, and Smeeding (1995). We calculate an adjusted "equivalent income", $Y_{eq,}$ by dividing disposable household income, $Y_{disp}$, by the adjusted household size, $S^e$. For the following calculations we use e = 0.5, which gives the square root of household size.

A very important indicator of well-being is the poverty status of households and persons. We calculate the so-called headcount ratio, which is the percentage share of population with income below a certain poverty line. In order to show the threshold sensitivity of our results, we use two different poverty head count ratios. More specifically, we define poverty as the share of population with incomes either below 50% or 60 % of median income of the entire population[10].

When differentiating the three subgroups of children in our analysis we make use of other socio-economic information. Our independent variables include parental age and educational status, household type, community size, housing situation, and unemployment experience of all employable house-

---

[9] These annual income measures are part of the Cross-National Equivalent Data File produced by Cornell University in Ithaca, NY and the DIW in Berlin, (cf. Burkhauser/Butrica/Daly 1999). Using the official consumer price index (CPI) all incomes are measured in DM of 1991. Because there are some differences in the price level in East and West Germany, we apply a purchasing power parity index to adjust East German incomes (which are in real terms higher than in nominal terms, cf. Krause 1995).

[10] The term "entire population" describes all persons living in Germany, thus not only children, but also including those aged 17 and over.

hold members. Without a doubt unemployment is a very important determinant of income and other living conditions. The SOEP data allows us to check for recent occurrence of unemployment in a child's household (for each adult household member we have this information based on the month of the interview as well as in the course of previous year). In order to provide more than a snapshot of the current employment situation, we construct an "unemployment index" at the household level. Based on monthly employment status information for the previous calendar year, this index calculates "months with unemployment" as a share of "potential months with employment" for all employable, adult members of a given household. The index is zero if a household is not affected by unemployment at all. It is 100 if all adult members were unemployed during the entire time under consideration. The index is not defined, if all adult members are retirees (e.g. not of employable age) or if they were not able to take up employment due to educational activities, pregnancy, etc.

The educational attainment of the parental population in our sample is very heterogeneous. Educational levels achieved in foreign countries are hard to compare with those of the German system. Thus, parental educational status in our analysis is based on the International Standard Classification of Education (ISCED), which provides a measure of the highest educational status achieved by a child's parents. Due to the problems associated with comparing educational degrees received within Germany with those from abroad (cf. e.g. Reitz et al. 1999), we decided to use a three tiered education variable: "without secondary education", "completed secondary education", and "some post-secondary education" instead of a continuous years of education variable.

For our analyses of long-term prospects we use information on actual school enrollment in Germany, since all children observed in our survey are currently being educated within this system. We distinguish between the basic level of *Hauptschule* which ends after nine years of schooling, *Realschule* which goes up to tenth grade, and *Gymnasium* which is university preparation.

## 4 Empirical Results

Germany's population structure has been heavily influenced by immigrants because of their age composition and their - up to now - higher fertility rates. Table 1 details the composition of the resident population of persons up to 16 years of age in Germany in 1995/96. In re-unified Germany one out of five children in this age group is born outside of Germany or is a non-national; in West Germany this is the case even for one out of four children.

### 4.1 Short-term prospects

Table 2 displays some descriptive statistics for selected objective and subjective indicators. Because of the greater emphasis on traditional social values in communities of foreign origin persons, we find lone parents to be less likely among children of foreigners compared to both other groups. The situation in East Germany is somewhat different to that of West German natives: The overwhelming majority of children lives in families with 1 or 2 children, larger families are rather rare.

More than 50% of native German children lived in homes owned by their families during the mid 1990s. In contrast, less than 30% of children of German immigrants and foreigners live in owner-occupied housing. East German children are only slightly more likely than children of foreign-origin persons to live on their own property. Similarly West German children are - on average - much better off in terms of flat size and number of rooms per capita than any other group. Although the housing conditions for foreigners have been steadily improving, about 50% of the foreign population complains that their flat size is "too small".

Unemployment is experienced more frequently in foreign origin and ethnic German immigrant households than in West German households with children. Foreign origin and German immigrant households are the least likely to be unaffected by unemployment (Index = 0%). Foreign origin households are the most heavily impacted by unemployment. The share of children living in a household without unemployment is only two thirds and almost every tenth foreign origin child in this group lives in a household severely affected by unemployment.

The SOEP data provides a wide range of indicators describing the subjective well-being of respondents. We use selected information on *satisfaction* as well as indicators on *worries* about overall and individual economic development of parents in order to compare immigrants to the autochthonous population. Beyond that we look at some indicators explicitly targeted at immigrants and foreigners living in Germany.

"Not feeling at home in Germany" is an individual perception that is more pronounced among foreigners than among German immigrants (50% vs. 39%). However, the fact that approximately 40% of *ethnic* Germans do not feel at home in Germany is remarkable. Additionally, in both groups more than every second child lives in a household, where parents experience a feeling of being discriminated against because of origin. In contrast to children in households of immigrants and foreigners, those born to Native born Germans appear to live with parents who are more concerned about overall economic development (about 55%) than about personal economic development (23% for West Germans and, not surprisingly, 41% in East Germany). Among foreigners and German immigrants the share of those expressing these worries tends to be more equally distributed (35% among German immigrants, and 40 to 50% among foreigners).

Finally, we look at satisfaction of parents. Comparing statistics on present life satisfaction with expectation of satisfaction with life five years into the future, foreigners seem to be rather optimistic (6.6 vs. 7.3) in comparison with all other groups. On the other hand, parents of foreign origin children and those in East Germany are the least satisfied with their standard of living and their financial situation (measured as household income).

The overall sense one gets from income and poverty indicators (Table 3) is that German immigrant and foreign origin children tend to be significantly worse off than German natives in West Germany. Nevertheless we have to state that children in East Germany are very much like non-native children in West Germany. All of these findings are basically in line with the results on the subjective indicators listed above. Although East German incomes are adjusted for purchasing power differences, they are lower than those of the West German mainstream population and they barely match the income of children born to German immigrants and foreigners in West Germany. Looking at the amount of public transfers received we find not only the highest absolute value for East German children, but this group also exhibits the highest dependency rate measured by public transfers as a percent of post-government income. On the other hand, children of foreigners tend to live in households receiving fewer public transfers in absolute terms.

Relative income positions based on post government income are below population average for all children (because households without children are generally better off than households with children). While the position of native German children and those born to foreign origin persons has been fairly stable since the mid 1980s (cf. Frick/Wagner 2000), there has been a significant reduction in average family income for children of German immigrants. Due to the major influx of new migrants from Eastern Europe the incomes of German immigrant households dropped from 80% of the average down to less than 70%, which is in line with their higher dependency on public transfers in the mid 1990s.

Given the above mentioned differences in income levels, the poverty rates (based at a poverty threshold of 50% of median income) for native German children in West and East Germany as well as for German immigrant children are surprisingly similar at about 15%. On the other hand, children born to foreigners experience a much higher poverty rate of around 24%. Due to differences in the income distribution, raising the poverty line to 60% of median income yields major increases in the poverty rate for German immigrant children (29%) and foreigners (36%), however, the increases are less significant for Native German children (21%).

Obviously, whether measured by monetary or non-monetary indicators, children born to German immigrants and foreign origin parents in West Germany - on average - live under conditions which are less favorable than those for native German children. However, on theoretical and political grounds it is important to know if the difficulties experienced by immigrant children are due to the immigration status *per se* (for example via discrimination) or due to the social structure of the immigrant population itself, e.g. poor qualification level of immigrant parents[11]. For this purpose, we use multivariate regression models which simultaneously control for a set of independent variables. Dependent variables are equivalent post-government income and poverty status.

Table 4 displays the results of regression models on equivalent post government income[12]. We control for parental age, highest educational level of parents, regional information, community size and household or family type. In addition, we introduce different indicators of immigration status and we also run a model including unemployment experience by all adult household members[13]. A dummy variable for the second calendar year of the two-year-period under consideration is introduced for control purposes as well. This time effect does not prove to be significant in any of the regression models on income. Thus, from a substantive point of view the pooling procedure is justified, but our levels of significance are likely to be overestimated, since most of the observations show up twice in the regression. Nevertheless, because most of the effects are highly significant this is not a problem.

Before checking explicitly for immigration specific effects, the list of control variables show the following, mostly expected results:

- All other things being equal, children living in the Midwest experience an income loss of about 12% relative to the reference group of children living in the Southern part of West Germany. The relative income loss for children living in the North is about 14%.
- There is no significant income difference according to community size.

---

[11] Based on SOEP data, Büchel/Frick/Voges 1997 show that in a bivariate comparison immigrants to Germany have a higher probability of social assistance take-up when comparing them to natives. However, when controlling for a variety of socio economic structure variables, this difference is clearly reduced.

[12] For methodological reasons we actually use the natural logarithm of income.

[13] Due to potential endogeneity problems we do not include unemployment experience in all of our models. On the other hand, given the higher probability of immigrants to be struck by unemployment, it is of interest to see whether the coefficients for immigrants change once we introduce unemployment experience as well.

- The younger the parents, the lower the income position of the family. If a child's parents are younger than 25 years, the child can expect to live in a household where the income is 80% less than in households where the parents are aged 46 and over.
- Children of lone parents live in households with incomes about 70% lower than children living with both parents and no other siblings.
- As expected, there is a positive and significant correlation between parental education and income. Children whose parents completed some post-secondary education live in households where the income averages 60% higher than children in the reference group whose parents did not complete secondary education.

By simply controlling for immigrant status of any kind (Model I) we find a negative and significant coefficient which supports the hypothesis that the incomes of immigrants are negatively affected by discrimination. However, these results may have arisen from non-observed effects of "ability". Immigrant households make about 13 percent less income than other households (after controlling household structure effects using an equivalent scale and through the inclusion of dummy variables for household types!).

Differentiating immigration status according to single nationality and mixed nationality (i.e. one spouse is native German) in German immigrant and foreign origin households (Model II) shows that single nationality, foreign origin households experience significant income losses of about 36%. This is most likely a result of recent high unemployment rates among foreigners. On the other hand, there is a clear positive effect of "mixed" parental couples: This is true for both, children of German immigrants and those born to foreigners, although only the latter is statistically significant.

Breaking down immigrants by area of origin shows immigrants from Western countries differ significantly from all the other immigrants (Model III). The average income of Western immigrant families is well above that of native born Germans. The coefficients for all other groups of immigrants are negative, as expected. The most significant effects are the negative income deviations for families stemming from non EU, Mediterranean, worker-recruiting countries and for families from Eastern Europe (about 28% and 25%, respectively). The coefficient for children coming from "other" countries is also negative and significant due to the large number of asylum seekers and refugees in this group.

If a society is successfully integrating immigrants, their economic well-being should improve with duration of stay in the host country. We control for this by brackets of years since parents' migration (Model IV). As expected, children born to newly arrived immigrants (those who have lived in Germany less than five years) get by on a significantly lower income. There is no significant income differential between foreign origin children whose parents have lived in Germany for more than 20 years and those whose parents were born in Germany.

In order to analyze the impact of past economic success in the labor market, which most likely correlates to the living conditions of immigrants, we add information on unemployment experience (Model V). In terms of the adjusted $R^2$, there is a clear improvement in the explanatory power of this model from about 30% to almost 40%. As expected, there is a negative and highly statistically significant effect of increasing unemployment on disposable income. Moreover, this additional information does not really interfere with the results as they appear above. Except for variables that are correlated with unemployment experience, there is no principal change in our results. The only thing to note is that the magnitude of the coefficients for "parental education" and children whose parents most recently entered Germany is somewhat reduced without losing statistical significance.

Table 5 displays the results of logistic regressions on poverty status in 1995/96. For each model we show odds-ratios[14] instead of coefficient estimates; a measure of statistical significance is given by the Wald-Statistics[15]. Basically, the results are in line with those of the regressions on income; nevertheless, since by definition the analysis of relative poverty concentrates on the lower tail of the income distribution, there are a few notable exceptions. Again, before looking at immigration specific effects, we check the list of control variables.

- All other things being equal, children living in the Midwest or North of West Germany have a higher risk of falling into poverty than those in the South.
- There does not seem to be any significant difference between children living in the countryside and those living in big cities.
- The younger the parents, the higher the poverty risk for the children.

[14]These odds-ratios are much easier to interpret than the estimated coefficients. An odds-ratio value of 1.10 for a dummy-variable x indicates that a person with x=1 has a risk of being poor approximately 10% higher as the reference group, all other things being equal. Correspondingly, an odds-ratio value of 0.90 is to be interpreted as an approximately 10% lower poverty risk as compared to the risk in the reference group.

[15]The square root of this statistic approximates the t-value.

- Children of single parents are about 7 times as likely to be poor than those living with both parents and no other siblings (reference group). In addition, the greater the number of siblings, the greater the poverty risk.
- Parental education is a very important and a highly significant predictor of child poverty. In comparison with the reference group of children whose parents did not complete secondary education, children with highly educated parents (with some post-secondary education) have a poverty risk which is more than 80% lower.

According to the results of Model I, where we employ a single dummy for all non-native German households, children born to German immigrants and foreigners face a probability of being poor which is about 16% higher than children in the reference group of native born German households. Controlling for our indicator of assimilation in Model II, we find children with single nationality foreign parents to be mostly exposed to poverty. Children of "single nationality" German immigrants as well as those of "mixed" foreigners seem to have an even smaller risk of falling into poverty even than native born German children, after controlling for the above mentioned socio-economic structures. This result might be influenced by some preferential treatment of *Aussiedler* in the mid 1990s in terms of their eligibility for specific public transfers.

The results of Model III are in line with those of the OLS regressions on income: highest chances of being poor can be found among children stemming from European Non-EU countries (mostly Turkey and the former Yugoslavia) as well as from the category "other" which includes asylum seekers and refugees. On the other hand, children in households coming from EU-countries and other Western industrialized countries again appear to have been positively selected, having a poverty risk lower than that of native born German children.

Model IV differentiates children according to the number of years their parents already spent in Germany: not surprisingly, those who immigrated most recently (1990 through 1995) are in the worst position. On the other hand, children whose parents arrived in Germany 11 to 20 years ago (i.e. between the mid 1970s and the mid 1980s) are exposed to a significantly lower poverty risk which is only about 60 percent of that of native born children.

Finally, Model V controls for the impact of unemployment[16]. As expected, we find a clear poverty boosting effect when unemployment in the household context is increased. Again, as was the case for the regressions on equivalent income, it is important to note that the addition of the unemployment effect does not change the overall covariate structure, rather it simply reduces their impact by a small fraction.

## 4.2 Long-term prospects

Especially for the long-run prospects of children parental education is very important. Not surprisingly, the educational background of foreign born parents is by far worse than the one of German parents (Table 6). More than a third of foreign origin children live with parents who have less than a secondary education. On the other hand, as a result of there being an increasing share of "second generation immigrants" among these foreign origin parents, the share of those with some post-secondary education is 29%. It is important to note the rather poor educational background of the recently arrived German immigrants. The parents of children in the group of German immigrants have an educational level which is only slightly better than the one of foreign immigrants: The share of parents with post-secondary education is smallest in this group. However, these quantitative results cannot give sufficient information on the quality and transferability of educational credentials received abroad (cf. Kreyenfeld and Konietzka 2001). As a result of the GDR educational system, East German children have the lowest share of low-educated parents. In line with our expectation, the educational level of immigrant parents - on average - improves with increasing duration of stay in Germany. Those who originate from Mediterranean worker-recruiting countries are least educated (regardless of whether or not they originate from EU countries), while - not surprisingly - highest educational credentials can be found among parents coming from western industrialized countries.

Beyond the formal educational background of parents, their "cultural capital" and especially their language proficiency seem to be important for the success of children in school and society. Table 6 also displays information about languages used at home and some other behavioral indicators. It is not surprising that only 38% of parents of foreign immigrant's children speak predominantly German at home, while about one out of five foreign children lives in a household where the mother tongue is primarily used. However, given their German ancestry, it is rather surprising that only one half of the children born to German immigrants speak mainly German at home. How-

[16] The change in the model specific -2 log likelihood, and as such the model improvement, show that the Pseudo-$R^2$ increases from about 0.2 without unemployment variables to about 0.3 after these controls.

ever, these results mirror the remarkably high share of those "not feeling at home in Germany" (see table 2). On the other hand, the number of foreign origin persons with German citizenship speaking mostly their native language is very small. Breaking down the language proficiency by years since immigration shows a very strong effect: Among recent immigrants 39% stick to their mother tongue, and only one quarter predominantly speaks German at home. This share is about 40 to 45% among those who have lived in Germany for more than five years and 76% among children living in households of "second generation" foreigners. Consequently, the share of those who are still using the language of their antecedents (together with German) is down to one quarter. In line with the results on the distribution of parental education, the breakdown by country of origin shows that the non-German-speaking fraction is the biggest in the group of parents coming from non-EU European countries, mainly Turkey.

The kind of food and music which is enjoyed at home as well as the language of newspapers which are read provide additional insight into the process of cultural assimilation. *Aussiedler* tend not to read newspapers and not to listen to music from their home countries, whereas one third still enjoys the home cuisine. This share is about the same in the group of foreigner's children.

Eating and preparing food as is common in the home country is a long-lasting behavior, which does not vary much by the years since immigration. Among all German immigrants' and foreign origin children, it is only the group of households with second-generation foreigners that have primarily German cooking habits: The share of those preparing food from their country of origin (whatever that is, given that they are born in Germany) is as low as 11%. Differentiating by country of origin, we again can state that the households of persons coming from Mediterranean countries (mostly so-called *guestworkers*) stick most to their traditional habits: more than 50% of all children within this group predominantly enjoy meals made as in their home country.

Although there is no legal discrimination of German immigrant or foreign children in the educational system of Germany, this does not necessarily mean that there are not other obstacles to educational success for non-native children. Some of these difficulties might be related to the cultural differences mentioned above and particularly to language deficiencies. Table 7 gives some insight in the educational enrollment of the subgroup of 13 to 16 year old children, who are most likely to be on their final school track. In other words, the school where they are educated at this age is most likely the type of school from which they will receive their final degree[17]. The German school system tracks students at three major levels: *"Hauptschule"* is the lowest level with

[17]Cf. Heckmann (1999a) for an analysis which focuses on successful school finishing as well as on initial labor market integration of young migrants in Germany.

graduation after 9 years of school, "*Realschule*" ends after 10 years, and successfully finishing "*Gymnasium*" (after 13 years) provides a child with the opportunity to enter university (cf. Wagner et al. 1998). Pupils who successfully finish *Hauptschule* or *Realschule* usually will be looking for an apprenticeship to go on with vocational training. Without any doubt, on a tight apprenticeship market the odds are against those with a *Hauptschule*-degree. Thus, it is most interesting to see which type of school a child is attending since this piece of information is a very good indicator for further development and future economic success.

Breaking down pupils by immigrant status, shows that only one out of five children born to foreigners attends *Gymnasium*, while a third of Natives (in West and East Germany) and a quarter of children born to immigrants with German citizenship are attending this type of school. However, in comparison to the situation in the mid 1980s, there are clear signs of improvement when looking at the share of foreigners attending the lowest school level (*Hauptschule*). This share dropped from 57% to 39% in the mid 1990s (cf. Frick/ Wagner 2000).

For a multivariate analysis of the determinants of school enrollment of 13 to 16 year old persons we control for the same covariates as in the regressions on income position and poverty status[18]. Table 8 shows the results of logistic regressions on the probability of "Attending *Gymnasium*" in 1995/96. Not surprisingly, we find a clearly reduced probability of attending this type of school among children with younger parents. On the other hand, children in metropolitan areas show a slightly higher tendency to be enrolled at the *Gymnasium* level. We also confirm the well-known fact that education levels between different generations of the same household are highly correlated. In comparison to the reference group which includes children whose parents did not complete secondary education, we find an increased likelihood of attending *Gymnasium* among those kids whose parents' highest educational level is post-secondary education (e.g. a university degree).

More important to our research question is the impact measured by immigration specific variables on school enrollment. At first glance it might be surprising that we do not find a significant effect for the simple immigration dummy (Model I). In other words, it does not seem to be immigration status per se that accounts for the descriptive differences in educational enrollment, but rather other socio-economic effects. Nevertheless, Model II exhibits a significantly higher probability of attending *Gymnasium* for children of "mixed" parental couples consisting of foreigners and native Germans.

[18]Due to the reduced number of observations and the age restriction imposed for children we combined the dummy variables for parental age up to 35 years into one single category. Also the categories "Years since parents immigrated: >20 years" and "Native born foreigner" are added into one common dummy variable.

Accounting for the country of origin in Model III, children coming from western industrialized countries appear to be in the most advantageous position, in other words: children of native Germans are doing worse.

In contrast to the regression results on poverty risk (Table 5), we do not find a significant effect for children of most recent immigrants, though the direction of this impact is, as expected, negative. If integration is an ongoing process, one would expect that this situation would improve with duration of stay within the host country. In fact, - other things being equal - children whose parents have lived in Germany for ten to twenty years have an even higher probability of attending *Gymnasium* than the reference group of native born German children[19].

## 5 Conclusion and Outlook

Our comparative analyses are based on the different sub-samples of the German Socio-Economic Panel Study (SOEP). With respect to selected non-monetary as well as monetary indicators there are - despite Germany's fairly effective transfer system - significant differences in living conditions between native born German children and those born to immigrants of German descent and foreign origin persons. Overall, we find that children in Germany live in households with below average incomes; therefore social policies that address the vulnerable position of Germany's children are necessary. These policies should cover targeted financial transfers as well as improvements in day care provision for children. Access to day care is particularly crucial because not only does it make it easier for parents to hold a job, it also provides immigrant children with an educational head start.

There is no formal "discrimination" of immigrant children by the German school system. However, low educational attainment levels are still being transferred from one immigrant generation to the next. The net result is that children of immigrants are not able to close the educational gap between themselves and their native German counterparts. The probable long-term consequence will be a large number of poorly qualified persons in the work force, who are much more likely to face severe labor market problems and as such will be a problem for the German economy as a whole for many years to come. In other words, the German educational system, which includes preschool, school and vocational training, needs to provide equal opportunities to all children regardless of their social background. If necessary, there should be additional incentives for children born to German immigrants and foreign origin persons to overcome language disadvantages.

[19] Adding unemployment experience in Model V somewhat improves the overall explanatory power of the estimation, though it does not seem to have an impact on its own and it does not change the depicted structures.

Until recently, the German government did not view Germany as an immigration country, therefore policies designed to better improve the educational and economic integration of immigrants have received inadequate consideration. In addition, there is an ongoing discussion, both in and outside of academia, regarding the need for an *active* immigration policy which would recruit immigrants to fill Germany's particular economic needs as well as maintain Germany's strong tradition of providing refuge from political persecution (cf. Zimmermann 1994, Herrmann 1999). Significant increases in immigration are necessary if Germany is to maintain its standard of living despite its rapidly graying population.

However, the Federal Government has recently made significant advances in the area of integration by facilitating the naturalization (*Einbürgerung*) of long-term aliens and allowing (temporary) dual citizenship for children born in Germany to foreigners. This can be seen as a first, and very important step towards easing immigrants into society by granting them access to all the legal privileges afforded to German citizens. However, it should be noted that integration is a two way process and that "integration willingness" on behalf of the immigrants themselves, such as improvement in their knowledge of the German language, is necessary if they want to achieve economic parity with native Germans. Finally, if the immigrant integration process becomes smoother, Germany will be in a better position to welcome immigrants in the future.

## References

**Atkinson, A.B. / Rainwater L. / Smeeding T.M. 1995:**

Income Distribution in OECD-Countries: The Evidence from the Luxembourg Income Study. Paris: OECD

**Büchel, F. / Frick J.R. 2000:**

The Income Portfolio of Immigrants in Germany. IZA Discussion Paper No. 125, Bonn

**Büchel, F. / Frick J.R. / Krause P. / Wagner G.G. 2000:**

The Impact of Poverty on Children's School Attainment. Evidence for West Germany. In: Vleminckx, Koen and Timothy M. Smeeding (eds.) Child Well-being, Child Poverty and Child Policy in Modern Nations, Bristol: The Policy Press, 151-173

**Büchel, F. / Frick J.R. / Voges W. 1997:**

Der Sozialhilfebezug von Zuwanderern in Westdeutschland. In: Kölner Zeitschrift für Soziologie und Sozialpsychologie, 49 (2), 272-290

**Burkhauser, R.V. / Kreyenfeld M. / Wagner G.G. 1997:**

The German Socio-Economic Panel: A Representative Sample of Reunited Germany and its Parts. In: Dunn, Thomas and Johannes Schwarze (eds.): Proceedings of the 1996 Second International Conference of Socio-Economic Panel Study Users. Vierteljahrshefte zur Wirtschaftsforschung, 66(1), 7-16

**Burkhauser, R.V. / Butrica B.A. / Daly M.C. 1999:**

"The PSID-GSOEP Equivalent File: A Product of Cross-National Research", In: Wolfgang Voges (ed.), Dynamic Approaches to Comparative Social Research: Recent Developments and Applications. Alder-shot, Great Britain: Ashgate Publishing Ltd., 53-66

**Deutscher Bundestag 1998a:**

Demographischer Wandel: Zweiter Zwischenbericht der Enquete-Kommission "Demographischer Wandel" - Herausforderungen unserer älter werdenden Gesellschaft an den Einzelnen und an die Politik. Bonn

**Deutscher Bundestag 1998b:**

Zehnter Kinder- und Jugendbericht. Bundestags-Drucksache 13/11368 vom 25.8.1998

**Frick, J.R. / Wagner G.G. 2000:**

Living Conditions of Immigrant Children in Germany. In: Vleminckx, Koen and Timothy M. Smeeding (Eds.): Child Well-Being, Child Poverty and Child Policy in Modern Nations, Bristol: The Policy Press, 275-298

**Heckmann, F. 1999a:**

School Education and Labor Market Integration of Second Generation Migrants in Germany. In: europäisches forum für migrationsstudien (efms) Paper Nr. 29, Bamberg

**Heckmann, F. 1999b:**

Citizenship and Nation in Germany: Old and New Concepts. In: europäisches forum für migrationsstudien (efms) Paper Nr. 32, Bamberg

**Herrmann, H. 1999:**

Selektive Migrationspolitik ist unausweichlich. In: Arbeitgeber 12/49, 394-498

**Kreyenfeld, M. / Konietzka M. and D. 2001:**

The Transferability of Foreign Educational Credentials - The Case of Ethnic German Migrants in the German Labor Market. Max Planck Institute for Demographic Research, Rostock: Mimeo

**Krause, P. 1995:**

Ostdeutschland fünf Jahre nach der Einheit: Rückgang der Erwerbsbeteiligung scheint gestoppt, Einkommen gleichen sich weiter an, Armut stagniert. In: DIW-Wochenbericht, 62 (50), 863-869

**Reitz, J. / Frick J.R. / Calabrese T. / Wagner G.G. 1999:**

The Institutional Framework of Ethnic Employment Disadvantage: A Comparison of Germany and Canada. In: Journal of Ethnic and Migration Studies, 25 (3), 397-443

**Wagner, G.G. / Burkhauser R.V. / Behringer F. 1993:**

The English Language Public Use File of the German Socio-Economic Panel Study. In: Journal of Human Resources, 28 (2), 429-433

**Wagner, G.G. / Büchel F. / Haisken-DeNew J.P. / Spiess C.K. 1998:**

Education as a Keystone of Integration of Immigrants: Determinants of School Attainment of Immigrant Children in West Germany. In: Kurthen, Hermann/ Fijalkowski, Jürgen/ Wagner, Gert G. (Eds.): Immigration, Citizenship, and the Welfare State in Germany and the United States: immigrant incorporation, Vol. 14 (A) of Industrial Development and Social Fabric Series of JAI Press Inc., Stamford, CT and London, 15-35

**Zimmermann, K.F. 1994:**

Immigration Policies in Europe - An Overview. In: Siebert, Horst (ed.) Migration - A Challenge for Europe. Tuebingen: Mohr, 227-258

## Table 1 Composition of Resident Children[1)] Population in Germany in 1995/96

| | West Germany | Germany |
|---|---|---|
| **Immigrant Status** | | |
| Native Born German | 76.8 | 80.5 |
| German Immigrant | 6.1 | 5.6 |
| Foreigner | 17.1 | 13.9 |
| **Total** | **100.0** | **100.0** |

[1)] Up to 16 years of age

Source: SOEP, authors' calculations.

## Table 2 Objective and Subjective Indicators describing Living Conditions of Children in Germany by Immigrant Status, 1995/96

| | West Germany | | | | East Germany |
|---|---|---|---|---|---|
| | Native Born German | German Immigrant | Foreigner | Total | Total |
| **Household Structure** | | | | | |
| Lone Parent | 9 | 10 | 4 | 9 | 9 |
| Multi-Adult 1 child | 28 | 22 | 23 | 26 | 34 |
| Multi-Adult 2 children | 40 | 37 | 42 | 41 | 44 |
| Multi-Adult 3+ children | 23 | 32 | 31 | 25 | 13 |
| | | | | | |
| **Housing Situation** | | | | | |
| Owner occupier (in %) | 56 | 27 | 30 | 50 | 34 |
| Number of Rooms | | | | | |
| Rooms per capita | 1.15 | 0.95 | 0.91 | 1.09 | 1 |
| Less than 1 room per capita (in %) | 26 | 52 | 51 | 32 | 37 |
| Housing Space | | | | | |
| Square meters per capita | 29 | 23 | 22 | 28 | 23 |
| Evaluated as being "too small"(in %) [1)] | 28 | 28 | 48 | 32 | 38 |
| | | | | | |
| **Unemployment Experience in previous year[2)]** | | | | | |
| No employable person | 2 | (1) | 3 | 2 | 0 |
| Index = 0% (no unemployment last year) | 79 | 77 | 66 | 77 | 59 |
| Index = 1-50% | 17 | 14 | 22 | 18 | 32 |
| Index = 50-100% | 3 | 8 | 9 | 4 | 10 |
| | | | | | |
| **Subjective Measures of Well-Being (Parental Information)** | | | | | |
| "Not feeling at home in Germany" (%) | - | 39 | 50 | - | - |
| "Feeling of being discriminated against because of cultural origin" (in %) | - | 52 | 55 | - | - |
| | | | | | |
| **Parents expressing being worried about ...** | | | | | |
| Overall economic development (in %) | 57 | 35 | 49 | 54 | 55 |
| Individual economic development (%) | 23 | 35 | 40 | 26 | 41 |

| **Parental satisfaction with ...** | | | | | |
|---|---|---|---|---|---|
| Life today [3] | 7 | 7.4 | 6.6 | 6.9 | 6.5 |
| Life five years from now [3] | 7.2 | 7.4 | 7.3 | 7.2 | 6.6 |
| Health [3] | 7 | 7.3 | 7.3 | 7.1 | 7 |
| Living standard [3] | 7.1 | 7.7 | 6.3 | 7.0 | 6.3 |
| Household income [3] | 6.3 | 6.2 | 5.7 | 6.2 | 54 |

( ) Values in parentheses: n < 30.

[1] Evaluation by head of household.

[2] Months in unemployment as a share of months with potential employment of all employable household members during the previous year.

[3] Mean value measured on a 11-point scale from 0 (=not at all satisfied) to 10 (=completely satisfied).

Source: SOEP, authors' calculations.

## Table 3 Income and Poverty Measures for Children in Germany by Immigrant Status, 1995/96

| | **West Germany** | | | | **East Germany** |
|---|---|---|---|---|---|
| | Native Born German | German Immigrant | Foreigner | Total | Total |
| Pre-Government Income[1] | 35.715 | 25.081 | 27.986 | 33.741 | 26.979 |
| Post-Government Income[1] | 28.825 | 21.747 | 23.5 | 27.48 | 23.862 |
| Public-Transfers[1] | 1.973 | 3.213 | 2.443 | 2.129 | 3.648 |
| Relative Equivalent Pre-Government Income Position (Total Population=100) | 104.3 | 75.2 | 87.6 | 99.8 | 78.6 |
| Relative Equivalent Post-Government Income Position (Total Population=100) | 92.4 | 69.7 | 75.3 | 88.1 | 76.5 |
| Poverty Head Count Ratio using a poverty line at ... | | | | | |
| 50% of Median Post Government Income | 15.2 | 13.7 | 23.9 | 16.6 | 15.4 |
| 60% of Median Post Governmentt Income | 21.4 | 28.6 | 36.2 | 24.4 | 23.9 |

[1] In 1991 DM.

Source: SOEP, authors' calculations.

## Table 4 OLS-Regression Results on Equivalent Income of Children in West Germany, 1995/96 (t-values in parenthesis; n = 5648)

| Label | Model I | Model II | Model III | Model IV | Model V |
|---|---|---|---|---|---|
| Region: Midwest | -.121 (-7.000) | -.107 (-6.239) | -.100 (-5.824) | -.115 (-6.649) | -.113 (-7.011) |
| Region: North | -.143 (-6.900) | -.140 (-6.767) | -.118 (-5.724) | -.131 (-6.299) | -.132 (-6.791) |
| Metropolitan Area | .019 (.842) | .040 (1.730) | .038 (1.661) | .023 (.991) | .042 (1.930) |
| Parental Age 16-25 | -.806 (-14.557) | -.795 (-14.535) | -.793 (-14.448) | -.782 (-14.138) | -.815 (-15.555) |
| Parental Age 26-35 | -.323 (-13.925) | -.324 (-14.140) | -.318 (-13.838) | -.292 (-12.422) | -.329 (-14.863) |
| Parental Age 36-45 | -.094 (-4.113) | -.111 (-4.930) | -.101 (-4.488) | -.076 (-3.335) | -.081 (-3.802) |
| Lone Parent | -.679 (-22.256) | -.691 (-22.904) | -.683 (-22.522) | -.680 (-22.341) | -.526 (-18.100) |
| Multi-Adult-HH with 2 children | -.093 (-4.814) | -.090 (-4.732) | -.088 (-4.620) | -.092 (-4.780) | -.104 (-5.764) |
| Multi-Adult-HH with 3+ children | -.110 (-5.018) | -.128 (-5.897) | -.136 (-6.203) | -.116 (-5.329) | -.130 (-6.325) |
| Parents with Sec. Education | .282 (12.086) | .205 (8.654) | .250 (10.508) | .275 (11.817) | .189 (8.532) |
| Parents with some Post-Sec. Education | .630 (25.925) | .535 (21.331) | .579 (23.147) | .628 (25.905) | .493 (21.186) |
| Year 1996 | .023 (1.585) | .021 (1.443) | .022 (1.505) | .020 (1.367) | .014 (1.015) |
| No employable household member | - | - | - | - | -1.303 (-23.456) |
| Unemployment Index 1-50 % | - | - | - | - | -.140 (-7.223) |
| Unemployment Index 50-100 % | - | - | - | - | -.735 (-19.496) |
| HH with Immigrants or Foreigners | -.135 (-7.089) | - | - | - | - |
| Both Parents are German Immigrants | - | -.100 (-2.940) | - | - | - |
| German Immigrant and Native German | - | .120 (1.460) | - | - | - |
| Both Parents are Foreigners | - | -.359 (-13.673) | - | - | - |
| Foreigner and Native German | - | .134 (4.141) | - | - | - |
| Origin: Medit. EU-country | - | - | -.023 (-.459) | - | - |
| Origin: Medit. Non-EU country | - | - | -.280 (-8.811) | - | - |
| Origin: Eastern Europe, Former SU | - | - | -.246 (-8.390) | - | - |
| Origin: Western industr. countries | - | - | .289 (6.805) | - | - |
| Origin: other | - | - | -.178 (-3.757) | - | - |
| Years since parents immigrated: 0-5 | - | - | - | -.351 (-9.285) | -.238 (-6.650) |
| Years since parents immigrated: 6-10 | - | - | - | -.139 (-4.291) | -.060 (-1.947) |
| Years since parents immigrated: 11-20 | - | - | - | -.202 (-5.157) | -.205 (-5.591) |
| Years since parents immigrated: >20 | - | - | - | .010 (.350) | .002 (.086) |
| Native born Foreigner | - | - | - | -.060 (-.762) | -.073 (-.984) |
| (Constant) | 10.057 (303.006) | 10.138 (303.427) | 10.083 (299.992) | 10.038 (301.613) | 10.211 (317.825) |
| Adjusted $R^2$ | 291 | .309 | .306 | .298 | .391 |

Source: SOEP, authors' calculations.

**Table 5 Logistic Regression Results on Poverty Status of Children in West Germany, 1995/96 (Odds-ratios with Wald-Statistic in parenthesis; n = 5648)**

| Label | Model I | Model II | Model III | Model IV | Model V |
|---|---|---|---|---|---|
| Region: Midwest | 1.324 (9.378) | 1.366 (11.253) | 1.339 (9.843) | 1.329 (9.452) | 1.416 (11.224) |
| Region: North | 1.680 (25.620) | 1.783 (30.766) | 1.625 (21.948) | 1.633 (22.383) | 1.816 (27.485) |
| Metropolitan Area | .834 (2.227) | .769 (4.471) | .784 (3.880) | .818 (2.645) | .753 (4.123) |
| Parental Age 16-25 | 9.653 (98.918) | 9.906 (98.833) | 9.513 (96.512) | 9.368 (94.095) | 14.230 (112.408) |
| Parental Age 26-35 | 2.374 (45.234) | 2.412 (46.250) | 2.336 (43.070) | 2.200 (35.598) | 3.841 (70.606) |
| Parental Age 36-45 | 1.164 (1.265) | 1.254 (2.768) | 1.159 (1.169) | 1.081 (.321) | 1.310 (2.628) |
| Lone Parent | 7.381 (238.018) | 7.740 (245.633) | 7.391 (233.607) | 7.823 (246.926) | 5.643 (140.410) |
| Multi-Adult-HH with 2 children | 1.018 (.029) | 1.014 (.016) | 1.020 (.034) | 1.031 (.078) | 1.074 (.357) |
| Multi-Adult-HH with 3+ children | 1.513 (13.416) | 1.566 (15.494) | 1.585 (16.352) | 1.557 (15.062) | 1.881 (25.187) |
| Parents with Sec. Education | .372 (100.302) | .433 (72.201) | .388 (91.988) | .377 (102.307) | .443 (55.972) |
| Parents with some Post-Sec. Education | .117 (300.355) | .140 (235.250) | .123 (269.849) | .115 (300.412) | .178 (160.533) |
| Year 1996 | .757 (12.985) | .763 (12.140) | .757 (12.770) | .779 (10.300) | .760 (10.229) |
| No employable household member | - | - | - | - | 211.767 (111.650) |
| Unemployment Index 1-50 % | - | - | - | - | 2.205 (63.999) |
| Unemployment Index 50-100 % | - | - | - | - | 29.765 (345.815) |
| HH with Immigrants or Foreigners | 1.163 (2.688) | - | - | - | - |
| Both Parents are German Immigrants | - | .582 (9.229) | - | - | - |
| German Immigrant and Native German | - | .365 (2.242) | - | - | - |
| Both Parents are Foreigners | - | 1.920 (34.113) | - | - | - |
| Foreigner and Native German | - | .497 (7.359) | - | - | - |
| Origin: Medit. EU-country | - | - | .578 (4.361) | - | - |
| Origin: Medit. Non-EU country | - | - | 1.517 (9.520) | - | - |
| Origin: Eastern Europe, Former SU | - | - | 1.079 (.311) | - | - |
| Origin: Western industr. Countries | - | - | .083 (10.921) | - | - |
| Origin: other | - | - | 2.880 (26.870) | - | - |
| Years since parents Immigrated: 0-5 | - | - | - | 2.939 (49.364) | 1.958 (15.505) |
| Years since parents Immigrated: 6-10 | - | - | - | .955 (.094) | .635 (6.014) |
| Years since parents Immigrated: 11-20 | - | - | - | .654 (4.543) | .600 (5.710) |
| Years since parent Immigrated: >20 | - | - | - | .924 (.246) | .949 (.087) |
| Native born Foreigner | - | - | - | .730 (.518) | .813 (.223) |
| Initial -2log: 5659.34 Model Improvement | 116623 | 1229.15 | 1232.78 | 1221.01 | 1906.02 |

Source: SOEP, authors' calculations.

## Table 6: Selected Indicators describing Integration into German Society for Children in Germany, 1995/96

| | Parental Education [1] | | | Parental Behavior | | | | | |
|---|---|---|---|---|---|---|---|---|---|
| | Without secondary Education | Completed secondary Education | Post secondary Education | Language predominantly spoken at home | | | Predominantly reading newspapers from home country | Predominantly listening to music from home country | Predominantly preparing food from home country |
| | | | | German | Language of home country | both | | | |
| | - %- | | | | | | | | |
| Native-born West German | 10 | 49 | 42 | - | - | - | - | - | - |
| German Immigrant | 27 | 51 | 22 | 51 | 4 | 45 | 3 | 2 | 32 |
| Foreigner | 37 | 34 | 29 | 38 | 21 | 41 | 21 | 22 | 36 |
| East Germany | 2 | 53 | 45 | - | - | - | - | - | - |
| Years since parents immigration: | | | | | | | | | |
| 0-5 years | 37 | 28 | 35 | 24 | 39 | 37 | 21 | 21 | 30 |
| 6-10 years | 40 | 40 | 20 | 45 | 8 | 47 | 6 | 5 | 34 |
| 11-20 years | 31 | 43 | 27 | 41 | 12 | 47 | 25 | 25 | 30 |
| 21+ years | 32 | 36 | 32 | 44 | 18 | 38 | 21 | 23 | 46 |
| Native born foreigner | 12 | 55 | 33 | 76 | - | 24 | - | 23 | 11 |
| Area of Origin | | | | | | | | | |
| Mediterranean EU-Country | 59 | 25 | 16 | 26 | 21 | 53 | 26 | 23 | 51 |
| Mediterranean Non-EU Country | 55 | 33 | 13 | 27 | 33 | 40 | 32 | 31 | 52 |
| Eastern Europe, Former SU | 23 | 48 | 29 | 45 | 4 | 51 | 3 | 2 | 28 |
| Western Industrialized Country | 5 | 36 | 59 | 75 | 2 | 23 | 10 | 12 | 2 |
| Other | 28 | 33 | 39 | 41 | 25 | 34 | 5 | 10 | 23 |

[1] Highest educational level achieved by parents.

Source: SOEP 1995/96, authors' calculations.

## Table 7 Educational Enrollment of 13-16 year old Children in Germany in 1995/96 by Immigrant Status

| | West Germany | | | | East Germany |
|---|---|---|---|---|---|
| | Native Born German | German Immigrant | Foreigner | Total | Total |
| **Type of School** | | | | | |
| Hauptschule | 27 | 29 | 39 | 29 | 7 |
| Realschule | 25 | 22 | 25 | 25 | 37 |
| Gymnasium | 32 | 26 | 19 | 29 | 37 |
| Other[1] | 16 | 23 | 17 | 17 | 19 |
| | | | | | |
| Total | 100 | 100 | 100 | 100 | 100 |

[1] This category includes Waldorfschule, Gesamtschule, special schools for the disabled, as well as vocational training.

Source: SOEP, authors' calculations.

## Table 8 Logistic Regression Results on the Probability of "Attending Gymnasium" of 13 to 16 Years old Children in West Germany, 1995/96 (Odds-ratios with Wald-Statistic in parenthesis; n = 843)

| Label | Model I | Model II | Model III | Model IV | Model V |
|---|---|---|---|---|---|
| Region: Midwest | 1.290<br>(1.679) | 1.377<br>(2.560) | 1.341<br>(2.164) | 1.306<br>(1.804) | 1.329<br>(2.027) |
| Region: North | .725<br>(1.803) | .782<br>(1.016) | .756<br>(1.337) | .745<br>(1.455) | .766<br>(1.178) |
| Metropolitan Area | 1.555<br>(2.516) | 1.610<br>(2.806) | 1.634<br>(2.998) | 1.610<br>(2.837) | 1.625<br>(2.919) |
| Parental Age 16-35 | .193<br>(17.021) | .179<br>(18.245) | .177<br>(17.893) | .211<br>(15.106) | .220<br>(14.135) |
| Parental Age 36-45 | .610<br>(7.335) | .605<br>(7.512) | .615<br>(6.990) | .640<br>(5.735) | .637<br>(5.841) |
| Lone Parent | 1.948<br>(4.062) | 2.185<br>(5.364) | 1.980<br>(4.156) | 1.530<br>(1.442) | 1.488<br>(1.239) |
| Multi-Adult-HH with 2 children | .919<br>(.170) | .953<br>(.054) | .905<br>(.236) | .944<br>(.080) | .926<br>(.140) |
| Multi-Adult-HH with 3+ children | 1.061<br>(.053) | 1.032<br>(.015) | .977<br>(.007) | 1.074<br>(.077) | 1.037<br>(.019) |
| Parents with Sec. Education | 4.120<br>(16.220) | 3.440<br>(11.192) | 3.558<br>(11.804) | 3.975<br>(14.966) | 3.780<br>(13.616) |
| Parents with some Post-Sec. Education | 17.526<br>(64.910) | 14.635<br>(51.409) | 15.210<br>(53.637) | 16.861<br>(61.224) | 15.228<br>(54.350) |
| Year 1996 | .783<br>(1.266) | .817<br>(.846) | .773<br>(1.353) | .740<br>(1.814) | .741<br>(1.777) |
| No employable household member | - | - | - | - | .758<br>(.112) |
| Unemployment Index 1-50 % | - | - | - | - | .701<br>(1.684) |
| Unemployment Index 50-100 % | - | - | - | - | .635<br>(.594) |
| HH with Immigrants or Foreigners | 1.073<br>(.096) | - | - | - | - |
| Both Parents are German Immigrants | - | .637<br>(1.435) | - | - | - |
| German Immigrant and Native German | - | 2.960<br>(2.295) | - | - | - |
| Both Parents are Foreigners | - | .756<br>(.545) | - | - | - |
| Foreigner and Native German | - | 2.053<br>(2.986) | - | - | - |
| Origin: Medit. EU-country | - | - | .739<br>(.163) | - | - |
| Origin: Medit. Non-EU country | - | - | .662<br>(.730) | - | - |
| Origin: Eastern Europe, Former SU | - | - | .837<br>(.321) | - | - |
| Origin: Western industr. countries | - | - | 3.351<br>(3.883) | - | - |
| Origin: other | - | - | 2.403<br>(2.806) | - | - |
| Years since parents immigrated: 0-5 | - | - | - | .382<br>(2.565) | .390<br>(2.410) |
| Years since parents immigrated: 6-10 | - | - | - | .615<br>(.863) | .630<br>(.769) |
| Years since parents immigrated: 11-20 | - | - | - | 3.678<br>(7.211) | 3.640<br>(6.952) |
| Years since parents immigrated: >20 | - | - | - | 1.049<br>(.024) | 1.056<br>(.030) |
| Initial -2log:1006.04<br>Model Improvement | 17701 | 184.40 | 184.94 | 188.75 | 191.02 |

Source: SOEP, authors' calculations.

# Ingrid Gogolin

## Erziehungswissenschaftliche Migrationsforschung: Ergebnisse eines Schwerpunktprogramms der DFG

### Vorbemerkung

Dieser Beitrag zu der Schrift, mit der Friedrich Heckmann aus Anlass seines 60. Geburtstags geehrt wird, berichtet über kooperative, disziplinübergreifende Forschung, die im Kontext des DFG-Forschungsschwerpunktprogramms FABER (Folgen der Arbeitsmigration für Bildung und Erziehung, 1989 bis 1997) stattfand[1]. Am Gelingen dieses Programms hatte Friedrich Heckmann sehr bedeutenden Anteil. Seine Mitwirkung als Gutachter hat uns zahlreiche konstruktive Impulse gegeben. Besonders wertvoll war seine stete Mahnung und praktisch demonstrierte Kompetenz, nicht blindlings der eigenen fachwissenschaftlichen Perspektive nachzulaufen, sondern das Wagnis der interdisziplinären Arbeit einzugehen. Dies ist Anlass genug, diesen Beitrag Friedrich Heckmann zuzueignen - in dankbarer Erinnerung an die anregenden gemeinsamen Versuche, die Schleier etwas zu lüften, die über dem Problem der Konsequenzen von Migration für Bildung und Erziehung liegen.

### Absichten des Schwerpunktprogramms FABER

Mit der Initiierung dieses Schwerpunktprogramms war die Absicht verbunden, Veränderungen nachzuzeichnen, die sich infolge von Zuwanderung aus dem Ausland für Bildung und Erziehung in der Bundesrepublik Deutschland ergeben hatten. Insbesondere ging es darum, die Substanz solcher Entwicklungen zu prüfen: Auf der Ebene der Phänomene, so wurde im ursprünglichen Antragstext (FABER 1990) argumentiert, seien radikale Veränderungen wahrzunehmen, die sich auf Zuwanderung zurückführen ließen - man denke nur an das schlichte Beispiel der Zusammensetzung von Schulklassen aus Schülerinnen und Schülern, für die nicht mehr selbstverständlich gilt, dass das

---

[1] Es handelt sich um eine geringfügig überarbeitete und aktualisierte Fassung meines Beitrags in Gogolin/Nauck (Hrsg.) 2000.

Deutsche oder eine Variante davon ihre Familiensprache oder ihre einzige Sprache ist. Auch wurde konstatiert, dass die seinerzeitige erziehungs- und sozialwissenschaftliche Forschung - mindestens gilt das für den deutschsprachigen Raum - sich vorwiegend mit Oberflächenerscheinungen im Gesellschafts- und Bildungssystem befasst hatte, die, zum Teil in kurzschlüssiger Weise, auf Zuwanderung zurückgeführt wurden. Ein großer Teil dieser Forschung war dadurch motiviert, zur raschen Lösung von Schwierigkeiten beizutragen, die aus den Praxisfeldern der Erziehung und Bildung sowie von bildungspolitischer Seite beklagt wurden.

Diese Aktivitäten sollen gewiss nicht diskreditiert werden. Die kritische Auseinandersetzung, die im Vorfeld der Antragstellung mit solchen Grundzügen der seinerzeitigen Forschung und Entwicklung geführt wurde, hatte aber zahlreiche ihnen innewohnende grundlegende Annahmen zutage gefördert, die dringend der theoretischen und begrifflichen Klärung bedurften. Dieser Bedarf wurde nicht zuletzt artikuliert, weil das Interesse daran wuchs, unerwünschte Nebenfolgen des eigenen Tuns besser erkennen, und wenn möglich, vermeiden zu können. Zu solchen unerwünschten Nebenfolgen wurde es gerechnet, dass das zunächst relativ unreflektierte Anknüpfen an alltagsverstandlichen Vorstellungen - etwa: über ‚Kultur' und ‚das Fremde' - dazu beigetragen hatte, Problemkomplexe und eine Klientel erst zu konstruieren, die sodann unter pädagogische, soziale, therapeutische ‚Betreuung' gestellt wurde, und zwar unter Berufung auf jene Forschungsergebnisse, die der Konstruktion zunächst zugrunde lagen. Als eine der Ursachen für diese nicht befriedigende Lage war die Vermengung von anwendungs- und grundlagenorientierter Forschung herausgearbeitet worden, die in der erziehungswissenschaftlichen ebenso wie in der übrigen sozialwissenschaftlichen Migrationsforschung seinerzeit weit verbreitet war (und es durchaus in vielen Kontexten noch ist).

Das FABER-Schwerpunktprogramm ist große Schritte auf dem selbstvorgezeichneten Weg vorangekommen. Mein Beitrag soll zeigen, dass und in welchen Hinsichten die Beschäftigung mit der Spezialfrage nach den Folgen der Arbeitsmigration für Bildung und Erziehung zu Antworten oder weiterführenden Fragen geführt hat, die von allgemeiner Relevanz für die beteiligten Disziplinen sind. Zunächst stelle ich einen gerafften Überblick über Resultate des Programms vor, zu denen die Einzelprojekte gemeinsam beigetragen haben; Einzelresultate sind in Gogolin/Nauck (Hrsg.) 2000 vorgestellt. Anschließend illustriere ich diesen Grundzug des Schwerpunktprogramms anhand eines eigenen Projekts, an dem ich zugleich beispielhaft zeigen möchte, in welcher Weise weitere erziehungswissenschaftliche Forschung von den Resultaten der abgeschlossenen profitieren kann.

## Perspektivenwechsel

Das aus der Sicht der ursprünglichen Antragstellergruppe wünschenswerte Forschungsprogramm im FABER-Schwerpunkt war in einen Katalog von Thesen gefasst, die den konkreten Projekten als Referenzrahmen dienen konnten (vgl. FABER 1990). Zentraler Gedanke der Argumentation war es, gegenüber den bis dahin vorwiegend gepflegten Betrachtungsweisen einen Perspektivenwechsel herbeizuführen. Migrationen und ihre Folgen für Gesellschafts- bzw. Bildungssysteme sollten nicht länger als isolierte Phänomene, sondern als Moment vergangener und gegenwärtiger gesellschaftlicher Transformationsprozesse untersucht werden[2]. In der Forschung sollte eine im weitesten Sinne vergleichende Sichtweise eingenommen werden:

- Durch den Vergleich historischer Konstellationen sollte geprüft werden, inwieweit die vielfach fraglos eingenommene Auffassung haltbar war, dass sich durch Migration eine neuartige Lage ergeben habe, die den Bildungs- und Erziehungsinstanzen zahlreiche zuvor nicht bestehende Aufgaben auferlege. Die retrospektive Analyse hatte ergeben, dass vor allem das ‚Argument der großen Zahl' zur Untermauerung dieser Auffassung herangezogen wurde: die Behauptung, die Menge der Zuwandernden sei der entscheidende Faktor, auf den gestützt von einer ‚neuen Qualität' gesprochen werden könne. Die Prüfung der Stichhaltigkeit dieses Arguments war ebenso vonnöten wie die Suche nach anderen Argumenten von Erklärungskraft.
- Durch Vergleich zwischen Zugewanderten und Nichtgewanderten sollte geprüft werden, ob und in welchen Hinsichten die im theoretischen Diskurs und im praktischen pädagogischen Handeln geborgene Vorstellung tragfähig war, man könne ‚Merkmalsbündel' definieren, die eindeutig auf die ‚Herkunft' der Zuwanderer als Gruppen zurückgeführt werden und daher im politischen, pädagogischen und sozialen Raum als handlungsleitend fungieren könnten.
- Durch internationalen Vergleich sowie die stärkere Aufschließung des einschlägigen internationalen Forschungsstands für die Diskussion im deutschsprachigen Raum sollte es gelingen, die von nationalhistorischen Oberflächenphänomenen relativ unabhängigen Momente gesellschaftlicher Transformation freizulegen, die internationale Wanderung motivieren bzw. in Reaktion auf sie in Bildung und Erziehung existieren.
- Vom Vergleich des Zugriffs auf Begriffe und Konzepte, der in der erziehungs- und sozialwissenschaftlichen Migrationsforschung gebräuchlich war, mit anderen in den betroffenen ‚Mutterdisziplinen' üblichen Zugriffsweisen wurde erwartet, das jeweils unterliegende unausgesprochene Selbstverständnis zu erhellen.

---

[2] Dies ist eine Sichtweise, die nicht zuletzt durch die Arbeiten Friedrich Heckmanns inspiriert war; ich erinnere nur an dens. 1982; 1987.

## Die Kreierung von ‚Normalität' und ihre historischen Traditionen

Die Herausforderung, sich mit der historischen Dimension des jeweils untersuchten Problems zu befassen, ist von einem großen Teil der FABER-Projekte aufgegriffen worden. Ansatzpunkt für diese Untersuchungen war die im Antrag zum Schwerpunktprogramm aufgestellte These, es würden durch Migrationen die Institutionen problematisiert, die sich dem nationalstaatlichen Selbstverständnis des Bildungssystems verdanken. Zu prüfen war die inhaltliche Füllung des mehrwertigen Ausdrucks ‚problematisiert' ebenso wie der Gehalt der Grundannahme an sich, dass es im heutigen deutschen Bildungswesen starke und wirkmächtige Spuren seiner nationalstaatlichen Verfasstheit gebe.

In letzterer Hinsicht waren Forschungsprojekte besonders ertragreich, die sich mit dem sprachlichen Selbstverständnis des heutigen deutschen Bildungswesens und seiner historischen Genese befassten. Nachgezeichnet werden konnte an Beispielen aus verschiedenen Entwicklungsphasen seit dem Ende des 18. Jahrhunderts, dass und wie die Grundüberzeugung entstand und sich durchsetzte, es könne ein öffentliches deutsches Schulwesen nur monolingual im Deutschen funktionieren. Komplementär dazu wurden die heute noch gängigen, auch in Alltagspraxis abgesunkenen Vorstellungen kreiert, dass es einem Kind nicht gut bekomme, all zu früh mit mehr als einer Sprache konfrontiert zu werden. Zur Legitimierung dieser Vorstellung entwickelte sich eine sprachwissenschaftliche Beweisführungspraxis, die stark mit dem im 19. Jahrhundert sich festigenden deutschen Nationkonzept verwoben waren[3]. In den FABER-Untersuchungen zeigte sich in verschiedenen Facetten, dass dieses Gefüge von Grundüberzeugungen und Praxis bis heute im deutschen Bildungswesen durchschlägt. Es ist umso mächtiger wirksam, weil die Geschichte seines Entstehens *als Geschichte* ins Vergessen versunken ist (vgl. als Beispiele Gogolin 1994; Gogolin [Hrsg.] 1994; Krüger-Potratz u.a. 1998).

In den Aspekten, die in Untersuchungen des Schwerpunktprogramms betrachtet wurden, ließen sich also sowohl Traditionslinien als auch heutige Ausdrucksformen des ‚nationalen Selbstverständnisses' des deutschen Bildungssystems nachweisen. Auch gelang es, durch die historisch angelegten Untersuchungen herauszuarbeiten, dass die vielfach als neuartig empfundenen ‚Folgen von Migration' im Schulwesen keineswegs ohne Vorläuferschaft sind. Eher kann festgestellt werden, dass es in der Geschichte des öffentlichen Schulwesens in Deutschland kaum eine Phase gegeben hat, in der nicht zuwandernde oder autochthone Minoritäten zu integrieren waren. Insbesondere die Untersuchung Krüger-Potratz (dies. u.a. 1998) zeigte, wie stark die im Verlauf der Geschichte nationalstaatlicher Schule herausgebildeten Strategien und Praktiken zur Herstellung von ‚Eigenem' und zur Abgrenzung von ‚Fremdem' bis in die heutigen

[3] Wertvolle Anregungen zur historischen Einordnung und begrifflichen Klärung hierzu bot übrigens Heckmann 1992, bes. Kap. 3.

Maßnahmen zur Integration und Förderung allochthoner Minoritäten fortwirken. In einer Untersuchung, deren Ergebnis eine Bestandsaufnahme der Grundzüge von Bildungsmaßnahmen für Kinder von Minoritäten in den Ländern der Bundesrepublik Deutschland ist, wurde hieran anknüpfend ermittelt, wie wenig ‚originell' die Maßnahmenpakete sind, die zur Betreuung und Integration Zugewanderter in den letzten ca. dreißig Jahren entwickelt wurden (vgl. Gogolin/Neumann/Reuter 2000). Sie setzen vielmehr weitgehend die schulrechtlichen und -organisatorischen Grundmuster fort, die sich unter anderen historisch-politischen Umständen, beispielsweise in der Weimarer Republik, entwickelt haben - und zwar keineswegs allein im Hinblick auf ‚ethnisch-sprachliche' Minoritäten, sondern genereller in Hinsicht darauf, das Bildungssystem auf (historisch unterschiedliche) ‚Normalsetzungen' zuzuschneiden.

Die Berücksichtigung der historischen Dimension der ‚Folgen von Migration für Bildung und Erziehung' trug also nennenswert dazu bei, die Ursachen zu erhellen, die zur Herausbildung und Festigung der heute gängigen Vorstellungen geführt haben, ein Staat - und daher auch seine Schule - sei ‚normalerweise' kulturell, ethnisch, sprachlich homogen; grenzenüberschreitende Wanderungen seien der geschichtliche Ausnahmefall. Es wurde ein besseres Verständnis jener Mechanismen erreicht, die bis heute dazu führen, dass der übliche Umgang mit ‚Einheimischen' und ‚Fremden' - Bevorzugung der einen, ausnahmsweise Duldung, Ausgrenzung oder Assimilierung der anderen - so angesehen wird, als sei solche Praxis ‚naturgegeben'. Tatsächlich zeigten die Untersuchungen historisch herausgebildete Usancen, die zu gesellschaftlichen Strukturen geronnene soziale und politische Kräfteverhältnisse vergangener Zeiten in sich tragen und in der Gegenwart weiterführen. Es ist ihr besonderes Kennzeichen, dass in ‚ruhigen Zeiten' - etwa in Zeiten ökonomischen Wohlstands und sozialen Friedens - kein aufsehenerregender Gebrauch von ihnen gemacht wird; in Unruhezeiten aber werden sie zur Legitimation von Ein- und Ausgrenzungen benutzt.

Die Möglichkeit der Verallgemeinerung und zugleich, auf gegenwärtige Ausdrucksformen bezogen, weiteren Schärfung dieses Ergebnisses bestand im Schwerpunktprogramm, weil sich mehrere Untersuchungen mit Fragen danach befassten, von wem, wann, mit welchem Motiven und zu welchem Zwecken von praktischen Ausdrucksweisen des Ethnizitätskonzepts Gebrauch gemacht wird (vgl. z.B. Auer/Dirim 2000; Dannenbeck/Eßer/Lösch 1999; Schepker/Toker/Eberding 2000). Es konnten in diesen Untersuchungen einerseits Anlässe, Formen und Intentionen des Zugriffs auf ‚ethnische Kategorien' in der Lebenspraxis Zugewanderter, etwa bei der Ausformung eines Selbstkonzepts gezeigt werden. Zum anderen wurde herausgearbeitet, welchen Anteil die Institutionen der Bildung und Erziehung (über die Schule hinaus, bis hin zu Institutionen und Organisationen der Beratung und Therapie) daran haben, dass traditionelle Muster der Trennung oder Einbindung und die ihnen impliziten Anthropologien und Gesellschaftsvorstellungen so fortwirken, dass bestimmte Ein- oder Ausgrenzungen auch heute noch als gleichsam natürliche

Prozesse erscheinen können. Gezeigt werden konnte ferner, wie dies in geläufigen Theorien (z.B. zur Entwicklung, zu Begabung und Lernen, zur Sozialisation, zum Spracherwerb) und in institutionellen Praktiken Niederschlag gefunden hat. Im Hinblick auf individuelle Praxis wurde ermittelt, dass Minoritätsangehörige ihre sprachliche und ethnisch-kulturelle Herkunft keineswegs beliebig als Argument und Maßstab zur Unterscheidung von ‚seinesgleichen' und ‚anderen' verwenden, sondern vielmehr zweckvoll und in adäquater Passung auf institutionelle Spielregeln und Erfordernisse eines Augenblicks (siehe z.B. Gogolin/Neumann 1997).

Im beschriebenen Sinne ist also die erwähnte These von der nationalstaatlichen Verfasstheit des Bildungswesens inhaltlich ausgefüllt - zugleich aber neu gefasst worden. In dieser Hinsicht kann noch kaum ein ‚hoffnungsvoller' Ausblick mit den Untersuchungsergebnissen begründet werden; eher könnte man von Ambivalenz des derzeit Beobachtbaren sprechen. Die aus vielen Blickwinkeln in der FABER-Forschung beschriebenen Momente der nationalen Verfasstheit des deutschen Schulsystems sind überwiegend keineswegs ‚problematisch' im Sinne von obsolet oder überwunden, sondern sie sind wirksam. Die Spuren des nationalen Selbstverständnisses sind tief in die Strukturen und Formen des Bildungswesens sowie in die Habitus der in ihm Agierenden eingeschrieben. Andererseits drängen demographische und sozio-ökonomische Entwicklungen, flankiert von politischer Willensbildung (z.B. im Rahmen der Europäischen Union oder der jüngst wieder aufgelebten Debatte zur Anwerbung qualifizierter Arbeitskräfte, z.B. für den Bereich der Informatik), zu Umsteuerungen in den Institutionen der Bildung und Erziehung, durch die Strukturen und innere Ausgestaltungen angeregt werden, die auf die sich mindernde Funktionalität des Staatsbürgerkriteriums reagieren (Beispiele hierfür in Gogolin/Neumann/Reuter 1998). Im Politik- und im Praxisfeld von Bildung und Erziehung vollziehen sich demnach Entwicklungen, die eine allmähliche Veränderung der von einer Homogenitätsvorstellung in sprachlicher und ethnisch-kultureller Hinsicht durchdrungenen Strukturmerkmale und inhaltlichen Konzeptionen des Bildungswesens erwarten lassen.

Der Migration im allgemeinen kann demnach nicht die Rolle des ‚auslösenden Moments' für Veränderungen im gesellschaftlichen bzw. Bildungs-Gefüge zugesprochen werden, wie dies vielfach in der Literatur vertreten wird. Sie ist vielmehr eine zwar bedeutende, dennoch eine der vielen Ausdrucksformen von sich beschleunigender Ausdifferenzierung der Gegenwartsgesellschaften sowie der Veränderung ihrer Ordnungsformen, deren eine - wichtige - der Nationalstaat ist. Das ‚Argument der großen Zahl' von Migrantinnen und Migranten fungiert zwar vielfach als Berufungsinstanz, besitzt aber keine Erklärungskraft für die hier angesprochenen Zusammenhänge. Der Stellenwert und Mehrwert einer disziplinübergreifenden wissenschaftlichen Betrachtung von Migration und ihren Folgen liegt vielmehr darin, dass sich, wie durch eine Lupe vergrößert, Grundprobleme der modernen pluralen, hochgradig differenzierten Gesellschaften zeigen sowie Muster in den Arten und Weisen, in denen die Bewältigung dieser Grundprobleme durch Institutionen bzw. Prozesse der Erziehung, Beratung und Bildung gelingen soll, deren Entstehungsgeschichte bzw. Tradition mit der Intention der Homogenisierung der Staatsbevölkerung verquickt ist.

## ‚Migration ist kein Risikofaktor'

‚Perspektivwechsel' bedeutete im FABER-Schwerpunktprogramm nicht nur die Überwindung der zuvor üblichen relativen Ahistorizität in der wissenschaftlichen Betrachtung, sondern auch den Wechsel des Blicks vom Migranten auf die Migrationsgesellschaft. Hierfür war nicht zuletzt ausschlaggebend, dass auch in den Untersuchungen, die sich mit Aspekten der hiesigen Gegenwartslage befassten, eine vergleichende Perspektive eingenommen wurde.

Unter Nutzung eines breiten Spektrums von Forschungszugängen wurde nicht nur den Fragen nachgegangen, wie die ‚Herstellung von Differenz' in verschiedenen Feldern von Beratung und Betreuung, Bildung und Erziehung geschieht und welche Folgen sie hat. Vielmehr wurde darüber hinaus aus verschiedenen fachlichen Blickwinkeln untersucht, welche Lebenspraktiken, Auffassungen und Handlungsstrategien sich bei den gegebenen Bedingungen unter Zugewanderten verschiedener Provenienz entwickeln (vgl. z.B. Herwartz-Emden 1995; Lutz 2000). Analysiert wurde ferner, wie diese Praktiken, Auffassungen und Strategien sich im Vergleich zu denen Nichtgewanderter darstellen. Auch in diesem Feld ergaben sich weitreichende Klärungen bzw. Korrekturen des vorherigen Forschungsstands.

So ist, um Beispiele anzudeuten, die Unangemessenheit der geläufigen Auffassung freigelegt worden, Zugewanderte könnten aufgrund des gemeinsamen Merkmals der Auswanderung aus einem bestimmten Staat als Gruppen von starker innerer Homogenität untersucht werden. Zwar erlaubt das Merkmal Staatsbürgerschaft (wie von Gomolla/Radtke 2000 exemplarisch gezeigt) eine Steuerung der Schülerschaft nach ‚Systemnotwendigkeiten'; es ist also für die Institution funktional. Die ‚pädagogische' Gestaltung von Bildungsprozessen aber und die Evaluation ihrer Resultate, auf die ja mindestens auf der rhetorischen Ebene nicht verzichtet werden kann, können nicht auf Annahmen gestützt werden, die sich von der einer national-kulturellen Zugehörigkeit leiten lassen. Nach den Resultaten des FABER-Schwerpunkts ist auch die häufig geäußerte Meinung nicht länger haltbar, Unterschiede zwischen der Bildungsbeteiligung von Nichtgewanderten und Gewanderten einerseits, zwischen Zuwanderern verschiedener staatlicher Herkunft andererseits könne man sich unter Rückgriff auf nationalkulturell unterschiedliche Orientierungen erklären. Vielmehr ist davon auszugehen, dass unterschiedliche Sozialisationsbedingungen in den Familien mehr Erklärungskraft für Differenzen in der Bildungsbeteilung haben. Mit Referenz auf staatliche Herkunft ist lediglich feststellbar, dass die Chancen, unter günstigeren familialen Sozialisationsbedingungen aufzuwachsen, in Familien einiger staatlichen Herkunft (so z.B. aus Griechenland) größer ist als in anderen (vgl. Nauck/Diefenbach/Petri 1998). Ähnliches wurde im Hinblick auf psychische Gesundheit ermittelt (vgl. Schepker/Toker/Eberding 2000): Anders als häufig angenommen, sind Angehörige zugewanderter Familien nicht häufiger krank als zu erwarten. Minoritätenzugehörigkeit an sich ist demnach kein Risikofaktor. Migrantenspezifische Traumatisierungen konnten in dieser Untersuchung[4] nicht festgestellt werden; unhaltbar sei insbesondere die vielfach kolportierte ‚Migrations-Stress-Theorie' mit dem ihr innewohnenden Determinismus, eine besonderen Gefährdetheit der Identitätsentwicklung von Jugendlichen in Migrantenfamilien zu erwarten oder gar zu konstatieren. Vielmehr sind soziale Variablen und Momente der Familiendynamik ausschlaggebend dafür, welche psychische Befindlichkeit sich einstellt. Freilich gilt auch hier, dass Umstände, die für psychische Belastung relevant sind - z.B. Arbeitslosigkeit - unter Zugewanderten häufiger angetroffen werden als unter Nichtgewanderten.

Für die weitere Forschung maßgeblich ist, neben dieser Beobachtung, dass gewanderte Familien in diesen Lagen spezifische Ressourcen entwickeln, die besonders geeignet scheinen, komplexe und unsichere Lebenslagen zu bewältigen. Künftige Untersuchungen, die sich mit migrationsbedingten Lebenslagen allein unter dem Gesichtspunkt ihrer negativen Folgen beschäftigen möchten, sind nach diesen Resultaten als defizitär zu betrachten.

Forschungsergebnisse wie die angedeuteten sind also aufschlussreich für Analyse und Verstehen von Handlungsweisen und Lebenslagen Zugewanderter. Komplementär dazu lassen sie sich auf die Annahme rückbeziehen, dass die Betrachtung der Reaktionen auf Zuwanderung die Leistungsmöglichkeiten und Leistungsschwächen des Bildungssystems und von anderen Institutionen der Erziehung, Beratung und Betreuung besonders deutlich hervortreten lässt. Einerseits erhellt sich durch diese Betrachtung das höchst komplexe Gefüge von individuellen und systembezogenen bzw. strukturellen Mechanismen, die am Resultat der faktischen Bildungsbenachteiligung Zugewanderter zusammenwirken, welche unabweisbar nach wie vor besteht (vgl. Nauck/Diefenbach/Petri 1998; Roebers/Mecheril/Schneider 1998) bzw. die dafür mitverantwortlich sind, dass der Zugang zu Einrichtungen der Beratung und Betreuung erschwert wird. Andererseits trägt diese Analyse dazu bei, ‚kulturalistisch' gefärbte Erklärungsmodelle dafür zu überwinden, dass der Faktor ‚deutsche Staatsangehörigkeit' sich nach wie vor als wesentlich für die Stratifizierung im Bildungswesen oder für Partizipation an anderen öffentlichen Einrichtungen erweist.

[4] die sich nicht mit Flüchtlingen, etwa aus Bürgerkriegsregionen befasste, sondern mit langansässigen Zugewanderten; dies sei hier klärend hinzugefügt.

## Das Verhältnis von wissenschaftlichen Begriffen und praktischer Pluralität

Der im Antrag auf Einrichtung des FABER-Schwerpunktprogramms ausgeführte Anspruch, dass ein Perspektivenwechsel im angedeuteten Sinne schon aus dem Grunde angezeigt sei, weil der durch Migrationen hervorgerufene Wandel gesellschaftlicher Verhältnisse nicht bloß kulturelle Enklaven der Migranten, sondern die kulturelle Lage der Gesellschaft insgesamt betreffe, fand also in vielen Einzelergebnissen seine Bestätigung. Die beobachtbaren Veränderungen sind, wie sich erwies, am wenigsten in Begriffen der Konfrontation von Nationalkulturen zu fassen, sondern reichen vom Wandel von Familienstrukturen bis zur Herausbildung spezifischer soziokultureller Milieus. Die Ursachen von Entwicklungen ebenso wie ihre Reichweite sind kaum durch staatliche Grenzen bestimmt; auslösende Zusammenhänge - etwa wirtschaftshistorische, wirtschaftsgeographische Entwicklungen - sind vielmehr in der Regel grenzüberschreitend wirksam.

Das Schwerpunktprogramm hat seinen selbstgesetzten Anspruch in dieser Hinsicht nicht nur erfüllt, weil die angedeuteten Zusammenhänge empirisch konkret, in exemplarischen Erscheinungsformen gezeigt werden konnten. Die Untersuchungen und darüber geführten Debatten dienten darüber hinaus der Vergewisserung über die eigenen Begriffe, Konzepte und Methoden: einerseits im Hinblick auf jene, die im Feld der Forschung über Migration und ihre Folgen Anwendung finden; andererseits, indem die Resultate der Diskussionen auch als ‚kritische Anfragen' überlieferte, aus anderer Sicht nicht fragwürdig gewordene Grundlagen der beteiligten Disziplinen fungieren und somit ihrer Weiterentwicklung nützen können. In welchen Aspekten dies geschah, soll hier am Exempel der Erziehungswissenschaft[5] zunächst angedeutet, danach durch das Beispiel einer erziehungswissenschaftlichen Untersuchung illustriert werden - aus jener Disziplin also, die bei der Beantragung des Schwerpunktprogramms federführend war.

Im Hinblick auf die Erziehungswissenschaft führte die Forschung im Schwerpunktprogramm vor allem zur eingehenden Beschäftigung mit dem traditionell brisanten Verhältnis der Pädagogik zu Pluralität - oder, anders gewendet: mit der eigentümlich starken Bindung der Pädagogik an sprachliche und ethnisch-kulturelle Homogenität, also einen Mythos über gesellschaftliche und schulische Verhältnisse. Nach unseren Auseinandersetzungen damit muss die fraglose Gültigkeit einiger ‚allgemeinen' Grundannahmen der Erziehungswissenschaft bezweifelt werden.

---

[5] siehe ergänzend Diefenbach/Nauck 2000 zur Entwicklung in den Sozialwissenschaften und List 2000 mit Anmerkungen zu Traditionen in der Geschichtswissenschaft.

Von genereller Relevanz ist etwa, dass in der allen allgemeinen und Fach-Didaktiken explizit oder implizit eingeschriebenen Vorstellung vom ‚allgemeinen Kind' gegenwärtig ein Selbstverständnis von sprachlicher, ethnisch-kultureller Homogenität einer Staats- (und damit: Schul-)bevölkerung noch weitgehend durchschlägt. ‚Kultureller Wandel' wird zwar konstatiert; bei der Übersetzung dessen in konkrete, Lernen und Bildung beeinflussende Zusammenhänge fehlt aber meist der sprachliche bzw. ethnisch-kulturelle Aspekt. In Würdigung dessen kennzeichnet Meinert A. Meyer, einer der führenden deutschen Allgemeindidaktiker, Ergebnisse der interkulturell-erziehungswissenschaftlichen Forschung (neben solchen aus der Geschlechter- sowie der Biographieforschung) als ‚Provokation' der ‚traditionellen Didaktik' (vgl. Meyer 1997).

Ein anderes Beispiel ist das Erfordernis einer Revision der pädagogischen Historiographie. Die Ergebnisse des Schwerpunktprogramms zeigen, dass es nicht darum geht, Lücken zu füllen, indem die existierenden Darstellungen der Geschichte von Erziehung und Bildung um Kapitel über das ‚Sonderproblem Minoritäten' aufgefüllt werden. Es geht vielmehr um die Klärung der Frage, wie es dazu kommt, dass das historisch stets gegebene Faktum der Existenz von Minoritäten sowie auf sie bezogenen Diskursen und Maßnahmen im kollektiven Gedächtnis der Disziplin keine nennenswerten Spuren hinterlassen hat (siehe Krüger-Potratz 1994).

Ein weiteres Moment von allgemeiner erziehungswissenschaftlicher Relevanz, über das im Schwerpunktprogramm reicher Forschungsertrag erwirtschaftet wurde, liegt im Problem der sprachlichen Organisation, Gestaltung und Evaluation von Bildungsgängen, Bildungsprozessen und ihren Resultaten (vgl. hierzu u.a. Reich 1998 und dens. 2000). In den einzelnen Untersuchungen, die diesem Problem nachgingen, interessierte nicht die Frage der Vermittlung sprachlichen Könnens und Wissens, also die didaktische Dimension im engeren Sinne, sondern vielmehr Sprache als alles durchdringende Dimension im Bildungswesen. Am Beispiel einer eigenen, zusammen mit Ursula Neumann betreuten Untersuchung zu diesem Komplex möchte ich - meinen Beitrag abschließend - illustrieren, wie Forschung aus dem Feld des Interkulturellen einerseits dazu beiträgt, migrantenspezifische Modi der Bewältigung sprachlicher Folgen von Migration zu ermitteln; andererseits und darüber hinaus aber zum besseren Verständnis allgemeiner Grundzüge von Bildung und Erziehung anleitet.

## Bringen Minoritätensprachen den »sprachlichen Markt« in Bewegung?

Die folgenden Ausführungen verdanken sich der Untersuchung „Bilinguale Kinder in monolingualen Schulen" (vgl. zu den Gesamtergebnissen: Gogolin/ Neumann 1997). Ihr Anliegen war es, den Modalitäten sprachlicher Interaktion und Praxis im Fall einer Großstadt-Grundschule und ihres Umfelds nachzuspüren; insbesondere sollte ermittelt werden, wie die (deutsche) Schule als vom Selbstverständnis her monolinguale Institution die Lage bewältigt, dass eine Schülerschaft von wachsender sprachlicher Heterogenität unterrichtet werden muss. Eine Ausgangsthese dabei war, dass es aufgrund von Divergenz der Orientierungen - hier die Schule mit monolingualem Selbstverständnis, dort die Familien und Kinder mit dem Hintergrund von Migration und einem auf Multilingualität gerichteten Selbstverständnis - zu etwas kommen müsse, das man, analog zur griffigen Begrifflichkeit von Samuel Huntington (siehe dens. 1997), als ‚Clash of Orientations' bezeichnen könnte: Man habe es, so die ursprüngliche Arbeitsthese der Untersuchung, mit einer prinzipiell konflikthaften Konstellation der Orientierungen zu tun; dieses wirke sich nachteilig auf die (im weitesten Sinne) sprachliche Entwicklung der mehrsprachigen Kinder aus, da deren spezifische sprachliche Praxis gegen die Strenge des monolingualen Selbstverständnisses der Institution Schule notgedrungen unterlegen sei.

Damit knüpfte das Projekt an einer zur Zeit seiner Konzeption weiter als heute, aber immer noch verbreiteten Grundannahme an, dass Verschiedenheit beinahe unweigerlich ‚Konflikt' mit negativem Ausgang nach sich ziehe (vgl. als Beispiel Beiträge in Heitmeyer/Dollase 1996). Der Gebrauch der Rede von ‚Konflikt' ist schillernd: Auf der einen Seite geschieht der Zugriff auf die Vokabel in naiv-affirmativer Manier, wie etwa im schon angesprochenen Zusammenhang, einen ‚Kultur- (oder auch: Identitäts-) Konflikt' als Ursache für mindere Bildungsbeteiligung der Kinder anderer staatlicher Herkunft im deutschen Schulwesen zu konstatieren. Zahlreiche sozialpsychologische und dem therapeutischen Bereich zugehörigen Arbeiten folgen, wie auch von Schepker (1998; auch dies./Toker/Eberding 2000) gezeigt, dem Impetus der Pathologisierung von Lebenslagen nach einer Migration.

Auf der anderen Seite gibt es Versuche, komplexe gesellschaftliche Handlungsformen zu erhellen, denen das Moment der Konkurrenz - bis zur Zerstörung - unter Berufung auf Ethnizität innewohnt. Hierbei spielt das Konstrukt Konflikt, verstanden als Modus der Abgrenzung zwischen Gruppen, eine Rolle in der wissenschaftlichen Generierung von Modellen, die ein Verständnis der vielschichtigen Beweggründe und Zielsetzungen solcher Praktiken erlauben sollen. Ein Interesse dabei ist, dass das wissenschaftliche Mühen nicht in der alltagsverstandlich verbreiteten Auffassung aufgeht, anders als krank, gestört, behindert könne der einzelne Mensch nicht aus Widersprüchen hervorgehen und anders als gewaltsam könne Komplexität nicht bewältigt werden.

Zu Versuchen im zweitgenannten Sinne konnte unsere Untersuchung im Ergebnis einen ergänzenden, differenzierenden Gesichtspunkt beitragen. An ihrem Beginn aber hatten wir eher unreflektiert, gestützt auf verbreitete sozio- und psycholinguistische Forschung, an Auffassungen angeknüpft, wie sie zuerst angedeutet wurden. Je weiter der empirische Prozess gedieh, die verschiedenen Perspektiven der am sprachlichen Interaktions- und Bildungsprozess Beteiligten nachzuvollziehen, desto deutlicher wurde, dass die dichotomisierenden Kategorien, die der ,Differenz-Konflikt-These' zugrunde liegen, für das Verstehen der komplexen, von großer innerer Differenziertheit gekennzeichneten sprachlichen Lage und ihrer Bewältigung nicht geeignet sind.

Im Ergebnis unserer Untersuchung steht, das sei hier nur angedeutet, dass die Beteiligten im von uns untersuchten Fall der Großstadt-Grundschule im Rahmen eines *common sense* agieren, der der öffentlichen Einsprachigkeit im Deutschen in der Schule Legitimität zuerkennt. Die gleichwohl gepflegte Praxis von Mehrsprachigkeit zeigt keineswegs eine Konfliktkonstellation im affirmativen Verständnis an; möglich ist sogar, dass durch die Art und Weise, wie diese Praxis geschieht, der *common sense* über öffentliche Monolingualität eher gefestigt wird. Denn Mehrsprachigkeit zu pflegen und wertzuschätzen - oder mindestens: zu tolerieren - besitzt unter denen, die dies tun, nicht den Stellenwert des Verstoßes gegen den *common sense*. Vielmehr kommt dem die Funktion zu, einen gegebenen Rahmen auszuschöpfen: Spielräume zu nutzen, wo sie sich bieten, und durchaus auch zu erweitern, wo dies dem eigenen Sinn entspricht und die Einschätzung vorliegt, dass man es sich ,erlauben könne'.

Die Sprengkraft des Ergebnisses liegt darin, dass es scheint, als verliere die Institution Schule in diesem Punkt den Anschluss an die kulturelle Dynamik, die sich in der gesellschaftlichen sprachlichen Interaktion und Praxis entwickelt. In dieser zeigt sich nämlich eine Vielfalt ,grenzüberschreitender' Sprach- und Lebensformen, in denen das Potential für kulturelle Innovation, für eine Änderung des monolingualen sprachlichen Selbstverständnisses angelegt ist. Man könnte diese Praxis deuten als gelebte Interkulturalität, womit nicht die Vorstellung einer fundamentalistischen Programmatik gemeint ist, nach der ,kulturelle Differenz' als radikale Fremdheit gilt und die Überbrückung zwischen ,Eigenem' und ,Fremdem' vielleicht nicht möglich, vielleicht nicht erlaubt wäre. Gemeint ist vielmehr eine Perspektive kultureller Dynamik, die nicht Unvereinbarkeiten postuliert, sondern Koexistenz ermöglicht. Einige Beobachtungen aus unserer Untersuchung mögen dies illustrieren.

## *Common sense* Einsprachigkeit

Wir haben in unserem Projekt Daten von Eltern, von Lehrkäften, aus dem Unterricht und aus der außerschulischen sprachlichen Praxis von Grundschulkindern gewonnen und aufeinander bezogen analysiert[6]. Je tiefer wir in die Daten eindrangen, desto mehr verdichtete sich der Eindruck, dass ein Konsens über öffentliche Monolingualität im Deutschen besteht. Besonders ausdrucksvolle Belege dafür fanden sich zuerst in Gesprächen mit eingewanderten Eltern. In diesen trat zwar eine Bestätigung unserer Annahme zutage, dass die Befragten ein an Mehrsprachigkeit orientiertes Selbstverständnis besassen. Dieses aber verbanden sie nicht, wie erwartet, mit einem an das hiesige öffentliche Schulwesen gerichteten Anspruch, diese Sprachkompetenz zu entfalten. Vielmehr sahen die Eltern sich selbst in der Verpflichtung, den von der Schule gestellten oder von ihnen empfundenen Erwartungen zuzuarbeiten, dass ihre Kinder zu einer möglichst formvollendeten Beherrschung des Deutschen gelangen, für die der monolingual aufwachsende Mensch als Modell steht. Um dieser empfundenen Pflicht besser genügen zu können, ergriffen die Eltern vielfältige Maßnahmen; am weitesten reichte die Strategie, darauf zu verzichten, dass ihr Kind einen Unterricht in der mitgebrachten Sprache der Familie wahrnahm.

In den Erläuterungen der Eltern zeigen sich Merkmale des ‚*common sense* als kulturelles System', wie es Clifford Geertz (1983) beschrieben hat. Zum Kernbereich dessen gehört, dass ein *common sense* auf einem Bestand von Schlussfolgerungen aus alltäglich wahrnehmbaren Sachverhalten beruht, die ‚auf der Hand liegen'. „Der *common sense* präsentiert die Dinge [...] so, als läge das, was sie sind, einfach in der Natur der Dinge. Ein Hauch von ‚wie denn sonst', eine Nuance von ‚versteht sich' wird den Dingen beigelegt [...]" (ebd.: 277). Die Begründungsbestände, die die Eltern für ihre Sprachpraxis und Spracherziehungsentscheidungen anboten, sind reich an rhetorischen Figuren des angedeuteten Typs: in sich geschlossene, auf sich selbst zurückbezogene Argumentationsketten, die auf das rekurrieren, ‚was jeder weiß'. So erklärte beispielsweise ein Vater seinen Entschluss, auf Türkischunterricht für seinen Sohn in der Sekundarstufe zu verzichten, mit den Worten: „Hier in Deutschland, irgendwie [...] hier brauchen wir also die deutsche Sprache, weil wir im Moment hier leben und weil wir das brauchen" (Gogolin 1997: 315). In ähnlicher Weise zirkelhaft anmutende Argumentationsweisen wurden uns ebenso von Lehrkräften dargeboten - besonders markant, wenn sie Auskunft über ihre pädagogischen Utopien in sprachlicher Hinsicht gaben. An Funktion und Stellenwert des Deutschen könne sich nichts ändern, so eine Lehrerin, „[...] weil hier in Deutschland eben Deutsch die Sprache ist, in der sich alle Kinder verständigen [...]" (ebd.).

[6] teilweise geschah dies in EU-unterstützter international vergleichender Forschung; vgl. dazu Gogolin/Kroon 2000.

Dass etwas ist, wie es ist, weil es eben so ist, zeichnet einen *common sense* aus. Es ist seine Stärke, dass auf einen Bestand an Selbstverständlichkeiten rekurriert werden kann - darauf also, „dass es sich gar nicht um etwas begründungsbedürftiges handelt, sondern um das Leben in nuce. Er [der *common sense*, I.G.] beruft sich auf die Welt" (Geertz 1983: 264). In diesem Sinne können wir die geteilte sprachliche Grundüberzeugung der Lehrkräfte und Eltern nachzeichnen, dass es den ‚gewöhnlichen Erwartungen' an die deutsche Schule entspricht, die deutsche Sprache zu lehren und zu pflegen. Auch die eigenen sprachlichen oder Erziehungspraktiken darauf einzurichten, kommt dem Bestreben entgegen, ‚sich die Welt eindeutig zu machen' (Geertz 1983: 267).

Freilich ist durch die Feststellung dieses ‚allgemeinen Verständnisses' darüber, wie die sprachlichen Verhältnisse in einer Staatsgesellschaft und ihrer Schule ‚üblicherweise' geordnet seien, die Frage noch keineswegs befriedigend beantwortet, welche Motive dazu bewegen mögen, den ‚Beitritt' zu solchem Verständnis zu vollziehen. Offen bleibt dies zumal, wenn das explizit geäußerte eigene Wünschen und Wollen in sprachlicher Hinsicht gar nicht mit der Orientierung an dem Konsensus, auf den man sich bezieht, zufriedengestellt ist. Diesem Problem sind wir in der Untersuchung weiter nachgegangen; die Resultate können hier nur angedeutet werden:

Es zeigte sich, dass wesentliche Beweggründe für den Beitritt zu dieser Grundüberzeugung in der Einschätzung der Grenzen und Möglichkeiten liegen, die sich am ‚sprachlichen Markt' bieten (vgl. Bourdieu 1990; siehe auch Mörth/Fröhlich, Hrsg., 1994). Die Beteiligten besitzen ein starkes Bewusstsein dafür, was gesellschaftlich legitime Sprache ist, und ebenso klare Vorstellungen davon, welche Praktiken und Strategien angeraten sind, um ihren Kindern einen möglichst großen Anteil an diesem Besitz zu sichern. Eine Grundfigur solcher Vorstellungen lag bei den von uns befragten Eltern und Lehrkräften in der Ansicht, dass es die ‚perfekten Deutschkenntnisse' seien, die den Schulerfolg am ehesten sichern. Daher sei alles zu vermeiden, was sich der Ausbildung solcher ‚perfekten' Kenntnisse in den Weg stellen könnte. Sowohl für die Lehrkräfte als auch für die Eltern war klar, dass dem gewünschten Zustand etwas im Wege stand, solange das Deutsch eines Kindes nicht ‚fehlerfrei' sei.

Hierin zeigt sich vorzüglich, dass Zuwanderer seitens der uns Befragten im ‚sprachlichen Markt' als ‚Beherrschte' verortet werden; aber es zeigt sich auch, dass der Kampf um den gesellschaftlichen Aufstieg der Kinder aufgenommen wurde. Das Bemühen um ‚Korrektheit' ist eine Strategie, die seit den Anfängen der Geschichte von ‚Hochsprache' von jenen angewendet wird, die erfahren, dass die Variante der Sprache, über die sie lebensweltlich verfügen, zwar Verständigung garantiert, nicht aber Teilhabe an der Macht. Als ‚Hochsprache' ist die normierte Variante einer Sprache zu verstehen, deren Beherrschung höchstes kulturelles Kapital darstellt, deren Evaluation vornehmlich die Sache der Schule ist und mit der der Zugang zu Bildungstiteln verknüpft ist (vgl. erneut

Bourdieu 1990). Die Geschichte der Inrechtsetzung von ‚Hochsprache' ist eine Geschichte der Mitwirkung daran von seiten der durch sie Unterdrückten. Sie wird symbolisch beispielsweise darin sichtbar, dass mindestens in Gegenwart von Inhabern der ‚legitimen Sprache' danach getrachtet wird, auch selbst ‚richtig' zu sprechen. Das Bemühen um Korrektheit ist, Bourdieu zufolge, ein klares Anzeichen für die Anerkennung der symbolischen Herrschaftsverhältnisse durch diejenigen, die (noch) nicht an der Ausübung von Herrschaft beteiligt sind.

Die Analyse unserer Daten ergab, dass der *common sense* über Rolle und Rang des Deutschen in der Schule sein wesentliches Motiv im Marktwert dieser Sprache besitzt. In der klaren Absicht, das ‚kulturelle Kapital' ihrer Kinder zu erhöhen, sind die Familien ‚ganz auf die Befolgung der herrschenden Gebräuche eingeschworen' (Bourdieu 1990, 27). Sie stehen dabei im Einklang mit der Schule, die derselben Richtschnur folgt.

Aus dem bis jetzt Vorgestellten folgt nichts mehr (aber auch nichts weniger), als dass die an der Sprachbildung Beteiligten über eine kluge Einschätzung der herrschenden Verhältnisse verfügen und nach Kräften versuchen, diesen Verhältnissen entgegenzukommen. Dieses Grundmuster in den Anschauungen und Praktiken ist unspezifisch; die Besonderheit einer Migrations- und, in deren Folge, Mehrsprachigkeitserfahrung in den Lebenslagen der Familien führt in der angesprochenen Hinsicht offenbar nicht zur Ausprägung einer besonderen Grundauffassung über das sprachliche Bildung in der staatlichen Schule.

In den bis hierhin angedeuteten Ergebnissen ist allerdings nur eine Facette sprachlichen Selbstverständnisses freigelegt. Wenn das Geschehen außerhalb der ‚öffentlichen Sphäre' betrachtet wird, von der die Schule ein Teil ist, ist zu beobachten, dass ‚Mehrsprachigkeit' Raum greift. Es entstehen einander vielfach überlagernde Felder sprachlicher Praktiken, von denen aus zwar ‚der' gesellschaftlich legitimen Sprache nicht unbedingt der Rang streitig gemacht wird, aber sehr wohl Funktionen übernommen werden, die vordem allein ihr vorbehalten waren.

Anknüpfungspunkt für unsere weiteren Überlegungen zur Dynamik der sprachlichen Verhältnisse bot die Beobachtung, dass wir jenseits aller Akzeptanz des ‚offiziellen Sprachgesetzes' (Bourdieu) eine intensiv gepflegte Praxis von Mehrsprachigkeit vorfanden. In unserer Untersuchung des Unterrichts, die hier als Beispiel angeführt wird, machten wir die zunächst irritierende, ursprünglichen Erwartungen widersprechende Erfahrung, dass die Lehrerinnen und Lehrer bekundeten, es werde praktisch kein Gebrauch von anderen Sprachen als dem Deutschen in der Schule gemacht. Das sei nicht das Resultat einer Unterdrückung, also etwa von ‚Zwangsmaßnahmen', die den Vorrang des Deutschen sicherten. Vielmehr bestehe mit den Kindern Einigkeit darüber, so fasste es einer der befragten Lehrer in einen prägnanten Satz, „dass wir in Phasen, in denen richtig gearbeitet wird, deutsch sprechen".

Diese Wahrnehmung, so ergab die Analyse unserer Tonaufzeichnungen von Unterricht, ist darauf zurückzuführen, dass sich auch die Kinder mit dem Anspruch auf öffentliche Einsprachigkeit im Raum der Schule ‚arrangieren'. Sie erfüllen zwar die Anforderung der Monolingualität im Deutschen, geben aber ihre Praktiken der Verständigung in anderen Sprachen nicht auf. Der Eindruck einer ‚monolingualen Sprachpraxis' der Kinder rührt daher, dass sie eine Trennung der ‚Sphären' vollziehen: ‚Öffentlich' sprechen sie Deutsch; in der ‚privaten' Verständigung werden andere Sprachen neben dem Deutschen benutzt - auch im Unterricht.

Diese Entdeckung verdanken wir dem methodischen Detail der Untersuchung, dass der Unterricht über mehrere, im Raum verteilte Mikrophone auf parallelen Tonspuren aufgezeichnet wurde. So wurde für uns alles hörbar, was im Klassenraum ‚offiziell' gesprochen wurde, und darüber hinaus manches, das in der Situation selbst nur den an einem Gespräch unmittelbar Beteiligten zugänglich war. Im ‚offiziellen Unterrichtsgespräch' fanden sich tatsächlich nur minimale Anklänge an Mehrsprachigkeit, aber reichlich zeichneten wir solche in den für die Lehrkräfte unhörbaren, quasi privaten Gesprächen der Kinder auf. In einer Unterrichtswoche einer Klasse identifizierten wir etwa fünfzig Sequenzen der ‚Sprachalternation', also des Gebrauchs einer der durch Kinder in der Klasse vertretenen Minderheitensprachen.

## Praxis Mehrsprachigkeit

Die Gleichzeitigkeit eines Konsensus über öffentliche Monolingualität bei ausgeprägter mehrsprachiger Praxis wird durch zahlreiche Beobachtungen unserer Untersuchung gestützt. In dieser Hinsicht scheint das sprachliche Selbstverständnis der hiesigen Gesellschaft und Schule vorerst unverändert; es fehlt beispielsweise an der ‚öffentlichen Anklage', die - Bourdieu zufolge - eine Voraussetzung für die Änderung herrschender Verhältnisse wäre. Mit der Bescheidung darauf, Mehrsprachigkeit ‚im Privaten' zu gebrauchen, ist verquickt, dass das ‚offizielle Gesetz' über legitime Sprache seine Gültigkeit behält, weil es am öffentlichen Widerspruch dagegen fehlt.

In anderer Hinsicht sind die Zeichen dafür zahlreich, dass Mehrsprachigkeit an Raum in der hiesigen sprachlichen Landschaft gewinnt. Eine im Anschluss an unsere Untersuchung formulierte These lautet daher, dass vielleicht eben in der ‚Stille', die die Praxis der ‚Arrangements' umgibt, ein ‚subversives' Potential liegt - ergo die Option darauf, dass ein Wandel der sprachlichen Selbstauffassung in Gang kommen kann: Gleichsam als Gegengabe zum Verzicht auf Provokation, so die Annahme, geschieht ein Verzicht auf die völlige Unterdrückung dieser Praxis. Die abgeschlossene Untersuchung zeigt in vielerlei Form, dass Mehrsprachigkeit an sich nicht als anstoßerregend wahrgenommen wird. Unter den von uns Befragten gab es niemanden, der nicht Verständnis und Zustimmung dafür geäußert hätte, dass mehrsprachig lebende Menschen

von ihren anderen Sprachen Gebrauch machen - sofern dies nicht als gewollter Verstoß gegen den *common sense* über öffentliche Einsprachigkeit angesehen werden muss. Ein Anschlussprojekt hätte zu klären, ob sich darüber hinaus Indizien dafür finden lassen, dass die Mehrsprachigkeit Zugewanderter an Legitimität gewinnt. Hierzu noch einige erste Überlegungen.

Nach verbreiten wissenschaftlichen wie auch alltagsverstandlichen Vorstellungen gilt die Fähigkeit, die Sprachen ‚rein zu halten', als ein Ausweis für akzeptable Bilingualität (zur Genese dessen vgl. Gogolin 1998). Ein Grenzgängertum zwischen Sprachen als Resultat persönlicher Absicht wird gemeinhin positiv gewürdigt, wenn es als Attitüde derjenigen angesehen werden kann, denen ‚perfekte Sprachenbeherrschung' per se unterstellt wird - also den Angehörigen privilegierter Klassen, beispielsweise bilingualen Literaten, bei denen als fraglos gegeben gilt, dass sie die gesamte Palette vom ‚Kauderwelsch' bis zur ‚feinen reinen Sprache' als Stilmittel einzusetzen vermögen.

Im Falle der den Angehörigen unterer Klassen unterstellten ‚nicht perfekten' Sprachenbeherrschung gelten dieselben Praktiken hingegen als Indizien für die Unfähigkeit zur strikten, in beiden Sprachen ausgeübten Monolingualität. Die Daten unserer Untersuchung aber widersprechen dem; die von uns aufgezeichneten sprachlichen Praktiken belegen eher, dass auch das sprachliche Grenzgängertum der Angehörigen unterer Klassen ebenso auf ‚Stil an sich' wie auf ‚Stil für sich' deutet: auf ‚unfreiwillige Wahl' einerseits, weil die gegebenen Lebensumstände die Notwendigkeit beinhalten, sich in beiden (oder noch mehr) Sprachen zu bewegen, und auf ‚freie Wahl' andererseits, weil in von Zwängen weitgehend unbehelligten Augenblicken die lebensweltlich vorhandenen Sprachen insgesamt als Ressource dafür ausgeschöpft werden, sich in gewünschter Weise zu verständigen.

Wie sich aus den Anschauungen der von uns Befragten lesen lässt, besitzt das sprachliche Grenzgängertum unter den Angehörigen der gewanderten Minoritäten selbst einen hohen Grad an Selbstverständlichkeit. Sie betrachten das Ausüben dieser Praxis als spezifische, ihnen vorbehaltene Möglichkeit des Ausdrucks; sie trachten nach der Entfaltung der damit verbundenen sprachlichen Fähigkeiten, ohne hieraus einen Anspruch an die deutsche staatliche Schule abzuleiten. Zu verfolgen wäre die Frage, ob hier ein Muster der Behauptung von ‚Identität' in der modernen, komplexen Gesellschaft im Entstehen ist, für die die Migrantin oder der Migrant Repräsentanten sind: das Muster der Lebenspraxis, die gehalten, aber auch imstande ist, Mehrdeutigkeit bestehen zu lassen und sich für ihre ‚Kapitalisierung' andere Ressourcen zu erschließen, die nach bisherigem Verständnis den Stellenwert hatten, die Legitimität sprachlichen Vermögens zu testieren.

Sichtbar wird dieses Muster darin, dass Migranten die für sie spezifische Möglichkeit nutzen, Gemeinsamkeit aufzubauen und auszudrücken, die auf mitgebrachten ‚Überlieferungen' aufruht, aber losgelöst ist von der Region, in der sie entstanden sind (vgl. Assmann 1994, bes. 19ff). Diese Praktiken bleiben nicht ‚rein'. Es sind Spuren, Stimmen, Erinnerungen eingemengt in die Ausdrucksweisen des anderen Orts, und sie sind geeignet dafür, zum Zwecke der Distinktion gegenüber den Sesshaften verwendet zu werden.

Der Ausschnitt sprachlicher Verhältnisse im Umfeld einer Schule bietet nur zaghafte Anzeichen dafür, dass und mit welchen Mitteln der Kampf um Legitimität für solche Praktiken begonnen hätte. Anderenorts konnten sehr viel deutlichere Anzeichen für einen in Gang kommenden Prozess der Aushandlung von Legitimität für die gering geschätzten sprachlichen Praktiken gewanderter Minoritäten gewonnen werden, beispielsweise in Beobachtungen von Jugendkultur und Jugendsprache. Bisher konnte nachgewiesen werden, dass sich unter Jugendlichen ethnisch gemischter Gruppen Vernakulare entwickeln, in die verschiedene lebensweltlich vorhandene Sprachen quasi ‚eingemixt' sind (z.B. vgl. Auer/Dirim 2001). Interessanterweise fand man solche Ausdrucksweisen sowohl in ‚monoethnischen' Interaktionen als auch in gemischtethnischen. Dabei spielen Varianten der Majoritätssprache gleichsam die Rolle des Grundstoffs für die Verständigung, nicht aber die der bevorrechtigten Sprache. Die Farbigkeit und Ausdruckskraft ebenso wie ihre strategischen Einsatzmöglichkeiten erhielten diese Redeweisen durch die Hineinnahme von Varianten der Minoritätensprachen. Praktiken wie diese entziehen sich dem Anspruch auf ‚Reinheit'; sie gewinnen ihre Lebenskraft eben daher, dass sie sprachliches Grenzgängertum an und für sich sind.

Die bloße Existenz solcher Praktiken ist gewiss noch nicht geeignet, zu untermauern, dass ein Kampf um Legitimität für sie vonstatten ginge. Als Zeichen in diese Richtung kann aber z.B. gedeutet werden, dass auch Angehörige der Majorität den vorerst durchaus ‚illegitimen' Praktiken beitreten. Die kleinräumig funktionierenden Vernakulare werden in ‚ihren' Bezirken von Jugendlichen jedweden sprachlichen Hintergrunds gebraucht, die sich der ‚Szene' zurechnen. Diese Sprachpraktiken erlauben somit ihren Inhabern, sich zu identifizieren und identifiziert zu werden; sie geben ihnen die Möglichkeit zum Ausweis ‚persönlichen Stils'.

Es könnte behauptet werden, dass diese Praktiken nicht für den Kampf um Legitimität geeignet sind, weil sie als Strategie der ‚Unterklassen' zu identifizieren seien, womit sie quasi automatisch aus dem Konkurrenzkampf um gesellschaftliche Besserstellung ausscheiden. Aber auch hier gibt es einige Zeichen, die darin bestärken, diese Frage weiter zu untersuchen. Einige Aussagekraft kommt beispielsweise dem - auch ökonomisch äußerst lukrativen - Bereich der ‚ethnisch beeinflussten' Massenmedien zu. Die kulturellen Praktiken der Jugendlichen funktionieren nicht nur im öffentlich unbeachteten, vergleichsweise privaten Verkehr von sozial Deklassierten, sondern sie bilden quasi die

Hefe für einen rasant sich entwickelnden Markt, der die Massenmedien erobert hat (oder von diesen kreiert wurde). Die ethnisch markierten, zugleich aber - weil gruppenübergreifend gebraucht - de-ethnisierenden Ausdrucksformen gehen beispielsweise ein in populäre Musikrichtungen; sie werden von Disc-Jockeys aufgegriffen, zu Kunstformen stilisiert und, massenmedial aufbereitet, ihren Urhebern zurückgegeben, welche sie ihrerseits weiterentwickeln (vgl. Hewitt 1994, 370-372).

Die Frage ist nun, ob sich in solchen Phänomenen der Jugendkultur, deren Lebenselixier das sprachlich-kulturelle Grenzgängertum ist, das Projekt der Entwicklung von spezifischen Formen der Distinktion in Immigrationsgesellschaften verbirgt. Mit dem zuweilen beinahe eruptiven Ausdruck von ethnisch markiertem Jugend-Stil ist zwar das ‚Schweigen der Schüchternheit, Enthaltung oder Resignation' gebrochen, das Bourdieu zufolge die unbedingte Anerkennung der Legitimität der Hochkultur und -sprache durch die unteren Klassen signalisiert. Zu klären bleibt aber, ob es gelingt, aus mitgebrachter - also nicht schulisch formal legitimierter - Mehrsprachigkeit Kapital zu schlagen[7].

Die Beschäftigung mit der Spezialfrage nach den Folgen der Arbeitsmigration für Bildung und Erziehung hat in diesem Projekt, dies als Schlussbemerkung, sowohl zu Antworten als auch zu weiterführenden Fragen von allgemeiner Relevanz für die Erziehungswissenschaft geführt. Friedrich Heckmann hat darauf aufmerksam gemacht, dass es wichtig sei, „die Einsicht zu fördern, dass Ethnizität und inter-ethnische Beziehungen Kategorien und Themen der Allgemeinen Soziologie sind, die bisher vernachlässigt wurden" (vgl. dens. 1992, 2). Wir haben uns, über die Disziplingrenze hinweg, von dieser Aufforderung anregen lassen, und werden in ihrem Sinne über Migration und ihre Folgen für Erziehung und Bildung, verstanden als Thema der allgemeinen Erziehungswissenschaft, weiterforschen.

[7] Mehrere Untersuchungen, die dieser Frage anhand von Beobachtungen zum Prozess der Berufseinmündung mehrsprachiger Jugendlicher nachgehen wird, werden derzeit an der Universität Hamburg durchgeführt; vgl. z.B. Fürstenau 2001.

## Literatur

**Assmann, A. 1994:**

Zum Problem der Identität aus kulturwissenschaftlicher Sicht. In: Lindner, R. (Hrsg.): Die Wiederkehr des Regionalen. Über neue Formen kultureller Identität. Frankfurt, New York: Campus, S. 13-35

**Auer, P. / Dirim, I. 2001:**

Zum Gebrauch türkischer Routinen bei Hamburger Jugendlichen nicht-türkischer Herkunft. In: Hinnenkamp, V. / Meng, K. (Hrsg.): Sprachgrenzen überspringen. Sprachliche Hybridität und polykulturelles Selbstverständnis. Tübingen: Narr (im Erscheinen)

**Bourdieu, P. 1990:**

Was heißt sprechen? Die Ökonomie des sprachlichen Tausches. Wien: Braunmüller

**Dannenbeck, C. / Eßer, F. / Lösch, H. 1999:**

Herkunft (er)zählt. Befunde über Zugehörigkeiten Jugendlicher. Münster, New York: Waxmann-Verlag

**Diefenbach, H. / Nauck, B. 2000:**

Der Beitrag der Migrations- und Integrationsforschung zur Entwicklung in den Sozialwissenschaften. In: Gogolin, I. / Nauck, B. (Hrsg.), a.a.O., S. 37-52

**Heitmeyer, W. / Dollase, R. (Hrsg.) 1996:**

Die bedrängte Toleranz. Frankfurt am Main: edition suhrkamp

**FABER 1990:**

Folgen der Arbeitsmigration für Bildung und Erziehung. Kurzfassung des Antrags an die DFG, verf. von I. Gogolin, M. Krüger-Potratz, U. Neumann und H. H. Reich. In: Deutsch lernen, Heft 1, S. 70-88

**Fürstenau, S. 2001:**

Mehrsprachigkeit als „Kapital" im „transnationalen Raum". Inaugural Dissertation, in Vorbereitung. Hamburg: Universität Hamburg, Fachbereich Erziehungswissenschaft

**Geertz, C. 1983:**

Common sense als kulturelles System. In: ders.: Dichte Beschreibung. Beiträge zum Verstehen kultureller Systeme. Frankfurt: Suhrkamp, S. 261-288

**Gogolin, I. 1994:**

Der monolinguale Habitus der multilingualen Schule. Münster, New York: Waxmann-Verlag

**Gogolin, I. (Hrsg.) 1994:**

Das nationale Selbstverständnis der Bildung. Münster, New York: Waxmann-Verlag

**Gogolin, I. 1997:**

,Arrangements' als Hindernis & Potential für Veränderung der schulischen sprachlichen Bildung. In: Gogolin, I. / Neumann, U. (Hrsg.): a.a.O., S. 311-344

**Gogolin, I. / Neumann, U. (Hrsg.) 1997:**

Großstadt - Grundschule. Über sprachliche und kulturelle Pluralität als Bedingung der Grundschularbeit. Münster, New York: Waxmann-Verlag

**Gogolin, I. 1998:**

Sprachen rein halten - eine Obsession. In: Gogolin, I. / Graap, S. / List, G. (Hrsg.): Über Mehrsprachigkeit. Tübingen: Stauffenburg-Verlag, S. 71-96

**Gogolin, I. / Neumann, U. / Reuter, L. 1998:**

Schulbildung für Minderheiten. Eine Bestandsaufnahme. In: Zeitschrift für Pädagogik, 44. Jg., Heft 5, S. 663-678

**Gogolin, I. / Kroon, S. (Hrsg.) 2000:**

„Man schreibt, wie man spricht". Ergebnisse einer international vergleichenden Fallstudie über Unterricht in vielsprachigen Klassen. Münster, New York: Waxmann-Verlag

**Gogolin, I. / Nauck, B. (Hrsg.) 2000:**

Migration, gesellschaftliche Differenzierung und Bildung. Opladen: Leske + Budrich

**Gogolin, I. / Neumann, U. / Reuter, L. (Hrsg.) 2000:**

Schulbildung für Minderheiten in Deutschland (1989 - 1999). Münster, New York: Waxmann-Verlag

**Gomolla, M. / Radtke, F.-O. 2000:**

Mechanismen institutioneller Diskriminierungen in der Schule. In: Gogolin, I. / Nauck, B. (Hrsg.), a.a.O., S. 321-341

**Huntington, S. P. 1997:**

Kampf der Kulturen / The Clash of Civilizations. München, Wien: Europaverlag

**Heckmann, F. 1982:**

Ethnischer Pluralismus und „Integration" der Gastarbeiterbevölkerung. Zur Rekonstruktion, empirischen Erscheinungsform und praktisch-politischen Relevanz des sozialräumlichen Konzepts der Einwandererkolonie. In: Vaskovics, L. (Hrsg.): Raumbezogenheit sozialer Probleme. Opladen: Westdeutscher Verlag, S. 157-181

**Heckmann, F. 1987:**

Theoretische Positionen der Forschung über Arbeitsmigration in der Bundesrepublik. Von der Gastarbeiterforschung zur Migrations- und Minoritätensoziologie? In: Deutsches Jugendinstitut (Hrsg.): Ausländerarbeit und Integrationsforschung. Weinheim und München: Juventa, S. 43-62

**Heckmann, F. 1992**

Ethnische Minderheiten, Volk und Nation. Stuttgart: Enke-Verlag

**Herwartz-Emde, L. 1995:**

Mutterschaft und weibliches Selbstkonzept. Eine interkulturell-vergleichende Untersuchung. München: Juventa

**Hewitt, R. 1994:**

Sprache, Adoleszenz und die Destabilisierung von Ethnizität. In: Deutsch lernen, 19. Jg., Heft 4, S. 362-376

**Krüger-Potratz, M. 1994:**

Interkulturelle Pädagogik als Kritik der ‚gegebenen Pädagogik'? Eine disziplintheoretische Skizze am Beispiel der Historischen Pädagogik. In: Luchtenberg, S. / Nieke, W. (Hrsg.): Interkulturelle Pädagogik und Europäische Dimension. Herausforderungen für Bildungssystem und Erziehungswissenschaft. Münster, New York: Waxmann-Verlag, S. 199-208

**Krüger-Potratz, M. / Jasper, D. / Knabe, F. 1998:**

‚Fremdsprachige Volksteile' und deutsche Schule. Schulpolitik für die Kinder der autochthonen Minderheiten in der Weimarer Republik. Münster, New York: Waxmann-Verlag

**List, G. 2000:**

Historische Anmerkungen an ein interkulturelles Konstrukt: Die „Westmark". In: Gogolin, I. / Nauck, B. (Hrsg.) a.a.O., S. 77-94

**Lutz, H. 2000:**

Biographisches Kapital als Ressource der Bewältigung von Migrationsprozessen. In: Gogolin, I. / Nauck, B. (Hrsg.), a.a.O., S. 179-210

**Meyer, M. A. 1997:**

Die ‚lernende' Schule als Antwort auf kulturellen Wandel. In: ders. / Keuffer, J. (Hrsg.): Didaktik und kultureller Wandel. Aktuelle Problemlagen und Veränderungsperspektiven. Weinheim: Beltz, S. 33-66

**Mörth, I. / Fröhlich, E. (Hrsg.) 1994:**

Das symbolische Kapital der Lebensstile. Zur Kultursoziologie der Moderne nach Pierre Bourdieu. Frankfurt, New York: Campus

**Nauck, B. / Diefenbach, H. / Petri, K. 1998:**

Intergenerationelle Transmission von kulturellem Kapital unter Migrationsbedingungen: Zum Bildungserfolg von Kindern und Jugendlichen aus Migrantenfamilien in Deutschland. In: Zeitschrift für Pädagogik, 44. Jg., Heft 5, S. 701-722

**Reich, H. H. 1998:**

‚Sprachen werden total gebraucht, weil irgendwie mußt du ja mit den Leuten reden.' Analyse eines Interviews zum Thema Spracheinstellungen und Mehrsprachigkeit. In: Gogolin, I. / Graap, S. / List, G. (Hrsg.): Über Mehrsprachigkeit. Tübingen: Stauffenburg-Verlag, S. 213-231

**Reich, H. H. 2000:**

Machtverhältnisse und pädagogische Kultur. In: Gogolin, I. / Nauck, B. (Hrsg.), a.a.O., S. 343-364

**Roebers, C. / Mecheril, A. / Schneider, W. 1998:**

Migrantenkinder in deutschen Schulen. Eine Studie zur Persönlichkeitsentwicklung. In: Zeitschrift für Pädagogik, 44. Jg., Heft 5, S. 723-736

**Schepker, R. / Toker, M. / Ebering, A. 2000:**

Eine Institution in der psychosozialen Versorgung von türkeistämmigen Migrantenfamilien. In: Gogolin, I. / Nauck, B. (Hrsg.), a.a.O., S. 245-278

Reiner Hans Dinkel

# Die bevölkerungsdynamischen Konsequenzen von kontinuierlicher Zu- und Abwanderung auf Bevölkerungszahl und Altersstruktur eines Landes

## 1. Einführung

Obwohl die Bundesrepublik seit ihrer Gründung im Durchschnitt einen erheblichen Zuwanderungsüberschuss aufwies, wurde bis in die jüngste Zeit dieser Tatbestand in der öffentlichen Diskussion weitgehend negiert. Wenn vor allem Politiker betonen, Deutschland sei kein Einwanderungsland, dann sollte man dies positiv interpretiert so verstehen, dass zumindest aktiv nichts unternommen wurde, Menschen dauerhaft zu einer Übersiedlung nach Deutschland zu ermutigen, wenn sie darauf nicht einen Rechtsanspruch (wie etwa die deutsche Staatsangehörigkeit) haben oder hatten. Selbst bei der Anwerbung der Gastarbeiter während der 60er Jahre ging man zumindest ursprünglich davon aus, dass dies nur ein Aufenthalt auf Zeit sein sollte. Die Zusammenfassung der Zu- und Abwanderungsströme seit 1950 zeigt allerdings, dass die Realität anders aussah, als offizielle Beteuerungen dies glauben machten (Abb.1).

**Abb.1: Zu- und Abwanderung in der Bundesrepublik Deutschland (jeweiliger Gebietsstand)**

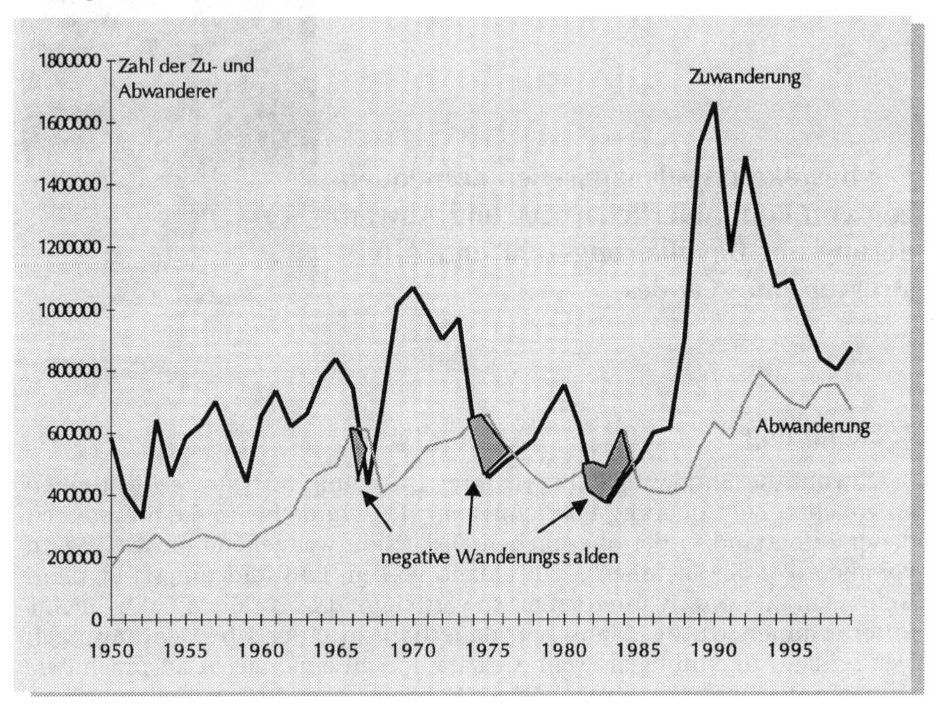


In den 50 Jahren zwischen 1950 und 1999 sind - unter starken jährlichen Schwankungen - im Jahresdurchschnitt 756.995 Personen zu- und 479.998 Personen abgewandert, was eine durchschnittliche jährliche Nettozuwanderung von 276.997 Personen ergab. Dabei gab es durchaus auch Jahre mit einem negativen Wanderungssaldo. Sowohl bei den Zu- als auch noch stärker bei den Abwanderungen überwogen die Männer (Abb.2). Die Nettozuwanderung ist deshalb in den letzten Jahrzehnten in der Geschlechtsverteilung zunehmend ausgeglichener geworden. Greifen wir beispielhaft das Jahr 1996 heraus. Der weibliche Anteil bei den Zuzügen lag bei 40,41 Prozent, bei den Fortzügen dagegen nur bei 34,71 Prozent, so dass der Wanderungssaldo bei den Frauen größer war als bei den Männern. Auch die Altersstruktur der Ab- und Zuwanderer beider Geschlechter war im Betrachtungszeitraum erkennbaren Änderungen unterworfen.

**Abb.2: Frauenanteil an den Zu- und Fortzügen über die Grenzen der Bundesrepublik**

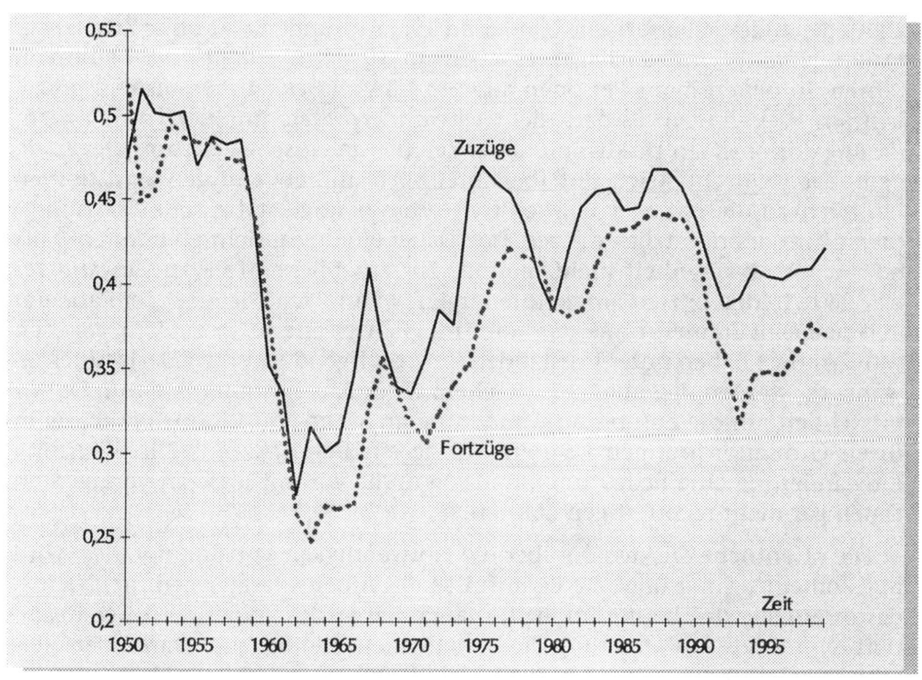


In jüngster Zeit vollzog sich eine überraschende Wende: Das gleiche Thema, das vor kurzer Zeit vor allem in politischen Auseinandersetzungen negativ besetzt war oder gemieden wurde, steht plötzlich im Mittelpunkt der allgemeinen Aufmerksamkeit. Nach wie vor meinen nicht alle Teilnehmer an der öffentlichen Diskussion das Gleiche, wenn sie von der Notwendigkeit einer regulierten Zu- (oder Ab)wanderung sprechen. Immerhin ist aber heute der Horizont offen für eine unvoreingenommene Diskussion dieser Fragestellung. Viele Beobachter fordern als Folge der veränderten politischen Diskussion inzwischen sogar eine sprachliche Änderung ein: Sie verlangen, man möge an Stelle des diffusen Begriffs Zuwanderung den „ehrlicheren" Terminus Einwanderung setzen. Selbst wenn wir die psychologischen Wirkungen außer Betracht lassen, empfiehlt sich allerdings eine Beibehaltung der eingeführten sprachlichen Termini. „Zuwanderung" bezeichnet einen Wohnsitzwechsel von außerhalb des Gebietes der Bundesrepublik in den Bereich der Bundesrepublik hinein. Die Bezeichnung Zuwanderung beinhaltet keine Information über die Dauer des Aufenthalts. Ein Wohnsitzwechsel kann für die Dauer des Lebens oder für zwei Jahre sein. Der Terminus „Einwanderung" dagegen impliziert im Gegensatz dazu die Dauerhaftigkeit des Wohnsitzwechsels.

Wir müssen uns aber darüber klar sein, dass in einer mobilen Gesellschaft Argumente der Dauer noch irreführender sein dürften, als sie es bereits in der Vergangenheit waren. Die „Auswanderung" aus dem Deutschen Reich in die USA oder andere überseeische Länder im 19. Jahrhundert war ohne Zweifel auf Dauer geplant. Und doch gab es noch im 19. Jahrhundert eine Reihe von Jahren, in denen mehr Personen aus den USA zurückkehrten, als den umgekehrten Weg gingen. Es darf nicht verwundern, dass in einer von Auswanderung dominierten Diskussion dieser Zeit die statistische Erfassung der Zuzüge in das Deutsche Reich unterbelichtet blieb und etwa in den Statistischen Jahrbüchern dieser Zeit völlig fehlte. Unsere heutige statistische Erfassungspraxis kann grundsätzlich die geplante Dauer eines beabsichtigten Aufenthalts oder einer Abwesenheit nicht messen. Ein erheblicher Teil der Zuwanderer wanderte in den letzten Jahrzehnten irgendwann auch wieder ab, ein anderer Teil blieb für immer, ohne dass dies möglicherweise je so geplant gewesen wäre. Andere haben unter Umständen fest vor, irgendwann (wieder) zurückzuwandern, werden dies aber, aus welchem Grund auch immer, nie tun. Da wir tatsächlich nur die Zu(und Ab)wanderung im Sinne von Wohnsitzwechsel in ihren Größenordnungen kennen, würde ein Begriffswechsel in Richtung Einwanderung eine Bedeutung implizieren, die wir mit unseren verfügbaren Daten gar nicht rechtfertigen können.

Die öffentliche Diskussion über die Notwendigkeit von Immigration wird im Moment primär über die Bedürfnisse des Arbeitsmarktes geführt. Nichtsdestoweniger wird häufig implizit, manchmal auch explizit die Frage diskutiert, ob mittels Zuwanderung die bestehenden und die zu erwartenden Verschiebungen in der Altersstruktur mehr als nur marginal beeinflusst werden könnten. Leider sind die in diesem Zusammenhang in der Literatur vorzufindenden Äußerungen in der Regel unzutreffend, manchmal sogar irreführend. Selbst wenn man besten Willens ist und keinerlei ideologische Voreingenommenheit unterstellt, wird man allerdings feststellen müssen, dass die demographischen Antworten auf diese Frage auf eine völlig unerwartete Weise derart komplex sind, dass Fehleinschätzungen eigentlich nicht mehr überraschen dürften.

Eine geschlossene mathematische Behandlung hat zwar den Vorteil der Exaktheit, führt aber dazu, dass eine große Mehrheit von Interessierten vom Verständnis wichtiger Zusammenhänge ausgeschlossen bleibt. Wer Entscheidungsträgern des öffentlichen Lebens oder Studenten der Demographie die zentralen Zusammenhänge nahe bringen will, ist aus pädagogischen Gründen endgültig zu einer wesentlich weniger strikten, dafür aber allgemeinverständlichen Argumentationen gezwungen. Aus diesem Grund wird im weiteren die Realität um wesentliche Bereiche zusätzlicher Komplexität abgekürzt. Aber selbst dann noch bleiben die ermittelten Zusammenhänge überraschend genug.

In der wissenschaftlichen Diskussion (siehe dazu Espenshade/Bouvier/Arthur 1982 sowie die daran anschließende Diskussion) werden die demographischen Wirkungen von Ab- und Zuwanderung stets ausschließlich unter der Konzentration auf (Netto)Zuwanderung diskutiert. Wenn 700.000 Personen jährlich zuwandern und 400.000 jährlich abwandern, dann sollten die Auswirkungen doch gleichbedeutend sein mit jenen, wenn jährlich 300.000 Personen zuwandern, ohne dass Abwanderung stattfindet. So jedenfalls der allgemeine Konsens. Eine, aber bestimmt nicht die einzige überraschende Erkenntnis der folgenden Analyse wird sein, dass es praktisch immer völlig unterschiedliche bevölkerungsdynamische Konsequenzen hat, ob a) 300.000 Personen zuwandern und niemand abwandert, b) 500.000 Personen zu- und 200.000 abwandern oder z.B. c) 800.000 Personen zu- und 500.000 Personen abwandern. Mit anderen Worten: Die gleichzeitige Existenz von Zu- und Abwanderung hat völlig andere Wirkungen als die Existenz nur von Zuwanderung allein. Wir wollen im folgenden in die komplexen Zusammenhänge einführen, die sich bei gleichzeitiger Existenz von Zu- und Abwanderung ergeben. Eine vollständige Behandlung kann allerdings allein aus Platzgründen hier nicht stattfinden.

## 2. Eine Systematisierung von Bevölkerungsgruppen für die Beurteilung der bevölkerungsdynamischen Konsequenzen von Migration

Zur Beurteilung der bevölkerungsdynamischen Konsequenzen von Zu- und Abwanderung sollte man die Gesamtbevölkerung in drei Gruppen unterteilen. Alle Personen, die am Beginn einer gedachten oder tatsächlichen Zu- und Abwanderung im Land wohnen, bilden die Population A (die „einheimische" Population). Selbstverständlich können einige oder viele Mitglieder dieser Population früher selbst irgendwann einmal gewandert sein. Da sie aber nichts mit den Auswirkungen der zu untersuchenden neuen Zu- oder Abwanderung zu tun haben, sollten wir unabhängig von der faktischen Herkunft alle Mitglieder von Population A an dieser Stelle als Einheit betrachten. Die Population A ist somit jene Bevölkerung, die sich zu irgendeinem Zeitpunkt ergeben würde, wenn es von diesem Moment ab keine Außenwanderung mehr gäbe. Wie sich die Population A in der Zukunft der Zahl und der Altersstruktur nach entwickelt, hängt ab von a) der im Moment bestehenden Altersstruktur, b) der Mortalität und c) der Fertilität dieser Population. Auf bundesdeutsche Parameterkonstellationen übertragen würden die bestehenden und die für die Zukunft zu erwartenden Werte dazu führen, dass die im Moment im Inland lebende Population A ohne jede Form von Außenwanderung innerhalb weniger Jahre zu schrumpfen beginnt und sich dieser Prozess mit der Zeit eher noch verschärft.

Emigration und Immigration finden tatsächlich (wie Tabelle 1 zeigt) von Jahr zu Jahr in völlig unterschiedlicher Zahl und Struktur statt. Zur Vereinfachung der Argumentation wollen wir im weiteren annehmen, dass Zu- und Abwanderung in einer jährlich konstanten Zahl stattfinden mögen, dass beide Ströme zudem eine bestimmte und ebenfalls konstante, aber voneinander verschiedene Alters- und Geschlechtsstruktur aufweisen. Die Alters- und Geschlechtsstruktur der realen Ströme von Zu- und Abwanderern eines Jahres verändern sich in aller Regel. Wir wollen aber annehmen, dass - wie auch immer die jeweilige Struktur sei - diese Strukturen im Zeitablauf ebenso konstant sind wie die absoluten Zahlen. Wir betrachten somit eine Population von Zuwanderern B(Z) in einer gegebenen jährlich konstanten Zahl und einer gegebenen Alters- und Geschlechtsstruktur. Gleichzeitig gibt es eine Population B(W) von Emigranten in einer ebenfalls gegebenen und konstanten Alters- und Geschlechtsstruktur. Die Population B(W) lebt vom Moment der Zuwanderung ab nicht mehr im Inland, sie stellt aber aus der Sicht des Inlands eine negative Zahl von Personen dar, die ohne Abwanderung hier leben würden. Die negative Personenzahl -B(W) würde entweder Teil der Population A sein, oder - was faktisch sehr relevant ist - stammt aus früheren oder kurz zuvor stattgefundenen Zuwanderungen und reduziert somit die Population B(Z).

Die gesamte Population der (hinzukommenden) Zuwanderer und (fehlenden) Abwanderer B ist somit gleich B(Z) - B(W). Die gesamte Population B kann im Bestand wie auf einzelnen Altersstufen positiv oder negativ sein. Grundsätzlich kann es eine negative Population aber nicht geben. Der „fehlende" Betrag reduziert somit stets die Population A, so dass in diesen Fällen die neue Gesamtbevölkerung A + B < A ist. Bei unseren Modellrechnungen müssen wir nur darauf achten, dass in jedem Alter stets A(x) + B(x) + C(x) 0 ist. Mit anderen Worten dürfen wir nur soviel Abwanderung in einem bestimmten Alter oder in einem bestimmten Geschlecht annehmen, wie insgesamt Personen hier leben, wobei wir im Moment von der Population C noch abstrahieren wollen. Teil von Population B sind somit alle Personen, die vor Beginn der Betrachtung im Ausland lebten und seither zugezogen sind (B(Z)), sowie alle Personen, die vor Beginn der Zu- und Abwanderung im Land lebten, nunmehr aber nicht mehr im Inland leben (B(W)).

Ein Großteil der Emigranten und Immigranten wandert vor oder während der reproduktiven Altersstufen zu bzw. ab. Zuwanderinnen in diesen Altersstufen haben somit früher oder später auch Kinder und daraus folgende Generationen von Kindeskindern, die zu Geburten im Inland führen, die es ohne die vorherige Zuwanderung hier nicht geben würde. Analog dazu nimmt jede Emigrantin vor oder während der reproduktiven Altersstufen mit ihrem Wegzug eine ganze Zahl ansonsten hier stattfindender Geburten von Kindern und Kindeskindern mit sich. Bei Existenz von Zu- und Abwanderung gibt es somit neben einer positiven Population von Kindern und Kindeskindern C(Z) auch eine negative Population fehlender Kinder und Kindeskinder -C(W).

Bereits wenige Jahre nach Beginn der alters- und geschlechtsstrukturierten Zu- und Abwanderung tritt somit neben die positiv oder negativ besetzte Population B eine wiederum möglicherweise positiv oder negativ besetzte Population C = C(Z) - C(W). Kennzeichen der Mitglieder von Population C (der Kinder und Kindeskinder von Migranten) ist, dass sie nach Beobachtungsbeginn im Inland (im Ausland) geboren wurden, dass diese Geburten aber von Personen stammen, die erst nach Beobachtungsbeginn zuwanderten (bzw. abwanderten).

Wir sind es gewohnt, alle Geburten nur Frauen zuzuordnen. Die zukünftige Zahl von Geburten kann aber streng betrachtet nicht nur durch zu- oder abwandernde Frauen allein verändert werden. Im Fall vollständiger oder weitgehender Monogamie kann in einem Land auch das Fehlen männlicher Partner zu einer geburtenbeschränkenden Restriktion für die hier lebenden Frauen werden. Wandern in einem solchen Fall Männer zu (Partner ansonsten partnerloser Frauen), kann auch dies die Geburten- und damit die Bevölkerungsdynamik verändern. Größe und Altersstruktur der positiven oder negativen Population C (=C(Z) - C(W)) hängen von einer ganzen Reihe demographischer Parameter ab. Zudem gilt, was wir vorwegschicken wollen, dass eine negativ besetzte Population B keinesfalls zwangsläufig auch eine negativ besetzte Population C nach sich zieht und umgekehrt. Ohne dass wir dies hier rechnerisch nachvollziehen wollen, hat die Struktur der Zu- und Fortzüge des Jahres 1976 (siehe Tabelle 1) genau diese Eigenschaft: Würden die Wanderungsströme von 1976 numerisch unverändert weitergegolten haben, wäre einerseits eine negative Population B und andererseits eine positive Population C entstanden.

Selbstverständlich ist für die langfristige Beurteilung der Gesamtwirkungen von Migration auf Bevölkerungsdynamik und Altersstruktur eines Landes die Dynamik und die Struktur der Population C von sehr großer Bedeutung. Vor allem in längerfristigen Betrachtungen wird die Population C früher oder später numerisch bedeutsamer werden als Population B, die Zu- und Abwanderer selbst. Um die Komplexität der Thematik zu reduzieren, wollen wir vorerst von der Population C abstrahieren. Erst in der Zusammenfassung wollen wir auf diesen wichtigen und unverzichtbaren Aspekt zumindest ansatzweise zurückkommen. Alles, was wir im weiteren behandeln, muss somit unter der Restriktion betrachtet werden, dass damit nur ein Teil (möglicherweise sogar nur der kleinere Teil) aller bevölkerungsdynamischen Konsequenzen beschrieben ist.

## 3. Eine einführende Modellsimulation: Der resultierende stationäre Bestand einer Population B von jährlich 100.000 Zu- und 120.000 Abwanderern in einer ganz spezifischen Altersstruktur

Da wir von allen Kindern und Kindeskindern abstrahieren wollen, nehmen wir im weiteren an, es würde in jedem Jahr eine konstante Zahl von Männern zu- und abwandern, die in unterschiedlichen Altersstufen in unterschiedlicher absoluter Zahl auftreten. Nehmen wir beispielsweise an, es würden jährlich 35.000 Männer im exakten Alter 18 zuwandern, die zeitlebens eine Sterblichkeit wie in der deutschen Sterbetafel 1986/88 haben mögen. In der folgenden Tabelle 1 wollen wir zuerst betrachten (Spalte (3)), wie viele Männer dieses ersten Zuwanderungsjahrgangs genau ein Jahr später, zwei Jahre später etc. noch am Leben sein werden. In der Sterbetafel 1986/88 für Männer ist die Wahrscheinlichkeit, vom exakten Alter 18 aus das Alter 19 zu erleben, genau dem Verhältnis (l(19) / l(18), der Spalte (2) von Tabelle 1). Von den 35.000 Zuwanderern im exakten Alter 18 leben somit ein Jahr später (eine Altersstufe höher) noch 34.966,52 Personen, wobei wir im Moment davon absehen wollen, dass natürlich nur ganzzahlige Überlebende auftreten können. Mit den bedingten Überlebenswahrscheinlichkeiten l(20) / l(18), l(21) / l(18) etc. für die folgenden Altersstufen kann man analog die Zahl der Überlebenden im Alter 20 (nach genau 2 Jahren), 21 etc. bis zum Alter 100 berechnen. Im Alter 100 (d.h. nach 82 Jahren) kommen danach vom ersten Zuwandererjahrgang noch 59,26 Personen an (Spalte (3)), die anschließend alle sterben mögen. In Tabelle 1 ist in Spalte (4) auch die Zahl der Sterbefälle im Alters- und Zeitdurchlauf eingetragen, wobei klar sein muss, dass von den ursprünglichen 35.000 Zuwanderern im Alter 18 nach 82 Jahren (bzw. etwas mehr als 82 Jahren) alle 35.000 gestorben sein müssen. Die Gesamtzahl der über das Altersspektrum von 18 bis 100 verteilten Sterbefälle ist identisch mit der Zahl der Zuwanderer am Beginn (im exakten Alter 18).

**Tab.1: Die Zahl der Überlebenden von jährlich 35.000 Zuwanderern im exakten Alter 18**

| Alter | Zeit | l(x) | Lebende | Sterbefälle | kumulierte Zahl der Überlebenden |
|---|---|---|---|---|---|
| (1) | (1a) | (2) | (3) | (4) | (5) |
| 18 | 0 | 0,98483009 | 35.000,00 | 33,48 | 35.000,00 |
| 19 | 1 | 0,98388815 | 34.966,52 | 37,38 | 69.966,52 |
| 20 | 2 | 0,98283625 | 34.929,00 | 38,49 | 104.895,66 |
| 21 | 3 | 0,98175322 | 34.890,65 | 37,12 | 139.786,32 |
| 22 | 4 | 0,98068174 | 34.852,57 | 36,14 | 174.638,89 |
| 23 | 5 | 0,97963729 | 34.815,45 | 35,35 | 209.454,34 |
| 24 | 6 | 0,9786203 | 34.779,31 | 34,86 | 244.233,65 |
| 25 | 7 | 0,97762558 | 34.743,96 | 34,75 | 278.977,61 |
| : | : | : | : | : | : |
| 30 | 12 | 0,97261851 | 34.566,01 | 37,25 | 452.169,55 |
| 50 | 32 | 0,92470979 | 32.863,38 | 178,45 | 1.130.263,95 |
| 80 | 62 | 0,34118804 | 12.125,52 | 1.253,25 | 1.844.388,05 |
| 100 | 81 | 0,00166725 | 59,26 | 37,15 | 1.951.693,83 |

Wir wollen nun annehmen, dass nicht nur in einem einzigen Jahr, sondern jedes Jahr erneut genau 35.000 Männer im Alter 18 zuwandern. Ein Jahr nach Beginn der Zuwanderung (zum Zeitpunkt t = 1) leben somit 35.000 Männer im Alter 18 (zweiter Zuwandererjahrgang) und gleichzeitig die überlebenden 34.966,52 Männer des ersten Zuwandererjahrgangs. Ein weiteres Jahr später (zum Zeitpunkt 2) leben 35.000 Männer des dritten Zuwandererjahrgangs, dazu 34.966,52 Männer des zweiten Jahrgangs und die 34.929,14 Überlebenden des ersten Zuwandererjahrgangs (Zeile 3 von Spalte (4)). Im Jahr 12 haben sich die Überlebenden der 13 anwesenden Zuwandererjahrgänge bereits zu 452.169,55 Personen aufkumuliert, im Jahr 32 (wenn die ältesten Zuwanderer das Alter 50 erreichen) leben bereits 1.130.263,95 Personen im Inland, die im Alter 18 zuwanderten.

Nach 82 Jahren (wenn der erste Wandererjahrgang bereits im Alter 100 ist) leben gleichzeitig die letzten Überlebenden des ersten Zuwandererjahrgangs, die ein Jahr später gewanderten Männer im Alter 99, die im dritten Jahr gewanderten Männer im Alter 98 bis hinunter zu den diesjährigen Zuwanderern im Alter 18. Ein Jahr später leben die letzten Überlebenden des zweiten Wanderungsjahrgangs im Alter 100, die des dritten Jahres im Alter 98 und erneut die jüngsten Männer im Alter 18. Gleichzeitig kommen immer jeweils 35.000 neue Zuwanderer im Alter 18, jeweils 34.966,52 Überlebende im Alter 19 etc. hinzu. Die Gesamtzahl der Überlebenden hat somit nach 82 Jahren ein stationäres Niveau von 1,9517 Mio. Personen erreicht, die zwischen Alter 18 und 100 verteilt dann in einer konstanten Zahl leben, wenn jedes Jahr tatsächlich 35.000 Zuwanderer im Alter 18 neu hinzukommen und die Sterblichkeit unverändert bleibt. Den Bestand der nach 82 Jahren erreichten stationären Bevölkerung können wir leicht berechnen. Ein Mann im Alter 18 hat gemäß Sterbetafel 1986/88 eine (Rest)Lebenserwartung e(18) von 55,26 Jahren vor sich. Wenn jeder einzelne 18-jährige Zuwanderer noch 55,26 Jahre leben wird, dann werden alle 35.000 Zuwanderer im Alter 18 insgesamt 1,9341 Mio. Lebensjahre verbringen. Dass wir in Tabelle 1 den leicht abweichenden stationären Bevölkerungsbestand von 1,951 Mio. errechnen, liegt daran, dass in der Modellrechnung der Einfachheit halber mit der Bevölkerung im exakten Alter x gerechnet wurde und nicht wie bei der Sterbetafelberechnung üblich mit der mittleren Zahl der Lebenden (der L(x)-Verteilung der Sterbetafel).

Was wir am Beispiel von Zuwanderern im Alter 18 behandelten, gilt für jedes andere Alter mit einer ebenfalls konstanten Zahl in gleicher Weise. Wenn wir beispielsweise annehmen, dass jedes Jahr auch 25.000 Männer im Alter 25 zuwandern, kumuliert sich nach 75 Jahren der Bestand aller neu zugewanderten und der Überlebenden früherer Zuwanderer im Alter 25 auf einen stationären Bestand von 25.000 * e(25) auf. Wenn wir daneben jährlich auch 25.000 Männer im Alter 35 zuwandern lassen, erreicht diese Population nach 65 Jahren einen stationären Bestand von 25.000 * e(35). Fügen wir weitere 10.000 jährliche Zuwanderer im Alter 52 hinzu, bildet diese Population nach 48 Jahren den stationären Bestand von 10.000 * e(52), ebenso wie jährlich 5.000 Zuwanderer im Alter 67 ein stationäres Niveau von 5.000 * e(67) erreichen. Beschränken wir uns der Einfachheit halber auf diese insgesamt 100.000 jährlichen Zuwanderer, deren Durchschnittsalter bei 29,85 Jahren liegt. Nach 82 Jahren (wenn selbst die jüngsten Zuwanderer ihr stationäres Niveau erreicht haben) wird sich für die Population B(Z) ein stationäres Niveau $B(Z)^*$ ergeben von:

$$B(Z)^{*} = Z(18)\, e(18) + Z(25)\, e(25) + Z(35)\, e(35) + Z(52)\, e(52) + Z(67)\, e(67)$$

$$= 35.000 \times 55{,}26 + 25.000 \times 48{,}65 + 25.000 \times 39{,}14 + 10.000 \times 23{,}81 + 5.000 \times 12{,}75$$

$$= 4{,}4307 \text{ Mio.}$$

Wir können verallgemeinern: Für jede jährliche konstante Zahl von Zuwanderern in einer bestimmten Altersstruktur gilt:

$$B(Z)^{*} = \sum_{x=0}^{100} Z(x)\, e(x)$$

Das stationäre Niveau $B(Z)^{*}$ wird spätestens nach 100 Jahren erreicht, entsteht aber nur bei einer über einen langen Zeitraum konstanten Zahl von Zuwanderern. Wird die Zuwanderung beispielsweise bereits nach 50 Jahren ganz beendet, erreicht die Population B(Z) nach 50 Jahren ein Maximum, das deutlich unterhalb von $B(Z)^{*}$ liegt und geht in den nächsten 100 Jahren später wieder auf Null zurück, wobei natürlich zu bedenken ist, dass sich diese Aussage ändern würde, wenn es Kinder und Kindeskinder gäbe.

Was aber geschieht im Fall von Abwanderung? Nehmen wir wiederum an, es würden in jedem Jahr 35.000 junge Männer abwandern, die diesmal im Alter 15 sein sollen. Wie viele dieser Abwanderer werden im Inland vermisst? Anders formuliert: Um wie viele Personen ist die inländische Bevölkerung kleiner, als sie es ohne die Abwanderung der 35.000 Fünfzehnjährigen wäre, wobei wir wiederum nur die Abwanderer selbst und nicht deren Kinder und Kindeskinder betrachten wollen. Beginnen wir damit, uns zu überlegen, um welche Personenzahl die Population A nach 100 Jahren kleiner ist, wenn im Jahr t = 0 einmalig 35.000 Fünfzehnjährige abwandern. Die Antwort ist einfach. Einhundert Jahre später fehlt kein einziger dieser Emigranten mehr, denn sie wären alle längst auch im Inland verstorben, wenn sie hier geblieben wären.

Von 35.000 im Inland lebenden jungen Männern im exakten Alter 15 würden genau ein Jahr später noch 34.985,93 am Leben sein. Mit anderen Worten: Im Moment der Abwanderung fehlen im Inland 35.000 Personen, ein Jahr später aber nur noch 34.986 Personen, da von den 35.000 im Inland 14 gestorben wären. Diese Sterbefälle finden nun aufgrund der Abwanderung nicht mehr im Inland statt. Ein weiteres Jahr später hätten 34.966,47 Männer das Alter 17 erlebt, die nun fehlen. Wiederum finden im Inland aber aufgrund der Abwanderung auch 19 Sterbefälle weniger statt. Nach 85 Jahren fehlen vom ersten Abwandererjahrgang gemäß Sterbetafel noch 59,19 Männer, die ansonsten ohne Abwanderung Alter 100 im Inland erreicht hätten. Ein weiteres Jahr später fehlt nach den gewählten Annahmen niemand mehr, weil nun auch im Inland alle 35.000 Emigranten verstorben wären. Gleichzeitig wird nun aber aufgrund der Abwanderung im Alter 15 im Jahr t = 0 kein Sterbefall mehr im Inland vermieden, wie dies noch in den Vorjahren der Fall war.

Wenn im Jahr t = 1 wiederum 35.000 Fünfzehnjährige abwandern, fehlen unmittelbar danach (wenn man so will: eine Sekunde später) die „neuen" 35.000 und dazu noch die ansonsten zu diesem Zeitpunkt noch lebenden 34.986 Abwanderer des ersten Jahrgangs aus dem Jahr Null. Wieder müssen wir über die einzelnen Altersklassen aufkumulieren, um die Gesamtzahl aller „Fehlenden" zu ermitteln. Nach 85 Jahren fehlen insgesamt in unserer vorne beschriebenen Berechnungslogik 2,0533 Mio. Männer, verteilt über die Altersstufen 15 bis 100. Auch hier kann man den Bestand der Fehlenden wieder dadurch berechnen, dass jeder einzelne Abwanderer im Alter 15 im Durchschnitt (nach der Sterbetafel 1986/88) 58,17 Jahre (e(15)) leben würde, alle 35.000 Männer zusammen dann 35.000 * e(15) viele Lebensjahre im Inland verbringen würden, was sie nun nicht mehr tun. Verdeutlichen sollten wir, dass unsere Modellrechnung nur funktionieren kann, wenn in der einheimischen Population die Gesamtzahl der Männer im Alter 15 stets größer als 35.000 ist, da ansonsten nicht jedes Jahr neu 35.000 Fünfzehnjährigen abwandern könnten. Nach den von uns gewählten Annahmen wandern im Alter 18 viele Zuwanderer hinzu, so dass in diesem und den folgenden Altersstufen ein Engpass nicht entstehen könnte.

Nehmen wir nun wieder an, dass nicht nur Fünfzehnjährige abwandern. Wir wollen annehmen, dass gleichzeitig auch 35.000 Männer im Alter 34, jeweils 35.000 Männer im Alter 61 und 15.000 Männer im Alter 69 in jedem Jahr abwandern. Die jährliche Gesamtzahl der Emigranten beträgt damit 120.000, womit wir in unserer Beispielrechnung eine jährliche Nettoabwanderung von -20.000 Personen erreichen. Das Durchschnittsalter der Abwanderer liegt mit 40,71 Jahren deutlich oberhalb des Wertes der Zuwanderer. Wie groß wird das stationäre Niveau der Abwanderungspopulation $B(W)^*$ sein? Wieder können wir unsere Formel anwenden:

$$B(W)^* = 35.000\ e(15) + 35.000\ e(34) + 35.000\ e(61) + 15.000\ e(69)$$
$$= 35.000 \times 58{,}17 + 35.000 \times 40{,}09 + 35.000 \times 16{,}83 + 15.000 \times 11{,}5$$
$$= 4{,}2\ \text{Mio.}$$

Vergleicht man die beiden stationären Niveaus der „positiven" Population $B(Z)^*$ und der „negativen" $B(W)^*$ in Abb.3, wird ein erstes völlig überraschendes Ergebnis sichtbar: Obwohl die Argumentation und Berechnung ohne jede Berücksichtigung möglicher Kinder und Kindeskinder verläuft, führt eine jährliche konstante Zahl von 120.000 Abwanderern und gleichzeitig nur 100.000 jährlichen Zuwanderern nach einigen Jahrzehnten zu einer positiven Population B (=B(Z) - B(W)), deren endgültiges stationäres Niveau bei 220.447 Personen liegt. Die (positive) Population B(Z) wächst zuerst langsamer als die (negative) Population B(W), was allein schon dadurch erklärbar ist, dass bei ihr weniger Personen jährlich neu hinzukommen als bei B(W). Nach einigen Jahrzehnten wächst aber B(W) weniger stark als B(Z). Wie kann eine solche Entwicklung zustande kommen, wo doch jährlich unverändert 20.000 Personen mehr ab- als zuwandern? Die Lösung des scheinbaren Rätsels liegt in der Dynamik der tatsächlichen zusätzlichen und der vermiedenen Sterbefälle im Inland. Im Durchschnitt ist die abwandernde Population in unserer Modellrechnung deutlich älter als die zuwandernde Population. Die Folge ist, dass die positive Wirkung der im Inland vermiedenen Sterbefälle aufgrund der Abwanderung zeitlich eher einsetzt als die Wirkung der zusätzlich stattfindenden Sterbefälle der früheren Immigranten.

**Abb.3: Die zeitliche Entwicklung der Population B(Z) und B(W) im Zeitablauf**

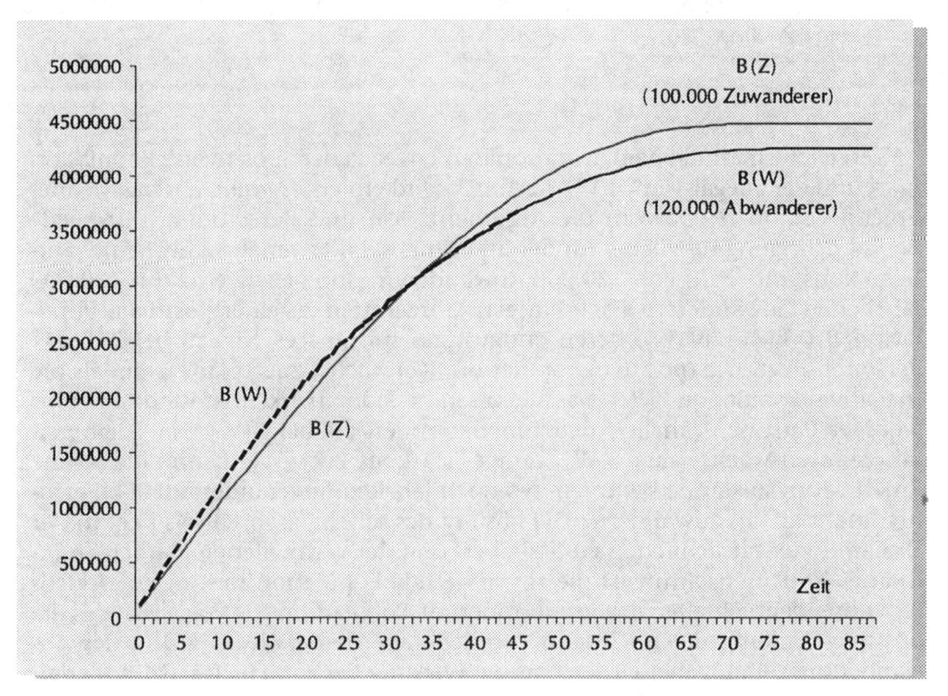


Da im ersten und den folgenden Jahren mehr Personen ab- als zuwandern, muss im Zeitablauf der Bestand der Population B(Z) - B(W) zuerst einmal negativ werden. In Abb.4 ist der Zeitablauf des Bestandes der Population B(Z) - B(W) dargestellt. Es zeigt sich, dass tatsächlich für die ersten Jahrzehnte der Betrachtung die Population B(Z) - B(W) ähnlich wie der negative jährliche Wanderungssaldo negativ bleibt. Dann aber wendet sich diese Population ins Positive und erreicht nach 61 Jahren einen maximalen Bestand, um anschliessend auf den oben berechneten stationären Bestand zurückzufallen (Abb.4). Wie kann es sein, dass die Population B stationär wird, obwohl der jährliche Abwanderungssaldo von -20.000 Personen erhalten bleibt? Im stationären Zustand fehlen im Inland jedes Jahr 120.000 Sterbefälle (der heutigen und früheren Emigranten) und es kommen 100.000 Sterbefälle (der heutigen und früheren Zuwanderer) hinzu. Zusammen mit den -20.000 jährlichen Nettoabwanderern ergibt dies eine Bevölkerungsveränderung von Null (einen stationären Zustand).

**Abb.4: Zeitliche Entwicklung der Population B(Z)-B(W) bei 100.000 Zu- und 120.000 Abwanderern**

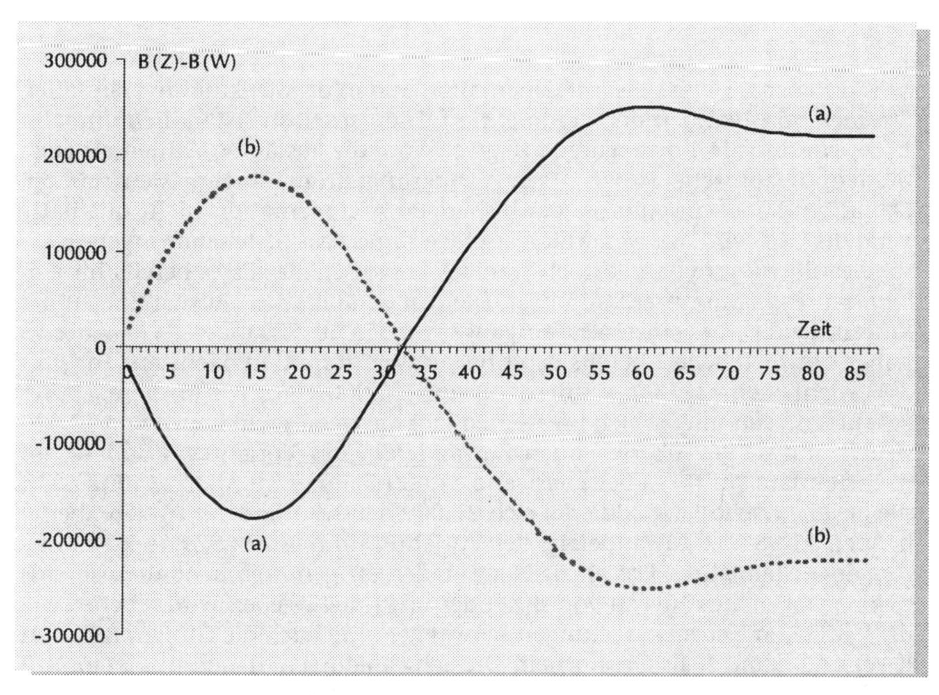


Wir können uns selbstverständlich auch vorstellen, dass die Zuwanderer eine Altersstruktur und Gesamtzahl aufweisen, wie wir sie bisher beispielsweise für die Abwanderer verwendeten, und gleichzeitig die Abwanderer die Werte der vorherigen Zuwanderer aufweisen. Wenn wir B(Z) und B(W) tauschen mit nun 120.000 Zu- und 100.000 Abwanderern, dann entsteht für die „neue“ Population B(Z) - B(W) in Abb.4 die spiegelbildliche Entwicklung. Trotz eines andauernden Zuwanderungsgewinns von 20.000 Personen bleibt die Population B in diesem Fall nur für einige Jahre positiv. Ihr Maximum erreicht die Population B(Z) - B(W) nach 16 Jahren, von wo ab sich die Entwicklung aber trotz unveränderter Wanderungsströme umkehrt. Am Ende wird sich ungeachtet der fortdauernden Nettozuwanderung der inländische Bevölkerungsbestand wegen der negativen Population B reduzieren. Wir erkennen daraus: Ein dauerhafter Überschuss der Zu- über die Abwanderungen kann auch ohne Berücksichtigung der Kinder und Kindeskinder ebenso gut zu einem negativen stationären Bestand der Bevölkerung B(Z) - B(W) führen, wie ein dauerhafter negativer Wanderungssaldo die Bevölkerung eines Landes vergrößern kann. **Der Wanderungssaldo ist somit kein geeigneter Indikator für die bevölkerungsdynamischen Wirkungen von Außenwanderung. Weder die absolute**

**Zahl der Emigranten und Immigranten, noch gar die Höhe des Saldos lassen eindeutige Schlüsse über die bevölkerungsdynamischen Wirkungen zu.**

Wir haben bislang stets mit dauerhaften und in der Struktur unveränderten Strömen von Wandernden argumentiert. Dies ist selbstverständlich unrealistisch, wie Tabelle 1 anschaulich zeigt. Sowohl die absoluten Zahlen als auch die demographische Struktur der Wanderungsströme ändern sich ständig. Damit wird aber die Aussage der bisherigen Argumentation nicht qualitativ verändert, sie wird nur wesentlich erschwert und das entstehende Ergebnis für die Bevölkerungsdynamik noch weniger hervorsehbar, als es bereits im einfachsten Fall konstanter Ströme ist. Die demographischen Auswirkungen der Zuwanderung eines einzelnen Jahrgangs von 35.000 Zuwanderern im Alter 18 haben wir in Tabelle 1 bereits beschrieben. Wenn nun im nächsten Jahr (in t = 1) nicht mehr 35.000, sondern z.B. nur 12.000 Personen in diesem Alter zuwandern, summieren sich im zweiten Jahr die Gesamtwirkungen von 12.000 neuen und 34.967 überlebenden Zuwanderern des Vorjahres. Kommen im nächsten Jahr (in t = 2) beispielsweise 27.000 Männer im Alter 18 hinzu, gilt die gleiche Logik. Jetzt addieren sich 27.000 neue Zuwanderer zu den überlebenden 11.988,52 Zuwanderern des Vorjahres und den 34.929,14 Zuwanderern des ersten Jahres. Das einzig Neue an der jetzigen Argumentation ist, dass es kein stationäres Niveau von B(Z) oder B(W) mehr geben wird. Ebenso wie die jährlichen Neuzuwanderungen schwanken nun auch die Größen B(Z) und B(W) und damit B als Gesamtheit. Die Schwankungen, denen in diesem Fall die Population B ausgesetzt sein wird, werden sich daher dauerhaft von den Schwankungen in der Zahl der Zuwanderer Z und Abwanderer W unterscheiden.

Kehren wir deshalb zur Vereinfachung der Argumentation wieder zum Fall der jährlich konstanten Zahl von Zu- und Abwanderern mit unveränderter Alters- und Geschlechtsstruktur zurück. Sicherheitshalber sollten wir aber noch betonen: Dass wir hier bei den Zuwanderern nur fünf, bei den Abwanderern sogar nur vier Altersstufen betrachten, ist nur eine Vereinfachung der Argumentation. Selbstverständlich umspannen sowohl Zu- als auch Abwanderung in der Realität alle Altersstufen. Alles, was wir für den Fall von nur wenigen Altersstufen analysieren, gilt selbstverständlich auch für die tatsächliche volle Altersverteilung. Die einzige Änderung der Argumentation bietet sich von selbst an. Wenn auch Nulljährige wandern, dann kann ein stationäres Niveau der Population $B(Z)^*$ - $B(W)^*$ erst nach 100 Jahren erreicht werden.

Bislang haben wir den Fall betrachtet, dass jährlich 120.000 Männer ab- und 100.000 Männer zuwandern. Wie würde sich das Bild verändern, wenn jährlich 220.000 statt 120.000 Emigranten beobachtet würden und 200.000 statt 100.000 Immigranten, wobei in beiden Populationen die jeweils identische Altersstruktur bestehen bleiben möge, wie wir sie im Ausgangsbeispiel angenommen haben? Der jährliche Wanderungssaldo würde im zweiten Fall unverändert bleiben, so dass wir ohne Bedenken anzunehmen bereit sind, dass nun auch das Niveau von $B(Z)^* - B(W)^*$ unverändert bleibt. Das Ergebnis der Modellrechnung in Abb. 3 zeigt nun allerdings ein völlig anderes Ergebnis. Wiederum sind die Wirkungen der jährlichen Nettoabwanderung notwendigerweise für einige Jahre negativ. Wesentlich eher als in der Variante von 100.000 Zu- und 120.000 Abwanderern kehrt sich im Fall von 200.000 Zu- und 220.000 Abwanderern aber die Entwicklung um. Der schließlich stationäre Gesamtbestand der Population $B(Z)^* - B(W)^*$ ist mit 1,151 Mio. um ein Vielfaches größer als im Fall von 100.000 Zu- und 120.000 Abwanderern (Verlauf (2) in Abb.5). **Ein identischer Nettowanderungssaldo hat auch ohne jede Berücksichtigung von Population C praktisch nie oder nur durch Zufall die gleiche Wirkung auf die Bevölkerungsdynamik.** Wir können die Aussage „durch Zufall" präzisieren: Nur dann, wenn die Alters- und Geschlechtsstruktur von Ab- und Zuwanderung in jedem Detail vollkommen übereinstimmen, hat ein gegebener Nettowanderungssaldo stets die gleichen bevölkerungsdynamischen Konsequenzen. Nur in diesem Fall wäre es gleichgültig, ob 1,1 Mio. Abwanderern 1 Mio. Zuwanderer oder 300.000 Abwanderern 200.000 Zuwanderer gegenüberstehen.

Sicherheitshalber betrachten wir in Abb.5 noch eine andere Variante (Verlauf (3)). Die Population B(Z) - B(W) könnte sich möglicherweise nur deshalb verändert haben, weil sich beim Übergang der Betrachtung von 100.000 Zu- und 120.000 Abwanderern auf 200.000 Zu- und 220.000 Abwanderern der „relative" Wanderungssaldo veränderte, d.h. in diesem Fall reduzierte. Wir betrachten deshalb noch zusätzlich den Fall, dass jährlich 200.000 Zuwanderer nun 240.000 Abwanderern in der gegebenen unveränderten Altersstruktur der vorangegangenen Beispiele gegenüberstehen. Damit verdoppelt sich die Zahl der Zu- und Abwanderer, gleichzeitig aber erhöht sich der jährlich konstante negative Wanderungssaldo auf -40.000 Personen. Könnte es sein, dass nun $B(Z)^* - B(W)^*$ gegenüber der Ausgangslage unverändert ist? Allein die Tatsache, dass unter den neuen Bedingungen der Verlauf von B(Z) - B(W) im ersten Jahr bei -40.000 anstelle von -20.000 beginnen muss, zeigt klar, dass die beiden Verläufe von 100.000 Zu- bei 120.000 Abwanderern und 200.000 Zu- bei 240.000 Abwanderern nicht identisch sein können. Nichtsdestoweniger lohnt es sich, den Fall von 200.000 Zu- bei 240.000 Abwanderern in die Überlegungen einzubeziehen (Verlauf (3) in Abb.5) Tatsächlich steht der Verlauf von B(Z) - B(W) in diesem Fall in einer direkten Relation zum ursprünglichen Verlauf bei 100.000 Zu- und 120.000 jährlichen Abwanderern. **Wenn sich bei dauerhaft unveränderter Alters- und Geschlechtsstruktur die Zahlen der jährlichen Zu- und Abwanderer verdoppeln (vervielfachen), verdoppelt (vervielfacht) sich auch die absolute Zahl der stationären Population $B(Z)^* - B(W)^*$.**

**Abb.5: Entwicklung der Population B(Z)-B(W) bei alternativen Annahmen über die jährliche Zahl von Zu- und Abwanderern bei gegebener und unveränderter Altersstruktur**

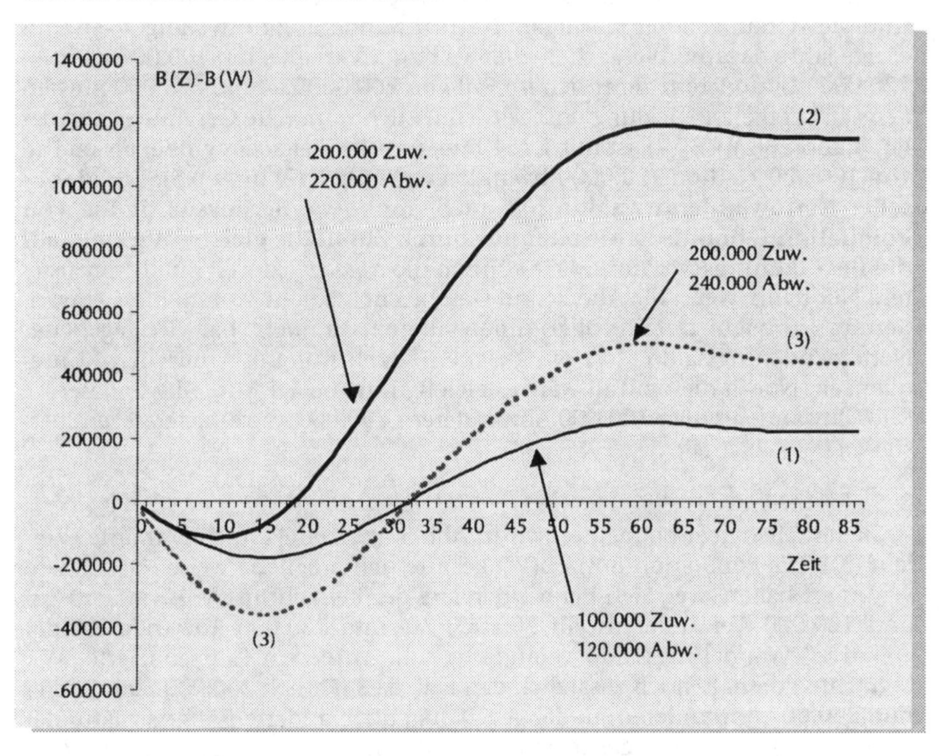


Gehen wir zurück zur ursprünglichen Variante von 100.000 Zuwanderern und 120.000 Abwanderern und betrachten eine letzte Modellvariation, die sich im Grunde bereits bei der in Abb.5 betrachteten Varianten mit auswirkte. Wir sind von einem Fall ausgegangen, in dem Jahr für Jahr netto 20.000 Männer abwandern und bei der sich dann nach 86 Jahren doch eine positive stationäre Population $B^*$ aufgebaut hat. Die Ursache für die überraschende Entwicklung ist, dass die Altersstruktur der Ab- und Zuwanderung sich so unterschied, dass die Zuwanderer im Durchschnitt jünger (auch wenn dies nicht für jeden einzelnen beteiligten Jahrgang gelten muss) sind als die Abwanderer. Die dauerhaften Wirkungen der unterschiedlichen Altersstruktur überwiegen nach einer bestimmten Zeit numerisch die negativen Auswirkungen der jährlichen Nettoabwanderung. Uns interessiert aber besonders der realistische Fall, was mit der Population B geschehen würde, wenn es bei gegebener Alters- und Geschlechtsstruktur nicht eine jährliche Nettoabwanderung, sondern einen

ausgeglichenen Saldo oder einen Zuwanderungsüberschuss geben würde. Wir wollen dazu die Auswirkungen der Annahmenvariation im zeitlichen Verlauf darstellen, dass bei weiterhin 120.000 jährlichen Abwanderern nun ebenfalls eine Zahl von 120.000 jährlichen Zuwanderern auftritt. Darüber hinaus wollen wir den Fall behandeln, dass sich die Zahl der jährlichen Zuwanderer bei wiederum unveränderter Altersstruktur auf 140.000 beläuft und somit ein jährlicher Zuwanderungsüberschuss von 20.000 Personen entsteht. Der Vergleich der drei Verläufe I, II und III in Abb.6 (wobei Verlauf I den Verläufen (a) in Abb. 1 und (1) in Abb. 2 entspricht) zeigt nun wiederum überraschend große Unterschiede.

Im Fall eines ausgeglichenen Wanderungssaldos mit jährlich 120.000 Zu- und Abwanderern in der gegebenen Altersstruktur entwickelt sich die Population B(Z) - B(W) von Anbeginn an positiv, erreicht nun aber etwas später (im 65. Jahr der Betrachtung) ihr absolutes Maximum und wird stationär bei einem Niveau von 1,117 Millionen. Im Fall eines jährlichen Zuwanderungsüberschusses von 20.000 Personen bei 140.000 Zu- und 120.000 Abwanderern in der gegebenen Altersstruktur wird der Maximalbestand der Population B erneut etwas später (im 68. Jahr der Wanderungsbewegungen) erreicht und sinkt anschließend von 2,022 Mio. (dem zeitweisen Maximalwert) auf das stationäre Ergebnis von 2,013 Mio. zurück. Gewissermaßen als Wiederholung dessen, was wir längst wissen, ist in Abb.6 ein weiterer Fall dargestellt (Verlauf IV), wo bei einem jährlich konstanten Zuwanderungsüberschuss 240.000 Zuwanderer 220.000 Abwanderer in der gegebenen Altersstruktur gegenüberstehen. In diesem Fall wird der Maximalwert der Bevölkerung B(Z) - B(W) wieder etwas früher (im 67. Jahr) erreicht, bevor sich diese Population nun auf einem von allen anderen Varianten deutlich unterschiedlichen Niveau von $B^*$ gleich 2,943 Mio. stabilisiert.

**Abb.6: Entwicklung der Population B(Z)-B(W) bei alternativen Annahmen über den Wanderungssaldo bei gegebener Altersstruktur der Ab- und Zuwanderer**

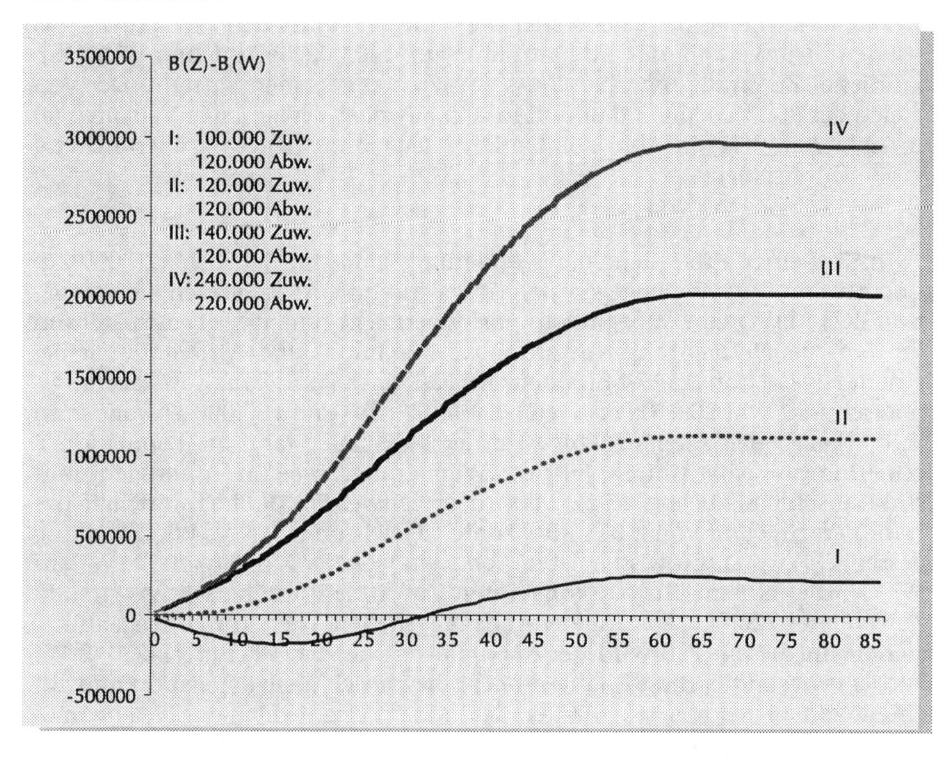


Wir können das Ergebnis der bisherigen Überlegungen zusammenfassen: Vergleichsweise geringe Veränderungen in den Annahmen über die absoluten Zahlen der jährlichen Zu- und Abwanderer können sehr große Auswirkungen auf das nach einigen Jahrzehnten erreichte absolute Niveau der stationären Population $B^*$ haben. Bei 140.000 jährlichen Zuwanderern und 120.000 Abwanderern (bei der von uns modellhaft betrachteten Altersstruktur) würde sich die Bevölkerung des betrachteten Landes bereits ohne jede Berücksichtigung von Kindern und Kindeskindern um mehr als 2 Mio. dauerhaft erhöhen. Würden stattdessen bei gleicher Altersstruktur und gleicher jährlicher Nettozuwanderung 240.000 Zuwanderern 220.000 Abwanderer gegenüberstehen, würde sich das stationäre Niveau von Population B bereits auf nahezu 3 Mio. erhöhen. Nicht, weil es unbedingt realistisch wäre, sondern nur, um die Größenordnung zu verdeutlichen, wollen wir das erreichte stationäre Niveau von $B^*$ auch für den Fall berechnen, dass sich jährlich 800.000 Zuwanderer und 500.000 Abwanderer in der gegebenen Altersstruktur gegenüberständen.

In diesem Fall läge das stationäre Niveau von B* bei der beträchtlichen Zahl von rund 18,1 Mio. Personen. Allerdings würde dieses Niveau erst nach rund 50 Jahren annähernd und nach 86 Jahren endgültig erreicht.

Besonders in den Modellvarianten mit dauerhafter Nettoabwanderung sollte aber ein Punkt erneut verdeutlicht werden. Eine bestimmte Zahl von Emigranten in einem Alter x kann nur dann auf Dauer aufrechterhalten werden, wenn im Inland diese Altersgruppe ausreichend groß besetzt ist. Auf jeden Fall muss die Besetzungszahl stets größer oder gleich Null sein. Realistischerweise können wir aber sogar davon ausgehen, dass die Zusammenhänge noch wesentlich stringenter sind. Stellen wir uns vor, die Besetzungszahl von Frauen oder Männern im Alter 25 hat sich (möglicherweise wegen vorangegangener Abwanderung) im Zeitablauf halbiert. Dann ist es aber nicht mehr realistisch, weiterhin ohne Berücksichtigung der bereits stark gesunkenen Bestände von einer unverändert großen Abwanderung auszugehen. An irgendeinem Punkt wird es eine „Sättigungsgrenze" für weitere Abwanderungen in einem bestimmten Alter geben. Die Modellrechnungen mit einer jährlich konstanten Zahl von Zu- und Abwanderern sind deshalb, besonders was die Abwanderer (letztlich aber auch die Zuwanderer) angeht, nicht immer in die Realität übertragbar.

Wir wollen abschließend systematisch klären, unter welchen Bedingungen es zu einer zeitweise negativen Entwicklung im Bestand von B kommen kann, obwohl das stationäre Niveau B* positiv ist. Eine anfängliche negative Entwicklung muss immer dann eintreten, wenn wir - wie in unserem Startbeispiel - von einem negativen Wanderungssaldo ausgehen. Dies ist selbstverständlich. Kann es aber auch zu einer zeitweise negativen Entwicklung von B kommen, wenn der Wanderungssaldo ausgeglichen und das stationäre Niveau von B* positiv ist, weil die Restlebenserwartung der Zuwanderer größer ist als die der Abwanderer? Immerhin haben wir als Variante II in Abb.6, wo wir einen ausgeglichenen Wanderungssaldo unterstellten, von Anbeginn eine positive Entwicklung von B(Z) - B(W) beobachtet. Der Aufbau der Population B(Z) - B(W) bei einer dauerhaft konstanten Zahl x-jähriger Zuwanderer und x ± a-jähriger Abwanderer wird ausschließlich durch die Mortalität der Zu- und Abwanderer gelenkt. Wenn von 100.000 x-jährigen Zuwanderern nach einem Jahr noch 99.500 überleben, dann besteht die Population B(Z) nach einem Jahr aus 100.000 neuen Zuwanderern und 99.500 überlebenden Zuwanderern des Vorjahres. Wenn 100.000 Personen im Alter x ± a abwandern und davon im Inland nach einem Jahr noch 99.800 Personen leben würden, dann fehlen im Inland bei kontinuierlicher Abwanderung nach einem Jahr 100.000 neue Abwanderer und 99.800 Abwanderer des Vorjahres. In diesem Fall würde also nach einem Jahr die Population B (= B(Z) - B(W)) zuerst einmal negativ.

Vergleichen wir konkret den Fall von Immigranten im Alter Null und Emigranten im Alter Zehn. Der Parameterwert von e(0) ist größer als e(10), so dass $B^*$ positiv sein wird. Die Mortalität aber ist in Alter Zehn niedriger als in Alter Null, so dass auch bei einem ausgeglichenen Wanderungssaldo die Population B zuerst einmal negativ wird, weil B(W) anfänglich schneller wächst als B(Z). Wir können verallgemeinern: Der schnellste Aufbau der Population B(Z) oder B(W) geschieht in (der Nähe) jener Altersstufen, wo die Mortalität am niedrigsten ist, was in entwickelten Ländern mit niedriger Mortalität zwischen Alter 5 und 12 zu erwarten ist. Das endgültige stationäre Niveau $B(Z)^*$ oder $B(W)^*$ ist maximal, wo die Restlebenserwartung maximal ist, was zumindest heute in Ländern mit niedriger Sterblichkeit im Alter Null der Fall ist. Der Fall eines zeitweise negativen Bestandes von B(Z) - B(W) kann somit bei ausgeglichenem oder im Grenzfall sogar bei einem sehr kleinen positiven Saldo entstehen, wenn die Altersstruktur der Abwanderer näher am Minimum der Sterblichkeit liegt als die Altersstruktur der Zuwanderer.

## 4. Wie groß wäre das stationäre Niveau von $B^*$, wenn die Migrationsströme des Jahres 1996 in der Bundesrepublik dauerhaft anhalten würden?

Wir wollen wenigstens einen Schritt in Richtung Realität unternehmen und uns ein Kalenderjahr auswählen, in dem die Außenwanderungsströme für die Geschichte der Bundesrepublik zumindest einigermaßen typisch sind und an Stelle der bisherigen hypothetischen Werte mit realistischen Zahlen ein Bild über die Größenordnung gewinnen. Wir wählen dazu das Jahr 1996 aus, wo mit 571.876 männlichen und 387.815 weiblichen Zuwanderern bei 442.324 männlichen und 235.170 weiblichen Abwanderern ein für die letzten 50 Jahre insgesamt durchschnittlicher Wanderungssaldo von zusammen 282.197 Personen zustande kam. Wie bisher stets in der Geschichte der Bundesrepublik lag auch in diesem Jahr der Frauenanteil an den Abwanderungen mit 34,71 Prozent deutlich unter dem Frauenanteil bei den Zuwanderungen, der 40,41 Prozent betrug. Aus diesem Grund war 1996 die Nettozuwanderung bei den Frauen mit 152.645 Personen insgesamt größer als bei den Männern (mit 129.552 Personen).

Wie groß wäre das stationäre Niveau von $B^*$, wenn genau die Bruttozahlen sowie die Alters- und Geschlechtsstruktur von 1996 dauerhaft unverändert bliebe bzw. geblieben wäre? Dies ist zwar insoweit unrealistisch, als solche Werte nie wirklich konstant bleiben. Es ist aber andererseits zumindest in soweit realistisch, dass die Werte von 1996 für die letzten 50 Jahre keinesfalls ungewöhnlich oder auch nur überdurchschnittlich waren, was die Bruttozahlen ebenso wie die Alters- und Geschlechtsstruktur angeht. Für das stationäre Niveau $B^*$ ist neben den Ausgangsdaten die Restlebenserwartung wichtig. Wir wissen, dass die Mortalität sehr systematisch sinkt und damit die Werte von

e(x) ebenso systematisch ansteigen. Im Jahr 1996 war die Sterblichkeit bereits erkennbar niedriger als in der Sterbetafel 1986/88, und es darf als sicher angenommen werden, dass die Sterblichkeit in der weiteren Lebenszeit der von uns betrachteten Migranten weiter sinken wird bzw. würde. Wenn wir im weiteren gleichwohl mit den Werten der Tafel 1986/88 rechnen, dann stellt dies in jeder Hinsicht eine Untergrenze dar. Am Lebensende werden heutige Zu- und Abwanderungsjahrgänge sicher Werte von e(x) realisiert haben, die um 10 - 20 Prozent über den von uns verwendeten Werten liegen. Entsprechend würde dann auch $B^*$ um den gleichen oder einen ähnlichen Prozentsatz ansteigen.

Wie das stationäre Niveau $B^*$ einer Ab- und Zuwanderungsbevölkerung zu berechnen ist, die sich über das volle Altersspektrum erstreckt, ist in Tabelle 2 in Ausschnitten dargestellt. Um das stationäre Niveau zu errechnen, muss für jedes Einzelalter und Geschlecht der Wert von Z(x) * e(x) bzw. W(x) * e(x) berechnet werden. Für die zu- und abwandernden Männer im vollendeten Alter Null (Zeile 1 in Spalte (5)) ist somit der Wert von 2.865 * 72,21 (Zuwanderern) und von 928 * 72,21 (Abwanderern) zu berechnen und voneinander abzuziehen. Es resultiert eine Gesamtzahl von 139.871 Jahren. Entsprechend ist für alle anderen Altersstufen zu verfahren, wobei in einzelnen Altersstufen der Wert von $B(Z)^*$ - $B(W)^*$ durchaus auch negativ sein kann (wie z.B. bei den Männern im Alter 50).

Für die männlichen Zu- und Abwanderer entstünde bei einer Sterblichkeit wie 1986/88 und einer dauerhaften Konstanz der Bruttowanderungszahlen von 1996 ein stationäres Niveau $B^* = B(Z)^* - B(W)^*$ von 6,97 Mio. Männern. Bei den zu- und abwandernden Frauen entstünde der deutlich größere Wert von $B^*$ = 8,35 Mio. Frauen, so dass die Population $B^*$ unter diesen Annahmen bei insgesamt 15,32 Mio. Personen läge. Unterstellen wir Verbesserungen in der Sterblichkeit, läge der Wert entsprechend höher. Da die Werte von 1996 für die letzten 50 Jahre durchaus als typisch angesehen werden können, ist allein für die Population $B^*$ (zu der noch eine große Population C hinzugerechnet werden muss) von einem langfristigen Bevölkerungszuwachs von 15 - 20 Mio. auszugehen, wenn im Durchschnitt weitere 50 Jahre die Werte von 1996 grob gesprochen „im Durchschnitt gültig wären".

**Tab.2: Berechnung von $B^*(Z)$ und $B^*(W)$ bei einer dauerhaften Zu- und Abwanderung mit einer Alters- und Geschlechtsstruktur wie 1996 in der Bundesrepublik**

| Alter | Zahl der Zuwand. Im Alter x, Männer | Zahl der Abwand. Im Alter x, Männer | E (x) Männer | Z(x) x e(x) - W(x) x e(x) Männer | Zahl der Zuwand. Im Alter x, Frauen | Zahl der Abwand. Im Alter x, Frauen | E (x) Frauen | Z(x) x e(x) - W(x) x e(x) Frauen |
|---|---|---|---|---|---|---|---|---|
| (1) | (2) | (3) | (4) | (5) | (6) | (7) | (8) | (9) |
| 0 | 2.865 | 928 | 72,21 | 139.871 | 2.741 | 916 | 78,68 | 143.591 |
| 1 | 5.058 | 2.376 | 71,88 | 192.782 | 4.777 | 2.291 | 78,23 | 194.480 |
| 2 | 4.830 | 2.838 | 70,93 | 141.293 | 4.736 | 2.633 | 77,28 | 162.520 |
| 3 | 4.816 | 2.795 | 69,97 | 141.409 | 4.526 | 2.696 | 76,31 | 139.647 |
| 10 | 5.289 | 2.339 | 63,1 | 186.145 | 4.797 | 2.205 | 69,4 | 179.885 |
| 15 | 6.713 | 2.274 | 58,17 | 258.217 | 5.262 | 2.009 | 64,46 | 209.688 |
| 25 | 19.580 | 14.791 | 48,65 | 232.985 | 12.359 | 8.171 | 54,66 | 228.916 |
| 50 | 3.975 | 4.170 | 25,5 | -4.973 | 2.234 | 1.732 | 30,78 | 15.452 |
| 70 | 793 | 595 | 10,9 | 2.158 | 1.279 | 802 | 13,96 | 6.659 |
| **Summe:** | **571.876** | **442.324** | | **6.972.634** | **387.815** | **235.170** | | **8.351.855** |

## 5. Die Altersstruktur der stationären Population $B^*$

Noch interessanter, aber zugleich noch einmal um mindestens eine Dimension komplexer und unvorhersehbarer wird die Argumentation, wenn wir uns auf die Altersstruktur der Population B(Z) - B(W) konzentrieren. Noch mehr als vorher kommt es darauf an, wann im Zeitablauf wir die Population B betrachten. Um die Argumentation nicht zu überfrachten, beschränken wir uns im folgenden auf die Altersstruktur von $B(Z)^*$ - $B(W)^*$ im endgültigen stationären Zustand, das bei unseren weiterhin geltenden Annahmen über die Altersstruktur von Zu- und Abwanderern in der bisher verwendeten Modellbevölkerung der Männer nach 86 Jahren, in der Realität natürlich erst nach 100 Jahren (wenn überhaupt) erreicht wird. Ist in der Realität (wofür sehr vieles spricht) entweder die absolute Zahl und/oder die Altersstruktur der Zu- oder Abwanderer nicht im Zeitablauf konstant, wird das endgültige stationäre Niveau sogar nie (ganz) erreicht.

Gehen wir zuerst wieder zurück zu unserem allerersten betrachteten Fall. Wir nehmen an, dass jährlich 35.000 Männer im Alter 18, 25.000 Männer im Alter 25, 25.000 Männer im Alter 35, 10.000 Männer im Alter 52 und 5.000 Männer im Alter 67 zu wandern. Gleichzeitig sollen jährlich 35.000 Männer im Alter 15, 35.000 Männer im Alter 34, 35.000 Männer im Alter 61 und 15.000 Männer im Alter 69 ab wandern. Nach 86 Jahren entsteht dann bei zeitlich unveränderter Zu- und Abwanderung eine insgesamt positiv besetzte Population $B(Z)^{*}$ - $B(W)^{*}$ von rund 240.000 Personen (in diesem Fall ausschließlich Männer). Dass die Population $B^{*}$ insgesamt positiv ist, muss allerdings längst nicht bedeuten, dass alle Einzelalter in dieser Population positiv besetzt sind. Da im Alter 15 Abwanderung und erstmals im Alter 18 Zuwanderung stattfindet, kann die stationäre Population $B(Z)^{*}$ - $B(W)^{*}$ keine Personen unterhalb von Alter 15 enthalten. Zwischen Alter 15 und 18 aber muss diese Population negativ besetzt sein. Es fehlen in der Population $B^{*}$ die 35.000 Abwanderer im Alter 15, es „fehlen" damit auch 34.986 überlebende Abwanderer im Alter 16 und die überlebenden 34.966 Abwanderer im Alter 17. Im Alter 18 fehlen zwar ebenfalls 34.940 überlebende Abwanderer aus Alter 15, aber gleichzeitig kommen neu 35.000 Zuwanderer im Alter 18 hinzu, so dass die Besetzung im Alter 18 mit 60 Personen positiv ist.

In Abb.7 ist die Altersstruktur der gesamten stationären Population $B^{*}$ zwischen Alter 15 und 100 dargestellt, die aus den oben formulierten Annahmen über Zu- und Abwanderung folgt. Trotz eines jährlich konstanten Abwanderungssaldos von 20.000 Personen ist nach einer bestimmten Übergangszeit die Bevölkerung in den Altersstufen zwischen 18 und 60 positiv besetzt, oberhalb von Alter 60 aber durchgängig negativ. Nur in Alter 34 entsteht für ein einziges Altersjahr ein negativer Bestand, weil genau in diesem Alter annahmegemäß 35.000 Personen abwandern. Da im darauffolgenden Alter 35 Zuwanderung in Höhe von 25.000 stattfindet, gleicht sich die negative Besetzung in Alter 34 sofort wieder aus und wird in Alter 35 wieder positiv (Abb.7).

**Abb.7: Die Altersstruktur von B* bei jährlich 100.000 Zu- und 120.000 Abwanderern in einer vorgegebenen Altersstruktur**

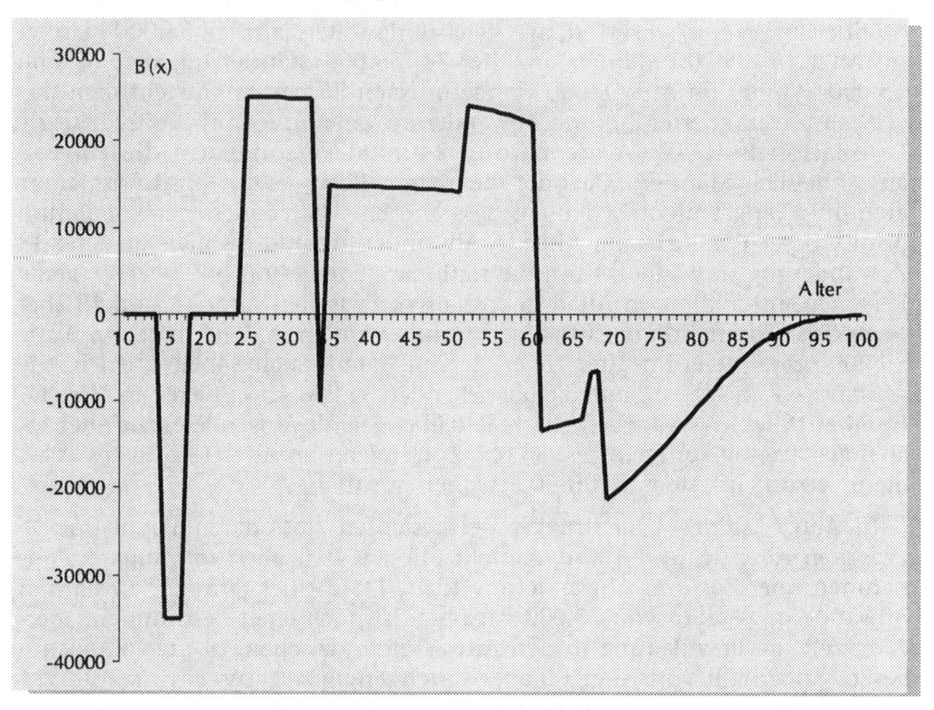


Wir haben damit insgesamt ein überraschendes und kaum vorhersagbares Ergebnis vor uns: Trotz anhaltender Nettoabwanderung würde bei der von uns in diesem Beispiel angenommenen Altersstruktur von Zu- und Abwanderung eine Bestandserhöhung gerade jener Altersbereiche entstehen, die im erwerbsfähigen Alter sind und zugleich eine absolute Reduktion der Zahl der Personen, die oberhalb von Alter 60 sind. Wir dürfen diesen Fall hier keineswegs als realistisches Szenario verstehen oder ihn gar als Ziel für Politik bezeichnen. Wir wollen mit diesem einfachen Fall vor allem eines verdeutlichen: **Eine gegebene Zahl von Zu- und Abwanderern und schon gar nicht ein gegebener Nettowanderungssaldo hat automatisch eine bestimmte Auswirkung auf die Altersstruktur eines Landes.** Wir können sogar noch deutlicher formulieren: **Solange wir nicht alle Details über die absoluten Zahlen, die Altersverteilung, die Geschlechtsverteilung, die Mortalität und die Fertilität aller Zu- und Abwanderer besitzen, haben wir keine Chance, die Altersstrukturwirkungen der Zu- und Abwanderung auch nur ansatzweise beurteilen zu können.**

Wir haben bisher den Fall betrachtet, dass 100.000 Zuwanderern jeweils 120.000 Abwanderer gegenüberstehen. Wie würde sich die Altersstruktur der stationären Population B* verändern, wenn wir von einem dauerhaft ausgeglichenen Wanderungssaldo (mit jeweils 120.000 Zu- und Abwanderern) bzw. einem jährlichen Zuwanderungsüberschuss (mit 140.000 Zu- und 120.000 Abwanderern) jeweils wieder bei der gegebenen Altersstruktur ausgehen? Wenn wir die Auswirkungen aller drei Annahmenvarianten in einer einzigen Abbildung (Abb.8) darstellen, wird die Variation der stationären Altersstruktur von Population B* aufgrund der veränderten absoluten Zahl der Zuwanderer (alles andere bleibt in diesen drei alternativen Annahmenstrukturen ja gleich) von 100.000 über 120.000 auf 140.000 Personen sichtbar. Die größere Zahl der Zuwanderer auf den gewählten Altersstufen führt nun dazu, dass nicht nur die jüngeren Altersstufen stärker besetzt sind. Nun kehrt sich (bei 120.000 Zuwanderer leicht, bei 140.000 Zuwanderer aber stark) auch die Altersstruktur in den Altersstufen oberhalb von Alter 60 um: Nun sind in den auch insgesamt deutlich größeren stationären Bevölkerungen B* auch die oberen Altersstufen zunehmend positiv besetzt (Abb.8).

**Abb.8: Die Altersstruktur von B* bei alternativen Annahmen über die Zahl der Zu- und Abwanderer bei gegebener Altersstruktur**

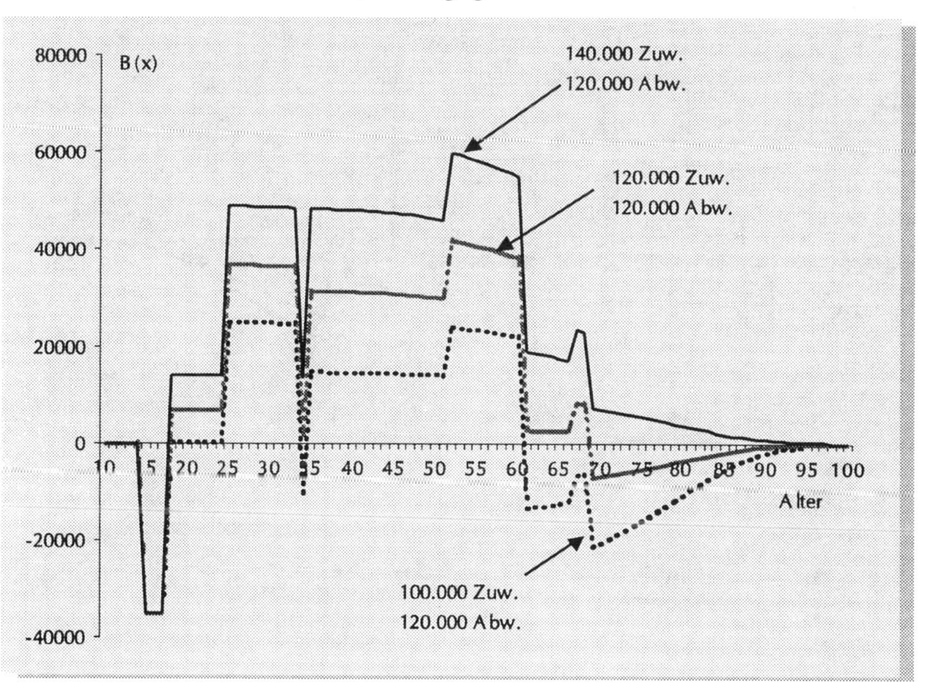

Wir hatten vorher unter anderem einen Fall diskutiert, wo bei weiterhin unveränderter Altersstruktur 200.000 jährliche Zuwanderer und gleichzeitig 220.000 Abwanderer beobachtet würden. Trotz der identischen jährlichen Nettoabwanderung von 20.000 Personen ergeben sich für das stationäre Niveau der Population $B^*$ ganz andere Werte als im Fall von „nur" 100.000 Zu- bei 120.000 Abwanderern. Dies wissen wir inzwischen bereits. Was aber geschieht mit der Altersstruktur von $B^*$? Wird sie im Fall der größeren Bruttowanderungsströme identisch sein mit dem Fall von 100.000 Zu- und 120.000 Abwanderern, oder wird sie sich in die Richtung der vorher diskutierten Variation bewegen? Das Ergebnis ist neuerlich überraschend (Abb.9). Die Altersstufen 18 - 60 sind jetzt mehr als doppelt so stark besetzt, was im Grunde zu erwarten war. Oberhalb von Alter 60 ist nun aber der negative Bestand insgesamt sogar geringfügig größer.

**Abb.9: Die Altersstruktur von $B^*$ bei gleichzeitiger Erhöhung der Zahl der Zu- und Abwanderer um jeweils 100.000 Personen**

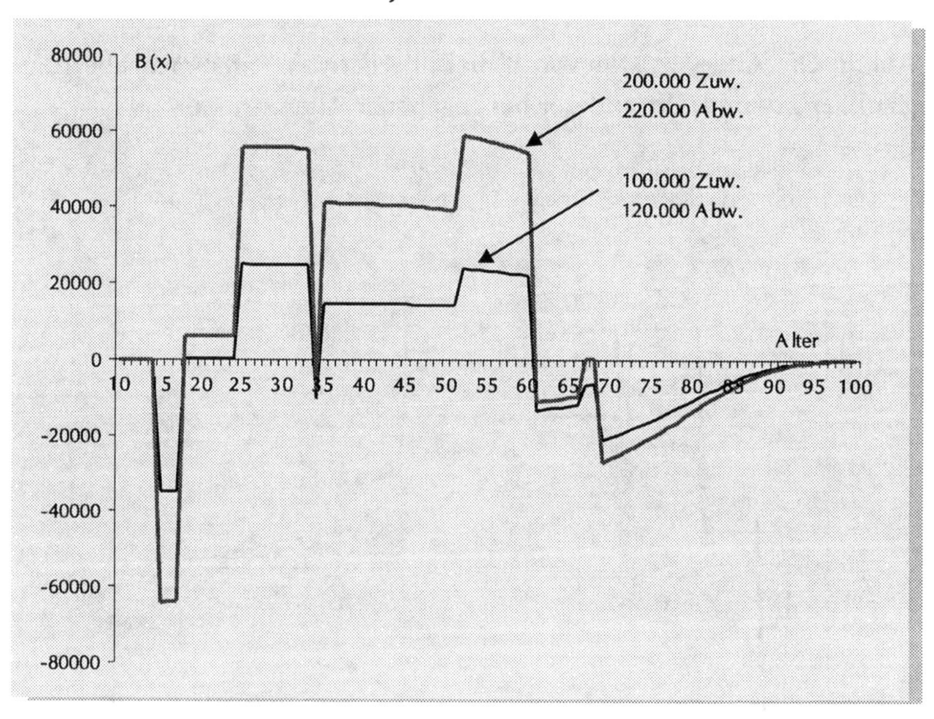

In allen bisher behandelten Varianten sind die Altersstufen unterhalb von Alter 15 in der Population $B^*$ überhaupt nicht besetzt. Dies ist selbstverständlich nicht etwa ein generelles Zeichen von Zu- und Abwanderungspopulationen. Wir wollen deshalb abschließend eine realistische Altersstruktur betrachten, wobei wir uns erneut das bereits behandelte Jahr 1996 herausgreifen wollen. Für die tatsächlichen Wanderungsströme dieses Jahres hatten wir bereits den stationären Bestand von B(Z) - B(W) berechnet. Bei der Darstellung der Altersstruktur ist es besonders lehrreich, wenn man auch hier den Fall eines ausgeglichenen Wanderungssaldos behandelt. Wir wollen im folgenden annehmen, dass Jahr für Jahr jeweils 300.000 Frauen zu- und abwandern und dass ebenfalls 300.000 Männer zu- und abwandern. Die Wanderer beider Geschlechter sollen aber eine innere Altersstruktur aufweisen wie die wirklichen Wanderungsströme des Kalenderjahres 1996. Wir nehmen somit beispielsweise an, dass die abwandernden 24jährigen Frauen unter den 300.000 betrachteten Abwanderinnen den gleichen Anteil ausmachen wie unter den wirklichen Abwanderinnen dieses Jahres.

Wir wollen nun zuerst fragen, ob auch mit einer realistischen (vollen) Altersstruktur von Zu- und Abwanderern bei Männern und Frauen eine positive stationäre Population $B(Z)^*$ - $B(W)^*$ entsteht. Darüber hinaus interessiert uns vor allem natürlich die Altersstruktur der Population B(Z) - B(W), wobei klar sein muss, dass diese Population über einen Zeitraum von 100 Jahren nicht nur einen unterschiedlichen absoluten Bestand hat, sondern auch eine sehr unterschiedliche Altersstruktur, die sich von Jahr zu Jahr wandelt. Die wirklich wichtigen Entwicklungen können wir aber bereits dann erkennen, wenn wir uns einige wenige Zeitpunkte herausgreifen und diese Strukturen vergleichen.

Zentral für das Verständnis der Ergebnisse ist die Altersstruktur der jeweiligen jährlich konstanten Wanderungspopulation B(x,Z) - B(x,W). Wenn sich insgesamt 300.000 Zu- und Abwanderer gegenüberstehen, muss es Altersbereiche geben, in denen B(x, Z) größer als B(x,W) ist, aber es muss auch Altersbereiche geben, in denen das Gegenteil gilt. Mit den Daten des Jahres 1996 entsteht bei insgesamt ausgeglichenem Wanderungssaldo eine Altersstruktur der Wanderer von B(x,Z) - B(x,W), wo bei den Frauen die Altersstufen bis zu etwa Alter 25 positiv besetzt sind (d.h. hier gibt es mehr Zu- als Abwanderinnen), alle darüberliegenden dagegen negativ (Abb.10). Wenn nun im Jahr t = 1 die gleiche Zahl von Frauen in den gleichen Altersstufen hinzukommt oder zusätzlich fehlt, vergrößert sich der positive Bestand in den Altersstufen, die bei B(x,Z) - B(x,W) positiv besetzt sind. Diese Entwicklung setzt sich von Jahr zu Jahr fort. Nach zwanzig Jahren wachsen die großen positiven Bestände im Alter langsam nach oben, während sich etwa 10 Altersstufen später eine aufkumulierte negative Besetzungszahl im Alter nach oben wandern (Abb.10).

**Abb.10: Altersstruktur von je 300.000 Zu- und Abwanderern mit den Werten von 1996; Frauen**

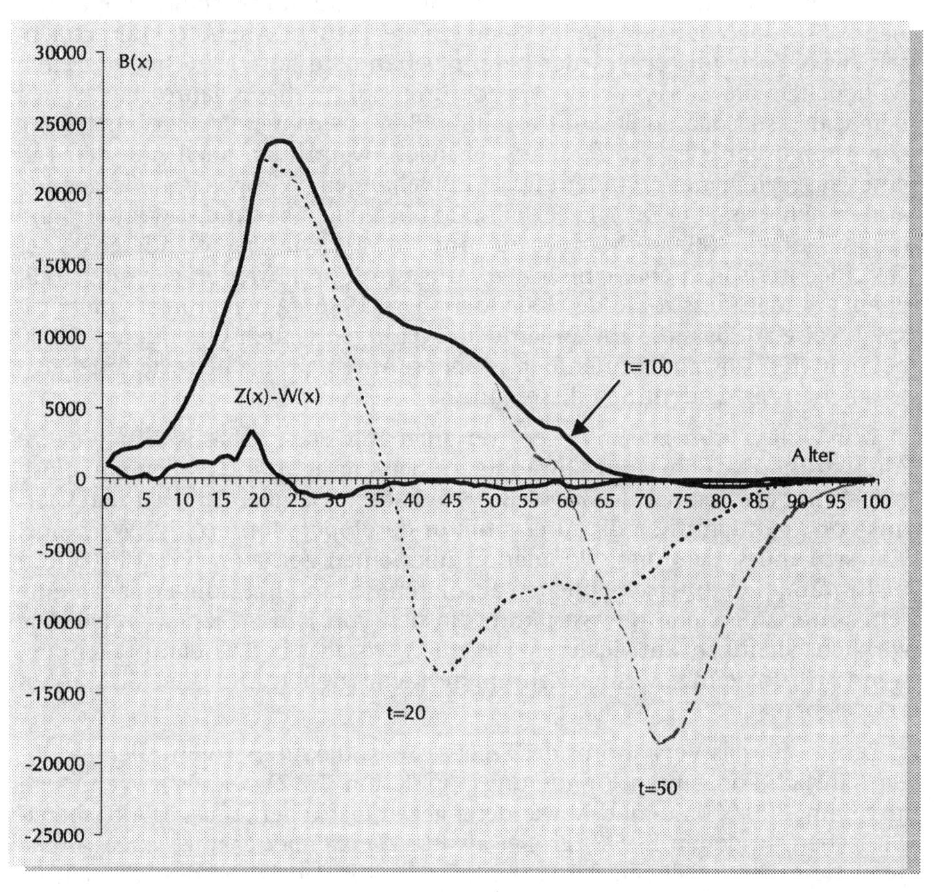


Im Jahr t = 50 wächst positiv besetzt die Population der Zuwanderinnen im Alter weiter nach oben, die aufkumulierte negative Besetzung der mittleren Altersstufen wandert ebenfalls weiter nach oben und reduziert sich wegen der in den oberen Altersstufen größeren Sterblichkeit im Bestand. Nach 100 Jahren, im endgültigen stationären Bestand (der nur dann erreicht wird, wenn wirklich 100 Jahre lang eine unveränderte Zahl von Frauen zu- und abwandert), sind nur noch die aller obersten Altersstufen minimal negativ besetzt, ansonsten hat sich eine Population $B^*$ herausgebildet, deren Besetzung in den jungen Erwachsenenaltern maximal ist.

Besonders an diesem letzten Beispiel können wir die Frage klären, ob es bei jeder Wanderungsbewegung immer eine positive (oder negative) Population B geben muss. Wann immer es dauerhafte Zuwanderung gibt, wird es eine positive Population B(Z) geben und wann immer dauerhafte Abwanderung existiert, gibt es eine negativ besetzte Population B(W). Zwei Bedingungen müssen erfüllt sein, damit B(Z) = B(W). Zum einen muss die Zahl der Zuwanderer gleich groß sein wie die der Abwanderer, zum anderen muss die Besetzung auf allen Altersstufen identisch sein. Nur dann ist aus der Sicht von Population B gleichgültig, ob 100.000 oder 1. Mio. Zu- oder Abwanderer sich gegenüberstehen. Allerdings bedeutet die Tatsache, dass die Population B Null ist, längst nicht, dass auch die Population der Kinder und Kindeskinder Null sein muss. Wenn sich die Fertilität der Zu- und Abwanderung entweder in der absoluten Höhe oder in der relativen Zusammensetzung unterscheidet, entsteht auch im Fall von B = 0 eine positive oder negative Population C.

Das Ergebnis von Abb.10 ist strikt auf den Fall eines ausgeglichenen Wanderungssaldos und die dauerhafte Zahl von genau 300.000 Zu- und Abwanderern mit identischer Mortalität beschränkt. Würden jeweils 600.000 Zu- und Abwanderinnen beobachtet werden, würde sich der Bestand von B(x,Z) - B(x,W) auf allen Altersstufen verdoppeln. Falls wir aber die Annahme eines Wanderungssaldos von Null aufgeben, verändert sich auch die innere Altersstruktur. Gibt es z.B. 310.000 Zu- und 300.000 Abwanderinnen, kommt es schneller und stärker zu einer positiven Besetzung der einzelnen Altersstufen von unten her. Auch in soweit zeigt sich, dass die vereinfachte Argumentation der Abbildungen 5 bis 7 im Prinzip durchaus die grundsätzlich zutreffenden Informationen vermittelt. Aus Abb.10 können wir zusätzlich ablesen, unter welchen Bedingungen es auf keiner einzigen Altersstufe zu einer negativen Besetzung käme, wenn die Verhältnisse von 1996 dauerhaft gelten würden. Wenn die Zuwanderungszahlen insgesamt um so viel größer als die Abwanderungszahlen sind, dass die Zahl der jährlichen Wanderer gilt, dass es auf keiner einzigen Altersstufe mehr eine negative Besetzung gibt, entsteht von Alter Null bis 100 eine wesentlich größere und auf allen Altersstufen positive Population B.

Normalerweise interessiert man sich nicht so sehr für die Altersstruktur der Population B*, sondern für die Altersstruktur der Population A+B zusammen. Da in B* einige oder viele Altersstufen negativ besetzt sein können, muss man ohnehin die Populationen A und B als Einheit verstehen, weil es für sich betrachtet eine negative Besetzung von Altersstufen nicht geben kann. Wie groß die Auswirkungen von Zu- und Abwanderung auf die gemeinsame Altersstruktur von A+B sind, hängt nun zu allen bereits beschriebenen Unbekannten noch von einer weiteren Größe ab, der Entwicklung und Zusammensetzung der einheimischen Population A. Je größer die Population A relativ zu den betrachteten Bruttoströmen von Ab- und Zuwanderung ist, desto geringer muss naturgemäß die Auswirkung von Aussenwanderung auf die Altersstruktur der Gesamtpopulation eines Landes sein. Geht man beispielsweise von 100.000 Zuwanderern aus, die annähernd eine Altersstruktur wie die einheimische

Population aufweisen, kann damit die Altersstruktur einer Bevölkerung A + B von 80 Mio. tatsächlich nur marginal beeinflusst werden. Ginge man stattdessen (um ein bewusst extremes Beispiel zu wählen) von 1 Mio. Immigranten und 700.000 Emigranten in einer erkennbar unterschiedlichen Alters- und Geschlechtsstruktur aus, würden die Auswirkungen auch auf die Bevölkerung A+B aber um ein zigfaches größer sein.

## 6. Welche zusätzlichen Aspekte sind bei einer Berücksichtigung von Population C zu erwarten?

Bislang haben wir uns darauf beschränkt, nur die Migranten selbst zu betrachten. Im Prinzip können aber bereits wenige Monate nach einer erfolgten Zu- oder Abwanderung im Inland neue Geburten stattfinden oder ansonsten stattfindende Geburten fehlen. Diese Geburten werden frühestens fünfzehn Jahre später weitere zusätzliche Geburten bewirken bzw. neuerlich ansonsten stattfindende Geburten nicht stattfinden lassen. Wir können wieder anschaulich und umgangssprachlich formulieren: Jede zuwandernde Frau vor oder in den reproduktiven Altersstufen bringt mit sich alle zukünftigen Generationen von Kindern, die von ihren eigenen noch bevorstehenden Geburten abstammen werden. Gleiches gilt naturgemäß für Abwanderinnen: Jede Frau, die vor oder in den reproduktiven Altersstufen abwandert, entfernt damit zugleich alle zukünftigen Generationen von Kindern und Kindeskindern, die ansonsten im Inland geboren worden wären. Da wir die wiederum extrem komplexen Zusammenhänge über Zahl und Struktur von Population C (der Population der hinzukommenden und fehlenden Kinder und Kindeskinder) hier nicht mehr im Detail behandeln können, wollen wir uns auf die Kernfrage beschränken und dabei eine nicht-mathematische Antwort geben. Solange wir davon ausgehen, dass Frauen Kinder haben können, zählt sowohl bei den Zu- als auch bei den Abwanderern für die Größe der Population C nur der weibliche Anteil. Wie bereits vorne behandelt ist dies unter manchen Bedingungen eine unzulässige Verkürzung der Argumentation, die wir der Einfachheit halber hier aber im Moment beibehalten wollen.

Naturgemäß können aus einer Zu- und Abwanderung oberhalb der reproduktiven Altersstufen keine Kinder und Kindeskinder mehr folgen. In welchem Alter hat aber eine Zu- oder Abwanderung das größte Gewicht für die Größe der Population C? Unter den Fertilitäts- und Mortalitätsbedingungen eines hochentwickelten Landes ist die Antwort relativ einfach. Eine junge Frau im Alter 15 hat noch ihre gesamte lebenslange Fertilität vor sich. Wandert sie zu, wird sie alle ihre Kinder im Inland, wandert sie ab, alle Kinder außerhalb des Landes realisieren. Das Gleiche gilt natürlich auch für ein zehnjähriges Mädchen. Immerhin wird dieses Mädchen aber frühestens in fünf Jahren tatsächlich Nachkommen haben (und auch alle weiteren Generationen werden später geboren). Vor allem aber wird ein - wenn auch kleiner - Teil der

Zehnjährigen sterben, bevor sie im Alter 15 bis 45 ihre Familienbildung realisieren kann. Für eine heutige weibliche Neugeborene gilt diese Argument noch stärker: Ihre Sterberisiken bis zur Verwirklichung ihrer Familienpläne (ab Alter 15) sind größer als bei einer heute Zehnjährigen. Zudem werden ihre zukünftigen Kinder (sowie deren Kinder und Kindeskinder) zeitlich später geboren werden.

Wandert eine Frau im Alter 25 zu, dann steht ihr nur noch ein Teil (allerdings der größere Teil) ihrer zukünftigen Geburten im Inland bevor, wandert sie ab, fehlen im Durchschnitt nur noch die jenseits von Alter 25 bevorstehenden Geburten. Aus bevölkerungsdynamischer Sicht ist somit die Zu- oder Abwanderung einer Fünfundzwanzigjährigen auf Dauer (nicht unbedingt in den ersten Jahren nach dem Wohnsitzwechsel) im Durchschnitt weniger bedeutsam als die Wanderung einer Fünfzehn- oder Sechszehnjährigen. Man könnte einwenden, eine solche Argumentation sei deshalb falsch, weil eine Frau im Alter 25 ja schließlich z.B. ihre bereits lebende zweijährige Tochter bei einer Wanderung mit sich brächte, die ohne die Mutter nie gewandert wäre. Dies stimmt ohne Zweifel. Die zweijährige Tochter (auch wenn sie unmündig und von den Eltern abhängig ist) zählt aber bereits für sich als Zuwanderin im Alter Zwei, der dann alle späteren Kinder und Kindeskinder einer Zweijährigen zugerechnet werden. Würde man sie der Mutter „zurechnen", würden lebende Kinder doppelt gezählt. Wir erkennen daran, dass es hier nicht um familiäre Zusammenhänge, sondern alleine um bevölkerungsdynamische Konsequenzen geht.

Man möchte einwenden: Aber was ist nun mit jenen Familien, die mit zwanzig Jahren zuwandern, hier Kinder haben und zehn Jahre später wieder rückwandern? Haben wir diesen Personen nicht Wirkungen zugemessen, die es faktisch gar nicht gibt? Wandert eine Frau im Alter 20 zu, werden ihr alle potenziellen zukünftigen Geburten im Inland zugerechnet, ganz so, als würde sie selbst und ihre zukünftigen Kinder und Kindeskinder für immer hier bleiben. Wandert sie zehn Jahre später zusammen mit ihrer dann möglicherweise fünfjährigen Tochter ab, wird unterstellt, dass für die abwandernde Frau sowohl sie selbst und alle zukünftigen Kinder (oberhalb von Alter 30) für immer fehlen werden. Zusätzlich wird für die fünfjährige Tochter ebenfalls unterstellt, dass sowohl sie selbst als auch alle ihre potenziellen Nachkommen für alle Zeiten im Inland fehlen werden. Wir erkennen, dass die Berücksichtigung genau so angemessen ist, wie sie vorgenommen wurde.

Wir können zusammenfassen: Mit einem Maximum in den Altersstufen der Heranwachsenden bildet der sogenannte „reproductive value" (R. H. Dinkel 1989) ein relatives Gewichtungskriterium für die Beurteilung des Beitrages einer Zahl von Zu- oder Abwanderern für die Dynamik der Entwicklung der Population C. Sind in einer großen Zahl von jährlichen Zuwanderern die Frauen z.B. im Alter 28 und 45, in einem nur halb so großen Strom von Abwanderern die Frauen dagegen im Alter 15 und 60, wird völlig unabhängig von der Größe und Zusammensetzung der stationären Population B* eine negative Entwicklung von Population C möglich sein, während gleichzeitig die Population B* der Migranten selbst positiv wird. Für die Größe und Dynamik von Population C sind somit die in den gesamten Bruttozu- und -abwanderungen enthaltenen Frauen rund um Alter 15 besonders wichtig. Für die Population B zählt die Restlebenserwartung, so dass Nulljährige die größte Bedeutung haben.

Ein letztes Argument im Hinblick auf die Altersstruktur von Population C muss hinzugeführt werden: Da es sich bei C um Geburten von Zu- und Abwanderinnen und deren Folgegenerationen handelt, wird die Altersstruktur von C sich stets von Alter Null her aufbauen und damit in der Regel völlig anders ausfallen als die der Population B, aus der sie stammt. Die gesamte Altersstruktur der Gesamtpopulation A+B+C wird, je länger die Wanderung anhält, desto stärker durch die Altersstruktur von C beeinflusst, wobei es auf die Alters- und Geschlechtsstruktur der Zuwanderer und der Abwanderer ebenso ankommt wie auf die dahinterstehenden Annahmen über die Fertilität und Mortalität der Zu- und der Abwanderer selbst sowie deren Kinder und Kindeskinder. Jede einzelne Generation der Kinder und Kindeskinder erreicht im Laufe der folgenden 100 Jahre einen stationären Zustand. Natürlich gilt auch für Zu- und Abwandererkinder, dass sie altern. In der Population C kommen aber nach 20 Jahren zu der dauerhaft neu entstehenden Kindergeneration gleichzeitig geborene Enkel, nach 40 Jahren zusätzlich Urenkel etc. hinzu. Diese immer neuen Generationen verbreitern die Basis der Population ständig und sorgen dafür, dass Population C als Gesamtheit „demographisch jung" bleibt.

Während Population B spätestens nach 100 Jahren stationär wird (falls Zahl und Struktur von Ab- und Zuwanderern zeitlich konstant bleiben), bildet sich Population C zeitlich erst langsam aus. Obwohl bereits im Jahr der Zu- bzw. Abwanderung selbst erste Wirkungen (in Form von zusätzlichen oder fehlenden Geburten) möglich sind, wird das Maximum der ersten Kindergeneration doch erst nach 10 bis 30 Jahren geboren, das Maximum der zweiten Kindergeneration nach 20 bis 40 Jahren, das Maximum der dritten Kindergeneration nach 40 bis 70 Jahren, das der vierten Kindergeneration nach 60 bis 100 Jahren etc.. Diese Kinder werden dann in der Folgezeit erwachsen und bilden eine neue Population, die sich nach jeweils 100 Jahren über das volle Altersspektrum erstreckt. Unter realistischen Bedingungen ist in den ersten Jahrzehnten nach Beginn der Migration der Besetzungsanteil von B an der Population B und C noch groß. Je länger aber die Wanderung anhält, desto größer wird der Bedeutungsanteil von Population C. Je längerfristiger der Blickwinkel, desto bedeutsamer muss zwangsläufig die Größe der (positiven oder negativen) Population C für die Beurteilung von Zu- und Abwanderung werden. Nur bei Betrachtungen mit einem Zeithorizont von 10 oder weniger Jahren mag es unter bestimmten Bedingungen zulässig sein, von diesem grundsätzlich sehr wichtigen bevölkerungsdynamischen Aspekt zu abstrahieren. Wir haben dies in der vorangegangenen Argumentation nur aus dem einzigen Grund getan, um die Komplexität der Darstellung so gering wie möglich zu halten.

## 7. Zusammenfassung

Auch ohne die detaillierte Behandlung der Population C können wir das am Beginn der Ausführungen gefällte negative Urteil über die in der Öffentlichkeit verbreitete Aussagen über die Wirkungen von Außenwanderung auf die Altersstruktur in der Bundesrepublik nachvollziehen: Eine Aussage wie: „Auch mit so und soviel tausend jährlichen Nettozuwanderern könne die Altersstruktur der Bundesrepublik nicht beeinflusst werden" muss als voreilig oder irreführend bezeichnet werden. Wir müssen jedes demographisch relevante Detail kennen, frühestens dann können wir, allerdings wiederum nur für diesen spezifischen Set von Annahmen, eine bestimmte Aussage über die Wirkungen von Zu- und Abwanderung auf Bevölkerungszahl und Altersstruktur machen. Für jeden anderen Annahmenset, und sei es auch nur an einer scheinbar kleinen Stelle, an der andere Annahmen getroffen werden, gilt die vorherige Aussage dann aber nicht mehr und kann sich sogar ins Gegenteil verkehren.

Die Auswirkungen von gleichzeitiger Zu- und Abwanderungen auf die Bevölkerungsdynamik und Altersstruktur eines Landes sind derart komplex, dass vereinfachende Aussagen zumindest irreführend, wenn nicht sogar gefährlich sind. Die allerwichtigste Konsequenz der vorangegangenen Überlegungen ist die, dass der Wanderungssaldo kein geeigneter Indikator für die Beurteilung der bevölkerungsdynamischen Wirkungen ist. Ein positiver Wanderungssaldo ist keineswegs zwangsläufig ein Zeichen dafür, dass die einheimische Bevölkerungsentwicklung positiv beeinflusst wird und vice versa. Noch weniger geeignet ist der Wanderungssaldo zur Vorhersage der Auswirkungen auf die Altersstruktur. Aber selbst die Bruttoströme von Ab- und Zuwanderungen besitzen solche Indikatoreigenschaften nicht immer. Es kommt sowohl auf die absolute Zahl als auch auf die Alters- und Geschlechtsstruktur, sowohl der Zu- als auch der Abwanderer an. Zusätzlich ist die Fertilität der Zu- und Abwanderung in ihrer absoluten Höhe, aber auch in der detaillierten Altersverteilung (Durchschnittsalter, Varianz) von zentraler Bedeutung. Mit einer relativ kleinen Zahl von Zu- und Abwanderung kann man relativ große Wirkungen in beide Richtungen erzielen, wenn sich die Alters- und Geschlechtsstruktur der beiden Wanderungsströme unterscheiden. Berücksichtigt man - was faktisch unabdingbar ist - gleichzeitig auch die Wirkungen der aus den Zu-

und Abwanderungsströmen folgenden Generationen der Kinder und Kindeskinder, werden auch noch differentielle Fertilitäts- und Mortalitätsaussagen benötigt, um die mittel- und langfristigen bevölkerungsdynamischen Wirkungen einer bestimmten Zahl und Struktur jährlicher Zu- und Abwanderer zu bestimmen.

Aussagen der Art wie „zur Stabilisierung der Bevölkerungsentwicklung in Deutschland würde man so und so viele Zuwanderer benötigen" sind grundsätzlich nur dann seriös, wenn man gleichzeitig ganz exakt und explizit formuliert, mit welchen Bruttozahlen von Zu- und Abwanderern in welcher exakten Alters- und Geschlechtsstruktur man ausgegangen ist, welche Fertilitätshöhe und -verteilung man unterstellt etc.. Jede konkrete Schlussfolgerung ist eine Konsequenz des spezifisch zugrunde gelegten Annahmensets. Der Fachmann kann sinnvoll nur über die Relevanz der jeweiligen Annahmen diskutieren, nicht über die daraus folgenden rechnerischen Aussagen. Nach dem, was wir vorne behandelten, muss klar sein: Auch eine millionenstarke jährliche Zuwanderung kann, wenn man die „richtigen" Annahmen macht, alle bestehenden Probleme des Inlandes nur noch verschärfen. Es kann aber - mit anderen demographischen Parametern - auch das Gegenteil der Fall sein. Es gibt folglich nicht „die" bevölkerungsdynamischen Konsequenzen einer bestimmten Zahl von Nettozuwanderern. Nur zu leicht kann das gewünschte Ziel einer Berechnung die Ergebnisse vorweg bestimmen, vor allem dann, wenn man seine verwendeten Annahmen nicht explizit macht. Eines allerdings muss klar sein: Wenn die einheimische Population demographisch altert, dann ist diese Alterung durch nichts zu ändern. Wenn durch Zu- und Abwanderung eine demographisch jüngere Population neben die alte tritt, könnte sich doch nur dann die Alterung der „älteren" Population völlig ausgleichen, wenn sie numerisch deutlich größer wäre als die einheimische Population. Insofern ist klar, das Außenwanderung in realistischen Größenordnungen die demographische Alterung der Gesamtbevölkerung zwar abmildert, aber nicht verhindern oder ausgleichen kann.

Versucht man, auf dem Hintergrund des vorne geschärften Bewusstseins aktuelle Bevölkerungsprognosen (so etwa die jüngste 9. koordinierte Bevölkerungsvorausberechnung des Statistischen Bundesamts) auf ihre Migrationsannahmen und Schlussfolgerungen hin zu bewerten, steht man vor dem überraschenden Tatbestand, dass von den Erstellern dieser Berechnungen der gesamte Set von Annahmen, die in den jeweiligen Berechnungen stecken müssen, als scheinbar so unwichtig erachtet wird, dass darüber nichts zu erfahren ist. Wir können zwar lesen, welche Nettozuwanderungszahl für dieses oder jenes Jahr angenommen wird. Diese Zahl kann für eine Beurteilung von Migration auf die Bevölkerungsdynamik aber ebenso wenig ausreichen wie es möglich ist, aus Angaben über den prognostischen Wert des Parameters „Lebenserwartung bei Geburt" auf die dahinterstehenden einzelnen Mortalitätsannahmen zu schließen. Welche Bruttowanderungsströme werden z.B. in der 9. koordinierten Bevölkerungsvorausberechnung angenommen, welche

Geschlechts- und welche Altersstruktur, und vor allem welche Änderungen dieser Parameter werden für der Zukunft impliziert? Was wird beispielsweise über Fertilität und Mortalität von zukünftigen Ab- und Zuwanderern angenommen? Wir können dies alles den Veröffentlichungen nicht entnehmen.

Zu- und Abwanderung sind politisch sensible Themen. Zugleich sind dies jene demographischen Parameter, die zumindest teilweise steuerbar sind, wobei die Betonung unbedingt auf „teilweise" liegen muss. Zu einem gewissen Grad können wir sogar die Alters- und Geschlechtsstruktur der Migranten lenken, wobei insgesamt zu bemerken ist, dass sich in den letzten Jahrzehnten hier starke Veränderungen ergaben, vor allem in die Richtung, dass bei einer „durchschnittlichen" Zu- bzw. Abwanderung die bevölkerungsdynamischen Konsequenzen gewachsen sind. Die Wanderungsströme haben sich in Richtung weibliches Geschlecht verschoben und die Altersstruktur hat sich zugunsten von Altersstufen mit überdurchschnittlich großer bevölkerungsdynamischer Wirkung verschoben.

Wer sich für die Zukunft zum Ziel setzt, die Außenwanderungsströme durch Gesetz zu kanalisieren, was ohnehin bestenfalls zum Teil möglich sein kann, sollte aber zumindest um die Komplexität der bevölkerungsdynamischen Zusammenhänge wissen. Das Mindestergebnis einer Darstellung wie der vorangegangenen ist, dass man vordergründige und ideologische Aussagen als solche erkennen kann. Leider kann auch der Wissenschaftler keine allgemeingültigen Regeln verkünden, was „die" Konsequenzen bestimmter Entwicklungen angeht. Demographen werden in der Öffentlichkeit gerne holzschnittartig als die phantasielosen Protagonisten düsterer Zukunftsszenarien gezeichnet. Insofern mag es nicht schaden, wenn der Wissenschaftler auf die Frage, was denn nun die bevölkerungsdynamischen Auswirkungen von dieser oder jener Zahl von (Netto)Zuwanderern seien, sibyllinisch antworten muss: „Es kommt darauf an, was man jeweils dabei an Annahmen wählt."

## Literatur

**Dinkel, R.H. 1989:**

Demographie, Bd.1, München

**Espenshade, T.J. / Bouvier, L.F. / Arthur, W.B. 1982:**

„Immigration and the Stable Population Model", Demography 19, S. 125-133

Hartmut Esser

## Soziale Differenzierung als ungeplante Folge absichtsvollen Handelns: Der Fall der ethnischen Segmentation

### Zusammenfassung

Ausgehend von einigen soziologischen Erklärungen der Entstehung von ethnischer Segmentation wird ein Modell entwickelt, aus dem ethnische Segmentation als ungeplantes Resultat von situationsorientiert „rationalen" Entscheidungen von Personen erklärt wird. Die „Akteure" des Modells sind Einheimische, Migranten und im Herkunftsland verbliebene, potentielle Wanderer. Der Prozeß erhält seine („irreversible") Dynamik durch ein Gesetz des „rationalen Handelns" *und* durch drei Interdependenzen: durch die sozialen Verbundenheiten von Migranten und Verbliebenen und durch die mit der Nachwanderung veränderte außer- und innerethnische Chancenstruktur. Aus dem Modell wird deutlich, daß der beschriebene Zyklus nur unter spezifischen Bedingungen (dann aber: „zwangsläufig") seine besondere Gestalt annimmt und daß „Strukturen" und „Kontexte" sich aus nichts anderem als aus individuellen Akteuren konstituieren, die mittelbar und unmittelbar miteinander verbunden sind.

Einer der Haupteinwände gegen die Versuche, soziale Prozesse im Rahmen des Programms des Methodologischen (bzw. Strukturtheoretischen) Individualismus zu konzipieren, ist, daß dieser Ansatz die Gegebenheit von sozialen Strukturen immer schon voraussetzen müsse, diese selbst aber nicht zu erklären in der Lage sei. Das liest sich dann meistens so: der Methodologische Individualismus schiebe die Strukturen „in die Randbedingungen" ab, vernachlässige das Problem von Macht und Ungleichheit und bleibe damit hinsichtlich der für die Soziologie zentralen Frage, nämlich der Erklärung sozialer Differenzierungen, prinzipiell die Antwort schuldig (vgl. noch neuerdings Luhmann 1985: 117f).

Um eine solche Erklärung geht es in diesem Beitrag[1].

> Der ist im Jahre 1985 in der Zeitschrift für Soziologie erstmals erschienen. Sein Bezug zu Friedrich Heckmann ist nicht unmittelbar ersichtlich, obwohl seine etwas kritische Rezeption von Teilen der 1980 fast parallel zu seiner Habilitationsschrift erschienenen Arbeit „Aspekte der Wanderungssoziologie" auch ein Anlass für die Zielrichtung des Beitrags gewesen ist. Es war eine Antwort auf jenen Vorhalt, den Friedrich Heckmann allen bloß „handlungstheoretischen" Erklärungen von Prozessen der Migration und der Integration von Minderheiten - oft: durchaus zu Recht - entgegenbrachte. Insbesondere: Mit dem Verweis lediglich auf Motive, Wissen, Opportunitäten und Kosten der Situation der Akteure alleine sei das Geschehen nicht ausreichend zu erfassen, solange diese Faktoren nicht systematisch mit gewissen „Strukturen" der Gesellschaft verbunden würden. Mit einer solchen Verbindung befasst sich der folgende Beitrag: Wie entstehen über das - situational erklärbare - Handeln von untereinander verbundenen Akteuren gewisse Strukturen, die dann als Situationsbedingungen dieses Handeln wieder beeinflussen und auf diese Weise Prozesse in Gang setzen, die die Akteure nicht beeinflussen oder vorhersehen können - obwohl nur sie diese Prozesse tragen?[2]

Zunächst sollen einige „soziologische" Ansätze zur Erklärung der Entstehungsbedingungen von ethnischen Segmentationen bzw. ethnischen Schichtungen dargestellt werden (Abschnitt 1). Im Anschluß daran werden die Grundannahmen eines Modells zur individualistischen Erklärung von ethnischer Segmentation entwickelt (Abschnitt 2). In einem dritten Abschnitt wird dann ein strukturindividualistisches Prozeßmodell dargestellt: die Erklärung von „sozialer Differenzierung" als ungeplantes Resultat eines Prozesses des wechselseitig bezogenen Handelns und Reagierens von „rationalen" Akteuren. Dieses Interdependenzmodell wird zunächst in seiner einfachsten Form und dann in einigen Erweiterungen dargestellt. In einem Resumée werden schließlich mögliche Weiterentwicklungen des Modells (kurz) angedeutet.

---

[1] Dieser Artikel erschien in: Zeitschrift für Soziologie, Jg. 14, Heft 6, Dezember 1985, S. 435-449.

[2] Nachträgliche Anmerkung des Verfassers.

## 1. Theoretische Ansätze zur Erklärung ethnischer Segmentation und ethnischer Schichtung

Der inhaltliche Gegenstand des Beitrags und die Definition des zu untersuchenden kollektiven Merkmals sind einfach zu umschreiben: die ethnische (oder: religiöse, kulturelle, sprachliche u. a.) Selektivität von sozialen Beziehungen (unterschiedlichster Art) bzw. der Spezialfall, daß diese *Selektivität* mit sozialer Ungleichheit in der vertikalen Dimension systematisch zusammenfällt. Ethnische Segmentation liege demnach dann vor, wenn Personen unterschiedlicher ethnischer Zugehörigkeit aus den verfügbaren Handlungsoptionen (für Interaktionen, ökonomische Betätigung, Identifikation usw.) überzufällig die an ethnischen Kriterien orientierte Variante wählen. Die methodologische Besonderheit ist auch deutlich: es handelt sich ohne Zweifel um ein *kollektives* Phänomen; und es entsteht (in aller Regel) mit einer *Zwangsläufigkeit*, daß man es (z. B. die race-relations-cycles) durchaus auch als „Ehernes Gesetz" bezeichnen könnte: als sozialen Prozeß, der sich auch gegen die erklärten Absichten der beteiligten Individuen „unvermeidlich" und „irreversibel" durchsetzt.

Eine allgemeine soziologische Theorie zur Erklärung der Entstehung ethnischer Segmentation und Schichtung gibt es nicht. Es liegen - neben den Konzepten der race-relations-cycles (vgl. z. B. Park, 1950) und denen, die ethnische Schichtung als Folge von Machtunterschieden erklären wollen - lediglich einige allgemeinere Konzepte und speziellere Aussagen zur Entstehung eines „ethnischen Gemeinsamkeitsglaubens" (Weber, 1972), einer partiellen Assimilation von Minderheiten (Francis, 1965) und besonders Aussagen zur Entstehung von ethnischen Schichtungen vor (Shibutani und Kwan, 1965; Noel, 1968).

Nach Max Weber (1972: 235f) beruhen ethnische Differenzierungen immer auf den gemeinsamen subjektiven Überzeugungen von Personen, der gleichen Abstammung zuzugehören und sich diesbezüglich und bezüglich anderer Merkmale qualitativ von anderen Personen zu unterscheiden. Ethnische Gemeinschaften entstehen jeweils *nach besonderen Anlässen* und sind als solche neu kreierte und definierte Gruppierungen, die sich als Reaktion auf besondere Erfahrungen, Zielsetzungen und erlebte Regelhaftigkeiten herausbilden. Shibutani und Kwan (1965: 572ff) zufolge ist die Erklärung ethnischer Schichtungen nur als Unterfall der Erklärung der Institutionalisierung von sozialen Systemen allgemein möglich. Muster von untereinander abgestimmten Handlungen, die ursprünglich aus rein funktionalen Gründen (z. B. Arbeitsteilung) entstanden sind, werden in der Wiederholung fixiert und dann institutionalisiert und schließlich legitimiert. Der von Shibutani und Kwan vorgeschlagene Ansatz unterscheidet sich von einer anderen Gruppe von Erklärungen: daß ethnische Schichtungen das Resultat von Machtunterschieden seien. Hierzu sind alle die Erklärungen zu zählen, in denen z. B. die andauernde Benachteiligung der farbigen Bevölkerung in den Vereinigten Staaten als mit den Mitteln des

Rassismus geführter Klassenkampf einerseits oder als Ergebnis von „white gains" aus der Unterdrückung und Ausbeutung der farbigen Bevölkerung (vgl. z. B. Glenn, 1966) angesehen wird. Dazu gehört im Prinzip auch die Erklärung von Noel (1968). Die drei zentralen Variablen in der Theorie von Noel sind: Ethnozentrismus, Wettbewerb und differentielle Macht. Ethnische Schichtungen entstehen danach genau dann, wenn alle drei Elemente gleichzeitig vorhanden sind. Einen weniger an Machtunterschieden als an kulturellen und strukturellen Unterschieden orientierten Ansatz schlägt Emerich K. Francis vor. Francis (1965: 128ff) stellt seine Erklärung der Herausbildung von ethnischen Differenzierungen auf die „Isomorphie" zwischen Herkunftsgesellschaft und Aufnahmegesellschaft ab. Ethnische Gemeinschaften entstehen danach dann, wenn „Mitglieder einer Herkunftsgesellschaft P als Individuen in einer Wirtsgesellschaft H übertragen werden, die im Hinblick auf diese Strukturelemente mit der Herkunftsgesellschaft P nicht isomorphisch ist..." Diese Personen sind dann „in der Regel nicht in der Lage, ihren Platz direkt in der Wirtsgesellschaft H einzunehmen. Sie werden deshalb dazu neigen, abgesonderte ethnische Gemeinschaften zu bilden" (Francis, 1965: 128): Ethnische Differenzierungen entstehen als Folge von (kulturellen und strukturellen) Unähnlichkeiten.

Einen besonderen Zugang stellen die sog. race-relations-cycles dar. Der hier bekannteste Ansatz stammt von Robert E. Park (1950: 150ff). Von besonderer Bedeutung ist dabei der Anspruch, mit den race-relations-cycles eine vollständige Aufzählung der Stufenabfolgen von Zuständen relationaler Eingliederung anzugeben, in denen sich die ethnischen Gruppen zueinander befinden. Diese Stufenfolge wird als allgemein, unvermeidlich, progressiv fortschreitend und irreversibel behauptet: ein „soziologisches Gesetz".

Die Stufenfolge des Modells von Park enthält vier Elemente: Kontakt, Konflikt, Akkomodation und Assimilation. Die Phase des Kontaktes ist eine direkte Folge der Wanderung. Hier herrschen noch friedliche und von freundlicher Neugier geprägte Kontaktnahmen vor. Die inzwischen zunehmende Anzahl der Einwanderer und deren verstärkte Suche nach Möglichkeiten einer befriedigenden Lebensgestaltung führt dann zum Wettbewerb um begehrte Berufspositionen, Siedlungsland und Wohngegenden. Ein *Konflikt* (als zweites Stadium) entsteht aus diesem Wettbewerb dann, wenn die Einwanderer nicht freiwillig (oder zum Beispiel aus Unkenntnis der legitimen Möglichkeiten) lediglich die von den Einheimischen nicht beanspruchten Ressourcen anstreben: Diskriminierungen, Unruhen und Rassenkämpfe entstehen. Aus den Erfahrungen der Gruppen in den Konflikten entwickelt sich dann als Folge eines langwierigen Anpassungsprozesses ein (von allen so empfundener) modus vivendi unter Aufgabe einseitiger Ansprüche. Es entsteht eine Form organisierter, wechselseitig abgestimmter Beziehungen, die u. a. auch dadurch ermöglicht wird, daß sich eine -meist: die machtmäßig unterlegene Gruppe in bestimmte Nischen beruflicher Betätigung und räumlicher Segregation zurückzieht und untere Schichtungspositionen nun widerstandslos einnimmt. In dieser Phase der *Akkomodation* entwickeln sich als Folge des interethnischen

Konfliktes ethnische Arbeitsteiligkeiten, räumliche Segregationen und berufsmäßige Insulationen, die sich aus den Erfahrungen der Folgen einer Fortsetzung der Konflikte auch unmittelbar stabilisieren. Diese Strukturen werden später zunehmend als Selbstverständlichkeiten und legitime Ordnung angesehen und haben vermittelte Folgen der differentiellen Benachteiligung auch ohne Fortdauer unmittelbarer Diskriminierung. Die *Assimilation* (als vierte Stufe) ergibt sich schließlich als Folge der in der Zeit als unvermeidlich angesehenen - zunehmenden Vermischung der ethnischen Gruppen über alle differenzierenden Linien der Akkomodation hinweg bis hin zum Verschwinden der ethnischen Dimension als sozial und strukturell noch bedeutungsvolles Differenzierungsmerkmal. Voraussetzung für das Erreichen dieses Zustandes ist die Auflösung der ethnisch-spezifischen Organisationen und insbesondere auch der räumlichen Kongregationen und der damit jeweils verbundenen ethnischen Solidaritäten und Identifikationen.

Es kommt an dieser Stelle nicht darauf an, die Haltbarkeit der verschiedenen Modelle zu beurteilen (vgl. dazu insbesondere Esser, 1980: Kapitel 2.1 und Kapitel 3.2.1). Festzuhalten ist, daß eine *Erklärung* der Entstehung ethnischer Schichtung in einem expliziten und methodisch adäquaten Sinn in keinem der verschiedenen Ansätze geleistet wird: welches soll die allgemeine explanatorische Grundlage der verschiedenen Prozesse sein? Warum soll sich der Prozeß beispielsweise der race-relations-cycles - derart zwangsläufig und unumkehrbar gestalten? Was ist der Mechanismus, der Angehörige ethnischer Minderheiten die ethnische Segmentation wählen und die ethnische Unterschichtung akzeptieren läßt? Unklar bleibt also im wesentlichen: wie die „Zwangsläufigkeit" der geschilderten Vorgänge zu *erklären* ist und auf welcher Grundlage die beschriebenen Prozesse ihre Dynamik erhalten. Daß es sich dabei nicht um „soziologische Gesetze" handeln kann, zeigen die vielfach belegten und in der Kritik an den verschiedenen Modellen auch immer wieder zu Recht angeführten Modifikationen, Variationen und Widerlegungen der vorgetragenen Modelle (vgl. zur Kritik an derartigen „soziologischen Gesetzen" des sozialen Wandels Boudon 1983).

Unbefriedigend bleibt bei allen diesen Ansätzen das implizit bleibende Erklärungsargument, das sich - meist relativ leicht rekonstruierbar - jeweils aus Gesetzmäßigkeiten auf der Ebene von interdependenten Individuen konstituiert. Zwei Ansätze mit *explizit* individualistischen Annahmen sind allerdings auch zu finden: die Erklärung von räumlichen Segregationen von Schelling (1970, 1978: Kap. 4) und das Modell der „ethnic mobility trap" von Wiley (1970).

Schelling geht davon aus, daß Personen auf der Grundlage schwacher Affilitationsneigungen (Präferenz für Angehörige der eigenen Ethnie in der Nachbarschaft) ungeplant, jedoch zwangsläufig extrem starke räumliche Segregationen erzeugen. Im Prinzip kann der Prozeß der Herausbildung von Segregationen nach Schelling wie folgt beschrieben werden: in einer (angenommenen) Anfangsphase der zufälligen Mischung von Personen verschiedener Ethnien über ein Wohngebiet hinweg ziehen solche Personen, die in einer überwiegend fremdethnischen Nachbarschaft wohnen, in eine Nachbarschaft, in denen ihre schwache Affilitationsneigung (mindestens die Hälfte der Nachbarn soll gleicher ethnischer Herkunft sein) erfüllt ist. Schelling zeigt, daß unter nahezu beliebigen Bedingungen - vor allem aber: ohne jede Diskriminierung und ohne jede „soziale Distanz" - sich relativ rasch sehr starke räumliche Segregationen der Gruppen voneinander ergeben. Der Mechanismus des Prozesses besteht ausschließlich in der Reaktion von rational handelnden, in der Orientierung miteinander verbundenen Personen und der dadurch jeweils veränderten Situation, die dann erneute Reaktionen auslöst usw.

Auch Wiley erklärt die Entstehung ethnischer Schichtungen ohne jede Zuhilfenahme von Annahmen über „Diskriminierung" oder „Ausbeutung". Ausgangspunkt seiner Überlegungen ist, daß es für einen Minderheitsangehörigen jeweils zwei Handlungsalternativen gebe: die Entscheidung für eine Karriere innerhalb der Minderheitenkultur und für eine Karriere außerhalb der Minderheitenkultur in die sogenannte Kernkultur mit entsprechenden Investitionen hinein. Die - sicher nicht unplausible weitere Annahme ist die, daß die Erfolgswahrscheinlichkeit für eine interne Karriere vom Akteur drastisch höher eingeschätzt wird als für eine externe Karriere. Es wird noch eine dritte Annahme gemacht, in der davon ausgegangen wird, daß ihre Tragweite dem Minderheitsangehörigen zum Zeitpunkt seiner Entscheidung nicht in allen Konsequenzen bekannt ist: die interne Karriere gerät rasch an eine Mobilitätsgrenze, die weit unterhalb der Mobilitätsgrenze für eine externe Karriere liegt. Dieses hat dann zur Konsequenz, daß sich die Angehörigen der Minderheitenkultur „freiwillig" und „rational" für eine interne Karriere entscheiden, dann aber - zu einem Zeitpunkt, an dem die Entscheidung nicht mehr revidierbar ist - feststellen müssen, daß sie in eine „Mobilitätsfalle" hineingeraten sind. Die daraus resultierenden Enttäuschungen sind gesamtgesellschaftlich um so weniger folgenreich, als der innerhalb der Minoritätenkultur aufgestiegene Akteur wenigstens teilweise auch noch eine Mobilität gegenüber vergleichbaren Angehörigen der Kernkultur feststellen kann. Das Erreichen der Mobilitätsgrenze wird von dem Minderheitsangehörigen letztlich seinem persönlichen Versagen, nicht jedoch der strukturell angelegten Mobilitätsfalle zugeschrieben. Auf diese Weise kann Wiley die Entstehung und die Stabilisierung von ethnischen Schichtungen als das - so nicht geplante - Resultat der situativ völlig „rational" ihre Karriere planenden Akteure erklären.

Das folgende Modell zur Erklärung ethnischer Segmentationen bzw. ethnischer Schichtungen greift einige der vorgetragenen Ideen und Anregungen (vor allem Elemente aus den race-relations-cycles, aus den Modellen von Schelling und Wiley und aus dem Isomorphie-Ansatz von Francis) auf. In der Art der Modellkonstruktion orientiert sich der Beitrag an Ideen bei Raymond Boudon (1979, 1980), bei Mark Granovetter (1976) und Reinhard Wippler (1983), die - auf unterschiedliche Weise - prozessuale Erklärungen „soziologischer Gesetze" als ungeplante Folgen des intentionalen Handelns vorgelegt haben.

## 2. Grundelemente eines Modells zur individualistischen Erklärung ethnischer Segmentation

Das Ziel des Beitrags ist die Skizze einer individualistischen Erklärung dieses Prozesses. Die Erklärung soll im Prinzip drei Schritte umfassen. Erstens sollen die beteiligten Akteure mit ihren grundlegenden Präferenzen, Erwartungen und Handlungsalternativen *typisiert* benannt werden. Zweitens sollen die *Interdependenzen* der Akteure und ihrer Handlungen explizit vorgegeben werden. Und drittens sollen die Handlungen als Resultat des *„rationalen" Handelns* der Akteure erklärt werden, wobei ein sehr einfaches, in seiner Einfachheit möglicherweise nicht überall auch empirisch zutreffendes, aber für die Zwecke der Analyse völlig ausreichendes Konzept der Rationalität unterstellt wird.

Das Modell besteht insgesamt aus sieben einzelnen Bestandteilen: aus den Typen von Akteuren, aus den Handlungsalternativen der jeweiligen Akteure, aus Typen von Nutzenerwartungen, aus dem angenommenen Rationalitätsprinzip (als dem nomologischen Kern des Modells), aus der Modellierung der Ausgangssituation, aus den Interdependenzen der Akteure und ihrer Handlungen und aus der daraus vorzunehmenden Modellierung des Prozeßablaufes, mit dem schließlichen Ergebnis des Explanandums: der ethnischen Segmentation.

### 2.1 Typen von Akteuren und Handlungsalternativen

Es werden drei Typen von Akteuren für den zu analysierenden Vorgang angenommen: (relevante) *Einheimische*; die bereits in eine bestimmte Region eingewanderten Personen: die *Migranten*; sowie die (noch) in der Herkunftsregion verbliebenen Personen: die *Verbliebenen*.

Unter „relevanten" Einheimischen werden solche Personen verstanden, die für die Migranten (oder die Verbliebenen) überhaupt bedeutungsvoll sein können: Unternehmer, die Arbeitsplätze anbieten oder nicht; Vermieter, die Wohnungen anbieten oder nicht; Politiker, die die Ausländergesetzgebung beeinflussen könnten; Intellektuelle und Sozialarbeiter, die, aus welchen Gründen auch immer, an Migranten ein Interesse finden. Der Einfachheit halber wird im folgenden meist an den Unternehmer gedacht, der durch sein Verhalten Opportunitäten für die materielle Reproduktion der Migranten noch am ehesten bereitstellt oder gegebenenfalls einschränkt.

Für die Migranten und die Verbliebenen wird angenommen, daß sie sich im Prinzip an (für sie relevanten) Bedingungen im Aufnahmeland *und* im Herkunftsland orientieren. Als da wären: die wirtschaftliche Situation, die sozialen Bindungen an Familienmitglieder, die eventuell in einer ethnischen Kolonie im Aufnahmeland vorzufindenden Opportunitäten in materieller und sozialer Hinsicht. Von zentraler Bedeutung sind für die Migranten zwei Orientierungen: das Verhalten der Einheimischen (als „Angebote" für bestimmte Handlungen der Migranten) und die Bindungen der Migranten an Personen der gleichen ethnischen Zugehörigkeit (seien dieses ebenfalls Migranten oder noch im Herkunftsland Verbliebene). Auch die Verbliebenen orientieren sich an anderen Akteuren: an Personen im Herkunftsland und deren Orientierungen und an den Migranten (sowie auch: an dem Verhalten der Einheimischen bei der Abschätzung der Chancen für eine eventuelle Nachwanderung). Diese wechselseitigen Orientierungen sind die Grundlage der noch näher darzulegenden Interdependenzen der Akteure des Modells.

Akteure haben in der Regel eine Vielzahl von möglichen Handlungsalternativen. Wir nehmen hier jedoch an, daß es für jeden Akteur in Hinsicht auf den zu untersuchenden Prozeß jeweils nur zwei Alternativen gebe. Für die *Einheimischen* gebe es im Modell die Handlungsalternativen *Akzeptanz* und *Distanz.* Akzeptanz meint - in einem weiter verstandenen Sinn - die Bereitstellung von Opportunitäten verschiedenster Art für interethnische Beziehungen: Angebot von Arbeitsplätzen, Vermietung von Wohnungen, Kontaktaufnahme. Distanz meint das Gegenteil davon: Verweigerung von Arbeitsplätzen, von Vermietung, von Kontaktaufnahme. Die *Migranten* haben im Modell die Handlungsalternativen der *Assimilation* oder der *Segmentation.* Assimilation bedeutet die Wahl von interethnischen Beziehungen (in bezug z. B. auf berufliche Karriere, die Wahl von Wohnquartieren oder sozialen Kontakten). Segmentation bedeutet entsprechend die Wahl von innerethnischen Beziehungen. Die *Verbliebenen* haben im Prinzip die Alternativen des weiteren *Verbleibens* im Herkunftsland oder der *Nachwanderung.*

Im Modell werden die Alternativen als wechselseitig ausschließend angesehen; d. h.: es werden z. B. Pendel-Wanderungen, „partielle Anpassung", aber auch Rückwanderungen an dieser Stelle (noch) nicht weiter in Betracht gezogen. Auch wird hier noch nicht weiter beachtet, daß interethnische Beziehungen sich „mehrdimensional" gestalten können: in ökonomischer Hinsicht anders als in sozialer oder kultureller Hinsicht. Erst nach Darlegung der Grundprinzipien des Modells können auch derartige Differenzierungen vorgenommen werden.

In Anlehnung an das Modell der „ethnic mobility trap" von Wiley (vgl. Abschnitt 1) wird eine weitere zentrale Annahme gemacht: daß die Mobilitätsmöglichkeiten bei einer Entscheidung für die innerethnische Alternative gegenüber der interethnischen Alternative deutlich eingeschränkter sind; also: daß eine „strukturelle Assimilation" (und damit die Vermeidung einer ethnischen Schichtung) nur bei interethnischen Handlungsentscheidungen möglich ist. Ob dies tatsächlich im Einzelfall so ist (und nicht z. B. über eine innerethnische Karriere auch der Weg der Statusmobilität innerhalb der Aufnahmekultur bereitet wird), bleibt immer eine empirische Frage. Für den Regelfall der Wanderung von Personen aus strukturell „machtdefizitären" Regionen in solche mit Machtüberschüssen kann diese Annahme jedoch als gut begründet angesehen werden.

Die dem folgenden Modell zugrundegelegte Handlungserklärung ist sehr einfach: Menschen wählen die Handlung, von der sie annehmen, daß sie ihnen im Vergleich zu den anderen, vorstellbaren Alternativen die relativ höchste Nutzenerwartung gewährleistet. Dabei wird angenommen, daß Menschen für die verschiedenen, ihnen vorstellbaren Handlungsalternativen die Wahrscheinlichkeit einschätzen, daß die jeweilige Handlung zu bestimmten Konsequenzen führt. Diese Konsequenzen können entweder positiv eingeschätzt werden; sie wären dann der „Nutzen" der Handlung (mit der Intensität U). Oder sie können negativ bewertet werden und wären dann die „Kosten" der Handlung (mit der Intensität C). Jede positive und jede negative Konsequenz ist mit der o. a. Einschätzung der Wahrscheinlichkeit gewichtet, daß eine Handlung h auch tatsächlich zu den (erwünschten oder unerwünschten) Folgen führe. Die Nutzen-Konsequenzen werden mit einem Betrag p, die Kosten-Konsequenzen mit einem Betrag q gewichtet. p und q können Werte zwischen 0 (Wahrscheinlichkeit von 0, daß eine Handlung eine bestimmte Konsequenz habe) und 1 (sichere Erwartung, daß eine Konsequenz nach der Handlung eintrete) annehmen. Der Akteur bildet demnach jeweils Produkte aus Erwartungen und Bewertungen (pU bzw. qC), aus denen sich dann die *subjektive Nutzenerwartung* (SEU; s. unten) einer Handlung ergibt (vgl. ausführlich zu diesen Grundannahmen und zu ihrer Anwendung auf makrosoziologische Probleme u. a. Blalock und Wilken, 1979).

In unserem Modell wollen wir neben der o. a. einfachen Rationalitätsannahme eine weitere Vereinfachung vornehmen. Menschen haben sicher eine Vielzahl von Zielen (hochbewerteten Konsequenzen) und fürchten auch sicherlich vielerlei negative Konsequenzen. Hier sei vereinfachend angenommen, daß es zwei grobe Klassen von „Nutzen" und „Kosten" gäbe: kulturellen oder *sozialen* Nutzen - wie z. B. soziale Anerkennung, Identitätserhalt, Normenkonformität (und entsprechende Kosten: soziale Mißbilligungen, Identitätsgefährdung, Verstoß gegen internalisierte Normvorstellungen); und *materiellen* Nutzen - wie z. B. Einkommen, Beschäftigung, Prestige, Ressourcenkontrolle (und entsprechende Kosten: Einkommensverlust, Prestigeverlust u. a.). Zur Kennzeichnung werden im folgenden der soziale Nutzen mit $U_S$, der materielle Nutzen mit $U_r$, die sozialen Kosten mit $C_S$ und die materiellen Kosten mit $C_r$ bezeichnet.

Angenommen wird weiterhin, daß die Werte von U bzw. C relativ konstant und situationsunabhängig sind: Wohlstand und soziale Anerkennung genießen annahmegemäß eine generelle Werteinschätzung, die sich nur langsam ändert; Einkommensverluste und soziale Mißbilligung werden ebenfalls generell negativ bewertet. Allerdings werden im folgenden Unterschiede bei den Typen von Akteuren u. a. dadurch modelliert, daß U bzw. C für bestimmte Akteure unterschiedliche Werte annehmen kann: Ethnozentrismus z. B. kann bei Akteuren unterschiedlich internalisiert sein, wodurch bestimmte Handlungen (z. B. Distanz) bei gegebenen subjektiven Wahrscheinlichkeiten in unterschiedlicher Weise Nutzen- oder Kostenkonsequenzen nach sich ziehen. Bei gleichen mit einer Handlung verknüpften subjektiven Wahrscheinlichkeiten und bei gleichen sonstigen Bedingungen werden dann die so unterschiedlichen Akteure unterschiedlich reagieren.

Die Situationsabhängigkeit der Handlungen wird *ausschließlich* über die subjektiven Wahrscheinlichkeiten p bzw. q gesteuert: Personen lernen und generalisieren, daß Handlungen bestimmte Konsequenzen haben (wobei der Nutzen dieser Folgen von ihrer Eintretenswahrscheinlichkeit unabhängig ist); Personen perzipieren Situationen und ihre Veränderung dahingehend, daß sie die Erfolgswahrscheinlichkeit einer Handlung in der Situation selbst einschätzen bzw. „definieren". Die durch die Handlungen anderer Personen *veränderten* Erwartungen (p bzw. q) für die Wahrscheinlichkeit bestimmter Konsequenzen sind das wichtigste Verbindungsglied dafür, daß soziale Prozesse ihre Ungeplantheit und Zwangsläufigkeit erhalten, gleichzeitig aber immer durch das situationsorientierte Handeln von Personen vorangetrieben werden.

Nach der typisierenden Vereinfachung der Interessensbereiche der Akteure in sozialen und materiellen Nutzen und soziale und materielle Kosten lassen sich die Elemente der Nutzenerwartungen (SEU) einer Handlung h wie folgt zusammenfassen (vgl. auch den Anhang):

$$SEU_h = (p_{hs}U_s + p_{hr}U_r) - (q_{hs}C_s + q_{hr}C_s)$$

$$= \text{(erwarteter sozialer Nutzen} + \text{erwarteter materieller Nutzen)} - \text{(erwartete soziale Kosten} + \text{erwartete materielle Kosten)}$$

Akteure haben immer mindestens zwei Alternativen: eine Handlung durchzuführen (h) oder dergleichen nicht zu tun (h'). Der nomologische Kern des Erklärungsmodells besteht nun aus dem (hypothetischen) *Gesetz*, daß Akteure immer dann h wählen, wenn $SEU_h > SEU_{h'}$. ist. Dies kann auf vielerlei Weise geschehen: der Nutzenbestandteil von h kann höher sein als der von h' bei gleichen Kosten; der Kostenanteil von h kann geringer sein als der von h' bei gleichem Nutzen; es kann nur Kosten geben, die aber bei h geringer sind als bei h' u. a. Eine Vertiefung dieser Einzelheiten (z. B. in Hinsicht auf die Analyse von „Zwangssituationen" oder von inkonsistenten Nutzenstrukturen) kann hier (noch) unterbleiben. Es sei jedoch hinzugefügt bzw. wiederholt: die Erwartungen p und q sind nicht unbedingt komplementär für die jeweiligen Nutzen- und Kostenbereiche. Veränderungen der Beträge der Nutzen- bzw. Kostenbestandteile gehen (zunächst) auf situational eingetretene Veränderungen der p bzw. q zurück. Die Nutzen- und Kostenintensitäten werden für die Typen von Akteuren unterschiedlich, dann aber in der Zeit und über die Situationen hinweg (weitgehend) als konstant angenommen.

An dieser Stelle sei auch nicht weiter vertieft, ob dieses Modell für alle Akteure und für alle Situationen zutrifft oder nicht. Sicher gilt das Modell weniger für Heilige und Verrückte. Aber für diese beiden Teilpopulationen muß sich die Soziologie wohl weniger interessieren als z. B. die Theologie oder die Psychiatrie (sofern man davon ausgeht, daß die Mehrzahl sozialer Prozesse nicht von Heiligen oder Verrückten getragen werden).

Es wird auch in Kauf genommen, daß die durch „strukturelle Bedingungen" - wie z. B. ökonomische Ungleichgewichte, Arbeitsmarktveränderungen, Gruppengrößen - *gegen* die Präferenzen der Akteure erzwungenen Handlungen im Modell als „rational" interpretiert werden und damit zu nahehegenden moralischen Bedenken herausgefordert werden mag: keine „Ideologiekritik" kann wegdiskutieren, daß Menschen auch in Not- und Zwangslagen sich an den von ihnen vorgefundenen Bedingungen orientieren und *innerhalb dieser Beschränkungen* die *relativ* günstigste bzw. erfolgversprechendste wählen. Gerade dies macht ja die soziologische Relevanz der Analyse von Prozessen unbeabsichtigt geschaffener „struktureller Gewalt" aus (und nicht: die wohlfeile Klage über das verschwörerische Walten mächtiger Personen oder „Systeme").

## 2.2 Die Akteure des Prozesses im Grundmodell

Zur Analyse des Prozesses der ungeplanten Herausbildung ethnischer Segmentationen waren drei Typen von Akteuren unterschieden worden: (relevante) Einheimische, Migranten und im Herkunftsland Verbliebene. Für jeden Akteur gab es immer zwei Handlungsalternativen: Akzeptanz oder Distanz für die Einheimischen; Assimilation oder Segmentation für die Migranten; Nachwanderung oder weiteres Verbleiben für die Verbliebenen. Nun können die

Nutzen- und Kostenstrukturen für die Akteure im Rahmen des o. a. Grundmodells ebenfalls typisiert werden. Auch hier sollen - zunächst - möglichst einfache Annahmen gemacht werden. Dabei handelt es sich um die „Übersetzung" des zuvor uninterpretierten Nutzen-Kosten-Modells in - je nach Teilpopulation, d. h. nach Sozialisation und Situation - unterschiedliche Präferenz- und Erwartungsverteilungen. Ohne diese Übersetzung kann das Handlungsgesetz nicht zur Anwendung kommen. Andererseits reicht eine bloße Typisierung von Akteuren zur Erklärung individueller Effekte ebenfalls nicht aus. Es ist beides erforderlich: das Handlungsgesetz *und* seine empirische Interpretation.

### 2.2.1 Die Einheimischen

Bei den Einheimischen wird zunächst eine „rein" ökonomische Motivation angenommen: Strukturelle Ungleichgewichte zwischen Regionen bedeuten u. a. eine Nachfrage nach Arbeitsmigranten, da diese Nachfrage über einheimische Arbeitskräfte nicht bedient werden kann. Andere Motivationen werden ausgeschlossen: der „liberale" Unternehmer besitzt weder eine ethnozentristische noch eine kosmopolitische Ideologie. Die Nutzenerwartungen für Akzeptanz (a) und Distanz (d) weisen mithin eine eindeutige Struktur auf (Gleichung 1 im Anhang). In dieser Situation „lohnt" sich eindeutig nur die Akzeptanz. Allenfalls müßten noch die (niedrigen) Anlernkosten für die Beschäftigung von Arbeitsmigranten ($q_{ar}C_r$) für $SEU_a$ in Rechnung gestellt werden; an der grundsätzlichen Struktur der Entscheidungssituation dürfte sich nichts ändern.

Bei Berücksichtigung von sozialen Motiven wird die Entscheidungsstruktur teilweise komplizierter: wenn ein Unternehmer (oder Vermieter) ethnozentristisch gesonnen ist, dann hätte er soziale Akzeptanzkosten ($q_{as}C_s$) bei einer Einstellung (oder Vermietung) zu tragen. Lebt er in einem ethnozentristischen Milieu, würden Distanz-Belohnungen ($P_{ds}U_s$) u. U. hinzukommen. Je nach Stärke der ethnozentristischen Ideologie bzw. des Milieus müßten demnach der erwartete ökonomische Nutzen für eine Akzeptanz oder der mit der Distanz entgangene ökonomische Nutzen schon beträchtlich sein. Merton's (1970: 452) "all-weather-illiberal" läßt sich seinen Ethnozentrismus ggf. einiges kosten. Festzuhalten ist, daß ethnozentristische Elemente die Nutzenerwartung für die Akzeptanz senken. Kosmopolitische Ideologien und Milieus erhöhen den Akzeptanznutzen entsprechend, so daß nunmehr Akzeptanz auch ohne ökonomischen Nutzen nahehegend wird. Andererseits wird verständlich, daß und warum es „Distanz" durchaus auch ohne Ethnozentrismus und „Akzeptanz" trotz Ethnozentrismus geben kann: wenn die materiellen Nutzen- und Kostenerwartungen den „sozialen" Ethnozentrismus bzw. Kosmopolitismus überwiegen.

Welche situationalen Veränderungen sind für das Handlungsmodell der Einheimischen zu erwarten? In erster Linie dürften sich die Erwartungen für den ökonomischen Nutzen ($p_{ar}$) ändern. Dies einmal generell als Folge konjunktureller oder struktureller Veränderungen der Arbeitsmarktlage: $p_{ar}$ sinkt mit der Verringerung der Arbeitskraftnachfrage und es steigt mit der Ausschöpfung des einheimischen Arbeitsmarktes. Selbstverständlich kann $p_{ar}$ auch aufgrund von segmentalen Arbeitsmarktveränderungen steigen oder sinken: ziehen sich Einheimische aus Teilarbeitsmärkten zurück, steigt $p_{ar}$ und umgekehrt. Andererseits kann die Verbesserung von Qualifikationen auf sehen der Migranten (z. B. im Gefolge des Generationseffekts) den Wert von $p_{ar}$ steigen lassen u. a. Zweitens kann angenommen werden, daß bei Zunahme der Gruppengröße N der Migranten - bei konstanter Arbeitsmarktlage - $p_{ar}$ entsprechend absinkt. Auch dies dürfte für Teilmärkte unterschiedlich und nach allgemeiner wirtschaftlicher Situation mit unterschiedlichen Folgen für das Akzeptanzverhalten verbunden sein. Allgemein ist jedoch ein Absinken von $p_{ar}$ mit der Zunahme von N anzunehmen.

Zusätzlich kann vermutet werden, daß mit steigender Gruppengröße N und mit verschlechterter wirtschaftlicher Gesamtsituation ethnozentristische Motivationen (als Folge von „Konkurrenz") mit dem Ziel der Abwehr ökonomischer Bedrohungen, aber auch: als Folge schlichter Belästigung durch ungewohnte Veränderungen der vertrauten Umgebung den Distanznutzen heben (vgl. dazu auch Orbell und Sherrill 1969: 53f).

Die wirtschaftliche und soziale Gesamtsituation (als exogener Faktor) und die Gruppengröße N (als unmittelbar mit dem Verhalten von Migranten und potentiellen Migranten verbundene Variable) sind demnach die zentralen Situationselemente, von denen der ökonomische *und* der soziale Nutzen der Akzeptanz bzw. der soziale Nutzen der Distanz bei den Einheimischen abhängen.

### 2.2.2 Die Migranten

Es wird angenommen, daß die Gruppengröße (noch) relativ gering ist. Weiter wird angenommen, daß Wanderungen zwischen strukturungleichgewichtigen Regionen in erster Linie aus ökonomischen Motiven erfolgen. Im Extremfall der ausschließlich ökonomisch motivierten „Arbeits"-Migration bestünde somit eine eindeutige Motivations- und Erwartungsstruktur für eine „Assimilation" (Gleichung 2 im Anhang). „Assimilation" bedeutet hier freilich lediglich: die Aneignung z. B. von Sprachkenntnissen und die Aufnahme interethnischer Kontakte nur insoweit, als es zur Erreichung des ökonomischen Wanderungsmotivs gerade erforderlich ist. Da andere Motive (einstweilen) nicht wirksam sind, kann eine weitergehende Assimilation nur dann einsetzen, wenn zur ökonomischen Zielerreichung auch z. B. Orientierungsänderungen und die Änderung von Gewohnheiten bzw. von „peripheren

Rollenelementen" (Weinstock, 1960) erforderlich sind. Können diese Merkmale nicht geändert werden (wie z. B. bei askriptiven Merkmalen), verringert sich entsprechend $p_{sr}U_r$ und damit $SEU_S$. Nichtassimilative askriptive oder internalisierte Merkmale (wie z. B. Hautfarbe, religiöse Überzeugungen, sprachliche Inflexibilität) verringern demnach ganz generell den Wert von $SEU_S$.

Warum finden aber bei „Pionierwanderern" auch unter erschwerten Bedingungen dennoch häufig Assimilationen statt? Die Antwort ist einfach: Eine Segmentation ist nicht möglich (bei Ausschluß der Rückkehroption!), weil die Segmentation sowohl in ökonomischer wie in sozialer Hinsicht eine gewisse Anzahl von Personen der gleichen Herkunft im Aufnahmeland voraussetzt. Die Nutzenstruktur für die Segmentation in einer Situation der Pionierwanderung kann mit $SEU_g = 0$ angenommen werden (Gleichung 2b im Anhang). Und mithin: $SEU_a > SEU_g$, auch wenn der absolute Nutzen der Assimilation nur gering ist.

Dadurch, daß es letztlich nur eine Alternative mit positiven Konsequenzerwartungen - die Assimilation - in dieser Situation gibt, wird auch unmittelbar verständlich, warum Wanderer in dieser Situation anfällig für psychische Desorganisationen sind: Wenn ihnen eine Assimilation - aus welchen Gründen auch immer - nicht gelingt und eine Rückkehr nicht möglich ist, bleibt ihnen nur der „Ausweg" in die anomische Reaktion. Leicht wird auf diese Weise auch die stabilisierende Wirkungeiner irgendwie bestehenden Segmentationsmöglichkeit verständlich: Dies erklärt auf einfache Weise die immer wieder festzustellende Anfälligkeit von Migranten, sich (politischen oder religiösen) Sekten anzuschließen, die von ihrer „Reusenstruktur" her (Lindenberg, 1984: 180ff) in einer anomisierenden Situation noch am ehesten psychischen Rückhalt gewähren können.

Von welchen Situationsbedingungen ist die Entscheidung zur Assimilation bzw. Segmentation nun aber abhängig? Zunächst wird unmittelbar deutlich, daß erst bei steigender Gruppengröße N und der damit überhaupt möglichen Segmentation auch $SEU_g > 0$ werden kann. Dies kann auf zweierlei Weise geschehen: Die Anwesenheit einer hinreichend großen Zahl von Personen der gleichen Ethnie gestattet die Entwicklung einer *ökonomischen Binnenstruktur*. Dadurch wird der Ausdruck $p_{gr}U_r > 0$. Weiterhin kann man mit der Zunahme von N und der Entwicklung einer *sozialen Binnenstruktur* der ethnischen Gruppe auch von der Zunahme sozialer Kontrollen ausgehen; es wachsen also die Kosten einer assimilativen Entfremdung $q_{ss}C_s$. Da der Erhalt der hergebrachten ethnischen Identität ohnehin weniger aufwendig ist als eine Umorientierung, da der Gebrauch der gewohnten Sprache entlastender ist als die heroischen Versuche fremdsprachlicher Verständigung, gibt es nun auch hohe soziale Nutzenerwartungen $p_{gs}U_s$ für eine Segmentation. Kurz: mit N steigt $SEU_g$ beträchtlich. Die für unterschiedliche Ethnien unterschiedliche „Betonung der nationalen Eigenart"nationaler und/oder religiöser Soziozentrismus der Migranten also, erhöht andererseits ganz allgemein die Assimilationskosten und den Segmentationsnutzen. Schließlich sinkt mit steigendem N sehr wahrscheinlich $p_{sr}U_r$ (und damit $SEU_S$), da $p_{sr}$ von der Arbeitsmarktlage bzw. dem Wert $p_{ar}U_r$ der einheimischen Unternehmer unmittelbar abhängig ist (vgl. Abschnitt 2.3.1). Entsprechend steigt $p_{sr}U_r$ auch mit steigender Konjunktur, und es fällt mit der Verschlechterung der wirtschaftlichen Gesamtsituation im Einwanderungsland. $SEU_S$ ist weiterhin von eventuellen Diskriminierungen durch Einheimische abhängig: die Kosten eines Assimilationsversuchs ($q_{ss}C_s$) steigen, wennDiskriminierungen zu erwarten sind. Diskriminierungen auf dem ökonomischen Sektor (z. B. durch restriktive Bestimmungen im Ausländer- und Arbeitsrecht) wirken entsprechend auf $p_{sr}U_r$ mindernd.

Soziale und ökonomische Diskriminierungen und die Verschlechterung der Wirtschaftslage auf Seiten des Aufnahmelandes wirken damit funktional äquivalent zu nationalistischen Ideologien und einem Mangel an Qualifikationen auf Seiten der Migranten, wobei das eine auf das andere auch wechselseitig verstärkend rückwirken mag. Die Gruppengröße wirkt auf doppelte Weise: sie verringert - ceteris paribus - die ökonomischen Chancen in der Aufnahmegesellschaft und erhöht sie in der ethnischen Binnenkultur; und sie provoziert u. U. Ethnozentrismus und Abwehr in der Aufnahmegesellschaft und verstärkt die unterstützenden und kontrollierenden sozialen Funktionen des ethnischen Binnenmilieus. Die Folge ist immer: $SEU_S$ sinkt mit der Gruppengröße, $SEU_g$ nimmt mit ihr zu.

Die Nutzenerwartung der Assimilation steigt andererseits allgemein - so die Annahme - mit der Verbesserung der individuellen Qualifikationen bei den Migranten (auch wenn dies für spezielle Teilmärkte nicht zutreffen mag). Von daher ist anzunehmen, daß gut ausgebildete Migranten und die - i. d. R. in verschiedener Weise besser qualifizierte - „Zweite Generation" höhere $SEU_S$ Werte aufweisen und damit assimilative Tendenzen auch bei steigender Gruppengröße, bei Verschlechterung der ökonomischen Situation, bei Diskriminierungen und nationalistischer Ideologie haben. Es wird unmittelbar deutlich, daß eine Prognose über eine Assimilation oder eine Segmentation z. B. der „Zweiten Generation" erst bei Kenntnis *aller* Bestandteile von $SEU_S$, *und* von $SEU_g$, möglich ist. Die allgemeine wirtschaftliche Situation, Ethnozentrismus oder „Binnenintegration", „Generation" oder Gruppengröße reichen zur Erklärung als „Variablen" allein nicht aus.

### 2.2.3 Die Verbliebenen und potentiellen Nachwanderer

Im Grundmodell haben sich die einheimischen Unternehmer und die Pionierwanderer vorwiegend an den ökonomischen Chancen der Akzeptanz bzw. der Wanderung und der Assimilation orientiert. Um die Motivationsstruktur der Verbliebenen zu verdeutlichen, sei die Motivationsstruktur der Migranten vor ihrer Wanderung in Bezug auf das Verbleiben bzw. die Migration skizziert. Unter Annahme (relativ) geringer sozialer Bindungen, geringer ökonomischer Chancen im Herkunftsland und hoher ökonomischer Erwartungen für eine Migration ist die Entscheidungsstruktur für die Wanderung bei den Migranten eindeutig gewesen (Gleichung 3a, b im Anhang): Für die Migration wurde ein ökonomischer Nutzen erwartet, soziale Kosten wurden nur als gering eingeschätzt.

Die Entscheidungsstruktur ist für die Verbliebenen komplexer: hier haben - auch bei gleicher Einschätzung von $p_{mr}U_r$ - stärkere soziale Bindungen als Nutzen des Verbleibens $p_{vs}U_s$ und als Kosten einer Wanderung $q_{ms}C_s$ eine Bedeutung gehabt (Gleichung 4a, b im Anhang). Es wird nun angenommen, daß bei den Verbliebenen (zunächst) immer gilt: $q_{ms}C_s > p_{mr}U_r$ *und* $p_{vs}U_s > p_{vr}C_r$, so daß auch gilt: $SEU_v > SEU_m$. Es ist wegen der höheren sozialen Bindungen, möglicherweise aber auch wegen der geringeren erwarteten ökonomischen Chancen „rational", im Herkunftsland einstweilen zu verbleiben (z. B. für Ehefrauen mit Kindern, für ältere und in traditionelle Bindungen einbezogene Personen).

Im Prinzip kann man die Verbliebenen demnach als *potentielle* Migranten ansehen. Die Höhe der sozialen Bindungen ($p_{vs}U_s$ bzw. $q_{ms}C_s$) kann dabei zwischen Gesellschaften sehr variieren (z. B. nach „nationaler Eigenart"), sie kann regional in den Herkunftsländern variieren (z. B. nach „Modernisierungsgefälle"), sie kann strukturell (z. B. nach „sozialer Schicht") und nach biographischen Merkmalen der Personen (z. B. nach „Geschlecht") variieren. Verändert sich die so betrachtete Entscheidungsstruktur aber auch?

Bei diesen Veränderungen sind zwei Arten deutlich zu unterscheiden. Einerseits kann es exogene Veränderungen der Entscheidungsstruktur geben: $p_{mr}U_r$ (bzw. $q_{vr}U_r$) kann je nach Wirtschaftssituation bzw. je nach politischer Situation im Aufnahmeland größer oder kleiner werden. Aber auch die Ökonomie im Herkunftsland kann den - bislang mit 0 angenommenen - Wert von $p_{vr}U_r$ (bzw. von $p_{mr}U_r$) im Gefolge von Entwicklungsprozessen erhöhen oder ggf. auch weiter verschlechtern. Politische Entwicklungen mögen sowohl $p_{ms}U_s$ wie $p_{vs}U_s$ zu beeinflussen usw. Diese exogenen Änderungen betreffen (im anzunehmenden einfachen Fall) *alle* Akteure. Je nach Richtung der Veränderung (Erhöhung oder Minderung z. B. der ökonomischen Chancen im Herkunftsland bzw. im Aufnahmeland) verändert sich damit die Entscheidungsstruktur für die Akteure *global* (mit entsprechenden Verhaltenskonsequenzen).

Für unser Modell sind endogene Veränderungen der Entscheidungsstruktur wichtiger. Dazu muß die gesamte mögliche Nutzenstruktur der Handlungsalternative „Verbleiben" insgesamt etwas näher betrachtet werden (Gleichung 5 im Anhang). Der Wert von $p_{vr}U_r$ kann weiterhin mit 0 angenommen werden. Auch $q_{vr}C_r$ bleibe unverändert. Was geschieht aber mit $p_{vs}U_s$ und dem (zuvor mit 0 angesetzten) Wert von $q_{vs}C_s$, z. B. einer Ehefrau mit Kindern, in dem Augenblick, in dem ein Familienvater zur „Familienversorgung" ausgewandert ist? Waren zuvor die sozialen Kosten des Verbleibens tatsächlich gleich 0, so steigen sie nun in dem Ausmaß, in dem eine Bindung zum Migranten besteht: $q_{vs}C_s$ wird größer 0. Gleichzeitig dürften sich die Bindungen *im* Herkunftsland ebenfalls vermindern. Es gibt einen Transfer der sozialen Bindungsmotivation vom Verbleiben auf das (Nach-)wandern. Möglicherweise erhöht sich auch $q_{vr}C_r$ bzw. $p_{mr}U_r$ dadurch, daß die - erfolgreichen -Pionierwanderer von den „unbegrenzten Möglichkeiten" im Aufnahmeland in das Herkunftsland berichten. Die Folgen dürften eindeutig sein: Pionierwanderungen lösen - unter ansonsten gleichbleibenden exogenen Bedingungen - „Kettenwanderungen" von solchen Personen aus, die zuvor nicht im Traum daran gedacht haben mögen, ihre Heimat zu verlassen - dies nun aber tun, indem sie angesichts der Umstände die subjektiv relativ günstigste Alternative wählen.

Diese Prozesse besitzen eine Zwangsläufigkeit, der sich in unserem Falle niemand, der rational handelt, entziehen kann. Dennoch sind sie nichts als die Folge des Handelns von Personen und der dadurch für andere Personen wieder veränderten Situation: Personen sind füreinander „Strukturen" und ändern diese ungeplant, aber absichtsvoll.

## 3. Modelle der individualistischen Erklärung ethnischer Segmentation

Nachdem nun im Prinzip geklärt ist, warum und unter welchen Bedingungen Einheimische Migranten akzeptieren (oder nicht), Migranten sich an die Verhältnisse im Aufnahmeland anpassen (oder nicht) und wann die im Herkunftsland verbliebenen Personen sich zu einer Nachwanderung entschließen (oder nicht), kann die angestrebte Erklärung des Prozesses der Entstehung einer ethnischen Segmentation (bzw. Schichtung) erfolgen. Zunächst sei das Erklärungsmodell in seiner Grundstruktur und dann in zwei typischen Varianten dargestellt.

Der Ausgang des Modells ist die Vor-WanderungsSituation. Zwischen einer Region A und einer Region B herrsche ein - hier nicht weiter zu erklärendes, - „strukturelles Ungleichgewicht": in einer Region A werden Arbeitskräfte nachgefragt; Unternehmer haben eine positive materielle Nutzenerwartung für die Akzeptanz von Migranten (vgl. Abschnitt 2). In Region B herrsche eine hohe materielle Unterversorgung. Personen in B haben Kenntnis davon, daß in A eine Nachfrage besteht, die ihrerseits zur Lösung des materiellen Problems der Personen in B beitragen würde. Kurz: $p_{mr}U_r$ ist relativ hoch. Was ist die Folge? Die Personen, deren soziale Bindungen an die Region B nicht zu hoch sind ($q_{ms}C_s < p_{mr}U_r$) wandern von B nach A. Es sind die in Abschnitt 2 besprochenen Pionierwanderer mit der dort beschriebenen Motivations- und Erwartungsstruktur.

In der Region A, im Aufnahmeland, treffen die Pionierwanderer - erwartungsgemäß - auf bereitwillige Akzeptanz. Die Wanderer selbst haben eine - auf den materiellen Bereich beschränkte -Assimilationstendenz, die deshalb höher als die Segmentationstendenz sein muß, weil Segmentationen in der Situation von Pionierwanderungen (die Gruppengröße N ist sehr klein) nicht möglich sind (vgl. die Nutzenstruktur von $SEU_g$ in dieser Situation in Abschnitt 2). Es ist die Phase des „economic welcome" bei Bogardus (1929/30) bzw. des „Kontaktes" im Zyklus von Park (1950: 150).

Die Situation ändert sich aber rasch. Ohne daß sie es beabsichtigt hatten, haben nämlich die Pionierwanderer die Nutzenerwartungsstrukturen der in B, dem Herkunftsland, Verbliebenen verändert: der erwartete materielle Nutzen wird - bei entsprechenden Nachrichten aus A - wahrscheinlich auch bei den Personen zunehmen, die zuvor eher skeptisch waren. Wahrscheinlicher ist aber die Änderung der sozialen Nutzeneinschätzungen der Verbliebenen: mit der Abwanderung von Familienoder Verwandtschaftsmitgliedern gibt es nun eine *soziale* Wanderungsmotivation ($p_{ms}U_s > 0$), wodurch gleichzeitig die Kosten des Verbleibens steigen. Und es werden wahrscheinlich die Bindungen an das Herkunftsland schwächer, wodurch der zuvor beträchtliche Nutzen des Verbleibens sinkt. Dies ist eine *erste Interdependenz* des Modells.

Die Folge des Vorgangs ist: In B verbliebene Personen mit einer nur leichten Tendenz zum Verbleiben entscheiden sich *nun* zur Wanderung. Andere Verbliebene mit noch stärkeren Bleibetendenzen denken einstweilen noch nicht an eine Wanderung. Die Entscheidung zur Wanderung ist noch nicht so sehr gegen die ursprünglichen Absichten der nun wandernden Personen gerichtet, als sie eher eine Strukturierung einer zuvor eventuell bestehenden Indifferenz und Unentschlossenheit bedeutet. Was aber geschieht weiter? Mit der Abwanderung auch von nicht vorwiegend materiell motivierten weiteren Personen ändert sich allmählich die Situation auch für solche, deren soziale Bindungen an B relativ stark waren: wenn der Großteil der Familie und der Verwandtschaft bereits gewandert ist, dann verbleibt man nur, wenn eine Wanderung - z. B. aus Alter oder Krankheit - ausgeschlossen ist. Freilich gibt es auch andere Hemmnisse: Landbesitz, Traditionalismus, Kinderversorgung u. a. Das Ergebnis bleibt gleich: es wandern nun auch mehr und mehr Personen, die zuvor einen solchen Entschluß weit von sich gewiesen hätten. Der „Prozeß" konfrontiert die Verbliebenen (in ihrer „Lebenswelt") mit einer „Logik der Situation", der sie sich kaum entziehen können, die aber gleichwohl ausschließlich von Personen (und in keiner Weise von irgendeinem „System") geschaffen wurde. Der Verlauf des Prozesses bis zu dem Punkt, an dem eine weitere Nachwanderung stoppt, weil alle Personen gewandert sind, bei denen von der Wanderung der anderen Personen her die Motivationsstruktur überhaupt bis zum Punkt $SEU_m > SEU_v$ änderbar war, dürfte dem Verlauf von Diffusions- oder Infektionsprozessen entsprechen (vgl. dazu auch Huckfeldt, Kohfeld und Liekens 1983: 31ff; Granovetter 1976; Schelling 1978: 102-110). Selbstverständlich kann man auch externe Restriktionen annehmen, die das Ausmaß

der angestoßenen Nachwanderung bestimmen: Erlaß von Einwanderungsquotierungen, Anwerbestop oder wirtschaftliche Stagnation in A. Oder auch: plötzliche Erhöhung der Attraktivität des Verbleibens in B durch ökonomische Entwicklungen, Rückkehr zur Demokratie u. a. Für das *Prinzip* der Prozeßerklärung sind diese exogenen Faktoren bedeutungslos (wenngleich sie das empirische Ergebnis stark beeinflussen können).

Das Ergebnis des Prozesses ist in jedem Fall: die Gruppenhöhe N erhöht sich. Die Konsequenzen davon sind jedoch für die Migranten nicht sämtlich erfreulicher Art. Dies liegt zunächst an der *zweiten Interdependenz* des Modells: bei - angenommen - konstanter Ökonomie in der Aufnahmeregion muß durch die Erhöhung von N durch das wachsende Arbeitskräfteangebot die Intensität der Nachfrage nach Arbeitsmigranten (d. h.: $SEU_a$) und damit die Akzeptanz (im materiellen Bereich) sinken. Da aber $SEU_a$ den erwarteten materiellen Nutzen der Assimilation auf seiten der Migranten bestimmt ($SEU_S$), *sinkt mit der Zunahme von N die Assimilationsneigung* (hier: im Bereich der „strukturellen Assimilation").

Die Abnahme der Akzeptanz war weder von den Einheimischen noch von den Migranten in dieser Weise beabsichtigt: keiner der Unternehmer plante mit der Anwerbung einzelner Arbeitsmigranten die Nachwanderung ganzer Familien, die dann zu Akzeptanzproblemen in ganz anderen Bereichen führen sollte. Aber auch die Pionierwanderer und die nachwandernden Familienangehörigen haben die sinkende Akzeptanz nicht beabsichtigt. Sie haben aber den Prozeß mit ausgelöst und tragen ihn auch durch ihr aktuelles Handeln weiter. Das - „unvermeidliche" - zweite Stadium des „Konflikts" der race-relations-cycles ist erreicht.

Das dritte Stadium - die segmentierende „Akkommodation" (unser Explanandum) - wird erst durch eine *dritte Interdependenz* erklärt. Auch hier sind die Annahmen einfach: mit der Zunahme der Gruppengröße ändert sich die Nutzenerwartung einer Segmentation auf sehen der Migranten. Der Grund dafür ist auch leicht einsehbar: mit der Erhöhung der Gruppengröße N nehmen die bloßen Möglichkeiten zu, sich im innerethnischen Bereich zu bewegen. An dieser Stelle seien noch keine weiteren Unterscheidungen vorgenommen: binnenethnische Kontakte haben sicher einen hohen sozialen Nutzen, aber auch die Möglichkeiten zu einer materiellen Reproduktion im binnenethnischen Bereich steigen. Kurz: $SEU_g$ *steigt* - ganz allgemein - *mit* N an.

Wenn man nun beide Interdependenzen - die Abnahme von Akzeptanz bzw. Assimilationsneigung und die Zunahme der Segmentationsneigung mit der Zunahme der Gruppengröße N - kombiniert, erhält man den sehr vereinfachten und von den genannten Annahmen geprägten Verlauf eines „Zyklus" des Kulturkontaktes, der von einer deutlich ausgeprägten Assimilationstendenz über den Prozeß der Nachwanderung und die „zwangsläufige" Erhöhung der Gruppengröße N schließlich in die ethnische Segmentation einmündet (vgl. Abb. 1; durchgezogene Linien).

Es lassen sich drei „Phasen" des Prozesses unterscheiden. Die erste Phase (*vor* dem Schnittpunkt der SEU-Funktionen) einer eindeutigen Assimilationstendenz mit einer hohen Akzeptanz und sehr geringen Möglichkeiten für eine Segmentation gibt keinerlei Anlaß zu irgendwelchen Konflikten; Segmentationen sind nicht möglich; die Einnahme von Schichtpositionen ist ausschließlich von den individuellen Qualifikationen und Bereitschaften abhängig. Es ist Parks Stadium des „Kontaktes". Die - im Modell als zwangsläufige Konsequenz beschriebene - Nachwanderung von zuvor in der Region A verbliebenen Personen verändert die Situation für alle Beteiligten sukzessiv: die Entscheidungsstruktur nähert sich immer mehr der Indifferenz (*Schnittpunkt* der Funktionen). Dieser Punkt des Umschlags der Attraktivität von assimilativen in segmentierende Orientierungen hängt selbstverständlich vom genauen Verlauf der - hier immer nur auch in ihrer Form hypothetisch angenommenen - Funktionen ab. Dies wäre die Phase des „Konflikts" in dem Modell von Park. Die dritte Phase (*nach* dem Schnittpunkt) ist die - mit relativ hohen Opportunitätskosten belastete - Segmentation, die nun auch solche Personen wählen, die zunächst eine starke Assimilationsneigung hatten: sie haben - unbeabsichtigt - mit ihrer Pionierwanderung einen Prozeß ausgelöst, der sie schließlich in eine von ihnen nicht gewünschte Segmentation treibt. Es ist das dritte von Park genannte Stadium: die Akkomodation. Immerhin wird in dieser Phase die hoch belastende Indifferenzsituation verlassen. Da aber angenommen wurde, daß die Mobilitätsmöglichkeiten in der ethnischen Binnenkultur deutlich geringer sind als in der einheimischen Kernkultur, wird die - psychisch entlastende - Verminderung der Indifferenz zugunsten einer deutlichen Segmentationsneigung durch eine - so nicht geplante - Unterschichtung der Aufnahmekultur erkauft. Wegen der deutlichen Entscheidungsstruktur wird dies i. d. R. *nicht* als Benachteiligung empfunden. Soziale Ungleichheit stabilisiert sich - in diesem Fall - völlig ohne ein „legitimierendes" Wertesystem.

**Abb.1: Assimilation bzw. Segmentation in Abhängigkeit der durch der Gruppengröße, soziale Distanz und ethnisches Binnenmilieu veränderten Entscheidungsstrukturen**

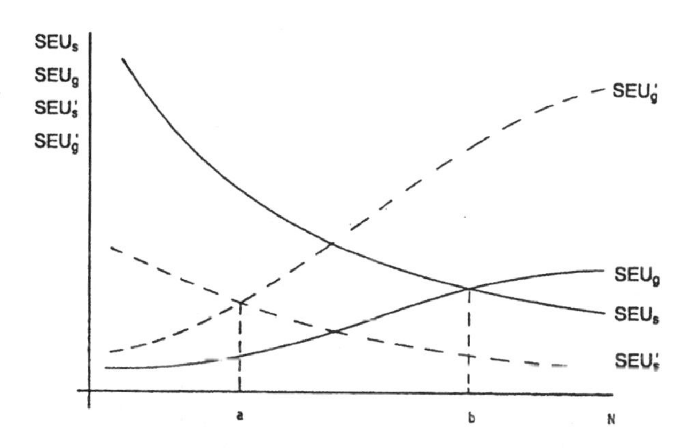


Bis hierher war der Grundprozeß ohne weitere Differenzierung insgesamt betrachtet worden. Kulturkontakte sind aber nicht eindimensional. Mindestens muß die Aufnahme von Kontakten (soziale Assimilation bzw. Segmentation) und die Akzeptanz im ökonomischen Bereich (strukturelle Assimilation bzw. Segmentation) unterschieden werden. Die Annahmen seien dabei: die soziale Akzeptanz ist von Beginn an geringer als die strukturelle Akzeptanz (und damit die entsprechende Assimilationsneigung $SEU_S$ und $SEU'_S$), wobei soziale und materielle Akzeptanz beide mit N abnehmen. Die soziale Segmentationsneigung ($SEU'_g$) steige vom Nullpunkt an relativ rasch an, während die strukturelle Segmentationsneigung ($SEU_g$), also: die binnenethnischen ökonomischen Chancen zuerst nur langsam, und erst von einem gewissen Schwellenwert an relativ rasch ansteigen. Beide Annahmen lassen sich verhältnismäßig leicht begründen: bereits die Anwesenheit nur weniger eigenethnischer Interaktionspartner läßt die Wahrscheinlichkeit der sozialen Segmentation deutlich steigen; erst von einer gewissen Gruppengröße an ist eine ökonomische Autarkie und institutionelle Vollständigkeit einer ethnischen Gemeinde möglich (vgl. Abb. 1; gestrichelte Linien).

In einer ersten Phase (bis zum Punkt a) findet in beiden Bereichen - sozial und strukturell - eine Assimilation statt: der für Pionierwanderer durchaus typische Fall. Ab dann erfolgt die - für „niedergelassene" Arbeitsmigranten ebenso typische - Situation einer Eingliederung im sekundären Bereich (z. B. am Arbeitsplatz) bei *gleichzeitiger* sozialer Segmentation (zwischen a und b): das Leben wird widersprüchlich bei Segmentation im sozialen Bereich. Eine Auflösung dieser Trennung der Lebensbereiche wird in *diesem* Modell in der nach

Punkt b einsetzenden auch strukturellen Segmentation eintreten: der zu erklärende Zustand einer vollständigen ethnischen Segmentation bzw. ethnischen Schichtung ist ab einer gewissen Gruppengröße und abnehmenden Beschäftigungschancen im Bereich der Aufnahmekultur mit dem Punkt b erreicht.

Welche Auswirkungen haben nun aber die - bislang nicht weiter beachteten - kulturellen Faktoren der (wechselseitigen) sozialen Distanz auf den Prozeßverlauf? Im Grunde haben die „soziale Distanz" der Einheimischen und das „kulturelle Milieu" der Migranten ähnliche Wirkungen, wie sie oben bei der Beschreibung der sozialen und strukturellen Dimension angenommen wurden: eine - soziale oder strukturelle - Akzeptanzfunktion hat bei „sozialer Distanz" relativ geringere Werte als bei rein materiellen Motivationen. Mithin liegt die Assimilationsfunktion der Migranten bei sozialer Distanz der Einheimischen ($SEU'_S$) niedriger als saus bei Fehlen ethnozentristischer Abneigungen ($SEU_S$). Ähnlich erhöht ein kulturelles Milieu auf sehen der Migranten die Segmentationsneigung ($SEU'_g$) gegenüber der kulturneutralen, gewissermaßen „privaten" Affilitationsneigung von Personen ähnlicher Herkunft und Sprache ($SEU_g$). Entsprechend kennzeichnet der Punkt a in der - hier analog zu lesenden - Abbildung 1 die rasche Segmentation von Migranten bei Vorliegen sozialer Distanzierungen *und* kulturellem Binnenmilieu. Der Punkt b kennzeichnet die Situation, in der auch völlig ohne jeden Ethnozentrismus und ohne jeden Nationalismus sich die Migranten aus der Änderung der *materiellen* Opportunitätsstrukturen (im Verlaufe der Zunahme von N) zu segmentieren beginnen. Es ist dies der Punkt, ab dem selbst der assimilationsbereite Migrant auch ohne Distanz von außen und kulturelles Milieu von innen die Segmentation wählt: weil die externen Chancen (sozialer und/oder struktureller Art) deutlich abgesunken und die internen Chancen gestiegen sind. Ethnische Segmentation ist auch ohne jede kulturelle Komponente denkbar.

Ergänzt sei noch eine kurze Erklärungsskizze für den Übergang in das vierte von Park benannte Stadium des race-relations-cycles: Assimilation. Hier muß eine Annahme über die Veränderung der Assimilationsfunktion ($SEU_S$) gemacht werden: „In der Zeit" (z. B. mit steigender Aufenthaltsdauer, zunehmenden Qualifikationen und interethnischen Kontakten, etwa in der Abfolge der Generationen von Einwanderern) verschiebe sich die $SEU_S$ Funktion ($SEU''_S$) so, daß sie auch bei hohem N über dem Maximum der Segmentationsopportunitäten liegt. Unter *diesen* Bedingungen (jedoch keineswegs zwangsläufig, wie Park behauptet hatte) wird auch die letzte Phase des Zyklus erreicht (vgl. Abb. 2). Ohne die Zunahme außerethnischer Opportunitäten und/oder bei sehr hohen ethnischen Bindungen ($SEU'_g$) wird die Phase der Assimilation jedoch *nicht* erreicht. Auf diese von den internen Interdependenzen ja unabhängigen - *Bedingungen* hatte die Kritik an dem als „unvermeidlich" und „allgemein" behaupteten Verlauf im Park'schen Modell zu Recht hingewiesen. Die - gelegentlich vertretenen - Hypothesen einer zwangsläufigen Assimilation von Einwanderern nach Generationen setzt (implizit) voraus, daß es für diese

Gruppen „mit der Zeit" relativ hohe außerethnische Chancen *und* relativ geringe binnenethnische Bindungen bzw. Handlungsalternativen gibt.

**Abb.2: Aufenthaltsdauer, Qualifikationserwerb, „Generationseffekte" und die Modifikation der von der Gruppengröße abhängigen Entscheidungsstruktur**

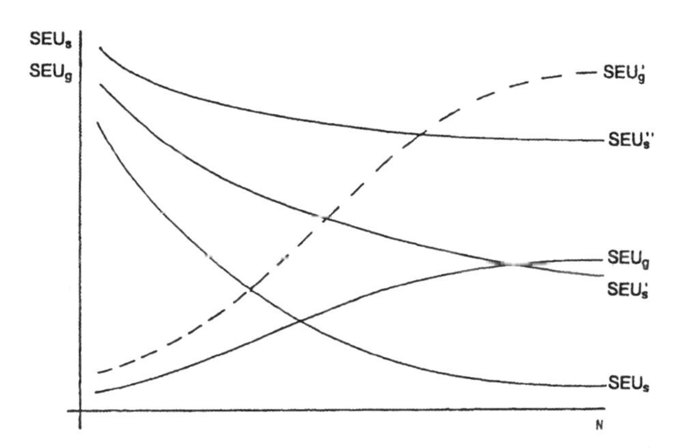


Es zeigt sich, daß ausgehend von einigen sehr einfachen Grundüberlegungen und Interdependenz-Annahmen und ausgehend von einem einheitlichen Erklärungsprinzip (dem Gesetz des „rationalen Handelns") sich Änderungen des Prozesses lediglich als Variationen der Randbedingungen darstellen lassen, wobei der Grundmechanismus gleich bleibt. Wichtig ist dabei, daß diese „Faktoren" nicht irgendwie bloß „mechanisch" oder „additiv" auf den Prozeß einwirken, sondern immer nur als - interdependente - Veränderung der *Entscheidungsperspektiven* von *handelnden*, d. h. Alternativen nach „Nutzen und Kosten" abwägenden Akteuren. Nur wenn man die Handlungsperspektiven der Akteure, ihre Interdependenzen und die Folgen der Handlungen für die jeweiligen Handlungssituationen *kombiniert* betrachtet, wird die Wirkungsweise von „Variablen" wie Aufenthaltsdauer, Bildung, „Generation", soziale Distanz oder „institutionelle Vollständigkeit" verständlich. Jedenfalls: mit einem linearen Variablenmodell oder einer „Pfadanalyse" sind die Vorgänge ebensowenig zu erklären wie mit Hilfe lebensweltlicher Betroffenheit, der Aufzählung von Typologien von Minderheitssituationen oder dem bloßen Hinweis, daß es sich halt um einen „figurativen Prozeß" handele.

## 4. Resümee

Mit dem Beitrag war beabsichtigt worden, die Entstehung von sozialen Strukturen mit Hilfe des Modells einer individualistischen Erklärung zu konzipieren. Dargestellt worden ist der Prozeß, über den Personen, die zunächst ganz andere Handlungsabsichten haben, sich auf indirekte Weise selbst in eine Situation bringen, in der sie die Option „Segmentation" vor dem Hintergrund wahrgenommener Möglichkeiten und Erwartungen wählen. Wenn es eine solche systematische Selektivität der Handlungswahlen von Personen nach ethnischen Kriterien gibt, dann sei - definitionsgemäß - das strukturelle Merkmal der ethnischen Segmentation als Kennzeichen eines sozialen Systems erfüllt. „Strukturen" konstituieren sich aus stabilen und systematischen Relationen von Akteuren; in diesem Fall: aus der deutlich überzufälligen Orientierung von Handlungen, Ressourcenverteilungen (die nichts anderes als Resultate von Handlungen sind), Bewertungen und Planungen an ethnischen Kriterien.

Selbstverständlich ließe sich das konzipierte Erklärungsmodell „nach hinten" (zur Erklärung der hier als gegeben angenommenen Ausgangsbedingungen) und „nach vorne" (zur Erklärung der Folgen ethnischer Segmentationen) verlängern. Auch könnte man weitere Annahmen einführen: man könnte weitere Typen von Akteuren berücksichtigen, die wechselseitig aufeinander bezogen sind (wie z. B. die Regierungen der Entsende- und Aufnahmeländer als korporative Akteure); man könnte weiterhin zusätzliche Interdependenzen annehmen, wie beispielsweise die, daß mit der Verschlechterung der Akzeptanzsituation (im Gefolge der Nachwanderung) sich die Entscheidungsstruktur der im Herkunftsland verbliebenen Personen derart ändert, daß schließlich mit sinkender Akzeptanz auch die Nachwanderung zu einem Ende kommt und sich somit ein Gleichgewicht zwischen Akzeptanzveränderung und Nachwanderung einstellt, von dem aus dann die „statischen" Faktoren der Aufenthaltsdauer und der Generationseffekte wirken und - wie von Park behauptet - zur spurenlosen Assimilation in der Zeit führen. Schließlich könnte man die Zahl der für die Akteure möglichen Handlungsoptionen erweitern; mindestens wäre es denkbar, für die Migranten die Option der Rückwanderung (mit entsprechenden Konsequenzen für die Veränderung der Gruppengröße und damit für die Akzeptanz und die anderen Handlungstendenzen) in das Modell aufzunehmen. Auch könnte man daran denken, für bestimmte spezielle Fälle auch „abweichendes Verhalten" als Handlungsalternative jenseits von Assimilation, Segmentation oder Rückkehr anzunehmen. Insbesondere zur Erklärung der Folgen indifferenter, inkonsistenter, anomischer und marginaler Situationen, denen die „Zweite Generation" ausgesetzt sein kann, wäre eine solche Erweiterung notwendig und fruchtbar.

Außerdem ist es selbstverständlich möglich, daß sich ethnische Segmentationen anders als im vorgelegten Modell erklären lassen: als Folge unmittelbar ausgeübter diskriminatorischer Gewalt, als indirekte Folge anderer Segmentationspräferenzen (z. B. nach Religion und Einkommen) u. a. Die Zielsetzung des Beitrags war nicht die Erklärung eines historisch bestimmten Vorgangs, sondern die Demonstration der Möglichkeit einer individualistischen Erklärung ethnischer Segmentationen. Es handelt sich bei dem vorgetragenen Modell dann aber auch um einen Versuch, im Rahmen eines rationaltheoretischen Ansatzes eine Vielzahl von empirisch gut dokumentierten Einzelprozessen aus dem Bereich interethnischer Prozesse so zu konzipieren, daß die Erklärungsargumente nicht weiterhin implizit, sondern explizit auf einen gemeinsamen nomologischen Kern unter jeweils veränderten Randbedingungen bezogen werden können: warum Robert E. Park durchaus nicht ohne Grund von einem „Zyklus" sprechen konnte; warum ethnische Konzentrationen, Diskriminierungen und geringe Bildung segmentierende Wirkungen haben (aber nicht ausnahmslos!); warum die „Integration am Arbeitsplatz" regelmäßig eher gelingt als im sozialen Bereich u. a. Der Ansatz könnte auch als hypothetisches Grundmodell sehr spezieller - historischer oder aktueller - Ereignisabläufe dienen: warum sich die Migranten in den USA im 19. Jahrhundert relativ leicht assimiliert haben, nicht aber die aus der „new Immigration" unmittelbar vor dem 1. Weltkrieg; warum sich die türkische Zweit-Generation in der BRD weniger deutlich assimiliert als die jugoslawische; warum der sog. Anwerbestop nicht zur Verringerung der Ausländerzahl in der BRD, sondern zu einer Umstrukturierung durch Familiennachzug geführt hat; warum die Ghettoisierung und die „Ausländerfeindlichkeit" in der BRD nicht schon 1973, sondern erst ab 1978 eingesetzt haben u. a.

Das methodologische Ziel des Beitrages war es, verständlich zu machen, auf welche Weise man - im Prinzip - die Eigendynamik kollektiver Prozesse erklären kann. Dazu waren der Bezug auf individuelle Motive oder strukturelle Bedingungen jeweils alleine nicht ausreichend und die Annahme eines „genuinen" Makrogesetzes (wie z. B. auch, daß es sich um einen Fall von Autopoiesis handele) ebenso unbefriedigend wie überflüssig. Aus der *Kombination* von Wissens- und Motivstrukturen der Akteure, der expliziten Benennung von gewissen Handlungsgesetzmäßigkeiten, strukturellen Gegebenheiten und Interdependenzen von Handlungsfolgen und Strukturbedingungen ließ sich der Prozeß jedoch erklären.

## Literatur

**Blalock, H. M. / Wilken, P. H. 1979:**

Intergroup Processes. A Micro-Macro Perspective. New York and London

**Bogardus, E. S. 1929/30:**

A Race Relations Cycle. In: AJS, 35, S. 612-617

**Boudon, R. 1979:**

Widersprüche sozialen Handelns. Darmstadt und Neuwied

**Boudon, R. 1980:**

Die Logik des gesellschaftlichen Handelns. Darmstadt und Neuwied

**Boudon, R. 1983:**

Individual Action and Social Change: A No-Theory of Social Change. In: British Journal of Sociology, 34, S. 1-18

**Esser, H. 1980:**

Aspekte der Wanderungssoziologie. Darmstadt und Neuwied

**Francis, E. K. 1965:**

Klassen im ethnisch heterogenen Milieu. In: Francis E.K.: Ethnos und Demos, Berlin, S. 163-177

**Glenn, N. D. 1966:**

White Gains from Negro Subordination. In: Social Problems, 14, S. 159-178

**Granovetter, M. 1978:**

Threshold Models of Collective Behavior. In: AJS, 83, S. 1420-1443

**Huckfeldt, R. R. / Kohfeld, C. W. / Likens, T. W. 1982:**

Dynamit Modeling. An Introduction. Beverly Hills-London-New Delhi

**Kurz, U. 1965:**

Partielle Anpassung und Kulturkonflikt. Gruppenstruktur und Anpassungsdispositionen in einem italienischen Gastarbeiter-Lager. In: KZfSS, 17, S. 814-832

**Lindenberg, S. 1984:**

Normen und die Allokation sozialer Wertschätzung. In: Todt, H. (Hrsg.): Normengeleitetes Verhalten in den Sozialwissenschaften, Berlin, S. 169-191

**Luhmann, N. 1985:**

Neue Politische Ökonomie (Besprechungsessay zu: Boettcher, E. / Herder-Dorneich, P. / Schenk, K.E.: Jahrbuch für neue Politische Ökonomie, 3 Bände, Tübingen 1982-1984). In: Soziologische Revue, 8 (2), S. 115-120

**Merton, R. K. 1970:**

Discrimination and the American Creed. In: Rose. P.I. (Hrsg.): The Study of Society, z. Aufl., New York, S. 449-464

**Noel, D. L. 1968:**

A Theory of the Origin of Ethnic Stratification. In: Social Problems, 16, S. 157-172

**Orbell, J. M. / K. S. Sherrill 1969:**

Racial Attitudes and the Metropolitan Context: A Structural Analysis. In: POQ, 33, S. 46-54

**Park, R. E. 1950:**

The Nature of Race Relations. In: Park, R.E.: Race and Culture, Glencoe, Ill., S. 81-116

**Schelling, T. C. 1971:**

Dynamit Models of Segregation. In: Journal of Mathematical Sociology, 1, 143-186

**Schelling, T. C. 1978:**

Micromotives and Macrobehavior. New York und London

**Shibutani, T. / Kwan, K. 1965:**

Ethnic Stratification. A Comparative Approach. New York and London

**Weber, M. 1972:**

Wirtschaft und Gesellschaft. 5. Aufl., Tübingen

**Weinstock, S. A. 1963:**

Role Elements: A Link Between Acculturation and Occupational Status. In: British Journal of Sociology, 14, S. 144-149

**Wiley, N. F. 1970:**

The Ethnic Mobility Trap and Stratification Theory. In: Rose, P.I. (Hrsg.): The Study of Society. z. Aufl., New York, S. 397-408

**Wippler, R. 1982:**

The Generation of Oligarchic Structures in Constitutionally Democratic Organizations. In: Raub, W. (Hrsg.): Theoretical Models and Empirical Analyses. Contributions to the Explanation of Individual Actions and Collective Phenomena, Utrecht, S. 43-62

## Anhang:

## Entscheidungsstrukturen der Akteure im Modell Einheimische (Akzeptanz vs. Distanz)

*Einheimische* (Akzeptanz vs. Distanz)

(1a) $SEU_a = (0 + p_{ar}U_r) - (0 + 0) = p_{ar}U_r$

(1b) $SEU_d = (0 + 0) - (0 + q_{dr}C_r) - q_{dr}C_r$

*Migranten* (Assimilation vs. Segmentation)

(2a) $SEU_S = (0 + p_{sr}U_r) - (0 + 0) = p_{sr}U_r$

(2b) $SEU_g = 0$

*Migranten* (Wanderung vs. Verbleiben)

(3a) $SEU_m = (0 + p_{mr}U_r) - (0 + 0) = p_{mr}U_r$

(3b) $SEU_v = (0 + 0) - (0 + q_{vr}C_r) = -q_{vr}C_r$

*Verbliebene* (Wanderung vs. Verbleiben)

(4a) $SEU_m = (0 + p_{mr}U_r) - (q_{ms}C_s + 0) = p_{mr}U_r - q_{ms}C_s$

(4b) $SEU_v = (p_{vs}U_s + 0) - (0 + q_{vr}C_r) = p_{vs}U_s - q_{vr}C_r$

(5) $SEU_v = (P_{vs}U_s + p_{vr}U_r) - (q_{vs}C_s + q_{vr}C_r)$

# Teil V:
# Migration und Integration in Städten

Reimund
Anhut

Wilhelm
Heitmeyer

## Bedrohte Stadtgesellschaft? Soziale Desintegration, Fremdenfeindlichkeit und ethnisch-kulturelle Konfliktpotentiale[1]

### I. Die Analyseperspektive

Die Integrationsfrage wird zumeist reserviert für Zuwanderergruppen. Danach geht es um die Eingliederung in die Mehrheitsgesellschaft. Diese „einseitige" Perspektive ist äußerst problematisch, wenn friedvolle Entwicklungen beabsichtigt werden. Eine *doppelte* Integrationsperspektive - an der es auch in Deutschland mangelt - ist statt dessen von Nöten, denn: je größer die sozialen Desintegrationserfahrungen bzw. -ängste in der Mehrheitsgesellschaft, desto geringer sind die Integrationschancen von Minderheiten.

Ein solcher Ansatz betont die Integrations- und Desintegrationsdynamik für *alle* in der Gesellschaft lebenden Personen und Gruppen. Damit erhalten auch die *wechselseitigen* Wahrnehmungen, Einstellungen und Verhaltensweisen ein angemessenes Gewicht. Aus diesen Interaktionen entstehen die eher friedvollen, indifferenten oder feindseligen Positionen, die Gemeinsamkeiten oder auch die Ethnisierungen, z.B. in Form von gruppenförmigen Schuldzuweisungen für soziale Probleme.

---

[1] Die Ergebnisse entstammen der Publikation: W. Heitmeyer / R. Anhut (Hrsg.) 2000: Bedrohte Stadtgesellschaft. Soziale Desintegrationsprozesse und ethnisch-kulturelle Konfliktkonstellationen. Weinheim, München: Juventa Verlag.

Mit einem solchen Ansatz werden zwei Thesen transportiert. Die erste besagt, dass auch Angehörige der Mehrheitsgesellschaft von Desintegrationsprozessen betroffen sind, und die zweite postuliert, dass der Grad der Integration bzw. Desintegration für Angehörige von Mehrheit wie Minderheit relevant ist für die Entwicklung von Vorurteilen und Diskriminierungsbereitschaft bzw. die Ethnisierung sozialer Probleme, die sowohl zu offener fremdenfeindlicher Eskalation als auch zur (wutbeladenen oder resignativen) Abwendung und Selbstethnisierung der Minderheit führen können.

## II. Die Integrationskategorien

Die Fruchtbarkeit eines solchen Ansatzes muss sich erstens daran erweisen, ob es ein angemessenes Konzept von Integration und Desintegration gibt, und zweitens, ob sich empirische Belege für den Zusammenhang von Desintegration und Ethnisierung finden lassen.

Zunächst bietet es sich an, drei Dimensionen zu unterscheiden, die sowohl objektive wie subjektive Elemente enthalten. Die erste objektive Dimension betrifft die *Teilhabe* an materiellen und kulturellen Gütern einer Gesellschaft, d.h. systemische Integration durch den Zugang zu Arbeits-, Wohnungs- und Konsummärkten. Subjektiv relevant ist, ob der jeweilige Zugang auch mit befriedigenden Einschätzungen von Anerkennungen der eigenen sozialen Position einhergeht. Die zweite Dimension betrifft die *Teilnahmechancen* an öffentlichen Auseinandersetzungen, um am Ausgleich konfligierender Interessen beteiligt zu sein, d.h. soziale Integration. Dabei geht es um die moralische Anerkennung sichernde Grundnormen wie Interessenausgleich, Fairness, Gerechtigkeit und Solidarität. Subjektiv relevant ist, ob das Gefühl besteht, in diesem Prozess eine Stimme zu haben, die Gehör findet bzw. ob es in der Folge der subjektiv empfundenen Verletzung oder des Verstoßes gegen solche Kernnormen zu politischem Ohnmachts- und Ungerechtigkeitsempfinden kommt. Drittens geht es um die Dimension der *Zugehörigkeit*, also der kulturell-expressiven Integration in Gemeinschaften. Mit anderen Worten steht die Anerkennung der personalen Identität durch die eigene Gruppe und der kollektiven Identität durch andere Gemeinschaften zur Debatte. Subjektiv sind emotionale Anerkennung und emotionaler Rückhalt durch andere von besonderer Relevanz, um soziale Verunsicherung, Orientierungslosigkeit und Identitätskrisen produktiv bewältigen zu können.

**Abb. 1 Integrationsdimensionen, Integrationsziele und Beurteilungskriterien für erfolgreiche soziale Integration**

| **Integrationsdimension:** | **individuell-funktionale Systemintegration** | **kommunik.-interaktive Sozialintegration** | **kulturell-expressive Sozialintegration** |
|---|---|---|---|
| **Operationalisiert als Lösung folgender Aufgabenstellung:** | Teilhabe an den materiellen und kulturellen Gütern einer Gesellschaft | Ausgleich konfligierender Interessen ohne die Integrität anderer Personen zu verletzen | Herstellung emotionaler Beziehungen zwischen Personen zwecks Sicherung sozio-emotionalen Rückhalts |
| **Beurteilungskriterien:** | 1. Zugänge zu Teilsystemen, Arbeits-, Wohnungsmärkten etc. (objektive Subdimension)<br>2. Anerkennung [der beruflichen und sozialen Position] (subjektive Subdimension) | 3. Teilnahmechancen [am politischen Diskurs und Entscheidungsprozess] (objektive Subdimension) und Teilnahmebereitschaft (subjektive Subdimension)<br>4. Einhaltung von Interessenausgleich und moralische Anerkennung sichernden Grundnormen [Fairness, Gerechtigkeit, Solidarität] | 5. Anerkennung der personalen Identität durch das Kollektiv und die soziale Umwelt<br>6. Anerkennung und Akzeptanz kollektiver Identitäten und ihrer jeweiligen Symboliken durch andere Kollektive |
| **Anerkennungsformen:** | Positionale Anerkennung | Moralische Anerkennung | Emotionale Anerkennung |

Quelle: Anhut/Heitmeyer 2000, 48

Teilhabe durch *Zugang, Teilnahmechancen* und *Zugehörigkeiten* auf der objektiven Ebene sowie die verschiedenen subjektiv höchst relevanten *Anerkennungen* der eigenen Position, von Grundnormen und Identitäten stellen die zentralen Strukturelemente dieses Integrationskonzeptes dar. Legt man dieses Konzept zugrunde, dann zeigen sich unterschiedliche Niveaus in den strukturellen Start- bzw. Ausgangsbedingungen zugunsten der Mehrheit und zu Lasten jener Minderheiten, die aus Regionen stammen, die nicht der EU angehören. Dies betrifft vor allem die große Minderheit der türkischen Bewohnerschaft von Städten. Sie haben politisch keine Stimme und können daher nicht aktiv sein - was auch die individuelle Teilnahme*bereitschaft* längerfristig beschädigt.

Die zentrale These ist nun, dass immer dann, wenn ein *oder* mehrere objektive Elemente fehlen und subjektive Dimensionen für Angehörige von Mehrheit oder Minderheit verletzt sind, problematische Folgen für die Wahrnehmung und das Verhalten gegenüber den „Anderen" zu erwarten sind. Konsequenz verweigerter Anerkennung ist dann die Verweigerung der Anerkennung Anderer (in Form gleichwertiger Teilhabe am gesellschaftlichen Leben). Auf eine Beschädigung des eigenen Selbstwertgefühls wird mit der Abwertung und Abwehr Anderer reagiert, um ein positives Selbstbild zu stabilisieren.

## III. Die Integrationskrise der Städte

Vor dem Hintergrund dieser Integrationsdimensionen galt die europäische Stadt lange Zeit als effektive Integrationsinstanz, was bereits von klassischen stadtsoziologischen Konzepten postuliert wurde. Nach Georg Simmel konnte die Zumutung der Stadt nur ausgehalten werden durch Gleichgültigkeit und Indifferenz. Robert Park dagegen setzte bei der Zähmung gefährlicher Prozesse auf die Separierung von sozialen und ethnisch differenten Gruppen. Beide gingen von der unerschütterlichen Überzeugung dauerhafter *systemischer* Integration aller Stadtbewohner(gruppen) aus, wie dies unlängst von Hartmut Häußermann (1997) sehr treffend charakterisiert wurde. Genau diese Voraussetzung aber ist heute nicht (mehr) gegeben, so dass erhebliche Aufmerksamkeit auf die schleichenden Folgen des Zusammenwirkens von systemischer Desintegration und demographischen Verschiebungen zu richten ist.

Nach unserer Auffassung stehen systemische und soziale Integration in einem Entsprechungsverhältnis. Systemische Integration wird nicht hinreichend sein, um Konfliktzuspitzungen einzudämmen, wenn zugleich in anderen Dimensionen der Sozialintegration die Anerkennung (für Personen aller Gruppen) verweigert wird. Andererseits - und dies betont noch einmal die wechselseitige Perspektive - bleiben z.B. Appelle an Toleranz gegenüber konkurrierenden Gruppen wirkungslos, wenn etwa keine Entsprechung bezüglich der positionalen Anerkennung im Rahmen der systemischen Integration konstatiert werden kann.

Fokussiert man die Fragestellung nun auf die Situation in Städten, so gibt es Gründe für die Annahme, dass sich sukzessive die Desintegrationsprozesse (über Arbeitslosigkeit, Abbau sozialstaatlicher Leistungen etc.) auch hierzulande gewissermaßen schleichend sozialräumlich verdichten. Zu den besonders Betroffenen zählen einerseits größere Teile von Minderheiten und andererseits Teile der Mehrheitsbevölkerung, die dann in der Regel zwangsweise in „abgesonderten" oder negativ etikettierten Stadtvierteln leben (müssen). Daher stellen sich Fragen nach den qualitativen Entwicklungen des Zusammenlebens.

In diesem Kontext wird die demographische Entwicklung allzu häufig vernachlässigt, wonach sich z.B. 2010 in nordrhein-westfälischen Städten der Bevölkerungsanteil der sogenannten „Ausländer" in der dynamischen Altersspanne von 20 bis 40 Jahren zum Teil um die 45% bewegen wird.

## Tab. 1 Demographische Veränderungen in nordrhein-westfälischen Städten[1]

| | 1992 | 2010 |
|---|---|---|
| Duisburg | 17,4 | 45,9 |
| Remscheid | 18,1 | 44,7 |
| Köln | 19,3 | 42,9 |
| Gelsenkirchen | 14,8 | 42,0 |
| Düsseldorf | 17,8 | 41,6 |
| Wuppertal | 17,2 | 40,9 |
| Solingen | 17,5 | 40,9 |
| Nordrhein-Westfalen | 11,9 | 31,5 |

(Altersgruppe der 20-40jährigen ausländischer Herkunft)

[1] Zu berücksichtigen ist, dass die Prognose auch auf einer Fortschreibung einer unverändert hohen Zuwanderung basiert, was in dieser Form seit 1998 nicht mehr gegeben ist.

Quelle: Birg 1995, 29

Angesichts des Verschwindens von wichtigen Arbeitsmarktsegmenten, negativen Veränderungen einer aufholenden Bildungsbeteiligung einiger Gruppen, Problemen auf dem Ausbildungsmarkt etc. stellen sich Fragen nach den Auswirkungen auf die Integration und möglicher *parallelgesellschaftlicher*[2] Entwicklungen.

Da Urbanität als produktiver Umgang mit ethnisch-kultureller Differenz die systemische Integration voraussetzt, müssen auch auf Seiten von Teilen der Mehrheitsgesellschaft die Folgen untersucht werden. Denn zweifellos zeigen sich massive Feindseligkeiten im Verhalten von Teilen der Mehrheitsgesellschaft. An der „Verdichtung" von Fremdheit in Form von Lebensstilen sowie visuellen und auditiven Symbolen in städtischen Sozialräumen machen sich die Annahmen von „Überfremdung" fest, die sich dann u.U. als Fremdenfeindlichkeit äußern. Es sind dies vor allem jene Gruppen, die mit eigener Verunsicherung (unabhängig vom Status) bezüglich der eigenen beruflichen Integration zurecht kommen müssen. Das politisch umgesetzte Muster der Ethnisierung basiert dann bei knappen Ressourcen etc. auf der Forderung nach eigener Integrationssicherung durch Desintegration anderer. Andererseits sind systematisch etablierte Gruppen in so genannten „guten" Quartieren nicht zu vernachlässigen, die sich von solidarischen Formen des Zusammenlebens verabschiedet haben und eine besonders scharfe soziale Distinktion bis hin zur Verachtung zum Ausdruck bringen. Auf diese Weise tragen auch sie maßgeblich zur Desintegration der Stadtgesellschaft bei.

Es stellt sich die Frage, welche Ausmaße und Ursachen dies hat.

## IV. Empirische Ergebnisse

Unsere zentrale Annahme ist, dass mit dem Grad der Desintegrationserfahrungen bzw. -ängsten von Angehörigen von Mehrheit und Minderheit hinsichtlich Teilhabe, also Zugang zu Funktionssystemen wie Arbeit etc. und/oder Teilnahme an öffentlichen Debatten soziale Konflikte zunehmend ethnisiert werden.

[2] Die ethnische Koloniebildung ist als funktionale Segregation ebenso wenig eine Parallelgesellschaft wie die strukturelle Segregation. In beiden Formen dokumentiert sich ein Wechsel von freiwilliger zu (sozialstrukturell) eher erzwungener Abgrenzung. Daraus kann allerdings eine Identitätspolitik entstehen, die auch Forderungen nach rechtlichen Sonderpositionen (z.B. der Scharia im Ausschnitt von Erb- und Familienrecht) nach sich ziehen kann. Erst in der Kombination von z.T. erzwungener sozialräumlicher und identitätspolitisch initiierter rechtlicher „Abtrennung" wäre von Parallelgesellschaft zu sprechen.

Um dies zu überprüfen wurden Bevölkerungs-, Jugend-, Schülerbefragungen und qualitative Studien zu Sport, Polizei, religiösen Gruppen etc. in drei nordrhein-westfälischen Städten mit unterschiedlicher sozio-ökonomischer Struktur und Entwicklungschancen sowie unterschiedlicher Bevölkerungszusammensetzung durchgeführt.

Das spezifische Erkenntnisinteresse galt der wechselseitigen Interaktion der deutschen und der türkischen Bevölkerungsgruppe. Die türkische Gruppe wurde als Teilgruppe der Minderheit ausgewählt, da sie nicht nur die quantitativ bedeutsamste Migrantengruppe darstellt, sondern auch die größte Diskriminierungserfahrung, die höchste wahrgenommene Ausländerfeindlichkeit und - in Teilbereichen - die stärksten Rückzugstendenzen aufweist.

Aus der Fülle der Ergebnisse können hier nur wenige Ausschnitte aus der Bevölkerungsbefragung (1.190 deutsche Bewohner / 980 türkisch-stämmige Einwohner) präsentiert werden (vgl. Schröder et al. 2000), die aber allesamt darauf verweisen, dass sich vor dem Hintergrund des Problemdrucks auf Minderheiten und Teile der Mehrheit fragile Verhältnisse herausbilden.

**Tab. 2 Niedrige Zugangschancen/niedrige Teilnahmemöglichkeiten und hohe Konfliktwahrnehmungen[1] (Angaben in Prozent/nur deutsche Stichprobe)**

| (Teil-) Stichproben | Ethnisierung sozialer Probleme | Reklamation von Vorrechten |
|---|---|---|
| Gesamtstichprobe | 11,9 | 28,9 |
| Niedrige Zugangschancen | 25,7 | 53,3 |
| Niedrige Teilnahmemöglichkeiten | 24,4 | 47,0 |
| Niedrige Chancen und geringe Teilnahme | 37,5 | 65,4 |

[1] Als ‚Ethnisierung sozialer Probleme' wurde erfragt, inwieweit auf Seiten der deutschen Untersuchungsgruppe ethnisch definierte Teilgruppen (Ausländer, Aussiedler und Asylbewerber) für das Phänomen Arbeitslosigkeit, den Rückgang staatlicher Transferleistungen bzw. einen Mangel an adäquatem Wohnraum verantwortlich gemacht wurden. Unter ‚Reklamation von Vorrechten' wurden Forderungen nach einer privilegierten Vergabe von Arbeitsplätzen an die eigenethnische Gruppe sowie die Ablehnung eines größeren Einflusses von Minderheiten auf das gesellschaftliche Leben in Deutschland subsumiert. Niedrige Zugangschancen zu den Funktionssystemen und niedrige Teilnahmemöglichkeiten am gesellschaftlichen Entscheidungsprozess wurden über den Bildungsstatus sowie die Einschätzung der Sinnhaftigkeit des politischen Engagements erfasst.

Danach zeigt sich zunächst bei den Befragten, vor allem aus belasteten, von Segregation innerhalb der Stadtgesellschaft betroffenen Stadtvierteln, dass sich in den letzten Jahren individuell einzelne Kontakte durchaus verbessert haben können. Was aber dagegen das Zusammenleben der beiden Gruppen im Stadtteil angeht, sind nur sechs Prozent der türkischen und sieben Prozent der deutschen Befragten der Ansicht, dass es sich verbessert hätte. Dagegen verweisen 20% der deutschen und 25% der türkischen Bevölkerung auf eine Verschlechterung des Zusammenlebens in den Stadtteilen während der letzten Jahre. Damit korrespondiert ein zentrales Ergebnis (vgl. Tabelle 2): Je größer die Desintegrationsprobleme, desto stärker werden soziale Probleme ethnisiert, also die Schuld dafür jeweils anderen Gruppen zugeschrieben.

Dieser Zusammenhang existiert nun sowohl für Teile der deutschen Mehrheit als auch für Teile der türkischen Bevölkerung, die dann ihrerseits anderen, kleineren Gruppen von Asylbewerbern und Aussiedlern, diese Probleme verantwortlich zuschreiben.

Solche Ergebnisse treten nun besonders in den Gebieten auf, in denen die Etablierten-Außenseiter-Relationen prekär werden. Zugleich ist zu betonen, dass allein der Anteil der Ausländer in diesen Stadtteilen keinen systematischen Effekt hat, sondern erst das Zusammenwirken mit den Integrationsproblemen von Angehörigen beider Gruppen dieses Problem virulent werden lässt.

Nun zeigt sich noch ein weiteres Phänomen der Integrations-Desintegrationsdynamik, dessen Tragweite sich erst ankündigt. Dort wo die gesellschaftlichen Desintegrationsprobleme (Zugang zum Arbeitsmarkt, befriedigend eingeschätzte Teilhabemöglichkeiten an politischen Debatten etc.) besonders deutlich hervortreten, erhält die gemeinschaftliche Integration besonderes Gewicht. Mit anderen Worten: Wo das ökonomische und politische Kapital knapp wird, vergrößert sich die Bedeutung des kulturellen Kapitals. Will heißen, dass der „eigene" Sozialraum des Stadtteils an Bedeutung zunimmt. Dies bedeutet aber auch, dass auf Versuche der Umgestaltung des öffentlichen Raumes etwa durch Symbole einer fremden Religion (Muezzinruf etc.) besonders vehement reagiert wird (vgl. Tabelle 3).

## Tab. 3 Türkisch-islamische Präsenz (Angaben in Prozent)

| | Deutsche | | Türken | |
|---|---|---|---|---|
| | Beeinträchtigung durch... | Verzichtbereitschaft der Türken auf... | ...ist mir | Deutsche erkennen... |
| | eher/ sehr stark | ist eher/ sehr niedrig | eher/ sehr wichtig | überhaupt/ eher nicht an |
| Minarett | 19,7 | 56,4 | 41,6 | 86,0 |
| Moscheebau | 27,3 | 68,5 | 43,4 | 84,1 |
| Türkische Geschäfte | 19,9 | 68,7 | 67,3 | 52,7 |
| Kopftuch | 22,2 | 73,6 | 52,1 | 70,5 |
| Zuzug Türken | 28,2 | 65,0 | 22,9 | 47,5 |
| Gebetsruf | 47,4 | 51,8 | 43,9 | 89,5 |
| Häuserkauf | 28,5 | 63,6 | 83,4 | 57,1 |
| Gebetsraum in Krankenhäusern | 12,7 | 54,1 | 49,7 | 78,2 |
| Religionsunterricht | 22,1 | 60,6 | 57,8 | 66,3 |

Die Identitätsrelevanz des Raumes gewinnt also unter den Bedingungen von Desintegrationserfahrungen besonderes Gewicht. Und auch ein weiteres Problem zeigt sich in segregierten Stadtvierteln. Bewegende Themen wie „Häuserkauf von Türken" werden unter dem Integrationsdruck hochgradig politisch ausbeutbar. Der „eigene" Raum wird zu einem knappen Gut und erzeugt massive Emotionen, die nicht unbeantwortet bleiben.

Dies zeigt sich in den Ausmaßen des Misstrauens der türkischen Bevölkerung gegenüber anderen Personen, denen sie im öffentlichen Raum begegnen ebenso, wie im Grad der Selbstethnisierung (vgl. Tabelle 4), also der Betonung der abgrenzenden Gruppenzugehörigkeit, aus der heraus sie dann Stärke und Selbstbewusstsein erzielen wollen.

Hier nun bekommen die langjährigen Arbeiten von Friedrich Heckmann (1992, 1997) eine besondere Relevanz, denn das abgrenzende Gruppenbewusstsein erhält danach eine besondere Problematik, wenn es sich generationenübergreifend fortsetzt und als ethnische Koloniebildung nicht nur der ersten Generation auftritt. Die Ergebnisse dieser Studie deuten in eine solche Richtung.

**Tab. 4 Selbstethnisierung (Angaben in Prozent, nur türkische/ türkischstämmige Stichprobe)**

| | Stimmt | | | | |
|---|---|---|---|---|---|
| | überhaupt nicht | eher nicht | eher | völlig | k.A. |
| Wir Türken sind anders als die Deutschen, und so soll es auch bleiben. | 10,6 | 27,2 | 39,3 | 16,9 | 6,2 |
| Wenn ich mich mit meiner türkischen Gruppe identifiziere, können wir uns besser durchsetzen. | 10,4 | 27,4 | 40,5 | 13,1 | 8,5 |
| Es ist wichtig, dass ich als Mitglied der türkischen Bevölkerungsgruppe wahrgenommen werde. | 9,7 | 25,9 | 37,6 | 21,8 | 5,1 |
| Wir Türken sind den Deutschen in vieler Hinsicht überlegen. | 20,1 | 39,0 | 22,1 | 7,7 | 11,1 |
| Wenn ich mich mit meiner türkischen Herkunft identifiziere, stärkt dies mein Selbstbewußtsein. | 11,6 | 26,5 | 39,1 | 15,7 | 7,1 |

Nicht von ungefähr sind diese - u.a. durch individuelle Desintegrationserfahrungen beeinflussten - kollektiven Selbstethnisierungspotentiale auch Ansatzpunkte inzwischen vor allem politisch aktiver islamistischer Gruppen (z.B. Milli Görus) zur Abdichtung des ethnischen Milieus. Damit können parallelgesellschaftliche Strukturen mit eigener Macht befördert werden. Auch dies kann zukünftig in den jeweiligen Sozialräumen neue Konfliktkonstellationen heraufbeschwören. Individuelles Misstrauen wie kollektive Selbstethnisierung weisen auf einen prekären qualitativen Integrationszustand. Dies lässt sich zudem durch die konträren konflikthaften Forderungen nach *Anpassung* einerseits und *Anerkennung* andererseits belegen (vgl. Tabelle 5).

## Tab. 5 Forderungen nach Anpassung und nach Anerkennung

| **Forderungen der deutschen Befragten:** | | **Forderungen der türkisch/türkischstämmigen Befragten:** | |
|---|---|---|---|
| Türken, die in Deutschland leben, sollten... | | Deutsche sollten anerkennen, dass wir als Türken... | |
| ...hier auch öfter die deutsche Sprache sprechen. | **89,0%** | ...auch hier lieber unsere eigene Sprache sprechen. | **73,9%** |
| ...sich auch an die deutsche Lebensweise anpassen. | **66,2%** | ...uns nicht zu stark an die deutsche Lebensweise anpassen. | **67,9%** |
| ...sich stärker für die deutsche Kultur interessieren. | **64,5%** | ...uns nicht so sehr für die deutsche Kultur interessieren. | **65,6%** |

Hinzu kommen weitere Konfliktkonstellationen durch die Reklamation von Vorrechten auf der deutschen Seite versus Forderungen nach Gleichbehandlung auf Seiten der türkischen Bevölkerungsgruppe (vgl. Tabelle 6). Insgesamt ist es vor diesem Hintergrund mehr als fahrlässig, nur von Bildungsstatistiken etc. auf den Integrationszustand und die Qualität des Zusammenlebens in Städten schließen zu wollen.

**Tab. 6 Reklamation von Vorrechten versus Forderungen nach Gleichbehandlung**

| Dimensionen | deutsch | türkisch/türkischstämmig |
|---|---|---|
| Partizipation | „Es sollte darauf geachtet werden, dass Ausländer das gesellschaftliche Leben in Deutschland nicht zu stark beeinflussen."<br>**Zustimmung: 32,3%** | „Auch wenn man schon lange in Deutschland lebt, hat man als Ausländer nur wenig Möglichkeiten, das gesellschaftliche Leben in Deutschland mitzugestalten."<br>**Zustimmung: 84,4%** |
| Arbeit | „Wenn Arbeitsplätze in Deutschland immer knapper werden, dann sollten zunächst einmal die Deutschen berücksichtigt werden."<br>**Zustimmung: 34,8%** | „Gerade wenn Arbeitsplätze immer knapper werden, sollte darauf geachtet werden, dass Ausländer nicht wegen ihrer Herkunft schlechter gestellt werden."<br>**Zustimmung: 92,7%** |

## V. Fazit: Fragile Verhältnisse

Insgesamt zeigen sich vor dem Hintergrund der Integrations- bzw. Desintegrationsdynamik schwierige Verhältnisse. Die strukturelle Entwicklungsrichtung steht hierbei vor einem Dilemma: Einerseits dürfte eine *Verfestigung* ethnischer Schichtung insbesondere von Angehörigen der zweiten und dritten Generation, die sich als Mitglieder dieser Gesellschaft verstehen, als strukturelle Benachteiligung entlang askriptiver, herkunftsbezogener Merkmale, kaum akzeptiert werden. Andererseits droht mit der partiellen *Auflösung* eine „ethnischen Unterschichtung" eine Vergrößerung der Spannungspotentiale als bei denjenigen Gruppen der Mehrheitsgesellschaft, die sich selbst durch soziale Abstiegsprozesse bedroht sehen. Ein Ausweg aus diesem Dilemma könnte allenfalls im Abbau sozialer und gesellschaftlicher Polarisierung insgesamt zu suchen sein, der den Problemdruck auf beiden Seiten reduzieren könnte. Solange dies jedoch nicht auf der (gesellschafts-)politischen Agenda steht, steht zu befürchten, dass die Wahrnehmung der ethnisch Anderen auch weiterhin unverhältnismäßig stark von den oben skizzierten Spannungsfaktoren des Misstrauens und der Ethnisierung sozialer Problemlagen bestimmt sein wird.

Diese Problematik verdichtet sich zunehmend sozialräumlich und lässt sich auch nicht durch wirkungslose Toleranzaufrufe oder schlichte Kontaktverstärkungen beheben, zumal dort nicht, wo sich funktionale Segregation (als vorübergehendes Stadium) in strukturelle Segregation (als ausweglose Verhärtung) umformt, die dann in eine neue Dynamik einmünden kann, wenn ein politisches Repräsentationsvakuum entsteht. Ein solches zeigte sich u.a. im Rückgang in der Beteiligung wahlberechtigter deutscher Bevölkerung anlässlich der jüngsten Kommunal- und Landtagswahlen etwa in Nordrhein-Westfalen, wo der Anteil derer, die noch zur Wahl gingen in einigen der segregierten Stadtteile auf ca. 30% abfiel, womit auch die Desintegration von *Stadtteilen* aus der *Stadtgesellschaft* eingeläutet wird. Es zeichnet sich ein Fragmentierungsprozess ab, der wiederum neue, verschärfte Ethnisierungen nach sich ziehen kann.

Da diese Prozesse schon länger bekannt und genauso lange politisch verdrängt worden sind, bietet sich anlässlich der Zuwanderungsdebatte noch eine schmale Chance verstärkter Anstrengungen, um einige der nur in Ausschnitten vorgestellten Probleme anzugehen. Dazu bedarf es aber einer schnellen Umstellung in den Kommunen, d.h. dass die Frage gestellt werden muss, wie es um die eigene Integrationsqualität der jeweiligen Stadtgesellschaft bestellt ist. Dies bedeutet aber auch den Blick von den Rändern zu entfernen und auf die „Mitte" der Stadtgesellschaft, also auf definitions- und handlungsmächtige Eliten bzw. die „guten" Stadtteile zu richten, um nachzufragen, welche Anteile eigentlich sie an der Entstehung bzw. Verstärkung von Desintegration „ihrer" Stadtgesellschaft und der in ihr lebenden Menschen haben.

## Literatur

**Birg, H. 1995:**

Perspektiven der Bevölkerungs- und Wanderungsentwicklung mit ihren Chancen und Risiken für den Wirtschafts- und Wohnstandort „Ländlicher Raum". In: Ländliche Räume in Nordrhein-Westfalen. ILS-Schriften Nr. 85, S. 17-30

**Häußermann, H. 1995:**

Die Stadt und die Stadtsoziologie. Urbane Lebensweise und die Integration des Fremden. In: Berliner Journal für Soziologie, H. 1/1995, S. 89-98

**Schröder, H. et al. 2000:**

Ursachen interethnischer Konfliktpotentiale. Ergebnisse einer Bevölkerungsbefragung von deutscher Mehrheitsbevölkerung und türkischer Minderheit. In: Heitmeyer, W. / Anhut, R. (Hrsg.): Bedrohte Stadtgesellschaft. Soziale Desintegrationsprozesse und ethnisch-kulturelle Konfliktkonstellationen, S. 101-198

**Heckmann, F. 1992:**

Ethnische Minderheiten, Volk und Nation: Soziologie interethnischer Beziehungen. Stuttgart: Enke

**Heckmann, F. 1998:**

Ethnische Kolonie: Schonraum für Integration oder Verstärker der Ausgrenzung? In: Friedrich-Ebert-Stiftung (Hrsg.): Ghettos oder ethnische Kolonien? Entwicklungschancen von Stadtteilen mit hohem Zuwandereranteil, S. 29-41

# Gudrun Cyprian

## Eine Stadt, verschiedene Kulturen. Das Zusammenleben in der multiethnischen Stadt

Städte entstehen durch Zuwanderung und nur durch Zuwanderung vom Ausland werden sie vor dem Schrumpfen bewahrt. Denn die Abwanderung von jungen Familien ins Umland mit seinen Häuschen im Grünen und die insgesamt niedrigen Geburtenziffern in Deutschland werden fast genau durch den Wanderungssaldo ausgeglichen. Und da die Aufenthaltsdauer vieler Migranten, die beispielsweise durch Arbeitsanwerbung hierher kamen, zunimmt, ist das Zusammenleben mit Migranten ein Stück Selbstverständlichkeit geworden: sie sind Kollegen am Arbeitsplatz, Nachbarn im Stadtteil, Inhaber von Geschäften, in denen man einkauft, Besitzer von Gaststätten, in die man abends essen geht.

Für eine Stadt sind Fremde und Umgang mit Fremdheit selbstverständlich, unverzichtbar. Denn konstitutiv für eine Stadt sind, neben Merkmalen wie Größe, Dichte der Bebauung, funktionale Arbeitsteilung, ihre Heterogenität, eben auch ihre sozialen Differenzen. Die wahrgenommene und akzeptierte Unterschiedlichkeit der Bewohner vermittelt das Gefühl von Urbanität. Die Selbstverständlichkeit des Fremden unterscheidet die Stadt vom Dorf. Der Dorfbewohner dreht sich nach jedem fremden Gesicht um und wenn ihm immer häufiger Fremde begegnen, die er nicht zuordnen kann, geht ihm ein Stück Heimatgefühl verloren. Wenn man dagegen in der Stadt über seine engste Nachbarschaft hinaus unterwegs sind, ist man erstaunt, wenn man mehrere bekannte Gesichter sieht. Wenn man bei einem Spaziergang oder einem Einkaufsbummel in der Stadt gleich mehrere Bekannte trifft, kommt der Eindruck auf, dass diese Stadt doch sehr provinziell geworden ist.

In der Stadtkritik wird häufig die Anonymität und soziale Isolation in den Städten, in der jeder jedem fremd ist, ausschließlich negativ bewertet. Auf der anderen Seite sind diese Merkmale Voraussetzung für die Hoffnungen, die sich auch immer auf die Stadt richten: dass sie ein Ort ist, wo man relativ unbehelligt von sozialer Kontrolle sein eigenes Leben entwerfen und realisieren kann, wo man beispielsweise wieder von vorne beginnen kann, ohne gleich auf seine bisherige Biographie verpflichtet zu werden, wo man sich in jeder Hinsicht freier bewegen kann und nicht gleich die Anpassung an einengende Konventionen angemahnt wird.

Dann aber ist der Prototyp des Städters der Fremde. Er kann wirtschaftliche Innovationen anstoßen, indem er z.B. andere Fertigkeiten mitbringt und beruflich etwas Neues wagt. Seine neuen Lebensweisen, Einstellungen und Kulturelemente treiben die kulturelle Erneuerung der Stadt an. Aber der Fremde hat - wie die Stadt insgesamt - eine schwierige, ambivalente Position: Er zählt als dringend benötigte neue Arbeitskraft, besetzt Stellen, die für Einheimische wenig attraktiv sind, zahlt Steuern und Sozialleistungen, gleicht ein Stück weit die sinkenden Geburtenziffern in der Gesellschaft aus, bereichert mit seinen Angeboten die Palette der Konsummöglichkeiten. Aber er stellt auch die bestehenden kulturellen Selbstverständlichkeiten in Frage und wirkt daher bedrohlich.

Soziologen, die sich eingehend mit der Stadt als sozialem Ort beschäftigt haben, folgern aus der unverzichtbaren Heterogenität der Stadt, dass der Bewohner einen Sozialcharakter entwickeln muss, der ein gewisses Maß an Distanziertheit, ja Gleichgültigkeit und Abwendung enthält, mit dem er sich gegenüber der Vielfalt wappnet (vgl. Siebel 1997). Diese Haltungen sind aber nicht nur Selbstschutz, sondern auch Voraussetzung für die Entfaltung von Individualität, einem sehr modernen Bedürfnis. Denn sie garantieren, dass jeder weitgehend seinen Entwurf leben kann, ohne gleich von wohlmeinenden Nachbarn zurechtgewiesen zu werden. Die Koexistenz von Großstädtern besteht demnach in einer diffizilen Balance, die durch Distanz ermöglicht und aufrechterhalten wird. Diese ist zugleich die Bedingung für persönliche Freiheit. „Resignierte Toleranz" (Bahrdt) wird zu einer städtischen Tugend, weil sie auch dem, den man nicht versteht, eine gleichwertige Identität zugesteht. Unterschiede dürfen als Differenzen bestehen bleiben, werden aber nicht als Gegensätze aggressiv beantwortet. Nach diesem Ansatz gibt es in der Großstadt kein geistiges oder moralisches Zentrum, keine übergreifende normative Bindung. Die Freiheit der Großstadt beruht auf Dissens, und nicht auf Konsens.

Allerdings ist diese urbane Haltung der „lässigen" Toleranz oder Gleichgültigkeit nicht voraussetzungslos. Denn der Differenz muss ein notwendiges Maß an sozialer Integration gegenüberstehen. Und Integration beruht auf handfesten ökonomischen Bedingungen, auf ökonomischem Wachstum, einem aufnahmefähigen, funktionierenden Arbeitsmarkt und einem haltbaren Netz sozialer Absicherung.

Am Ende des 20. Jahrhunderts scheinen diese Bedingungen nicht mehr gegeben zu sein. Was hat sich verändert?

Die ökonomischen Entwicklungen zeigen sich am deutlichsten in den Großstädten: Die großen Städte sind nicht mehr die Zentren des Arbeitsplatzwachstums. Die Zahl der Arbeitsplätze in der Produktion nimmt stetig ab und das Wachstum der Dienstleistungstätigkeiten kann diese Verluste nicht kompensieren. In den Städten ist die Sockel- oder Dauerarbeitslosigkeit in den letzten Jahren höher als im Umland der Städte und selbst in ländlichen Gebieten. Die „Integrationsmaschine" Stadt ist gerade am Arbeitsmarkt ins Stolpern gekommen: Unter den gemeldeten Arbeitslosen in Nürnberg machten die Ausländer Ende 1998 30 Prozent aus, ihr Bevölkerungsanteil lag im Vergleich bei 18 Prozent. Und die vielen Wegzüge von Ausländern im Jahr (ca. 10.000 im Jahr) kann man sicher zu einem hohen Teil auch noch als Reaktion auf schlechte Arbeitsmarktchancen interpretieren.

Auf der anderen Seite signalisieren die wachsenden Zahlen von nichtdeutschen Selbständigen, dass durchaus auch wirtschaftliche Integrationsprozesse laufen. Und diese Unternehmen in ausländischer Hand erschöpfen sich nicht mehr in Pizzerien, Gemüseläden, Reisebüros, die auf Flüge ins Heimatland spezialisiert sind oder in Änderungsschneidereien. Es geht zunehmend auch um den gewerblichen Bereich wie Druckereien, KFZ-Werkstätten, Werbeagenturen oder Baugeschäfte. Diese Betriebe von Zugewanderten schaffen neue Arbeitsplätze, werden konkurrenzfähig.

Gleichzeitig zeichnet sich gerade in den Stadtgesellschaften eine neue Spaltung ab: in einen Teil gut Verdienender auf sicheren Arbeitsplätzen und in einen wachsenden Teil mit wechselhaften, unsicheren und schlecht bezahlten Arbeitsmöglichkeiten. In den Großstädten wächst das Risiko, dass sich diese Spaltungen zunehmend in räumliche Segregationen und Gegensätze umsetzen, vor allem, wenn sich die Kommunen aus der sozialen Steuerung der Wohnungsversorgung zurückziehen und sich auf die Entwicklung der vermarktungsfähigen Räume der Stadt konzentrieren. Neben die immer schon vorhandene Hierarchie von Oben und Unten treten Ausgrenzungsprozesse, die Unterscheidung in Innen und Außen. Dabei überlagern sich soziale und ethnische Grenzen vielfältig.

Gleichzeitig verändert sich die soziale Zusammensetzung der Großstädte: Der Anteil der als deutsche Staatsbürger Geborenen nimmt ständig ab, der Anteil der Zuwanderer aus dem Ausland wächst hingegen noch leicht und wird selbst heterogener. Die traditionellen Migranten wie Arbeitskräfte, Aussiedler, Flüchtlinge oder Asylbewerber waren dadurch gekennzeichnet, dass sie ihren früheren Wohnort mit dem neuen vertauschten, um dort mehr oder minder erfolgreich die Integrationsmühlen der Aufnahmegesellschaft zu durchlaufen und dann entweder zu bleiben oder nach einigen Jahren relativ endgültig, ob freiwillig oder nicht, an ihren Ursprungsort zurückzukehren. Nun gibt es die neue Gruppe von Pendlermigranten, die nach der weitgehenden Öffnung der Grenzen in Osteuropa sehr schnell zugenommen hat. Sie reisen im Tages-, Wochen-, Monats- oder Saisonrhythmus zwischen ihrem

Heimatort und wechselnden Zielgebieten hin und her. Integration wird von ihnen gar nicht gewünscht, unauffällige Anpassung für begrenzte Zeit ist für sie überlebenswichtig. Durch den Zwang zur Mobilität ergibt sich bei ihnen Illegalität hier oft ganz zwangsläufig, und Versuche offizieller Regulierungen laufen schnell ins Leere. Solche Neuzuwanderer, egal, über welchen Berechtigungstitel sie hier ankommen, als Tourist, Student oder Leiharbeiter, verschärfen noch einmal die Konkurrenz in den hart umkämpften unteren Lohnbereichen.

Hier haben die Städte zu büßen, dass sie am unteren Ende der Kette von staatlichen Entscheidungen über Wanderung und Ausländerpolitik stehen. Ein großer Teil der Zuwanderung läuft in Deutschland immer noch über staatliche Regelungen. Der Zuzug von Aussiedlern aus den GUS-Staaten, vor allem aus Russland und Kasachstan, wird durch staatliche Politik geregelt. Seit die Leistungen des Bundes für die Spätaussiedler drastisch zurückgefahren wurden, hat sich hier auch die Haltung der Städte verändert. Während früher sich manche Gemeinden um die Ansiedlung von Aussiedlern bewarben, schon um die Einwohnerzahl zu erhöhen und damit bei finanziellen Verteilungen besser abzuschneiden, werden Aussiedler heute bei schlechten Arbeitsmarktschancen und hoher Sozialhilfebedürftigkeit eher zu einem finanziellen und sozialen Problem der Städte, sie werden jetzt ähnlich wie Asylbewerber und Kontingentflüchtlinge nach staatlichen Regeln räumlich verteilt. Und diese Regeln orientieren sich an der Bevölkerungszahl und nicht an der Wirtschaftsstärke der Regionen und Gemeinden.

Eher nach Konjunkturverlauf und damit nach Marktgesichtspunkten vollzieht sich die Wanderung von Bürgern aus der Europäischen Union (beispielsweise wandern zur Zeit mehr Griechen aus Deutschland ab als zu) und in gewissem Maß auch der Familiennachzug: der Zuwanderungsüberschuss wird mit der wachsenden Arbeitslosigkeit immer geringer. Kommunen haben hier nur begrenzten Handlungsspielraum, aber bei allen Entscheidungen des Bundes im Ausländerrecht und Asylrecht sind sie der Austragungsort der konkreten Probleme. Wenn der Integrationssektor Arbeitsmarkt versagt, werden die Kommunen mit den Konsequenzen missglückter Integration legal Zugereister konfrontiert, müssen sie gut integrierte Flüchtlingsfamilien abschieben, Illegale aufspüren und abschieben.

Und in den Kommunen äußern sich ganz konkret Diskriminierungen, Ausländerfeindlichkeit und Gewalt gegen Fremde, für viele Ausländer sind unsere Großstädte keineswegs mehr die Orte toleranter Indifferenz der Bevölkerung, sondern Orte der alltäglichen Bedrohung geworden - als Folge des wachsenden Konkurrenzdrucks und der vielfältigen Ausschließungsprozesse auf der ökonomischen und sozialen Ebene.

Was ist dann aus diesem Konzept geworden, das offensichtlich keine Konjunktur mehr hat, dem Reden über multikulturelles oder multiethnisches Zusammenleben?

Wir können das Konzept ganz nüchtern zur Beschreibung der gesellschaftlichen Wirklichkeit verwenden. Dann können wir für Deutschland feststellen, dass im Vergleich zu anderen Industrieländern Einwanderer relativ gleichmäßig über die westlichen Bundesländer verteilt sind. Nur in wenigen strukturschwachen ländlichen Kreisen Westdeutschlands leben weniger als fünf Prozent Ausländer, andererseits haben nur in zwei Städten, in Frankfurt und in Offenbach, etwas mehr als ein Viertel der Einwohner einen fremden Pass.

In den Kernstädten der Industrieregionen Westdeutschlands finden wir die höchsten Anteile von Ausländern, so dass die Karte der Verteilung der Ausländer wie eine Karte der Wirtschaftsstärke aussieht: Stuttgart, das sich gern als europäische Stadt bezeichnet, hat beispielsweise eine Ausländerquote von 23,9 Prozent, München von 21,3 Prozent.

Aber der Begriff Multikulturalität oder Multiethnizität wird ja seltener zur objektiv-sachlichen Beschreibung der Wirklichkeit verwendet, sondern ist meist mit Bewertungen verbunden, mit Wünschen, Hoffnungen oder Enttäuschungen. In mindestens vier Bedeutungen treffen wir in der alltäglichen Debatte auf diesen Begriff:

- Als programmatisch-pädagogischen Multikulturalismus: ethnische Konflikte werden als bedrohlich und nicht wünschenswert angesehen, man setzt auf ein harmonisches Nebeneinander und Miteinander. Gefordert werden in erster Linie Strategien, die den unterschiedlichen Kulturen gleiche Wertigkeit signalisieren, die Bedeutung der strukturellen Gegebenheiten z.B. des Ausländerrechts und der materiellen Konflikte und Konkurrenzen am Arbeitsmarkt werden dabei unterschätzt.
- Ein „kulinarisch"-instrumentelles Verständnis von multikulturellem Zusammenleben, das man am häufigsten bei den beruflichen und wirtschaftlichen Gewinnern der Modernisierung findet. Man bedient sich gern der Lebenssituation von Migranten und Migrantinnen, wenn sie dem eigenen Nutzen dient, nutzt die „Fremdheit" der anderen, indem man sie als eine weitere - etwas exotischere - Facette in den eigenen Lebensstil einbaut.
- Wir finden einen demographisch-instrumentellen Begriff von Multikulturalität, wenn pragmatisch eine bedarfsgesteuerte Zuwanderung zugelassen wird, die das Geburtenloch und die Arbeitsmarktnischen ausfüllen soll.
- Neuerdings schreibt man einem Teil der Migranten(familien) einen reaktiv-fundamentalistischen Multikulturalismus zu, wenn diese enttäuscht über die mangelnden sozio-ökonomischen Integrationsmöglichkeiten und fehlenden sozialen Aufstiegschancen sich an den Rand gestellt sehen und dann auch mit bewusstem Anderssein reagieren.

Die Debatte um das multiethnische Zusammenleben fällt sehr unterschiedlich aus, je nachdem wo und von wem sie geführt wird. Die Grenzen zwischen den Ethnien werden anders gezogen, wenn sie im Alltag von sozial benachteiligten Wohnquartieren stattfinden oder in Nobelvierteln der Stadt, ob in den unteren sozialen Schichten oder in den privilegierten, ob in Altersgruppen, die sich als „geprellte Generation" empfinden (wie viele junge Leute) oder in Alterskohorten, die selbst vergleichsweise noch sicher im Beschäftigungssystem, im Wohnungsmarkt usw. unterkamen.

Und hier kommt es zu einer besonderen Asymmetrie: Die Regeln zur multikulturellen Stadtgesellschaft werden von den Etablierten in den bürgerlichen oder Oberschicht-Wohngebieten aufgestellt, das „Kampfgebiet" um die tatsächlichen, alltäglichen Ausschluss- oder Integrationsprozesse gegenüber Migranten und ihren Kindern liegt jedoch in anderen sozialen Räumen.

Die Einwohner mit den sicheren Arbeitsplätzen und den höheren Einkommen bringen den Migranten und Migrantinnen entweder eine neugierige Offenheit entgegen, die Jüngeren mit höherem Bildungskapital sogar oft eine Menge an Sympathie. Allerdings müssen sie sich im Alltag selten nach den von ihnen aufgestellten Umgangsregeln richten, weil sie am Arbeitsmarkt und im Wohnungsmarkt den Migranten räumlich und hierarchisch ausweichen können. Ihre Kaufkraft gestattet ihnen, sich in ethnisch homogenen, zumindest von ihnen selbst kontrollierten Territorien zu bewegen - in der Nachbarschaft, in den Schulen ihrer Kinder, in der Freizeitgestaltung, im Konsum. Die akademisch gebildete Bewohnerin eines gepflegten Wohnviertels kann sich eine polnische Putzfrau leisten, am Wochenende das Gemüse und ein paar besondere Leckereien beim Türken kaufen, aber in ihrer unmittelbaren Nachbarschaft hat sie nur mit Deutschen zu tun, ihre Kinder gehen in keine Schule mit Kindern aus acht oder zehn Nationen und mit zehn oder zwölf Sprachen und unterschiedlichsten Biographien. Vielleicht kann diese Frau auch nur deshalb berufstätig sein, weil eine junge Philippina tagsüber für ihre Kinder sorgt, und sie kann über weitere Kontakte zu ausländischen Mitbürgern in ihrer Stadt frei entscheiden.

Das sieht anders aus für die sozial und materiell benachteiligen deutschen Bevölkerungsgruppen. Sie teilen ihre Territorien mit den zugewanderten Ausländern in nahezu allen Bereichen ihres Alltags. Sie konkurrieren mit den Kindern ausländischer Eltern um knappe Kindergarten- und Hortplätze, sie erleben, dass ihre vertrauten deutschen Einzelhandelsgeschäfte geschlossen werden müssen und durch ausländische Geschäfte ersetzt werden, weil dort der Kostendruck durch die Mithilfe der ganzen Familie aufgefangen werden kann. Sie müssen sich mit den fremden Lebensgewohnheiten der Nachbarn neben, unter oder über ihnen auseinandersetzen, sie bewerben sich mit den ausländischen Männern und Frauen um dieselben knappen Arbeitsplätze. Die Hauptschule, die ihre Kinder besuchen, verkommt mit der Dominanz ausländischer Schüler endgültig zur stigmatisierten Restschule. Sie fühlen sich dann

vielleicht in ihrer Toleranz überfordert und handeln sich dann auch noch gesamtstädtisch eine weitere Etikettierung ihres Stadtteils als ausländerfeindlich und gewaltbereit ein, weil sie am Projekt des harmonischen multikulturellen Lebens gescheitert zu sein scheinen.

Deshalb wird die Entscheidung darüber, wie unterschiedliche Ethnien und Kulturen zusammenleben, vor Ort, in den einzelnen Stadtteilen, Quartieren und Nachbarschaften ausgetragen.

In Deutschland finden sich Ballungen benachteiligter Bevölkerungsgruppen weder in den Zentren der Städte wie in den USA, noch in der Peripherie, wie in der Pariser *banlieue*. Wir kennen viele Varianten, und in jeder Stadt ergibt sich ein anderes Bild. Da gibt es klassische Arbeiter-Altbauviertel, in der sich die Bewohnerschaft aus alteingesessenen Deutschen und Zugewanderten fast ausschließlich einer nationalen Herkunft zusammensetzt. Dann gibt es Hochhausstadtteile und Siedlungsgemeinschaften, die zum größten Teil von Spätaussiedlern bewohnt werden. In anderen Straßenzügen hat sich eine Mischung von Ausländern der unterschiedlichsten Nationen, jungen, mobilen und älteren Deutschen ergeben, wo Studenten, liberale Akademiker und sozial oder künstlerisch ambitionierte Menschen einen bunteren, alternativen Lebensstil suchen. Nebeneinander stehen Häuser mit vierzehn ausländischen und drei deutschen Haushalten und Häuser, wo unter den acht Mietparteien sich gerade eine ausländische Familie findet. Heute sind, wenn man nach einem allgemeinen Trend sucht, Einwanderer stärker in den Hochhaussiedlungen der Städte vertreten, die bei Städteplanern nicht mehr als erstrebenswert gelten. Die Konzentration auf Altbauten in Sanierungsgebieten der Innenstadt, wie sie für die 70er Jahre typisch war, gehört in vielen Städten eher der Vergangenheit an. Die modernisierte Stadt, die gleichbedeutend ist mit der Ausdifferenzierung von sozialräumlichen Strukturen und der Trennung von Funktionen, hat gleichzeitig einen Teil ihrer alten Integrationskraft verloren. Die Migranten müssen den Zugang zu zwei nun getrennten zentralen Bereichen suchen, zum Arbeitsmarkt und zum Wohnungsmarkt. Gerade die Nutzungsmischung in den Kernbereichen der Städte hat immer wieder Nischen und damit Integrationschancen für Zuwanderer eröffnet. Diese fallen zunehmend weg.

Ein in der Stadtplanung und Kommunalpolitik kontrovers diskutiertes Thema ist die Bewertung der räumlichen Konzentration von Zuwanderern. In manchen deutschen Großstädten wurden noch vor Jahren für die einzelnen Stadtteile Höchstquoten für ausländische Bewohner festgelegt und Zuzugssperren verhängt. Im sozialen Wohnungsbau existierten offiziell oder informell meistens ebenfalls Quoten für die Vergabe der Wohnungen an Ausländer. Räumliche Konzentration und Segregation behindere die Integration der Minderheit in die Mehrheitsgesellschaft, so lautet eine These. Denn dann blieben die Migranten unter sich und hätten keinen Anlass, Kontakt zu den Einheimischen und damit zur Kultur der Mehrheit aufzunehmen. Und außerdem könne man den Einheimischen immer nur eine begrenzte Zahl von Fremden zumuten. Diese Argumentation überrascht, weil offensichtlich nicht jede räumliche Segregation einer einheitlichen Gruppe als Problem wahrgenommen wird, sonst müßten auch die homogenen Stadtviertel der Wohlhabenden und Erfolgreichen als unerwünschte Isolierung mit Folgeschäden für die Einheit der Stadt bewertet werden.

Dahinter stehen wohl Unsicherheiten, wie ethnische Kolonien (Heckmann 1992) einzuschätzen sind. Mit diesem Begriff werden die freiwilligen innerethnischen Beziehungen im Einwanderungsland bezeichnet, die mehrere Elemente enthalten: Verwandtschaftsbeziehungen zwischen den Zuwanderern, Vereine, religiöse Gemeinden, eigene politische Organisationen, informelle soziale Verkehrskreise und spezielle Treffpunkte, ethnische Medien und eine ethnische Ökonomie, die speziell die Zuwanderer versorgt. Diese ethnischen Kolonien sind einmal einfach die Fortführung von Verwandtschafts- und Nachbarschaftsbeziehungen aus dem Heimatort, die in die neuen Orte verpflanzt werden und sich durch Kettenmigration ausweiten. Sie sind aber auch eine überall, weltweit zu beobachtende Reaktion auf die spezifischen Bedürfnisse von Zu- und Einwanderern in einer Minderheitensituation. Über die Netzwerke der eigenen Herkunftsgruppe werden Neuankommende erst einmal aufgefangen und erhalten Orientierung und praktische Hilfen. Für Angehörige der ersten Generation bietet die Kolonie vertraute soziale Beziehungen und Stabilisierung in den verunsichernden Erfahrungen der Migration. Sie garantiert Solidarität und leistet Selbsthilfe, wo die Angebote des Sozialstaates nicht greifen und sie übernimmt die Funktionen der Interessenvertretung und Repräsentation der jeweiligen ethnischen Gruppe. Ein gemeinsames abgrenzbares Territorium ist keine unabdingbare Voraussetzung für eine ethnische Kolonie, genauso wie heute im allgemeinen Freundschaftsbeziehungen nicht mehr an Nachbarschaft oder den gleichen Wohnort gebunden sind. Aber räumliche Nähe hilft natürlich, soziale Beziehungen aufzubauen und zu erhalten.

Die Frage ist also, ob eine funktionierende ethnische Kolonie nicht eine notwendige Zwischenphase auf dem Weg der Generationen zur Integration in die Aufnahmegesellschaft darstellt, und unter welchen Bedingungen sie längerfristig die ethnische Minderheitenlage festschreibt und damit Differenzen verstärkt. In vielen Städten hat die Belegungspolitik für die unattraktivsten öffentlich geförderten Sozialwohnungen, speziell wenn sich diese in Hochhausblöcken und Straßenzügen konzentrieren, zur Ungleichverteilung von Ausländern zwischen Stadtteilen oder - noch kleinräumiger - Straßenzügen geführt.

Die Frage nach dem konkreten Verhältnis zwischen Migranten und der Mehrheit vor Ort kann man von zwei Seiten angehen, von den Mitgliedern der ethnischen Kolonie aus gesehen und von der deutschen Nachbarschaft aus und die Antworten fallen unterschiedlich aus, je nach der Raum-, Sozial- und Wirtschaftsstruktur des jeweiligen Raums.

Die Zuwanderung weckt dort Abwehrgefühle der Alteingesessenen, wo die Zuwanderung schnell erfolgt und die Veränderungen den Einheimischen den Eindruck von Fremdheit, Verdrängung und Bedrohung im eigenen Viertel vermitteln. Gesamtgesellschaftlich positive Entwicklungen, wie die wachsende Ausdifferenzierung der wirtschaftlichen Situation der Zuwanderer, wird oft im Kleinen, in Stadtteilen mit einem hohen Ausländeranteil, negativ bewertet. Beispielsweise erregt die Tatsache, dass immer mehr Zugewanderte wirtschaftlich in der Lage sind, Wohneigentum zu erwerben, bei den Alteingesessenen, die das nicht können, Neid und Gefühle der Benachteiligung. Oder wenn sich die ökonomische Aktivität der Zugewanderten nicht mehr auf die tolerierte Nischenwirtschaft der kleinen Döner-Bude beschränkt, sondern sich auf größere Handwerksbetriebe und Gewerbeunternehmen erweitert, kommen auch Gefühle des Verdrängtwerdens und der Bedrohung hoch. Allerdings sind solche negativen Folgen vor allem in den Stadtteilen zu beobachten, die in ihrer Lage, Ausstattung und Wohnqualität insgesamt benachteiligt und vernachlässigt sind und wo sich soziale Problemlagen ihrer Bewohner wie geringe Bildungsqualifikation, Arbeitslosigkeit und Armut häufen. Nach Absetzbewegungen der Mittelschichtangehörigen aus diesen Vierteln verbleiben unter den einheimischen Bewohnern gehäuft solche mit Misserfolgserfahrungen und Abstiegsbiographien, sicherlich keine günstige Voraussetzung für das erhoffte Toleranzniveau eines multiethnischen Zusammenlebens. Aus vielen kleinräumig angelegten Untersuchungen in Deutschland wissen wir, dass die Wohnungen von Ausländern sich häufig in Vierteln finden, in denen die Bewohner überproportional von Arbeitslosigkeit und Sozialhilfebezug betroffen sind. In diesen Vierteln, die je nach Sichtweise entweder als „soziale Brennpunkte" oder als „benachteiligte Stadtteile" definiert werden, stellen die Migranten nach Aussagen von Sozialarbeitern oft eher einen stabilisierenden Faktor als eine Problemgruppe dar. Ihre familiären Netzwerke und die ökonomische Infrastruktur der Migranten, die nicht immer Arbeitsplätze, aber Optionen für Jobs bereithält, bewahren manche Viertel vor einem weiteren sozialen Abstieg (Krummacher 1996).

Deshalb gibt es keine Alternative zu einer Politik der besonderen Förderung von Stadtteilen mit einem speziellen „Erneuerungsbedarf", wie es in Nordrhein-Westfalen heißt oder der konsequenten Verbesserung der Lebensbedingungen in „Quartieren mit einem besonderen Entwicklungsbedarf", wie es seit einem Jahr in Berlin im neuen Konzept des Quartiermanagements formuliert wird. Dabei muss über bildungs-, wirtschafts-, sozial- und stadtteilentwicklungspolitischen Förderungen der Balanceakt gelingen, das Viertel so attraktiv zu machen, dass auch die Durchschnittsfamilie dort wohnen mag, und gleichzeitig die schlechter Gestellten nicht verdrängt werden. Es gilt zu vermeiden, dass der Wohnungsmarkt mit eigenen räumlichen Filterungen zugewanderte Einwohner zwangsweise in Stadtteilen, Straßenzügen oder Wohnblocks konzentriert.

Vorsichtig müssen wir bei der Beurteilung von Erscheinungsformen freiwilliger Separierung sein. Dazu kann man religiöse Differenzen rechnen, die in einigen Städten Anlass für Konflikte wurden. Viele Jahre existierten Moscheen in Deutschland unauffällig in Hinterhöfen oder versteckt in einfachen Gebäuden, heute werden auch repräsentative, bewusst sichtbare Gebetshäuser und religiöse Zentren gebaut, in denen sich ein neues kulturelles Selbstbewusstsein der Muslime in unseren Städten ausdrückt. Auseinandersetzungen um die Höhe des Minaretts im Vergleich zu deutschen Kirchtürmen und um die Lautstärke der Rufe des Muezzins im Vergleich zum Glockenläuten der deutschen Kirchtürme sind äußerer Ausdruck für eine noch nicht gelungene Koexistenz.

Welche Aspekte sind wichtig, um die Bedeutung des Islams in Deutschland für das Verhältnis von Integration vs. Segregation zu verstehen? Einmal die schlichte Tatsache, dass Migration eine Erfahrung ist, die überall viele Zuwanderer veranlasst, eine religiöse Einbindung zu suchen. Zweitens ist im Unterschied zur christlichen Religion für alle Muslime das zentrale Moment des religiösen Lebens die alltägliche Lebensführung, von Fragen der richtigen Kleidung über Essgewohnheiten, Alkoholverbot bis zu Fragen der Kindererziehung und des Verhältnisses zwischen Männern und Frauen - alles sichtbare Dinge, die zwischen den Gläubigen ein Gefühl der Zusammengehörigkeit erzeugen, aber von außen als Symbol ethnischer Zugehörigkeit interpretiert werden können. Außerdem sind die Zuwanderer bei rituellen Handlungen des Lebenslaufs wie Geburt, Beschneidung, Heirat, Tod usw., die im Herkunftsland in den sozialen Raum der Verwandtschaft und Nachbarschaft eingebettet sind, in der Migrationssituation auf eigene Institutionen und Organisationen angewiesen, und so werden diese Handlungen religiöser aufgeladen als das in der Heimat der Fall war. Wichtig für die Frage des Verhältnisses zur nicht-islamischen Umgebung ist jedoch vor allem, welche Haltung der Aufnahmegesellschaft sie in ihrer Diaspora-Situation wahrnehmen. Vermittelt die Bundesrepublik das Bild eines vertragsfähigen Landes, das den Islam kirchenrechtlich akzeptiert und Vertragsverhandlungen aufnimmt, müsste möglicherweise die kulturelle Differenz gegenüber den Deutschen weniger betont werden.

Ein zweiter Aspekt im Spannungsfeld zwischen kultureller Separierung und Integration ist typisch für die Dialektik der multiethnischen Stadt, nämlich die Selbstorganisation der Zuwanderer in eigenen Vereinen und Organisationen. Die Existenz von hunderten verschiedenen ethnisch getrennten Vereinen, vom Fußballverein bis zum Elternverein, der Tanzgruppe und dem Chor, beinhaltet einerseits eine Selbstausgrenzung der jeweiligen Bevölkerungsgruppe. Gleichzeitig aber ermöglichen diese Organisationen den Zuwanderern, ihre Interessen zu artikulieren, politischen Druck auszuüben, Bedürfnisse durchzusetzen und so ihre Außenseiterposition allmählich abzubauen. Und gleichzeitig zwingt die Gründung jedes Vereins die Mitglieder, sich die juristischen, politischen und sozialen Spielregeln der deutschen Umgebung anzueignen, um Ressourcen zu erschließen und bestehen zu können. Die Selbstorganisation jeder Ethnie beinhaltet also zugleich Abgrenzung und Integration. Deshalb ist jede Stadt gut beraten, in ihrer Integrationspolitik ausländische Vereine und Organisationen ausdrücklich zu unterstützen.

Schwierig einzuschätzen ist unter dem Thema Integration-Segregation die Entwicklung der Medien in den Migrantengruppen. Seit einigen Jahren bestimmen muttersprachliche Angebote an Print- und elektronischen Medien, in die ganz wesentlich die Interessen des Herkunftslandes einfließen, die Mediengewohnheiten vor allem der größeren Zuwanderergruppen. Hier werden Nachrichten, Informationen und Meinungen artikuliert, von denen die deutschen Nachbarn nicht erreicht werden. Dadurch kann der Informations- und Meinungsstand von Menschen in einer Straße, in einem Haus ganz unterschiedlich geprägt sein und Öffentlichkeiten voneinander getrennt werden. Dann wird es schwierig, das Geschehen im Stadtteil oder in der Stadt insgesamt allen gleichermaßen transparent zu machen.

Wie könnten also die Regeln für die multikulturelle, multiethnische Stadt lauten?

Wir brauchen einmal eine pluralistische Struktur von Optionen und Handlungsmöglichkeiten für alle. Das macht eine Minderheitenpolitik erforderlich, die öffentliche Ressourcen zwischen kulturellen Gruppen zugunsten der strukturell benachteiligten umverteilt und politische Gruppen für die kollektive Vertretung ihrer Interessen schafft. Das kann zum Beispiel bevorzugte Förderung von Stadtteilkultur heißen, auch wenn die Kommunalpolitiker lieber die sog. erste Stadt mit den Glanz- und Höhepunkten z.B. des internationalen Messe- und Hotelbereichs, den aufwendigen Freizeit- und Kultureinrichtungen weiter herausputzen möchten.

Dann brauchen wir eine offene Form kultureller Integration, welche die Entfaltung verschiedener Kulturen zulässt und jeder von ihnen eine wesentliche Bedingung auferlegt: Keine Kultur darf sich so sehr in sich abschließen, dass sie keinen Spielraum für internen Dissens und für interne Vielfalt offenläßt. Sie muss individuelle grenzüberschreitende Kontakte, wie beispielsweise binationale Heiraten, zulassen oder auch den Wechsel von Zugehörigkeiten, wie z.B. die Einbürgerung. Und an diese Regeln müssen sich die Minderheiten und die dominante Mehrheit halten.

Eine multiethnische Stadt lebt notwendigerweise mit Konflikten, es muss nur faire Regeln für den Umgang mit diesen Konflikten geben. Wenn eine Stadt auf ein gewisses Maß an Gleichgültigkeit gegenüber Differenzen, Abweichungen und Vielfalt angewiesen ist, dann sollte diese notwendige Haltung noch einmal ganz bewusst in ihrem Wortsinn wahrgenommen werden: gleiche Gültigkeit.

Jede Stadt stößt an Grenzen bei der Gestaltung des multiethnischen Zusammenlebens in ihren Mauern: die Einwanderungs- und Aufenthaltsgesetze, das Asyl- und Arbeitsrecht, Verordnungen über den Zugang zu öffentlich gefördertem Wohnraum, zu Sozialleistungen usw. verleihen oder verhindern Chancen. Ökonomische Entwicklungen, das Maß an sozialer Ungleichheit im Land und Aspekte des sozialen Wandels bestimmen die Integrationschancen ganz wesentlich. Und kleinräumig hängt viel von den gesellschaftspolitischen Grundeinstellungen und den unterschiedlichen Lebensstilen der verschiedenen sozialen Milieus in der Stadt ab, denn auch die Einheimischen setzen sich in einer Stadt aus vielen Kulturen zusammen. Die Bilder von den Fremden und nicht zuletzt die Handlungsweisen gegenüber Fremden werden aber von der Grundhaltung der politischen, wirtschaftlichen und kulturellen Elite in der Stadt und jeder einzelnen konkreten kommunalpolitischen Entscheidung bestimmt.

Und was bedeutet die Stadt für die Zuwanderer? Bei einer Fachtagung zum Thema Identität junger Migrantinnen war unter den Referentinnen auch eine junge türkische Psychologin, die in Hamburg lebt. Obwohl sie in ihrem Vortrag an Hand eigener Forschungsergebnisse immer wieder veranschaulichte, dass Migranten und Migrantinnen nicht nur *zwischen* den Stühlen sitzen, sondern auch fest auf mehreren, wollten deutsche Zuhörerinnen von ihr wissen, ob sie persönlich sich mehr deutsch oder mehr türkisch fühle. Die junge Frau versuchte zu erklären, dass sie diese Alternativen für keine angemessenen Kategorien halte. Eine deutsche Fragestellerin blieb dennoch beharrlich: „Wenn ich Sie aber jetzt frage, wer Sie sind, was antworten Sie dann?" Die junge Psychologin antwortete ohne Zögern: „Ich bin Hamburgerin, mit Haut und Haar Hamburgerin." Nicht der Staat -, die Stadt verleiht Zugehörigkeit.

# Literatur

**Bauböck, R., 1994:**

Kulturelle Integration von Einwanderern. In: Journal für Sozialforschung. 34. Jg., S.71-76

**Dietz, B. / Eißel, D. / Naumann, D. (Hrsg.) 1998:**

Handbuch der kommunalen Sozialpolitik. Leverkusen: Leske und Budrich

**Dangschat, J. 1997:**

Sag mir, wo Du wohnst, und ich Sag Dir, wer Du bist! Zum aktuellen Stand der deutschen Segregationsforschung. In: PROKLA. Zeitschrift für kritische Sozialwissenschaft. Heft 109, 27. Jg., Nr. 4, S.619-647

**Häußermann, H. / Oswald, I. 1997:**

Zuwanderung und Stadtentwicklung - Leviathan Sonderheft 17, Wiesbaden: Opladen

**Häußermann, H. 1995:**

Die Stadt und die Stadtsoziologie. Urbane Lebensweise und die Integration des Fremden. In: Berliner Journal für Soziologie, 5.Jg., Heft 1, S.89-98

**Häußermann, H. / Siebel, W. 1997:**

Stadt und Urbanität. In: Merkur 577, 51. Jg., Heft 4, S.293-307

**Heckmann, F. 1992:**

Ethnische Minderheiten, Volk, Nation. Soziologie inter-ethnischer Beziehungen, Stuttgart: Enke

**Krummacher, M. / Waltz, V. 1996:**

Einwanderer in der Kommune. Analysen, Aufgaben, Modelle für eine multikulturelle Stadtpolitik. Essen: Klartext-Verlag

**Schiffauer, W. 1992:**

Die Fremden in der Stadt. Modelle sozialer Organisation. In: Kursbuch 107, S.35-49

**Siebel, W. 1997:**

Die Stadt und die Zuwanderer. In: Häußermann, H. / Oswald, I. (Hrsg.): Zuwanderung und Stadtentwicklung - Leviathan Sonderheft 17, Wiesbaden: Opladen

# Dietrich Vogel

## Fürth und seine ausländischen Mitbürger: Einwanderung und Integration aus kommunaler Perspektive

In der Stadt Fürth mit 110.000 Einwohnern leben rund 18.000 Menschen mit ausländischer Staatsangehörigkeit aus über 120 verschiedenen Staaten. Dazu kommt noch eine nicht unerhebliche Zahl von eingebürgerten Personen, die einen anderen kulturellen Hintergrund haben. Große Unterschiede in den kulturellen Prägungen, den Lebensbiographien, den familiären Bindungen, den schulischen Bildungen und dem beruflichen Können findet man bei unseren ausländischen Mitbürgern und Mitbürgerinnen.

Eine weitere Entwicklung der letzten Jahrzehnte war der Zuzug von Spät-Aussiedlern. Ihre Zahl schätzt man auf etwa 12.000 Menschen, die viele Erwartungen und Hoffnungen mitbrachten und noch haben. Sie haben teilweise auch Ehepartner mit ausländischer Staatsangehörigkeit mitgebracht. Dies bringt auch eine religiöse Vielfalt mit sich. Neben den etwa 8.000 Personen aus über 20 Staaten, die der muslimischen Religion zugeordnet werden können, gibt es noch eine ganze Reihe weiterer Religionen in Fürth, z.B. Orthodoxe, Bahai's, Buddhisten, Juden, christliche Armenier, äthiopische Kopten und weitere mehr.

Die Entwicklung der Verbesserung der Aufenthaltserlaubnisse mit dem Ziel des Daueraufenthaltes ist nach zunächst großer Zurückhaltung bei den ausländischen Mitbürgern in den siebziger Jahren, seit Beginn der achtziger Jahre ständig aufwärts gegangen. Eine langsame, aber stetige Hinwendung zu ihrer neuen Heimat - zu ihrer neuen Heimatstadt.

Die Wanderungsbewegungen von deutschen und ausländischen Einwohnern ist von einem ständigen Kommen und Gehen geprägt, ein sehr dynamischer Prozess. Den Zuzügen von ausländischen Mitbürgern stehen auch ganz erhebliche Wegzüge gegenüber. Davon sind nicht nur der Wohnungs- und Arbeitsmarkt, sondern die gesamte soziale Infrastruktur betroffen.

Die Veränderungen auf dem Arbeitsmarkt vom produzierenden Industriebereich hin zum Dienstleistungsbereich und die völlig neuen qualitativen Anforderungen in Berufsausbildung und Arbeitsmarkt stellten den Bereich der sozialen und bildungsbezogenen Integrationsarbeit vor neue Herausforderungen. Die jahrelange Diskussion über die Ursachen der hohen Arbeitslosenquote bei ausländischen Arbeitnehmern und der sinkenden Quote bei den Ausbildungsplätzen bei ausländischen Jugendlichen führte zu der Erkenntnis, dass in Fürth ein hoher Anteil der ausländischen Mitbürger den bildungsfernen Schichten zuzurechnen sind.

Diese Zusammenhänge sind vielen ausländischen Familien durchaus bekannt und bewusst. Es ist bei vielen von ihnen eine deutliche Bildungsbereitschaft sowohl für sich selber als auch, in viel stärkerem Maße, für ihre Kinder feststellbar. Um diese aber zur Wirkung bringen zu können, brauchen sie verbesserte „interkulturelle" Hilfen, um sich in unserem für sie sehr komplexen, und manchmal unüberschaubaren Lebensbereichen zurecht zu finden. Hier gilt es, noch mehr Orientierung zu bieten.

Menschen mit nichtdeutscher Staatsangehörigkeit sind ein fester Bestandteil der Einwohnerschaft geworden. In den letzten zwanzig Jahren kommunaler Integrationsarbeit haben sich - wie oben angedeutet - viele Entwicklungen ergeben, abgezeichnet, herausgestellt, die immer wieder Nachdenken und neue Antworten, Reaktionen von allen Verantwortlichen erforderten und noch weiter erfordern werden. Dies stellt an die Integration der ausländischen Mitbürger bzw. der Zuwanderer vielfältigste Anforderungen.

Die Ausländerberatungsstelle der Stadt Fürth strebte in den letzten Jahren in verstärktem Maße vernetztes Arbeiten mit anderen Ämtern, Institutionen und Einrichtungen an und hat sich der komplexer gewordenen sozialpädagogischen Einzelfallberatung gestellt. Es wurde des weiteren das Aneignen der interkulturellen Kompetenz in der Verwaltung initiiert und gefördert und durch referats- und verwaltungsübergreifende Arbeitskreise gezielt Problembereiche aufgegriffen und behandelt. Hierzu gehörten die Einrichtung eines Arbeitskreises zur Behandlung der Probleme mit Asylbewerbern Anfang der neunziger Jahre, an dem sich die betroffenen Ämter sowie Wohlfahrtsverbände beteiligten. Die Arbeit wurde eingestellt, nachdem Betreuung und Zusammenarbeit geregelt waren.

Eine weitere fachübergreifende Zusammenarbeit war, ausgelöst durch intensive Hinweise über verhaltensauffällige junge Türken aus dem Schulbereich, die Bildung des Arbeitskreises „Aggressions- und Kriminalitätsproblematik ausländischer Jugendlicher in Fürth". Kommunale Fachleute aus den verschiedensten Bereichen haben über zwei Jahre Ursachen und Zusammenhänge beraten und Vorschläge erarbeitet. Diese Ergebnisse, die unter dem Leitmotiv „Aus der Praxis - für die Praxis" zusammengetragen wurden, flossen in die Arbeit der einzelnen zuständigen Bereiche mit ein.

Die Ausländerberatungsstelle stellte sich des weiteren die Aufgabe, wichtige Sachthemen durch Referenten behandeln und von Fachleuten sowie interessierten Einwohnern diskutieren zu lassen. Mit so genannten „Integrationspolitischen Fachgesprächen" wurde versucht, zu sensibilisieren und Handlungsmöglichkeiten aufzuzeigen. Begonnen wurde 1993 mit dem Thema „Ausländerkriminalität in Bayern und Fürth", zu dem sich die Soziologin Dr. Wiebke Steffen vom Bayerischen Landeskriminalamt zur Verfügung stellte. Es folgte 1994 das nächste Fachgespräch „Chancengleichheit ausländischer Mädchen in Schule und Beruf" mit der Professorin Dr. Ursula Boos-Nünning von der Universität Gesamthochschule Essen, 1995 das Thema „Altwerden in der Fremde" mit der Soziologin Ulla Schuleri-Hartje vom Deutschen Institut für Urbanistik, Berlin. Zu „Interkulturalität im Leben einer Stadt - Worthülse oder Chance" konnten wir 1998 die Ausländerbeauftragte des Senats Berlin, Barbara John, gewinnen. Neben den überregionalen Referentinnen wurden immer auch Fachleute aus dem regionalen/örtlichen Bereich beteiligt.

Im Jahr 2000 fand ein Integrationspolitisches Fachgespräch erstmalig in Kooperation mit der Familien- und Erziehungsberatungsstelle der Stadt Fürth, der Volkshochschule, dem Jugendamt und dem Staatlichen Schulamt zum Thema „Familie und Erziehung im interkulturellen Umfeld" statt. In diesem Jahr soll wieder in ähnlicher Kooperation das Thema „ Arbeit mit Eltern im multikulturellen Umfeld" vertieft werden.

Diese Tagesveranstaltungen fanden nicht nur großes fachübergreifendes Interesse, sondern wurden auch dokumentiert, durch Öffentlichkeitsarbeit begleitet und dem Stadtrat jeweils vorgestellt. Nicht zuletzt fanden dadurch eine Reihe von Anregungen und Vorschlägen sowohl Eingang in die Arbeit von Regeldiensten als auch speziell in die Integrations- und Migrationsarbeit.

So sind vor diesem Hintergrund in den letzten Jahren eine ganze Reihe von neuen Integrationsprojekten begonnen worden, die zum Ziel haben, nicht nur die deutsche Sprache zu vermitteln und Orientierung zu bieten, sondern auch die schulischen und beruflichen Chancen zu verbessern. Neben den bisherigen Angeboten der Volkshochschule und des Internationalen Begegnungszentrums für Frauen und Mädchen - Kulturbrücke der Arbeiterwohlfahrt - sind weitere wichtige Hilfen eingerichtet, die sehr gut in Anspruch genommen werden. Sie sind alle in unterschiedlicher Form und Verantwortlichkeit Kooperationsprojekte, wie im weiteren dargelegt wird.

Das Hippy-Programm (Home Instruction Programm for Preschool Youngsters) ist ein sehr erfolgreiches Hausbesuchsprogramm zur sozialen Integration von Zuwandererfamilien, das in Israel entwickelt wurde und über die USA nach Deutschland kam. In Fürth wird dieses Programm durch die Arbeiterwohlfahrt für 24 türkische Familien durchgeführt. Ziel ist die Förderung von Vorschulkindern zur Vorbereitung auf die Schule und Verbesserung der Deutschkenntnisse von den Kindern und Müttern.

Das neuartige Projekt „Einschulungsförderung für Kinder mit türkischer Muttersprache" in Kooperation von Jugendamt, Schulamt, Ausländerberatungsstelle und einem türkischen Verein wird nun bereits das dritte Mal in den Monaten Mai bis Juli in einer innerstädtischen Grundschule angeboten. Es soll Kindern, die keinen oder nur kurze Zeit einen Kindergartenplatz haben, den Schulbeginn erleichtern und ihrem Schulversagen entgegenwirken. Erstaunlich gute Erfolge verbunden mit Elternarbeit haben zur Fortsetzung geführt.

Der multinationale Kurs „Mama lernt Deutsch" bietet Müttern von schulpflichtigen Kindern in einer Grundschule die Möglichkeit, sich vormittags die deutsche Sprache anzueignen, während ihre Kinder im Unterricht sind. Kleinkinderbetreuung wird gewährleistet. Für die Durchführung ist die Volkshochschule verantwortlich. Von beiden Kursen wurde einer in das Programm „Soziale Stadt" aufgenommen.

Der „Crashkurs zur Vorbereitung auf die Prüfung zum Qualifizierenden Hauptschulabschluss" setzt an der Schnittstelle Schule/Ausbildung an. Interessierten Schülern wird in den Ferienzeiten die Möglichkeit geboten, sich intensiv auf die Abschlussprüfung vorzubereiten. Von ihnen schaffen fast alle den „Quali" und haben damit verbesserte Chancen auf dem Berufsausbildungsmarkt.

Weitere Schwerpunkte werden uns in den nächsten Jahren verstärkt beschäftigen, wie die Gewinnung ausländischer Unternehmer zur Bereitstellung von Ausbildungsplätzen, die Gesundheitsversorgung von Migranten und das Altwerden in der Fremde. Die Stärkung der interkulturellen Kompetenz ist ohnehin in vielfältiger Art und Weise auf der Tagesordnung.

Eine weitere Form der Vernetzung ist das Migrationsforum Fürth. Viele gleich gelagerte und ähnliche Integrationsprobleme haben vor Jahren dazu geführt, dass sich die Fachleute aus dem Flüchtlings- und Asylbewerberbereich, dem Spätaussiedlerbereich, dem Bereich der ausländischen Sozialberatung, dem Beratungsbereich jüdischer Kontingentflüchtlinge und der städtischen Ausländerberatungsstelle zu einem Migrationsforum zusammengeschlossen haben. Diese Vernetzung führt zu einem intensiveren Informations- und Erfahrungsaustausch und zu gemeinsamen Aktivitäten.

Die oben skizzierten Aktivitäten fließen außerdem ständig ein in die Tätigkeit des Ausländerbeirates und in die Zusammenarbeit mit ausländischen Vereinen. Die kommunalen Handlungsfelder in der Migrantenintegration sind und bleiben sehr vielschichtig und werden uns auch in Zukunft vor immer neue Herausforderungen stellen.

# Teil VI: Migration in internationaler Perspektive

Jonas Widgren

Irene Stacher

# Internationale Wander- und Fluchtbewegungen - eine globale Herausforderung

Die grenzüberschreitende Migration ist zentraler Bestandteil der Globalisierung der Kapital-, Waren- und Arbeitsmärkte sowie der Internationalisierung der Produktion. In bisher nie gekanntem Ausmaß überschreiten nicht nur Kapital und Güter nationale Grenzen, sondern auch Menschen. Laut Schätzungen der UN Experten für Bevölkerungsfragen betrug die Zahl der internationalen Migranten und Migrantinnen Ende des 20. Jahrhunderts mehr als 150 Millionen, was bedeutet, dass rund 2,5% der gesamten Weltbevölkerung außerhalb des Geburtslandes oder dem Land ihrer Staatsbürgerschaft leben. Überraschend ist, dass trotz einer erheblichen Zunahme der absoluten Zahl der internationalen Migranten, von 45 Millionen im Jahr 1965 auf 150 Millionen im Jahr 1999, der Anteil der Migranten an der Weltbevölkerung nur relativ geringfügig von 2,1% 1965 auf 2,5% 1999 gestiegen ist. Das heißt, dass das jährliche Durchschnittswachstum der internationalen Migranten nur knapp über der Wachstumsrate der Weltbevölkerung liegt (Zlotnik 1999, 42). Statistiken zeigen jedoch, dass sich internationale Wanderbewegungen, trotz der weltweit zu beobachtenden Zunahme der Mobilität, zum größten Teil auf einige Staaten konzentrieren. So hielten sich Mitte der 90er Jahre rund ein Drittel aller internationalen Migranten in sieben der wohlhabendsten Staaten der Welt - USA, Kanada, Japan, Deutschland, Großbritannien, Frankreich und Italien - auf.

Die auf 150 Millionen geschätzte Zahl der internationalen Migranten ist mit einer gewissen Vorsicht zu betrachten, da diese weder die Binnenwanderung noch die Zahl der undokumentierten Migranten, also jener Personen, die entweder illegal in ein anderes Land einreisen oder nach dem Verlust des legalen Aufenthaltstatus nicht ausreisen, berücksichtigt. Die Binnenwanderung wird bei anhaltendem Urbanisierungstrend vor allem in den bevölkerungsreichen Entwicklungsländern und den neuen Industriestaaten nach UN Prognosen auch in den kommenden Dekaden noch anhalten. Alleine für China nimmt man an, dass sich in den nächsten Jahren etwa 26 Millionen Menschen pro Jahr auf den Weg in die boomenden Wirtschaftsgebiete des Landes begeben werden (Hödl u.a. 2000, 10).

Wanderbewegungen sind integraler Bestandteil einer Reihe von weltwirtschaftlichen und geopolitischen Prozessen. Ursprünglich ausgelöst durch die Anwerbung von Arbeitskräften, um die steigende Nachfrage an Industriestandorten zu decken, tendieren sie mittlerweile zur Selbstreproduktion. Gefördert wird diese Entwicklung durch die Herausbildung von komplexen Migrationsstrukturen und Netzwerken, die Entsende- und Zielländer miteinander verbinden. Die Gründe für Wanderungen sind demnach vielfältig und komplex; sie reichen von wirtschaftlichen Motiven über ökologische Katastrophen bis hin zu politischen Konflikten mit kriegerischen Auseinandersetzungen und Vertreibungen. Einige Experten vertreten die Ansicht, dass internationale Migration nicht so sehr aufgrund individueller Kosten-Nutzen-Überlegungen entsteht, sondern im Zusammenhang mit weltwirtschaftlichen Prozessen, die mit dem Übergreifen kapitalistischer Märkte auf nicht marktwirtschaftlich oder vormarktwirtschaftlich organisierte Gesellschaften einhergehen (Massey 2000).

Die klassischen Einwanderungsstaaten USA und Kanada wiederum erlebten signifikante Verschiebungen, was die geographische Herkunft der Immigranten betrifft. Stammten bis in die dreißiger Jahre des 20. Jahrhunderts die Einwanderer vor allem aus Europa, so kommen sie seit den sechziger Jahren zunehmend aus Zentral- und Südamerika sowie aus Asien (Martin/Widgren 1996). Trotz einer Reihe von Novellierungen des US-Einwanderungsgesetzes, die das Ausmaß der legalen Zuwanderung reduzieren sollten, nahm die Zuwanderung in die USA beständig zu, von durchschnittlich 450.000 Menschen in den 1970er Jahren auf rund eine Million Ende der 1990er Jahre. Im gleichen Zeitraum gingen die Schätzungen über die Nettozahl der undokumentierten Migranten in den USA unablässig nach oben (Massey 2000).

## Migration und Asyl in Westeuropa - Vom angeworbenen „Gastarbeiter" zum abgewiesenen Asylwerber

Die Diskussionen über Einwanderungsbeschränkungen machen leicht vergessen, dass auch Europa bis zur Mitte des 20. Jahrhunderts nicht in erster Linie Zielregion, sondern vor allem Herkunftsregion von Millionen von Migranten war, die aus politischen oder ökonomischen Motiven nach Übersee auswanderten. Erst in der Wiederaufbauphase nach dem 2. Weltkrieg (1948-1964) kam es im Zuge der dynamischen wirtschaftlichen Entwicklung Westeuropas zu einer Veränderung der Migrationsströme, ausgelöst durch die gestiegene Nachfrage nach ausländischen Arbeitskräften sowie die beginnende Rückwanderung aus ehemaligen europäischen Kolonien. Die Gesamtzahl der Zuwanderer und Zuwanderinnen in die westeuropäischen Staaten während dieser Periode wird auf ungefähr 500.000 jährlich geschätzt (ohne Berücksichtigung der Wanderungsbewegung von Ostdeutschland nach Westdeutschland bis zur Errichtung der Berliner Mauer im Jahr 1961) (Widgren 1994, 8).

Es folgte die so genannte „Gastarbeiterperiode" (1965-1972), in der in Südosteuropa, vor allem Jugoslawien und Türkei und in Nordafrika, aktive Arbeiteranwerbungen stattfanden. In dieser Phase stieg die jährliche Gesamtzuwanderung in die westeuropäischen Länder bis auf rund 1,1 Millionen an. Im Anschluss an die Ölkrise und der darauffolgenden wirtschaftlichen Rezession begann in Westeuropa eine Phase der Zuwanderungsbeschränkungen (1973 - 1990) und damit verbunden ein Rückgang der Anwerbungen von Arbeitskräften. Die jährliche Zuwanderung ging Ende der 70er Jahre bis auf 700.000 zurück.

Anfang der 80er Jahre begann eine neue Zuwanderungsphase, die gekennzeichnet war durch den Prozess der Familienzusammenführungen. Fast gleichzeitig setzte ein starker Anstieg von Asylwerbern aus Osteuropa und ferneren Ländern in Südostasien und Afrika ein. Die Zahl der Immigranten in Westeuropa stieg zwischen 1983 und 1990 auf rund 1,2 Millionen pro Jahr (Widgren 1994, 9).

In den Mittelpunkt der öffentlichen Aufmerksamkeit rückte das Phänomen Migration allerdings erst in den 90er Jahren. In diesen Zeitraum fällt ein dramatischer Anstieg der Zahl der Asylwerber in Westeuropa von 157.000 im Jahr 1985 auf 674.000 im Jahr 1992. Die starke Zunahme der ausländischen Bevölkerung in Westeuropa - zwischen 1988 und 1996 stieg sie um 4,6 Millionen - führte in den meisten europäischen Staaten zu einer Neuorientierung und wesentlich restriktiveren Gestaltung der Migrations- und Asylpolitik. Nach einigen „Spitzenjahren" zwischen 1992 - 1994 ist die Zuwachsrate nun seit einigen Jahren wieder leicht rückläufig, die Zahl der derzeit in westeuropäischen Staaten lebenden ausländischen Staatsbürger hat sich bei rund 20 Millionen stabilisiert.

Die Zuwanderung nach Westeuropa war im vergangenen Jahrzehnt vor allem durch das Ansteigen der undokumentierten Migration und der kriminellen Handlungen der Schlepperorganisationen geprägt. Laut Expertenschätzungen umfasste Ende der 1990er Jahre die undokumentierte Zuwanderung nach Westeuropa jährlich über 500.000 Personen, während gleichzeitig die Zahl der legalen Immigranten rund 800.000 pro Jahr betrug.

Auch die Ost-Westwanderung erhöhte sich nach der Ostöffnung und dem Wegfall der restriktiven Abwanderungsregelungen der Warschauer-Pakt-Staaten, blieb jedoch weit hinter dem befürchteten Massenexodus zurück.

Wichtigstes Ereignis der 90er Jahre war jedoch zweifellos die Ankunft hunderttausender Flüchtlinge aus den Kriegsgebieten des ehemaligen Jugoslawiens. Gleich zu Beginn der kriegerischen Auseinandersetzungen 1991 suchten zehntausende Kroaten für einige Wochen Schutz im Ausland. Ein Jahr später begannen die Vertreibungen aus Bosnien-Herzegovina. Insgesamt wurden zwischen 1992 und 1995 rund 1 Million Menschen intern vertrieben und ca. 1,2 Millionen flohen ins Ausland, davon ca. 600.000 nach Westeuropa. 1998/99 nahm die Flucht von Kosovo-Albanern nach Westeuropa stark zu und ließ die Zahl der Asylwerber 1998 auf 100.000 ansteigen. Nach dem NATO Einsatz am 24. März 1999 lösten Vertreibungen und ethnische Säuberungen die Massenflucht von weiteren rund 900.000 Kosovo-Albanern und später 170.000 Kosovo-Serben, Roma und anderer Minderheiten aus. Von den Kosovoflüchtlingen kam allerdings nur ein kleiner Teil nach Westeuropa, da 90% der Vertriebenen in den Nachbarstaaten Schutz fanden (Demel/Stacher 2000).

## Migrationspolitik

Migrationspolitik, die im wesentlichen als Kontrolle der Staatsgrenzen und Regulierung der Zahl, Zusammensetzung und Integration der Zuwanderer verstanden wurde, zählte bis vor kurzem zu den Kernbereichen nationalstaatlicher Souveränität. Ihre Versuche, die Zuwanderung entsprechend der jeweiligen sozial- und arbeitsmarktpolitischen Bedürfnisse zu begrenzen, bringen sie zwangsläufig in Konflikt mit den Interessen potentieller Migranten. Besonders deutlich wird dieser Konflikt, wenn potentielle Migranten immer häufiger die Dienste von meist kriminellen Schleppern in Anspruch nehmen oder Asylanträge stellen, um sich einen Zugang zum Zielland oder einen Aufenthaltstitel zu verschaffen. Die beschränkte Zulassung zu den Arbeitsmärkten hat dann im weiteren zur Folge, dass für viele Migranten keine Einkommenssicherheit besteht und somit nicht einmal ein Mindestmaß an sozialer Sicherheit gewährleistet ist. Das Problem des organisierten Schlepperwesens und die Fragen der illegalen Migration gehen weit über die Möglichkeiten nationaler Politik hinaus - aktuelle Migrationsfragen verlangen vielmehr nach internationalen und regionalen Kooperationsmechanismen und -strukturen zwischen Herkunfts-, Transit- und Zielländern.

In der Migrationspolitik zeichnet sich unter dem Druck der globalen Veränderungen ein Wandel ab, weil offensichtlich wird, dass einzelne Staaten angesichts der globalen Dimension der Wanderung nicht isoliert voneinander wirksame Handlungsstrategien entwerfen können. Migrationsfragen werden daher zunehmend im Rahmen bilateraler und multilateraler Kooperationen behandelt. Bereits bestehende internationale Institutionen decken Teilbereiche ab: So wird zum Beispiel der Schutz von Flüchtlingen durch das Hochkommissariat für Flüchtlinge der Vereinten Nationen (UNHCR), die Verbesserung der arbeitsrechtlichen Situation von Migranten durch das International Labour Office (ILO), der Schutz von Flüchtlingen, Migranten, Migrationspolitik, Integrationspolitik vom Europarat, etc. abgedeckt.

Die Entwicklung der Migrationspolitik in Europa erfolgte als Antwort auf die beschriebenen Zuwanderungsphasen. Bis in die 80er Jahre waren allerdings Bereiche wie die Kontrolle der Staatsgrenzen, der inneren Sicherheit sowie der Zahl, Zusammensetzung und Integration der Zuwanderer und Zuwanderinnen nationalstaatliche Angelegenheit, so dass man eigentlich kaum von einer europäischen Migrationspolitik sprechen konnte. Der Umgang mit Migration war in den einzelnen Staaten sehr unterschiedlich, entsprechend den nationalen Migrations- und Integrationskonzepten sowie den jeweiligen historischen und kulturellen Beziehungen zu den Herkunftsländern. Erst in den letzten Jahren führte die fortschreitende europäische Integration zunehmend zur Übertragung migrationspolitischer Kompetenzen auf Instanzen der Europäischen Union[1].

Standen bereits in den 80er Jahren Asyl- und Flüchtlingspolitik im Zentrum europäischer Harmonisierungsbemühungen, so wurden diese Bestrebungen durch den Beginn des Balkankonflikts 1991 weiter forciert. Die Kriege im ehemaligen Jugoslawien lösten in Europa die größten Flüchtlingswellen seit dem 2. Weltkrieg aus und führten innerhalb der Europäischen Union zu einer Diskussion über eine Lastenteilung und ein neues gemeinsames Konzept zur vorübergehenden Aufnahme von Kriegsvertriebenen (Temporary Protection Status - TPS).

Seither hat die EU eine Reihe von Instrumenten entwickelt und Aktivitäten gesetzt, um die Asyl- und Migrationspolitik in den Mitgliedsstaaten in Übereinstimmung zu bringen. Durch den Vertrag von Maastricht (1993) wurde die Zusammenarbeit intensiviert. Die Personenfreizügigkeit ist neben dem freien Waren-, Kapital- und Dienstleistungsverkehr ein integraler Bestandteil des Europäischen Binnenmarktes. Eine europäische Einigung über gemeinsame Strategien konnte jedoch bis zum Beginn der Massenflucht aus dem Kosovo nur teilweise erzielt werden, da im Rahmen der Europäischen Union trotz einer Harmonisierungs- und Vergemeinschaftlichungstendenz der Asyl- und Migrationspolitik bislang verbindliche asylpolitische Instrumentarien fehlten. Mit dem Inkrafttreten des Vertrags von Amsterdam am 1.5.1999 ist der Harmonisierungsprozess weiter fortgeschritten, da nunmehr ein Großteil der Rechtsinstrumente für die Bereiche Migration, Asyl und Grenzkontrolle Bestandteil der EU Gemeinschaftspolitik sind und spätestens nach 5 Jahren rechtsverbindlich für alle Mitgliedstaaten sind.

Die im Vertrag von Amsterdam festgelegte Übernahme der Einwanderungs- und Asylpolitik in die erste Säule (Gemeinschaftspolitik) hat sowohl für Mitgliedstaaten als auch für Nichtmitgliedsstaaten, und hier vor allem für die Kandidatenländer der Osterweiterung, weitreichende Auswirkungen. Für die Länder der Europäischen Union bedeutet dies in bestimmten Bereichen die

---

[1] Anmerkung der Herausgeber: Vgl. hierzu den Beitrag von Verónica Tomei in diesem Band.

Übertragung von Souveränitätsrechten auf eine supranationale Ebene, was automatisch einen stärkeren Einfluss des europäischen Parlaments zur Folge hat. Für Beitrittskandidatenländer ergibt sich die Notwendigkeit, ihre Einwanderungs- und Asylgesetze dem Standard der EU anzupassen. Darüber hinaus ist die vollständige Übernahme des Schengen-aquis nun eine Grundvoraussetzung für den Beitritt (Heckmann/Tomei 1996).

Am Ende des 20. Jahrhunderts stehen die aktuellen Probleme im Zusammenhang mit internationalen Wander- und Fluchtbewegungen an prominenter Stelle der politischen Agenda sowohl der Aufnahme- als auch der Herkunftsländer. Neben den drängenden Fragen der Friedenssicherung beherrschen Arbeitsmarktprobleme, sozialstaatliche Aspekte, bevölkerungspolitische Fragen, völkerrechtliche Verpflichtungen, die Bekämpfung der Migrationsursachen aber auch die gesellschaftliche und kulturelle Akzeptanz der Fremden die politische Diskussion.

Die neue Herausforderung im Zusammenhang mit dem Bevölkerungsrückgang und einer Alterung der Bevölkerung in vielen Industriestaaten wird eine Neubewertung der herkömmlichen Migrationspolitik und Programme erfordern. Die sogenannte Bestandserhaltungsmigration kann aber nur gemeinsam mit anderen aktuellen Migrationsproblemen Teil eines mittelfristigen Migrationskonzeptes sein.

Die aktuellen Entwicklungen und Anforderungen im Migrations- und Integrationsbereich stellen die Migrationsforschung vor neue Herausforderungen, die eine internationale und interdisziplinäre Zusammenarbeit erfordern. Um den Entwicklungen der internationalen migrationspolitischen Fragestellungen gerecht zu werden, ist die Zusammenarbeit und der Informationsaustausch zwischen dem europäischen forum für migrationsstudien (efms), dem Schweizerischen Forum für Migrationsstudien (SFM) und dem Österreichischen Forum für Migrationsstudien (ÖFM/ICMPD) in den vergangenen Jahren intensiviert worden. Dadurch konnten nicht nur die grenzüberschreitenden Kooperationsstrukturen verbessert werden, sondern auch Synergieeffekte erzielt und freundschaftliche Beziehungen aufgebaut werden.

## Literatur

**Demel, K. / Stacher, I. 2000:**

Migrationspolitik in Europa: EU-BürgerInnen versus Drittstaatsangehörige. In: Altvater, E. / Mahnkopf, B. 2000 Ökonomie eines friedlichen Europa. Münster: Agenda-Verlag 2000, 269 - 281

**Heckmann, F. / Tomei, V. (Hrsg.) 1996:**

Freizügigkeit in Europa - Migrations- und europapolitische Aspekte des Schengen Vertrages. Bamberg: efms

**Hödl, G. / Husa, K. / Parnreiter, C. / Stacher, I. 2000:**

Internationale Migration. In: Husa, K./ Parnreiter, Ch./ Stacher, I. 2000: Internationale Migration. Die globale Herausforderung des 21. Jahrhunderts. Frankfurt & Wien: Brandes&Apsel, S. 9-23

**Martin, Ph. / Widgren, J. 1996:**

International Migration : A Global Challenge. Population Bulletin, Vol. 51, No 1

**Massey, D. 2000:**

Einwanderungspolitik für ein neues Jahrhundert. In: Husa, K./ Parnreiter, Ch./ Stacher, I. (2000) Internationale Migration. Die globale Herausforderung des 21. Jahrhunderts. Frankfurt & Wien: Brandes & Apsel, S. 53 - 76

**Widgren, J. 1994:**

Eine vergleichende Übersicht über die Einwanderungs- und Asylpolitik einiger westlicher Länder. Wien: ICMPD

**Zlotnik, H. 1999:**

Trends in International Migration since 1965: What existing data reveal. In: International Migration Vol. 37 No 1/1999, S. 21-61

## Hans-Joachim Hoffmann-Nowotny

# Internationale Migration und das Fremde in der Schweiz[1]

**I.** *Der* Fremde ist - nach Georg Simmel - „der, der heute kommt und morgen bleibt" (1958 [1908], 509). „Der Fremde ist uns nah", - sagt er weiter - „insofern wir Gleichheiten nationaler oder sozialer, berufsmäßiger oder allgemein menschlicher Art zwischen ihm und uns fühlen; er ist uns fern, insofern diese Gleichheiten über ihn und uns hinausreichen und uns beide nur verbinden, weil sie überhaupt sehr Viele verbinden" (511)[2].

*Das* Fremde ist danach das, was uns *am* Fremden nicht „nahe" ist, was Menschen einer bestimmten Herkunft anders - „fern" - erscheinen lässt. Dies macht einen einzelnen oder einige wenige Fremde vielleicht zur exotischen kulturellen Delikatesse; sie mutiert, wie die Erfahrung lehrt, in der Einwanderungsgesellschaft vor dem Hintergrund anomieträchtigen soziokulturellen Wandels zum Gefühl der Bedrohung in struktureller und kultureller Hinsicht. Insbesondere, wenn die *integrativen Kapazitäten* der Einwanderer wie der Einwanderungsgesellschaft überfordert sind, wenn es also viele und schnell viele „Ferne" werden. Dass das „Gefühl" der Bedrohung politisch mit Erfolg instrumentalisierbar ist und instrumentalisiert wird, ist eine ständige Begleiterscheinung der Geschichte der Migration.

---

[1] Wer von Fremden oder vom Fremden spricht, der kommt in Deutschland an Friedrich Heckmann nicht vorbei. Ihm ist deshalb dieser Beitrag (aus: Hans-Joachim Hoffmann-Nowotny (Hrsg.): Das Fremde in der Schweiz. Ergebnisse soziologischer Forschung. Seismo Verlag, Zürich, 2001, S. 11-30) gewidmet.

[2] Dass allerdings die (formal) gleiche Nationalität kein hinreichender Grund der Vermeidung aversiver Reaktionen ist, wird in Deutschland eindrücklich am Beispiel der Auseinandersetzungen um die (deutschen) Aussiedler aus Russland demonstriert.

Als Land, in das Fremde in größerer Zahl kommen und bleiben - als Einwanderungsland also - ist die Schweiz ein historisch junges Phänomen. Noch im 18. Jhd. verlor sie durch Reislaufen (Reisläufer = Söldner in fremden Diensten) etwa 300.000 bis 350.000, durch Siedlungsauswanderung etwa 40.000 Menschen (Bickel 1947, 55). Aber auch nach dem Ausklingen des Reislaufens und seinem endgültigen Verbot im Jahre 1859 war die Wanderungsbilanz der Schweiz noch bis in die achtziger Jahre des 19. Jahrhunderts negativ. Zwar setzte schon in der ersten Hälfte des vorletzten Jahrhunderts eine Einwanderung zahlenmäßig nennenswerten Umfangs ein, aber erst gegen dessen Ende ist die *Einwanderung* von *Ausländern* größer als die *Auswanderung* von *Schweizern*, werden mehr Ausländer zu „Fremden“ in der Schweiz[3] als Schweizer zu „Fremden" im Ausland.

Im folgenden möchte ich zunächst die Einwanderung in die Schweiz bis heute kurz darstellen, und zwar in der Perspektive der Simmelschen Begriffe der Nähe und der Ferne. Dabei wird eine zunehmende „Ferne" der Einwanderer in räumlicher sowie auch in struktureller und - damit einhergehend - in kultureller Hinsicht sichtbar. Sie ist Konsequenz einer zunehmenden Erweiterung der migrationsrelevanten Umwelt der Schweiz. In der makroskopischen theoretischen Analyse dieses Prozesses werden spannungsträchtige strukturelle und kulturelle Entwicklungen auf dem Wege zur Weltgesellschaft (Stichwort „Globalisierung") als die zentralen, die internationale und interkontinentale Migration bestimmenden Faktoren angesehen. Darauf folgt eine zunächst historische und dann in die Gegenwart reichende Beschäftigung mit der Frage, wie die Schweiz mit den Fremden und dem, was vielfach als „Zumutungen der Fremdheit" (Seifert 1998, 27) empfunden wurde und wird, im Zeitablauf umgegangen ist. Den Abschluss bildet dann der notwendigerweise schwierige Versuch, einen kurzen Blick in die Zukunft der internationalen Migration und ihrer Bedeutung für die Schweiz zu tun, und zwar noch einmal unter dem Aspekt von „Nähe“ und „Ferne", „Gleichheiten" und „Ungleichheiten", mehr oder weniger „fremd".

---

[3] Es ist deshalb vielleicht auch nicht zufällig, dass für die Kontrolle der Einwanderer eine Behörde eingerichtet wurde, die diese als „Fremde" bezeichnete und zudem mit Polizeibefugnissen ausgestattet wurde - die „Fremdenpolizei".

**II.** Ausgehend von den eben genannten Aspekten erscheint es analytisch fruchtbar beginnend mit dem 19. Jahrhundert, zunächst drei Einwanderungswellen zu unterscheiden, die sich selbstverständlich sowohl zeitlich als auch in ihrer Zusammensetzung überschneiden. Ob es gerechtfertigt ist, die in jüngster Zeit laufende („neue") Einwanderung als *vierte* Welle zu bezeichnen, wird noch zu diskutieren sein.

Der Beginn der *ersten* Welle der Einwanderung in die Schweiz lässt sich auf den Anfang der dreißiger Jahre des 19. Jahrhunderts datieren. In der Folge der Restaurationspolitik des Deutschen Bundes (Karlsbader Beschlüsse 1819), durch die liberal, radikaldemokratisch oder national gesinnte Intellektuelle zunehmend unter politischen und polizeilichen Druck gerieten, setzte im so genannten Vormärz in den dreißiger Jahren zum ersten Mal eine *Fluchtbewegung* größeren Stils Richtung Schweiz ein. Einen zweiten Höhepunkt erreichte diese „liberale Immigration" nach dem Scheitern der Revolutionen von 1848/1849 in Form von Massenauswanderungen aus Deutschland (bzw. den deutschen Einzelstaaten) oder von zumindest zeitweiligen Aufenthalten politisch Verfolgter, die die Schweiz als Asylland gewählt hatten. Diese Immigranten waren bald sowohl in der Politik, als auch in den Bereichen Wissenschaft und Kultur, und nicht zuletzt auch in der Wirtschaft tätig. Den schnellen Wandel der Strukturen dieser Bereiche im 19. Jahrhundert haben diese Einwanderer entscheidend geprägt oder mitgeprägt.

Die von der *ersten* Welle *überschichtender* Einwanderung ausgehenden Impulse verstärkten nicht nur die Bestrebungen zur Durchsetzung des politischen Liberalismus[4], sondern waren auch maßgeblich am Aufbau der wirtschaft-

[4] So legte z. B. der deutsche Staatsrechtler Ludwig Snell mit seiner Küsnachter Denkschrift den Grundstein für die Zürcher Kantonsverfassung von 1831, die als erste liberalrechtsstaatliche Verfassung der Schweiz gilt und später auch Vorlage für die Bundesverfassung von 1848 war. Die Verbreitung liberaler Ideen unterstützte Snell auch durch seine publizistische Tätigkeit als Redaktor und Chefredaktor beim „Schweizerischen Republikaner", dem damaligen führenden liberalradikalen Organ. Der preußische Offizier F.W. Rüstow, 1850 nach Zürich geflüchtet, wirkte bei der Organisation des neuen Bundesheeres nach preußischem Vorbild zunächst als Militärwissenschaftler und nach seiner Einbürgerung 1853 als Mitglied des Schweizerischen Generalstabs mit. Am Beispiel der 1833 neu gegründeten Universität Zürich lassen sich der große Anteil, den meist deutsche Immigranten am Aufbau der neuen Bildungsinstitutionen hatten, sowie die politische Funktion der an dieser Institution vermittelten Bildung absehen: Die Professuren der vier Fakultäten wurden gewiss auch aus wissenschaftlichen Erwägungen auschließlich mit qualifizierten ausländischen Wissenschaftlern besetzt. Und der Schweizer Alfred Escher, der spätere „Princeps" des liberalen Zürichs, der der Stadt und dem Kanton auch zu ihrer politisch-wirtschaftlichen Vormachtstellung innerhalb der Schweiz verhalf, gehörte zur ersten Generation der Absolventen dieser Universität. Eine weitere Gruppe innovativer Immigranten ist der aufkommenden Arbeiterbewegung zuzurechnen. Die Periode der „sozialistischen" Innovationen, wie man sie generalisierend auch nennen könnte, umfasst ungefähr den Zeitraum von den vierziger Jahren des 19. Jahrhunderts bis in die zwanziger Jahre des 20. Jahrhunderts. Überblickt man diese Innovation vor dem Hintergrund der schweizerischen Umstände, so drängt sich geradezu die Vorstellung einer Schrittmacher- bzw. Protagonistenrolle auf, welche die Immigranten u. a. für die geistigen Konzepte, aber auch die Organisationen der „verspäteten" Schweizer Arbeiterbewegung von Anfang an inne hatten.

lichen Grundlage für die *zweite* Einwanderungswelle beteiligt[5], die in der zweiten Hälfte des 19. Jahrhunderts einsetzte und mit dem Ersten Weltkrieg ihr Ende fand.

Auf die Eliteneinwanderung folgte eine Arbeiter-Massenwanderung, in deren Folge der Bestand der ausländischen Wohnbevölkerung der Schweiz von 1850 bis 1914 von rund 72.000 auf rund 600.000 zunahm (15,4% der Einwohner). Auch die Einwanderer dieser *zweiten* Welle kamen aus räumlich und kulturell wie strukturell „nahen" Ländern. Sie rekrutierten sich praktisch ausschließlich aus Deutschland, Frankreich, Italien und Österreich. Im Jahre 1860 stellten diese Länder zusammen 97,3% des Ausländerbestandes, 1910 belief sich ihr Anteil auf 95,2%. Auf die Phase der *Überschichtung* folgte die der *Unterschichtung* der schweizerischen Sozialstruktur.

Die *dritte* Welle der Einwanderung setzte in den fünfziger Jahren des 20. Jahrhunderts ein, mit dem Schwergewicht in den sechziger Jahren. Von 1950 bis 1970 nahm die Zahl der Ausländer in der Schweiz von rund 285.000 auf rund 983.000 zu (15,9%). Für die geographische Nähe der Einwanderer der *dritten* Welle gilt zunächst das gleiche wie für die *zweite* Welle Gesagte. Noch 1960 betrug der Anteil der Einwanderer, die aus den an die Schweiz angrenzenden vier Ländern stammten, 87,1%. Von 1960-1970 verloren sie dann etwa gleichviel Prozentpunkte wie in den 100 vorhergehenden Jahren: 1970 stellten sie nur noch 75,0% der ausländischen Wohnbevölkerung. Diese Zahl verbirgt allerdings, dass sich innerhalb dieses Gesamts im Zeitablauf starke Verschiebungen der auf die einzelnen Länder entfallenden Anteile ergaben. Der relative Anteil der Deutschen und Franzosen hat stetig zugunsten der Italiener abgenommen, wogegen der kleine Anteil der Österreicher geringeren Schwankungen unterlag. Während 1860 die Deutschen 41,6%, die Franzosen 40,5% und die Italiener 12,0% der ausländischen Wohnbevölkerung ausmachten (Österreicher 3,2%), stellen hundert Jahre später (1960) die Deutschen 16,0%, die Österreicher 6,5% und die Franzosen nur noch 5,4%,während der Anteil der Italiener auf rund 60% (59,2%) angestiegen ist. 1970 stellen die Deutschen noch einen Anteil von 11,8% und die Franzosen von 5,2%, während die Italiener zwar noch mehr als die Hälfte (53,6%) ausmachen (Österreicher 4,4%), allerdings in schneller Abnahme begriffen sind.

In den siebziger Jahren zeichnet sich dann eine deutliche Erweiterung der migrationsrelevanten Umwelt der Schweiz ab, die den Übergang zu einer *Einwanderung* markiert, welche es rechtfertigt, von einer *vierten* Welle zu sprechen. 1980 stellen die angrenzenden Staaten nur noch 65,5% der ausländischen Wohnbevölkerung, Spanien dagegen nun 10,9%, Jugoslawien und die Türkei

[5] Lorenz Stucki (1968, 109) stellt deshalb zu recht fest: „Es ist angesichts einer mehr oder weniger latenten Fremdenfeindlichkeit in der Schweiz überflüssig, nachdrücklichst darauf hinzuweisen, dass es, von den Uhren bis zur Chemie, gar kein Schweizer [wirtschaftliches] Imperium gäbe ohne Ausländer."

4,9% und 4,3% sowie Afrika und Asien zusammen 3,0%. 1990 ergibt sich dann folgendes Bild: Der Anteil der Deutschen, Franzosen, Österreicher und Italiener sinkt unter 50% (49,15%). Die immer noch „nahen" Spanier (10,6%) und Portugiesen (7,8%) lösen allmählich die Italiener ab, die Jugoslawen nehmen auf 12,8% zu, die Türken stellen 5,8% und Asiaten und Afrikaner zusammen 4,6%. 1998 schließlich ist der Anteil der Deutschen, Franzosen, Italiener und Österreicher auf 38,4% gefallen, und innerhalb der ausländischen Wohnbevölkerung stellen die Italiener nur noch einen Anteil von rund 25% (24,8%). Nahezu gleich groß (23,8%) ist nun der Anteil der Ex-Jugoslawen bzw. Jugoslawen. Die Spanier (6,7%) haben abgenommen und die Portugiesen (10,1%) noch zugenommen. Türken machen jetzt 5,9% der ausländischen Wohnbevölkerung aus und Afrika und Asien verdoppeln gegenüber 1980 ihren Anteil von 3,0% auf 6,0%.

Diese Zahlen über die Zusammensetzung der ausländischen Wohnbevölkerung bedürfen der Ergänzung um Angaben zur Asylmigration und zur illegalen Einwanderung. Dieser Einwanderungstyp gewinnt seit Anfang der achtziger Jahre zunehmend an Bedeutung, er setzt den bereits aufgezeigten Trend fort und dominiert sukzessive die öffentliche Wahrnehmung und die politische Diskussion der neueren Einwanderung.

Was ist „neu" an dieser *vierten* Welle der Einwanderung im Vergleich zu den vorhergehenden drei Wellen?

1. Die ganze Welt ist jetzt zur migrationsrelevanten Umwelt der Schweiz geworden und folglich hat die Einwanderung in die Schweiz beim Übergang von der *dritten* zur *vierten* Welle strukturell wie kulturell ihren Charakter geändert: Die ethnische und nationale Zusammensetzung der Einwanderer wird sichtbar heterogener, d. h. Menschen aus zunehmend mehr Teilen der Welt nehmen über verschiedenste Zugangswege (von kontingentierten Arbeitsbewilligungen über Familiennachzug etc. bis zu Asylgesuchen und illegaler Einreise) am Wanderungsgeschehen teil. Während 1980 noch 3.020 Asylgesuche aus aller Welt von Afghanistan bis Zaire registriert wurden, gingen von 1981 bis 1990 130.029 Asylgesuche ein, und von 1991 bis 1998 betrug deren Zahl 200.755. Insgesamt hielten sich Ende August 1999 rund 182.000 dem Asylbereich zuzurechnende Personen in der Schweiz auf. Das entspricht ohne die illegal Anwesenden auf die ausländische Wohnbevölkerung der Schweiz bezogen, einem Anteil von 13,5%. Und so finden sich heute in Zürich z. B. Menschen aus mehr als einhundert Ländern und allen Kontinenten.

Zwischen 1990 und 1998 bewegt sich die Anerkennungsquote der Asylgesuche zwischen 3,0% (1990) und 14,9% (1995). 1998 z. B. wurden in 9,5% der Gesuche positive Entscheide gefällt; von den Abgewiesenen erhielten zusätzlich 14% eine vorläufige Aufnahme. Den übrigen drohte die „Wegweisung", der sich aber rund 60% durch Untertauchen entzogen (BFF 1998/99, 20), also in ein anderes Land weiterwanderten oder als „sans papiers" in der Schweiz blieben, ebenfalls ein neues Phänomen.

2. Während bis unlängst die Schweiz bestimmte, wen sie als Arbeitsmigranten („Gastarbeiter") zulassen wollte, bestimmen nun die „neuen" Fluchtmigranten (Asylbewerber), in welches Land sie einreisen wollen, und die Schweiz genießt dabei wie die eben präsentierten Daten gezeigt haben hohe Priorität und Attraktivität[6]. Diese Umkehrung der Wahl bedeutet eine Abnahme der Chancen des Einwanderungslandes, über die noch akzeptierbare „Ferne" der Einwanderer zu befinden.

3. Noch Ende der siebziger Jahre konnte ich in einer groß angelegten international vergleichenden Untersuchung feststellen (Hoffmann-Nowotny/Hondrich 1982), dass eine nennenswerte soziale Entmischung von Stadtquartieren in der Schweiz trotz einer ganz massiven Zuwanderung nicht stattgefunden hatte. Dagegen verzeichnen wir heute in Zürich, wie eine große Zürcher Tageszeitung titelte, eine eigentliche „Flucht" der Einheimischen (zusammen mit „alten" Einwanderern) vor den „Fremden" aus bestimmten Stadtteilen, in denen jüngst zugewanderte ausländische Kinder und Jugendliche bis zu 90% der Schülerschaft stellen.

4. Die Konstituierung von Einwanderern als ethnische Gemeinschaften (z.T. als transnationale Diaspora) mit einem zunehmenden Weberschen „Gemeinsamkeitsglauben" schreitet anscheinend voran und reduziert die Chancen einer Integration und Assimilation.

5. Vor dem Hintergrund von Bürgerkriegen oder bürgerkriegsähnlichen Konflikten im Heimatland und deren Finanzierungsbedarf kontrollieren einige Diaspora-Organisationen „ihre"Gemeinschaften und haben z. T. eine Art von klandestinem Staat im Staate etabliert, mit eigenem „Gewaltmonopol" und dem „Recht" auf Einzug von „Steuern", die durchaus nicht unbedingt unfreiwillig entrichtet werden.

6. Bisher „ferne" Religionen, insbesondere der Islam, mit komplexeren Strukturen als die in dieser Hinsicht „einfachen" christlichen Konfessionen, die zudem einen Säkularisierungsprozess erfahren haben, sind als „Fremdes" mit den „Fremden" in die Schweiz gekommen und stellen strukturelle und kulturelle Selbstverständlichkeiten des Einwanderungslandes in Frage.

7. Ausländer-Kriminalität, die zu Zeiten der Gastarbeiterwanderungen kein Thema war, erzeugt heute im Zuge des ebenfalls neuen Phänomens des so genannten „Kriminaltourismus" große Ängste. Sie steht ganz zuoberst auf der Agenda der politischen Diskussion, und eignet sich neben der Schürung schon

---

[6] 1999 entfielen 10,5% aller Asylanträge in Europa auf die Schweiz. Sie war damit das drittwichtigste Aufnahmeland nach Deutschland (21,8%) und Großbritannien (20,9%) (vgl. Migration und Bevölkerung 2000, S. 1).

traditionell zu nennender „Überfremdungsfurcht" hervorragend dazu, populistisch politisch ausgeschlachtet zu werden.

8. Die Neologismen „Transmigration" und „zirkuläre Migration" bezeichnen die Beobachtung einer anscheinend zunehmenden Zirkulation von Migranten sowohl zwischen Einwanderungsgesellschaften als auch im Sinne eines verstärkten Pendelns zwischen Aus- und Einwanderungsländern. Dies sind zwar nicht, wie in manchmal unhistorischer Perspektive festgestellt wird, *völlig* neue Phänomene im Bereich der Migration; es mag aber richtig sein, dass sie jetzt einen größeren Umfang als z. B. in der dritten Einwanderungswelle angenommen haben (vgl. dazu u.a. La circulation migratoire 1998 sowie Vertovec/ Cohen 1999). Gleiches gilt vermutlich auch für eine Eliteneinwanderung[7], die zunehmend gefordert und gefördert wird (vgl. dazu die Green-Card-Diskussion in der Bundesrepublik Deutschland).

9. Wenn wir von einer vierten Welle der Migration gesprochen haben, so ist daran schließlich vermutlich *grundlegend* neu, dass diese Welle aller Voraussicht nach nicht wie die vorhergehenden einsetzt, einen Gipfel erreicht und dann ausklingt, sondern wohl auf unabsehbare Zeit weiterläuft. Dies deshalb, weil, worauf im folgenden näher eingegangen wird, ihre Determinanten, die strukturellen Spannungen in der Weltgesellschaft, von Dauer sind und wahrscheinlich zunächst jedenfalls eher noch zu- als abnehmen werden. Dementsprechend ergeben sich auch Spannungstransfers aus den Auswanderungs- in die Einwanderungsländer, die u.a. in dort ausgetragenen Konflikten zwischen im Auswanderungsland verfeindeten Kollektiven einen Ausdruck finden.

Resümierend lässt sich konstatieren: Erst langsam, sehr langsam sogar, dann schneller und sehr schnell jetzt, hat sich die migrationsrelevante Umwelt der Schweiz erweitert, nimmt die „Ferne"der Fremden zu[8].

---

[7] „Green-Card"-Einwanderer in Deutschland sollen entweder ein Hochschuldiplom aufweisen oder ersatzweise in ihrer letzten Stellung ein Jahreseinkommen von über 100.000 DM erzielt haben.

[8] In Bezug auf Simmels Zitat zum „Fremden" wurde hier zwar nur die „nationale" Fremdheit behandelt, entsprechende empirische Belege ließen sich jedoch auch für die soziostrukturelle bzw. kulturelle „Ferne" der Migranten anführen.

**III.** Aus makrosoziologischer Perspektive verweist die mit jeder Einwanderungswelle in die Schweiz eben nachgewiesene Erweiterung des migrationsrelevanten Raumes auf den Prozess der Entstehung einer „Weltgesellschaft", d.h. auf die Tatsache, dass die Welt zunehmend eine Welt wird und als *eine* Gesellschaft gesehen werden muss. Dies ist die Konsequenz eines Prozesses, den Europa seit Beginn der Neuzeit vollzogen hat: Nämlich die kulturelle und strukturelle Durchdringung der Welt, die man als „Europäisierung" und „Verwestlichung" beschreiben kann. Sie ist Ergebnis eines Jahrhunderte währenden und in jüngster Zeit noch beschleunigten Prozesses von Eroberungen, Kolonisierungen, wirtschaftlicher, touristischer und insbesondere zunehmend massenmedialer Durchdringung. Die Globalisierung als Verwestlichung der Welt hat eine *strukturelle* und eine *kulturelle* Dimension, auf denen die Nationen, welche die Weltgesellschaft bilden, unterschiedliche Positionen einnehmen.

Auf der *kulturellen* Dimension bedeutet die Verwestlichung der Welt eine Diffusion des westlichen Modells im Sinne einer *Kulturintegration* oder *Werthomogenisierung*. Das heißt, es existieren in der Welt gemeinsame *Vorstellungen* oder *Visionen* von Demokratie, universellen Menschenrechten, sozialer Gerechtigkeit, dem Recht auf Selbstbestimmung, Minderheitenschutz u.s.w., die aber faktisch nur höchst unterschiedlich realisiert sind. Wer z.B. in China oder im Iran diese Werte einfordert, der geht ins Gefängnis oder riskiert sein Leben, wie wir jüngst wieder erfahren haben. Wir können also von einer *kulturellen* Schichtung innerhalb der Weltgesellschaft sprechen, einer Schichtung nach *immateriellen* Werten.

Auf der *strukturellen* Dimension bedeutet die Verwestlichung der Welt eine Diffusion des westlichen Modells im Sinne einer *Strukturintegration*, die in der wirtschaftlichen Dimension(„Weltwirtschaft") am deutlichsten erkennbar ist. Auf dieser Dimension ist wiederum eine massive Ungleichheit innerhalb der Weltgesellschaft zu verzeichnen, die in Unterschieden ökonomischer Entwicklung, von Wohlstand und Wohlfahrt, deutlich sichtbar ist. Sie bringt eine Schichtung nach *materiellen* Werten zum Ausdruck.

Die Welt hat sich also im Zuge der Globalisierung zwar europäisiert und verwestlicht, ohne dass aber die entsprechenden gesellschaftlichen Strukturen und Werte auch überall Realität geworden wären. Und so konstatieren wir zwar Simmels „Gleichheiten" hinsichtlich der *Präferenzen* für bestimmte Werte immaterieller und materieller Art; doch genau dies, der daraus resultierende *Anspruch* der Unterprivilegierten auf Realisierung dieser Werte, ist aber tendenziell spannungsträchtig, weil etwa Verteilungskonflikte implizierend, und insbesondere dann, wenn der Anspruch auf materielle Werte auf kriminellen Wegen realisiert wird.

Aus soziologischem Blickwinkel ist die Weltgesellschaft also als eine geschichtete Gesellschaft zu bezeichnen. Man kann von einer internationalen *Unterschicht* (unterentwickelte Länder),einer internationalen *Mittelschicht* (z.B. Schwellenländer) und einer internationalen *Oberschicht* (hochentwickelte Länder) sprechen.

Das Schichtungskonzept impliziert eine prinzipiell „offene" Gesellschaft, d.h. eine Gesellschaft, die (im Gegensatz zu feudalen oder Kastengesellschaften) soziale Mobilität erlaubt, welche wiederum häufig mit geographischer Mobilität, d.h. Migration, verbunden ist. Internationale Migration kann dann als eine spezifische Strategie für soziale Aufwärtsmobilität betrachtet werden: Sie ist ein Ersatz, ein funktionales Äquivalent für eine nicht mögliche *individuelle* Realisierung der genannten Werte im Auswanderungsland oder für ausbleibende *kollektive* Mobilität, d. h. der erfolgreichen Entwicklung eines solchen Landes, an der seine Bürger hinreichend teilhaben würden.

Und es ist, das kann gar nicht genügend betont werden, die *kulturelle* Integration in Gestalt der Diffusion westlicher Werte, welche die Struktur des internationalen Systems und das heißt: die darin vorfindbare Ungleichheit der Lebensstandards und Lebenschancen erst im individuellen Bewusstsein ihren Niederschlag finden lässt. Die Wertdiffusion kann auch durch Aktionen, wie die im Iran und in China verhängten Verbote der Satellitenantennen oder der Kontrolle des Internets, nicht aufgehalten werden. Gemeinsam mit den kaum abnehmendenEntwicklungsunterschieden schafft die Diffusion der Werte ein Potential an Mobilisierung und Mobilität, das sich angesichts des bisher geringen Erfolges *kollektiver* Entwicklungsanstrengungen den Weg der *individuellen* Mobilität via Emigration geradezu suchen *muss*. Abermillionen von Menschen sind ganz offensichtlich nicht länger bereit, auf die Früchte *kollektiver* Anstrengungen zur Reduktion des Entwicklungsrückstandes und zur Verbesserung ihrer Lebenschancen zu warten. Sie versuchen vielmehr, ihre *individuelle* Lebenssituation durch eine Emigration in Länder der entwickelten Welt zu verbessern und können dabei zu „Fremden" werden, u. a. auch in der Schweiz. Zu „Fremden" etwa deshalb, weil die Wert- und Strukturhomogenisierung zwar im Rahmen der Weltgesellschaft stattgefunden hat und weiter stattfindet, allerdings (zunächst) nur im Sinne der Bildung von „gesellschaftlichen" *Super*kulturen und *Super*strukturen, während darunter aber „gemeinschaftliche" *Sub*kulturen und *Sub*strukturen weiterexistieren und als strukturelles und kulturelles „Erbe" mitgebracht werden (z. B. Loyalitäts-, Rechts- und Familienstrukturen auf der einen und ihnen entsprechende kulturelle Wert- und Normmuster auf der anderen Seite).

**IV.** Wie ist die Schweiz, wie sind die Schweizer, mit den „Fremden", mit den eingangs erwähnten „Zumutungen der Fremdheit" (Seifert 1998, 27) im Zeitablauf umgegangen?

Die Einwanderer der frühen ersten Welle, die verfolgten deutschen Demokraten und Gelehrten, wurden wie Ehrenzeller (zit. nach Braun 1970, 382) formuliert, als „Gesinnungsverwandte der Schweizer" gesehen. Sie brachten alle Voraussetzungen für eine schnelle Integration mit, und viele von ihnen konnten auch bald als assimiliert gelten. Allerdings empfanden die Behörden jene dieser Einwanderer als „fremd", die politische Ideen linker oder linksradikaler Provenienz vertraten und reagierten darauf mit verschiedenen polizeilichen Maßnahmen, die in einigen Fällen bis zur Ausweisung reichten[9].

Aber nicht nur wegen linker Umtriebe von Einwanderern wurde die zeitgenössische Diskussion bald vom Begriff der „Überfremdung" dominiert, die zunächst einen Teil der *überschichtenden* Einwanderer und zwar ausschließlich die Deutschen ins Visier nahm. Nur gut 20 Jahre nach dem Scheitern der 48er Bewegung entstand das neue deutsche Reich, das sich bald zur Weltmacht entwickelte. Nicht alle deutschen Einwanderer konnten sich dem Rausch der „verspäteten Nation" (Plessner 1969 [1935]) entziehen, und so konstatierte der Historiker Rudolf Braun: „Insbesondere von den Reichsdeutschen in der Schweiz ging ein starkes missionarisches Potential aus" (1970, 381)[10]. Der von seinem Vaterlande ausgestoßene „Gesinnungsverwandte" wurde nun so noch einmal Ehrenzeller „zum geistigen Vertreter der deutschen Weltmacht im Ausland, zum Pionier für deutsches Wesen und deutsche Kultur, zum natürlichen Führer der Ausländerkolonie, die rasch anwuchs" (zit. nach Braun 1970, 382). Und Schmid kommt in seinem Exposé mit dem Titel „Die Schweiz im Jahre 2000" zu dem Schluss: „Der in absehbarer Zukunft erfolgende Anschluss an das uns mit seiner Einwanderung überflutende Großreich wird sich nicht etwa in kriegerischen Formen vollziehen, sondern als reiner Entwicklungsprozess in aller Ruhe und Konsequenz abwickeln" (Schmid, zit. nach Schmid 1915, 37), wobei er mit „Großreich" sicher nicht hellseherisch die EU meinte.

---

[9] Als „fremd" sind von bürgerlichen Kreisen sicher auch die von Immigranten initiierten und geführten Vereinigungen der Arbeiterschaft bewertet worden, die sich bald zu Gewerkschaften und einer Sozialdemokratischen Partei transformierten.

[10] Vor einer „Germanomanie" waren auch große Schweizer anscheinend nicht gefeit. So schrieb der 24-jährige Jacob Burckhardt 1841 an seine Schwester: „Ich möchte vor dieser heiligen deutschen Erde auf die Knie sinken und Gott danken, dass ich deutsche Sprache rede! Ich danke Deutschland alles." Conrad Ferdinand Meyer formulierte: „Geduld! Es kommt der Tag, da wird gespannt ein einig Zelt ob allem deutschen Land." Und selbst Gottfried Keller ließ sich zu der - immerhin bedingten - Aussage verleiten: „Sobald das deutsche Reich wieder Raum für demokratische Staatsgebilde hat, gehören die Grenzpfähle auf den Gotthard" (zit. nach Willi 1970, 53).

Eine solche Sicht der Einwanderung, „der Gefahren, die unserer Nation von der Fremdeninvasion drohen", (Bundespräsident Comtesse im Jahre 1910, zit. nach Schmid 1915, 6) eine Sicht, die anfangs dieses Jahrhunderts weit herum geteilt wurde, kann nicht einfach als „fremdenfeindliche Hysterie" der schweizerischen Eliten abgetan werden, auch wenn sie aus heutiger Perspektive sehr übertrieben erscheint. Generalisiert werden kann an diesem Geschehen, wie ursprünglich als „Gesinnungsverwandte", als „Nahe" empfundene Einwanderer durch von ihnen aufgenommene Einflüsse aus ihrem Herkunftsland erst zu „Fremden" werden.

Gewalttätigen Ausdruck fand die Furcht vor „Überfremdung" aber nicht gegenüber den „überschichtenden" Deutschen, sondern gegenüber den „unterschichtenden" Italienern, die wie gezeigt zu dieser Zeit (1896) nur eine Minderheit der Ausländer in der Schweiz ausmachten. „Das lärmende Benehmen der Italiener, ihr provokatorisches Auftreten, die Angriffe auf Sittlichkeit und Sicherheit usw. haben die Bevölkerung zu einem wahren Ingrimm gegen die Italiener aufgestachelt", heißt es in einem Zeitungsbericht (zit. nach Willi 1970, 41) über pogromartige Auseinandersetzungen zwischen Einheimischen und Italienern in Zürich Ende Juli 1896. Und weiter: „Eine Anzahl junger Leute thaten sich zusammen, um am Abend eine Reihe italienischer Wirtschaften auszuräumen. Familienväter und andere Bürger schlossen sich an; der Haufe soll zuletzt auf etwa 600 Mann angewachsen sein. An der Brauerstrasse wurde ein kleines von Italienern bewohntes Haus vollständig verwüstet; in einigen Wirtschaften wurde alles kurz und klein geschlagen, Scheiben herausgeschlagen, Buffets demoliert usw. Die dreissig zur Herstellung der Ruhe beorderten Polizisten waren vollständig ohnmächtig ... Heute (Montag) mittag soll eine Versammlung von Bürgern zusammentreten um sich zu besprechen, wie die Italiener endlich einmal aus Aussersihl und überhaupt aus der Stadt hinauszubringen seien." Schließlich musste „militärische Hülfe" angefordert werden: „Zwei Kompagnien rückten von verschiedener Seite her mit aufgepflanztem Bajonett an. Sie wurden vom Grossteil der Menge mit ‚Hurra'-Rufen empfangen, andrerseits wurden einzelne Pfiffe hörbar, deren Urheber nicht ermittelt werden konnten. Während das Militär sich vor dem Kreisgebäude aufstellte und seine Instruktionen erhielt, beflissen sich zwei deutsche Radaubrüder, der Volksmenge begreiflich zu machen, dass das Militär eine freiheitswidrige Einrichtung sei, die sich gegen das Volk kehre, wie dieses Beispiel beweise. Die aufreizenden Reden der Beiden wurden angehört, ohne dass sich eine Hand rührte; sie erreichten ihren Zweck nicht. Dagegen wurde den Rednern auch der gebührende Lohn einige Stunden Aufenthalt in besserem Gewahrsam nicht zu teil..." (soweit ein Korrespondent der NZZ, zit. nach Willi 1970, 39).

„Überfremdung" meinte aus zeitgenössischer Sicht Gefahren, die sich aus dem „*Fremdbleiben* der Fremden" so noch einmal Schmid (1915, 19) ergeben sollten und als dessen Folge, „dass *wir* vom fremden Bevölkerungsschlage beeinflusst, assimiliert werden" und das „*Schweizertum* [dabei ist, sich] gänzlich aufzulösen" (Schmid 1915, 39), bis hin zum Verschwinden der Schweiz als nationalstaatlicher Einheit.

In *retrospektiver* Sicht haben sich diese zeitgenössischen Ängste jedenfalls nicht erfüllt. Wie sich zeigte, hat trotz der beschriebenen Befürchtungen die „recht kräftige Assimilierungspotenz" (Schmid 1915, 18) der Schweiz nicht nur zu einer Assimilation der Italiener, sondern auch der Deutschen geführt. Die „Ausländerkolonien" wurden durch massive Rückwanderungen im Zusammenhang mit dem Ersten Weltkrieg und wirtschaftlichen Krisen dezimiert und haben sich schließlich aufgelöst. Die verbliebenen „Fremden" waren zu „Nahen" geworden.

Dies gilt retrospektiv gesehen, wie später ausgeführt wird, auch für die *dritte* Wanderungswelle bis in die siebziger und frühen achtziger Jahre. Als hätte die Geschichte nichts gelehrt, wurde in der öffentlichen Überfremdungsdiskussion wie in den offiziellen Verlautbarungen nahtlos an die Diskussion vor dem Ersten Weltkrieg und noch mehr an die sicher realen Gefährdungen der Zeit des Nationalsozialismus angeknüpft.

„Überfremdung" nicht nur als Begriffsdefinition, sondern auch im Sinne der Beschreibung eines konkreten Sachverhaltes wurde 1964 amtlicherseits umschrieben „als der Einfluss von nicht oder ungenügend assimilierten Angehörigen fremder Kulturen..., der so stark ist, dass die wesentlichen und tragenden Vorstellungen, die der eigenen Kultur zugrunde liegen, durch fremde Vorstellungen überdeckt werden und die Bevölkerung ihre Lebensverhältnisse nicht mehr auf Grund ihrer eigenständigen Traditionen gestaltet" (BIGA 1964, 136). Solche Gefahren, so meinte man, könnten von den italienischen Fremdarbeitern ausgehen. Schließlich wurde nicht nur nachträglich betrachtet in geradezu abenteuerlicher Weise formuliert: „Man muss sich die Zeit des Zweiten Weltkrieges oder die Epoche des Nationalsozialismus und des Faschismus vor Augen halten, um sich über die möglichen Gefahren klar zu werden" (139).

Ausdruck dieser Stimmungen war schließlich eine Serie von Volksbegehren, die eine verfassungsmäßig verankerte Begrenzung des Ausländeranteils zum Ziel hatten. Ein erstes „Volksbegehren gegen die Überfremdung" wurde der Bundeskanzlei mit 59.164 gültigen Unterschriften am 30. Juni 1965 von der *Demokratischen Partei* des Kantons Zürich eingereicht, jedoch im März 1968 nach Plafonierungsversprechen des Bundesrates zurückgezogen, so dass eine Abstimmung darüber nicht stattfand. Das zweite „Volksbegehren gegen die Überfremdung" (Überfremdungsinitiative II), gegenüber dem ersten erheblich verschärft, wurde am 20. Mai 1969 mit 70.292 gültigen Stimmen von einem Komitee der als politische Partei aktiven *Nationalen Aktion gegen die Überfremdung von Volk und Heimat* eingereicht und kam am 7. Juni 1970 zur Abstimmung. Bei einer außerordentlich hohen Stimmbeteiligung von 74,7% wurde die Initiative mit 46% Ja-Stimmen gegen 54% Nein-Stimmen relativ knapp verworfen. Eine Annahme der Überfremdungsinitiative II hätte bedeutet, dass der seinerzeitige Ausländerbestand um etwa 44% hätte reduziert werden müssen. Ich merke hier an, weil ich später noch einmal darauf zurückkomme, dass die zitierten offiziellen Stellungnahmen und die Überfremdungsinitiativen sich praktisch ausschließlich gegen die so „fernen" Italiener richteten. Der geringste Anteil der Ja- Stimmen bei der Überfremdungsinitiative II wurde zwar im Kanton Tessin erreicht, betrug aber auch bei dieser, den Italienern „nahen" Bevölkerung, mehr als ein Drittel (36,2%). (Der höchste Anteil Ja-Stimmen fand sich im „Ur- Kanton" Uri mit 63,3%).

Zwar kommt der Bundesrat zu dem Schluss: „Wegen der schwerwiegenden wirtschaftlichen Folgen lässt sich der von der Initiative verlangte überstürzte und übertriebene Abbau nicht verantworten." Die Bedenken der Befürworter der Initiative liegen aber auf einer gänzlich anderen Ebene. So argumentiert der zu den Initianten der Überfremdungsinitiative II gehörende Nationalrat Dr. James Schwarzenbach: „Die Ueberzahl der Ausländer...bringt unser Vaterland in Abhängigkeit gegen aussen, gefährdet Handhabung von Ruhe und Ordnung im Innern, verunmöglicht einen wirksamen Schutz der Freiheit durch unsere Armee, schmälert die Rechte der Eidgenossen und schädigt ihre gemeinsame Wohlfahrt...heute [macht] die ‚Aktion gegen die Ueberfremdung' von ihrem Initiativrecht ohne Rückzugsklausel Gebrauch, damit in dieser Frage auf Leben und Tod das Schweizervolk das letzte Wort hat."(Züri-Leu 1969, 13.2., 3).

Dieser Appell der „Überfremdungsgegner" an ein anomisches Potential kommt stärker noch vor den Nationalratswahlen des Jahres 1971 zum Ausdruck. So lesen wir in einem Wahlaufruf der *Schweizerischen Republikanischen Bewegung* (der Partei des aus der *Nationalen Aktion* ausgeschiedenen Dr. James Schwarzenbach): „Auf vielen Mitbürgern lastet Unsicherheit, ja Angst. Die Verunsicherung greift wie eine innere Krankheit um sich. Schwächliches Zaudern und halbbatziges Durchgreifen der Behörden verschlechtern die Situation. Wir wollen die Entschlossenen sammeln, die Hoffenden unterstützen und die Resignierten aufmuntern. Wir wollen mithelfen, aufzuhellen und neues Vertrauen zu schaffen." Das ist zwar reinster Populismus, im Gegensatz zum heutigen aber zumindest in literaturfähigem Deutsch.

Wiederum, so zeigt auch hier die Retrospektive, ist von den Befürchtungen nichts wahrgeworden. Es konnte davon unter den gegebenen Bedingungen auch nichts wahr werden. Dass die skizzierte Sicht abwegig war, wurde nicht erst im nachhinein, sondern schon seinerzeit von mir festgestellt und theoretisch begründet (Hoffmann-Nowotny 1973) und später (Hoffmann- Nowotny/ Hondrich 1982) noch einmal empirisch bestätigt.

Von den italienischen Fremdarbeitern wurde nicht nur erwartet, sich als temporär (Rotationsprinzip) anwesende Arbeitskräfte zu verstehen, sie sahen sich auch selbst lange in dieser Funktion: 1969 äußerten 87,5% der im ersten Jahr in der Schweiz arbeitenden Italiener die Absicht, nach Italien zurückkehren zu wollen und selbst bei denjenigen, die 11 und mehr Jahre in der Schweiz geweilt hatten, betrug dieser Anteil noch 64,6% (Hoffmann-Nowotny 1973, 256). Dass die Absicht zurückzukehren sich in vielen Fällen als „Heimkehrillusion"(Braun 1970, 496 ff.) erwies, steht auf einem anderen Blatt.

Es kann jedoch kein Zweifel daran bestehen, dass unterschichtende Einwanderer, die eine hohe Rückkehrbereitschaft aufweisen, weil „der Aufenthalt im Gastland nur die Bedeutung eines Arbeitsplatzes besitzt" (Heintz/Hoffmann-Nowotny 1969, 470), kein Subjekt eines überfremdenden Einflusses sein konnten. Es kam aber auch nicht, nachdem die Rückkehrabsichten sich vielfach als „Heimkehrillusionen" erwiesen hatten, zur Bildung von dauerhaften Minderheiten und einer Gesellschaft, in der die eingewanderten „Fremden" auf Dauer „fern" geblieben wären.

Wie erwähnt, richteten sich die eben zitierten Aussagen zur Überfremdungsgefährdung durch die Einwanderer der dritten Welle praktisch ausschließlich gegen die Italiener. Und unsere Forschungsergebnisse von 1969 belegen eindeutig, dass die im Bericht der offiziellen Studienkommission für „Das Problem der ausländischen Arbeitskräfte" zum Ausdruck gekommenen Einstellungen von einer Mehrheit der Bevölkerung geteilt wurden. 57% fanden, die Schweiz sei überfremdet; 63% wollten „Leute unterstützen, die sich zum Ziel setzen, die typisch schweizerische Eigenart vor dem Einfluss der Ausländer zu bewahren"; 74% erklärten sich mit dem Statement, die Italiener stellten „eine Bereicherung unserer Kultur dar", nicht einverstanden; 56% konnten sich mit dem Gedanken, einen Italiener zum Schwiegersohn zu haben, nicht anfreunden; im Polaritätenprofil (mit 7 Stufen) erhielten Eigenschaften wie „lärmig", „rückständig" oder „gewalttätig" zwischen 4 und 6 Punkten usw.

Die nicht unberechtigte Vermutung, dass die Italiener als Europäer generell und hinsichtlich ihrer Sprache und Konfession speziell in der Schweiz wegen dieser „Gleichheiten" als „nahe" hätten empfunden werden können, findet in den Befragungsdaten von 1969 keine Bestätigung. Diese „Gleichheiten" reichten jedenfalls nicht aus, „Nähe" zu erzeugen.

Umso spektakulärer mutet es an, dass die Italiener, die sich am Ende des vergangenen Jahrhunderts als Angehörige der *zweiten* Welle massiver physischer Gewalt ausgesetzt sahen, denen gegenüber als Einwanderer der *dritten* Welle geradezu hysterisch zu nennende Überfremdungsängste artikuliert wurden, die sich in der Serie von Überfremdungsinitiativen mit der Forderung nach einer erzwungenen Rückwanderung konfrontiert sahen, rund 25 Jahre danach nun zu den sympathischsten aller „Fremden" avanciert sind. Gegenüber nur 26% im Jahre 1969 sind 1995 88% der Befragten der Ansicht, die Italiener bereicherten unsere Kultur. Gegenüber 56% im Jahre 1969 haben 1995 nur noch 8% etwas gegen einen italienischen Schwiegersohn, und ebenso werden die Italiener im Vergleich der Polaritätenprofile deutlich positiver eingeschätzt, ohne aber im übrigen den Schweizern sehr „nahe" zu kommen.

Als „fremd" und „unsympathisch" gelten jetzt Schwarzafrikaner, Türken, Araber und am Ende der Sympathieskala Jugoslawen, während Tamilen zwischen den Westeuropäern (Italiener, Spanier, Franzosen, Portugiesen, Deutsche) und den Schwarzafrikanern eine Mittelstellung einnehmen. Sie werden anscheinend als relativ „nahe"empfunden, weil sie als fleißig, arbeitsam und anpassungsbereit gelten. Die Tamilen laden faktoranalytisch gesprochen auf dem Faktor „Westeuropa".

Eher der Kuriosität halber sei noch kurz auf das Verhältnis der Schweizer, präziser der Deutschschweizer, zu den Deutschen eingegangen. Dieses Verhältnis kann als ein Musterbeispiel dafür gelten, dass ein geradezu idealtypisch zu nennendes Vorliegen von Simmels „Gleichheiten" keineswegs die Abwesenheit aversiver Einstellungen bedeutet. Wie sich nämlich zeigt, sind die Deutschen den Deutschschweizern herzlich unsympathisch: Auf der Sympathieskala belegen sie den 5. Rang hinter den Portugiesen (Rang 4) und sind nahezu gleichauf mit den Tamilen (Rang 6). Allerdings und hier schlagen wohl die „Gleichheiten" zu Buche: die Deutschen werden nicht als „Fremde" empfunden. Die negativen Einstellungen gegenüber *Deutschen* korrelieren überhaupt nicht mit negativen Einstellungen gegenüber *Ausländern*. Die Deutschen sind, so kann man sagen, die *ungeliebtesten* „Nahen" der Schweizer (der ungeliebte „große Bruder"), ein nicht symmetrisches Verhältnis, sind doch die Schweizer bekanntlich die *geliebten* „Nahen" der Deutschen (der geliebte „kleine Bruder"). Mehr als die Geschwistermetaphorik soll aber hier als Deutungsmuster nicht angeboten werden.

Die historische wie auch die aktuelle Erfahrung belegen eindeutig, dass die Integration und zumindest funktional ausreichende Assimilation der Einwanderer der ersten drei Wellen vergleichsweise unproblematisch verlief. Ob eines ferneren Tages mit Bezug auf die *vierte* Einwanderungswelle Ähnliches festgestellt werden kann, muss dagegen offen bleiben. Hier ist an das zum Charakter der vierten Welle als Dauerphänomen Gesagte zu erinnern. Wenn sich dies, was sehr wahrscheinlich ist, als richtig prognostiziert herausstellen sollte, so ist mit einem zwar im Umfang variierenden, aber permanenten Anteil von jeweils neuen „fremden" Einwanderern zu rechnen. Bemühungen um Integration und Assimilation müssen deshalb ebenfalls auf Dauer angelegt werden. Würden solche Bemühungen nicht greifen, so wäre von einer länger andauernden strukturellen Desintegration und kulturellen Segregation „neuer" Einwanderer und des damit verbundenen Entstehens einer neofeudal ethnisch geschichteten Gesellschaft auszugehen, wie wir sie heute schon in einer Reihe westeuropäischer Einwanderungsländer vorfinden.

Kommen Migranten wie die der *vierten* Welle zunehmend aus unter- oder wenig entwickelten Ländern und Regionen mit oft noch archaisch segmentären Sozialstrukturen, in denen es, wie Emile Durkheim (1977 [1930], 437) formulierte, „die erste Pflicht [ist]..., nichts Persönliches aufzuweisen, weder im Glauben noch im Handeln" also einander maximal „ähnlich" zu sein, so weisen sie häufig jenseits der erwähnten gleichen Präferenzen herkunftsbedingte Merkmale auf, die mit den strukturellen und kulturellen Anforderungen hochentwickelter Immigrationsländer oft nicht kompatibel sind.

Herkunftsbedingte Merkmale in Wechselwirkung mit Eigenschaften des Einwanderungslandes, insbesondere dem sozio-ökonomischen Wandel von der Industriegesellschaft hin zur Dienstleistungs- und Informationsgesellschaft, bieten *diesen* Einwanderern entweder von Anfang an keinen ökonomischen Boden oder entziehen ihnen diesen bald wieder. Die gegenüber Einheimischen oft mehr als doppelt so hohen Arbeitslosenziffern dieser Einwanderer (und leider auch solchen der zweiten Generation) sind ein quantifizierter Hinweis auf diesen Sachverhalt.

Wenn Einwanderer aber wie die der *vierten* Welle wegen der noch längerfristig unaufhebbaren Entwicklungsdistanzen zwischen Ein- und Auswanderungskontexten keine Rückkehrperspektive haben[11], und wenn gleichzeitig wegen der oben skizzierten Bedingungskonstellation sowohl eine Integration als auch die davon abhängige Assimilation erschwert sind, ist die Erhaltung *struktureller* Distanz und *kultureller* Differenz sehr wahrscheinlich.

*Kulturelle* Absonderung bedeutet die Schaffung von Minderheiten (Hoffmann-Nowotny 1974), *strukturelle* Segregation in unserem Kontext die einer fremdethnischen Unterschicht. Kommt beides zusammen, kumulieren sich Minderheits- und Klassenprobleme. Die Situation in Großbritannien, Frankreich und den Niederlanden, in denen Teile der eingewanderten Minderheiten allein als Folge eines zum Teil generationenübergreifenden Ausschlusses vom Arbeitsmarkt ein eigentliches „Lumpenproletariat" bilden, gibt hinreichenden Anschauungsunterricht für die Brisanz einer solchen Konstellation. Dann werden die *offenen* Gesellschaften der europäischen Immigrationsländer zu *geschlossenen*, werden sie auf ethnischer Grundlage geschichtet mit allen Folgen von Desintegration und Segregation.

In den Worten des Schriftstellers Aurel Schmidt (1998, 12): „Berlin ist im Begriff, eine türkische Stadt zu werden, Paris eine afrikanische. Man braucht nicht mehr nach Afrika...zu den fremden Völkern zu reisen, sie leben hier...Die Vorstadt oder ‚banlieue', die Bannmeile, ist genauso wie die ‚quartiers difficiles' ...wirklich ein Ort der Verbannung geworden, ein exterritoriales, sozusagen ausradiertes Gebiet, eine Zone für Ausgeschlossene, nicht anders als die Peripherie in der Antike".

Das wären also die Probleme, die auch auf das Einwanderungsland Schweiz zukommen könnten. In einigen „Integrationsleitbildern", z. B. dem der Stadt Zürich, finden sich Ansätze, diesen Problemen angemessen und rational zu begegnen, und es bleibt zu hoffen, dass sie auch erfolgreich umgesetzt werden. Für solch differenzierte Konzeptionen ist natürlich in Wahlzeiten kein Raum. Die Wahlwerbung für die Nationalratswahl vom 24. Oktober 1999 ließ aber

---

[11] Man vergleiche etwa die „unauffällige" Rückwanderung von Italienern der dritten Welle in der Rezession der siebziger Jahre (Ölkrise) mit der z. T. gewaltsamen Ausschaffung von abgewiesenen Asylbewerbern.

jene Argumente erkennen, die nach Meinung der Parteistrategen die Einwanderungsthematik zum Stimmenfänger machen konnten und, wie der für schweizerische Verhältnisse „erdrutschartige" Erfolg der SVP zeigt, auch gemacht haben.

Ich erinnere noch einmal an die Abstimmungs- und Wahlkämpfe Ende der sechziger, Anfang der siebziger Jahre mit den geradezu apokalyptischen Darstellungen der Überfremdungsgefahr. Heute erlebt dagegen die Überfremdungsgefahr („Ueberfremdung" als die Zerstörung der „wesentlichen und tragenden Vorstellungen, die der eigenen Kultur zugrunde liegen", BIGA 1964; 136) nach über hundertjähriger starker Konjunktur eher eine gewisse Rezession.

Trotz kulturell zunehmend „fernerer" Fremder erscheinen nicht so sehr die so schwierig zu definierende *Kultur* der Schweiz und ihre nationale *Identität* gefährdet; jetzt geht es um Konkreteres und Zählbares: „Zehntausende" so heißt es in einer Wahlzeitung (Wahlaufruf der SVP: So wollen wir die Schweiz, 1999, 6)„[missbrauchen] unter dem Deckmantel des Asylrechts unsere großzügigen Sozialleistungen" und die Schweiz ist zu einem „Eldorado für Kriminelle" geworden. Das Schüren von Ängsten ist geblieben, gewandelt haben sich die Sachverhalte, an die Ängste geknüpft werden, von kulturellen zu materiellen. Die Theorieskizze zur Weltgesellschaft legt dieses Ergebnis nahe.

Und die Tatsache des erneuten Appells an anscheinend tief sitzende Ängste ist im Einklang mit Einsichten, die ich schon Ende der sechziger Jahre gewonnen habe und die durch unsere jüngste repräsentierte Forschung erneut eindrücklich bestätigt werden.

Seinerzeit habe ich festgestellt (Hoffmann-Nowotny 1973, 152), dass nicht nur die Angst vor Überfremdung, sondern auch die „Intention zur Diskriminierung der Einwanderer...sowie der Versuch, in eine moderne Gesellschaft wieder feudale Tendenzen einzuführen,...die Konsequenz ungelöster oder nur mangelhaft gelöster Strukturprobleme hochentwickelter Industriegesellschaften [ist]...Durch die Einwanderung wurden diese Probleme z. T. verschärft, die in ihr...aber nicht ihren Ursprung haben. Diskriminierung und Eintreten für die Überfremdungsinitiative sind letztlich Symptome einer Ohnmacht gegenüber globalgesellschaftlichen Tendenzen, denen gegenüber der einzelne kaum noch Subjektcharakter hat, denen er vielmehr als bloßes Objekt ausgeliefert ist. Wenn sich im sogenannten Fremdarbeiterproblem aber primär Probleme der Einwanderungsgesellschaft und nicht der Einwanderer manifestieren, dann muss eine ‚Soziologie des Fremdarbeiterproblems' mehr eine Soziologie des Einwanderungslandes als eine Soziologie der Fremdarbeiter sein." Und wegen der genannten globalgesellschaftlichen Tendenzen muss eine Soziologie der Migration und der Einwanderung auch eine Soziologie der Weltgesellschaft sein.

Vor dem Hintergrund der Entwicklung der Welt zu einer Gesellschaft mutet es geradezu wie eine Ironie der Geschichte an, dass die gleichen Massenmedien, die mit der weltweiten Diffusion der Botschaft von universellen Werten und Wohlstand wesentlich die Migration gefördert haben, nach der Auswanderung (z. B. durch den Konsum von Fernsehen oder Printmedien des Herkunftslandes) dazu beitragen, *partikularistische* Werte im Einwanderungsland aufrechtzuerhalten und somit die Integration und Assimilation nicht nur der ersten, sondern auch der zweiten oder dritten Einwanderergeneration behindern.

**V.** Mit einem Blick in die Zukunft ist zu sagen: Die Tatsache der sich entwickelnden Weltgesellschaft lässt die internationale und interkontinentale Migration letztlich als (Welt-)Binnenwanderung erscheinen, und die historische Erfahrung lehrt, dass Binnenwanderungen praktisch nicht zu kontrollieren sind. Es erscheint deshalb mehr als zweifelhaft, ob die in Bau befindliche „Festung Europa", der die Schweiz sich um jeden Preis einzufügen versucht, tatsächlich ihre Tore fest schließen kann.

Simmels „Ferne" des „Fremden" vermindert sich in dem Maße, in dem „Gleichheiten nationaler oder sozialer, berufsmäßiger oder allgemein menschlicher Art zwischen ihm und uns" sich entwickeln. Eine solche „Verminderung" hat bei den eh nicht so „fernen" Italienern 25 Jahre gebraucht und ist auch für deren zweite Generation noch nicht an ihr Ende gelangt.

Die zunehmende „Ferne" der „neuen Fremden" und noch mehr die absehbare Kontinuität ihrer Zuwanderung werden ethnisch konnotierte Ungleichheiten, Unähnlichkeiten, zum Dauerphänomen machen. Und da auf der anderen Seite anzunehmen ist, dass der verunsichernde strukturelle und kulturelle Wandel sich eher nicht verlangsamt, eine Fortsetzung anomieträchtiger Entwicklungen also erwartbar ist, werden auch aversive Reaktionen gegenüber *den* und *dem* „Fremden" wohl zum Dauerphänomen.

Simmels Zeitgenosse Emile Durkheim (1977 [1930], 437) weist zwar darauf hin, dass in „den fortgeschrittenen Gesellschaften...die verlangten Aehnlichkeiten weniger zahlreich" seien. Wenn das richtig wäre, und die Schweiz ist ja eine fortgeschrittene Gesellschaft, dann dürfte man vielleicht doch hoffen, wir könnten mit *den* und *dem* Fremden in der Schweiz gelassener umgehen als dies in der Vergangenheit der Fall war. Allerdings bin ich mehr als unsicher, ob Durkheim in diesem Falle Recht hat.

# Literatur

**Bickel, W. 1947:**

Bevölkerungsgeschichte und Bevölkerungspolitik der Schweiz seit dem Ausgang des Mittelalters. Zürich: Büchergilde Gutenberg, S. 55

**Braun, Rudolf 1970:**

Sozio-kulturelle Problem der Eingliederung italienischer Arbeitskräfte in der Schweiz. Erlenbach-Zürich: Eugen Rentsch, S. 381-382, 496 ff

**Bundesamt für Flüchtlinge (Hrsg.) 1998/99:**

Asyl Schweiz. Ein Überblick über den Asylbereich. Bern-Wabern, S. 20

**Bundesamt für Industrie, Gewerbe und Arbeit (Hrsg.) 1964:**

Das Problem der ausländischen Arbeitskräfte, Bericht der Studienkommission für das Problem der ausländischen Arbeitskräfte. Bern, S. 136, 139

**Durkheim, E. 1977 [1930: De la division du travail social]:**

Über die Teilung der sozialen Arbeit. Frankfurt a. M.: Suhrkamp Verlag, S. 437

**Heintz, Peter / Hoffmann-Nowotny, H.J. 1969:**

Das Fremdarbeiterproblem aus soziologischer Sicht, In: Schweizer Monatshefte, 49. Jahr, Heft 5, S. 470

**Hoffmann-Nowotny, H.J. 1973:**

Soziologie des Fremdarbeiterproblems Eine theoretische und empirische Analyse am Beispiel der Schweiz. Stuttgart: Enke

**Hoffmann-Nowotny, H.J. 1974:**

Rassische, ethnische und soziale Minderheiten als Zukunftsproblem internationaler Integrationsbestrebungen. In: Kurzrock, R. (Hrsg.): Minderheiten. Berlin: Colloquium Verlag

**Hoffmann-Nowotny, H.J. / Hondrich, K. O. (Hrsg.) 1982:**

Ausländer in der Bundesrepublik Deutschland und der Schweiz Segregation und Integration: Eine vergleichende Untersuchung. Frankfurt a. M.: Campus

**La circulation migratioire.**

In: Migrations Etudes 1998, No. 84, Paris: ADRI

**Migration und Bevölkerung 2000**

Hrsg. von R. Münz und R. Ulrich, Bevölkerungswissenschaft, Humboldt-Universität, Berlin, Ausgabe 1, S. 1

**Plessner, H. 1969 [1935]:**

Ausländer in der Bundesrepublik Deutschland und der Schweiz Die verspätete Nation. Stuttgart: W. Kohlhammer Verlag

**Schmid, C. A. 1915:**

Unsere Fremdenfrage. Zürich: Rascher & Cie., S. 6, 18-19, 37, 39

**Schmidt, A. 1998:**

Kein Maß aller Dinge, In: Bücher Pick Nr. 35, S. 12-13.

**Schwarzenbach, J. 1969:**

Volksbegehren gegen die Überfremdung warum? Züri-Leu,13.2., S. 3.

**Seifert, H. 1998:**

Der geschundene Staat, NZZ: 25.5., S. 27.

**Simmel, G. 1958 [1908]:**

Soziologie, Berlin: Duncker & Humblot, S. 509, 511

**Stucki, L. 1968:**

Das heimliche Imperium. Wie die Schweiz reich wurde. Bern, München: Scherz, S. 109

**Vertovec, S. / Cohen, R. (Eds.) 1999:**

Migration, Diasporas and Transnationalism. Cheltenham: Edward Elgar Publishing,

**Wahlzeitung 1999:**

So wollen wir die Schweiz., S. 6.

**Willi, V. I. 1970:**

Überfremdung Schlagwort oder bittere Wahrheit? Bern: Lang, S. 39,41, 53

Andreas Wimmer

## Katastrophenbefürchtungen in einem Einwanderungsland *à contre coeur*

### Einleitung

Deutschland wie die Schweiz teilen das Schicksal, demographisch, sozial und ökonomisch typische Einwanderungsländer zu sein, während gleichzeitig das politische System Einwanderung als Ausnahmefall und als hochsensibles Steuerungsproblem thematisiert. Eine der Konsequenzen dieser Diskrepanz besteht darin, dass das tatsächlich existierende Steuerungspotenzial ungenutzt bleibt und eine auf die zu langfristigen Folgen ausgerichtete Immigrationspolitik - so wie sie etwa Kanada betreibt - nicht konzipiert werden kann. Symptome dieses Steuerungsdefizits sind die Katastrophenszenarien und -befürchtungen, welche von Experten, aber insbesondere auch in den Medien immer wieder kolportiert werden. Ich beginne diesen Essay mit einem Katalog möglicher Gefahren, welche im Zusammenhang mit Migrationsphänomenen in der westlichen Öffentlichkeit häufig beschworen wurden.

- Die Überflutungsgefahr, d.h. die Möglichkeit, dass ein Staatsgebilde in der Flut von Einwanderern schlicht untergeht, so wie einst das Kalifat durch die Mongolen zerstört und die Hauptstadt Bagdad vernichtet wurde.
- Gefahr für staatliche Unabhängigkeit: Politisierte Diasporaorganisationen setzen sich zum Ziel, als fünfte Kolonne einen politischen Umsturz im Gastland voranzutreiben, um schließlich den Anschluss ans Mutterland zu organisieren. Der bosnische Konflikt oder die Auseinandersetzungen in Moldawien und der Ukraine bieten reges Anschauungsmaterial für derartige Prozesse.
- Gefahr für die politische Stabilität eines Staates: Radikalisierte Immigrantengruppen versuchen, die demokratische Ordnung zu schwächen und schließlich zu überwinden. Im Anschluss an den Rushdie-Skandal in Großbritannien beispielsweise verkündeten radikale islamistische Organisationen, auf briti-

schem Territorium einen Gottesstaat errichten zu wollen. Von islamistischen Organisationen in Frankreich ist ähnliches bekannt.

- Gefahr für den sozialen Frieden innerhalb eines Staatswesens: Einwanderung, Verarmung und Ghettobildung führen - so die Befürchtung - zu einer explosiven sozialen Mischung, die sich in Straßenschlachten zwischen Polizei und jugendlichen Einwanderern entladen, beispielsweise in den berühmten Londoner Riots von 1981 oder den Riots in South Central Los Angeles 1992.
- Gefahr für den kulturellen Zusammenhalt des Staatswesens: Die geistigen und kulturellen Fundamente einer Nation werden durch fremdkulturelle Einwanderer so ausgehöhlt („Überfremdung" heißt das diesbezügliche Stichwort im schweizerischen Kontext), dass das Gebäude des nationalen Grundkonsens, auf dem jedes Staatswesen beruht, einzustürzen droht. Sämtliche sogenannte Überfremdungsinitiativen beschwören in der Schweiz seit den sechziger Jahren diese Gefahr des kulturellen Substanzverlusts durch Einwanderung, zuletzt in der sogenannten 18%-Initiative vom Sommer 2000.
- Gefahr für die innere Sicherheit, oder in heute kaum mehr gängiger Terminologie, für „Ruhe und Ordnung": Unkontrollierte Migrationsbewegungen bieten kriminellen Organisationen oder Einzelpersonen die Gelegenheit, ihre Aktivitäten auf fremdem Staatsgebiet zu entfalten und sich der Staatsgewalt bei Gefahr durch Wiederauswanderung zu entziehen. Als aktuelle Beispiele hierfür sind die im Zuge der Auswanderungswelle nach den USA an der Westküste entstandenen russischen Verbrechersyndikate zu nennen, die nigerianischen Ringe von Autodieben in Europa, verschiedene Drogenhändlerorganisationen beispielsweise albanischen Ursprungs oder auch die rumänischen Diebesbanden, welche für ihre brachialen Einbruchmethoden in Deutschland gefürchtet werden.

Sozialwissenschaftler werden immer wieder darum gebeten, diese Risiken abzuschätzen, Prognosen über zukünftige Entwicklungen zu erstellen oder gar Handlungsbedarf zu klären und -strategien zu entwerfen. So beruht auch der vorliegende Artikel auf einem Vortrag, den der Autor vor der Konsultativen Staatsschutzkommission des Schweizerischen Bundesrats hielt.

Eine mögliche Art der Risikoabwägung besteht darin, Szenarien zu entwerfen und entsprechend gewissen Parameterannahmen das jeweilige Gefahrenpotential abzuschätzen. Nun sind die Sozialwissenschaften im allgemeinen und die Migrationsforschung im speziellen chronisch unfähig, realistische Schätzungen vorzunehmen. Paradebeispiel des prognostischen Versagens der Sozialwissenschaften stellt der Zusammenbruch des Ostblocks dar, der von sämtlichen spezialisierten think-tanks in den USA und in Westeuropa, welche seit Jahrzehnten nichts anderes betrieben, als zwischen den Ritzen des Eisernen Vorhangs einen Blick auf die gesellschaftlichen und politischen Verhältnisse zu erspähen, nicht einmal in Umrissen erahnt wurde - wenn wir von den visionären Bemerkungen des amerikanischen Soziologen und Senators Moynihan einmal absehen.

Ich werde deshalb eine zweite Methode verfolgen, die darin besteht, die Risikoprognosen der Vergangenheit mit der tatsächlich erfolgten Entwicklung zu vergleichen und zu sehen, in welchem Maße und unter welchen Bedingungen sie zutrafen oder nicht. Wenn wir diese Übung am Beispiel der Schweiz durchspielen, so sehen wir, dass die Gefahren transnationaler Migrationen systematisch überschätzt wurden und werden. Im folgenden Kapitel soll dies anhand des oben aufgeführten Katalogs möglicher Gefahren illustriert werden, indem jede der prognostizierten Katastrophen mit den nachher eingetretenen Entwicklungen verglichen wird. In einem zweiten Schritt möchte ich dann einige Gedanken zu den möglichen Ursachen dieser Diskrepanz zwischen Risikoeinschätzung und Migrationsrealität formulieren. Abschließend werde ich versuchen, aus den bisherigen Erfahrungen auf das zukünftige Risikopotential zu extrapolieren.

## Die Perzeption von Migrationsgefahren in der Schweiz

Fassen wir das erste Katastrophenszenario ins Auge: die Gefahr der Überflutung durch unkontrollierbare Migrationsströme. Zuletzt wurde diese Befürchtung laut, als die Mauer fiel und die erste Euphorie über die neu gewonnene Freiheit und die Aufhebung der Teilung Europas verflogen war. Wissenschaftler, insbesondere aber auch seriösere Journalisten etwa des Economist prognostizierten in der Folge eine Massenauswanderung aus den armen Staaten Osteuropas und insbesondere aus Russland. Plötzlich meinte man gewahr zu werden, dass die Mauer nicht nur zwei politische Systeme voneinander trennte und Flüchtlinge aus dem Osten vor dem Gang in den gelobten Westen abhielt, sondern dass sie gleichsam einen Schutzwall gegen den Ansturm der Massen russischer und osteuropäischer Arbeitssuchender dargestellt hatte. Die Experten prognostizierten, dass Millionen jährlich die Grenzen nach Westeuropa überqueren würden und sich auch durch striktere Grenzkontrollen und andere Dissuasivmaßnahmen nicht von einer Emigration abhalten ließen (Chesnais 1991)[1]. Tatsächlich wanderten aus dem gesamten Gebiet der ehemaligen UdSSR im Jahre 1989 234.000 Personen aus, 1990 452.000; die jährlichen Zahlen sanken daraufhin kontinuierlich und betrugen 1993 noch 217.000 (Vishnesky/Zayonchkivskaya 1996, 368). Bei zwei Dritteln der Auswanderer handelte es sich im übrigen nicht um Armutsflüchtlinge, sondern

---

[1] Siehe z.B. Jean-Claude Chesnais (1991). Eine Umfrage unter russischen Experten wurde 1991 von V. Tichonow durchgeführt. Die Hälfte der Experten schätzte die jährliche Auswanderung auf 500.000 bis 800.000 Personen pro Jahr, 30% erwarteten mehr als 800.000 Personen und nur 20% rechneten mit weniger als 500.000 Auswanderern. Die Studie wird zitiert in Anatoli Vishnesky/Zhanna Zayonchkivskaya (1996, 383).

um ethnische Deutsche, welche nach Deutschland auswandern durften, um russische Juden, welche von Israel zur Auswanderung ermuntert wurden, und um Griechischstämmige, welche ihrerseits ins Mutterland zurückkehrten, m.a.W. um Migranten, welche privilegierte ethnische Beziehungen zu einem Aufnahmeland unterhielten und von diesem zur „Heimkehr" aufgefordert wurden (Vishnesky/Zayonchkivskaya 1996, 370).

Ähnliche Fehlkalkulationen werden üblicherweise auch angestellt, wenn es gilt, die Zahl illegaler Immigranten abzuschätzen. Die große Legalisierungsaktion in Frankreich zwischen 1981 und 1983 beispielsweise brachte lediglich 135.000 Personen zu Tage, nachdem die Regierung jede nur mögliche Erleichterung des Verfahrens vorgenommen hatte, um das vorher gesetzte Ziel von 100.000 Personen doch noch zu erreichen. Die Experten waren zuvor von minimal 300.000 illegal anwesenden Personen ausgegangen (Weil 1992, Tapinos/Lacroix/de Rugy 1996). Die heute hier und da kursierende Zahl von 150.000 illegalen Immigranten in der Schweiz halte ich für mindestens so übertrieben wie jene französischen Schätzungen.

Betrachten wir die zweite Form migrationsinduzierter Gefahren: den Verlust der Unabhängigkeit eines Staates durch die Aktivitäten von Diaspora-Organisationen. Hier müssen wir etwas weiter in die Geschichte zurückgehen, um eine entsprechende Risikodiagnose für die Schweiz zu finden. Anfang unseres Jahrhunderts wurde der massive Zustrom ausländischer Arbeitskräfte nicht primär als Problem der ausländischen Konkurrenz um Arbeitsplätze thematisiert, wie später in den achtziger Jahren; von wenigen Ausnahmen abgesehen spielte auch die „Bedrohung der schweizerischen Eigenart" keine bedeutende Rolle im Argumentationsarsenal der Immigrationsgegner. Entsprechend dem damaligen republikanischen Selbstverständnis der schweizerischen politischen Elite stand vielmehr die Frage der politischen Loyalität im Zentrum der Diskussionen. In der Hochzeit kolonialer Expansion griff die Befürchtung um sich, die zahlreichen ausländischen Staatsangehörigen auf schweizerischem Territorium könnten den Vorwand für eine Annexion liefern. Teilweise wurde gar auf die Vorgeschichte des Burenkrieges als Schreckbild einer derartigen kolonialen Inbesitznahme verwiesen (Romano 1996).

Der in den Nachbarländern um sich greifenden patriotischen Hochstimmung stand die bürgerliche Schweiz eher ratlos gegenüber, da aus naheliegenden Gründen eine sprach- oder kulturnationalistische oder gar eine rassentheoretische Begründung des schweizerischen Nationalismus Schwierigkeiten bereitete und da insbesondere im italienisch- und deutschsprechenden Teil zahlreiche italiano- respektive germanophile Zirkel und politische Klubs zentrifugale Kräfte zu entfalten begannen. Die freisinnige (liberale), der republikanischen Tradition verpflichtete Staatsklasse versuchte daher, sekundiert durch die Arbeiterbewegung, die Problematik durch eine Umstellung auf das *ius soli* zu lösen, wobei die wenige Jahrzehnte zuvor erfolgte Einführung einer derartigen Bürgerschaftsregelung in Frankreich als Orientierungspunkt diente.

Nach längeren Diskussionen, Verhandlungen und der Kenntnisnahme verschiedenster Expertenberichte legte der Bundesrat schließlich im Jahre 1914 einen entsprechenden Vorschlag vor, eine aus heutiger Sicht geradezu revolutionäre Idee (Schlaepfer 1969). Die weitere Geschichte zeigt, dass derartige Ängste weitgehend unbegründet waren und dass auch während der Zeit der Naziherrschaft nicht die deutsche Emigrantenkolonie in der Schweiz, sondern vielmehr die Sympathisanten unter der schweizerischen Bevölkerung die größte politische Gefahr für die Schweiz darstellten.

Das dritte Katastrophenszenario diagnostiziert eine Unterwanderung der staatlichen Ordnung durch radikalisierte Immigrantengruppen, welche demokratiefeindliche politische Projekte verfolgen und einen politischen Umsturz herbeizuführen versuchen. So wird in einem offiziellen Bericht aus den sechziger Jahren den italienischen Migranten von einer Schweizer Behörde die Loyalitätsvermutung entzogen, weil sie „eine ganz andere Einstellung zum Staat und zur Gemeinschaft überhaupt" hätten und weil insbesondere die ärmeren und ungebildeten unter ihnen „traditionsgemäß der Staatsgewalt mehr oder weniger feindlich gegenüber" stünden. Dies mache sie „politischen Schlagworten und einer extremen Propaganda leichter zugänglich", woraus eine erhebliche und nicht zu unterschätzende „Ansteckungsgefahr für die schweizerische Bevölkerung" ausgehe (BIGA 1964, 138f.). Trotz dieser Befürchtungen haben sich die Italiener in der Schweiz inzwischen nicht zu jener subversiven politischen Kraft gemausert, welche die Studienkommission unter der Leitung des BIGA noch vor dreißig Jahren am Zukunftshorizont zu erkennen glaubte, auch wenn italienischstämmige Aktivisten in den Streikwellen der siebziger Jahren eine bedeutende Rolle spielten (Ireland 1994).

Die vierte Gefahrendiagnose ortet in Ghettobildung, Verslumung, sozialen Spannungen und deren gewaltsamer Eruption in Form von Massenaufruhr ein migrationsbedingtes Risiko. Als größter derartiger Konflikt in der schweizerischen Geschichte gelten die Pogrome gegen die italienische Wohnbevölkerung in Zürich-Aussersihl von 1896, als schweizerische Turner mit Knüppeln und Messern bewaffnet gegen die italienischen Immigranten vorgingen, denen sie „Kriminalität", „Messerheldentum" sowie allgemein anstößiges Verhalten vorwarfen. Erst der Einsatz eines kantonalen Militärdetachements beendete die tagelangen Krawalle (Schlaepfer 1969,141). Seither wurden in der Schweiz keine derartigen Vorkommnisse mehr verzeichnet. In der gegenwärtigen ausländerpolitischen Debatte wird aber von Seiten beispielsweise der Zürcher SVP die Gefahr von Ghettobildungen und Verslumung in einer Inseratenkampagne diagnostiziert und energische Maßnahmen zur Trendumkehr gefordert.

Detailstudien sowohl zu den eingangs erwähnten Los Angeles Riots (Abelmann/Lie 1995; Keith 1993) wie auch zu jenen in London zeigen, dass die Hauptursachen solcher Entwicklungen einerseits in der kontinuierlichen, lang andauernden sozialen und ökonomischen Marginalisierung gewisser Einwanderergruppen liegen und auf der anderen Seite in einer Eskalationsspirale von gegenseitigem Misstrauen und Worst-case-Erwartungen, welche schließlich die örtliche Polizei und die jungen Einwanderer in einer wechselseitigen Feindwahrnehmung gleichsam ineinander verkeilt (Alpert/Dunham 1988; Irving Jackson 1989). Hohe Einwanderungsraten und eine hohe räumliche Konzentrationsdichte von Einwanderern spielen dagegen bei derartigen Entwicklungen - entgegen mancher populärsoziologischer Vorstellung - kaum eine zentrale Rolle (Wimmer 1996).

Im übrigen zeigt etwa gerade die räumliche Verteilung der Immigranten in Zürich oder Lausanne, dass die Einkommenskraft eine wesentlich größere Rolle bei der Bestimmung des Wohnquartiers spielt als die ethnische Zugehörigkeit. Die Konzentration von Einwanderern in gewissen Quartieren erklärt sich m.a.W. durch die Tatsache, dass sie weit häufiger als Schweizer Bürger zu den untersten sozialen Schichten gehören (Müller 1997; Wimmer 2000; Piguet 1994). Um Ghettobildungen zu vermeiden ist deshalb jene Politik am erfolgreichsten, welche den beruflichen und sozialen Aufstieg von Dauerimmigranten zumindest in der zweiten Generation ermöglicht. Bisher war dies in der Schweiz zumindest in Ansätzen der Fall, und wir können deshalb nicht von einer eigentlichen Ghettostruktur sprechen.

Auch die Überfremdungsängste haben sich bisher im Großen und Ganzen als unbegründet erwiesen. Die Schreckvision, dass durch fremdkulturelle Einwanderung die kulturelle Substanz der Schweiz ausgehöhlt wird und der Basiskonsens, auf dem das Staatswesen ruht, auseinanderbricht, beherrschte seit den zwanziger und dreißiger Jahren die politische Reflexion über die Einwanderungsthematik. Das aus dem Jahre 1931 stammende, bis heute gültige Gesetz über Aufenthalt und Niederlassung von ausländischen Staatsangehörigen beispielsweise macht für die Erteilung, Verlängerung oder aber den Entzug einer Aufenthaltsbewilligung die „geistigen und wirtschaftlichen Interessen sowie den Grad der Überfremdung des Landes" (ANAG, Art. 16, Abs. 1) maßgebend. Der Begriff der Überfremdung hatte, wie bei seinem erstmaligen öffentlichen Gebrauch im Jahre 1910, immer noch eine weitgehend politische Konnotation: Er drückte eine - durch die Kriegsereignisse noch bestärkte - Angst vor politischer Instabilität aus, sei sie durch großdeutsche, -italienische oder -französische Bestrebungen verursacht, oder durch die Infragestellung der bürgerlichen Vormachtstellung durch das sozialistische Programm. Erst seit der „Landesausstellung" von 1939, welche das Bild der neutralen und wehrhaften, auf ihrer kulturellen Einzigartigkeit gründenden Alpenrepublik beschwor und den Beginn der „geistigen Landesverteidigung" markierte, meinte „Überfremdung" immer auch die Gefahr der kulturellen Unterwanderung durch wesensfremde Elemente.

Im Rückblick betrachtet kann man festhalten, dass die Immigrationswellen der Nachkriegszeit nicht zu einem kulturellen Substanzverlust und einer kulturellen Entfremdung geführt haben, welche den gesellschaftlichen und politischen Zusammenhalt ernsthaft gefährdeten. Die Schweiz scheint im Gegenteil trotz der Tatsache, dass sie einen weit höheren Anteil im Ausland Geborener aufweist als die selbstdeklarierten Einwanderungsländer Kanada oder USA, eine gesellschaftlich und kulturell geradezu erstaunliche Absorptionskraft aufzuweisen. Die Kinder der Einwanderer der fünfziger, sechziger und siebziger Jahre haben sich mittlerweile, wie eine ganze Reihe von Studien belegen (Hoffmann-Nowotny 1992), in die schweizerische Berufs- und Alltagswelt integriert, sind nicht mehr wie noch ihre Väter und Mütter fast ausschließlich in untergeordnetsten beruflichen Positionen und in der Bauwirtschaft und im Industriesektor beschäftigt und haben sich kulturell und sprachlich weitgehend assimiliert (Wimmer et al. 2000; Bolzmann et al. 2000).

Damit komme ich zum letzten Punkt, dem Gefahrenpotential, das Immigrationsbewegungen für die Innere Sicherheit eines Staates darstellen. Hier haben wir es mit einem äußerst komplexen und politisch brisanten Themenfeld zu tun, wird doch die Asylmigration und Kriminalität in der politischen Öffentlichkeit immer wieder zueinander in Beziehung gesetzt. Auf der einen Seite haben wir die Tatsache zu berücksichtigen, dass Dauereinwanderer in der Schweiz nicht durch eine höhere Anzahl von verurteilten Straftätern auffallen, sobald wir in Rechnung stellen, dass hier der Anteil junger Männer aus der Unterschicht - aus deren Reihen sich seit jeher ein Großteil der Gefängnispopulation rekrutiert - viel größer ist als in der Schweizer Bevölkerung (Storz et al. 1996; Eisner 1997). Aus dieser Perspektive wird also auch hier das Gefahrenpotential, das Einwanderungsprozesse mit sich bringen, systematisch überschätzt. In diesem Zusammenhang ist es auch interessant festzustellen, dies in Klammern, dass trotz sinkender Kriminalitätsraten das Gefühl der Bedrohung in der Bevölkerung in den letzten Jahren gestiegen ist.

Auf der anderen Seite werden jedoch die zunehmende Mobilität, welche der Fall der Mauer mit sich brachte, und die Einreisemöglichkeiten, welche das Asylrecht bietet, selbstverständlich auch von transnational operierenden Verbrecher- und Diebesbanden genutzt. Während ihr Aktionsradius mehrere Staatsgebiete umspannt, ist die Justiz nach wie vor ins Gehäuse des Nationalstaates eingebunden, was einen entscheidenden strategischen Nachteil ausmacht[2]. Allerdings haben wir es hier mit einem Phänomen zu tun, das wohl Migration im Sinne der Bewegung von Personen über Staatsgrenzen hinweg betrifft, das jedoch nicht mit der Einwanderungsthematik im engeren Sinne in Beziehung gesetzt werden soll, da diese sich auf die dauerhafte Ansiedlung von Immigranten und die Konsequenzen für die Aufnahmegesellschaft bezieht. So wäre es ebenso verfehlt, die internationalen diplomatischen Beziehungen oder die Transnationalisierung von Unternehmen vorwiegend unter der Migrationsperspektive zu analysieren, weil auch Diplomaten und rotierende Wirtschaftskader zu den Migranten im weiteren Sinne zu zählen sind.

---

[2] Vgl. der kürzlich veröffentlichte Appell von Staatsanwälten Italiens, Frankreichs, Belgiens und der Schweiz.

Als Konklusion möchte ich die These wagen, dass die Gefahren der transnationalen Migration bislang systematisch überschätzt wurden - was immer wieder befürchtet wird: der Verlust der staatlichen Unabhängigkeit, der politische Umsturz durch radikale Diasporagruppen, soziale Unrast und Aufruhr als Folge von Ghettobildung und Verslumung, die Erosion der kulturellen Substanz oder die Gefährdung der Inneren Sicherheit durch kriminelle Immigranten, tritt nie ein. Wie andere europäische Einwanderungsländer *à contre coeur* hat auch die Schweiz bisher eine geradezu erstaunliche Integrations- und Absorptionskraft aufgewiesen und auch massive Zuwanderungsströme ohne allzu große gesellschaftliche Verwerfungen und ohne Gefährdung der staatlichen Sicherheit verkraftet.

## Migranten - Antithesen der nationalstaatlichen Ordnung

Aus sozialwissenschaftlicher Sicht stellt diese strukturelle Überschätzung der Migrationsrisiken ein interessantes Phänomen dar. Es wird interpretierbar, wenn wir es vor dem Hintergrund der Grundprinzipien staatlicher Organisation in modernen Gesellschaften betrachten. Die Grundeinheiten der modernen Weltgesellschaft stellen Nationalstaaten dar, eine Tatsache, der wir uns erst heute, wo wir eine zumindest teilweise Auflösung des nationalstaatlichen Gliederungsprinzips der Weltgesellschaft beobachten, bewusst werden. Die Konstruktion von Nationalstaatlichkeit beruht idealtypisch auf einer doppelten Isomorphie: Erstens wird die Nation als kulturelle Einheit und die Gesellschaft als Summe der Beziehungen zwischen allen Individuen als deckungsgleich betrachtet. Zweitens wird der politische Souverän, das Volk als Träger demokratischer Entscheidungsprozesse, mit der Wohnbevölkerung des staatlichen Territoriums gleichgesetzt. Volk als Souverän, als Kulturnation, als Gesellschaft und als Bevölkerung eines Territoriums fallen im Konzept der nationalstaatlichen Ordnung zusammen (vgl. Wimmer 1996b und 1996c).

Transnationale Migranten erscheinen deshalb als natürliche Feinde der nationalstaatlichen Konstruktion des sozialen Raums. Erstens scheinen sie das Ideal der kulturellen und sozialen Isomorphie in Gefahr zu bringen, Gesellschaft und Kulturnation fallen in Immigrationsgesellschaften auseinander. Migranten werden deshalb als Flecken auf der Karte der reinen Kulturnationen wahrgenommen. Zweitens durchkreuzen Einwanderer die Gleichsetzung von Souverän und Staatsbevölkerung, weil sie als Zuwanderer und als Bürger anderer Staaten mindestens auf zwei politische Orientierungsrahmen verwiesen sind. Gerade deshalb wird ihnen häufig die Loyalitätsvermutung entzogen.

Ich vermute, dass es dieser strukturelle Antagonismus zwischen nationalstaatlicher Ordnung und transnationaler Migration ist, welche zur systematischen Überschätzung des Gefahrenpotentials von Wanderungsphänomenen führt. Dies ist umso eher in Staaten der Fall, welche wie die Schweiz und Deutschland ihre Einwanderungsgeschichte nicht in den Schatz nationaler

Gründungsmythen und offizieller Selbstbeschreibungen aufgenommen haben und deshalb die De-Homologisierung von Nation, Souverän und Bevölkerung in besonderem Maße als Skandalon empfinden. Ich möchte es hier bei dieser Skizze eines Erklärungsmodells bewenden lassen und abschließend zur Frage zurückkehren, wie das Risikopotential transnationaler Migration einzuschätzen ist.

## Von der Rückschau zur Prognose: Neue Migrationsformen - neue Gefahren?

Wenn bisherige Erfahrungen gezeigt haben, dass das Gefahrenmoment meist systematisch überschätzt wurde, so heißt dies nicht, dass dies auch in Zukunft so bleiben muss, denn es wäre denkbar, dass die neuen Migrationsbewegungen aus dem Süden und Osten Gefahren in sich bergen, welche bisher nicht vorhanden waren. Es ist beispielsweise nicht von der Hand zu weisen, dass die Asylmigration Einwanderergruppen hervorbringt, welche größere Schwierigkeiten haben werden, sich in die Arbeitswelt, Gesellschaft und Kultur zu integrieren, als dies beispielsweise bei italienischen Arbeitsmigranten der Fall war. Viele dieser Gemeinden sind zudem durch innere Konflikte gespalten und tragen politische Auseinandersetzungen auch in den Gastländern aus.

Ob die Geschichte sich wiederholen wird, ist deshalb wie immer eine offene Frage. Immerhin lassen sich aus den bisherigen Erfahrungen auch Schlüsse für die Zukunft ziehen. Der vergleichsweise erfolgreiche Umgang mit der bisherigen Einwanderung beruht, wie ich am Beispiel der Schweiz angedeutet habe, v.a. auf der erfolgreichen beruflichen Integration und der Aufwärtsmobilität der zweiten Generation. Um die Schwierigkeiten mit der neuen Einwanderung zu bewältigen, sind diese Prozesse zu verstärken und das staatliche Handeln auf diese Bereiche zu fokussieren. Elemente einer solchen Strategie sind beispielsweise:

- die systematische Fokussierung von Integrationspolitik auf die so genannte zweite Generation auch der neuen Einwanderer, um diesen den beruflichen und damit sozialen Aufstieg zu ermöglichen. Eine offene, auf der Anerkennung von individuellen Leistungen beruhende gesellschaftliche Ordnung bietet die beste Garantie für den Aufstieg in die Mittelschichten und die räumliche Desegregation der Einwanderer. Der Anerkennung ausländischer Diplome und Schulabschlüsse sowie der schulischen Förderung von Migrantenkindern ist deshalb höchste Priorität einzuräumen. Die Erfahrungen von Ländern, welche während Jahrzehnten eine multikulturelle Integrationspolitik verfolgt haben, zeigen, dass diese kaum zu einer Erfüllung des Postulats der Chancengleichheit beitragen. Auf entsprechende Experimente können Einwanderungsländer *à contre coeur* deshalb getrost verzichten und sich direkt der neuen, von den Niederlanden, Schweden oder auch Kanada betriebenen, ausbildungsorientierten Politik der Marginalitätsbekämpfung annähern.

- Die Integration der neuen Zuwanderer kann unter der Voraussetzung eines postindustriellen Arbeitsmarktes nur dann erfolgreich verlaufen, wenn dort, wo tatsächlich Möglichkeiten der Migrationssteuerung bestehen, die Weichen richtig gestellt werden. Der Spielraum für die berufliche Eingliederung schlecht oder auch nur sehr eng qualifizierter Arbeitnehmer ist beispielsweise heute im Vergleich zu den fünfziger und sechziger Jahren kaum mehr gegeben. Dies impliziert, von der bisherigen Politik abzukommen, kurzfristige „Verknappungen" auf dem Arbeitsmarkt durch zeitlich befristete Immigrationserlaubnisse zu beheben (Green cards für indische Computer-Spezialisten beispielsweise) und auf diese Weise die Fiktion des temporären Charakters von Einwanderung aufrechtzuerhalten. Eine Ausrichtung der Selektionskriterien auf die langfristigen sprachlichen und beruflichen Integrationschancen unter post-industriellen Voraussetzungen - also die Umstellung von einem arbeitsmarktorientierten auf ein humankapitalorientiertes Konzept - würde allerdings bedeuten, eine zukunftsgerichtete Immigrations- und Integrationspolitik zu entwickeln, welche den Realitäten eines Einwanderungslandes gerecht würde. Davon sind sowohl Deutschland wie die Schweiz noch so weit entfernt wie vor zwanzig Jahren, als Friedrich Heckmann seine Studie "Die Bundesrepublik: Ein Einwanderungsland?" veröffentlichte.

## Literatur

**Abelmann, N. / Lie, J. 1995:**

Blue dreams: Korean Americans and the Los Angeles riots. Cambridge: Harvard University Press

**Alpert, Geoffrey P. / Dunham, R.G. 1988:**

Policing multi-ethnic neighborhoods: the Miami study and findings for law enforcement in the United States. New York: Greenwood Press

**BIGA (Hrsg.) 1964:**

Das Problem der ausländischen Arbeitskräfte: Bericht der Studienkommission für das Problem der ausländischen Arbeitskräfte. Bern: Bundesamt für Industrie, Gewerbe und Arbeit. Hier S. 138f

**Bolzman, C. / Fibbi, R. / Vial, M. avec la collaboration de El-Sonbati J. et Esaki E. 2000:**

Adultes issus de la migration. Le procesus d'insertion d'une génération à l'autre. Rapport de recherche au PNR 39. Genève: Institut d'études sociales, manuscript

**Chesnais, J. 1991:**

Les migrations d'Europe de l'Est vers l'Europe de lOuest: de l'histoire à la perspective (1990-2000). Bericht an den Europarat. Wien: Manuskript

**Eisner, M. 1997:**

Das Ende der Zivilisierten Stadt? Die Auswirkungen von Modernisierung und urbaner Krise auf Gewaltdelinquenz. Frankfurt: Campus Verlag

**Hoffmann-Nowotny, H.-J. 1992:**

Chancen und Risiken multikultureller Einwanderungsgesellschaften. Schweizerischer Wissenschaftsrat, Bericht zur forschungspolitischen Früherkennung Nr. 119

**Ireland, P. R.1994:**

The Policy Challenge of Ethnic Diversity: Immigrant Politics in France and Switzerland. Cambridge: Harvard University Press

**Irving Jackson, P. 1989:**

Minority group threat, crime, and policing: social context and social control. New York: Praeger

**Keith, M. 1993:**

Race, riots, and policing: Lore and disorder in a multi-racist society. London: UCL Press

**Müller, H.-P. 1997:**

Integrationsleitbild der Stadt Zürich. Eine Studie im Auftrag des Stadtpräsidenten Josef Esterman. Zürich: Ethnologisches Seminar der Universität Zürich, Manuskript

**Piguet, E. 1994:**

L'immigration et ses espaces. Géographie des populations d'origine étrangère à Lausanne. Geographica Helvetica 2, S.63-71

**Romano, G. 1996:**

Zeit der Krise - Krise der Zeit. Identität, Überfremdung und verschlüsselte Zeitstrukturen. In: Ernst, A. / Wigger, E. (Hrsg.): Die neue Schweiz? Eine Gesellschaft zwischen Integration und Polarisierung 1910-1930. Zürich: Chronos

**Schlaepfer, R. 1969:**

Die Ausländerfrage in der Schweiz vor dem Ersten Weltkrieg. Zürich: Juris Druck + Verlag

**Storz, R. / Rônez, S. / Baumgartner, S. 1996:**

Zur Staatszugehörigkeit von Verurteilten: kriminalstatistische Befunde. Bern: Bundesamt für Statistik

**Tapinos, G. / Lacroix, P. / de Rugy, A. 1996:**

Les méthodes d'évaluation de l'immigration clandestine dans certains pays étrangers. Paris: Fondation nationale des sciences politiques, Manuskript

**Vishnesky, A. / Zayonchkivskaya, Z. 1996:**

Auswanderung aus der früheren Sowjetunion und den GUS-Staaten. In: Heinz Fassmann und Rainer Münz (Hrsg.). Migration in Europa. Historische Entwicklung, aktuelle Trends, politische Reaktionen. Frankfurt: Campus. Hier S. 383

**Weil, P. 1992:**

Convergences et divergences des politiques des flux. In: Costa-Lascoux, J. / Weil, P. (Hrsg.). Logiques d'Etats et immigrations. Paris: Editions Kimé

**Wimmer, A. 1996a:**

Explaining racism and xenophobia. A critical review of current research approaches. In: Ethnic and Racial Studies 20(1), S.17-41

**Wimmer, A. 1996b:**

L'État-nation - une forme de fermeture sociale. In: Archives Européennes de Sociologie 37(1), S.163-179

**Wimmer, A. 1996c:**

L'héritage de Herder. Nationalisme, migrations et la pratique théorique de l'anthropologie. In: Tsantsa. Revue de la Société Suisse 1, S.4-18

**Wimmer, A. 2000:**

Städtevergleich, Netzwerkanalyse und Schlussfolgerungen. In: Wimmer, A. et al.: Integration-Segregation. Interkulturelle Beziehungen in Basel, Bern und Zürich. Schlussbericht an den Schweizerischen Nationalfonds

**Wimmer, A. et al. 2000:**

Integration-Segregation. Interkulturelle Beziehungen in Basel, Bern und Zürich. Schlussbericht an den Schweizerischen Nationalfonds

# Philip Martin

## US Immigration Policy: Meeting $21^{st}$ Century Challenges

### Introduction

Following in the footsteps of Friedrich Heckmann, let's begin with the facts. On a normal day, some 85,000 foreigners arrive in the United States. Most are "nonimmigrant" visitors who are welcomed at airports and borders; 80,000 of the foreign arrivals are tourists, business visitors, students and foreign workers who are expected to leave the US after periods that range from few days to several months or years. Another 2,500 foreign arrivals are immigrants and refugees, persons that the US has invited to join American society as permanent residents. The other 2,500 foreign arrivals are unauthorized or illegal foreigners. About 40 percent enter legally as nonimmigrant tourists and then stay too long in the US, but 60 percent enter the US unlawfully by eluding Border Patrol agents or using false documents to get by inspectors at ports of entry.

Is the arrival in the US each day of the equivalent of a small city something to be welcomed or feared? US public opinion on immigration fluctuates, but a majority of Americans generally favor less immigration, which helps to explain why immigration and integration are some of the most hotly contested issues in the US. Immigration raises many issues, including:

- Debates about whether immigrants displace US workers and depress their wages, especially when unemployment is high.
- Arguments over whether immigrants pay their way - do their tax payments cover the cost of the tax-supported benefits they receive?
- Integration issues, including questions such as whether non-US citizens be allowed to vote in local elections, should children who do not speak English receive native language instruction at taxpayer expense, should affirmative action programs designed to compensate the descendants of Black slaves be extended to minority immigrants who never suffered discrimination at the hands of governments in the US?

This paper reaches three major conclusions. First, most residents of the United States have long favored reducing immigration. Second, the immigration debate is increasingly dominated by the extremes of no borders and no immigrants. When one of these extremes achieves political power, it seeks to open the border gates as widely as possible, or close them as tightly as possible, which produces zig-zag flows. Third, the agency caught between immigration extremists, the Immigration and Naturalization Service, has been unable to achieve its major enforcement and services tasks - the INS neither prevents illegal immigration, nor delivers services such as naturalization in a timely manner.

## Public Opinion

In Fall 2000, when the unemployment rate was 4 percent, immigration ranked 12th in a list of voters' concerns, down from second or third in the mid-1990s, when the US unemployment rate was 6 percent. American leaders usually celebrate the immigrant heritage, telling and retelling the story of foreigners arriving in the US seeking and finding opportunity and freedom. They remind listeners that the renewal and rebirth brought about by immigration is the common American heritage. On the other hand, Americans have worried for over 200 years about the economic, political, and cultural effects of newcomers.

In most public opinion surveys, a majority of Americans want legal and illegal immigration reduced. A typical poll was the Wall Street Journal/NBC poll in late February 1998 that found that 50 percent of respondents thought immigration weakens the American character, while 36 percent agreed with the statement that immigration strengthens the American character. Most Americans, according to polls, think that too many immigrants are arriving. Fewer than 10 percent of those polled want immigration increased: between 1965 and 1993, the proportion of Americans favoring increased immigration was stable at about seven percent[1].

Immigration and integration were contentious issues at the beginning of the 20th century, and they are the subject of debate again at the beginning of the 21st century, and increasingly dominated by groups that tend toward the extremes of "no immigrants" and "no borders." At one extreme are organizations that want to reduce or stop immigration, such as the Federation for American Immigration Reform (FAIR), an organization founded by persons interested in reducing the population growth associated with immigration (www.fairus.org). FAIR charges that immigrants are contributing greatly to

[1] The year 1953 was the only time in the past 70 years that more than 10 percent of the public favored increasing immigration - 13 percent agreed in 1953 (Simon 1989, 350).

"the disuniting of America" by introducing cultural and language diversity that threatens to break or weaken the sinews that hold America together[2]. FAIR wants a temporary stop to immigration so that, during the pause, recent arrivals and Americans can adjust to each other. Minimal immigration, perhaps 350,000 a year or 1,000 a day, would be allowed during the pause.

At the other extreme, the Wall Street Journal advocates a five-word constitutional amendment: "there shall be open borders."[3] (www.wsj.com). High levels of immigration, according to the leading US business newspaper, mean more consumers and more workers, helping the economy grow. Other organizations favor more immigration from particular places, such as the Immigrants Support Network (http://isn.unices.org/menu.html), which advocates policies that make immigration easier from India, and the Emerald Isle Immigration Center (http://www.eiic.org/), which favors easier immigration from Ireland. Other groups, such as the Catholic church, believe that borders artificially divide humanity, while others support high levels of immigration because they believe in e pluribus unum, from many, one, and they want a defining part of the American experience to continue.

Immigration raises fundamental questions about the kind of a society Americans want, and whom we shall welcome to join it. What should be done to integrate newcomers invited to join US society, and what should be done about foreigners who arrive uninvited? Immigration issues are contentious in part because resolving them requires policy makers to resolve difficult tradeoffs between widely shared competing goals.

## Immigration Trade-offs

In many discussions, immigration is treated as either good or bad. Arguments are constructed by examining one aspect of immigration, and then marshaling the evidence to support the view that, under current conditions, immigration promotes *or* harms widely shared goals such as prosperity, or decent working conditions, or the vitality of urban life. In other words, immigration is treated as a good or a bad, and the author/speaker attempts to get the listener to agree to choose the good and reject the bad.

---

[2] Fair is also concerned about the environmental degradation associated with population growth and the displacement of US workers by immigrants.

[3] An editorial on July 3, 1986 first made this proposal, which was repeated in an editorial on July 3, 1990.

In reality, few public policy choices are contests between good and bad - given a choice between a bad and a good, the good is likely to be selected. Public policy debates are usually arguments about which of two competing goods deserves higher priority. For example,

- adjusting interest rates upward can lead to lower inflation, a desirable good, but away from fuller employment, a competing good - business leaders tend to favor the lower inflation good, and unions the full employment good.
- reducing trade barriers can stimulate exports, helping some employers and workers, but increase imports, leading to the closure of other businesses and the loss of jobs. Thus, airplane manufacturers and unions tend to favor freer trade, while textile and garment manufacturers and their unions do not.
- de-criminalizing the selling of drugs would lower the price and thus the profits to drug traders as well as reduce strains on the criminal justice system, but would lead away from the goal of using law to stigmatize and deter harmful behavior.

There are no easy answers to deciding which of these competing goods is most desirable.

Agriculture provides an example of the immigration trade-offs between the competing goods of low food prices and decent wages and working conditions for farm workers. In 2000, immigrants were 80 to 90 percent of the US hired workers picking fresh fruits and vegetables, over 50 percent were unauthorized, and farm workers have some of the lowest hourly and annual earnings among US workers.

What is the trade-off between the easy availability of foreign farm workers and lower food prices? The US Bureau of Labor Statistics reported that the average household or "consumer unit" spent $35,000 in 1997, including $4,800 for food. Food expenditures included $2,900 for food eaten at home, about $55 a week, including $6 weekly for fresh fruits and vegetables - the immigrant share of the farm work force is highest in the production of fresh fruits and vegetables. US farmers got 18 percent of each retail dollar spent on fresh fruit in 1997 and 20 percent of each retail dollar spent on fresh vegetables. Wages and benefits paid to farm workers by fresh fruit and vegetable growers average a third of the farmer's costs. This means that farmers got about $0.19 for a $1 head of lettuce, and farm worker wages and benefits represent about six percent or $0.06 of the $1 retail price.

It is hard to determine how much farm worker wages would increase if the influx of immigrant workers were slowed. In 1966, one year after the end of the Bracero program, the fledgling United Farm Workers union won a 40 percent wage increase for table grape harvesters. Average hourly farm worker earnings were about $7 in 1998, according to USDA, and a 40 percent increase would bring them to about $10 hourly. If a 40 percent farm worker wage increase were fully passed on to consumers, and if there were no farm productivity improvements in response to higher farm wages, the $0.06 farm labor cost of a head of lettuce would rise to $0.08, and the retail price would rise from $1 to $1.02. For a typical 2.5-person consumer unit, a 50 percent increase in farm worker wages would increase annual spending on fresh fruits and vegetables by three percent or $9, or from $293 to $302.

Are the consumer savings on fresh produce due to immigration and low farm wages worthwhile? The migrants are better off, earning 5 to 10 times more in the US than they would at home. US farmers and their bankers are also better off, enjoying higher profits and therefore higher land prices. US and foreign consumers of commodities pay slightly less for fresh produce. The critical question is whether the benefit of lower fruit and vegetable prices is more valuable than having farm work performed and rewarded like other work.

## Immigration

Between 1991 and 1998, some 7.6 million immigrants were "admitted" to the US, an average of just under 1 million a year. Immigration has been rising steadily: average annual immigration doubled between the 1950s and the 1970s, and almost doubled again between the 1970s and the 1990s.

## US Immigration by Average

Immigrants are foreigners who are entitled to live and work permanently in the US and, after five years, they are eligible to become naturalized US citizens. Legal immigration is sometimes described as entering the US through the front door. There are four major types of immigrants or front-door arrivals:

| Decade | Annual Immigration |
|---|---|
| 1950s | 251,000 |
| 1960s | 332,000 |
| 1970s | 449,000 |
| 1980s | 734,000 |

- By far the largest immigrant category are relatives of US residents. In FY98, 72 percent of the immigrants were granted entry because family members already resident in the US formally petitioned the US government to admit them.

- The second-largest category was immigrants admitted for economic or employment reasons. About 12 percent of immigrants in 1998 were professionals and immigrants (and their families) with the skills needed to fill a vacant US job[4].

## US Immigration, FY96-98

| US Immigration 1996-98 | Number of Persons | | | |
|---|---|---|---|---|
| | FY1996 | FY 1997 | FY1998 | FY96-98 Per Change |
| **Immigrants** | 915,900 | 798,378 | 660,477 | -28% |
| Immediate relatives of US Citizens | 302,090 | 322,440 | 283,368 | -6% |
| Other family-sponsored immigrants | 294,174 | 213,331 | 191,480 | -35% |
| Refugees and Asylees | 128,565 | 112,158 | 54,645 | -57% |
| Employment-based | 117,499 | 90,607 | 77,517 | -34% |
| Diversity immigrants | 58,790 | 49,374 | 45,499 | -23% |
| Other Immigrants | 14,782 | 10,648 | 7,013 | -53% |
| Estimated Emigration | 220,000 | 220,000 | 220,000 | |
| **Nonimmigrants** | 26,755,799 | | 30,174,627 | 13% |
| Visitors for Pleasure | 20,747,681 | | 23,254,140 | 12% |
| Visitors for Business | 3,860,139 | | 4,413,440 | 14% |
| Foreign Students and Dependents | 519,262 | | 564,683 | 9% |
| Temporary Workers/Trainees | 274,803 | | 371,653 | 35% |
| **Illegal Immigration** | | | | |
| Apprehensions | 1,649,986 | 1,536,520 | 1,679,439 | 2% |
| Deportations/Removals | 69,317 | 114,060 | 172,547 | 149% |
| Alien smugglers arrested | 4,699 | 3,381 | 2,812 | -40% |
| Smuggled aliens arrested | 43,243 | 35,084 | 45,128 | 4% |
| Estimated illegal population | 5,000,000 | 5,275,000 | 5,550,000 | 11% |
| Addit illegal settlers per year (1992-96) | 275,000 | 275,000 | 275,000 | |

Source: INS Statistical Yearbooks; no nonimmigrant data for FY97

[4] Employment-based immigration includes five categories: priority workers, who are those of "extraordinary ability" in the arts or sciences or multinational executives; members of the professions, those holding advanced degrees; professionals and skilled and unskilled workers, those with a BA are considered professionals; special immigrants, including ministers; and investors.

- The third group was for refugees and asylees: 8 percent of 1998 immigrants were foreigners granted safe haven in the United States.
- The fourth group is miscellaneous, but is dominated by so called diversity immigrants from countries that have sent relatively few immigrants to the US in recent years: 7 percent of immigrants won an immigration visa in a global lottery.

Once they reach the United States, immigrants normally stay. Between 1901 and 1990, the INS estimated that about 31 percent or 12 million of the 38 million immigrants who arrived eventually left, i.e., they did not settle in the US. Emigration peaked during the Great Depression of the 1930s, when more people emigrated from the US than immigrated to the US. Emigration was equivalent to about 22 percent of immigration in the 1980s and, to make population projections for the period 1995 to 2050, the Census Bureau assumed immigration of 880,000 a year and emigration of 220,000 a year, i.e. a 25 percent emigration rate.

## Nonimmigrants

The second major category of foreigners arriving in the US are nonimmigrants, foreigners who come legally to the United States for a specific time and purpose, such as to visit, work, or study; nonimmigrants receive one of 30 visas that range from A for ambassadors to TN for NAFTA professionals. The US welcomes most nonimmigrants, and places no limits on arrivals of most types. In FY98, 23 million of the 30 million nonimmigrants who arrived were tourists; followed by 4.4 million foreign business visitors.

Nonimmigrants include two categories of special interest: temporary foreign workers and foreign students. There were 372,000 admissions of temporary foreign workers in FY98, up sharply from 140,000 in 1990. These guest workers ranged from highly paid European basketball players to relatively low-wage Mexicans who harvested tobacco and from Indian computer programmers to European artists and entertainers. There were 564,683 foreign student admissions, with their leading country of origin Japan, with 83,000 admissions, followed by China, with 55,000, Korea, with 46,000, Hong Kong, 25,000, and Germany, 18,000.

Foreign students, foreign workers, and immigrants are linked because most of the foreigners admitted to the US as immigrants for employment or economic reasons arrived as nonimmigrants, usually as students or workers, and then found a US employer to sponsor them for immigration, to petition the US government to agree that the foreigner the employer wants to hire is uniquely well-suited to fill the job. Over 90 percent of the foreigners admitted as immigrants for employment or economic reasons were already in the US when they received their immigrant visas - they adjusted from nonimmigrant to immigrant status without leaving the US.

The route from foreign student to foreign worker to immigrant often proceeds as follows. Foreign students apply for admission to one of the 22,300 US institutions of higher learning that in the mid-1990s were authorized to admit foreign students[5]. Once admitted, so-called "designated school officials" in these US institutions provide the foreign student with an I-20 Form indicating that the student is coming to the US to pursue a full course of study[6]. The foreign student then goes to a US consulate in her country and obtains a student F1 visa after convincing the consular officer that she has sufficient English language ability and funds to pursue the planned course of study in the US.

While studying in the US, the foreign student may accept on-campus employment up to 20 hours a week in an enterprise operated by or on behalf of the school. The student may work full-time when school is not in session, including during the student's vacation. Upon graduation, the foreign student may find a US employer who offers a job - US employers often recruit students on campus during their last year of study, especially engineering and computer students. According to one estimate, one-fourth of the H-1B visas for foreign professionals are issued to foreign students who graduate from US universities (Lowell 2000).

Once hired on an H-1B employment visa, reserved for foreigners with a BA or more who fill jobs that require a BA or more, the foreigner has six years to convert from nonimmigrant to immigrant. In order to make this transition, the foreigner must convince a US employer to sponsor him or her for an immigrant visa by seeking US government certification that the foreigner is uniquely well-suited to fill the job. Thus, the employer advertises for US workers, maintains a list of workers interviewed and the reasons they were not hired, and after 2 to 3 years, is usually given permission to hire the foreigner who is generally filling the job while the search for US workers is underway.

The admission of nonimmigrant foreign students and workers is controversial because many find ways to settle in the US, which is probably good for US employers and the US economy, but may not accelerate the development of China and other developing countries whose students do not return. It is well known that many upper middle class families in developing countries see study and work abroad as the best way to achieve eventual immigrant status in

[5] In FY94, some 1,241 schools petitioned the INS for approval to admit foreign students, with 1,053 granted and 188 denied.

[6] One issue that has arisen is how dependent a US institution can be on foreign students. Some mainstream US universities are very dependent on foreign students. In 1994, for example, Boston University and the University of Southern California had the most foreign students in 1994, 4,700 and 4,300, respectively, and University of Wisconsin-Madison and University of Texas-Austin followed with 4,000 each. The US has 2,200 four-year colleges and universities, enrolling 5.2 million full time undergraduates and 3.6 million part-time students in 1996.

the US: in 1998, it was reported that the dowry expected from a woman marrying an Indian man with an H-1B visa is $100,000, double the usual $50,000 expected for a man with a BA or more. (Congress: H-1Bs, Migration News, August 1998; http://migration.ucdavis.edu). Within the US critics emphasize that, as soon as the foreign worker obtains a coveted green card or immigrant visa, he is legally free to leave the employer who sponsored him, and over 90 percent of the immigrants who are sponsored as uniquely qualified to fill vacant US jobs in fact leave these jobs within one year.

Thus, foreign student and foreign worker visas can be considered side doors into the US, as many foreigners arrive as nonimmigrants and change their status to become immigrants.

## Unauthorized Foreigners

Unauthorized foreigners, also referred to as illegal aliens, deportable aliens and undocumented workers, are persons in the US in violation of US immigration laws. No one knows exactly how many unauthorized foreigners are in the United States: the Immigration and Naturalization Service (INS) apprehended over 1.6 million unauthorized aliens in 1998[7], with most caught just inside the US border with Mexico; apprehensions averaged 1.4 million a year between 1991 and 1998.

The INS in 1994 changed its border enforcement strategy from aiming to apprehend all unauthorized aliens in the US to deterring their entry. In order to deter entries, the INS hired more Border Patrol agents and built fences and added cameras lights along the border in an effort to signal to aliens attempting entry that they would be caught, so they should not try unlawful entry. This new border control strategy, generally referred to as Operation Gatekeeper, the name of the new strategy in California[8], encouraged most foreigners attempting illegal US entry to use smugglers. The smugglers, in turn, shifted entry routes from urban areas to riskier deserts and mountains. The number of unauthorized foreigners who appear to be entering the US has not decreased, but the number dying in the deserts and mountains while attempting unlawful entry has increased, to an average one a day in 2000.

---

[7] Apprehensions record the event of capturing an unauthorized alien, and are not a count of individuals; one alien apprehended 5 times is recorded as 5 apprehensions.

[8] The INS deterrence strategy is known as Operation Safeguard in Arizona, Operation Hold the Line in El Paso and Operation Rio Grande in Texas.

One reason why foreigners continue to attempt unlawful entry is that there is little penalty for doing so. Unauthorized foreigners caught in the US are typically removed in two major ways, voluntary return and deportation.

Voluntary return means that Mexicans apprehended by the INS are fingerprinted and photographed, and then they agree to return to Mexico "voluntarily", which means the apprehended Mexican signs a form admitting to being illegally in the US and to waive the Mexican's right to a hearing before an immigration judge in which the US government would prove that the foreigner is not entitled to be in the US. Foreigners who return voluntarily are generally not subject to prison terms if they are caught again in the US unless they are caught e.g. more than 30 or 40 times.

Deportation or removal means that a foreigner is detained until ordered out of the US by a US immigration judge, a person who is part of the US Department of Justice, but not part of the INS. If an alien who has been formally deported or removed is found again in the US, he can be sentenced to prison[9].

The INS estimated that there were 5 million foreigners living without authorization in the US in October 1996, up from 3.9 million in October 1992, i.e., the number of unauthorized foreigners was increasing by 275,000 per year. About 60 percent of the illegal aliens were believed to have "entered without inspection", which means that they eluded the Border Patrol, and 40 percent were thought to have entered the country legally at airports and other entry points, but overstayed their temporary visas.

In Fall 2000, new INS estimates of the number of unauthorized foreigners were released, and the population of unauthorized foreigners in the US was estimated to be 5.1 million in January 1997. The new estimates emphasized that many unauthorized foreigners find ways of becoming legal US immigrants: the gross inflow of unauthorized foreigners peaked in 1989 at 835,000 (including 405,000 Mexicans), and then slowed in the 1990s to 465,000 in 1996 (including 295,000 Mexicans). For example, in 1996, it was estimated that the unauthorized population increased by only 65,000, reflecting 465,000 entrants into and 400,000 exits from unauthorized status. About 60 percent or 3.1 million of the unauthorized foreigners in January 1997 were Mexican; another 1.2 million were from other Western Hemisphere countries and 0.8 million were from Eastern Hemisphere countries. Some 1.3 million unauthori-

[9] All foreigners caught unlawfully in the US have the right to go before an immigration judge and argue that they have the right to remain in the US. In these deportation/removal cases, the INS acts as prosecutor and explains why the person is not entitled to stay in the US. If the immigration judge agrees with the INS, the foreigner is formally removed or deported, i.e., a legal order is issued against the foreigner so that, if he is apprehended again, he can be sentenced to ten years in prison. The US has greatly increased formal deportation or removals, to about 200,000 a year.

zed foreigners in the US became legal immigrants between 1987 and 1996, while 335,000 unauthorized foreigners were deported during these years.

## Immigration and Population Change

Immigration is a major factor changing the size and composition of the US population. In 1995, the US had 263 million residents, including 193 million non-Hispanic whites (74 percent), 32 million blacks (12 percent), 27 million Hispanics (10 percent), 9 million Asians and Pacific Islanders (3 percent) and about two million Native Americans. Hispanics may be of any race: in responding to the census, about 90 percent of Hispanics designated themselves white.

If current fertility, mortality, and immigration patterns continue, the Census Bureau projects the US population at 394 million in 2050, changing the composition of the population in another half century to 53 percent non-Hispanic white, 14 percent African American, 24 percent Hispanic, and 8 percent Asian. The Census Bureau assumed a net influx of 820,000 legal and illegal immigrants annually in making these projections.

Assuming 820,000 newcomers per year, the number of foreign-born persons (the first generation) is projected to rise from 25 million in 1996 to 42 million in 2025, and the foreign-born share of the US population is projected to increase from 10 percent to about 14 percent. For some purposes, especially in discussing demographic impacts, analysts combine immigrants and their US-born children, the first and second generations; the children are US citizens, but they are in the US because of their parents' immigration. In 1995, first-and second-generation immigrants were about 20 percent of the US population. If net legal and illegal immigration continues to average 820,000 per year, first and second generation immigrants are projected to be about one-third of the US population in 2025.

## U.S. Population - 1990-2050

| | 1990 | 2010 | 2030 | 2050 |
|---|---|---|---|---|
| Total Population (mils) | 249,402 | 297,716 | 346,899 | 393,931 |
| Non-Hispanic White (percent) | 76 | 68 | 61 | 53 |
| African American | 12 | 13 | 13 | 14 |
| Asian | 3 | 5 | 7 | 8 |
| Hispanic Origin | 9 | 14 | 19 | 25 |
| Total (Excludes American Indians) | 99 | 99 | 99 | 99 |

Source: U.S. Bureau of the Census, Population Projections of the U.S., Middle Series, February 1996

Can immigration "keep America young," or "save Social Security" by improving the ratio of working contributors to pension programs relative to retired recipients? The effects of current levels of immigration on the median age of US residents is very small. For example, in 1995, the median age was 37 for non-Hispanic whites, 29 for Blacks, 26 for Hispanics, and 31 for Asians. If there were no further immigration, the median age of non-Hispanic whites would be 43 in 2025; with net immigration of 820,000, the median age of non-Hispanic whites is still projected to be 43, because there are few non-Hispanic white immigrants. With no further immigration, Hispanics would have a median age of 31 in 2025, and 28 with continued immigration at current levels. The median age of Asians would be 39 without and 36 with immigration.

How does immigration affect dependency, or the need of working age residents to support children and the elderly? The US has a pay-as-you-go social security system that transfers funds from currently employed workers to retired workers. The ability of the social security system to pay benefits depends productivity and demography:

- productivity affects wages and the percentage of earnings that must be collected in taxes;
- demography affects the number of workers and retirees.

Immigration's impacts on productivity are ambiguous, with most studies emphasizing that the productivity impacts of immigrants rise with their level of education. Immigration increases the size of the US labor force, but has only a small effect on the dependency ratio, the number of nonworking young and old people who need to be supported by active workers. For example, the US labor force, 129 million in 1995, is projected to be 138 million in 2025 without immigration, and 153 million with immigration. In 2025, there would be 2.7 workers per elderly dependent without immigration, and 2.5 workers per dependent with immigration.

Immigrants are mostly young people who have children. Because immigrants have a higher fertility rate than the native-born, their presence increases the child dependent-worker ratio. In 1995, there were 1.7 children per worker. By 2025, there are projected to be 1.8 child dependents per worker with current levels of immigration, versus 1.7 with no more immigration. In other words, net immigration of 820,000 per year would add 2 million elderly to the US population in 2025, 15 million persons to the US labor force, and 14 million children to the US population.

## Immigration History and Policy

The residents of the US are descended from three major groups:

- Colonists. The formative population that set the framework for what became the United States were the colonist-founders. Starting at Jamestown, Virginia and Plymouth, Massachusetts, the English colonists gained power by taking over New York from the Dutch and assuming control over various French and Spanish settlements. English became the public language and the common law of England became the legal framework for the North American colonies.
- Involuntary Americans. Two types of coercion contributed to the peopling of America: the importation of African slaves, who were 19 percent of the population of 1790, and the incorporation of Native American, Spanish and French populations as the original colonies became the United States and expanded westward. Notable examples are the Frenchmen who became American with the Louisiana Purchase, Mexicans who became American with the settlement ending the Mexican War in 1846, and Puerto Ricans who became U.S. citizens as a result of the American victory over Spain in 1898.
- Immigrants. In 1789, when various colonies had become the United States, the word "immigrant" entered the language, coined to describe the voluntary process of an alien coming to the now-established nation of the US. Immigrants and their descendants, added to the colonials, the slaves, the native Americans and their descendants, make up the American people of today.

The influx of immigrants fluctuated with economic conditions in the United States and abroad and with U.S. immigration policies. For these reasons, tallies of annual arrivals have peaks and troughs; the four major peaks are referred to as the four major waves of immigration.

The first wave of immigrants came before annual arrivals were recorded in 1820. The English were 60 percent of the US population in 1790, but there were also Scots, Scots-Irish, Germans, and people from the Netherlands, France and Spain. Religious, political, and economic motives were thoroughly mixed in all these migrations. German sectarians sought religious freedom in Pennsylvania, Spaniards looked for Christian converts in Florida and the southwest, while the Puritans in Massachusetts sought to establish a community restricted to members of their faith. The early immigrants took big risks. Starvation, disease, and shipwreck probably killed more than 10 percent of those who set sail for America. The cost of travel was equivalent to 4 to 6 months of a laborer's wages in England, and many immigrants could not pay for passage to America, so one-third of those arriving in 1776 "indentured themselves" to board a ship for North America, meaning they were legally bound to work for as long as five years for the employer who met the ship and paid the captain for their passage[10].

The second wave of immigrants between 1820 and 1860 meshed neatly with American eagerness for people to help push back the frontier. Peasants displaced from agriculture and artisans made jobless by the industrial revolution in Europe were desperate to escape; after they arrived in the US, they sent what came to be called "American Letters" back to Europe, encouraging friends and relatives to join them. Steamship and railroad companies recruited potential immigrants in Europe to fill their ships and to get laborers in the US. Between 1820 and 1840, over 750,000 German, British, and Irish immigrants arrived in the US. However, immigration rose sharply in the 1840s and 1850s, so that another 4.3 million German, British, and Irish immigrants arrived, with 40 percent of these second-wave immigrants Irish - poverty and famine encouraged emigration from Ireland. Roman Catholics predominated in the second wave, and by 1850 the Roman Catholic church was the largest denomination in the United States, though Protestants of various kinds outnumbered Catholics.

The third wave began in 1880, with almost 460,000 arrivals, and ended in 1914, halted by the outbreak of war in Europe, with 1.2 million immigrants entering in 1914. During the third wave, over 20 million Southern and Eastern Europeans came, mostly to the eastern and midwestern states. Several hundred thousand Chinese, Japanese, and other Asian immigrants, most recruited to work, settled in the western states.

---

[10] Lebergott notes that more immigrants than slaves died en route; slaves were better fed and protected, he says, because their death brought financial loss to their owners (p. 182). The one-third indentured servant figure applies to immigrants arriving in 1776 (p. 185).

The shift in national origins can be seen by comparing the homelands of the immigrants who came in 1882 with those who entered in 1907, two peak years of immigration. In 1882, about 87 percent of immigrants came from northern and western Europe, and 13 percent from the countries of southern and eastern Europe. In 1907, the proportions were reversed: 19 percent were from northern Europe and 81 percent from southern and eastern Europe. Most immigrants arriving in the early 1900s found factory jobs. In 1910, for example, immigrants were over half of all operatives in mining, steel, and meat packing, and foreign-born men were over half of the work force in cities such as New York, Chicago, and Detroit. By the time of the 1910 Census, foreign-born residents made up nearly 15 percent of the U.S. population and about 24 percent of the U.S. labor force. There was an immigration pause between 1915 and 1964. Immigration ceased as war erupted in Europe and, when it started to revive in the 1920s, it was cut back by sharp immigration restrictions, followed by the effects of the economic depression of the 1930s. Easing of immigration restrictions began after World War II, but annual immigration stayed at about 250,000 per year through the 1950s. After 1965, changes in immigration law brought larger flows.

Fourth-wave immigrants began arriving in the United States after 1965, when the preference system changed. Instead of giving priority to immigrants from northern and western Europe, the new preference system gave priority to people with US relatives, and to a smaller number of people with skills desired by US employers. These changes, coupled with prosperity in Europe, altered the composition of U.S. immigration. During the 1970s, the first decade that the 1965 law was effective, Europeans were fewer than 20 percent of U.S. immigrants, and Mexico sent almost as many legal immigrants as all of Europe.

There are many similarities between immigration at the beginning of the 20$^{th}$ and 21$^{st}$ centuries. The number of immigrants arriving annually during the peak years - over 1 million a year - is about the same. Both the early 20$^{th}$ and early 21$^{st}$ century immigration waves brought people to the US from countries that had not previously sent large numbers of immigrants, raising questions about how immigration changes language, religion, and culture. The uncertainties about immigration's long-term effects eventually led to restrictive US immigration policies in the 1920s; it is not yet clear what changes the early 21$^{st}$ century immigration will bring.

## Immigration Policy: Laissez-Faire - 1780-1875

U.S. immigration policies went through three major phases: laissez-faire, qualitative restrictions, and quantitative restrictions. During its first hundred years, the United States had a laissez-faire immigration policy that allowed states, private employers, shipping companies and railroads, and churches to bring foreigners to the United States without restriction; slaves could be imported until 1808. The federal government encouraged immigration in various ways, including subsidizing railroad construction by giving e.g. one mile of land on either side of the railroad to the company that built the railroad, which led to the recruitment of immigrant workers by railroad companies. The US government also encouraged immigration by maintaining high tariffs, which kept out European manufactured goods and thus created a demand for workers in American factories. The federal government relied on immigrants to staff the army, in which immigrants were about a third of the regulars in the 1840s, and an even higher proportion of many state militias.

The Naturalization Act of 1790 established the principle that an immigrant could acquire citizenship after several years of residence in the United States[11]. No fees or admissions tests were imposed on those arriving to settle in the US, but after 1819, the federal government required ship captains to report data on immigrants they brought into the US; thus, immigration data begin with 1820, when 8,385 immigrants arrived.

The first major anti-immigrant reaction arose after the influx of Roman Catholics in the 1840's. The "Know Nothing " movement created a political party, the American Party, comprised of Protestant clergymen, journalists, and other opinion leaders who formed the Order of the Star Spangled Banner and urged less immigration from non-Anglo-Saxon countries. The Know Nothing label arose because members were instructed to answer any inquiries about the Order with the words "I know nothing about it." The American Party was represented in northeastern state legislatures, and Know-Nothings won 70 House seats in the Congressional election of 1854, but Congress did not respond to the flurry of anti-immigrant feeling - no restrictions were imposed on immigration. Immigration slowed before the Civil War (immigrants were drafted to fight in both armies), and slavery replaced immigration as the major political issue of the day.

[11] The 1790 Act permitted white persons of "good moral character" to acquire citizenship after 2 years' residence. The period was briefly extended to 14 years in 1798, and has been 5 years since 1800.

## Immigration Policy: Qualitative Restrictions - 1875-1920

The large number and the diverse national origins of the people that were arriving in the late nineteenth century were unsettling to large parts of the overwhelmingly Protestant and rural American populace. Woodrow Wilson, later to be elected President, shared the popular antagonism and pessimism about the newcomers in 1901 (212-3):

"Immigrants poured in as before, but...now there come multitudes of men of lowest class from the south of Italy and men of the meanest sort out of Hungary and Poland, men out of the ranks where there was neither skill nor energy nor any initiative of quick intelligence; and they came in numbers which increased from year to year, as if the countries of the south of Europe were disburdening themselves of the more sordid and hapless elements of their population."

The fear of foreigners led to the imposition of qualitative restrictions aimed at reducing the flow and changing the mix of immigrants. In 1875, convicts and prostitutes were barred. The Immigration Act of 1882 added paupers and "mental defectives" to the "undesirables" who could not immigrate to the United States, and for the first time barred immigration from a particular country: Chinese immigration was halted for 10 years, a ban that was renewed until 1943. The importation of foreign workers coming with pre-arranged work contracts - so-called contract labor - was banned in the 1880s. Many Americans wanted to screen new arrivals and prevent the entry of illiterate immigrants. Congress repeatedly approved literacy tests for arriving immigrants beginning in 1897, but they were vetoed by three presidents, starting with Grover Cleveland. President Wilson twice vetoed the literacy test, but his veto was eventually overridden. Beginning in 1917, anyone over 16 who could not read in any language was refused admission.

World War I virtually stopped transatlantic migration but, when Europeans began migrating again to North America after 1919, nativist fears again arose in the US - the literacy test did not slow immigration from southern and eastern Europe. A pre-World War I study done for the US House of Representatives concluded that immigrants from southern and eastern Europe had more "inborn socially inadequate qualities than northwestern Europeans," (Handlin, 1952, p. 755) setting the stage for Congress to use national origin as the chief criterion to select newcomers when quantitative restrictions or quotas were introduced in the 1920s.

## Immigration Policy: Quantitative Restrictions - Since 1921

In 1921, Congress imposed the first numerical restrictions on immigration, and in 1924, an Immigration Act set an annual ceiling of 150,000 a year, plus accompanying wives and children. The national origins formula worked as follows: the maximum number of immigrants from any country in the Eastern Hemisphere would be "a number which bears the same ratio to 150,000 as the number of inhabitants in the United States in 1920 having that national origin bears to the number of white inhabitants of the United States." This means that, if the British were 10 percent of white US residents in 1920, then the annual quota for British immigrants was 15,000.

This quota system gave preference to immigration from northern and western Europe. During the 1930s, 1940s and 1950s, over 80 percent of all immigrant visas went to people from northern and western European countries, 14 percent to eastern and southern Europeans, and 4 percent to people from other Eastern Hemisphere countries. The 1924 Act did not apply to immigration from Western Hemisphere countries such as Mexico, which remained numerically unlimited. During the 1920s the number of Mexican-born residents of the United States tripled from 120,000 to 368,000.

Emigration exceeded immigration during the Depression of the 1930's; in some cases, foreigners in the US were removed in order to open jobs for "Americans," as with Mexicans in California. After World War II ended in 1945, President Truman and Congressional reformers sought to abolish the national origins immigration system, but Congress refused, and the McCarran-Walter Immigration and Nationality Act of 1952, approved by Congress over President Truman's veto, left national origins intact. There were no major changes in immigration policy during the 1950s, but in 1960 President John F. Kennedy proposed a complete overhaul of the US immigration system that that would treat all countries equally and gave priority in admissions to close relatives of US citizens and to foreigners with special skills and abilities.

The current US immigration law is the Immigration and Nationality Act of 1952, as amended in 1965 to remove national origins quotas. Instead of country of origin priorities, the first in line to enter the US as immigrants were immediate relatives who could join US citizens, followed by immediate relatives of US immigrants and more distant relatives of US citizens. Beginning in 1965, Asians were treated like other immigrants seeking US entry, and for the first time limits were placed on immigration from the Western Hemisphere.

## Immigration Policy: Reforms - 1980-1996

Until the 1980s, US immigration law could be described as a complex system that changed once each generation, e.g. the 1920s, the 1950s, and again in 1965. However, the accelerating pace of global change affected immigration flows and Congress - the usual originator of changes in immigration law - responded with four major reforms in 1980, 1986, 1990, and 1996.

The Refugee Act of 1980 adopted the UN definition of "refugee." For the first time, the US defined a refugee as a person outside her country of citizenship who is reluctant to return because of a well-founded fear of persecution on account of race, religion, nationality, membership in a particular social group, or political opinion. Congress set the target level of refugee admissions at 50,000 per year, although the number has been higher, about 80,000 to 120,000 a year.

In the 1970s, Presidents Ford and Carter appointed commissions to recommend steps to reduce illegal immigration, and all reached similar conclusions: (1) the United States should reduce back-door illegal immigration to prevent nativist sentiments from halting front-door legal immigration and (2) illegal immigration adversely affects unskilled American workers and should be reduced for economic reasons (SCIRP, 1981). The best policy to reduce illegal immigration, the commissions concluded, was to impose penalties on US employers of illegal immigrants ("employer sanctions") AFTER the foreigners in the US illegally for some time were legalized ("amnesty").

The Immigration Reform and Control Act of 1986 put the sanctions-amnesty compromise into law, making US employers for the first time subject to fines and criminal penalties for knowingly hiring illegal workers, and creating a legalization program that permitted 2.7 million unauthorized foreigners to become legal immigrants and eventually US citizens. The legalization program proved to be an incentive for more illegal immigration, especially from Mexico, because the Special Agricultural Worker or SAW program made it very easy for unauthorized foreigners who said they did at least with 90 days of US farm work to become legal immigrants. Some 1.2 million foreigners became legal immigrants through this SAW program, but at least two-thirds were fraudulent[12].

[12] Under the SAW program, unauthorized aliens merely had to assert that they had done at least 90 days of farm work in 1985-86 to be qualified for legalization. The screening of their applications was so cursory that, for example, applications were approved in wich the applicants claimed to have picked crops for 92 days in a harvest that leasted only 50 or 60 days. Some succesful applicants made patently false claims, such as to have picked strawberries from ladders.

In the late 1980s, it appeared that IRCA was working as intended. The economy was booming, Mexico was globalizing by joining GATT, and there were fears of labor shortages in the US. The Immigration Act of 1990 (IMMACT) raised the worldwide annual ceiling on immigration from 270,000, plus an unlimited number of immediate relatives of U.S. citizens, to a "pierceable cap" of 675,000 (including immediate relatives) plus refugees.

The year 1996 was a watershed year for immigration legislation; Congress approved three major laws aimed at speeding the deportation of criminal immigrants, reducing the access of immigrants to welfare, and stepping up efforts to reduce illegal immigration:

- The Anti-Terrorism and Effective Death Penalty Act. Immigrants were involved in the 1993 World Trade Center bombing, and the anti-terrorism law (1) made it easier to detain and deport non-US citizens convicted of crimes in the US, and (2) to bar from the US foreigners who arrive with false or no documents.
- The Personal Responsibility and Work Opportunity Reconciliation Act. During the 1990s, there was a great deal of concern about the federal budget deficit, and a feeling that too many immigrants were arriving in order to collect welfare or means-tested benefits. The PRWORA made legal immigrants who entered the US after August 22, 1996 ineligible for many federal means-tested welfare services (applicants for benefits must show they have low incomes when they apply for benefits) unless they are refugees, or veterans of the US Armed Services, or have worked at least 10 years in the US. At the time the new welfare law was passed, it was expected that with 45 percent of the projected $54 billion in welfare savings would come from denying welfare benefits to legal immigrants. However, the savings have been less, because the eligibility of immigrants for some welfare benefits was restored. To make sure that future immigrants will not need welfare assistance, the 1996 immigration law requires US residents who sponsor immigrants for admission to have annual incomes that are at least of 125 percent of the poverty line, which was $16,600 for a family of four in 1998. This means that an immigrant, say a foreign student who was hired by a US employer who sponsored him for a green card, who wants to sponsor his wife and two children for admission must show an income of at least 1.25 x $16,600 or $20,750.
- The Illegal Immigration Reform and Immigrant Responsibility Act. The IIRIRA aimed to reduce illegal immigration by doubling the number of Border Patrol agents to 10,000 but, because of employer opposition, IIRIRA did not strengthen the enforcement of employer sanctions laws. IIRIRA introduced only voluntary pilot verification programs that enable employers to check on newly-hired workers, and created a computer system for social service agencies to determine the legal status of applicants for benefits.

## Immigration and Labor

One reason why immigration policy is so hard to make and enforce in the 21$^{st}$ century is that there is no agreement on its benefits and costs, both economic and noneconomic. In 1997, the National Research Council released a comprehensive report on the benefits and costs of immigration that concluded "immigration produces net economic gains for domestic residents," largely because immigration lowers US wages and thus prices, and increases the efficiency of the US economy (p. 3-4).

The report concluded that the economic benefits from legal and illegal immigration probably add $1 to $10 billion per year to US GDP. There were two reactions to the "$1 to $10 billion" estimate. Pro-immigration groups highlighted the $10 billion figure, while restrictionist groups pointed out that, in an $8 trillion economy growing by $200 billion per year, $10 billion represents only about two weeks' growth in the US economy.

The NRC agreed with most economists that immigration slightly expands the size of the US economy, benefiting some residents and imposing costs on others. For this reason, the major immigration issues are distributional, including: do immigrants lower the wages and increase unemployment of similarly-skilled US residents? How quickly do immigrants climb the American job ladder?

The best available single predictor of a person's US earnings is the individual's years of schooling. In 1996, about 8 percent of US-born adults had graduate or professional degrees and 16 percent did not finish high school. The majority of Americans are between these extremes - most adult Americans have a high school diploma, but are not college graduates, so that Americans, when grouped by level of education, create a diamond shape. Recent immigrants, when arrayed by their years of education, create more of a bottle or hourglass shape - a higher percentage of recent immigrants have a graduate or professional degree than do the native-born (12 percent versus 8 percent), and far more do not have a high school diploma, 37 percent versus 16 percent.

The diamond shape of US-born adults when arrayed by years of schooling and the bottle shape of immigrant adults affects their labor market impacts. In 1986, the President's Council on Economic Advisors (CEA) summarized the labor market effect of immigrants as follows: "Although immigrant workers increase output, their addition to the supply of labor...[causes] wage rates in the immediately affected market [to be] bid down...Thus, native-born workers who compete with immigrants for jobs may experience reduced earnings or reduced employment." (1986, p. 221).

Research interest and policy concern is focused on the bottom of the labor market for two reasons. First, governments have long protected vulnerable low-wage workers by establishing minimum wages and regulating hours of work. Second, since the 1960s war on poverty and the civil rights movement, the US has committed itself to improving conditions at the bottom of the labor market through employment and training programs for less skilled workers, and affirmative action for workers from groups subject to discrimination in the past. Even if unskilled immigrants displace similar Americans from jobs and depress their wages, the presence of immigrants can still benefit the U.S. economy as a whole. The CEA concluded that, "as a general rule, increases in output, brought about by...[immigration], outweigh reductions that may occur in the wages of workers who compete with immigrants." (p. 222).

Three major kinds of studies have examined the labor market effects of immigrants:

Case studies examine a particular industry or occupation, addressing such questions as how in the 1980's the owners of Los Angeles office buildings replaced unionized black janitors on their staffs with cleaning contractors who hired newly-arrived immigrants; some of these immigrants were unionized in the 1990s Justice for Janitors campaign.

Econometric studies have looked for patterns within and across cities, trying to determine, for example, whether and how the presence of more immigrants in Los Angeles than Atlanta affects the wages and unemployment rates of Blacks, Hispanics, and women in both cities.

Economic mobility or integration studies chart the earnings progress, self employment patterns, and welfare use of immigrants and their children after their arrival in the United States.

### Case studies

Many of the first immigration studies were case studies, often undertaken after employers replaced striking US with immigrants. For example, when farm workers in southern California went on strike for a wage increase in 1982, many were replaced in an indirect fashion, as farm employers stopped getting their workers through a harvesting association with a union contract, and instead used the services of farm labor contractors, many of whom hired unauthorized workers. Thus, the unionized workers were displaced in a competition between employers: the unionized harvesting association went out of business because the labor contractors could pick lemons cheaper.

Case studies reveal that immigration brings the displacement and depression predicted by economic theory, but in indirect and hard-to-measure ways. Once the employment of newly-arrived immigrant workers begins, hiring and supervision can change in ways that keep local workers out of jobs. For example, hiring is often done by asking current employees to recommend their friends and relatives to fill vacant jobs. Once such a hiring network is established and links a US workplace with a Mexican village, the employer no longer has to advertise for local workers, and local workers who stumble onto the work place often may not apply for vacant jobs if the language of supervision and training is not English. Network hiring helps to explain why many garment shops in New York or Los Angeles have Mexican or Chinese or Thai seamstresses, but not a mixture of the three.

### Econometric studies

Econometric studies consider interactions in one whole city labor market or make comparisons between city labor markets. Their starting point is the assumption that, if immigrants depress wages or displace workers, the more immigrants in a city's labor market, the more depression or displacement should be noticeable. But in the 1980's, to the surprise of economists, few depression and displacement effects of immigrants could be found when the wages and unemployment rates of Blacks in cities with large numbers of immigrants, like Los Angeles, were compared with their wages and unemployment rates in cities with smaller numbers of immigrants, like Atlanta. George Borjas summarized the literature by saying that "modern econometrics cannot detect a single shred of evidence that immigrants have a sizable adverse impact on the earnings and employment opportunities of natives in the United States." (Borjas, 1994a).

For example, one of the most-cited of these studies concluded that the 1980 influx of Cubans to Miami had no measurable negative effect on the wages and employment of local workers. During the four months of the Mariel boatlift, Miami's labor force increased by 7 percent, but there were no significant differences between wage and job opportunities for native-born workers in Miami and in other US cities (Card 1990). This led to the conclusion that immigrants generated enough new economic activity to offset any negative effects their presence might have on local workers.

However, as more data became available in the 1990s, the conclusions began to change. Many studies found that immigrant networks dominate some jobs, as suggested by case studies, and that local workers who must compete with immigrants respond by moving away. If local workers move away from cities receiving immigrants, then internal migration away from concentrations of immigrants can explain how (1) immigrants can have the depression and displacement effects predicted by economic theory, but (2) these effects not be observed in econometric studies.

Another reason why it is hard to measure the wage depression and displacement effects of immigrants in city labor markets is because the wages of many workers, such as government and postal employees, are set at federal or state levels. Since a high percentage of African-Americans in cities with large numbers of immigrant workers such as Los Angeles are employed in government, estimates of the effects of unskilled immigrants on the earnings of

African-Americans may be biased because the Blacks who do not have to compete with immigrants remain, while many of those who compete with unskilled immigrants move away.

## Economic mobility

Case and econometric studies ask how immigrants affect established resident workers. Economic mobility or integration studies investigate what may be the most important question - how fast do the earnings of immigrants and their children rise in the US?

The starting point for economic mobility studies is the fact that "immigrants on average earn less than native workers [and] this gap ...has widened recently...[as] the skills [years of education] of immigrants have declined relative to those of the native-born." (Smith and Edmonston, 1997, p. 5-53). There is no doubt that (1) years of schooling are the best single predictor or US earnings and (2) the average educational levels of US-born adults have been rising faster than those of immigrants, producing what has been called a growing "quality gap." But those who immigrate to the US may be more ambitious and entrepreneurial than US-born adults, enabling their earnings quickly catch up and soon surpass those of similar natives.

Economist Barry Chiswick found just such a catch-up pattern for immigrants who arrived in the 1950s and 1960s. The immigrant men Chiswick studied initially earned 10 percent less than similar US-born men. Nonetheless, the extra drive and ambition that prompts people to migrate enabled them, he found, to close the earnings gap after an average of 13 years in the US, and provided them with six percent higher earnings after 23 years in the US. This was a remarkable finding because it suggested that the extra motivation and ambition of immigrants could raise average US incomes, making the US economy larger for all residents.

A decade later, economist George Borjas argued that Chiswick had not taken into account the particular characteristics of the late 1960s immigrants and the general state of the economy, so that Chiswick was generalizing about immigrant economic mobility from a unique set of circumstances. In the late 1960s, many highly skilled Asian immigrants arrived, and the US economy boomed, and in 1970, the average immigrant earned 1 percent more than the average US-born worker.

However, by 1980, the average immigrant earned 10 percent less than an average US born worker, and by 1990, the wage gap expanded to 17 percent, with the widest earnings gap for poorly educated Mexican and Central American immigrants. For example, the average earnings of immigrants from Mexico and Central America were 25 to 40 percent lower than natives' earnings in 1970, and 50 percent lower in 1990. Instead of catching up to Americans in earnings, Borjas concluded that many immigrants will never earn as much as similar US-born workers, so that the US adds to its poverty population through immigration (1994b).

## Immigration in the 21st Century

Immigration flows to the US resemble waves, with the number of immigrants increasing to peak levels, and then falling to troughs. Immigration has been rising since the early 1980s, and most Americans want the federal government to take steps to reduce immigration, to make present levels of immigration the peak of the fourth wave. Others are comfortable with current levels of immigration - almost 1 million annually.

The US is a nation of immigrants that first welcomed all newcomers, later excluded certain types of immigrants, and since the 1920s has limited the number of newcomers with an annual ceiling. Immigrants and refugees arrive through America's front door, which was opened wider to accommodate more relatives of U.S. residents and professionals in the 1990s. But the fastest growth in entries over the past decade has been through side- and back-doors, such as applicants for asylum whose request for refugee status is denied but who nonetheless remain, and unauthorized immigrants.

Research on the economic, the social and the political effects of immigrants does not provide clear guidelines for immigration policy. Immigrants have small effects - for better or worse - in the huge American economy and labor market. Most immigrants are better off in America than they were at home, but many arrive with minimal education and skills, and they have a hard time climbing the American job ladder. State and local governments, meanwhile, point out that the taxes paid by immigrants go to the federal government, state and local governments bear the costs of providing services to them.

Friedrich Heckmann looked at guest workers who had settled in Germany in 1981 and recognized them as immigrants. For the foreseeable future, America seems likely to remain the world's major destination for immigrants. Our history and traditions suggest that, within a few decades, most of today's immigrants will be an integral part of a revised American community. But past success does not guarantee that history will repeat itself. There are concerns about the size and nature of today's immigration, especially about arrivals through the side and back doors. As the nation searches for an immigration policy for the 21st century, America - and the immigrants who are on the way - are embarked on a journey to an uncertain destination.

## Bibliography

**Borjas, G. 1994a:**
The Economics of Immigration. Journal of Economic Literature, December, pp. 1667-1717

**Borjas, G. 1994b:**
Assimilation and Changes in Cohort Quality Revisited: What Happened to Immigrant Earnings in the 1980s. Cambridge, MA: NBER Working Paper 4866. September

**Card, D. 1990:**
The Impact of the Mariel Boatlift on the Miami Labor Market. Industrial and Labor Relations Review. Vol 43, pp. 245-257

**Chiswick, B. 1978:**
The Effect of Americanization on the Earnings of Foreign-Born Men. Journal of Political Economy, Vol. 86, October, pp. 897-921

**Council on Economic Advisors 1986:**
The Economic Impacts of Immigration. Washington. Council on Economic Advisors

**Handlin, O. 1952:**
Memorandum Concerning the Origins of the National Origin Quota System. Hearings Before the President's Commission on Immigration and Naturalization, 82nd Congress, 2nd sess. Washington, D.C. U.S Government Printing Office

**Lebergott, S. 1986:**
The Americans: An Economic Record. New York. Norton

**Lowell, L. 2000:**
H1-B Temporary Workers: Estimating the Population. Institute for the Study of International Migration, Georgetown University, April

**Simon, J. 1989:**
The Economic Consequences of Immigration. New York: Blackwell

**Smith, J. P. / Edmonston, B. 1997:**
The New Americans: Economic, Demographic, and Fiscal Effects of Immigration. Washington. National Research Council. http://www.nap.edu

**Wilson, W. 1901:**
A History of the American People. New York: Harper and Brothers. Vol 4

# Teil VII:
# Interkulturalität und das Fremde

# Lale Akgün

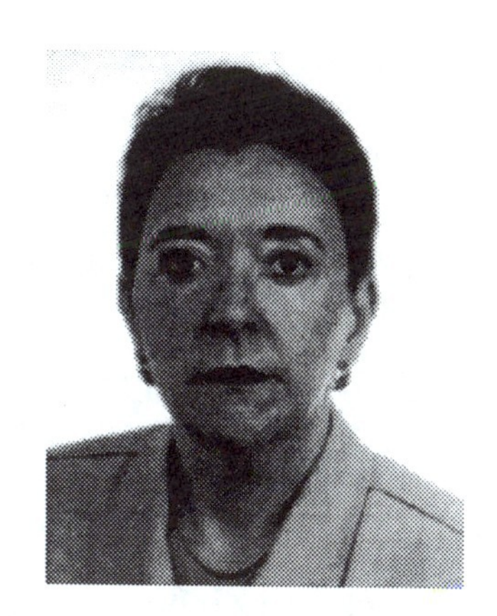

## Wünschelroute

*Schläft ein Lied in allen Dingen,*
*Die da träumen fort und fort,*
*Und die Welt hebt an zu singen*
*Triffst Du nur das Zauberwort.*
*(Josef von Eichendorff)*

Seit 20 Jahren arbeite ich im interkulturellen Bereich, mit interkulturell kompetenten Menschen, und seit 20 Jahren erlebe ich mit Beginn der Weihnachtszeit das immer gleiche Phänomen; schon Ende November sagen die ersten Kollegen, „Ich wünsche Dir schon mal frohe Weihnachten".

Freundlich erwidere ich, dass ich kein Weihnachten feiere, daraufhin entwickelt sich folgender Dialog:

Kollege: *„Warum denn nicht?"*

Ich: *„Weil ich Moslem bin, wir feiern kein Weihnachten."*

Kollege: *„Ach ja richtig , du bist Moslem - aber warum feierst du kein Weihnachten?"*

Ich: *„Welche Frage, weil Weihnachten ein christliches Fest ist!"*

Kollege: *„Aber feiert ihr nicht mal ein bisschen, nur so mit Weihnachtsbaum und Geschenken?"*

Ich: *„Nein, kein bisschen, so mit Weihnachtsbaum und Geschenken."*

Der Kollege ist zwar leicht irritiert, aber er gibt sich keineswegs geschlagen. Nach einer kurzen Denkpause holt er noch einmal aus : „Du hast doch eine Tochter, ist die nicht traurig, wenn Ihr kein Weihnachten feiert?" Er schaut mich jetzt ganz erwartungsvoll an.

„Nein," erwidere ich, „bis jetzt hatte ich nicht den Eindruck, dass sie etwas vermisst." Der Kollege ist leicht pikiert, er blickt jetzt ganz verkniffen. Ich spüre es ganz deutlich, ich habe ihn verärgert; ja noch mehr: ich habe ihn gekränkt in seinem Selbstverständnis, Weihnachten zu feiern; das ist schon eine narzisstische Kränkung, sein schönes Weihnachtsfest abzulehnen, mit der fadenscheinigen Erklärung, man gehöre einer anderen Religionsgemeinschaft an. Er ist ganz schmallippig, als er mir sein Bedauern über unsere Weihnachtsenthaltsamkeit ausspricht. „Schade, Weihnachten ist doch so schön und gemütlich, man schimpft zwar immer auf Weihnachten, aber wenn ich's mir recht überlege - ohne Weihnachten würde mir doch etwas abgehen."

Dieser Dialog erfolgt dann im Laufe der folgenden Wochen in unterschiedlichen Variationen 6 bis 7 Mal am Tag. Mitte Dezember erwische ich mich dabei, wie ich „Yarab sabir" bete, was übersetzt ungefähr „Gib mir Geduld, oh Herr" bedeutet.

Kurz vor Weihnachten bin ich resigniert, erschöpft, müde; mich hat die alljährliche Keinweihnachtenfeiernerklärungsdepression erfasst. Ich gehe mit mir ins Gericht und stelle mein Verhalten in Frage: Was will ich eigentlich? Will ich alle meine Kollegen ärgern? Bin ich die Miesmacherin vom Dienst? Was sollen all diese Differenzierungen und Erklärungen? Warum stelle ich die selbstverständlichste Sache der Welt, das „Fest" in Frage, auch wenn es nur um meinen Umgang damit geht? Ich beschließe meine Strategie zu ändern: allen, die mir „ Frohe Weihnachten" wünschen, antworte ich mit „Merry Chrismas". Da strahlen die Gesichter, und ich erkenne, dass das die richtige Antwort ist, die auch noch von meiner interkulturellen Kompetenz zeugt!

Wie bereits erwähnt, arbeite ich im interkulturellen Bereich mit interkulturell kompetenten Menschen. Oft überlege ich mir, wie wohl interkulturell inkompetente Menschen denken und handeln, wenn die interkulturell kompetenten frei nach dem hessischen Motto „Es will mir nicht in den Kopf hinein, wie kann ein Mensch bloß nicht von Frankfurt sein" agieren.

Um interkulturelle Kompetenz soll es in diesem Beitrag gehen - eine gesellschaftliche Tugend, von der alle schwärmen. Ist sie ein Handwerk, das jedermann erlernen kann, oder ist sie eine Gabe, die einem in die Wiege gelegt wird?

Seit Jahrzehnten gibt es die immer gleichen Probleme (nicht nur) in den Institutionen, wenn Deutsche und Zugewanderte zusammentreffen. Diese werden von den in den Institutionen tätigen Menschen folgendermaßen beschrieben:

Die Leute sprechen kein deutsch, haben andere Werte und Normen, manche eine andere Religion und viele kämpfen mit Integrationsproblemen (was man auch immer darunter verstehen mag). Der Institutionelle hat Probleme - Probleme in der Kommunikation und in der Interaktion mit diesen Menschen, und was macht er als „kulturdifferenziert" denkender Mensch damit? Er führt all die entstehenden Kommunikations- und Interaktionsprobleme schnell auf Kulturdifferenzen zurück. (Übrigens tut das nicht nur der Institutionelle, die Erkenntnis über den kausalen Zusammenhang zwischen Kommunikationsproblemen und Kulturdifferenzen ist in der Gesellschaft weit verbreitet.) Aber im Gegensatz zu der Mehrheit der Bevölkerung will der Institutionelle sein Kommunikationsproblem lösen. Er will - um korrekt zu sein - interkulturell kompetent werden. Nur - wie wird man das? Nun - er bemüht sich um Informationen aus dem Kulturkreis, er besucht Seminare, kurzum, er sucht die interkulturelle Kompetenz.

Folgende Fragen beschäftigen ihn in diesem Zusammenhang ganz besonders:

*„Wie macht der Türke das?"*

*„Wie macht der Grieche dies?"*

*„Warum macht der Grieche das?"*

*„Warum macht der Türke das?"*

(Anm. der Verfasserin: Türke und Grieche stehen hier exemplarisch für alle fremden Kulturen).

Heerscharen von Sozialarbeitern und Lehrern sind seit den 70er Jahren nach Griechenland und in die Türkei gefahren, in der Hoffnung, in der Begegnung mit der anderen Kultur würde sich die interkulturelle Kompetenz von allein einstellen. Eine fatale Fehleinschätzung, wie es sich nach der Rückkehr herausstellte: Gewiss der Urlaub war sehr schön gewesen, aber die interkulturelle Kompetenz hatte nicht ein Gramm zugenommen (im Gegensatz zum Körpergewicht).

Ich möchte hier einen Moment lang in der Situationsbeschreibung anhalten, und einen Blick auf die analytische Ebene werfen.

Was ist interkulturelle Kompetenz, von der die ganze Zeit die Rede ist ? Wie wird sie definiert ?

Und noch einen Schritt zurück - was ist Interkulturalität? Welche Definitionen sind hier möglich?

Es gibt kaum ein gesellschaftliches Diskussionsfeld, in dem „Kultur" so häufig genannt wird wie im Kontext der „Einwanderungsgesellschaft".

Jedoch ist in diesem Zusammenhang der Kulturbegriff oft sehr eingeschränkt: Statt „Kultur", verstanden als Aushandlungs-, Diskurs- und Darstellungsprozess - Auernheimer (1996) definiert Kultur als Aushandlungsprozess folgendermaßen: „Wenn wir Kultur als Orientierungssystem verstehen, so ergibt sich daraus die Konsequenz, dass Kultur sich mit der Änderung von Lebensverhältnissen verändern muss, um weiter zur Orientierung tauglich zu sein. Um Veränderungsprozesse aber verstehen zu können, müssen wir totalisierende Kulturbegriffe aufgeben" - gibt es - speziell mit Blick auf die „multikulturelle Gesellschaft" - einen Kulturbegriff der „Festlegung". Diese „Kultur" als Festlegung findet sich bei bestimmten Ausländern (wie z.B. Amerikaner oder Briten) nicht, sie richtet sich gegen spezielle Gruppen (bevorzugt Türken, Schwarze, Asiaten) und ist kein Teil von „Offenheit" und „Nichtfestlegung", sondern von „Festlegung" und „Verortung", zugespitzt aber nicht falsch von kultureller Apartheid.

Wenn Kulturen als Inseln definiert werden, auf die die von dieser Insel entstammenden Menschen zugeschrieben werden, was ist dann Interkulturalität?

Ein Definitionsversuch findet sich bei Albrecht (1997): Sie definiert Interkulturalität als einen „Bewußtseins- oder Erkenntnisprozess, der aus der selbstreflexiven Wahrnehmung und Erfahrung kultureller Pluralität erwächst."

Die These ist einfach und einsichtig (und sie ist eine allgemein akzeptierte). In der Begegnung mit anderen Kulturen soll die jeweilige Kulturgebundenheit wechselseitig erfahren und überwunden werden. Die Wahrnehmung der kulturellen Vielfalt soll zu der (berühmt-berüchtigten) Bereicherung führen, zu einer multiperspektivischen Sichtweise und zu einer interkulturellen Identität als neuem übergeordnetem Orientierungshorizont.

Verkürzt wiedergegeben: „Meine Kultur, deine Kultur, unsere Kultur!"

(In diese Denkfalle waren schon die vielen Lehrer und Sozialarbeiter geraten, die ihren Urlaub extra wegen dieser Kulturerweiterung in Griechenland oder in der Türkei verbracht hatten).

Gemende (1997) weist auf das Hauptproblem dieser Interkulturalitätsdefinition hin: Das Problem bei dieser Art der Definition ist, „dass zum einen die Kulturabhängigkeit als wichtig für die Selbstdefinition und die Identitätsbildung erachtet wird, aber zum anderen angenommen wird, dass diese Kulturabhängigkeit durch einen Lern- und Bildungsprozess zugunsten einer Position über oder jenseits der Kulturen zu überwinden sei."

Gemende (1997) schreibt weiter: „Dass dies unmöglich ist, ist inzwischen in der sozial- und geisteswissenschaftlichen Diskussion um den Kulturvergleich deutlich geworden. Wenn man die Kulturverbundenheit ernst nimmt, dann kann man sich nicht jenseits der Kulturen bewegen. Man kann zwar an verschiedenen, aber nur bestimmten und besonderen Kulturen Anteil haben.

Dabei kann die Partikularität der eigenen Position nicht aufgehoben, sondern bestenfalls selbstreflexiv aufgelockert werden. Interkulturalität bezieht sich demnach nicht auf eine Situation jenseits der Kulturen, sondern nur auf eine Situation zwischen den Kulturen."

Ich frage als advocatus diaboli: Ist die Definition von „Interkulturalität" als eine „Situation zwischen den Kulturen" die Verortung ins „Dazwischen"? Ein „Ort", den alle benennen und preisen, ohne ihn genau lokalisieren zu können? Ein Verweis auf das „Nirgendwo"? Kann man und wie kann man dieses „Nirgendwo" einkreisen? Oder kreisen wir nur um uns selbst?

Zurück zur Praxis:

„Wie viel Wissen über Kulturen müssen wir uns aneignen, um professionell und somit kompetent in multikulturellen Verhältnissen intervenieren zu können?" fragt Lanfrachi (1996) und gibt dazu eine Antwort: „Wissen über Kulturen und Informationen über ethnische Unterschiede sind wichtig und gleichzeitig unwichtig. Im Vordergrund steht nämlich die Begegnung. Begegnung mit Fremden setzt eine Begegnung mit uns selber voraus. Konkreter: Lernen wir durch Selbstreflexion und Persönlichkeitsbildung das Fremde in uns kennen und akzeptieren, so sind wir eher in der Lage, mit Fremden professionell zu arbeiten, vor allem in der heutigen Zeit, in der die bisher übliche Delegation an so genannten Migrationsexperten kaum noch möglich ist. Angesichts der zunehmenden Vielfalt der immigrierenden Bevölkerungsgruppen ist eine solche Delegation auch nicht a priori erwünscht. Dadurch verhindern wir, dass sich die Organisation durch die Bewältigung neuartiger Aufgabenfelder selbst entwickelt."

Der Sozialpsychologe Campbell (1967) stellte ähnliches fest: „Unzulässige Schlussfolgerungen führen in ähnlicher Weise wie die nicht gerechtfertigten Attributierungen dazu, ethnische Ursachen anstelle von Umweltbedingungen für die Gruppenunterschiede anzusehen."

In unserem interkulturellen Alltag scheinen ethnisch definierte Kultur ergo Kulturkonflikt und ethnisch definierte Identität ergo Identitätsprobleme die Schlüsselworte zur Lösung aller ihrer Probleme zu sein. Sind die Klienten Deutsche, werden die Unterschiede, die durch Schicht, Geschlecht, politische und religiöse Grundsätze, Alter, Machtpartizipation, familiäre Konstellation und durch ihre individuelle Persönlichkeit entstehen, in der Interpretation ihres Verhaltens sorgfältig beachtet und respektiert; sind die Klienten Nichtdeutsche, ist die kulturelle Zugehörigkeit oft die einzige Erklärung.

Dabei spielen selbstverständlich auch bei Zugewanderten die oben aufgezählten Faktoren in ihrem Verhalten eine ebenso wichtige Rolle, wie bei den Deutschen; nicht selten verstecken sich unter dem Mäntelchen des Kulturellen ganz andere gesellschaftliche, soziale und Beziehungsprobleme.

Interkulturelle Kompetenz bedeutet demnach: keine kulturellen Schubladen, sondern die jeweilige Kultur des Einzelnen als Ausdrucksform seiner Lebenslage zu begreifen. Die kulturelle Ausdifferenzierung einer Familie bzw. eines Individuums, gerade in der Zuwanderungsgesellschaft, ist folglich nicht etwa Ausdruck ihrer ethnischen Zugehörigkeit, sondern wäre dann ihre bzw. seine Art der Lebensstrategie und Lebensbewältigung.

Daraus würde sich die vielleicht kühne These erheben: Wenn weiterhin in dieser Gesellschaft Pluralisierung, Differenzierung, Individualisierung auf der einen Seite und Globalisierung auf der anderen Seite die Orientierungssysteme immer individueller, zeitgleich kleinräumiger und globaler werden lassen, so wird letztendlich jede menschliche Begegnung eine interkulturelle werden.

Diese rasante Entwicklung in Beziehungssystemen hat die persönliche Entwicklung der Menschen überholt. Sie sind auf diese interkulturellen Beziehungsmuster nicht eingestellt. Ein beeindruckendes Beispiel dafür sind die gestiegenen Scheidungszahlen. Hier ist die Rede nicht von den Multikulti-Ehen, die gehen genauso gut und schlecht wie andere - nein, es sind die so genannten monokulturellen Ehen gemeint, aber auch sie sind eben nicht mehr monokulturell. Jede Ehe ist interkulturell, weil letztendlich jede menschliche Begegnung zu einer interkulturellen wird.

Ein Beispiel:

*„Ich wusste, dass diese Beziehung nicht gutgehen würde, gleich am ersten Abend, als meine Tochter diesen Mann mitgebracht hatte", sagt die Mutter der in Scheidung lebenden jungen Frau bei der Beratung. Woran sie das bemerkt habe, will ich wissen. „Nun, an der Art und Weise, wie er mit dem Besteck hantierte, wissen Sie, da sah man gleich, er entstammte anderen Kreisen."* Die Schwiegermama in spe hatte diesem jungen Mann, der aus einer anderen gesellschaftlichen Schicht stammte, nie die Chance gegeben, sich in die Familie zu „ integrieren", er blieb immer der Außenseiter, der sich ins gemachte Nest setzen wollte.

Sie sehen, sowohl in der Familie als auch in der Gesellschaft, ob transkulturell in der Waagerechten (d.h. ethnospezifisch) oder transkulturell in der Senkrechten (d.h. schichtspezifisch):

Ein Dialog ist nur dann möglich, wenn der andere als prinzipiell gleichwertig betrachtet wird; wenn er Akzeptanz erfährt und wenn beide Seiten bereit sind, ihr kulturelles Selbstverständnis zu überdenken. Interkulturelle Kompetenz wurde lange Zeit als „die Fähigkeit, angemessen und erfolgreich in einer fremdkulturellen Umgebung oder mit Angehörigen anderer Kulturen zu kommunizieren" (Hinz-Rommel, 1996) definiert. Interkulturelle Kompetenz ist aber mehr, sie ist „die Sensibilisierung für Wahrnehmungs- und Veränderungsprozesse in der Interaktion mit Menschen, die eine andere Art des In-der-Welt-Seins haben als man selbst" (Pavkovic, 2000).

Doch wenn es eine Sensibilisierung ist, kann es kein Charisma und keine Begabung sein; jeder Mensch kann folglich so sensibilisiert werden (sofern er sich darauf einlässt), dass er interkulturell kompetent denken und handeln kann.

Für die interkulturelle Kompetenz sind gewisse Voraussetzungen notwendig. Ich möchte hier auf 2 Bereiche der interkulturellen Sensibilisierung eingehen, die ich für besonders wichtig erachte:

1. Die Reflexion des persönlichen und gesellschaftlichen Selbstbildes,

2. Die Reflexion des persönlichen und gesellschaftlichen Fremdbildes.

**Zu Punkt 1: Die Reflexion des persönlichen und gesellschaftlichen Selbstbildes**

Ein interkulturelles Selbstverständnis ist nicht möglich, ohne die eigenen und gesellschaftlichen Werte und Normen zu reflektieren. Der Kulturzentrismus, der die Überlegenheit, zumindest Selbstverständlichkeit der eigenen Werte voraussetzt, verhindert eine Begegnung mit Menschen, die möglicherweise andere Werte und Normen, zumindest in bestimmten Bereichen haben. Der Teufel namens kulturelles Selbstverständnis steckt im Detail. Wie sonst könnte man folgende Episode erklären:

*Eine erfahrene Grundschullehrerin - gerade in eine Brennpunktschule in der Großstadt versetzt - fragt die Kinder der 1. Klasse, was sie alles in ihrer Schultüte gefunden haben - ohne eine Sekunde über das Selbstverständnis einer Schultüte im sozialen Brennpunkt nachzudenken. Erst als die Antworten anders ausfallen als erwartet, „Ich habe noch nicht rein geschaut", „Ich hab vergessen, was drin war", erwägt sie den Gedanken, dass möglicherweise nicht alle Kinder eine Schultüte bekommen haben könnten.* Durch ihre Gedankenlosigkeit segregiert sie bereits am 1. Schultag einen Teil der Kinder - nämlich die sozialschwächsten, und schließt sie aus der Welt, wie sie ihrer Meinung nach sein sollte, aus.

Die Sozialisation innerhalb eines bestimmten familiären und gesellschaftlichen Kulturkreises, die Internalisierung ihrer Werte und der damit verbundenen Lebensform lässt ein Gefälle entstehen, zwischen der eigenen und anderen Lebensarten, wobei die eigene Lebensart als die selbstverständliche, also richtige, ergo die höherwertige diagnostiziert wird.

Ein extremes, aber besonders anschauliches Beispiel sind ideologisch begründete Gruppen wie z.B. orthodoxe Religionsgemeinschaften, die ihre Sicht der Dinge für die einzig Richtige halten. Alle Anderen sind ihrer persönlichen Meinung nach leider auf dem Irrweg. Diese Selbstverständlichkeit der eigenen Lebensart zu reflektieren und dadurch zu relativieren, wodurch die eigene Lebensart zu Einer unter Vielen wird, ist verdammt schwer, aber auch ein Zeichen des persönlichen und gesellschaftlichen Erwachsenwerdens.

**Zu Punkt 2: Die Reflexion des persönlichen und gesellschaftlichen Fremdbildes**

Wie entstehen Fremdbilder? Antworten gibt es bei der Sozial- und bei der Tiefenpsychologie:

Die Sozialpsychologie erklärt, wie der Mensch über Kategorisierung und Stereotypisierung zu Vorurteilen gelangt. In der menschlichen Psyche herrscht das Prinzip der geringsten Anstrengung; sie hält an Kategorien fest, solange sie irgendwie für die eigenen Zwecke brauchbar sind. Kategorien assimilieren soviel wie möglich in ihre einheitliche Struktur, und sie tendieren zum Widerstand gegen Veränderung; „Türken" ist z.B. eine Kategorie, „Ausländer" ist eine andere. Der Trick, dass man Ausnahmen zulässt, dient eher dem Erhalt der Kategorie denn zur Veränderung.

Ein Vorurteil wäre folglich eine Kategorie, die - eine Gruppe von Menschen betreffend - in erster Linie aus verschiedenen undefinierten Eigenschaften gebildet wurde und zur Abwertung einer ganzen Gruppe dient.

Die Tiefenpsychologie erklärt, wie der Mensch versucht, über Projektion sich selbst zu entlasten. Die Konstruktion des Fremdbildes hat eine wichtige Funktion für das Selbstbild und die Bestimmung des Eigenen. Konflikte und unbewusste Bestandteile der eigenen Kultur sowie der eigenen Psyche werden durch Projektion bzw. der Übertragung und Gegenübertragung dem Fremden zugeschrieben. Die Wahrnehmung des Fremden wird somit nicht von diesem und dessen Verhalten bestimmt, sondern von unseren eigenen Wünschen, Ängsten, Schuldgefühlen auf ihn projiziert. Unser Verhältnis zu Fremden wird - psychologisch betrachtet - weniger von dem Verhalten des Fremden als von unseren unbewussten Gefühlen bestimmt (Gemende u.a., 1999).

Reflexion des persönlichen und gesellschaftlichen Fremdbildes hieße dann: Anerkennung der Tatsache, dass wir alle Opfer unserer Kategorisierung sind und dass wir alle Vorurteile haben. Ziel wäre die Aufgabe der Kategorisierung zugunsten der persönlichen Erfahrung und zugleich die Bewusstmachung der eigenen projizierten Bilder auf den Anderen und der bewusste Umgang mit den fremden Anteilen der eigenen Psyche.

Der steinige Weg zur interkulturellen Kompetenz geht ohne Zweifel über die Reflexion.

Wer über sein eigenes Selbstverständnis reflektiert, wer die eigene Lebenskultur als eine unter vielen möglichen akzeptiert, wer bereit ist, andere in ihrem Anderssein zu akzeptieren, wird die Möglichkeit bekommen, auch an diesen Lebensstilen zu partizipieren, auch wenn er diese Lebensstile nicht zu den seinen macht.

Wer darüber reflektiert, welchen Vorurteilen er gerade erliegt, wie er die Menschen wahrnimmt, und noch wichtiger, warum er die Menschen so wahrnimmt, wie er es gerade tut, wer sich bewusst macht, welche negativen inneren Programme gerade ablaufen und welche Bilder sich ihm bei welchen

Stichworten assoziieren. Wer sich die Assoziationsketten bewusst macht, hat gute Chancen, den üblichen Fallen der Vorurteilsbildung zu entkommen.

In diesem Zusammenhang gibt es den Begriff des Rapport; Rapport bedeutet:

Je größer die Ähnlichkeit mit jemandem, desto leichter ist es, einen guten Kontakt aufzubauen. Je ähnlicher die verbale Sprache, die Körpersprache, die Denkweise und die Entscheidungsstrategien sind, desto einfacher und fruchtbarer wird der Kontakt. Das ist eine Tatsache, die jedem aus der Alltagspsychologie vertraut ist. Ob Kollegen, Vereinskameraden oder Nachbarn, je ähnlicher die Biographien, je mehr gemeinsame Themen, desto schneller und intensiver der Kontakt.

Dort, wo der Rapport gering ist, ist es um so wichtiger, die Welt des Anderen zu verstehen. Die persönlichen Landkarten der sich begegnenden Menschen können sehr unterschiedlich sein. Die Sprache muss dazu genutzt werden, um Informationen über die Welt des Anderen zu erhalten. Dazu müssen die richtigen Fragen gestellt werden. Die wenigsten Menschen verfügen über überirdische Fähigkeiten, doch die meisten meinen, sie könnten Gedanken lesen.

Gerade bei geringem Rapport zwischen kommunizierenden Partnern ist es wichtig, nicht Gedanken zu lesen, sondern Gedanken zu äußern und äußern zu lassen. Die sogenannte Hypothesenbildung im Gespräch muss gesenkt werden zugunsten des reellen Informationsaustausches. Das ist bei jeder guten Kommunikation so, und noch wichtiger ist es bei der interkulturellen Kommunikation.

Angefangen habe ich mit einem Beispiel aus Deutschland. Schließen möchte ich mit einer Geschichte aus Anatolien, die zeigt, dass das Selbstverständnis für die eigene Lebenslage und das Befremdetsein über andere auch dort wohlbekannt ist:

*An einem kalten Wintertag saß die Frau des Dorfhirten im Hamam (Anm. türkisches Dampfbad). Plötzlich kam die Nachricht, dass ihr Mann in den Bergen erfroren sei. „Ja, spinnt denn dieser Kerl", rief sie, „ich schwitze mich hier zu Tode, und er erfriert!"*

## Literatur

**Albrecht, C. 1997:**

Überlegungen zum Konzept der Interkulturalität. In: Bizeul, Y. / Bliesener, U. / Prawda, M. (Hrsg.): Vom Umgang mit dem Fremden. Weinheim, Basel, S. 116-122

**Auernheimer, G. 1996:**

„Interkulturelle Erziehung", eine Replik auf die Thesen von F.O. Radtke. In: Zeitschrift für Pädagogik 42/3, S. 425-430

**Campell, D.T. 1967:**

Stereotypes and the perception of group differences. In: American Psychologist 22, S. 817-829

**Gemende, M. / Schröer, W. / String, S. (Hrsg.) 1999:**

Zwischen den Kulturen, Pädagogische und sozialpädagogische Zugänge zur Interkulturalität, Weinheim, München

**Hinz-Rommel, W. 1994:**

Interkulturelle Kompetenz. Münster, New York

**Lanfranchi, A. 1996:**

Unterwegs zur multikulturellen Gesellschaft, IZA, Zeitschrift für Migration und soziale Arbeit, 3-4/1996, S. 30-37

**Pavkovic, G. 2000:**

Interkulturelle Beratungskompetenz. In: Arbeitsgemeinschaft für Jugendhilfe (Hrsg.): Interkulturelle Jugendhilfe in Deutschland. Bonn: AGJ, S. 67-109

Friedhelm Kröll

# Fremdenfähigkeit. Eine Notiz

Mögen auch hierzulande aufgeklärte Diskurs-Ethik und religiös unmusikalische Migrationssoziologie ohn' Unterlass sich bemühen, zwischen entschiedener Respektierung des Fremden und ungeschminktem Votum für dessen Mimikry ans juste milieu der „Majorität der Anständigen" zu lavieren und hierfür den allemal schwammigen Begriff der Integration in passabel-praktikabler Form von der nicht weniger diffusen Idee der Toleranz her zu definieren, zuletzt, wenn's um die Mach- und Zumutbarkeiten geht, verengt sich die Straße der Menschenrechte doch zur Gasse der Assimilation. Es ist bitterster Erfahrung entnommen, was als ständige Zitat-Installation im Jüdischen Museum der Stadt Wien zu lesen ist: „Toleranz ist intolerant und verlangt nach Integration".

Das Notat stammt aus der Feder des Romanciers Hermann Broch, dem nicht entgangen ist, dass Anomieängste nur graduell von Überfremdungsängsten sich unterscheiden. In diesen hat diejenige Politik ihren Nährboden, die partout sich weigert, Deutschland als Einwanderungsland wahrhaben zu wollen. In jenen haben die Befürworter einer mal mehr restriktiven, mal mehr elastischen Einwanderungspolitik ihren Adressaten. Die Fürsprecher integrationsfrommer Einbürgerung haben alle sogenannten Sachargumente auf ihrer Habenseite. Zum Ausweis, dass man über Realitätssinn verfüge, praktisch denke, sich nach den Gegebenheiten strecke, also Eignung besitze für eine Sozialwissenschaft, die das Gütezeichen „angewandt und praxisnah" verdient, gesellt sich noch das unvermeidlich gute Gewissen, im ethisch Erforderlichen sich zu bewegen. Wer möchte da noch einen Einwurf wagen, wo geballter Tatsachensinn und moralische Legitimität für sich reklamieren, wenn nicht das Ei des Kolumbus gefunden so doch ein probates Mittel zur Hand zu haben, den Implikationen, Folgen und Folgeproblemen der (Arbeits-)Immigration (markt-)politisch Herr zu werden. Denn mitgesetzt ist im Konzept einer wohlwollend-flexiblen Integration des Fremden ins Vertraute des juste milieu der Majoritätsgesellschaft die Vorstellung, durch Integrationsangebote auf der einen und Integrationsleistungen auf der anderen Seite den aus Überfremdungs- und/oder Anomieängsten (akute Deregulierungsängste sind nur eine Erscheinungsform dieses Unbehagens) sich speisenden Fremdenfeindlichkeit schlussendlich den Boden zu entziehen; eine Art Trockenlegen des Problems durch Einverwandlung des Fremden ins halbwegs Vertraute. Wo alles im konzeptiven Lot scheint, Praxis und Gewissen auf eine künftige Normalisierungsprämie hofft, darf für einen Moment Irritation Einkehr halten.

Es hat einmal eine Zeit gegeben, als wohlwollende Fürsprecher der Integration, Freunde unitarischer Toleranz, die aus der fernen Fremde nach Mittel- und Osteuropa einströmenden Ostjuden zum Teufel wünschten. (Die Konstellation hatte nicht nur eine Wiener, sondern auch, wie das Hinweiswort „Scheunenviertel" andeuten mag, eine Berliner Adresse). Im Namen der Vollendung der Integration der „Krawattenjuden" des Westens sollte den „Kaftanjuden" des Ostens, die allzu sichtbar und anstößig ihre religiöse Zugehörigkeit, ihren Willen zur Diaspora zeigten, erst einmal der Zugang verwehrt werden. (Mithin ein historisches Gleichnis, das zur Gegenwart einer anderen, dem Judentum verwandten, monotheistischen Religion hin, die angelegentlich im Verdacht fundamentalisierender Orthodoxie steht, extrapoliert werden kann und darf). Dies verbirgt sich in jenem Notat von Hermann Broch: Selbst die Überbietung der Integrationswünsche auf Seiten der Majoritätskultur durch die beinahe schrankenlose Assimilationswilligkeit des aufgeklärt-liberal gesonnenen Westjudentums, früh schon von Heinrich Heine gallig vermerkt, später dann von Poeten wie Alfred Döblin („Reise nach Polen" 1925) und Joseph Roth („Juden auf Wanderschaft" 1927) ins Melancholisch-Sarkastische gesteigert, hat die bis ins Taufwasser integrierten Juden des Westens nicht vom Furor des Antisemitismus, einer exemplarischen wie spezifisch nuancierten Ausdrucksform von Fremdenfeindlichkeit, geschützt. Dem integrationsversessenen juste milieu ist das Fremde auch dann noch unheimlich, wenn es die Fahne der Integrationsbereitschaft, der Assimilationswilligkeit aufgezogen hat.

Einer Sozialwissenschaft, die sich einiges darauf zugute hält, mit beiden Beinen auf dem Boden der Tatsachen zu stehen, mag es wie eine poetische Erfindung ins Ohr klingen, wenn als Kontrapunkt zur Fremdenfeindlichkeit nicht Integration, sondern Fremdenfähigkeit gesetzt wird. Diese Kategorie ist nicht einmal als Marginalie innerhalb der academic community marktständig. Aber sie eignet sich dennoch, um eine kleine Weile lang inmitten aller betrieblichen Geschäftigkeit angewandter Sozialforschung innezuhalten. Integration überbürdet die Problemlösung wesentlich zur Seite der (Noch-)nicht-Integrierten. Fremdenfähigkeit setzt demgegenüber am Zustand des juste milieu der Majoritätskultur an. Fremdenfähigkeit als Mentalität reicht weiter denn unitarische Toleranz, die im Durchschnitt dort aufhört, wo das Maß der Multi-Kulti-Feste, Folklorismus der Klänge und Kosmopolitismus der exotischen Speisen, überschritten wird. Das Fremde stellt das gute Gewissen unitarischer Toleranz immer dort auf eine harte Probe, wo es für die bon mœurs des juste milieu irritierend und dessen bon goût anstößig wird. Zum Stein des Anstoßes, und hiervon habe ich mich per Alltagsbeobachtung und Sozialforschung sattsam überzeugen können, wird das Fremde stets dann, wenn es nicht den okzidentalen Maßgaben für eine invisible religion apolitischen Zuschnitts gehorcht. Toleranz kann eben durchaus mit und von der Stereotypie, deren Erfolg in der Bequemlichkeit gründet, leben. (Im übrigen, nichts und niemand kann es in Sachen Toleranz mit dem Geld aufnehmen, dem Symbol der Indifferenz schlechthin).

Auch ein geschickt instrumentierter, sanfter Druck ist sozialer Zwang. Der Option für Integration, an deren Ausgang, schroff sei's gesagt, durchweg die Assimilation wartet, wohnt die Vorstellung inne, der Andere, das Fremde befinde sich im Stande des Defizitären. Fremdenfähigkeit demgegenüber ortet den Mangel auf seiten der Majorität, die außerstande ist, den Anderen im Zustand des Fremden, mitnichten zu verwechseln mit dem Unbekannten, sondern zu entziffern als das Unvertraute, zu respektieren. Fremdenfähigkeit auf seiten der Majoritäts-, i.e. Dominanzkultur hieße Assimilationswilligkeit ebenso zu respektieren wie deren Gegenpol: den Willen zur (religiös-) kulturellen Selbstabsonderung, ohne eben dass hierauf mit kulturellem Integrationsdruck oder gar zwangsweiser Aussonderung reagiert wird. Urbane Fremdenfähigkeit hieße demnach, sich geistig und mentalitätsmäßig auf die Höhe dessen zu bringen, was die Internet-Phraseologie „Globalisierung" nennt. Moderne, müsste sie nicht Chiffre sein für Migration, Mobilität, Mehr-Kulturalität, vor allem aber für das gelassene Aushalten von Ambivalenzen und Dissonanzen?!

Selbst dort, wo keine virulente Fremdenfeindlichkeit zu konstatieren ist, und dies ist auf dem Betriebsgelände wohlwollend-aufgeklärter Integrationspolitik der Fall, mangelt es an der Fähigkeit, das Fremde als Fremdes zu respektieren. Sonst wäre man ja nicht so versessen auf Integration gerade dessen, was auf sozial sichtbare, eigenstrukturelle und eigenkulturelle, sagen wir's ruhig: eigenpolitische, Besonderung insistiert. Fremdenfähigkeit hieße, die Idee der Toleranz nicht einfach auf das Maß dessen zu verkürzen, der die Definitionsmacht fürs Tolerable innehat. Entzauberung der Welt, das Programm der Aufklärung, tendiert nicht erst seit Kant zur Entrümpelung und Beseitigung dessen, was sich nicht fügt und fügen mag, sondern darüber hinaus zur planifikatorischen Administration, die angewandte Forschung bekanntlich zum Gesellen hat. Dem hielte Arbeit an der Urteilskraft, zentrales Moment der Ausbildung von Fremdenfähigkeit, den Respekt vor der Nuance der Differenz entgegen. Und warum sollten Dissonanz und Streit kein Signum für Kultur sein. Alhambra wäre nicht als Utopie, sondern als Modell, Lessing eingedenk, einer Globalisierung zu denken, deren letztes Wort nicht Unifizierung, salopp gesprochen: McDonaldisierung der Welt wäre, sondern die ihr leitendes Denkbild in Heterogenität, sublimer Uneinheitlichkeit hätte - in striktem Gegensatz zu dumpfer Homogenität, worauf letzten Endes alle Integration, nicht nur Broch wusste es, hinausläuft.

Nicht gemeint ist mit Fremdenfähigkeit permissive Gleichgültigkeit, die als neueste Weltoffenheit daherkommt. Fremdenfähigkeit übergreift die Simmelsche Figuration des Fremden, worin die Nähe zur jeweiligen Majoritätskultur betont wird. Mit Fremdenfähigkeit soll darüber hinaus die Ferne des Fremden zu Eigenem akzentuiert werden, in kritischer Wendung gegen die Tendenz, Fremdartiges von vornherein unter der stillen Option der Angleichung an die Majoritätskultur zu betrachten. Denn eine solche einrangierende Angleichung ist stets gleichbedeutend mit der Ent-Fremdung des Fremden von sich, seiner Kultur und angelegentlich seiner Mentalität und Religion. Fähigkeit zum unbefangenen Verkehr mit dem Fremden, allemal etwas gänzlich anderes denn der wohlvertraute Fremdenverkehr, achtet auf Distanz. Eine Art diskreter Charme der Toleranz. Im Zeitalter tyrannischer Nähe, dessen Signatur die leutselig-beziehungslose Duzseligkeit bildet, freilich fast ein Sakrileg gegen den Zeitgeist, der alles und jedes integriert sehen möchte. Im herrschenden Wunsch nach Integration stecken gleichsam organologische Ängste, dass das, was nicht integriert ist, weil nicht verfügbar, womöglich gefährlich sei. Wo integriert werde, seien Eliten nicht weit, hat Adorno einmal zu Mannheims Wissenssoziologie angemerkt, auf den Domestikationsgestus aller Integration anspielend. Am Ende umgreifender Integration stünde dann die Horrorvision, dass alle sich glichen, annivelliert an den status quo eines neutechnologisch vernetzten juste milieu.

Fremdenfähigkeit schließlich ist das Bemühen, der eigenwertigen Ebenbürtigkeit des Fremden inne zu werden. Damit ist fürs erste einmal Abstand genommen von einem Ticket-Denken, für das vor allem und zuerst dem Objekt der Integration Unzulänglichkeiten anhaftet. Die zentrale Unzulänglichkeit aber besteht im Mangel an Fremdenfähigkeit, d.h. einem Vermögen, das Fremde in seiner Eigen- und Andersartigkeit zu respektieren statt es, einem Pawlowschen Reflex gleich, in distanzloser Promptheit zu etikettieren, rubrizieren, katalogisieren, es als Devianz der Integrationsaufgabe zuzuführen. Eintönigkeit, im besten Fall Monodie wäre das Resultat. Human allerdings kann sich eine Gesellschaft dann nennen, wenn Polyphonie die Normalität ist. Erziehung zur Fremdenfähigkeit orientiert sich an einem möglichen Zustand, in dem man ohne Angst verschieden sein kann.

Gegen das Selbstmissverständnis einer Wissenschaft, die glaubt auf der Höhe zu sein, weil sie die Gebote der (An-)Gewandtheit kennt und befolgt, weil sie mitten im Leben steht, nüchtern an Tatsachen und Schranken sich hält, kann gelegentlich der Einwand erhoben werden, dass Integration die offene Wunde der Fremdenfeindlichkeit nicht schließen wird.

# Verzeichnis der Autoren

**Akgün, Lale**, Dr.; Leiterin des Landeszentrums für Zuwanderung Nordrhein-Westfalen in Solingen.

**Anhut, Reimund**, Dr.; wiss. Assistent am Institut für interdisziplinäre Konflikt- und Gewaltforschung der Universität Bielefeld.

**Cyprian, Gudrun**, Prof. Dr.; Fachbereich Sozialwesen, Universität Bamberg.

**Dinkel, Reiner Hans**, Prof. Dr.; Lehrstuhl für Demographie und Ökonometrie an der Universität Rostock.

**Esser, Hartmut**, Prof. Dr.; Lehrstuhl für Soziologie und Wissenschaftslehre, Universität Mannheim.

**Foerster, Viktor**, Rechtsanwalt; Vorsitzender des Trägervereins efms e.V.

**Frick, Joachim R.** , Dr. rer. soc., Diplom-Volkswirt; SOEP-Data Operations Manager, Deutsches Institut für Wirtschaftsforschung, Berlin.

**Geiß, Bernd**, Referatsleiter im Arbeitsstab der Ausländerbeauftragten der Bundesregierung.

**Gogolin, Ingrid**, Prof. Dr.; Fachbereich Erziehungswissenschaft, Universität Hamburg.

**Grunwald, Heinz**, Vizepräsident der Regierung von Mittelfranken.

**Heitmeyer,Wilhelm**, Prof. Dr.; Leiter des Instituts für interdisziplinäre Konflikt- und Gewaltforschung der Universität Bielefeld.

**Hettlage, Robert**, Prof. Dr. Dr.; Lehrstuhl für Soziologie, Universität Regensburg.

**Hierold, Alfred E.**, Prof. Dr.; ehem. Rektor der Otto-Friedrich-Universität Bamberg, Ordinarius für Kirchenrecht.

**Hoffmann-Nowotny, Hans-Joachim**, Prof. Dr.; Soziologisches Institut der Universität Zürich.

**Jungkunz, Alexander**, Stellv. Chefredakteur der Nürnberger Nachrichten; Schwerpunktthemen Arbeitsmarkt, Zuwanderung.

**Kröll, Friedhelm**, Prof. Dr.; Gastprofessor für Religionssoziologie an der Universität Wien.

**Mahnig, Hans**, Politikwissenschaftler; Projektleiter am Schweizerischen Forum für Migrationsstudien, Neuchâtel († 20. Mai 2001).

**Martin, Philip**, Prof. Dr.; Department of Agricultural and Resource Economics, University of California, Davis. UC Comparative Immigration and Integration Program, Editor of Migration News and Rural Migration News.

**Meier-Braun**, Karl-Heinz, Prof. Dr.; Leiter der Redaktion „SWR International“ und Ausländerbeauftragter des Südwestrundfunks Stuttgart.

**Müller-Schneider, Thomas**, Dr. habil.; Privatdozent, Mitarbeiter am europäischen forum für migrationsstudien.

**Nauck, Bernhard**, Prof. Dr.; Professur für Allgemeine Soziologie, Technische Universität Chemnitz.

**Schmalz-Jacobsen, Cornelia**, ehem. Beauftragte der Bundesregierung für die Belange der Ausländer.

**Schmidt, Renate**, MdL; stellvertretende Vorsitzende der SPD.

**Stacher, Irene**, Leiterin der Dokumentation und des Österreichischen Forums für Migrationsstudien (ÖFM) am International Centre for Migration Policy Development (ICMPD) in Wien.

**Sterbling, Anton**, Prof. Dr.; Fachhochschule für Polizei Sachsen, Rothenburg/OL.

**Tomei, Verónica**, Dr. rer. phil.; ehem. Mitarbeiterin am europäischen forum für migrationsstudien, jetzt in Brüssel.

**Treibel, Annette**, Prof. Dr.; Institut für Sozialwissenschaften und Europäische Studien (Abteilung Soziologie) der Pädagogischen Hochschule Karlsruhe.

**Vaskovics, Laszlo A.**, Prof. Dr.; Lehrstuhl für Soziologie, Universität Bamberg.

**Vogel, Dietrich**, Ausländerbeauftragter der Stadt Fürth.

**Wagner, Gert G.**, Dr. rer. oec. habil., Diplom-Volkswirt; Lehrstuhl für Volkswirtschaftslehre an der Europa-Universität Viadrina (Frankfurt/ Oder), Forschungsdirektor am Deutschen Institut für Wirtschaftsforschung, Berlin.

**Widgren, Jonas**, Generaldirektor des International Centre for Migration Policy Development (ICMPD), Wien.

**Wimmer, Andreas**, Prof. Dr.; Professor für politischen und kulturellen Wandel und Direktor am Zentrum für Entwicklungsforschung der Universität Bonn.

**europäisches forum für migrationsstudien**
Institut an der Otto-Friedrich-Universität Bamberg
Katharinenstr. 1
**D-96052 Bamberg**

fon: 0951-932020-0
fax: 0951-932020-20
efms@sowi.uni-bamberg.de

**http://www.uni-bamberg.de/efms**

## Publikationen des efms in der Reihe Forum Migration

**efms Forum Migration 1**
Heckmann, Friedrich / Bosswick, Wolfgang (Hrsg.), 1995:
**Migration Policies: A Comparative Perspective**
Stuttgart: Enke, 373 Seiten (ISBN 3-432-26901-3)

**efms Forum Migration 2**
Heckmann, Friedrich / Tomei, Verónica (Hrsg.), 1996:
**Freizügigkeit in Europa. Migrations- und europapolitische Aspekte des Schengener Vertrags**
Bonn: Europa Union Verlag, 111 Seiten (ISBN 3-7713-0538-1)

**efms Forum Migration 3**
Tomei, Verónica, 1997:
**Europäische Migrationspolitik zwischen Kooperationszwang und Souveränitätsansprüchen**
Bonn: Europa Union Verlag, 192 Seiten (ISBN 3-7713-0543-8)

**efms Forum Migration 4**
Lederer, Harald W., 1997:
**Migration und Integration in Zahlen. Ein Handbuch**
Beauftragte der Bundesregierung für Ausländerfragen (Hrsg.)
Bonn, 354 Seiten
dazu: **Migration und Integration in Zahlen, CD-ROM Ausgabe 1997**
Bezug über das **efms**

**efms Forum Migration 5**
Heckmann, Friedrich (Hrsg.), 1998:
**Migration und Integration in Europa**
Symposium zum 5-jährigen Bestehen des **efms**
Zweisprachiger Tagungsband deutsch-englisch
Bamberg: efms, 86 Seiten (ISSN 0949-1960)

**efms Forum Migration 6**
Tomei, Verónica , 2001:
**Europäisierung nationaler Migrationspolitik.**
Eine Studie zur Veränderung von Regieren in Europa.
Stuttgart: Lucius&Lucius, 224 Seiten (ISBN 3-8282-0156-3)

**efms Forum Migration 7**
Heckmann, Friedrich / Schnapper, Dominique (Hrsg.), 2001:
**The Integration of Immigrants in Europe - National Policies and Trends of Convergence.**
Stuttgart: Lucius&Lucius, im Erscheinen

## Ethnische Minderheiten, Volk und Nation

**Soziologie inter-ethnischer Beziehungen**

Von Prof. Dr. F. Heckmann, Hamburg.

1992. XII, 279 S., kt.
DM 34,- /sFr 31,- /€ 17,-
(ISBN 3-8282-4532-3)

Beziehungen zwischen ethischen Gruppen rücken in das Zentrum öffentlichen und wissenschaftlichen Interesses. Die Integration ausländischer Zuwanderer, ein neuer Nationalismus in Osteuropa, ethnische Konflikte, die den bisherigen Systemkonflikt abgelöst haben, sind zentrale Aspekte des Themas.

Systematische Überblicke vom soziologischen Wissensstand und Weiterführungen kennzeichnen die vorliegende Arbeit, die auch als Lehrbuch gut geeignet ist.

---

## Migration Policies: a Comparative Perspective

Herausgegeben von Prof. Dr. F. Heckmann und
Dipl. Sozialwirt W. Bosswick, Bamberg.

Forword by Richard von Weizsäcker.

1995. 373 S., 2 Tab., 4 Übersichten, kt.
DM 52,- /sFr 46,30 /€ 26,-
(ISBN 3-8282-4531-5)

Migration policies have become a major issue of internal and international politics. This volume examines the migration policies of major European countries (France, Germany, Great Britain und Italy), and informs about such policies in classical immigration countries like the United States and Australia. In addition, topics such as East-West migration, economic development and migration push, and migration policies of European institutions are discussed. The authors from eight countries are leading experts in their respective fields.

*Stuttgart*